国家出版基金项目
NATIONAL PUBLICATION FOUNDATION

全國高等院校古籍整理研究工作委員會規劃項目

姚文然全集

上册

（清）姚文然◎撰
江小角　楊懷志　張啓兵◎點校

北京师范大学出版集团
BEIJING NORMAL UNIVERSITY PUBLISHING GROUP
安徽大学出版社

圖書在版編目(CIP)數據

姚文然全集 /（清）姚文然撰 ；江小角，楊懷志，張啓兵點校. — 合肥 ：安徽大學出版社，2021. 6

ISBN 978-7-5664-2248-4

Ⅰ. ①姚… Ⅱ. ①姚… ②江… ③楊… ④張… Ⅲ. ①姚文然－全集②中國文學－古典文學－作品綜合集－清代 Ⅳ. ①I214. 92

國版本圖書館 CIP 數據核字(2021)第 127223 號

姚文然全集

YAO WEN RAN QUAN JI

(清)姚文然 撰

江小角 楊懷志 張啓兵 點校

出版發行:北京師範大學出版集團
安 徽 大 學 出 版 社
(安徽省合肥市肥西路 3 號 郵編 2300039)
www. bnupg. com. cn
www. ahupress. com. cn

印　　刷:合肥遠東印務有限責任公司
經　　銷:全國新華書店
開　　本:148mm×210mm
印　　張:40. 25
字　　數:1113 千字
版　　次:2021 年 6 月第 1 版
印　　次:2021 年 6 月第 1 次印刷
印　　數:2000 册
定　　價:150. 00 圓(全三册)

ISBN 978-7-5664-2248-4

策劃編輯:汪　君　李　君　　裝幀設計:李　軍　孟獻輝
責任編輯:汪　君　范文娟　馬曉波　李海妹　　美術編輯:李　軍
責任校對:程中業　　責任印製:陳　如　孟獻輝

前言

一

姚文然，字若侯，以遠宦懷念父母於龍山，故又號龍懷。姚文然先世家於桐城，隱耕不仕。五傳而至姚旭，始以名進士拜刑垣，有直諫聲。天順坐言事，忤權貴，謫河南鄭州判官。不久，授江西南安守，所治有嘉禾之異，升雲南布政司參政，後乞骸骨歸，人稱其能退，有錢宣靖之風。又數傳，家道稍落，至姚希廉，躬耕讀書，嘗以麥飯不充追呼到門，感慨作感懷詩以寄其意，乃延師課子，致禮致敬，凡至束脩必陳於廟。自姚之蘭之後，子孫遂積一門科第之盛。其後登科第者，次第原韵，不敢忘先世艱難，至今傳爲美談。姚希廉有四子，叔子姚自虞，以明經爲諸生祭酒。姚自虞長子爲姚之蘭，萬曆辛丑年（一六〇一）進士，初任浙江海澄令，縣治九都，田慮旱苦鹵，姚之蘭開渠於祖山，通馬淡潮而灌溉田，九都遂成沃壤，百姓因名其地曰『姚港』。服闋補博野縣令，行取入都，授南都禮部，主祠祭事，旋晋膳部郎，歷杭州、汀州太守，皆有惠政，百姓爲之立生祠。因母親春秋高，請終養，皇上詔許之，曰：『無有如汀守之急公而愛民者。』晉副憲，是年秋以榮歸故里。姚之蘭之叔子姚孫棐，天啓壬戌年（一六二二）進士，官御史，歷任尚寶卿。姚之蘭季子姚孫棐即姚文然父，崇禎庚辰年（一六四〇）進士，任蘭谿縣令，有治聲。蘭谿縣往例南米一項，解户必擇殷實，每年簽十數户輒破家，姚孫棐請於兩臺具題改摺，縣人便之。崇禎壬午年（一六四二）分校，力謝私謁，有『我曾耽白戰，今敢負青天』之句，言者悚然而退，所録多名下士。是年，姚文然亦舉於鄉。之後姚孫棐調東陽，治行一如蘭谿時，不久，晉升職方郎，後解組歸里。清初，求山林隱逸，江南總督馬國柱推薦應弓旌，姚孫棐説：『兒幸蒙恩忝諫垣，老人稱逸民足矣。』著有亦園詩集。家風與家學對姚文然影響巨大。

姚文然爲姚孫棐第三子，生於萬曆庚申年（一六二〇）十二月二十一日。生而穎異，岐嶷寡笑言。九歲時，與侍御方亨咸同學，方亨咸戲作賊風論，姚文然作德風論以駁之，援引古今，詞意嚴正，識者已覘其爲公輔之器。稍長，益折節發憤讀書，雖酷暑嚴寒足不出户，手一編，咿唔不少間。張獻忠圍攻桐城，從父親堅守城池，於戈鋋刀斗間兩月餘，將五經卒業，背誦不遺漏一字。其識力之堅定，進學之勤奮如此。年十五補博士弟子員。與伯父讀書於縣治之天尺樓及江寧之攝山紫峰閣，自相師友，焚膏繼晷，肆力編摩，一時文名益起，大江南北有『三姚』之目。時伯父姚孫榘司荆南，姚文然隨從，取道大江，覽小孤、赤壁、西塞山諸多名勝，即景賦詩撰文，下筆千言立就，伯父大爲驚奇，說：『亢吾宗者，其在阿咸乎？吾弟真有子矣。』這年從楚中歸，應科舉試，督學金蘭見姚文然凶年饑歲文而奇之，說：『此一幅流民圖也，他日必爲先憂之王佐矣。』拔置第一。舉應天鄉試，出季秋實門下，崇禎癸未年（一六四三）進士，薦選庶吉士。三月之後，李自成率起義軍攻陷京師，姚文然向北再拜，自經，繯絶墮地，家人陳進排户入救，陳進跪地哭泣說：『主君何遂至此，堂上老矣，將誰倚乎？』乃徒跣歸江寧。姚文然詩集中有思婦辭效初唐四子體一首：『妾時攬泪一從君，手繫雕梁白練裙。不及馬嵬銷玉骨，可憐巫岫返香雲。一自歸寧心事阻，貧家鞠女空辛苦。高堂白屋髮如霜，賤妾紅顔泪如雨。』是詩爲姚文然憂時感傷心情之寫照。其後南都黨禍作，左光先和其父姚孫棐被逮，情勢危急。其時清兵南下，事得解，而家落益甚。姚文然奉父母歸隱小龍山，僦屋而栖，乞米而炊，至不能供朝夕。姚文然慨然說：『恬淡吾志也，如菽水不給，何捧檄而喜，彼何人哉？』

清初，詔舉遺逸，有以姚文然名入薦者，順治丁亥年（一六四七）遂來京師，授國史院庶吉士，不久改授禮科給事中，順治戊子年（一六四八）主山東鄉試，姚文然凜功令，絶請謁，衡文一以典雅正大爲宗，評騭甲乙至夜不寐，雖後場必檢閲詳審，不敢稍懈。司勛王士禄初置乙卷，姚文然於廢簏中搜得其表，讀而異之，說：『此子他日必爲風雅名家，不獨老夫讓出一頭地也。』遂拔之，後果如姚文然所説。一時知名之士皆入選。榜發得九十人，聯捷者二十四人，相繼登南宫者又三十六人，榜首爲銀臺伊闢，其餘致身通顯，以文章事業麟麟炳炳，負台輔望者不可勝數。不久轉禮科右給事中、工科左給事中。順治皇帝初攬朝政，廣采良言，姚文然首上親政之始察吏安民疏，『都察院一衙門滿漢憲臣八九員，又有啓心郎等及理事僉堂近十員，率御史近五十員，賢者憤悶，無以自立；不肖者靦顔，有以自容。衙門設立何爲？風憲職掌何事？堂官愈多，憲綱愈壞，不加澄清，何以昭國法』？請特賜召對，自己願與諸大臣面議同異，態度鮮明，言語激切。疏入，憲臣及御史甄别各有差。又因江浙之田盡被水灾，民益困於漕。疏請改折，旨報可，兩省之民便之。又以兵部滿漢諸大臣負罪鎖禁發門，疏請停止，以爲諸臣皆列大僚，素叨豢養，今寒天凍夜，冷鎖三重，寢食不寧。積成疾病，恐不死於國法而死於天灾，非所以廣皇仁也；通衢大路，萬目觀瞻，功臣貴臣免冠帶鎖，愧辱難堪，非所以存國體也。是時，正當順治皇帝天威震怒，姚文然不避斧鉞，直陳無隱，特旨褒允。諸如酌行揀選、議差恤刑、儲選清書言官、特參秦撫委用私署，嘉言讜論，不能殫述。順治壬辰年（一六五二）充殿試收掌試卷官，轉兵科都給事中。

正當順治皇帝孜孜求治，采納直言，姚文然感激皇恩、盡忠報國之時，因母親年高多病，姚文然心怦怦不自寧，於順治癸巳年（一六五三）五月以省親終養上疏，疏上十餘日，而母親病逝訃音至，相國陳名夏説：『古稱嚙指心動，心精誠之感通也。姚君似之矣。』居内艱，致哀致敬。順治乙未年（一六五五）服闋，姚文然念父親年高體衰，不忍離左右，即以病請，蒙恩俞允，遂得朝夕承父之歡。其父於桐城龍眠山東築『頌嘉草堂』，小有山林泉石之勝。姚文然亦於草堂深處買山一區，曰『竹里』，另辟一斗室，以供父親憩息其間，顔之曰『小隱』，因草堂之有『瑞隱窩』而名也。時命兒輩舉籃輿迎父親入『竹里』，兒孫成行，鞠跽獻壽，興酣則浮大白命韵徵詩，至丙夜歌吟以爲笑樂。姚文然有詩云：『長文曾過嶺，頻御太丘來。』又云：『筆憐兒輩得，酒愛老人多。』山居風味於此可略見一斑。順治辛丑年（一六六一）復請假，優游侍杖履者共十年而父親辭世。姚文然孝心於此可見。康熙丙午年（一六六六），服闋期滿還朝，補吏科給事中、户科給事中，以覃恩加一級。疏請查照舊例，御筆酌賜勾除，以重民命。疏入，奉嚴綸，下考功議，蒙特旨寬宥。時大工將興，查采楠木，姚文然疏請有當嚴禁者三：一曰民間宅内之木不采；二曰民間墳墓之木不采；三曰不中式之木不采，以杜不肖官役、上司差官、奸商、土棍，借名生事，苦累百姓。疏入准行。又如速考成之奉行，省開復之駁查；立流抵載由單之法，以防侵冒；停本色駁減之例，以杜私派；裁蘆差以汰冗官，省冗奏以節睿勞，或下部議覆，或特旨褒納者，不一而足。康熙庚戌年（一六七〇）充武會試同考官，得士五十四人。蒙恩内陞，以正四品頂帶食俸，仍留管户科給事中事。前此台垣内陞例皆回籍候補，往往有需次數年，内陞留任自姚文然開始。其時有總督二人、編修一人、候補給事中一人，皆因事被逮，姚文然特疏申請停鎖禁發門之例，疏入，聖旨嘉納，永行停止。直隸解狐皮本色，加派每至數倍，民間差解多致蕩産，姚文然疏請照由單折價數徵收，事下部議，從之。康熙辛亥年（一六七一）五月奉特旨，升都察院左副都御史。時諸鹺使奉差往還，有念姚文然之清貧者，或送一縑一卮，姚文然不受，説：『司諫小臣爾，蒙聖恩驟登華要，即朝夕冰兢，懼無以堪，而敢因之以脂膏自潤，如清夜何？』聞者嘆服。以盗案之因諱而日熾，疏請復盗案獲半官俸開支之舊例，以拔諱盗之根。以永戍多因并贓坐罪，疏請酌議必本犯人入己之贓數滿方坐，以昭立法之平。本年冬升刑部右侍郎。康熙壬子年（一六七二）升刑部左侍郎。康熙癸丑年（一六七三）充會試副總裁，以正文體，遴選真才爲己任。轉兵部督捕左侍郎，管右侍郎事。其時，姚文然兼有江南察審之命，且姚文然方鎖闈閲卷，康熙帝諭勿令姚文然預知，恐亂其衡文之心，康熙帝愛惜人才，曲體臣心，可謂至矣。榜發得士一百五十九人，皆一時名雋。姚文然陛辭説：『臣江南人，而審江南之案，恐涉嫌疑。』康熙帝對他高度信任，説：『汝去亦何妨？』姚文然説：『臣老矣，不任鞍馬，恐不能兼程。』康熙帝説：『第輿而往，勿馳也。』撤棘之四日，即星馳戒道，以三月三十日至江寧，入公署詳閲卷牘，調集兩造凡三案，以次讞決。時部議開復沙洲，不許行船，曹永禎、周魁誣告虞仲魁船有篷桅，貨皆違禁。總督及欽差郎中久議不決。姚文然親至曹家港，即周魁等捕獲船處。詢問其同伙，皆供虞仲魁無他，姚文然調查後得實情，曹永禎、周魁俯首認罪，實挾私仇妄控，曹永禎、周魁受懲，而虞仲魁等數十人皆無罪得釋。其時，暑氣甚烈，姚文然勞累且病，又有劉河之役，兒子姚士塈同行，屢勸止之。姚文然說：『奸船黑夜闖閘出洋，真則國法不宥，否則事關多命，宜亟爲伸理，不親歷其地，則形勢不了了，何以得其情僞乎？』行至天妃宫，往返酷日中，驗視木橋下新舊梅花樁皆未動。復從盤渤出洋，至山前沙獲船處，值海風大作，天水晝冥，船顛簸幾覆，船中百餘人皆駭恐萬狀，姚文然危坐自如，絶無懼色。少頃，風日開霽，同行刑部郎中敖公哈說：『這纔是真學問。』庭審時，諸犯周明宇、張思溪等稱冤。姚文然猶未之信，後有程開之不待刑訊，忽大聲自供說：『通洋者，我也。我賺明宇等入船，其實代洋客買甘草諸藥物，明宇等不知也。前累經各憲嚴訊，我不肯服。今見明公仁厚，精明若此，使我不忍欺，亦不能欺矣。願自甘罪。』由是周明宇等皆免罪而程開之伏法。姚文然治之情律允協，心皆折服。

在江寧審案期間，姚文然清晨出視事，必須事結方入署，嘗至日暮猶未午膳，兒子姚士塈屢請進餐，姚文然說：『我一人入署進食，則若輩皆枵腹伺候，曷若多訊一刻，則早結一刻，俾若輩早釋一刻，不猶愈乎？』逮夜秉雙燭，詳繹招卷，事事洞若觀火。江寧有佛子之號焉，公廨有三層樓最軒爽，遠眺江山，爲避暑勝地，在寢室之東。姚文然居廨三月，事竣僅一登樓。又以江寧爲桑梓之鄉，祖姚之蘭墓在此。姚文然不敢越會城一步，展視松楸。姑母吴家在江寧，與姚文然相别十多年，不能拜訪，叙家人款曲，臨别時僅召兩孤甥至織造曹璽署，説：『致若母，豈不相懷？畏此簡書。』言畢，愴然刷涕而遣之。姚文然敬慎王事皆類此。使事畢，江寧諸公好友進而言説：『行者必以賮禮也。』姚文然説：『諸公意誠厚無已，幸貽書一部，以識臨岐之贈如何？他日歸老山林，晴窗檢點，如見故人，所獲不已多乎？』諸公好友各贈書數卷而已。是年十月充武殿試讀卷官，十二月升都察院左都御史。康熙乙卯年（一六七五）授階資政大夫。不久，以覃恩授光禄大夫加一級。康熙丙辰年（一六七六）七月升刑部尚書，受事以來，清積案，理冤抑，而於更定條例，尤爲謹慎。嘗説：『刃殺人於一時，有限；　例殺人於萬世，無窮。』又説：『筆勾一家哭耳，例勾萬家哭矣。』一時滿漢諸公皆大賢，相與參酌，詳考確議，其例之已甚者，皆稍爲更改，漸劑於寬平。姚文然每入署必携招册盈尺以歸，都手自評閲，閲畢則手書節略而酌定之。夜以繼日，不知勞累。其遇秋審之期更爲辛勞。每全活一人則喜形於色，否則蹙然不怡者竟日。一日，有盗伐官柳者誤刺字，姚文然回家，於大士像前跪下，焚香一炷，痛自省愧。又一日，才下轎，口占行歌而入室，慶諸囚之更生，歌曰：『樂莫樂兮白雲堂，伏遇仁明我聖皇。大獄晝題眉盡簇，恩綸到部喜如狂。寬弘漢祖三章約，忠厚姬年八百長。憶捧長牙依議旨，三年不飲醉眠床。』克己之勇而樂善之誠，爲姚文然之天性。歲時令節及生辰，僚友或以觴茗見貽者，一概不受，說：『吾素性澹泊，且秋曹之清苦與諸君共之，何至以縟節溷諸君。』其仁愛之心惠及諸囚，惟恐諸囚之庾死，偕同事諸人歲時給以絮衣，冬施湯，夏施茶，席以時，灑掃滌穢。每語牢頭及司獄諸君朝夕督視，他自己亦不時親詣而存恤之。

五弟姚文燕訃音自中州至，姚文然悲傷欲絶，爲文哭之。兒輩勸其節哀，姚文然說：『翼侯年力方壯，猶且不免，如余衰老何足云乎！』姚文然與五弟姚文燕感情最深，對其寄希望最大。姚文燕英年早逝，對他打擊最大。終因悲傷過度，竟一病不起。臨終前，姚士塈於積帙中得手書一紙，寫道：『余生平不耐哭人，生性如此，死後可知汝等體是意，哭以成禮而已。毋多哭，厭聽。』又云：『憂人之憂，樂我之樂。』與范仲淹先憂後樂，千古一轍。又云：『人之生也萬殊，其死也萬殊，如吾者而死，樂矣。』餘皆曠達之言，娓娓累幅。姚文然生病期間，康熙帝命同里張英前往探視，傳聖恩垂問：『日來安否？病症若何？有子在此否？』姚文然聞天語，神思清爽，叩頭不已，涕泗交頤，即口授疏稿謝恩，不意於次日早晨仙逝。時爲康熙戊午年（一六七八）六月二十四日，享年五十九歲，賜謚『端恪』，諭祭葬如儀。

姚文然忠君愛國之忱，未嘗一刻去諸懷，侃侃正論，開人不敢開之口，於國計民生，知無不言，言無不盡。一時滿漢大臣及僚屬好友無不傷悼泣下，爲朝廷惜此人。徐乾學在光禄大夫刑部尚書謚端恪姚公墓志銘中寫道：『公歷言路爲户科最久，擢官皆在法司，於錢穀刑律精心殫究，多所厘正。又務崇寬仁，爲國家顧惜大體，凡有言必詳盡懇至，務使事理明晰。在廷集議，必剖別白黑，侃侃持正論，不少依阿，而又從容諷諭，聽者悦而易從，蓋其愛君之誠，立心之厚，出於自然，而表裏洞達，體用備具，卓然古大臣之風。』魏象樞在光禄大夫刑部尚書加一級謚端恪姚公神道碑銘中寫道：『竊見先生前有直言敢諫之風，後有明刑弼教之義。入則孝友忠厚世其家，出則睦姻任恤行其志。先生一身生天地間，如太和元氣流行充滿而無乎不至，一旦老成云亡，寧獨生死知交徬徨而涕泗也哉！』

姚文然天性孝友，仁愛之心惠及親友。母親逝後，對孀妹及六弟關懷備至。親自教授六弟，以至成家立業。孀妹有子名曾祜，亦育而教之，如同親子一般。曾祜之祖父方還青原任漢中，累事回原籍，欠官債追賠甚急，家産蕩然，曾祜有湯莊田産一區，將賣以償官。姚文然愴然嘆説：『此田若售，孤甥何以謀饘粥乎？』而其時家居亦貧困，力復不能辦，懇求程芳朝代輸六百金於官，而以田屬程，約以三年歸贖。其後姚文然多方措貸如數償還程芳朝，而以田還之孤甥，説：『吾以繼太夫人之志也。』家居訓子弟，唯以讀書安命爲拳拳，嘗説：『士子中式，結八比緣，正如男婚女嫁耳。婚嫁之後，而歌偕老咏斯男幸矣，其不幸而爲中冓之傷，緑衣之怨者，豈少哉！汝等慎勿以遇不遇，過爲欣戚也。』姚文然通籍以來，通門世好往往司文衡，而從不干以私。康熙庚戌年（一六七〇）鄉試，姚士堂與五河錢世熹俱以麟經膺太史儲振薦，值後場帖多卷不及額，例應退一，總裁四先生以次復較，次及少司寇王清遂論定一卷，榜發則錢世熹。王清爲姚文然順治戊子年（一六四八）山東所得士，撤棘後來拜望姚文然，説：『向來房薦二卷，生乙其一，未知是次君闈牘否？』姚文然命姚士堂取闈牘示之，王清作揖説：『是矣，生罪矣。』姚文然笑着説：『遇合命也，君主試而予兒不售……此乃天之顯我兩人無私也。君報我厚也。』姚文然爲諸生時即厚自刻苦，晚年雖洊登九列，而布帷蔬素，淡泊如初。嘗自署於壁曰：『父母雙亡，寄生三界。一念受享，難容覆載。』其志操如此，而獨汲汲於惇睦任恤之義。每年計禄入之所餘，分爲『恒』『敦』『時』『慈』四項，其姻親師友中，擇其孤嫠而無依者，月有常給，曰『恒』；其計口遍致，間一舉行者，曰『敦』；其以備婚嫁卒葬不時之需者，曰『時』；其以周鄉黨鄰里及僕從之無告者，曰『慈』。歲約數百金以爲常。康熙辛亥年（一六七一），桐城受灾。親戚鄉鄰有不能自存，姚文然計口授食，無缺乏。縣城西郊有太霞宫，建粥廠，姚文然捐金爲之倡，四弟駕侯及里之好義者經營其事，日再施糜，遠近就食者數以千計，民無菜色。京師沙窩門内有育嬰堂，收養費繁，苦不給。姚文然偕同事捐俸廣募，并親自經紀其事，存活甚衆。每月初八日，諸先生爲育嬰堂會，姚文然雖積冗，公務繁忙，雨雪中必如期往，至輒爲營一月之費，十年來如一日。姚文然遭李自成之變，避地海上，韓公頗相資給，後韓負債三千金，姚文然代償之。南鄭縣令高世豪亦順治戊子年（一六四八）山東所得士，高病故，尚有任内未完追賠二千二百餘兩，家産盡絶，例應妻子入官且已就道矣。姚文然説：『吾向者林居十載，無凍餒之患者，微山左諸故人忠敬先生之力，不至此。今高生有急難，忍坐視其顛越而不之恤乎？』遂首倡捐資數百金，一時薦紳先生皆欣然樂助，山左當事諸公復醵金，如數償之官。高氏一門孤兒嫠婦十三口遂得免於蕩析，慶完聚焉。松江司李陳公向與姚文然有舊交，陳病故，其家在中州貧甚，姚文然訪其子陳撰，先後致二百金以恤其家。陳易，故溧陽相國之子，遠戍尚陽堡，姚文然歲時周給之。

姚文然爲官三十餘年，自諫垣至正卿，每遇廷議，侃侃直陳，深中肯綮，而心懷坦白，滿漢諸公以此雅相推重。在署常以敬勤自盡爲本。康熙丙午年（一六六六）再入京師，不與宴會，説：『晨辦署事，而晚復酬酢杯酒間，病夫精力不能兼也。』五弟姚文燕以盛年成進士，令德安，姚文然手書拳拳，以謙冲清白勵之，五弟謹受教，得舉卓異。康熙甲寅年（一六七四）江右賊猖獗，南康、湖口相繼潰陷，姚文燕誓以死守，説：『吾不敢辱吾總憲兄也。』姚文然常教訓諸兒，説：『君子居其官，必盡其職，汝等雖閑曹，亦各有職掌，勉之毋曠也。』嘗口占二語示諸子弟，說：『常覺胸中生意滿，須知世上苦人多。』命各寫一聯，粘之壁間，朝夕省覽。子侄居多皆低調爲人。至於剖斷疑獄尤爲詳明。在垣中時，京師有王國用，以炒豆爲業，負人子錢，索之急，詬罵不堪，王國用羞愧自縊於居肆外之檐梁，足連擊扉有聲，其傭工杜三卧肆内以爲賊，亟開門視之，主人也，驚呼主人婦郭氏，郭氏覓鄰家燈出救，則氣絶矣。審訊官吏都懷疑杜三與郭氏有奸情，故緩於救，致夫死，皆擬坐極刑，京師人莫不冤之。姚文然認爲事關人命，一日薄暮提燈，從小溪至其家，始知王國用廛肆臨街，中間鄰家，最後爲郭氏卧室，郭氏之出救必取道於鄰家，非故意遲緩。朝審時，姚文然力辨其冤，且繪圖其所居形狀，示滿漢諸大臣，諸大臣亦即親臨所居觀之，與圖無異，杜三及郭氏遂皆免死。里居時，於地方官之前不謀一私，至桑梓利弊興革之宜，爲鄉親請命必反復呼籲，得請乃已。姚文然待人温和，人咸親之，而隨事規箴最篤最誠。相國陳芝山好爲古文辭，姚文然一日過石雲居，出所作祝少司農及贈友南歸序相示，姚文然不答，相國說：『君少我耶，丁敬禮有言，後世誰相知，更定吾文者！』姚文然說：『非也，公爲大臣，夙夜勤職，業猶弗給，何暇及此？此他日午橋莊中事爾！』相國斂容相謝。碧山查相若兄弟衣食粗足，逍遥山水間，姚文然寫信勉以惜福積福之道，說：『腹中有痞則思消，而不知福之難消甚于痞；倉中無粟則思積，而不知福之難積甚于粟。』姚文然早以文學知名，兼游心六藝，於書數、琴弈、馳射、劍槊之類，無不精研入妙，説：『文事、武備不可廢也。』中年敦實學，晚年益邃於性命天人之旨，視事餘暇則窮研周易，多有創見，至於養生家言及諸家宗旨亦俱洞悉原委，著述繁夥，有疏稿八卷、功過格拈案、文集十卷、詩集十二卷、白雪語録六卷、雜著十二卷、删輯朱子語類一帙。

二

韓菼在姚文然文集序中曰：『吾師姚端恪公自入仕任言責，後爲上卿，所歷皆法官，於國家利害、吏治得失、民生休戚，知無不言，言無不當，尤矜恤民命，惟恐一物之不得其所，纖毫出入之疑必折而歸之于中……其爲有德之言，以是夫故公之文，如食之有菽粟，久之有味；如藥之有參苓，餌之有補。』潘江在姚端恪公文集序中曰：『觀公古文辭，如序記書啓諸作，皆卓然成一家之言，而其最大者莫如歷官諸奏疏及白雲語録……其惟唐之樂天、退之，宋之永叔、子瞻，足以匹公乎……公之學，永叔之學也，其遇亦永叔之遇也。公之詩較勝乎永叔之詩，其文之通達治體，曉鬯事情，則全乎永叔之文也……公集中諸奏議皆爲當宁所采納，凡訏謨碩畫，朝上夕報，可悉見諸施行。是公之文字其大者，有裨於國是。詩詞淵雅絶倫，久爲藝林傳誦。雖至稗記雜著，其格言至論足以動愚夫愚婦之信從。是公之文字，其小者亦有功於世道人心。』

韓、潘二先生所言，誠爲確評。姚文然宅心仁厚，廉潔自清，致君澤民，斯須不忘。文如其人，試析之：

忠君愛國。姚文然寫呈奏疏，於政府大議、法司大獄，以及國體之得失、民生之利病，靡不早作夜思，期於存大體而葆元氣，爲民生謀福利，忠言讜議，令人肅然起敬。其時，清王朝建立不久，根基未穩，百廢待興，如何鞏固政權，安定人心，使滿漢融洽成爲一家人，廣選人才，以備任使是當務之急。他認爲僅靠三年一會試而赴部選寥寥矣，而舉人一途則未盡其用，人才埋没，十分可惜，因而他上呈請行選用舉人成例疏，主張『凡曾經會試下第舉人，願以有司自效者，或遵照元、二年選用成例，逐年舉行；或參酌揀選舊規，於每科會試後舉行，庶可盡人才而宏任使矣。』他的建議爲順治帝所采納。諸如恩詔貴在實行疏、請儲選清書言官疏、京南群盜日熾疏、親政之始察吏安民疏、直陳東南水灾疏等，皆事關國計民生，對玩忽溺職、藐法縱蠹、濫用職權、貪贓枉法之醜陋現象加以痛斥，體現了他憂國之憂、憂民之憂的精神。同僚贊譽他有古大臣之風，實不爲過。

關注民生。姚文然從政，堅持以人爲本，體察下情。他時時、事事、處處爲下層民衆着想，尤爲難能可貴。如他在直陳東南水灾疏中，直書『近時昆山、吴江各縣士民亦以水灾奇荒，匍匐數千里』的慘狀，又言『方今江浙大水，一望汪洋，田不得耕』，民衆苦不堪言。民困既不得蘇，國儲又必至誤，勢必危及時局安定。憂國憂民，寢食不安。他在疏中提出『兑放若干，餘堪收貯京通倉若干，以備來歲湊給軍糧之用。又西北各省大熟，糧價甚賤，或將漕米改折銀兩，及省出脚價等費，催解貯部，以備一時收買雜糧之資。如此，則國儲不誤，民命得生』。他的建議切實可行并被皇上采納。諸如流抵必載由單疏、開徵之限期久定疏、本色備辦甚難疏、蘆課不同關稅疏、敬陳預備淮揚救荒疏、丈量宜待農隙疏、采木有當嚴飭疏、求改麥折本色呈稿等，無不從節省民力，讓百姓得實惠，杜絶貪官污吏作弊以侵害百姓爲出發點，盡忠直言，顯見他愛民之心。他對身居要職的同僚、好友，爲急救民命，大聲疾呼。他在旱灾呈稿中寫道：

惟今歲亢旱始於六七月之間，故闔邑奇荒實爲十八年未有。早稻則秀而不實，遲稻則苗而不秀，已全弃春夏之前功。晚稻則堰斷塘乾，絶無下秧之水，土焦地裂，又無可犁之田，更永絶晚秋之薄望。槁穗盈疇，登倉竟無顆粒；秋收伊始，枵腹以待來年。佃無隔月之糧，唯有轉徙；牛無卒歲之草，日就死亡。田野勢見荒蕪，遠近聲聞痛哭。雖急公終事，敢不爲國而忘家！然窮極痛深，唯有號天而呼父。伏乞慈臺備陳疾苦，轉賜申詳，庶邀格外之恩施，稍救境中之塗炭。

言辭懇切，情動於中，字裏行間洋溢着愛民之心、憂民之苦，讀之令人感動不已！

關愛師友。姚文然爲人真誠，對師友之關愛勝於自己。師友有缺點，直言無隱，肝膽相照；師友有困難，不計錢財，傾囊相助。相國陳芝山愛好古文辭，陳芝山拿出自己寫的文章請他評點，他不僅不看，却說：『受世祖皇帝殊恩，不能冲挹敬畏，以功名始終，而令後世以文士目之，惜哉！』陳芝山聽了，斂容相謝，以後兩人雖多次相見，再也不拿詩文相示了。由此可見，姚文然對師友何等坦誠真摯！集中許多書札、祭文，如祭季大年夫子文、祭五弟文等，是用愛和真情書寫的精品佳作。姚文然文筆淡雅，言辭清麗，格調陰柔，對姚家特別是姚鼐影響甚大，開桐城文風之先河。

嚴肅家教。姚文然在示堅中說：『尚豪賤謹，風氣使然。喜諛惡直，童子不免。初猶相恕，久則相忘。小節不箴，大閑將逾。防微杜漸，可不慎哉！』因此，他教育子女、弟侄特別嚴肅認真，樹立良好的家風，勉勵他們多讀書，對父母、尊長要和順盡孝，反對他們結社結盟，濫交朋友。對於科名，他淡然處之，他在示塈等文中寫道：『汝輩在家只以小心節用，養身讀書爲要義。我有對聯，可各覓善書者，書於書室中。「常覺胸中生意滿，須知世上苦人多」。一切堂口中可悉。』他勉勵子女、弟侄多做善事。他在示塈等文中說：『汝等再募施粥一月，有不足者皆我補之。雖此中較昔更爲艱難，然我思自内陞留任以後，一兩十兩總非我分内之物，總是君恩溢於格外，既爲分外之物，我豈可尚留長物以貽子孫乎？』因此，姚家子女、弟侄赢得好口碑、好名聲。他在示壓等文中説：

滿兩尚書自江南回，察訪得吾家兄弟子侄俱皆謹飭，里中絶不知爲紳家，退讓之狀，一點聲音氣息也不聽見也。無出游者也，無書干求公祖父母者，首推爲江南善人家。一時聲譽滿於闕廷，滿州諸公傳爲美談。我於兩尚書素無知交，不知何故察訪及此，以理揣之，或得於道路采聽之口，或得於督撫諸公道實之言，皆未可知。特示汝等知之，可見我家數十餘年小心，女貧自有公論。汝等此後更加謹慎，更加小心。

姚文然這些有德之言，對今天的官二代、富二代而言不失爲好教材。總之，通觀姚文然的文章，誠如其門人徐秉義在序中所言：『獨是先師之惠澤在人間，言行在國史，而忠愛之隱、愷摯之情在兹集。』其人不朽，其文必傳！

三

詩言志，言爲心聲。姚文然生當明清交替之際，戰亂頻仍，民不聊生。姚文然胸懷寬廣，素有大志，有先憂後樂之情懷，然抱負難伸。甲申難作，投繯垂絶，家人救之甦，後當路舉賢良遺逸，出仕新朝。姚文然少即以詞翰名，有『三姚』之目。林居時吟咏尤工，詩在青蓮、浣花之間。再出登仕，遂鋭意輔主救時，不復角雕蟲之技。現存詩集十二卷，讀其詩知其人，可謂詩如其人，人如其詩，用韓菼的話説：體現一個『真』字。句句情，字字意，無客氣，無俗氣，全是肺腑之言，真情實感。

關注現實，意在民生。姚文然無論林居，還是在朝，時刻挂念百姓疾苦，將所見所聞寓之於詩。如孤兒啼：

孤兒啼，在道傍，孤兒胡爲在道傍？父母去兒時，語兒勿倉皇。吾暫從此去，躑躅覓糇糧。此去亦不遠，還來相扶將。五步一回顧，十步九彷徨。如今一去不復返，東衢西巷黯相望。上無單衣，下無複裳。飢無簞食，渴無壺漿。一語泪盈眶，再語泪千行。我誓將活汝，爲汝叩穹蒼。河伯出鯉魚，北斗挹酒漿。姮娥奉瑛琚，織女錫霞裳。天門高蕩蕩，此語亦難量。孤兒胡爲在道傍？孤兒安得久道傍？

姚文然和泪而書，雖只是一幅孤兒圖，反映的却是當時社會的真實情境。如孤兒啼之類詩作，集中頗多，如石田租『一門十人九人絶，一人鬻女應追呼』；土室深『前穴官軍入，後穴土賊行。賊行過村莊，殺鷄炊午羹。半夜官軍至，化爲鯢與鯨』。兵荒馬亂，土匪横行，賣兒鬻女，苦不堪言。封船謡『舟斷粟死田家苦，徹夜追呼吏如虎』。面對現實，姚文然只能發出『憂世泪空漣』的慨嘆。

關愛親友，情真意切。詩集中有大量描寫父母、子女、兄弟和親友之作，表達他的孝友、仁慈和關愛之心。如寫方亨咸之作，多達三十餘首，尤爲感人。方亨咸，號邵村，因科場獄興，株連遠謫，其雄才偉略未竟其施，姚文然痛惜不已。方亨咸少即負文譽，與姚文然齊名。其爲姚文然同窗，又爲兒女親家。兩人心心相印，情誼深厚。他在憶方邵村十八首序言中寫道：『邵村出關，每欲力疾作數章，悲來填膺不能成也。事久心頑，餘痛漸減，然後走筆。』痛定思痛，痛何如哉！他在第八首中寫道：『哭殺妻孥不用論，任他生死在乾坤。枉將書札哀哀托，病骨年來只閉門。』其後又寫憶邵村詩八首，感嘆『生别已腸裂，生聚更嗚咽。』自言『每一讀之泪下纍纍如貫珠』，其情何其真摯！

江山攬勝，懷古抒情。江山社稷，興衰存亡，歷史遺迹，風景名勝，寓之於詩，『我懷古遺愛』，情見於辭。姚文然青年時，隨伯父有湖湘之游，沿途所見揮毫染紙，筆力雄健，氣足神完，酣暢淋漓，佳作紛呈。如沿江攬勝五首之一：

寒磯古木卷蒼藤，正憶常公一躍登。日落虎賁穿鐵壘，風清龍舸下金陵。時衰選將能羆盡，世亂稱戈水陸興。漫道防江多戍卒，蘆漪寂寞起魚罾。

既是寫史，也是寫實；既是寫景，又是抒情。『時衰選將』『世亂稱戈』是明末時局的寫照，而『熊羆盡』道盡明朝江山不保，表達了作者憂時憫民之心。有些詩作，如武昌赤壁歌，寫史寫人，情景交融，大氣磅礴，氣勢恢弘，麗詞佳句，色彩斑斕，仿佛一幅歷史畫卷。

田園風光，涉筆成趣。描寫田園風光，幾乎是桐城詩人們的一個共同主題。他們對故鄉一草一木、一山一水，無不浸透着自己的鄉愁，掇辭成篇，表達自己對故鄉的眷戀深情。姚文然亦然。他的獨特之處，在着墨故鄉田園風光時，景中有人，情見於景，別開生面，饒有風趣。如偶吟：

古人墻樹桑，今人籬種菊。樹桑可光軀，種菊但娱目。生男莫願多，多男莫教讀。儒冠半飢寒，宦途頻寵辱。廉吏使親顰，貪吏使親哭。東鄰田舍翁，有子百無欲。長子把鋤犁，歲入秔百斛。仲子一擔薪，城歸挂魚肉。三子略學書，落筆五與六。幼子無所爲，鞦韆摇古木。稻場午護鷄，松嶺宵驅犢。老嫗早飯香，此翁春睡足。笑指雪漫山，仰頭坐茅屋。

這是一幅農家樂圖，也是一幅山鄉風俗畫。畫中老翁悠然自得，盡享天倫之樂，無『廉吏使親顰，貪吏使親哭』之憂，無『儒冠半飢寒，宦途頻寵辱』之愁，亦是作者心境的反映。詩的語言，明白如話，老嫗能解，散發出濃郁的生活氣息，將此詩置之白居易集中，亦屬上乘之作。

簡而言之，姚文然之詩，有唐音，有宋韵，唐宋兼融，自成一體。他宅心仁慈，是性情中人，他的詩情勝於辭，詞清字潔，佳句紛呈。五言如碧山道中：『沙岸臨谿折，山泉出峽鳴。岡巒青不斷，阡陌緑初平。』『亂石水争道，空山月在林。』渡湖：『湖草青青外，殘紅血濺沙。』曉發宿遷憶昔：『殘星帶水白，深霧失山青。』奉命東省宵發天寧寺：『月林寒散影，風塔静鳴鈴。』寄慰伯父：『名爲清貧減，官因久宦迂。』哭憶石嶺伯父：『清貧因宦積，孝友畏人知。』撥悶：『大地無非藥，青山可代醫。』七言如秋色：『秋色可憐兼晚霽，相遲新月返林塘。』侍大人西峰花酌：『雙峰中斷夕陽出，孤澗遥催宿雨奔。』行路難：『蛾眉高高絶雲烟，豺狸啼後虎嘯前。』曉憶葛園：『桃花源裏少離别，竹葉杯中無非是。』詩句如畫，文情并茂，朗朗上口，且不乏哲理，令人回味無窮。

四

白雲語録堪稱一部法學著作，是姚文然在刑部任職期間辦案之實録，亦是其心得之言。他在開篇律意律心説中寫道：

凡講論律令須明律意，兼體作律者之心。律意者，其定律時斟酌其應輕應重之宜也，如稱錘相似，有物一斤在此，置之十五兩九錢，則錘昂；置之十六兩一錢，則錘沉；置之恰當，則不昂不沉，錘適居其中央。故曰刑罰中。中者，中也，不輕不重之謂也。此律意也。何謂律心？書曰：『罪疑惟輕，與其殺不辜，寧失不經。』曾子曰：『如得其情，則哀矜而勿喜。』此律心也。譬如一稱錘也，存心寬恕者，則用錘平，且寧于其出也，微失之昂。於其人也，寧失之沉。若存心刻核者，則其用錘也，出必欲其沉，入必欲其昂。此非錘之不平也。用錘者之心不平也，故用律者亦然。

由此可以看出，錘之昂與沉全在於心之平與不平。存心寬恕則錘平，存心刻核則錘不平。執法者不僅要斟酌應輕應重之宜，而且更要有『罪疑惟輕，與其殺不辜，寧失不經』的寬恕之心。從白雲語録所記案例中，我們可以看出姚文然的仁厚之心，在處理案件時，堅持以人爲本，關愛生命，緣情定罪，嚴格以法律爲準繩，以事實爲依據，量刑恰當，精準無誤，不講個人恩怨，決不輕罪重判，杜絶冤假錯案。偶有一失，則痛自省愧。如康熙十一年（一六七二）四月初五日，有一犯人盜伐官柳樹，被逮拿到部，部斷照贓一兩以下，杖十，刺『盜官物』三字。是日回署後，與陝西司正郎王明德談論律令，方知竊盜免刺。回家後又查閲箋釋『盜園林樹木條例』，再查至户律，按律准竊盜免刺，後悔不已。他説：『刺一字是去人性命三分之一也。可忍言哉！愚嘗謂新任官初到署半年之内，不應用意剖斷一事，蓋恐誤也。而今自蹈之，罪戾可勝言哉！』是晚於大士像前跽香一炷，痛自省愧。

白雲語録列舉了大量案例，如盜竊財物、鬥毆傷人、監守自盜、情分受贓、枉法誣告、折贖還職、親屬犯奸、拒捕拒敵、部牌追贓、反叛謀反、軍人犯罪及犯罪自首等，詳明事實，按照律令，作精準判決。每全活一人，則喜形於色，否則蹙然，不怡者竟日，而對於刑部判決有失允協，則勇於提出異議，予以批駁，加以糾正。如楊奇清倡謀造反一案，係其一人作俑，以大逆論之，孽由己作，甘受懲罰。然而其祖父、子孫、兄弟及同居之人與叔伯兄弟之子皆無辜，若株連俯首就刃殉死者衆，則傷好生之仁，亦不能布大信於天下，於是不辭冒昧，不避險，分別擬議，覆加詳審。這種精神尤爲難能可貴。所以研讀白雲語録對今天從事司法工作的人來説，仍有借鑒意義。

五

功過格拈案是一部倫理著作，姚文然以儒家經典、宋儒理學爲標準，從倫常、勸化、仁愛、取與、性行、敬畏等諸多方面，用典型事例，闡明爲人之道，憂道不憂貧，以仁爲本，以義爲利，勸人樂善好施，説服力强，很有教育意義。

倫常。開篇引子路事親之事，孔子稱其『生事盡力，死事盡思』，可謂孝子，以行孝爲先，百善孝爲首。姚文然極爲重視孝道。他本人就是一個大孝子，母親病逝，乙未服闋，念父親年高，不忍離左右，即以病告假。朝夕承父親之歡，長達十年，父親病逝才赴京復職。他提倡人們要讀孝經。他用史書上記載的真人真事，從正反兩個方面説明孝道的重要。王祥卧冰取魚供母食，是人人皆知的故事。王祥繼母朱氏并不慈，對王祥常常撲責，以致朱氏親生子覽抱持王祥涕泣，朱氏甚至用毒酒謀殺王祥，覽見之取飲，朱氏傾覆毒酒。而王祥與妻子對朱氏服勞如一，孝心不改，終於感動朱氏，復爲慈母，而王祥後爲太保，位至三公，成爲漢代名臣。又楊士奇爲四朝元老，其子楊稷怙勢行惡，楊士奇不知，後楊稷作惡日甚，伏法而死。楊士奇不免株連。姚文然慨嘆説：『楊公聰明慎密人也，稷之積惡滿盈，至於殺身，而楊公猶不寤，則其彌縫之工，蒙蔽之巧，能使聰明慎密之父墮其彀中，如醉如夢，是稷之才亦定有大過人者矣。凡權要家子弟不幸而不才，徵歌買妓，縱酒呼盧，其禍止于敗家！尤不幸而有才，其禮數足以結納官府，豪華足以延致賓客，聚歛足以增置田産，而專於收養奸猾以爲爪牙，攫取小民以恣魚肉，其父兄且倚之爲家幹，同輩且羨之曰：「能人。」一旦禍至，則殺其身而危其父，故不才之禍小，而才之禍大也。』論不孝，當以楊稷爲最！看今日之貪官污吏及子弟如楊士奇及楊稷者豈少哉？

勸化。姚文然尊師重教。他在勸化第二中寫道：『孔夫子，百世之師也。今有教人之責，上之如國學、祭酒、司業爲天下師，次之如督學、廣文爲一方師，以至經館、蒙塾爲一家師，勸人一善言，阻人一過舉，爲一時師，皆師也。則皆百千萬億化身孔子也。』以宋代名師宋登爲例，宋登爲塾師，善於誘掖，專功誠心，誨人不倦。熙寧九年宋登長子宋綰已爲翰林學士，侍立宋神宗御前，及唱名弟續及二孫皆一榜進士，神宗相視而笑，王恭從旁贊羨説：

『此其父至誠訓導所致也。』姚文然認爲爲人師者，誠能以君子之心爲心，因其質竭其誠，教以養身，則弟子多壽矣；教以立德，則弟子多賢矣；教以讀書，則弟子多貴矣。强調了教師的作用。并指出能勸化豪杰權貴者功尤倍，因爲豪杰有才，權貴有勢，如若他們爲非作歹，其危害更大；如若防患於未然，及時勸化他們改邪歸正，其利亦大。

仁愛。姚文然在仁愛第三中援引蘇軾給朱鄂川書，説王天麟見過岳、鄂間子女多者輒以水浸殺之。對此殺嬰陋俗，姚文然深惡痛絶。他寫道：『莊子曰：「虎狼，仁也。」父子相親，何爲不仁人而殺其子女？其毒勝於虎狼矣。不仁不愛至於殺人而極，然殺子女之罪浮于殺人數倍。蓋殺人者，人也。殺子女者，不如虎狼者也。安得婆心苦口如王天麟、東坡先生者，家諭而户曉之哉！』姚文然仁愛之心惠及一切生靈。他力勸戒殺生，寫了大量戒殺生的詩文，篇幅之多，在桐城派諸家詩文集中罕見。如戒食牛犬歌：『牛代人耕，息不遑喘。犬代人守，睛不停轉。所以玄帝，垂箴相勉。牢字從牛，獄字從犬。不食牛犬，牢獄可免。』又如戒鰻鱺：『鱧爲烏魚，影漫以生。上朝斗氣，慈母同情。曲躬護子，俯首就烹。母先子後，恩重命輕。百爾孝子，捨此杯羹。』又如戒特殺歌：『一物之命，一人之舌。命無再生，舌惟暫悦。盤内添羞，厨中積血。共業猶分，獨冤難結。禮在大夫，脯膾猶節。』其惻隱仁慈之心溢於言表。爲力勸戒殺生，他還寫了許多因果報應之文，雖有宿命論之嫌，但他意在力勸人們戒殺生。對一般小動物如此愛護，關注它們的生命，何況於人！姚文然真仁人也。

取與。君子愛財取之有道。君子喻於義，小人喻於利。人之好利無厭多爲貪。姚文然在取與第四中，列舉了大量事例，説明强取妄求必招致身敗名裂，不得善終，而舍財從善樂施則必得好報。功德勝於富貴。他身體力行，清廉自律，從不苟取，做到了一塵不染。每逢生辰，親朋僚屬見其清貧，亦有所饋贈，他一概拒之，而樂善好施，終生如一，堪稱楷模。試看今日之『打虎拍蠅』中揪出的貪官污吏，劣迹斑斑，巧取豪奪，害國害民，招致身敗名裂，毁家亡身，實乃罪有應得。

性行。萬惡淫爲首。姚文然在性行第五中，從正反兩方面，列舉了淫亂造成的危害，毒化社會風氣，使道德崩潰，破壞他人家庭和睦，乃至自身亡命。姚文然寫道：『稽之古德，始知殺人者殺其一身，淫人者殺其三世。蓋穢德必彰，惡聲易播，上而殺其父母矣，中而殺其夫矣，下而殺其子女矣。恥懸眉額之間，痛纏心骨之内。』因此，他告誡人們要誓戒淫邪，力行善事，積德增福。他又寫道：『淫有三魔：眼光落面，妖態攢心，骨熱神飛，烟騰焰熾，是謂火魔；欲根萌動，任督潛開，如堤將崩，如溜欲决，是謂水魔；水火相烹，形魂互蕩，如輪不息，如環無端，是謂風魔。三魔者，三關也。斬三魔，過三關，無他，有慧劍一焉：曰忍而已矣。』堅忍，狠忍，要有壯士斷腕、英雄刮骨之氣概，必能戰而勝之。然則堅守道德底綫最爲重要。要尊重婦女。姚文然説，對待女子，要視老如母，視長如姊，視少如妹，視幼如女，能起邪念淫心乎？敢不忍乎？如何能忍？關鍵在於讀聖賢書，加强自身的道德修養。孔子曰：『吾未見好德如好色者也。』古往今來，有多少才智之士拜倒在石榴裙下而毁了自己。

敬畏。人要有敬畏之心，方能謹言慎行，無敬畏之心，則易膽大妄爲。要有敬畏之心，則必須讀聖賢之書，以聖賢之言對照自己的言行，如曾子所言『吾日三省吾身』，方能知過痛責。宋代名師胡瑗説：『知養身，則可以修身矣。』但養身易，修身難，即身病易治，心病難醫。醫心病之良藥則是聖賢之書。人常懷敬畏之心，則自然不生逸樂之心而多行善事。他在敬畏第六中，言鼎州符仲信因『以不焚香，睡起晚』而招致短壽。認爲『不燒香，即是無敬奉天地祖宗之心；睡起晚，即是有多淫之意。豈是小過？』他説：『「無不敬」三字，禮之綱也。敬則必以事天地祖宗爲首矣，此而不敬，則其敬心之有存者更復幾何？恣肆萬端，自此而始矣。』事無巨細都得以敬畏之心視之。姚文然尤推崇太上感應篇，并對其中關鍵詞句作了詳盡精確的論述，列舉了諸多事實加以印證，盡顯仁慈博愛之心，其中不乏因果報應之説，雖然宣揚了宿命論，但是其用心則是以此警示人們要有敬畏之心。敬畏是修身的一劑良藥。

六

姚文然的日記頗具特色。如舟行日記摘抄和游江浙日記摘抄，不僅記録了行踪所見之山川風景、歷史遺存、風土人情，使人身臨其境，仿佛與之同游。特別是舊地重游，物是人非，唤起昔日與親朋故友相聚之時的回憶，如晤其人，如聞其聲，音容笑貌，歷歷在目，親切感人。一組組日記就是一篇篇小品文，如出水之芙蓉，淡雅而不妖；似初升之朝霞，明麗而不艷，讀之令人賞心悦目，心往神馳，極富文學韵味。與其説是日記，不如説是散文集，如游江浙日記摘抄第二則：

出巢縣北門外，岡巒環繞可愛，十五里至半塘大道，側有温泉五六所，故總鎮黄公得功立有行館。館門内二亭列于左右，今其一頹矣。内一廳，廳後又一大亭，亭下皆甃石爲池，温泉出焉。池傍皆有孔，滿則泄之，行人多浴於此。館外又有泉二三所，輿人曰：『我大人往年過此，曾以繩繫鷄卵於泉中，熟而食之。』輿中望見連山中有平坦迤逶者。輿人曰：『此青溪山也。』是日新霽後，一路河流蕩潏，禾田彌望，樹色柳陰，青翠參差。遠山夾於左右，秀衍連絡，莊舍間錯，鷄犬依然，真不减一幅衡山畫也。行三十里至腰鋪，步木橋上，水光一望，漁艇稻舟繫樹間，疏落可觀。望和州鷄籠山，四圍斗絶，如鷄籠壁立，與他山特異。尹僕曰：『鳥道盤旋而上，其上可容數千人，惜無水，故不能避兵云。』

言有物，叙有序，文字清爽，此則日記置於桐城派散文集中，亦堪稱散文佳作。寫歷史人物、地形地貌、沿途風光，娓娓叙述，有聲有色，有情有景，宛如一幅山鄉水墨畫。行文如流水，語言清新雅潔，無雕琢之痕迹。於此可見，姚文然是一位散文高手，亦見其文學才能。

虚直軒日記摘抄上下篇則另具特色。不是記日常生活瑣事，而是借古論今，旁徵博引聖賢和時賢名人的言行，意在宣揚『憂道不憂貧』，以義爲利，從善最樂，規範行爲，樹立家風，以教育幼弟和子女，養身修德。讀此日記，可知姚家被時人譽爲『江南善人家』之緣由。姚文然告誡子女做人要仁要誠，言自己曉醒『三省』，現身説法，身教勝於言教。如在虚直軒日記摘抄上篇第三則寫道：

正理之言，勿以客氣助之。必從容譬喻，自歡然受益。故維摩經曰：『平其心地，一切皆平。』又宗家云：『當初只道茅長短，燒了方知地不平。』曉醒反復『三省』一章，因念爲人謀一事，發一言，須是從事之源頭上清將來，然後從流上徹底推究將去。此無他，仁則誠，誠則明。

姚文然宅心仁厚，清身潔己，樂善好施，終生如一。他對自己嚴，對皇上忠，對父母孝，對妻兒愛，對同僚誠，對朋友信，對親戚仁，對窮人慈，是一位正人君子，不愧爲清初名臣，人世楷模。

七

姚文然逝世後，其詩文作品有賴五子（姚士塈、姚士堂、姚士堅、姚士基、姚士塾）精心輯録整理，友人陳式、潘江，門人蘇瑋、鄧秉恒等精心校閱，刊刻印行，保留存世。姚文然著作刻本主要有姚士塈兄弟敬輯、同里陳式與潘江甫校的姚端恪公文集十八卷；姚士塈兄弟敬輯、東昌門人鄧秉恒甫校的姚端恪公詩集十二卷；姚士塈兄弟敬輯、貴陽門人蘇瑋甫校的姚端恪公外集十八卷，合稱姚端恪公全集，據詩集每卷下標注的紀年看，時間跨度從康熙四十年（一七〇一）至雍正七年（一七二九），稱清刻本。我們這次整理時，以此本作底本，參校不同時期的文集、詩集、外集、選集刻本，如康熙二十二年姚士塈等刻本、清廣仁堂刻本，以及道光、咸丰、光緒年間刻本等。在整理過程中，我們力求遵從古籍整理的相關規範和要求，對原文進行標點、分段，力求做到卷目、篇目清楚，閲讀方便。對一些形似字，如『己』『已』之類刻錯的，我們徑直改正；對冷僻的古體字、異體字，也儘量改爲常用字；對底本中缺漏字、模糊不清字，大多根據參校本予以填補，并出校記；對底本和參校本相異者，我們認爲底本正確的，一律不出校記，難以斷定正確與否的，出校記，供讀者參考；所有校記一律置於篇後，便於閲讀。同時，我們取得安徽博物院的大力支持，將其館藏的清代抄本端恪公筆記（實際是日記，順治十五年至順治十八年）予以整理，作爲附録，供讀者參考之用。收録由姚文然編纂并對姚文然思想産生影響的閑邪録，并參校清華大學圖書館館藏乾隆年間刻本，作爲附録，旨在幫助讀者更好地瞭解姚文然其人。我們搜集整理了姚文然佚文，以及清代人撰寫的姚文然傳記、墓志銘、行述、祭文等資料，作爲附録，旨在讓讀者更好地瞭解姚文然的生平事迹和他對清朝前期社會尤其在法制建設方面的貢獻與影響。

整理出版姚文然全集，是我們謀劃已久之事。二〇一六年，我們申報了全國高校古委會項目姚文然詩文集，得到立項支持。二〇一九年，北京師範大學出版集團安徽大學出版社將姚文然全集申報國家出版基金項目，獲批立項。這都給我們以極大的鼓舞。我們一邊搜集資料，理清思路；一邊開始點校整理工作，五易寒暑，互相交流，咨詢探討，終於完成整理工作。

在姚文然全集整理出版的過程中，安徽博物院領導、清華大學圖書館何佳先生給予我們支持；中國人民大學文學院朱萬曙教授、中國社會科學院文學所王達敏研究員爲申報立項撰寫推薦意見，給我們以鼓勵和支持；張啓兵先生整理閑邪録；安徽大學出版社陳來社長、齊宏亮總編輯和汪君等編輯，付出辛勤勞動；安徽省古籍整理辦公室賈東亮先生提出寶貴意見；學生朱楊幫助搜集資料，王振宇、高永輝、吴立法、鄭夢華等幫助録入部分文稿，他們都爲本書的出版，付出了辛勤勞動，在此深表感謝。

古籍整理是一件非常複雜的工作，要求高，難度大，加之我們能力有限，儘管作了艱苦的努力，但是書中難免會存在訛錯或不妥之處，衷心地歡迎熱心的讀者批評指正。

楊懷志　江小角

二〇二一年六月

姚文然文集序

孔子曰：有德者必有言。德者，其内也。言者，其外也。心之精微，人不能知，而施之於言，惟影響傳世行遠，爲聳動觀感之具〔一〕。何哉？誠之形也。誠積於中，雖其呐呐然不能出諸其口，而人莫不喻，而況乎其辭足以達之哉？稽之於書，咎繇之謨略而雅，周公之誥煩而悉，惟所趨之不同，而要其質誠無僞之心流於文墨之間〔二〕，以此獲乎上而孚於有衆，則一而已。實之不足，而托乎辭以爲工，是所謂徒有枝葉者也。故古之古子雅不居作者之名，而其言俱可爲經。後世萬無有幾之者。古者，德與言爲一途，而卒乃岐而二之也。

吾師姚端恪公自入仕任言責，後爲上卿，所歷皆法官，於國家利害、吏治得失、民生休戚，知無不言，言無不當，尤矜恤民命，惟恐一物之不得其所，纖毫出入之疑必折而歸之于中。其大者具諸章疏，而餘亦往往散見於他稿。公既没，而其子士塈等裒爲一集以行世，而屬序于菼，菼伏讀而嘆曰：『有以夫公之言，不徒以言而已也。』

公仁以宅心，敬以守己，念既出而受若職，豈可怠若事？其致主澤民之志斯須不忘，所建白皆天下大計，而尤推本於一人，故惓惓以調護聖躬節慎起居爲言。時菼獲侍講幄，見公叩首丹陛，言發涕零，言人所不敢言，而上受之不咈也。勿欺而犯，公何愧哉！在刑部推廣上恩，所全活甚衆。先是公爲科臣，已屢上慎刑之疏，至是益自發舒，不骩法，不市恩，一酌乎人心之安而猶恐失之。嘗刺一人於法，有不應而争之不得，公退而炷香長跪，自責久之。其刻己恕物類此。今讀公諸疏固可以想見，而白雲語録參酌諸例，鉅細畢貫，法律家可長據而守也。公嘗自書坐隅曰：『常覺胸中生意滿，須知世上苦人多。』又曰：『憂人之憂，樂我之樂。』又曰：『口口説誠，事事求誠，只是不誠。誠則中和，百病不生。』又曰：『病之起因不誠，起種種纏繞狐疑。』嗚呼！公之精神具此矣。

其爲有德者之言，以是夫故公之文，如食之有菽粟，久之有味；如藥之有參苓，餌之有補。豈欲以文辭自豪？而豪於辭者，莫得而窺其涯際也。公暇時爲歌詩甚富，蘊藉醇厚，有古風。平居一言一語皆可書垂帶，亦其生意之克滿者然也誠也。菼竊舉此以序，公庶幾其足蔽乎？嗚呼！學者由是集而得其門焉，其亦求誠之方也與？

康熙乙丑秋七月，門人韓菼謹序。

校記：〔一〕『動』，清廣仁堂刻本虚直軒文集作『聽』。

〔二〕『誠』，底本缺，現據廣仁堂刻本虚直軒文集補。

序

康熙十七年六月，先師端恪公薨於京師。閲五年，嗣君注若輩會稡其文集若干卷梓成，俾秉義序之。嗟乎！秉義何能序先師文集哉？獨是先師之惠澤在人間，言行在國史，而忠愛之隱、愷摯之情在兹集。秉義辱先師知遇，幸得托如侯芭之於子雲，其敢以不文辭哉！

竊惟大易曰：言有物。物者，立言之本也。故毗陵亦云：視其中必有一段不可磨滅之處，斯其文爲必傳之文。後世家挾丹鉛，人矜著作，諦視其中，龐然無有則，雖極雕章繪句，取青媲白之能事，究於文奚當乎？

先師不欲以文自見者也，感先帝與皇上特達之知，每事必竭其智慮，三歷省垣，剖誠露胆，知無不言，以至入臺端而統憲，聽棘木而祥刑，惟孜孜爲朝廷肅綱紀之權，洽好生之德。於家庭則承歡色笑，五十而孺慕依然。於朋友則相長相規，久要而臭蘭無間。蓋至性所注，充滿於倫物，溢而爲文，故讀前後奏疏及白雲語録，而見蹇蹇盡瘁之忠悃焉。讀所與當事諸書，而見利弊詳明之善道焉。讀途憶憶友諸什，而見屋梁落月，肫懇於師友之交情。讀記序諸體，而見原本經史、與夫通達古今之學術。以至長篇短牘隨所攄寫，莫不有固結不可解之性情寓於其中，故雖安瀾平野，亦見突兀峥嶸、魚龍變化，以其文爲有物之文，其斯爲文之至乎？

先師於書無所不讀，而尤邃於易，故集中於詮易特詳。論語云：五十學易，可無大過。止期無過，不期功也。先師兢兢於了凡功過格，奉行無間，然第借以報親恩，達惻隱，而其生平得力究以内訟自反爲主，故虛直軒所記於夢中嘗講三自反章，非與世之硃墨毫厘者比也。又江浙日記旅店中静坐，重負頓釋，宿病霍然，此又何異梁溪之旅店桃花乎？兹集出，必有讀而自得先師者，知不以鄙言爲阿所好也。

康熙癸亥六月既望，門下士昆山徐秉義謹書。

姚端恪公文集序

大司寇姚端恪公既薨之明年，其令子士塈輩相與收拾遺文〔一〕，惟恐失墜。又明年捃摭類次，鏤版以傳，以予忝公葭莩之戚，又辱公詩文之知，屬爲之序。

予讀之作而嘆曰：古稱太上立德，其次立功。若公者，其德足以表人倫，其功足以翊國祚，豈屑屑與雕章繢句之徒鬥工拙於文字間哉！然其學殖之所醖釀，才識之所剸割，往往於文字見之，千載而下，低徊慨慕，求公之所以立德與功者而不可得，猶可誦其詩、讀其書，而想見其爲人也。則兹集之傳，安可少哉？

以予觀公古文辭，如序記書啓諸作，皆卓然成一家之言，而其最大者莫如歷官諸奏疏及白雲語録。蓋公正色立朝數十年，一以忠君愛國爲心，於政府大議、法司大獄，與夫國體之得失、民生之利病〔二〕，靡不早作夜思，期於存大體而葆元氣，所敷陳條對皆切實詳明，務中肯綮，如岐擎之治病，深診其癥結所在，有是病即有是方，即有是應方之藥。又即有是防藥已病之方〔三〕，不以風聞塞白，不以訐擊沽名。其語録平反冤抑，劑以寬平，受代者至相與傳寫誦習，奉爲玉律金科，亦可以見其一班矣。

公少即工詩，予猶及見其諸生時唱和之什，大都沉浸醲郁，調高而響亮，可以叶宫商，被筦弦。請假而後，築竹里别業，以娱嚴親，益竱心肆力於詩歌，所著擬古詩如干首，直軼三唐而上〔四〕，嘗曰：『古詩温柔敦厚，其質也。至其神氣生動，思婦羈人之情狀，千年而下，如見其形，如聞其聲，或密而疏，似直而曲，建安則子建庶幾近之，唐惟李青蓮得其一二而已。』吁！公之論詩若此〔五〕，豈復有餘子在其目中哉！

公與同里樞部馬正誼先生皆覃思腐毫，力障詞瀾，而平生口不言詩。其全集皆歿後始出人間。視今之自命詩人者何如也〔六〕？或謂公奏議可匹陸忠宣，詩歌可匹杜少陵。然忠宣起家進士，詩寥寥無聞。少陵賦記表狀諸體亦少杰作，鮮有能兼之者。兼之者，其惟唐之樂天、退之，宋之永叔、子瞻，足以匹公乎〔七〕？樂天指陳時政，忠言讜議，奚翅佛骨一表，卒與退之均爲當路所擠，然長慶集所載古文辭實有可與昌黎頡頏者，而學者祇膾炙其詩，亦猶昌黎之詩實開東野、玉川、昌谷之先，而學者祇誦其文也。永叔、子瞻則裒然爲有宋詩文宗主，以公伯仲其間，洵可無愧。第子瞻宿直斗箕，動召尤謗〔八〕，又不若永叔遭時賢辟得以盡忠直諫，匡弼繩糾〔九〕，與杜、富、韓、范諸公照耀汗青。由是觀之，公之學，永叔之學也，其遇亦永叔之遇也。公之詩較勝乎永叔之詩〔十〕，其文之通達治體，曉悉事情，則全乎永叔之文也，又何疑焉！ 雖然〔十一〕，從來鉅公大儒文字之傳〔十二〕，亦若有天寓乎其間。

公集中諸奏議皆爲當宁所采納，凡訏謨碩畫，朝上夕報，可悉見諸施行。是公之文字其大者，有裨於國是。詩詞淵雅絶倫，久爲藝林傳誦。雖至稗記雜著，其格言至論足以動愚夫愚婦之信從。是公之文字，其小者亦有功於世道人心。在今日已歷歷有其可傳如是，况於千載而下，有不寶之如蓍蔡，佩之若韋弦者哉！ 然則，斯集之必傳也，必有神物呵護，以垂諸久遠，其無庸予言爲嚆矢矣。

康熙二十年歲在辛酉孟冬，同里年家姻弟潘江蜀藻氏拜譔。

校記：

〔一〕『令』，木崖文集作『嗣』。

〔二〕『病』，木崖文集作『弊』。

〔三〕『如歧摯之治病……已病之方』句，木崖文集缺。

〔四〕『所著』句，木崖文集缺。

〔五〕『吁！ 公之』三字，木崖文集缺。

〔六〕『公與……何如也』句，木崖文集缺。

〔七〕『足以匹公』四字，木崖文集缺。

〔八〕「宿直斗箕，動召尤謗」句，木崖文集爲「挺挺大節，每爲小人忌惡」。

〔九〕「繩糾」，木崖文集作「繩糾」，是。

〔十〕「較勝」，木崖文集作「亦近」。

〔十一〕從「雖然」始，木崖文集缺。

〔十二〕「來」，康熙二十二年刻本作「家」。

姚端恪公文集目録

姚端恪公文集卷之一

姚端恪公文集卷之二

姚端恪公文集卷之三

姚端恪公文集卷之四

姚端恪公文集卷之五

姚端恪公文集卷之六

姚端恪公文集卷之七

姚端恪公文集卷之八

姚端恪公文集卷之九

姚端恪公文集卷之十

姚端恪公文集卷之十一

姚端恪公文集卷之十二

姚端恪公文集卷之十三

姚端恪公文集卷之十四

姚端恪公文集卷之十五

姚端恪公文集卷之十六

姚端恪公文集卷之十七

姚端恪公文集卷之十八

姚端恪公文集卷之一

同里陳式二如
潘江木崖甫校
男姚士塈注若
士堂佩若
士堅庭若
士基履若
士塾庠若敬輯

請行選用舉人成例疏

禮科右給事中臣姚文然謹題，爲恭請遵行選用舉人成例〔一〕，以廣人才，以備任使事。臣承乏垣中，查得順治元、二年間，各直省舉人曾經赴部選擇除授推知等官，今多以俸薦優異，見在行取考選。此興朝科甲并用之成規，而亦舉人報效朝廷之明驗也。後因三年、四年連舉會試，士子争思進步於甲榜，而赴部選者寥寥矣。今鄉試屢行，人才日廣，且上自進士，下及貢監，皆得銓除，有司宣力民社，惟舉人一途未盡其用。臣請敕下部議，凡曾經會試下第舉人，願以有司自效者，或遵照元、二年選用成例，逐年舉行；或參酌揀選舊規，於每科會試後舉行，庶可盡人才而宏任使矣。爲此具本，謹題請旨。

順治六年三月二十六日題，本月二十七日奉旨：『該部議奏。』

校記：〔一〕『謹』，底本無，現據清廣仁堂刻本虚直軒文集補。

恩詔貴在實行疏

禮科右給事中臣姚文然謹題，爲恩詔貴在實行，欽恤尤所當急，敬陳末議，仰佐皇仁事。

臣查得恩詔之後，凡刑部應赦事件，立行清理，牢獄一空，此刑部諸臣仰體皇仁，速遵王言之效也。今詔使出都已五月矣，凡各直省該管有司亦宜遵詔立行清理。乃數月以來，少有題覆應赦事件者。臣思恩詔一到之日，即諸囚再生之時，而在外諸臣，因地方事務煩劇，不暇專理刑名，且有文移往返之繁，胥吏留難之弊，遂使覊滯獄底，度日如年。或至畢命於飢寒，殞身於疾疫。遲之一日，則有一日無罪枉死之人，是此應赦罪囚已生於朝廷之恩詔，而復死於怠玩之有司，非所以宣助皇仁也。臣查去歲曾奉旨議差恤刑，旋復中止，或以部寺事務殷繁，則印官儘可料理，其餘額員尚多；或慮偶有失出，則今肆赦之後，正可舉行以清。在外有司怠玩稽遲之弊，臣請天語嚴行申飭，并敕部議，照舊差恤刑，官員清理應赦事件，星馳彙奏，其條赦之外，或有罪重情輕，可矜疑原宥者，許專疏陳。請以聽部議，仍酌地方遠近，嚴定復命限期，如有遲誤，并治以罪，則清理有專官，報完有欽限，庶可信恩詔而全民命矣。爲此具本，謹題請旨。

順治六年四月初四日題，本月初六日奉旨：『恩詔久頒，該撫按何不速爲遵行，著勒嚴限，去有怠玩的，指名參劾。該衙門知道。』

請儲選清書言官疏

禮科右給事中臣姚文然謹題，爲請儲選清書言官，以通滿漢之情事。臣備員殿試執事，伏讀制策，首以滿漢同心合力爲念。臣思滿漢一家，感恩報主，無不同心合力之理，止因語言文字各殊，遂有間隔難通之處，前此兩科館選皆有清書，已見聖明遠慮矣。但以選員無多，僅充編纂，故未有改授别衙門者。臣請於新進士内，廣選庶吉士，其讀清書與讀漢書者，一體嚴加遴選，察其品行之端方，相其年力之强壯，考其學業之優長，務得真才以儲國用，待教習既成，亦與漢書庶吉士一體改授科道等官，或備不時召對，據情直啓，可省轉譯之煩。或出而巡方，亦便與滿洲駐防撫鎮諸臣言語相通，以收同心合力之效。况今科覃恩廣額，俱照丙戌名數，則取才不患乏人，而致治實爲要著，敬因制策直陳末議，伏乞聖裁，睿鑒施行。爲此具本，謹題請旨。

順治六年四月十九日題，本月二十二日奉旨：『該衙門知道。』

京南群盗日熾疏

禮科右給事中臣姚文然謹題，爲京南群盗日熾，謹酌直省地勢，俯陳控制機宜，以奠根本，以救民生事。臣伏見北直隸接壤山東、河北一帶，盗賊日熾，通衢阻塞，商賈不前，耕桑廢時，小民失業。兵到則東剿西遁，兵撤則勾連復起。臣熟籌其故，由地勢接連兩省，兵馬各有分疆。在巡撫無調遣總鎮之事權，而總鎮亦無越境窮追之剿法，是以狡賊得東西躲閃，逋緩天誅。臣思若仿江南、川、湖三邊之例，即將真保巡撫改爲總督衙門，其標兵官吏廨宇公費一毫不煩另措，但慎推威望大臣重其事權，舉直隸、山東及河北懷慶、衛輝、彰德三府悉歸統轄，兩省巡撫、總兵悉聽節制，則狡賊出没，總督可調遣各鎮兵馬，合力會勦。或扼其前，或截其後，勦有全局，賊無走路。此息盗安民，肅清畿輔之要著，事不繁而功甚大者。儻臣言可采，乞睿鑒敕下酌議施行。爲此具本，謹題請旨。

順治六年八月初十日題，本月十二日奉旨：『依議行，即會推堪任的來用。該部知道。』

委署濫用私人疏

禮科右給事中臣姚文然謹題，爲委署濫用私人，藐法縱蠹可駭，據實糾參，乞嚴察通飭，以除害民積弊事。臣聞歷來舊例，凡州縣正印缺員，其委署必用本省首領、佐貳等官，蓋印係朝廷之印，則官必委欽選之官。若本非職官，公然委署，是以外臣而侵部選之權，以私人而署民社之任，藐法干紀，莫此爲甚矣。臣向痛秦中吏治大壞，委署陋習恣行。聞有撫臣黄爾性之内戚而署印者，則署鄜縣之程伯起是也。有省城開當鋪之人而署印者，則先署同官縣，後署同州之陳猷是也。有本省之人，托稱劄委而署印者，則署扶風縣之馮捷是也。臣以風聞未確，不敢入告。及至吏部發臣等科中公同諮訪册至，臣細閲陝西全省三年内，見任去任大小各官并無程伯起、陳猷、馮捷等三人姓名。又詢閱户科所收陝西三年内錢糧印册，則程伯起署鄜縣，陳猷先署同官，再署同州，馮捷署扶風，到任離任年月日具存可考。臣未聞有此不奉欽依、不由部選之人而可公然委署，縱蠹殃民者也。以門下之私人署朝廷之正印，藐悖行私若此，中間情弊顯然。請敕吏、户二部，立查部册，詳覆并敕督臣孟喬芳確察擅委何人，濫委何弊，據實回奏。仰聽聖鑒處分，仍乞嚴行通飭，以除委署害民大弊，天下幸甚。爲此具本，謹題請旨。

順治七年正月二十六日題，本月二十九日奉旨：『著確察議奏，該部知道。』

親政之始察吏安民疏

工科左給事中臣姚文然謹題，爲親政之始〔一〕，敬陳察吏安民之首務，直明風憲溺職之本原，仰祈聖斷以佐澄清事。臣伏讀皇上親政明詔，殷殷於民間利弊必使上聞，朝廷恩意期於下究。臣謂皇上欲使上下有不隔之情，當使内外有相通之勢。臣愚以爲巡行察舉，其首務矣。朝廷設官内外分理，部院大臣不能出外，督撫重臣不能入内。惟巡按一官出奉王命，有弊必糾；入侍臺班，有聞必告；所以流通内外〔二〕，察吏安民，爲任甚重。故前此大臣會議將巡漕巡倉引部徑議革撤，惟巡按一差獨議暫停。停差則見其不可裁，暫停則見其不可久。停差之後，他處臣不能知，即如臣鄉巡按張慎學撤回之時，貪官衙蠹喜無忌憚。臣鄉大小諸臣可問。又如江西全省大亂初定，舊撫臣朱延慶於去年九月十九日病故，今新撫臣會推未久，入境尚遲，相隔半年有餘，中間貪官衙蠹誰人糾參？刑名欽件誰人審結？總無一欽差之官可飛章入告者。諸如此類，臣竊憂之。雖欲民間利弊上聞，何可得乎？

我皇上親政之初，正四海瞻仰之日，故臣謂察吏安民在特遣巡行始也。若皇上慮巡行不得其人，如前此大臣所議澄清無效者，臣謂此與巡按之差無涉，實因巡按之不得其人。巡按豈盡失人？總因都察院大臣之溺職也。巡按出有差規，入有考核，整肅憲綱，全在堂上官，即如諸大臣會議停差，言其供應煩多，承役騷擾，官民共苦等弊。時都察院本衙門堂上之官，即議本衙門之事，書名公奏，不敢置辯明明，認罪無辭矣。憲臣負罪若此，不聞引咎自退；巡按失職若此，不聞指名糾參。半年以來，不聞疏請甄別；皇上親政之始，不聞請旨特遣，坐使朝廷察吏安民之大典，停格於二三澄清罔效之匪人，徇私溺職，莫此爲甚。請皇上詰問憲臣，召羅徐起元等，堂上啓心郎洪朱喇喀等，都察院一衙門滿漢憲臣八九員，又有啓心郎等及理事僉堂近十員，率御史近五十員。賢者憤悶，無以自立；不肖者靦顏，有以自容。衙門設立何爲？風憲職掌何事？堂官愈多，憲綱愈壞，不加澄清，何以昭國法？臣故謂欲巡行之得其人，宜自澄清都察院諸臣始也。臣遵詔任怨，干犯權要，乞皇上睿鑒，下内院六部大臣會議，如諸大臣以臣言爲妄，請皇上萬幾之暇，俯賜召對，容微臣一人與諸大臣面議異同，各竭臣忠可否？ 請自聖斷，臣不勝激切之至，爲此具本，謹題請旨。

順治八年二月十八日題，本月二十二日奉聖旨：『著會議具奏，吏部知道。』

校記：〔一〕『謹』，底本缺，現據清廣仁堂刻本虚直軒文集補。

〔二〕『流』，清廣仁堂刻本虚直軒文集作『疏』。

直陳東南水災疏

工科左給事中臣姚文然謹題，爲直陳東南數十年未有之水災，請量折來歲必不能完之漕米，敕部酌議變通，以下蘇民命，上不誤國儲事。臣惟國家經制，每歲運東南漕米數百萬石，以實京師，計費數石而運一石，蓋以東南爲出米之鄉，西北爲用米之地，通其有無，以備荒歉，故不計道路轉輸及船閘、人夫之費也。

至於今歲，則與往年時事大不相同。臣請迫切陳之：今歲江南、浙江一帶水災異常，見經撫按諸臣屢疏入告，聖心憫惻，奉旨察議。而近時昆山、吴江各縣士民亦以水災奇荒，匍匐數千里，伏闕上疏，據所聞見，苦不忍言。至於直隸、河南等處皆年歲豐熟，夏麥秋禾價值甚賤，亦爲數年所未有。是東南反苦於無米，而西北不患於無糧。此天時與往年不同者，一也。又數年來，漕政積壞，兑米水次，將銀折米，留米於南，挾銀而北，名曰『折乾』，故南有餘積之米，北多挂欠之糧。我皇上親政，漕務肅清，盡革『折乾』之弊，糧米顆粒登舟。計今歲抵通者，較前兩運可多米百十萬石，是東南之積米一空，而京通之儲藏宜倍。此人事與往年不同者，一也。方今江浙大水，一望汪洋，田不得耕，米從何出？米不得收，糧從何徵？七月尚報水灾，九月便徵漕米，是今年極力徵米，米無可徵。明年百計催漕，漕必多欠。民困既不得蘇，國儲又必至誤。臣待明歲爲皇上言之晚矣。

臣考漕運議單一款，各省直遇有灾傷，奏留奏免，改折又一款。灾傷改折漕糧，查被灾八分以上，七分以下，分別折價，具有成例。臣請敕部速議，將江浙漕米量行改折，酌定分數價值，下該督撫按，察勘所屬地方，以被灾之重輕爲改折之多寡，勿使灾輕者折多，灾重者折少，致苦民不沾實惠。且今歲漕米抵通者數溢往年，乞敕部細查兑放若干，餘堪收貯京通倉若干，以備來歲湊給軍糧之用。又西北各省大熟，糧價甚賤，或將漕米改折銀兩，及省出脚價等費，催解貯部，以備一時收買雜糧之資。如此，則國儲不誤，民命得生，通變權宜，計無出此。不然，今年不議改折，明年便成挂欠。紙上索糧，不可充飢。欠後追銀，不及措餉。東南財賦之區，灾傷之後逃亡日多，隱憂方大。臣疏具在，言責盡矣。事關重大，貼黄難盡，仰祈聖鑒施行。爲此具本，謹題請旨。

順治八年八月十六日題，十七日奉聖旨：『户部速議，具奏。』

永平造城抄參

工科抄看得捐助，原經奉旨：『有不能親自解京者，可將姓名、籍貫，并所助錢糧數目詳悉寫明，投送工部。其錢糧交付該管督撫，解送工部。該督撫仍備造捐助姓名、籍貫、錢糧數目文册具奏，捐助之人，酌量恩叙。該部登簿記著，蓋捐助之人自將錢糧數目投部，所以防在外之侵冒。督撫造捐助者之姓名、籍貫，所以備在内之稽核。』王言甚重，立法甚周。今巡鹽御史崔弘所奏，衆商共納助餉銀一萬八千兩，正與不能親自解京之例相符，但各商果否造數投部，而疏内并未開明各商姓名、籍貫，又未開明某商捐助若干，似與仍備造姓名、籍貫、錢糧數目文册具奏之旨相悖，貴部將何登簿？此後憑何恩叙？似應查明通行申飭，以重前旨，以防侵冒，以勸急公，抄出詳之。

姚端恪公文集卷之二

弓箭四散非宜疏

工科左給事中臣姚文然謹題，爲弓箭四散非宜，請旨停發，以防盜源事。臣見近日城市内外賣弓箭者甚多，每弓一張、每箭百枝，止賣錢百文，或數十文不等。聞係内庫舊藏弓箭發散各旗，旗下各丁不用南弓竹箭，勢必賤賣，價賤則販買者必多。貨積則轉載而四出，臣竊以爲非宜也。今年直隸、山東、河南等處，或苦河決，或苦水潦，歲歉民窮，盜賊易起。且一人用錢二三百文便得弓二張、箭數百枝，較刀鎗等器，既省十倍之錢，又能殺人於百步之外，以之截商劫村，爲勢甚便，爲害不小。臣請除從前已發者不宜追論以滋紛擾外，此後内庫所藏弓箭勿再發出，著爲永令，亦弭盜豫防之一端也。伏乞聖斷施行。爲此具本，謹題請旨。

順治九年八月初三日題，本月初四日奉聖旨：『著酌議速奏，兵部知道。』

漕折已邀聖恩疏〔一〕

工科左給事中臣姚文然謹題，爲漕折已邀聖恩奉行，貴在切實，請旨速飭以防溷冒事。臣惟我皇上軫念南北灾荒，俯允部議，量折漕米，且天語諄諄，務令灾黎均沾實惠，堯舜猶病之心，何以逾此？臣愚謂惠本出自朝廷，而令民沾實惠者，則有司奉行之責也。蓋漕折款項既多，規則新立，小民難以周知，官吏易於作弊，且米價甚貴，折價稍賤，多寡之際，即有侵漁。遲速之間便生朦溷，或有既折正米，復將免折耗米溷算入隨漕銀兩項下，一同徵折，是既徵改折正米之銀，又徵免折耗米之銀也。此謂重折之弊。或有先徵漕米，及改折文至，不肯退米於民，托言候别項銷算，反再徵折價，是既徵米又徵銀也。此謂重徵之弊。或府縣户書表裏爲奸，將布政改折文書暗行停閣，先期嚴比勒限正耗米全完，然後張挂藩文，折銀彙解，是百姓所納官者重價加耗之米，而官所解布政者，輕價無耗之銀也。此謂先後那移之弊。或有一府一縣之中折數本多，而貪官奸吏詭言折少，希圖多徵漕米，巧肥私橐。是百姓所輸重價之米，其數不全納於朝廷，而朝廷許折輕價之銀，其恩又不盡沾於百姓也。此謂多寡朦溷之弊。如此弊端不一，皆臣鰓鰓過慮，恐灾黎不得沾實惠者此也。

方今總督漕臣剔厘夙著，巡漕臣叱馭方新，有弊必燭，有聞必糾。但臣以爲糾繩於事後，不若嚴飭於事前。請敕各省藩司速將户部改折全疏及某府某縣改折漕米若干石細數，一同刊示，勒定限期，下之郡縣，頒之學宫，使地方處處張挂，百姓人人知曉。又耗潤米一項最易溷徵，本年二月二十一日户部題覆遇灾改折，止折正米，原無并折耗潤等米之例，自應免徵。奉聖旨是欽遵在案。再祈天語明行申飭，其有郡縣奉行不實，巧於作弊者，總漕、巡漕及該督撫按諸臣立以白簡繩之，而今歲江南、浙江、江西、山東、河南五省，按臣正同時奉命出京，其躬巡郡縣之時，體察更易，糾劾必嚴，庶灾黎均沾實惠，不負天語之叮嚀矣。爲此具本，謹題請旨。

順治九年十一月二十六日題，本月二十八日奉聖旨：『著嚴飭行，如有這等情弊，漕運總督、巡漕御史及該督撫按指參重處，不得朦蔽溺職，該部院知道。』

校記：〔一〕此疏題清廣仁堂刻本虚直軒文集卷之一爲『漕折宜沾實惠疏』。

聖恩浩蕩如天疏〔一〕

工科愛惜喇庫哈方臣散都、左給事中臣姚文然謹題，爲聖恩浩蕩如天，愚忠不敢不盡，敬陳芻蕘，以廣皇仁，以存國體事。臣等元旦朝賀之後，叨蒙聖恩，均沾賜宴，感戴無極。復特宴院部卿貳諸大臣於内殿，而臣衙門六科都給事中亦與其内，天顔咫尺，恩隆情渥，仰戴我皇上優禮大臣及厚待言官至意，雖古堯舜時上下一德一心之盛，何以加此？皇上待大臣若此其優，而大臣不能竭力報效，是大臣負朝廷也。皇上待言官若此其厚，而臣等猶避忌不言，是臣等負朝廷也。

臣有愚忠，敢一陳之，臣惟朝廷之待大臣，平日則遇以恩，使竭其力。有罪則存其體，使愧其心。唐太宗皇帝時嘗引囚至岐州刺史鄭善果，唐太宗曰：『善果官至五品，不爲卑矣。今雖有罪，豈得與諸囚爲伍？』敕自今五品以上犯罪，聽於朝堂候旨。又自成周以來，歷代帝王及會典開載至本朝大清律，皆有八議之法。其曰議功者，言有能或斬將奪旗，或開拓疆宇，有大勛勞者也。其曰議貴者，言爵一品及文武職事官三品以上者也。凡此八議之人非犯十惡大罪，其犯他罪，俱與平人不同。以見大臣雖有負朝廷之事，而朝廷終不失待大臣之體，恩至厚也。臣聞近日兵部滿漢諸大臣皆因負罪鎖禁發門，臣深恨其身爲大臣，有負皇上弘恩，但念諸臣皆官列大僚，素叨豢養。今寒天凍夜，冷鎖三重，寢食艱難，便利不寧，恐有衰年老憊之人積成疾病，是不死於國法，而或死於天灾，非所以廣皇仁也。且發在各門上通衢大路，萬目觀瞻，功臣貴臣免冠帶鎖，愧辱難堪，非所以存國體也。臣知我皇上至仁至慈，念及於此，必有惻然不忍者矣。臣愚謂大臣有犯，自可發於刑部，令人看守，待其審明案定，治以應得之罪，免其帶鎖發門，以明朝廷優待大臣，雖經犯罪，猶與平人少異，則國法聖恩并行不悖，如雷霆雨露并降自天，非臣下之所敢望也。儻皇上以臣言爲愚忠可采，國體有關，仍乞著爲永令，使傳之天下，垂之史册，謂恩禮大臣永除帶鎖發門之令，自我皇上而始，雖宋太祖傳國戒碑，不足爲美矣，豈不盛哉？

蓋皇上立心欲爲萬世第一聖君，皇上立法當貽萬世第一良法。臣區區之忠非止爲一時一事言也。臣當皇上明法敕罰，天威震赫之下，而不敢不盡愚忠者，亦以皇上厚待言官，至於宴樂一堂，恩同覆戴，又新奉上傳，許以直言無罪，不忍不圖報效於萬一也。事關重大，貼黄難盡，統祈聖鑒施行。爲此具本，謹題請旨。

順治十年正月初六日題，本月初九日奉聖旨：『這本説得有理，以後滿漢諸臣有犯貪惡重大事情，應發刑部審問者，在部守候，不必鎖拿送門。審有實據，引律擬罪，奏請處分，該部知道。』

校記：〔一〕此疏題清廣仁堂刻本虛直軒文集卷之一爲『請免大臣帶鎖發門疏』。

切陳臣子至情疏

兵科都給事中臣姚文然謹奏，爲切陳臣子至情，仰祈聖恩俞允，以廣孝治事。臣惟我皇上以孝治天下，恩詔推錫類之仁，使臣子得遂省親之願，曲體下情，德澤深厚。又見我皇上孝思篤至，格於在天，凡爲人臣人子誰不感動涕零？切念臣濫列清華，自慚瘝曠，服官京邸已邀七載之皇恩，臣父母遠在家鄉，未盡一日之孝養，每一念及，中夜徬徨。又臣父今歲寄臣書，言臣母年來多病，舌本時時强硬，心中時時朦朧。臣每捧家書，憂思鬱結，無可告語。臣惟人窮則呼天，疾痛則呼父母。當我皇上孝治天下之時，臣有此實情，敢不實陳於皇上之前乎？仰祈聖慈給假歸里省親，臣朝夕頂踵皆感天恩矣。至於臣七載暌離，依戀膝下，臣母多病，恐非旦夕可望平復，臣雖有兄弟侍養，難代臣身。雖代臣身，難代臣心。儻蒙皇上格外之恩，准臣終養，則臣年三十有四，報國之日方長，既盡孝養，再矢捐糜，自此有生之日皆圖報之年。又臣之至情迫切，而不敢直陳者也。聖恩未報，遽訴私情，臣罪實深，臣心實苦〔一〕，亦以幸逢達孝之聖主，敢陳烏鳥之微誠，拜奏涕零，無任戰栗，待命之至。爲此具本，謹具奏聞。

順治十年五月十七日奏，本月十九日奉聖旨〔二〕：『該部知道。』

校記：〔一〕『臣罪』句，清廣仁堂刻本虚直軒文集缺。

〔二〕『本月』二字，據清廣仁堂刻本虚直軒文集補。

遵查舊例以廣皇仁疏

户科給事中臣姚文然謹題，爲遵查舊例，以廣皇仁事。臣叨與朝審之末，見今歲秋決重犯，較往年人數衆多，深可哀惻。因查順治十六年江南道監察御史羅璧等題爲處決重囚事内，稱該刑部遵將情真各犯通綁押赴市曹。該臣等遵照舊例，開列重犯花名具題，伏乞睿裁，擇其情罪重大者，御筆酌賜勾除，敕下，臣等遵奉御勾，以便行刑；其餘仍發回監候等因，奉旨勾了的便決了，餘著牢固監候。臣竊思歷來舊例，朝審之後，各犯綁赴市曹之時，雖已情真罪當，猶必開罪犯之花名，請御筆之親勾，總以民命至重，死者不可以復生。仁主好生，生者不忍其立死，且各犯内情皆真矣，而情之中又有重輕，罪皆當矣，而罪之中又有小大。舊例情罪重大者，御筆酌賜勾除，便行處決。其餘仍牢固監候，不過少緩其一時之死，使天下臣民仰見皇上惻隱之心。究未嘗縱釋，以虧朝廷之法。況當御筆勾除之時，費聖心幾回矜憐，將情罪幾番斟酌。我皇上春秋方盛，仁政日新，推廣此一念好生之心，實培養國家萬世無疆之福。先儒孟軻曰：『以不忍人之心，行不忍人之政，治天下可運之掌上。』所關甚大，原不止爲此一時一事起見也。臣謹仰體皇仁，查例題請，伏候睿鑒，酌賜施行。爲此具本，謹題請旨。

康熙五年十月十八日題，本月二十四日奉旨：『秋決人犯，九卿科道會同詳審，情罪可疑可矜者減等，情罪真者即行正法。此係定例。姚文然、孫際昌既在會議之列，各犯内果有情罪可疑可矜的，即應於會議之處說出。今請緩決，自爲仁慈，市恩於下，具奏殊爲可惡！著吏部議處具奏。』

考成之奉行不速疏

户科給事中臣姚文然謹題，爲考成之奉行不速，國賦之逋欠日多，請敕部酌議，責成巡撫之法，以信考成，以速國課事。臣思國家所重者錢糧，而錢糧之完欠全係於有司之考成。其初次未完者，該撫題參，該部按其未完分數，或停陞，或降級、革職，俱戴罪督催在案。其參後續完者，該撫題報户部覆准，敕下吏部查銷，謂之開復，有懲有勸，立法甚善也。使各官舊欠一完，便可開復，不得升轉，則各爲自己功名，必急於催徵以完國賦，而逋欠有不早完者乎？臣辨事垣中，見題報章疏，如繁峙知縣戴璽未完順治十七年錢糧，本官於順治十八年及康熙元年正、二月内起解全完，直延至康熙六年三月内始行題請開復。又如會昌知縣王志鼇未完順治十八年錢糧，即於順治十八年十二月内起解全完，直延至康熙五年九月内始題請開復。已經户部駁查其餘。若此等類恐正不止此也。則此完糧以後未開復，以前此數年中間，各官舊欠雖完，而停陞、降級、革職，戴罪督催，俱如故也。本無可催而部册仍注督催；本無罪而部册仍注戴罪。已完之官與未完之官，一例沉滯不得陞轉，宜乎勞吏灰催徵之心，逋欠無早杜之日也。

臣愚以謂有司開復一事，原係巡撫專責，但因舊例相沿，未定有一年必結之期，是以有數年不結之案。今欲徹底稽查，惟在每年帶徵考成一册，蓋帶徵册者，專爲查歷年舊欠之續完與仍未完而設也。其册内原有仍未完各官職名分數，亦開列續完各官職名分數。其未完各官，該撫既有接參其續完各官，該撫自應題請開復，庶幾賞罰分明，人知懲勸。以國賦而論，無不算欠，又不算完之糧；以國法而論，無既不接參，又不開復之官也。今因開復無有定限，任憑該撫題報，該撫又候各經管錢糧衙門申詳，其該經管衙門又候有司自具申詳，竊恐過一衙門，即有一次使費，經一番駁查，即需一番打點，以致文移往返，耽延歲月者，皆不可定，其弊可勝言耶？臣思有司求上司開復甚難，責成上司爲有司開復則易，非爲有司也，爲國課也。

臣請敕部酌議行各該巡撫申飭各該經管錢糧衙門，於各官續完錢糧解交貯庫，給與批收之日，一面星速申報，以憑該撫陸續具題。其一切經管錢糧衙門，縱有奸胥猾吏，但能留難有司，誰敢留難巡撫？自然文移迅速，雷快風行，而部中於帶徵册到時，將巡撫一年内題報開復科抄逐一查閲，如册内報有續完各官職名，而該撫未經具題者，即行摘參。如此，則開復一案，疏題於前，册報於後，互相稽核，一年定結一年之局，安得有如從前完糧五六年而不得開復之案哉？從此勞吏踴躍於催徵積欠，因之而早杜。當此錢糧匱乏之時，所關非小。臣一得之愚，乞敕部詳議施行。爲此具本，謹題請旨。

康熙六年閏四月二十二日題。二十七日奉旨：『該部議奏。』

開復之駁查太繁疏

户科給事中臣姚文然謹題，爲開復之駁查太繁，章奏之煩瀆日甚，請敕部酌省，以鼓勞吏，以速國課事。臣辦事垣中，見每月本章較往年多至數倍，細思其故，總由於駁查之太多，而户部駁查本章，惟開復一項爲尤多，甚至有一駁以至屢駁，内外往復，叠瀆宸聰。一案而數年不得結者，在部臣以錢糧爲重務，詳慎爲盡職。凡事駁查再三，不過小心敬謹之意，而臣竊有議焉。

蓋户部較别衙門原屬繁難，其錢糧款項既已多端，卷案動連數載。凡事宜省之於始，譬之藤根既斷，藤蔓不生。即如開復一事，總以錢糧之完解爲主，其間有必應駁查者，有不應駁查者。臣請得而詳言之：如開復疏册内續完錢糧與原參數目不符者應駁，年月舛錯者應駁，未報明解司日期、未注明領有批收字樣者應駁；至於錢糧完訖解訖，該撫題報明白，則無可駁矣。而部中又或駁查其續完銀兩作何支銷，行令該撫再題。夫駁至支銷款項，既已頭緒繁亂，無有了期，何況支銷款項，該撫登答明白，又駁云：未經奏銷，難以查核。候奏銷到日再題耶？錢糧各有職掌，其徵收完解者，有司之責也。解到藩司，領有批回之後，而有司之事畢矣。此後支銷不清，宜問之藩司。奏銷不清，宜問之督撫。此與有司何涉？今開復疏内爲此一駁屢駁，是以藩司、督撫之事而問之有司矣。豈不可省耶！

臣又見近日部覆山東巡撫周有德自請開復一疏，其覆疏中先云：未完銀兩既經該撫查明全完，造册題報，則巡撫原參停升之案，請敕吏部查銷，後云：續完銀兩支給鎮標，康熙六年分餉銀一千五百兩，俟年終奏銷，到時查核。以此推之，則凡各官開復，不必待奏銷之後明矣。部覆又云：其餘銀兩支銷各款仍應備細開報，以憑查核。則以此推之，凡各官開復，不必待支銷開報之後又明矣。然則，部中於開復事例原可簡明直截，特題覆中間有參差不一耳。夫各有司之開復，皆由各地方巡撫之題報同一巡撫也。爲自身題報開復則足信，爲各有司題報開復則不足信，必需駁查同一奏銷也。支給餉銀一千五百兩爲數甚多，既可不候奏銷，先准開復。至各有司案内，如泰興知縣李馨所完銀九十兩，據該撫題報，補還康熙五年協餉訖。邵武知府汪麗日所完米二十五石，據該撫題報，支給康熙五年兵米訖，俱爲數甚少，反蒙駁查，必候奏銷，到時再題，不即准其開復。如此之類，非考成畫一之法也。

臣愚以爲此後部覆開復本章，當皆以所覆東撫周有德之疏爲式。其有司開復，但經該撫題報完解明白者，先請敕下吏部查銷，其支銷奏銷各項專責之藩司、督撫，與有司無涉。其餘有不應駁查款項概從簡省，則章奏無煩瀆之擾，考成有畫一之法，鼓勞吏而速國課，所關非小。如臣言不謬，伏祈敕部酌議施行。爲此具本，謹題請旨。

康熙六年閏四月二十二日題，二十七日奉旨：『該部議奏。』

流抵必載由單疏

户科給事中臣姚文然謹題，爲流抵必載由單，蠲免方沾實惠，敬陳一簡明可行之法，以杜官吏侵冒之弊事。臣惟蠲免災荒係朝廷至大之恩，除本年應蠲錢糧即於本年扣免外，亦有本年納户之錢糧收完在前，奉蠲在後，則以本年應蠲伊等錢糧，抵伊等次年應納正賦，名曰『流抵』。此乃朝廷爲民委曲體恤德意，若不使人人均沾實惠，則蠲免徒有虚名，豈不虚朝廷大恩乎！欲使人人均沾實惠，必須將流抵一項填入由單。蓋由單者，各州縣每年每户各頒一單，以爲徵糧之據。户户皆有，人人盡知。故名曰易知由單也。

臣查康熙二年内，户部覆科臣史彪古由單關係國賦等事一疏内，稱各直省應蠲免錢糧流抵次年者，如科臣所請填入次年由單，請敕各直省巡撫嚴飭通行，奉有俞旨，遵行在案，誠以由單爲最重也。及臣查康熙五年分，各直省已送到臣科奏銷册内，除山東蒙恩全蠲外，其餘各直省康熙四年蠲銀應流抵康熙五年正賦者，約有十數萬兩。又查各直省送到臣科康熙五年由單，互相查對，竟未有開載流抵一項者，臣竊異之，以爲奏銷册者，報於朝者也，既有流抵一項，由單者頒於民者也，因何又無流抵一項，豈各地方官竟皆不遵旨奉行耶？再四思維，而後知流抵一項不填入次年由單者，非盡地方官之不奉行也，勢不能也。何也？部題定例：次年由單於上年十一月頒發里民，計該州縣磨算錢糧數目款項，造成式樣送布政司磨對，必須在上年九、十月間，而各撫題報灾傷，夏灾報在六月，秋灾報在九月，計題報到部又需月日，部中具覆行查被灾分數花户去後，必候該撫查回再題，部覆奉旨，然後行咨該撫，又轉行各地方官，極速已是本年十一、十二月，及次年正、二月間，久已在頒發由單之後矣。何從填入乎？是則流抵一項究竟無填入次年由單之法也。流抵竟不填由單，則部中所取者，地方官印結耳，然印結不過出於官吏之手，民間未必知也。又所申飭該撫不過大張告示耳，然不肖官吏，或有匿告示而不張挂者，即張挂不過數日，城市知之，而遠鄉愚民安得人人盡知也。竊恐貪官奸吏因此侵冒者，不少矣。

臣思之又思，流抵一項不填入由單，則不可；欲填入次年由單，又必不能。則於開徵之前，曉諭里民之法已窮，然既必不能曉諭於前，亦必立法稽查於後。唯有於流抵之下年填入由單之一法，譬如康熙五年免灾錢糧應流抵康熙六年者，自應於康熙六年抵免訖，即於康熙七年由單之首填入一款内，開某府某縣於康熙五年分，蒙皇恩蠲免本縣重灾田若干畝，每畝免錢糧十分之三，或次灾田若干畝，每畝免十分之二，輕灾田若干畝，每畝免十分之一，合縣共該免銀若干兩，除本年已免若干兩外，尚該流抵銀若干兩，俱於康熙六年分内，於原被灾本户名下額賦，各照分數流抵訖，并無官吏侵欺等情。此後方刊入康熙七年分地丁額賦等項，譬如奏銷册内，各州縣錢糧先開上年舊管之式也。如此，則由單之上增刊不過百餘字，而朝廷應蠲之分數與本地方已抵免之銀數，每户各執一單，一目了然。蓋明布朝廷之大恩，刊載於由單之上，即暗取有司之結狀，分送入百姓之手。儻有不肖官吏將上年被灾各户額賦，未與流抵及流抵而短少不全者，灾户即可執此由單赴上控告，即有富而懦之民不敢赴控，然上年溢完之銀，雖不能退還，而本年應納之銀，亦可扣算。此法一行，則即有不肖官吏於流抵之年，雖欲隱匿肥己，而恐有下年之告發，亦預有所忌憚，不敢恣意肆行矣。至於有應蠲免本年錢糧，即於本年蠲免者，則本年由單須發在上年，錢糧蠲免在本年。愈無從填入相應，亦於蠲免之下年由單之首，照依此式，填載明白，但改流抵字様爲蠲免而已，立法不難，行之甚易也。而更有要緊稽查一著，則在每年由單到時，其中有蠲免流抵款項，該部科將上年奏銷册内某州某縣所開蠲免流抵銀若干兩，米豆若干石，顔料、麻膠等若干斤，逐一磨對，如有册内報數多，而由單上開數少者，即行指參查結。如此，則册與單畫一，上之奏報朝廷者有此數，下之頒發百姓者亦同此數，一兩一錢不得參差，官吏無所容其侵冒，不虚朝廷至大之恩矣。

又臣查康熙四年、五年分錢糧應流免，康熙六年分者約計有數十萬兩，今時已仲夏，百姓沾恩正在此時，祈敕部速議通行，使有司知朝廷立有稽核之法，便可預遏其侵冒之心，事關錢糧，語多瑣碎，字復逾額，貼黄難盡。但以朝廷數十萬錢糧觸抵須有實用地方，數百萬黎庶觸抵須受實惠，所係重大，故寧冒繁瀆，不厭詳明，統乞鑒宥，采擇施行。爲此具本，謹題請旨。

康熙六年五月初四日題，初九日奉旨：『該部確議具奏。』

姚端恪公文集卷之三

檢舉疏

户科給事中臣姚文然謹題，爲檢舉事。查得户部於康熙六年正月内覆安撫張朝珍懇電錢糧等事一疏内，稱該撫疏内開江寧知府陳開虞事在赦前，行查去後。今臣於本年五月内磨對康熙五年十二月録書，將紅本較閲，其該撫本内原寫陳開虞事在赦後，則此訛『後』字爲『前』字，係臣衙門發抄失於磨對之咎，與該撫無涉。但該撫原本已發存在臣科，臣若不聲説明白，該撫無由知其原本不錯，理合檢舉。又查發抄簿，此日係臣發抄，與同科漢官無涉。又發科抄内該撫看語，并貼黄滿漢字俱無錯誤。此所訛漢字在全抄内，其滿字舊例不寫全抄，無從磨對，則此與臣同科滿官亦無涉。其磨對不詳之咎，獨在微臣一人。伏乞敕部察議施行。爲此具本，謹題請旨。

康熙六年五月初四日題，初九日奉旨：『該部議奏。』

采木有當嚴飭疏

户科給事中臣姚文然謹題，爲采木有當嚴飭者三，請敕通行采木地方督撫，以省官役借名詐害累民之弊事。臣聞朝廷安民之道，在於省事而已。然有必不可省之事，則當就此一事之中，思其借事生端，苦累小民者，而預禁之，則事行而民不擾，事畢而民不困。臣見近日工部題疏内照會典開載：於四川、湖廣、江西、浙江四省，并新增江南一省，共五省地方查采大楠木，以備大工之用，此所謂必不可省之事也。但臣向在田間，風聞各省造船采木一事，除有司之賢者，自然奉行無弊。其不肖官役有借事嚇詐之弊二，有假公行私之弊一，敬因采木而詳陳之：一曰民間宅内之木原自不多，有不肖官役指稱封取，小民思量，若采此木，必須毁墻拆屋，方可搬運，其費甚多，勢必用錢賄買求免，所謂借事嚇詐，此其一也。一曰民間墳墓之木，在地理風水之説，以護墳之木爲最重，一有砍伐，則震驚墳墓，子孫受殃，有等不肖官役訪知地方有富民墳墓在於某處，便出票行查有無木植，若用錢則免，不用錢則封記砍伐，小民因墳墓所關，只得費錢求免，所謂借事嚇詐，此又其一也。一曰不中式之木，蓋部中采木原有定式，木有一定名色，又徑幾尺，長幾丈尺，方爲合式。有不肖官役除將中式木植應行采運外，又將不中式之木借名多采，唤集民夫，或自山中運至城邊，或自鄉村運至水次，或打造器具留入官衙，或打造船隻以獻上司，所謂假公行私，此其一也。臣閲工部疏内云：需用大楠木，則不采别樣木植明矣。又云：該督撫查見有采就木植，或山中出産木植，則不采墳間宅内之木，又明矣。又云：查長徑尺寸根數，需用錢糧確估報部，則長徑尺寸不中式之木，不行采取，又明矣。但部中咨文與督撫牌票不過行於州縣而止，民間耳不得聞，目不得見，何由知某項木爲應采，某項木爲不應采乎？以致不肖官役及上司差官、奸商土棍，借名生事，小民苦累無窮。臣請敕下各該督撫，於所屬地方一面嚴飭，一面體訪，儻有因采木而生事擾民，如前所言等弊者，特行題參，仍給發告示，遵照部文備載：民間宅内之木不采，墳間之木不采，不係楠木及長徑不合式者不采，并嚴檄州縣官照樣刊刻，務使城市鄉村通行張挂曉諭，不許藏匿。如此，則民間曉然，知某項木爲應采者，應公家之用。某項木爲不應采者，不至受官役之欺。雖有不肖官役欲借端嚇詐，假公行私，既畏上司之察訪，又慮民間之告發，其勢不可行，其弊亦自止矣。臣因事關五省之廣，敬陳一得之愚，伏乞睿鑒，采擇施行。

爲此具本，謹題請旨。

康熙六年六月二十一日題，本月二十六日奉旨：『據奏五省地方察采大楠木以備大工之用，不肖官役、上司差官、奸商土棍，借名生事，小民苦累等語，作何嚴禁？該部詳議具奏。』

開徵之限期久定疏

户科給事中臣姚文然謹題，爲開徵之限期久定，來春之兵餉宜籌，請敕部速議，使軍需毋誤，民困永甦事。臣伏念我皇上愛民緩徵，夏税定於五、六月，秋糧定於九、十月，此前遵古帝王歷代沿行之成法，而後開國家千萬世之良規。皇仁天大，民悦雷呼，誠盛事矣。但臣見年來各處兵餉俱動本年所徵銀兩，爲支銷本地及撥協别省之用。見今順天撫臣甘文焜疏請撥各鎮兵餉限期，及山西撫臣楊熙疏請解各省協餉限期，俱蒙部覆，敕下該撫照限開徵，隨收隨解，毋誤軍需在案。臣查催徵兵餉舊例，四月内完三分之二，八月内全完。今兩撫臣所請者不過三分中之一分，爲數既少，且舊限完餉在八月，新限開徵在九月，相去時日不甚相遠。或可隨收隨解，不誤軍需。若明年兵餉開支在於正月，而民糧開徵在於五、六月，相去將及半年，安能隨收隨解，不誤軍需乎？

臣查每歲兵餉約計二千餘萬，以一季算之，應得五百萬。除今年各處裁兵節餉，定額未到，難以預算，約略計之，明春一季餉銀恐尚需四百萬也。臣又查各省錢糧，除地丁外，其餘最多者爲鹽課，次則關税，又次則蘆課、錢息、當税等項，有定額之銀，每歲約共三百九十萬餘兩。然或按季徵收，或逐月收取，合之雜税贓罰，原無定額等項，約略來春一季所入不過百萬餘兩，合計來春一季所入，較一季所出，尚需預措三百餘萬兩，若待臨時督撫題請，則軍需孔亟，勢不能爲無米之炊，恐將恩綸定限不得不又議變更，豈不虚我皇上愛民緩徵之良法美意乎？

臣請敕下該部速行酌議，通查各處今歲兵餉已撥過若干，算除裁過兵餉應扣貯餘剩者若干，以備來春兵餉之用，并查各處變價銀兩從前駁回增估有至數年不結者，計每次駁出所增估價無幾，應否速允速解，或就本省撥本省，以備來春兵餉之用。又查裁官經費銀兩，新經裁缺應扣貯者若干，以備明春兵餉之用。將今歲所餘剩存貯款項，與明春可徵收款項通盤打算，果否足來春一季兵餉之用。儻再有不足，必須細加籌畫，酌議變通。或借發帑金，約計明年兵餉新經裁汰之後，應有餘剩，明歲秋冬可以抵補。蓋從前賑荒發帑，尚且蒙恩徑蠲，此則不過暫借也。或暫開事例，俟明年錢糧開徵，秋冬之後永行停止。蓋從前暫開事例，以濟大兵進取一時之急用。此則暫開事例，以成就愛民緩徵。萬世之良法，皆權宜之計也。至各部向户部取用銀兩，酌議有可緩事務，應緩至來秋舉行。諸如此類，非臣愚昧所能盡知，統在部臣詳籌備列，奏請睿裁。總之，此時錢糧所難籌畫者，在於來春一季，但使來春兵餉措處有法，則五、六月内所徵春季之銀，便足以撥夏季之餉。此後各季兵餉俱係先徵後撥，源源不匱，可以行之永久，而軍民咸賴矣。又内而解京支用款項，來春一季約該銀若干外，而各省存留支用款項有必不可緩者，如驛遞等項錢糧，係人計日給食，馬計日給料之需，來春一季約該銀若干，俱須一并通盤打算，早爲措處。至於協餉一項，與本省兵餉不同，計五月開徵，極速亦需六月起解，七月方到彼省，則協餉銀兩共計若干，更宜合夏季而預籌之者也。如臣言不謬，仰祈睿鑒，敕部議覆施行。爲此具本，謹題請旨。

康熙六年八月二十五日題，九月初一日奉旨：『該部詳議具奏。』

各部錢糧事同一體疏[一]

户科給事中臣姚文然謹題，爲各部錢糧事同一體，各官開復事同一例，請敕各部照户部題定奉旨，事理一體遵行，以定畫一之規事。臣見工部題覆浙江撫臣蔣國柱題請黄岩縣知縣張中選開復一疏，奉旨：據該撫疏稱黄岩縣未完銀兩參後全完，爾部奏銷訖。今奏請開復，又欲察其支銷款項當時何以奏銷，著再明白議奏。工部又覆稱，臣部查奏銷一案，乃係浙江通省錢糧共四十四萬五百六十五兩五錢零，支銷總數册内并未有黄岩縣項款，無憑查核。又云：通省奏銷之案，因各項錢糧舛錯，見在駁查。所以黄岩縣知縣張中選不便開復。

臣深悉部臣慎重錢糧過於詳慎之意，而竊以爲於開復事例，各部有未畫一者也。臣曾具有開復之駁查太繁一疏，經户部覆稱開復一事，總以錢糧之完解爲主，如續完錢糧與原參數目不符者，應駁；年月舛錯，未報解司日期，未注明領有批收者，應駁；至於錢糧完訖解訖，該撫題報明白者，先請敕下吏部查銷，其支銷奏銷各項專責之藩司、督撫，與有司無涉。俟命下之日，臣部通行各督撫一體遵行，奉旨依議，欽遵在案。

今臣詳閲浙江撫臣蔣國柱原疏内稱黄岩縣知縣張中選康熙二年分，原未完工部項下銀九百二十七兩九錢四分零，後續完布政司銀九百二十七兩九錢四分零，康熙二年分工部項下錢糧照款全完訖，此正合户部覆疏中所云，續完錢糧與原參數目相符，不應駁者也。又該撫疏内開載：黄岩縣三次共解銀九百二十七兩九錢四分零，一批差林文於康熙五年十月十六日解司，一批差余盛於康熙五年十二月十五日解司，一批差余盛於康熙六年正月二十四日解司，内各開解銀細數俱獲布政司批回，俱赴撫院挂銷在案。此又合户部覆疏中所云，報有解司日期，領有批收，不應駁者也。黄岩縣續完銀兩既已完訖解訖，該撫題報明白矣。若照户部題覆奉旨事例，該縣開復一案，應先請敕下吏部查銷，至於支銷奏銷款項不清有應駁查者，另駁行該撫，轉行藩司，令其登答改正，是皆浙江巡撫，布政之責，與完糧之有司無涉也。今工部疏稱，支銷總數册内未有黄岩縣款項，無憑查核。臣查錢糧各册，各有款項，如各官開復，該撫例有清册，隨疏達部，以聽查核，名爲續完册。續完册者，布政司報該縣完銀之册也。支銷册者，布政司報通省用銀之册也。故一縣完銀之款項不符，則查核在續完册，責在有司。通省用銀之款項不清，則查核在支銷册，責在布政司。兩册責有分屬，此正合户部覆疏中所云，支銷各項宜專責之藩司，與有司無涉者也。工部疏又稱，通省奏銷之案，因各項錢糧舛錯，見在駁查，所以黄岩縣張中選不便開復。臣思續完册内完銀款項，若有舛錯，責在有司。奏銷册内用銀款項，雖有舛錯，責在巡撫。兩册各不相涉。今工部所駁查者，稱係浙江通省奏銷各項舛錯，未必即係黄岩一縣，即令黄岩縣所完解銀兩，該撫奏銷或有舛錯，其舛錯責在巡撫。其駁查亦問之巡撫，萬無令黄岩縣將錢糧完訖解訖，布政司發有批收訖，巡撫題報全完訖，而再責令該縣重賠此九百餘兩之理！以此論之，該縣無不便開復之處，此正合户部覆疏中所云，奏銷各項宜專責之督撫，與有司無涉者也。止因前户部題覆奉旨事例，未經通行各部，而工部以錢糧爲重，不得不仍照舊例駁查，以見詳慎之小心耳。但此後若不題明更正，則各部開復事例與户部不能畫一，在外督撫何以奉行？且舊欠之糧續完而不算完，原參之案應銷而不准銷，灰勞吏催徵之心，滋胥吏留難之弊，亦屬未便。臣乞敕下各部寺衙門，以後各官開復之案，俱照户部題覆奉旨，事例一體遵行，庶足以勸勞吏而速國課矣。事關錢糧，字稍逾格，統祈鑒宥施行。爲此具本，謹題請旨。

康熙六年八月二十五日題，九月初一日奉旨：『該部確議具奏。』

校記：〔一〕此疏題清廣仁堂刻本虚直軒文集卷之二爲『各部錢糧開復宜定畫一疏』。

本色備辦甚難疏〔一〕

户科給事中臣姚文然謹題，爲本色備辦甚難，官吏私加可慮，請敕部停駁減之例，以免由單遲誤之弊，杜官吏私派之源事。臣伏讀上諭，惓惓於易知由單預造曉示，務期早頒由單，以杜私派之源。

我皇上誠明見萬里矣。臣思民間錢糧所尤苦累者，在於買辦本色物料一項。蓋民間買辦本色銀兩例係兩次徵收，有曰本色原編者，此賦役全書内，原舊編定買辦銀兩例於地丁正項内額徵者也。有曰司估時價者，因今昔物價貴賤懸殊，原編價銀不敷，布政司每年照時價估增，檄行州縣另行攤派，以備買辦，此在地丁正項之外加徵者也。在民間，額外加徵，已屬苦累，而況於由單不早頒，往往徵銀在前，頒單在後，保無有不肖官吏乘機多派之害乎？乃本色由單所以不得早頒者，則因部中見行事例，凡該撫題報每年司估時價，必候覆允，方許刊入由單之故也。何也？部題定例：凡備辦本色，各該州縣於三月徵銀解府。該府於四月委官采買，遲延違限者降職一級，法甚嚴也。今該撫於二月題報，一候覆允，部咨到撫，轉行藩司以至州縣，已逾三月徵銀解府之限矣。況一經駁減，又需再題，往返之間已是夏秋，有司誰肯甘受違限降級之罪，雖欲不開徵在前，頒單在後，其可得乎？故臣愚以謂部中駁減之例，有宜停止者四，敢備陳之：駁減在采買之先，則由單不得早頒，恐有司私行加派，一也；駁減在采買之後，則每年所增估時價，原係民間額外加徵，在正項錢糧之外，與官發正項錢糧采買米豆各項者不同。發官帑買官物，價有浮多，自應駁減還官，至民間額外加徵以辦本色者，部中不過收其本色物料而止，即價有浮多，該駁減者止應退還於民，不應復追入官，二也；且駁減銀兩既追入官，則在外藩司以此項銀兩不能追之已得價之商人，又不能追之窮苦之委官，計無所出，或反以部中減價爲名，行之州縣，重徵之民，亦未可定。儻若如此，則民間一加再加，苦累愈甚，三也；且部中駁減事例不一，有估價與上年相同而允者，又有估價與上年相同而駁者；有估價浮於原編而允者，又有估價浮於原編而駁者；有物料未解到而允者，又有物料未解到而駁者。若云應允，則皆可允；若云應駁，則皆可駁。足見駁減皆屬虛文，究無確據，四也。臣查順治九年户部題定事例，布政司照所估時價采買本色，該撫咨部備查而已。又查順治十二年户部題定事例，采買本色，布政司每年酌估時價，該撫一面題報，一面檄行各州縣徵銀解府，則其不待部覆，先頒由單，以便開徵明矣。今部中見行事例，加一番駁減，原慮布政司估價太昂，恐徵銀浮多，亦屬愛民之意。但由單不候部覆而早頒，估價稍浮之累輕；由單候部覆而遲發，官吏增派之害大。臣請敕部酌議，停見行駁減之例，仍照順治十二年題定。該撫一面題報，一面檄行該州縣徵銀之舊例，庶由單頒發不至遲誤，而官役私加之弊可杜矣。并嚴飭各該撫以後估價題疏，必須開明某項本色物料每斤時價若干，除價與上年相同各項外，其或物料時價不一，較上年有增者，必須將緣由聲説明白，載入疏内，不得僅以『造册報部』四字簡略具題。至該司估價有比上年過浮者，該部察明果有冒開虛報確據，將該司議處。如此，則藩司估價亦不憂其浮冒矣。總之，本色與折色不同，折色錢糧總歸一項，而本色物料款項繁多。折色錢糧歷年畫一，而本色估價每歲不同。小民知曉最難，胥吏增派最易。故早頒由單以杜私派之源，實爲要着。緣係條議錢糧事理，不敢不詳悉剖陳，字多逾格，并祈鑒宥施行。爲此具本，謹題請旨。

康熙七年八月初五日題，初十日奉旨：『該部確議具奏。』

校記：〔一〕此疏題清廣仁堂刻本虛直軒文集卷之二爲『本色備辦甚難請停駁減疏』。

駐防兵餉疏

户科給事中加一級臣姚文然謹題，爲駐防兵餉，請敕部酌議該督撫一例奏銷，停府州徑行達部報銷之例，以杜延挨侵那之弊事。臣查駐防兵餉，有由該督撫奏銷者，如杭州、西安等處是也。有部中撥餉貯，該府州庫支發，該府州造册徑行達部報銷者，如德州、滄州等處是也。其由該府州造册徑行達部報銷者，流弊有二：一曰報銷遲延之弊，如太原府駐防兵餉，順治十六年存剩七千餘兩，至康熙二年方行撥餉。又如滄州駐防兵餉，康熙元年存剩二千兩，至康熙七年方行撥餉，揆其所由，當因此項兵餉徑由該府州達部報銷，任意遲延。方今餉缺之地，每苦無餉可撥，豈應餉剩之地貯餉不放，使駐防兵丁不得早領見在貯庫之餉，而必遲待徵比起解之銀？此其一也；一曰積貯年久，侵那之弊，如德州一處前後州官，自康熙元年起至康熙六年止，借動駐防兵餉存剩銀至二萬七千餘兩，雖積弊見經糾發，而存餉已成畫餅。揆其所由，亦因此項兵餉徑由該州達部報銷，在外無稽查之上司，以致積貯年久，地方有司得以恣意侵那，此其一也。臣請敕部確查德州州官那用順治十八年駐防兵餉存剩銀七千餘兩，據該州册稱報明大部在案，未審何年報部，作何查結。其康熙五年分德州銷算既止，放餉銀一萬二千餘兩，則約計彼年尚該存剩餉銀八千六百餘兩，果否明晰，報部。且德州、滄州、太原既皆有存剩銀兩，則各處駐防兵餉，由該府州徑行達部報銷者，節年有無存剩銀兩，似應一并通查。仍請敕該部將各處存剩兵餉，務於報銷册到之下年，即以本處存剩之銀，先儘撥本處之餉，使兵早得餉，免致存貯積久，官吏侵那滋弊。其此後駐防兵餉〔一〕，應俱照杭州、西安事例，一體令該督撫奏銷，其部文徑行該府州支放及該府州徑行達部報銷事例，概行停止，則兵餉錢糧，内一歸於户部，外一歸於督撫，頭緒不棼，稽查甚便，庶存剩之餉銀得清，而侵那之積弊可杜矣。臣言果否可采，乞敕部酌議施行。爲此具本，謹題請旨。

康熙七年八月初五日題，初十日奉旨：『該部確議具奏。』

校記：〔一〕『其』，清廣仁堂刻本虛直軒文集作『凡』。

姚端恪公文集卷之四

鹽差既荷更新疏〔一〕

户科給事中加一級臣姚文然謹題，爲鹽差既荷更新考成應復舊例事。臣見我皇上留心鹺政，選差賢能，以爲裕國恤商計也。但鹽政考成之法有未畫一者，舊例兩淮鹽課總歸運司考成，後因運判分駐淮北，遂以運判任淮北考成，而運司專任淮南考成矣。此雖見行事例，而臣竊謂宜更正者有三：運司官銜兼兩淮，敕書兼兩淮而獨任一淮之考成，與敕書官制不符，一也；康熙元年部覆長蘆、山東、兩浙、福建等處鹽課考成之法，各分司承催場課，仍令運使總核，惟兩淮與各處考成之例不符，一也；兩淮運使題請優叙，則帶徵淮北課完俱開列在内，淮北課完，運司有功。淮北課欠，運司無罪，事同法異，一也。况淮北鹽課雖係運判分徵而交課貯庫、解銀起批、奏銷造册，俱係運司一人經管。故臣愚以爲宜照舊例，運司仍以兩淮考成，庶法歸畫一矣。臣言果否可采，乞敕部酌議施行。爲此具本，謹題請旨。

康熙七年八月初五日題，本月初十日奉旨：『該部確議具奏。』

校記：〔一〕此疏題清廣仁堂刻本虚直軒文集卷之二爲『請復鹽差考成舊例疏。』

請停無益細册疏

户科給事中加一級臣姚文然謹題，爲請停無益細册，以廣蠲灾實恩事。臣辦事垣中，接得大名府送到康熙六年夏灾地畝花名細册六十三本，約一萬六千餘葉，駁造至一年之久。臣竊議爲宜停止也。蓋造册有紙劄筆墨、雇募書算之費，解册有夫挑、車載之費，外錯奉駁有重造、重解之費，此諸費既無正項可動，總出於被灾各花户耳。夫皇恩將正項錢糧蠲之於上，而灾民造無益册籍費之於下，甚可惜也。造册定例：部科、督撫、司府、州縣各一本，以備磨對，共七本。是大名府夏灾册約造四百餘本矣。今歲直隸被灾田一千六百八十餘萬畝，照例造册，已多數倍。况淮揚、浙閩、山東等處造册之繁與費可勝計哉？前奉旨，册籍繁多，易於尋隙行駁，此類是也。臣謂蠲灾一事，有各州縣衛簡明總册，并各見年里長甘結報部足矣。至地畝花名細册，不過州縣官吏磨算造送，紙上虚文，其有無冒免，無可察核之處。乞敕部議停止，速行各督撫張示曉諭，儻有司以册繁科斂者參處，則灾黎早省繁費，實沾皇恩矣。伏祈睿鑒施行。爲此具本，謹題請旨。

康熙七年十二月十二日題，本月十七日奉旨：『該部確議具奏。』

漕船關係甚重疏〔一〕

户科給事中加一級臣姚文然謹題，爲漕船關係甚重，新運遲誤堪憂，請敕停造船展限之議事。臣辦事垣中，見户、工二部會議漕船十年一造事例，請敕總漕會同督撫原限十年之外，再展幾年，酌議具題等因，誠從爲國節省錢糧起見也。但運務關臣垣職掌，既有愚見，敢不直陳？

臣惟朝廷大計，宜審輕重。每歲運漕米三百餘萬石，以實京師，按丁給糧，沿途設閘，修治河道，所費甚鉅，不止造船一項。但以京師爲天下根本，漕米關軍民性命，故不吝重費而行之。豈不欲節省哉！運事船爲最重。查明初漕規，有五年一造者，有七年一造者，後酌定十年一造，已爲節省矣。興朝歷年因之，未有更改，今又議展限，不知年限愈遠，則見運舊船愈敝，釘膠易解，遇風浪而漂壞必多，且額造新船愈少，灑帶益重，入水深而閣淺愈滯，有誤漕糧，其未便者，一也。又部議稱漕船十年有餘，豈無可用？因請展限，所慮誠是也。但漕船與江船不同，過閘起幫，拽淺守凍，回空一遲，修艌不及，又趲新運多，有不及十年而損壞者，節經題報可查。况既滿十年，約往返六七萬里，即有未壞者不過百之一二，豈可因此將通漕船一概展限耶？若不論年限之滿與未滿，止論船之壞與不壞，則未及十年，有早壞者，將免其按年數追賠之定罰乎？竊恐後此造船者不肯選料，修船者不肯加工，運船者不肯愛惜，聽其速壞速造而已。初意本在節省〔二〕，久之反費錢糧。其不便者，又一也。臣思維再三，節省錢糧不必在漕船一項，且十年之内節省一次，所節幾何？今京通倉陳米除放潛糧外，積貯無多。又時過仲冬，回空阻滯，節經總漕臣屈盡美、江撫臣董衛國、浙鹽臣敖哈等題報，此時恤丁催船，尚恐有誤新漕，豈可復議及造船展限之事哉！

儻臣言可采，仰祈宸斷，將漕船十年一造仍照見行例行。儻慮官丁間有可用舊船冒領錢糧情弊，則康熙四年七月内，已經户、工二部會議補船及年應造一疏内云，據總漕稱十年改造之船，旗丁例應措辦貼備銀兩，孰肯將好船拆毁改造？但該督務須親身嚴查，委實不堪者，方許改造。奉旨依議在案，應再請通行嚴飭可也。緣係條陳漕運重計，非敢浮泛逾額，謹一并題明。爲此具本，謹題請旨。

康熙七年十二月十二日題，本月十七日奉旨：『該部確議具奏。』

校記：〔一〕此疏題清廣仁堂刻本虚直軒文集卷之二爲『請停漕船展限疏』。

〔二〕『初意』後，清廣仁堂刻本虚直軒文集有『雖』字。

蘆課不同關税疏〔一〕

户科給事中加一級臣姚文然謹題，爲蘆課不同關税，差官實屬贅員事。臣辦事垣中，見工部覆更改關差一疏内，將蘆政一差并議差遣。臣竊議以爲蘆課與關税異。關税者，商來自納，官可坐收。至於蘆課分散在江南、江西、湖廣各州縣地方，課少者二三兩，甚至一兩，亦必專批起解到蘆司衙門。路遠者乃至二三千里，解役跋涉，司蠹需索，百姓貼解，苦累多端，叠經前計臣王永吉、撫臣董衛國、按臣秦世禎、臺臣祖建明、同官臣吴國龍等有蘆政叢奸，亟請歸并藩司等疏在案。自康熙四年蘆課歸各省藩司，而江、湖南北，又各歸左右兩藩就近收課，各州縣又將零星課銀附地丁錢糧彙解，民便而又便，法善而又善。此皇上見行事例中，莫大仁政，不應更改者也。

今九卿科道所會議更改者，關差奉旨查多少者關税，至於蘆課原與關税無涉，即據户、工二部題差疏内十七差，俱開額税。獨此一差，開載額課，分別顯然。蓋税出於往來之大商，恐其倚托上司，走關漏税，必需部員彈壓，課納於土著之小民，自應有司就近徵收，况從前差部員時，部員亦不能親往三省徵收也。仍需有司徵解，不過增贅官添蠹役耳。以兩者比而論之，蘆課遠解別省，不若近解本省之便民；專解蘆司，不若附地丁錢糧彙解藩司之省費；蘆司在遠督催，不若藩司就近督催之嚴切。從前諸臣屢奏，部議不允，皆云恐部差一裁，蘆課拖欠。今查有部差時，反多逋欠。逢赦蠲免，自歸并藩司後，節經撫臣張朝珍、韓世琦、董衛國、周召南、劉兆麒、林天擎等題報三省蘆課連年十分全完，户部覆疏可查。是見行事例既已便民，又且便國，豈可更改？

臣又查蘆課於康熙三年奉特旨，交與户部矣。康熙四年，户、工二部會議疏内分晰兩部各差，又題明蘆課爲户部所屬矣。是課與差俱屬户部，使此差應復，豈有蘆課十三萬之多，户部題差疏内反行遺漏耶？總之，蘆課非關非税，歷來有司徵收改差實屬贅員。仰請乾斷，停此一差，仍照見行事例行，便國便民，萬世永利矣。緣係備查蘆課歷年事例，非敢浮泛逾格，統乞睿鑒。爲此具本，謹題請旨。

康熙八年三月初一日題，本月初三日奉旨：『據奏蘆課差部員時，反多逋欠，逢赦蠲免，歸并藩司後，蘆課連年十分全完事例，便民便國。又稱康熙三年奉特旨將蘆課交與户部等語，工部何以奏請差遣，該部一并察議具奏。』

校記：〔一〕此疏題清廣仁堂刻本虛直軒文集卷之二爲『請免蘆課差官疏』。

姚端恪公文集卷之五

本色辦解已艱疏〔一〕

户科給事中加一級臣姚文然謹題，爲本色辦解已艱，請敕部酌議官貨交官、民價還民事。

臣惟民間所苦累者，不在於地丁正項之折色，而在於正項外采買之本色。其采買本色定例，因本色原編銀兩買物時價不敷，每年布政司照時估價報部，名曰司估。時價較原編價銀有增至數倍者，俱於地丁正項之外，每年加派輸納，民間已爲苦累矣。内部於司估時價有浮多者，駁行減去，名曰減價銀兩。此雖名爲内部駁減之價，實乃民間買貨交官所餘剩之銀，理應還民，而歷年舊例俱扣貯司庫，不行給還。臣竊以爲宜酌議更正也。何也？采買本色有兩項：其官發價辦官貨者，如各省召買米豆、草料之類是也；有民間出價買貨交官者，如各省所解顔料、藥材、銅鐵、絹布、絲綿、白麻、魚膠之類是也。價係官發，其買貨價浮駁減銀項，自應追貯還官，若顔料等項價係民出，其駁減銀兩自應退還於民，且向徵折色，今改徵本色，則官止收其本色物料而止，似無既收其貨，又收其價之理。儻臣言不謬，乞敕部酌議，此後采買減價銀兩仍給還民，則民間感戴皇仁於無量矣。爲此具本，謹題請旨。

康熙九年二月二十四日題，本月三十日奉旨：『該部議奏。』

校記：〔一〕此疏題清廣仁堂刻本虛直軒文集卷之二爲『酌議官貨還官民價還民疏』。

敬陳鼓鑄末議疏

户科給事中加一級臣姚文然謹題，爲敬陳鼓鑄末議，仰祈敕部速覆，以佐國計，以便軍民事。臣惟鼓鑄之設，原以流通國寶，不計乎多鑄與少鑄也。若多鑄，則期於生息矣。凡物先計其本，後計其息。銅者，本也。其鑄出新錢，所值之銀者，息也。既云生息，則必核銅之實價，以定鑄本，而部頒一定之銅價不可據矣。又必核錢之實值，以定鑄息，而部算一定之錢值不可執矣。臣查近日錢之所以有息者，以所收之銅定爲每斤六分五厘之價，而所放之錢定爲每千文作銀一兩之值，故算之有息耳。今各省開鑄太多，則與昔大不同矣。何也？開鑄之初，廢錢壅積，盡化而爲銅，又鑄局少則用銅少，銅不踴貴。故部頒一定之價每斤六分五厘而足也。今各省開鑄，則各省采銅，銅之價每斤乃有貴至一錢至一錢三四分者矣。各關采銅解部者，皆以銅少而貴，逾期久不到矣。儻此後銅價日貴，而部中仍以一定之價銷算之，如廣東省鑄出新錢七十二萬一千文，值銀七百二十一兩，遵照部例銷算，止應開銷鑄本銀五百九十三兩，尚獲息銀一百二十八兩。若照地方時值工本計算，實用過鑄本銀一千四十三兩，除照部例銷算外，局官實包賠鑄本銀四百五十兩。此等暫時猶屬官吏包賠，久之不强派於商，必强派於民矣。是核其實乃加派也，而名之曰生息，豈可乎？錢之時值如米鹽之時值，因地之宜，從民之便，不可以法令强定也。今京城錢值約略每千文不過值銀八錢。若各省開局鑄錢愈多，則錢值愈賤，乃給旗下之窮丁，邊腹之戍卒，驛遞之馬料役食，仍以一兩之定價放之，而加以遠道搬運之脚費，見在如興延各營鎮已有具呈泣控，情願減餉，不願領錢者矣。是核其實乃裁減也，而名之曰生息，豈可乎？故論其名，則銅雖日貴、錢雖日賤，而部中銷算，銅有一定之價，錢有一定之值，則每年有一定之息。各省鼓鑄應停者，不必急議停也。若核其實，則鑄局日增，銅以日少而日貴，錢以日多而日賤，不急酌議停止，非惟無息，并耗鑄本矣。各督撫疏請停鑄，其不便於兵民之處俱已詳陳，無俟臣贅。而臣核實細算，更憂其於國計有不便者此也。

臣年來見部中疏通錢法，將存留錢糧，一概收錢放錢，用心甚周，立法甚善，宜乎錢法大行，然而各省督撫，或以銅貴爲艱，或云新舊鑄錢已足支放，疏請停鑄。臣初甚疑之，後細思其故，乃知錢之爲物，少則流通，多則壅滯。何也？曰貯之者少也。官庫富室，朝收夕放，銀藏累代，錢散目前，此其一也；曰運之者少也。質重值微，運艱脚費，銀行萬里，錢行百里，又其一也；曰用之者少也。置産經商多處不用，斤鹽斗米用處不多，又其一也。有此三少之故，則其物不可以過多。多則必滯，乃自然之勢。天也，非人之所能强，非法之所能通也。臣因此又考明時鼓鑄之事，洪武、嘉靖、萬曆皆屢令各省開鑄，旋因錢法壅滯，開鑄所得不償所費，屢次停止。其始皆以爲便國便民之良圖，終以不便而停止。豈非往事之已驗哉？

臣又查鼓鑄一事，亦各省情形不同，如浙江省特請開鑄，密、薊等鎮開鑄稱便，見經撫臣金世德題報在案。其餘未報到地方自可陸續酌議，至於請停鑄，各省該撫有屢疏疊陳者，有經年待命者，窮邊兵餉急如星火，或去鑄局寫遠〔一〕，或山路崎嶇，領錢搬運尤爲苦累，早定議一日，早省一日之勞費，即早沾一日之皇恩。伏乞特沛綸音，敕部速議應停者停，應減者減，其餘願開鑄地方仍行開鑄，各從民便，庶國計兵民俱有利益矣。臣因事關遠大，備列情形，詳述始末，字多逾額，伏乞慈宥。爲此具本，謹題請旨。

康熙九年二月二十四日題，本月三十日奉旨：『該部議奏。』

校記：〔一〕『去』，清廣仁堂刻本虚直軒文集作『云』。

兩部互議之事疏〔一〕

户科給事中加一級臣姚文然謹題，爲兩部互議之事，兩部應各捐成見，省冗奏以節睿勞事。臣惟事件有關涉兩部者，互相推委不可也，各泥成見亦不可也。期於應結則結而已。若必待行查，於外再議，於後章奏，冗煩似屬可省。臣謹舉一二事言之：如福建省南靖知縣白拱徵等因未完兵餉五分以上一案，户部題稱該撫以玩誤題參，請敕吏部照例議處，吏部以或照未完分數例議處，或照玩誤例議處，咨問户部，户部以原疏甚明，咨回去，後隨經吏部具題，内稱本省撥過兵餉，止有照分數處分之例，并無照參語玩誤議處之例，請敕户部議定具題等因，隨又經户部具題，内稱白拱徵等未完兵餉，該撫疏稱玩誤，又開有未完分數，臣部不便懸議，請敕該撫議定一處題到再議等語。臣謂此一案也，户部應捐成見，以從吏部之議者也。何也？例者，該部所題定也。外參不合例，尚應駁正。今白拱徵任内經徵地丁錢糧俱奉部撥，充本省兵餉，既無照玩誤議處之例，即應照該撫所參未完五分以上例處分，何必又行該撫議定一處具題乎？及至該撫定議具題，亦云應照原參分數議處。以此觀之，則該部行該撫定議一疏，及該撫之又題，該部之又覆，俱屬可省也。又如湖廣省錢糧十分全完各官，户部題請敕吏部議叙，吏部以户部將奏銷各款駁查，應否議叙，移咨户部，户部又回咨云，支給數目不明，非有未完，移覆吏部去後，吏部又題稱此項錢糧，或有不應扣蠲之銀，及不應支銷之款，各官不便議叙，應俟該撫題明再議等語。臣謂此一案也，吏部應捐成見，以從户部之議者也。據吏部疏云，恐有不應扣蠲之銀，不便遽叙。臣查該撫奏銷疏内蠲灾地方，止有通城、黄梅、潛江、沔陽、江陵、監利六州縣，此外四五十員全完之官，地方并無灾蠲，有何不應扣蠲之處，乃概置不叙乎？部疏又云，恐有不應支銷之款，不便遽叙。臣查考成與奏銷新例，雖合爲一疏，其實考成者，查徵銀之完欠；奏銷者，查用銀之應否，原屬兩案。舊例支銷有不應款項，另有扣追參罰，總非民欠不算未完，與全完之議叙無涉。今户部既查明全完，吏部應照舊例議叙，不應因户部有駁查奏銷之款，而停户部考成請叙之案也。今必待支銷項款查明，方行算完彙叙，則錢糧定例，徵解全屬有司，支銷多屬司道。解司之銀必待司銷算完，則解部之銀又待何時銷結，且向來通省支銷各款駁查有至數載者，從此全完十分，各官候叙無期。若云某處支銷查明即叙某官，則一疏分爲多疏，冗煩愈甚。今例創於一時，久則沿爲成例，似應酌議改正，以省後來冗奏者也。雖部臣於議處議叙或亦過於詳慎之意，非盡泥成見，但臣就事論事，似屬可省。

伏乞敕各該部以後互議事件，初議或有不同，其後往返酌議，但能歸於一，是舍己從人，更見大臣之虚公，何慮前後之互異，應候外查者行查，應在内結者立結，則冗奏省而部務亦速竣矣。爲此具本，謹題請旨。

康熙九年七月初六日題，本月十二日奉旨：『姚文然所奏四本俱説的是，著各該部會同確議具奏。』

校記：〔一〕此疏題清廣仁堂刻本虚直軒文集卷之三爲『兩部互議請捐成見疏』。

請速開復之注銷疏〔一〕

户科給事中加一級臣姚文然謹題，爲請速開復之注銷，省冗奏以節睿勞事。臣惟章奏之最煩者開復，查開復中如戴罪與停陞二項，例於事完時銷案，事之完與未完，自應該撫題明；案之銷與不銷，自應内部覆結。乃若事已完而案不銷，以至各官無罪戴罪，應陞不陞，寃滯多年，且内外題覆重叠，實屬可省。臣謹舉一二事言之：如康熙九年正月内，部覆四川慶符知縣陳大謨等停陞銷案一疏，溯查原案，則康熙三年送部由單違限一事也。初經該撫題參，部覆以未開明違限月日，不便查議，一面交吏部停陞，一面行該撫查明，去後續據該撫查明具題，部覆陳大謨等違限不及一月，例應免議。臣思免議者，免其停陞也。即應將停陞一案於覆疏尾題銷，則無罪免議之官不至停陞五載，而後此該撫一咨一題，户部吏部兩次移咨，兩次具覆，皆可省矣。又康熙九年五月内，部覆四川涪州知州朱麟禎等戴罪造册援赦銷案一疏，溯查原案，則康熙六年因清丈地畝造册遲延一事也。先經該撫題參，部議降俸二級，戴罪造報續於七年正月造完，該撫題報，該部覆稱朱麟禎等違限一個月有餘，照例罰俸三個月。臣思戴罪造報者，造此文册也。册既造完，報部則無册可造，即無罪可戴，即應將戴罪造報一案於覆疏尾題銷，則無罪之官，原不必候赦具題，而後此該撫一咨一題，與户部、吏部兩部具覆，皆可省矣。

臣查開復一案，户部於康熙七年曾經題覆，以後錢糧未完注册各官，該撫於報完案内題明銷結，奉旨通行在案。但其中有該撫不便一疏題銷者，臣請略言之：如造册等項違限月日不明，錢糧未完分數不清，該部一面停陞，一面行查，及該撫查回仍是題參，豈便即請銷案，一也；有該撫查回具題之時，適逢恩赦，例云應否援赦，統候部議，豈便即請銷案，又其一也；有戴罪承追贜罰各官，而犯人家産盡絶，該撫題請豁免，允與不允，尚候部議，豈便即請銷案，又其一也。此類甚多。該撫既不便一疏題銷，勢必另疏具題。户部一覆，吏部又一覆，瑣屑章奏，頻瀆宸聰。何如該部於覆疏尾多增一語，題銷前案之省事乎！臣又查該部歷年事例，有候該撫題請銷案而注銷者，亦有該撫疏内未請銷案，而該部於覆疏尾將原案題銷者更爲直捷。臣請敕下該部酌議畫一，以後無論該撫請銷與否，該部於覆該撫報完疏尾，即將前停陞戴罪之案概與題明注銷，則一年内所省冗奏甚多，而在外各官亦免冤滯多年，另請開復之苦累矣。爲此具本，謹題請旨。

康熙九年七月初六日題，本月十二日奉旨：『已有旨了，該部知道。』

校記：〔一〕此疏題清廣仁堂刻本虚直軒文集卷之三爲『開復注銷以省冗奏疏』。

請慎奏銷之駁查疏

户科給事中加一級臣姚文然謹題，爲請慎奏銷之駁查，省冗奏以節睿勞事。臣惟章奏之最繁者，奏銷之駁查。但錢糧款項未清，駁查必不可省。言概省駁查，則非矣。惟有不應駁而駁者，以至内外屢題屢覆，頻瀆宸聰，此等之類實屬可省。臣謹舉一二事言之：如湖廣省，康熙六年兵馬買用豆草等項，價值共五萬餘兩，初經部覆湖北巡撫劉兆麒、湖南巡撫周召南奏銷。康熙六年，錢糧兩疏内俱云，草價與定價相符，豆價比上年減少，均應准銷。於康熙七年五月十九日、九月二十四日，各奉旨依議，欽遵在案。乃七年九月二十七日部覆湖廣總督張長庚報銷。康熙六年，兵馬錢糧一疏内又稱豆草價值已浮，難以照算，請敕下該撫核減具題等語。臣查康熙六年，該督報銷湖北、湖南之豆草，即湖南北兩撫所奏銷之豆草，三疏本屬一事。款項價值相符，何爲三日之内一允一駁耶？至康熙八年二月及五月内，湖南北兩撫具題，該部兩疏具覆，俱稱豆草等價查已於奏銷。康熙六年，錢糧案内准銷在案，均無容查議等語，是康熙七年准銷於前，康熙八年照舊准銷於後，則中間七年九月内之一駁減可省也。省此一駁，而後此該撫兩次具題、該部兩次具覆皆可省矣。又如廣西省鬱林、三里、全州等營，節經經略臣洪承疇、該督于時躍等題准該營全支戰餉，屢年奏銷無異，乃部覆廣西省。康熙四年、五年奏銷錢糧兩疏内，將各營所支戰餉數萬餘兩俱駁令追扣，累經督撫提臣疏請免追，部覆不允，最後該撫金光祖兩疏具題，該部於康熙八年八月及十二月内兩疏具覆，皆稱該督盧興祖於康熙六年具題減戰兵改爲守兵，此四年、五年戰兵支過錢糧俱係未定，之前支給相應免扣等語，是順治十三年、康熙元年節次題准全支戰餉於前，康熙八年題覆照舊免扣於後，則中間奏銷康熙四年、五年錢糧疏内兩次駁扣可省也。省此兩駁，而後此撫臣屢疏請免，該部屢疏具覆，皆可省矣。此臣所舉奏銷兩案，皆見於章疏者也。舊例疏外更有駁單，胥吏查册呈單多者至數十件，其中豈無不應駁而駁者乎？

臣思户部與別部不同，錢糧款項千端，卷案牽連數載。言事者累月查一二件，事後指摘甚易。任事者一日行百十件，當下稽察甚難。因此反復思維，該部事務既已因繁得難，必須求易於簡，而求簡之法，先自求詳始。蓋省其應省者，簡也。先辨其應與不應者，詳也。從來堂官執要，司官執詳。臣請三言蔽之曰：司能詳則堂可簡矣，人能詳則事可簡矣，始能詳則後可簡矣。伏祈敕下該部詳飭該司，凡遇駁查款件，無論列疏開單，最初概加詳慎，或有關涉兩司者，須彼此移覆明白，有卷連遠歲者，將舊案細查原委，部例一則斷兩行之路，舊案熟則收胥吏之權，應駁者必駁，不應駁者即省。庶内省章奏之繁，外省駁查之累矣。爲此具本，謹題請旨。

康熙九年七月初六日題，本月十二日奉旨：『已有旨了，該部知道。』

一部可結之事疏〔一〕

户科給事中加一級臣姚文然謹題，爲一部可結之事一部徑結，一疏可通結之事一疏通結，省冗奏以節睿勞事。臣查户部援赦舊例，凡追贓力不能完，家產盡絶者，題請豁免其妻及未分家之子，應否入官，請敕刑部議覆，刑部再援赦具題，免其入官。臣謂此事户部徑應覆免，刑部一題可省也。何也？凡追贓力不能完，將伊妻、子入官，與叛律妻、子入官者不同。力竭也，非罪也，新例也，非律也。假令伊力能完贓，其妻、子原不入官，今贓因赦免，則伊妻、子自免入官，原無應否入官，復煩再議之處，且户部奉行赦例，凡文武參罰等官援赦具題者，免交吏、兵二部，此事同一例，亦可免交刑部。臣所云一部可徑結者，此類是也。又如歲貢盤費一項，河南、湖廣、山東各撫三次具題，該部三次具覆，皆稱歲貢既復，其原編盤費等銀應准存留項下支給。其給過銀兩、歲貢名數，仍報部查核。各奉旨依議，欽遵在案。臣思各省貢例相同，三覆看語無異，原編各載全書，歲銷各有報册，似可一疏題明通行，各該撫遵奉，以省屢題屢覆之煩。臣所云一疏可通結者，此類是也。儻臣言可采，乞敕該部酌議施行。爲此具本，謹題請旨。

康熙九年七月初六日題，本月十二日奉旨：『已有旨了，該部知道。』

校記：〔一〕此疏題清廣仁堂刻本虚直軒文集卷之三爲『一部之事可結徑結疏』。

姚端恪公文集卷之六

駕幸謀謨自遠疏〔一〕

户科給事中加一級臣姚文然謹題，爲駕幸謀謨自遠，聖躬關係非輕，密瀝愚忱，恭候裁擇事。臣等辦事垣中，傳聞駕幸口外，宸衷舉動，自非小臣所能仰窺也。但愚慮一得，敢爲我皇上言之：方今天氣已寒，關外尤甚。仰體太皇太后鞠育慈衷，念我皇上遠道馳驅，難免顧慮。且太皇太后春秋高，皇上天性仁孝，朝夕承歡。今即回鑾期近，而往返道途之日，皆縈懷定省之日，皇上所不忍行者，一也。查順治十年五月内，世祖章皇帝欲詣山陵，特諭諸王大臣、滿漢九卿等官詳議，隨經諸王大臣等公議，疏請暫停，奉有俞旨。又於順治十一年八月欽奉上諭内載：『東行必不獲，已復思日。今旱澇頻仍，小民失所，一應養兵恤民，措置規畫，夙夜圖維，猶虞不給。東行往返，有稽政務，處乖民望，再四躊躕，停止東行。欽此。』竊念事莫重於詣山陵，而世祖皇帝猶以旱澇頻仍，躊躕停止。今八旗灾地多至貳百叁拾壹萬粜千餘晌，朝廷尚費撈糧拯救，况動衆遠涉，馬匹衣具費從何出？且直省各地方水灾屢蒙軫念，此後督撫之勘報，部臣之議覆，一應養兵恤民事，宜啓奏施行，速則有濟，倘路遠日久，往返稽遲，恐與皇上速於救灾之盛心未愜。皇上所不宜行者，二也。今年直省地震水溢，金星晝見，皇上克警天戒，似宜静鎮慎重，與兵民休息，斯爲敬天弭灾之道。皇上所不宜行者，三也。

伏乞皇上以太皇太后之心爲心，以世祖皇帝之法爲法，以敬天寧人之事爲事，暫停遠行，以慰臣民之望。倘循例秋圍海子，猶爲路近。如事非僅田獵，亦俟來秋年豐時静，再爲舉行可也。臣等職係言官，不敢緘默，字稍逾格，統祈鑒宥，謹密題請旨。

校記：〔一〕此疏題清廣仁堂刻本虚直軒文集卷之三爲『請停駕幸口外疏』。

冬狩原宜舉行疏〔一〕

内陞以正四品頂帶食俸仍留管户科給事中事臣姚文然謹密題，爲冬狩原宜舉行，今歲似應暫止，密陳愚悃，仰祈睿裁事。臣辦事垣中，於長安門内見治理木城，知我皇上將有圍獵之舉。竊思古帝雖不遠狩，皆於農隙以講武事。我皇上安不忘危，惟恐明春東作一興，不便馳騁，及此農隙因獵講武，豈非練兵愛民之盛心兼而有之哉！臣故曰：冬狩原宜舉行也。然臣又冒昧陳言：以爲今歲應暫止者，何也？則以是舉也，在謁陵初歸之一月也。臣聞駕謁山陵時，我皇上侍太皇太后輿側，左右不離，大孝用心周至，勞瘁休息未久，又有鞍馬之勞，雖聖體天縱，不覺其疲，而初歸復出，儻值寒天雨雪，得無上縈太皇太后之慈心乎？且扈從甲兵歸方一月，再行從獵，治裝實難。雖窮兵亦必帶二三人，騎四五馬。遠歸瘦馬喂養，難以遽肥。購買一次，此番難以再買。且數日之前已降大雪，人需一裘，以備寒凍，計買馬治裘并路費各項，竭半年所領之餉銀而不足矣。其間窮丁一時無措，或至有典屋買裘，賣田買馬。在外之夫與父華采威雄於馬上，在家之妻與子飢寒愁嘆於室中，皆未可定。臣願我皇上目見其所見，而以仁心曲體見其所不及見也。旗兵者天下之根本也，可不深念而優恤之乎？臣向在諫垣，見世祖皇帝圍獵多在南苑，其遠獵或數歲間一舉行耳。

伏惟我皇上內節聖躬之勞，俯念從兵之苦，因謁世祖皇帝山陵初回之故，暫停此行，或必不可已。就近南苑行講武之典，則天下臣民咸歡呼踴躍曰：此皇上之恩也，至仁也；并推世祖皇帝之恩也，至孝也。其歌誦聖德，豈有量哉！

臣荷兩朝大恩，忝列諫垣二十餘載，年衰而心怯矣。疏草繕成復輟，至於再三，蓋聞之先儒云：人君之尊猶天也，天之所行，孰能止之？然又思之，朝廷必行之事，萬一轉圜而中止者，君之仁也。人臣欲言之事，再四囁嚅而終不言者，臣之罪也。且臣蒙皇上殊恩，内陞仍留原任，將以命臣之言也，故敢冒昧密言之。仰候我皇上之三思而已。臣無任惶恐，伏惟慈宥。爲此具本，密題請旨。

康熙九年九月二十五日題，　月　　日奉旨。

校記：〔一〕此疏題清廣仁堂刻本虛直軒文集卷之三爲『請暫止冬狩疏』。

兵餉全撥十分疏〔一〕

内陞以正四品頂帶食俸，仍留管户科給事中事臣姚文然謹題，爲兵餉全撥十分，以足食足兵，清出清入事。臣惟兵以餉爲命，每歲原應撥足十分，止因錢糧不敷，未能全撥。歷年相沿舊例，其未撥一分兵餉，題令於本年截曠小建，及上年奏銷存剩銀兩内動支非得已也。因錢糧之不敷而然也。臣歷查十餘年來兵餉梗概，而後知所云未撥一分之餉題令，於本年截曠小建銀内動支者，虛名也，非實餉也。何也？截曠小建銀兩原自無多，舊例餉撥十分之時，方有餘剩曠建銀兩扣存司庫，合三年所積，以備閏月撥餉之用，不使有閏之年驟增多餉，其法甚善。今撥餉尚缺一分，則是一年之内缺餉一個月零六日也。雖扣小建，約略不過六日耳。至於截曠爲數更少，凑餉幾何，况所撥九分餉内，更或有虚撥重撥、徵欠解遲等項，即照見兵按日領餉，且不足實支，又安得有餘剩曠建，以待凑支一分未撥之餉乎？其勢不得不請找撥矣。無論找撥在本省別省，内多章奏之煩瀆，外致協餉之壓欠，此臣所謂有名無實者也。又舊例未撥一分之餉題令，在外於上年奏銷存剩内徑行動支，不由部撥，每有奏銷，前後牽溷，各省苦樂不均之弊，何也？兵協二餉有餘，地方上年有存剩，留支本年，則本年亦定有存剩留支下年，甚至有積年存剩侵那至數萬餘兩者。有上年奏銷存剩至二三十萬兩，而下年撥餉未經撥出者，是其始也。閲撥餉之疏，則年年有未撥一分之名，其終也。查奏銷之册，則年年有存剩，是年年有全撥十分之實也。其兵協二餉不足，地方上年無存剩，則本年無存剩，下年亦無存剩，將何動支？甚至有貸商銀以凑餉者，有壓欠至數十萬兩者，是其始也。閲撥餉之疏，則有動支上年存剩之名，其終也。查奏銷之册，則究無可動支上年存剩之實也。此臣所謂苦樂不均者也。

臣請自康熙十年爲始，正月撥餉疏内即將各處概撥十分，其本年截曠小建銀兩，照舊例扣貯司庫，以備閏月撥餉之用。其上年存剩銀兩，在外不得支動，待十年夏秋間奏銷。九年兵餉疏内題明存剩若干，該部覆核應解部者若干，待十一年正月撥餉疏内，題明撥出若干。其撥奏銷存剩多者，撥本年之見餉少，撥奏銷之存剩少者，撥本年之見餉多，則各省兵馬苦樂全均矣。且往例銷算，上年連下年者。今則一年清結一年，往例存剩銀兩内可撥，外亦可動支者，今則一歸内撥，并向來重撥虚撥之舛溷，駁查改撥之煩冗，一切可省矣。或曰兵餉撥足十分，則每年正月多早撥餉一百五六十萬兩。臣通盤打算，竊以謂歲額必需之餉，不因扣撥而減，不因全撥而增。何也？假如康熙十年撥足十分，不過此開首一年之正月有增撥之名耳，到康熙十年冬季則額餉已足，而本年應找撥之餉及支動上年存剩之銀，皆可省矣。到康熙十一年正月撥餉疏内，即可將康熙九年分奏銷存剩銀兩一齊撥出，而十一年分應撥地丁之見銀，又可減矣。總之，以本年冬季應找撥之餉而先全撥於春季，以康熙十年十二月所應動支九年分奏銷存剩之銀而遲撥，於康熙十一年之正月餉之定額無增，時之相距不遠，一轉移間，而兵餉不至壓欠，奏銷年款畢清，似爲有益。

臣備查歷年賦額，往年實入不敷出。今上賴皇上如天之洪福，下資計臣清核之小心，每歲存剩約略可六七百餘萬。在内帑存此些微，所積原不爲多。在聖德保此豐豫，倍宜持之以儉。但歲額必需兵餉與别項用不同，可全撥時，理應全撥。臣又查歷年餉額，除順治十二年以前凡餉册報到部者，俱照册全撥十分外，至十三年因湖廣、浙江、福建各路大兵出征，歲餉近二千萬，不得已改撥八分。自此而始，嗣後額餉愈增，是以相沿未改。至康熙五年，經會議裁減之後，尚存見餉一千九百八十餘萬。但以兵餉爲急，已經改撥九分。今較之五年餉額，又裁減三百餘萬，則即使康熙十年全撥十分，亦止與順治十三年先撥之八分、康熙五年先撥之九分餉數相符，况兵經屢裁之後，馬兵改步，戰兵改守，各兵之餉比昔愈少，則其需餉比昔愈急。故臣愚謂當此賦增餉減之盛時，當早定足餉恤兵之大計。今撥餉期迫矣，臣言愚昧，未知當否，乞敕部詳議速覆。仰候睿斷施行。爲此具本，謹題請旨。

康熙九年十二月初二日題，本月初七日奉旨：『該部確議具奏。』

校記：〔一〕此疏題清廣仁堂刻本虛直軒文集卷之三爲『請兵餉全撥疏』。

聖躬憂勞宜節疏〔一〕

内陞以正四品頂帶食俸仍留管户科給事中事臣姚文然謹題，爲聖躬憂勞宜節，敬陳愚悃，仰祈睿鑒事。臣近見畿輔苦旱，間有雨澤，未能沾足。我皇上愛民如子，憂心迫切，聞宫中糲食蔬餐步禱，心焦形勞。臣因病卧家中，有諸臣來視臣疾者，言啓奏之時，見天顔憔悴，相對憂愁愧懼，昨又見皇上躬禱天壇，臣雖近視如盲，不能瞻仰，然聞諸臣聚議悚惕，言天顔憔悴又勝於昔，相對憂愁愧懼，莫知所措。臣歸而反覆思維，不敢不冒罪進一言也。

臣思聖躬者，天下之本也。朝廷政務一日萬幾，雖安居玉食尚不勝勞，况糲食蔬餐步禱，可以逾月之久，不一休息一滋養乎！　堯時大水，堯憂之；　湯時大旱，湯憂之。　水旱者，古聖帝明王所不能免憂勞者，古聖帝明王所必當盡，然而敬天勤民者，心也；　心則萬年而不可懈。　蔬糲步禱者，事也；　事則無逾月不停之理。　臣知我皇上憂民心堅，必不肯起居如常。但望俯采愚悃，停其步禱，薄進滋味，如古帝王減膳撤樂故事可矣。　月來畿輔之旱，臣初亦甚憂之，既而不憂，其故何也？　臣見我皇上敬天勤民有動於聖心必實，實行諸仁政，如淮揚灾傷，賑而又賑，差官之時，睿慮詳密，天語叮嚀。　皇上視民如子，愛之若此。　皇上爲天之子，天豈有不愛者乎？　臣愚以理度之，甘霖沛足定不遠矣。　畿輔民間苦累，臣倉猝不能詳考，但向聞直隸各府解狐皮一項最爲累民，蓋由單所載，每狐皮一張折價止數錢，因解本色而加派有至數倍者，民間一點此差，多至傾家蕩産。　臣又查刷卷册内，直隸各府解到狐皮止一千八百餘張，即令免徵本色，其於供用似亦無大缺乏之處。　儻得免徵本色，照由單折價徵收，亦軫恤畿民之一端也。　臣敬因皇上憂愛畿民之心，而推及之。　乞敕部酌議施行。　爲此具本，謹題請旨。

康熙十年四月十三日題，本月十六日奉旨：『知道了。　直隸所解狐皮折價之處，該部確議具奏。』

校記：〔一〕此疏題清廣仁堂刻本虛直軒文集卷之三爲『請聖躬節勞疏』。

請酌停鎖禁鎖拿之例疏〔一〕

内陞以正四品頂帶食俸仍留管户科給事中事臣姚文然謹題，爲請酌停鎖禁鎖拿之例，以廣皇仁，以存國體事。臣邀皇上破格之恩至隆至大，自念年衰體病，性懶守劣，一無可以報答而所自矢者，惟以昔年承乏諫垣事世祖皇帝之心，事我皇上而已。臣於順治十年正月内，因兵部滿漢諸大臣負罪鎖禁發門，正世祖皇帝天威震怒之時，臣冒罪具有請免鎖禁發門一疏，自謂譴在不測矣。乃荷世祖皇帝大仁如天，嚴威忽霽，奉聖旨：『這本説得有理，以後滿漢諸臣有犯貪惡重大事情，應發刑部審問者，在部守候，不必鎖拿送門。審有實據，引律擬罪，奏請處分。該部知道。』臣至今每檢閲舊疏，捧繹温綸，猶爲泪潸潸下也。臣自順治十年五月内丁憂回籍，鎖禁之例何年復行，則臣不得知矣。及臣蒙聖恩再補垣中，亦未目睹此等事也。今月初五日，皇上親鞫總督周有德，編修陳志紀、候補給事中鄒之璜等，臣侍立階下，見三臣帶鎖而入，或低頭雨汗，或泪眼左右視，或面如黑鐵。臣老矣，見之心悸股戰，目不能正視也。初七日，隨奉有周有德、鄒之璜著散禁之旨。臣捧讀感泣，皇上大仁如天，又同符世祖皇帝矣。今於本月十六日入署過鼓廳，民人喧闐，及見值鼓諸臣云，江南百姓保留總督麻勒吉者，且云麻勒吉自被鎖拿，顏黑面削，腰項拳曲等語，臣聞之心甚惻然，竊以爲諸臣犯罪，在内者可以散禁，在外者可以散提，待審定之後，其事之虚實，罪之輕重，自有朝廷一定之法在。惟是鎖禁鎖拿之例，所望皇上天恩酌行停免者也。臣往年之入告世祖皇帝者曰：『官列大僚，素叨豢養，今寒天凍夜，冷鎖三重，寢食不寧，積成疾病，恐不死於國法，而死於天災，非所以廣皇仁也。通衢大路，萬目觀瞻，功臣貴臣免冠帶鎖，愧辱難堪，非所以存國體也。』臣今日之入告我皇上者，仍舊此二言而已。伏乞睿斷，采擇施行。至於所犯事情，審有實據之後，引律擬罪，奏請處分，原於國法毫無虧損。如此，則朝廷一定之法，與皇上格外之恩并行而不悖矣。伏乞睿鑒，采擇施行。爲此具本，謹題請旨。

康熙十年五月十七日題，本月二十一日奉旨：『這本説的是，以後官員犯罪鎖禁鎖拿永行停止。該部知道。』

校記：〔一〕此疏題清廣仁堂刻本虚直軒文集卷之三爲『請停鎖禁鎖拿之例疏』。

請復盜案半獲疏[一]

都察院左副都御史臣姚文然謹題，爲請復盜案半獲官俸開支之舊例，以拔諱盜之根事。

臣思安民必先弭盜。今盜之日熾，由於官之諱盜也。臣又思官諱盜之處分，至於革職，而報盜承緝之處分，止於住俸停陞，過限不獲，止於降調。人情之於處分，莫不避重擇輕，獨至於盜案，則必不肯就其處分之輕者，而甘心犯其最重者，是豈無故哉！臣再四思之，而知其諱盜非得已也。蓋以盜案一報，勒限全獲之法，有以迫之也。何也？盜之必不能每案全獲，每名全獲者，事之無計可施者也。各盜本非一地之人，聚謀行劫，則臨時合夥，劫罷分贓，則四路迸散。既散之後，或有真實病死者，溺死者，別處行劫而殺死者，死盜不可復生，案盜何從全獲？即如知名大盜處處挨捕之于七，究竟或逃或死，總未拿獲，況其餘小盜乎！故案盜欲按名全獲勢必不能，而見行事例雖十盜獲九，一名不獲，仍住俸停陞矣。限期一滿，則降級調用矣。人情誰不顧惜功名，冀望陞轉，不幸地方失盜，未報之先，預畏全獲之難，爲行險倖免之計，於是有諱盜不報者，諱强爲竊者，捏報盜殺爲奸殺讎殺者。既報之後，必結全獲之局，以銷住俸停陞之案，於是有減報盜數者，拷掠良民，酒醋灌鼻，香熏石壓，以充盜數者。案盗未全獲，謊稱溺死殺死，以報全獲者。此等盗案既諱而未報，及未獲而謊報全獲之後，其案内漏網諸盗雖公行村市，捕役不敢詰，承緝官不敢拿，恐一拿獲真盗，上司聞知，而從前諱盗、減報等罪與之并發，盗未正法，官先革職矣。故盗之日熾，官護之也。官非護盗，乃避法而自護也。今欲拔諱盗之根，當速更勒限全獲之例。臣查大清律開載：除盗劫倉庫，獄囚或殺死職官，或聚至百人以上者，勒限盡數拿獲外，其各處民間被劫，印捕等官一月不獲，通行住俸，候拿獲一半以上，准開支等語，正慮民間被劫易於隱諱，故定例獲半以後，官不住俸停陞，盗仍照案緝拿。寬於官而嚴於盗，其法甚善。今所宜酌復舊例者也。何也？文武承緝各官知開俸非難，望陞有路，必不肯諱盗，以冒革職之險，而從前諱報、捏報等弊，自息矣。又一案之盗未全獲者，不妨實報未獲，照案緝拿，而從前減報盗數，拷良爲盗，謊報全獲等弊，又自息矣。盗一日不獲，其照案緝拿之案一日不銷，嗣後訪得，可以續拿，拿得可以續報。雖有未獲餘盗，亦人人在畏緝之中，年年皆畏緝之時，而從前承緝各官不敢拿漏網之盗等弊，又自息矣。此復一例而三善備者也。

臣查康熙六年九月内，晋撫臣楊熙曾引律具疏，奉有『照律緝盗説的是，著詳議具奏』之旨，但楊熙疏中引律文，此款言之不詳，而部覆此款亦與律不符，至今舊例未復。此臣所以冒昧再請者也。或曰官不停陞，則官於獲半之後不加意續緝，是縱一半之盗也。此説似是而實非也。何也？律例不勒令全獲，而報全獲者，實數也。即不能全獲而報半獲者，亦實數也。見行事例勒令全獲，而報全獲者，虛名也。甚至諱盜不報，舉一案之盜而全縱之，不止於縱其半也。若云每案果真全獲，天下當已無盜，而盜之日熾又何故耶？總之，盜案以民間被劫者爲多，諱盜以民間被劫者爲易。原與盜劫城池倉庫等項事迹昭著〔二〕，不能隱諱者不同，若立法太嚴而難行，則官避法；避法則諱盜者多，盜不畏緝而愈熾。法雖寬而易遵，則官守法，守法則諱盜者少，盜畏緝而漸息。儻臣言可采，乞敕部酌議施行。爲此具本，謹題請旨。

康熙十年七月初四日題，本月初九日奉旨：『該部議奏。』

校記：〔一〕此疏題清廣仁堂刻本虛直軒文集卷之三爲『請復盜案半獲支俸舊例疏』。

〔二〕『昭』，清廣仁堂刻本虛直軒文集作『顯』。

請核贜罪相准疏〔一〕

都察院左副都御史臣姚文然謹題，爲請核贜罪相准之實，以昭平允事。臣惟定罪在於核實，立法貴於持平。計贜之多寡以定罪之輕重，此古今畫一之法也。今見行律例，凡監守盜錢糧至四十兩以上者斬，常人盜錢糧八十兩以上者絞，俱爲雜犯死罪。准徒五年是其名，雖爲死罪，不作真正死罪也。至於監守盜二十兩以上，常人盜四十五兩以上者，皆杖一百，流二千里及二千五百里、三千里不等。今徑作真流發遣，則此三流俱係并贓論罪。假如監守十人共盜銀二十兩，每人只各分二兩入己，便定十名流罪，亦已甚矣。况贓多者死非真死，五年徒滿，猶得還鄉。贓少者流作真流，背捐廬墓，終身不返。是贓少者之罪較之贓多者反重，似爲未協。臣查律與實録，流罪并雜犯死罪俱有折贖之例，律載：三流總徒四年，贖銀二十兩。雜犯死罪准徒五年，贖銀二十五兩。實録載：杖一百，流罪准徒四年者，應折贖銀五十兩。雜犯死罪，准徒五年者，應折贖銀五十三兩七錢五分。足見此等流罪較雜犯死罪原輕，皆可折贖，不必真流者也。若不准其折贖，則臣查大清律内載：徒一年至五年係民擺站，係軍哨瞭。又載有徒流雜犯死罪，各令做工擺站、哨瞭等項死罪五年，流罪四年，徒罪照徒年限等語，然則此三流應總定爲准徒四年，較之雜犯死罪准徒五年者减一年，則贓少者罪輕，贓多者罪重。不使贓少者之罪反重於贓多之人，庶法得其平，且與實録律例之舊章無不符合。儻臣言不謬，乞睿裁采擇，敕部酌議施行。爲此具本，謹題請旨。

康熙十年七月初四日題，本月初九日奉旨：『該部議奏。』

校記：〔一〕此疏題清廣仁堂刻本虛直軒文集卷之三爲『請核贓罪相准之實疏』。

請定輕重畫一疏〔一〕

都察院左副都御史臣姚文然謹題，爲請定輕重畫一之例，以垂永遠事。臣思律例乃係永遠之事，輕重宜有畫一之規。今見行事例，旗下人犯軍罪者，枷號三個月，雜犯死罪准徒五年者，枷號三個月十五日。臣竊以爲未合也。何也？凡律例內罪之輕重皆按各犯所犯情節之輕重而定者也。即以監守盜一條，律例論之：盜倉庫錢糧四十兩者斬，然其名雖爲雜犯死罪，其實則准徒五年也。盜五十兩以上者邊衛永遠充軍，其重於准徒五年明矣。今應充軍者枷三個月，應准徒者反枷至三個月半，是使旗下人爲監守者盜五十兩之罪，反輕於盜四十兩之罪也。一條如此，諸可類推。此情罪不相符者，一也。又民人論罪則充軍，重於准徒。旗下人論罪，准徒反重於充軍。此滿漢不畫一者，又其一也。臣請敕部酌議，嗣後旗下人犯雜犯死罪者，應比軍罪量減枷號日期，其軍罪仍照舊枷號三個月，庶情罪相符，而滿漢畫一矣。至於枷至三個月猶杖之至一百也。若枷至三個月以外爲時太久，恐有罪不應死而致死者，亦未可定，似屬可憫，應照舊例枷至三個月而止。其枷號三個半月之例，宜永行停止者也。臣從律例永遠起見，伏乞睿鑒，采擇施行。爲此具本，謹題請旨。

康熙十年七月初四日題，本月初九日奉旨：『該部議奏。』

校記：〔一〕此疏題清廣仁堂刻本虛直軒文集卷之三爲『請定輕重畫一之例疏』。

永戍無并贜之例疏〔一〕

都察院左副都御史臣姚文然謹題，爲永戍無并贜之例，請酌議申明，以符舊章事。臣查刑部題明事例，凡侵盜錢糧不至二百兩者，仍照律并贜論罪，二百兩以上者，應不并贜論，必入己滿數，方照例分別斬絞定擬，此誠重人命，慎刑罰之至意也。但臣將律與例細加磨對，不獨真犯死罪不應并贜論罪，即邊衛永戍亦必須入己之贜數滿方坐，未有以并贜而坐永戍者也。蓋律議監守盜、常人盜之罪至於雜犯死罪，准徒五年而止，故律有并贜論罪之文，至例所增邊海、漕運、腹裏三項錢糧監守盜若干兩、常人盜若干兩，即擬斷邊衛永遠充軍，其法特重。故例有入己數滿方擬之條，是雜犯准徒以下并贜論罪者，律也。充軍本犯專算入己贜者，例也。但以條例内既云：以上人犯，俱依律并贜論罪〔二〕。又云：仍各計入己之贜數滿，方照前擬斷不及數者照常發落等語，似乎并贜與入己贜兩語自相矛盾，以致奉行此例者，遂多舛誤耳。其實條例所載，文雖委曲意實周到，曰以上人犯謂盜錢糧各犯也。曰俱依律并贓論罪者，言其非依例也。曰仍各計入己之贓數滿，方照前擬斷。前擬者，充軍之例也。曰不及數者照常發落，照常即照律也。假如趙甲、錢乙二人監守共盜錢糧二十一兩以上，人犯俱依律并贓論罪，皆杖一百，流二千里。查係邊海錢糧，趙甲入己之贓數滿二十兩，應照例擬斷邊衛永遠充軍。其錢乙入己贓止一兩，不及二十兩之數，仍照常并贓論罪，杖一百，流二千里發落。此外侵盜漕運、腹裏錢糧者，概可類推矣。或謂遣戍各犯，既必須入己之贓數滿方坐，則條例内何不删去『依律并贓論罪』一語，不更直截耶？臣以謂此又不可删也，何也？入己贓滿數方坐者，所以嚴首惡也。并贓論罪者，所以警同盜也。假如趙甲、錢乙共盜邊海錢糧銀二十一兩，趙甲既以入己數滿充軍矣，若錢乙不并贓論罪，則入己一兩止該杖九十而已，豈不失於太輕，且與律相悖乎？

伏乞敕部酌議，嗣後侵盜錢糧問擬充軍，本犯必須入己之贓數滿方坐，其同盜不及數者，仍依律并贓發落，庶例與律相輔而不悖矣。臣蒙殊恩峻擢，忝列法司，竊念核擬施於一事一時有限，律例行於萬世無窮。謬陳管見，仰候睿鑒，采擇施行。爲此具本，謹題請旨。

康熙十年七月初四日題，本月初九日奉旨：『該部議奏。』

校記：〔一〕此疏題清廣仁堂刻本虚直軒文集卷之三爲『永戍無并贓疏』。

〔二〕『依』，清廣仁堂刻本虚直軒文集作『係』。

姚端恪公文集卷之七

請早建皇儲疏

都察院左副都御史臣姚文然謹密題，爲請早建皇儲以重國本事。臣聞古之帝王必豫建太子，易曰：『主器者，莫若長子。』禮記曰：『樂正司業，父師司成，一有元良，萬國以貞。』春秋傳曰：『嫡長始生，即書於策。』誠重之也。歷代守成令主，以漢文、景爲最。臣考之漢書，文帝即位之元年，群臣請早建太子，曰：『豫建太子，所以重宗廟社稷也。』文帝許之，遂於元年春立景帝爲太子，可謂豫矣。臣自數年以前即聞都城歡傳皇子誕生，中外忭躍，乃至今寂然，未聞舉行册立之盛典。臣敢援引古義，冒昧以請。又臣念太皇太后春秋高，皇上所以仰承歡心者，典禮之大，無逾於此。伏乞敕諭該部詳考册立禮儀，擇吉舉行，使中外臣民知我皇上旭日方升，前星已耀，福邁古帝，慶流無窮，歡呼忭躍，四海同聲。即以此仰承太皇太后、皇太后慈愛之歡心，庶大典昭而孝慈備矣。爲此具本，密題請旨。

康熙十年八月　　日題，本月　　日奉旨。

大禮既在必行疏

都察院左副都御史臣姚文然謹密題，爲大禮既在必行，愚忠尚有欲盡敬獻芻蕘，以備采擇事。臣前捧傳諭，展祭山陵。臣隨諸臣之後，俯竭愚誠，合詞執奏至再，閣部大臣兩宣天語，臣等暫退朝班，即日已頒上諭，聖意堅定，成命難回，螻蟻微誠，不能動天。臣負罪辜恩，慚懼無地，謹於必行之中，略抒一得之愚，惟皇上采擇焉。

一曰城池詐冒宜防也。臣見邸抄中，多有大盜假官希圖賺開城郭，垂涎倉庫，如大盜吴七等十人綴翎牽馬，公然肆行於近京百里之地，可爲前鑒。今畿輔地方差使絡繹，真僞難分。閉城則有抗違之罪，開城又慮有不測之虞。請敕下部議預先作何申飭，臨時何法辨驗，以杜詐冒并申飭京城内外及畿輔地方文武各官戒嚴稽察，勿使盜賊乘機暮夜竊發。

一曰旗丁宜恤也。旗丁每扈從一次，一年餉銀費用殆盡，甚有賣田買馬、典屋買裘者。臣前在垣中已具疏詳陳，不敢再瀆。今扈從之地更遠，出外之時更久，關外之地更寒，其費愈多，其苦愈甚，與尋常從獵不同。臣愚謂宜令各佐領詳察，窮兵酌加賞給。

一曰驛困宜恤也。聖駕所歷地方俱係出關一路，原非各省通衢，料各驛額馬無多，且此番出關路遠時久，往來差使必繁，又與尋常圍獵經過地方不同。儻前去之馬未回，後發之差又到，何以應之？若止責令該撫及地方官通融協濟，竊慮衝驛之馬，本驛尚不敷用，僻驛之馬屢經裁省無幾，雖云協濟，恐亦有名無實。或於協濟之外，許其酌行雇覓，歲終准與開銷，或敕下部議多方協濟，其差使可并可省者，屆期睿裁酌行并省，庶驛馬無乏，緊差無誤。

一曰鑾輿望早回也。大禮告成之後，皇上或沿山圍獵，覽視山川，練習武備，未爲不可。雖天駟更番，另有如龍待獵之馬，部員采辦自有如泉不竭之糧，但扈從兵丁路遥日久，糧乏馬疲，歸心似箭，度日如年。聖駕早回一日，則兵丁早得一日之休息，早省一日之勞費。軫恤旗兵，所以重根本也。且南方秋旱異常，飛蝗蔽日。淮揚道殣相望，兩河工役繁興。一切章奏或有急不可緩者，俱望聖駕早回，詳籌速斷。昔世祖皇帝上傳云，東行往返未免延曠時日，有稽政務。臣故望皇上遄返，庶於政務無稽，且以早慰太皇太后、皇太后懷念之慈心及四海臣民凝眸之望。凡此皆臣一時愚見所及，或久爲睿算之所先周，無待臣言，然終不敢不言。乞俯賜采擇施行。爲此具本，密題請旨。

康熙十年八月　　日題，本月　　日奉旨。

敬陳邇言疏

都察院左副都御史臣姚文然謹密題，爲敬陳邇言，以爲頤養聖躬之助事。臣惟我皇上遵太皇太后之慈命，遠謁山陵，則自鑾輿初發之日，而皇上朝夕起居已刻刻縈回於慈慮中矣。臣聞之孟子曰：『事孰爲大？事親爲大；守孰爲大？守身爲大。』夫孟子不止言養身，而言守身者，何也？蓋以守身比於守國守城之守，言其難也。我皇上一身上膺皇天曆數之歸，下繫四海臣民之望，所關甚重。今寒天遠道，風霜勞頓，臣冒昧死罪，敬陳二言。一曰：行在馳騁宜慎也。大禮告成，順道田獵，平原曠野，不礙馳驅，但或過崇山峻嶺、深林密莽之地，必宜按轡徐行，不可輕騎超越。雖聖天子萬靈擁護，自然履險如平。但古之聖帝大福與人異，而小心與人同，乃爲保福之道。況御馬先行，萬騎雲從，騰山越險，孰敢稍緩？儻有王公貴臣偶致蹉跌，遠道將息甚難。聖慈豈不惻念？皇上睿德邁於古帝，又復天縱多能，騎則上下如飛，射則應聲命中，神武絶倫，雄心易動。此心一動之時，如雷霆驟發，最難挽回，必須立刻收住，念及祖宗付托之重，太皇太后、皇太后懸注之慈，聖躬關係如此，豈肯輕冒險阻！此念既重，則馳騁之念自輕，不期慎而自慎矣。一曰：行在休息宜早也。臣聞人之精神凝聚於夜而復發舒於旦，猶樹木之收斂於冬而復敷榮於春也。古之聖人，精神天縱與人異，而保養節嗇與人同，乃爲萬壽無疆之本。我皇上躬親鞍馬，遠歷山川，晝勞已甚，惟在夜間蚤爲休息，以養天和，并令年老有德之臣宿衛左右，叙述祖宗創業之艱，講論頤養聖躬之道，庶爲有益。此二者，雖皆迂陋淺近之談，然言之甚平，行之不易。惟望皇上恕臣愚戇之罪，於行在之暇，時賜省覽。微臣幸甚！天下幸甚！爲此具本，密題請旨。

康熙十年八月　日題，本月　日奉旨。

大禮肇行請停今歲秋決疏〔一〕

都察院左副都御史臣姚文然謹密題，爲大禮肇行，請停今歲秋決，以廣仁孝事。臣惟我皇上展祭山陵，以告成功。切思大禮舉行，應有上傳，殊恩遍布四海。臣忝任法司，曉夜思維，無如停今歲秋決一事。何也？臣查見行事例，凡尋常齋戒日期，俱不理刑名。今聖駕不遠二千里，扈從士馬約十數萬，錢糧供億亦約數十萬，專爲展祭告成之大典，故勞費而不惜，是上傳一頒，以及鑾輿初動之日，皆我皇上必誠必敬心齋心戒之時，況大禮舉行之前後，彼時若朝審覆奏，御筆親勾，皇上大仁達孝遠逾周武，必有惻然不忍者。但念皇仁觸動於臨時，恐日期已迫，四遠不得沾恩。臣故敢冒昧預請，仰候睿裁，儻以臣言可行，乞特頒上傳，將今歲秋决停止，使天下之人咸歡呼感泣，曰：此皇上之仁也孝也。乃遵太皇太后之慈命，繼世祖皇帝之遺志，以告成於太祖、太宗山陵，而有此恩典也。薄海内外不獨感誦皇上好生之恩，并感誦太皇太后之恩於無疆矣。況自世祖皇帝及皇上御極以來，多有停一年秋决之事，非屬創舉。伏惟慈鑒采擇施行。爲此具本，密題請旨。

康熙十年八月　日題，本月　日奉旨。

校記：〔一〕此疏題清廣仁堂刻本虛直軒文集卷之四爲『請停今歲秋决疏』。

敬陳預備淮揚救荒疏〔一〕

都察院左副都御史臣姚文然謹密題，爲敬陳預備淮揚救荒之一策，仰候睿裁詳酌事。臣惟淮揚地方爲漕運咽喉，南北要地，與别處不同。屢年被灾，蒙皇上破格蠲賑，恩大而仁盡矣。然而水灾未退，復旱且蝗，米價較昔踴貴。臣聞人一日不再食則飢，而糧之爲物，近則生長於地，待成於時。遠則轉運於四方，未可旦夕得也。故備荒不在於臨時，而在於預畫。今淮揚本地之米既少，又聞湖廣、江西及上江等處，亦多苦秋旱米貴。即臣郡安慶米價較之往年，亦增數倍。計今年上流米艘到淮揚者，較往年必少。此後米價亦必日貴，乃一定之理，必至之勢也。臣思備荒需糧，別無奇策。惟在相道路之遠近，就便轉輸，以通米糧之有無而已。近年浙撫臣范承謨行之已有成效。

臣聞山東東府地方所産大小米麥、黄黑豆等項，舊日多自膠州等處，舟運至淮安之廟灣口，沿海邊而行，風順二三日可達。商船往來，終年絡繹。自禁海以後，糧食陳積應多。聞其斗較淮爲大，價較淮爲賤。若動官帑采買轉運，以備賑饑之用，則糴本省而得糧多，國帑不至甚虧，飢民可活多命。所格者，片板不許下海之嚴禁耳。年來有言開禁者，皆蒙嚴綸切責，臣何敢多言妄言，但臣思禁者，禁一切軍民人等私出海口者也。凡物民間不敢用，獨朝廷用之者，名曰禁物。今朝廷以備荒之故，用地方職官押官艘運官糧，出口船若干，入口照舊亦船若干，往返有期，稽察甚易，間行數次，糧足則止。此豈可謂開海禁乎？若以此爲開海禁，則如近日福建發船下海，搜近島游賊亦可謂之開海禁耶！但其中有宜詳察確議者，一曰船隻之通融，二曰水程之遠近，三曰淮齊兩地斗斛大小、時價低昂之大概。此非可以耳信，非可以理斷，必身在地方，久諳風土者方能洞悉。儻荷睿裁，謂臣言無必不可行之處，乞敕部酌議行。江南總督、總漕、該撫及東撫諸臣詳察熟計，以爲應止則止，以爲可行則行之，亦預備淮揚救荒之一策也。此事兩省查議必需數月之久，計聖駕東回方能題覆，儻到彼時淮揚米價不至大貴，上流米船不至缺少，該督撫届期題明，將此議仍可停止。古人所云：寧可備而不用，不可用而不備者，此也。總之，糧食不可猝得，救災在於預籌。臣有愚見不敢不言。伏祈睿鑒，詳酌施行。爲此具本，密題請旨。

康熙十年九月　　日題，本月　　日奉旨。

校記：〔一〕此疏題清廣仁堂刻本虚直軒文集卷之四爲『預備淮揚救荒疏』。

自陳不職疏

兵部督捕左侍郎管右侍郎事臣姚文然，謹奏爲自陳不職，祈賜處分，以肅察典事。臣江南進士，由庶吉士改授科員。順治十年歷任兵科都給事中，丁憂回籍，告病里居。至康熙五年病痊赴部，仍補科員。九年八月内蒙恩内陞以正四品頂帶食俸，仍留管户科給事中事。十年五月内蒙皇上特恩，不次擢用，陞補都察院左副都御史。本年十一月内陞補刑部右侍郎，十一年二月内調補刑部左侍郎，十二年二月内調補今職。除康熙六年三月以前事迹遵例不開外，康熙六年六月户科任内爲撿舉事，奉旨着罰土黑勒威勒。九年又二月内六科公本爲薦舉事，奉旨罰俸半年。十年九月都察院任内爲會議巡方一案，議降一級留任，罰俸一年。奉旨寬免。十一月内因將白立吾減等，奉旨原議各官從寬免交該部。十一年三月刑部任内爲祝表正擬陪咨送一案，議罰俸三個月。奉旨寬免。又七月内爲會議書辦犯贓失察一案，議降二級留任。奉旨寬免。

竊念臣以一介之豎儒，荷兩朝之寵眷，殊榮叠被，報稱維艱。居言路則糾劾無聞，因年衰而氣餒；佐部務則舛謬時見，實識鈍而才疏。受恩重而負恩之處滋多，歷職驟而溺職之愆彌甚。期既届於黜幽，義豈容於尸位。伏乞聖慈特賜罷斥，庶察典肅而臣誼安矣。臣無任悚息，待命之至。

康熙十二年三月初一日題〔一〕，本月十一日奉旨〔二〕：『姚文然簡任督捕侍郎，著照舊供職。該部院知道。』

校記：〔一〕『日』，底本缺，現據清廣仁堂刻本虚直軒文集補。

〔二〕『本月』，底本缺，現據清廣仁堂刻本虚直軒文集補。

直陳曠職疏

兵部督捕左侍郎管右侍郎事臣姚文然，爲直陳曠職，仰祈睿鑒處分，以勵官常事。臣辦事衙門，捧讀綸旨，因地動示警，皇衷悚惕。竊思地者臣道，實由臣子不能仰體聖心，恪恭職業所致，乃煩上廑睿慮，臣誼益不自安。臣遡荷殊恩，全無報稱，歷思屢任積愆甚多，伏乞皇上立賜罷斥，以爲曠官之儆。臣無任悚惶，待命之至。

康熙十二年九月二十二日題，本月二十四日奉旨：『姚文然著照舊供職，不必引咎求罷。該部知道。』

姚端恪公文集卷之八

丈量宜待農隙疏

都察院左都御史臣姚文然謹題，爲丈量宜待農隙之時，自首約以三年爲限，請敕部酌議，使蜀民不勞，蜀賦漸裕事。臣思蜀省沃野千里，正賦缺額甚多，允宜丈量，以清隱占之弊。但丈量必履畝逐丘，行弓積步，須待收穫之後，方便舉行。今東作方興，自宜暫停。又臣向在里門親睹丈量之事，其民間雇覓弓手算手，供應里長官吏，造册解册，勞費甚繁。雖無隱占者與有隱占者一概勞費，俱不能免。

臣愚以謂將蜀省丈量酌寬三年爲限，聽人自首及他人舉首，俱免其從前隱占之罪。待三年限滿，通查各州縣，如某州某縣首出地多，賦額大增者，即可免其丈量，再行展限開墾。如某州某縣首出地少，賦額無增者，酌行抽丈。如此，則蜀省賦額可漸增，而蜀民勞費可稍省矣。至於編審與丈量事本相連，應俟丈量之日一并舉行者也。倘臣言可采，乞敕部酌議施行。

康熙十三年正月初八日題，本月十五日奉旨：『知道了。該部知道。』

提鎮招兵宜慎疏

都察院左都御史臣姚文然謹密題，爲提鎮招兵宜慎事。臣竊念吴逆煽亂致煩，宵旰焦勞。廟謨周悉無遺，更慮蕩平之後，倉卒選將鎮守爲難，預擇提鎮等官隨征候補，誠籌之周而慮之遠矣。但臣念所推各官，既未有見在駐劄地方，亦無見成營伍，問其名，雖曰隨征之將，究其實，止爲候補之官。有將無兵，勢需召募。臣愚以謂宜慎也。兵貴有能戰之實，不貴有充伍之名。招兵器械鞍馬所費不貲，當此軍需孔亟之時，似難猝給，且烏合之衆，以破敵則不足，以糜餉則有餘。

今禁旅雲集，芻糧轉運維艱。以甚艱之餉，養未練之兵，似非急務。且疆場争界之地，人情叵測，萬一奸細投兵，賊人應募，稽察實難，非徒無益，又將有害。臣愚以謂招兵事宜難以遥度，提鎮隨征似宜暫緩。請敕下領兵王、都統等從長酌議，審度彼處時勢，召募是否可行，隨征各官應急應緩以便前往，庶兵有實濟而餉無虚糜矣。臣言可否采擇，仰祈睿鑒施行。

爲此具本，密題請旨。

康熙十三年二月二十八日題，三月　日奉旨。

長沙之叙典疏〔一〕

都察院左都御史臣姚文然謹密題，爲長沙之叙典雖停，朝廷之恩德宜布，敬陳管見以備采擇事。臣竊念去歲吴逆反叛，普天同憤，曉夜靡寧。今歲聞南征大兵已抵荆州、武昌，西行大兵已逾漢中。臣竊謂大局已定，剿無難矣。頃於二月十七日啓奏入朝，詢知長沙忽然降叛，臣心甚駭恨，但以愚見揣度，冒昧言之：長沙雖叛，與别處降叛者不同，必非真心降賊也。長沙距辰沅不遠，如果真心降叛，何不叛於撫臣？初逃之時，何不叛於大兵未到荆州、武昌之日？又何不叛於賊使招降之初？乃撫臣離任一月有餘，城池人民安堵如故。今大兵漸近，計日平賊，又伊等擒賊使而獻僞書之後，乃忽然而叛乎？臣反覆思之：長沙擒解賊使之日，料必有請兵請救之文，但見荆州之兵未渡江，武昌之兵未渡湖，彼不知廟算深遠，動出萬全，期待數路并進，一舉蕩平。而謬以謂國家弃長沙於度外，一旦賊使再至，積威恐喝，兵民仰望既絶，恐遭屠戮，雖欲不降，其可得乎？故臣謂長沙之降賊，實與别處不同者也。

從前聞以長沙擒使獻書，文武各官悉蒙特恩優叙。今長沙既叛，理應停止。但臣愚見朝廷此段恩典雖經停止，然不可不令長沙之人知之，并全楚之人知之，使人皆知長沙負國家，非國家弃長沙也。臣請我皇上特沛恩綸，敕部酌議速行，該督撫密檄馳諭，使知朝廷初已優叙長沙文武各官之功，後復深原其不得已，而非真心降賊之故，開其反正之路，待以不死之恩。儻有能擒斬賊渠，或密備糧草以待大兵進取者，仍與免罪論功。如此，則湖南一帶陷賊城池，兵民咸有更生之望，大兵將臨，若不望風歸順，必有内潰相圖之變矣。至於全楚大局，兵威全係荆州，餉道全係武昌。揣逆賊之狡謀，或以游兵虚聲脅取長沙等處，冀以牽引武昌大兵，希圖潛伏精鋭，從常德近道，暗襲武昌，皆未可定。此則廟謨密畫，自有先事之防，非臣愚昧所能妄議者也。臣本書生，不知兵事，微有所見，又不敢不言，可否采擇，仰祈睿鑒施行。

爲此具本，密題請旨。

康熙十三年二月二十八日題，三月　　日奉旨。

校記：〔一〕此疏題清廣仁堂刻本虚直軒文集卷之四爲『長沙叙典疏』。

欽奉上諭疏

都察院左都御史臣姚文然謹題，爲欽奉上諭事。臣捧讀上諭，因大兵進剿逆賊，指日蕩平，地方恢復之後，應即設官撫綏民生，料理事務，令臣等虛公舉薦。臣自思林居既久，再入京邸，孤陋寡交，見聞不廣，實無以仰副我皇上廣攬人才盛意。敢就臣所知者敬陳之：其一爲鳳翔府通判李長慶，己亥進士，乃臣典山東鄉試取中士也，矢志端方，任事不避艱苦。初任廣東新興縣知縣，入山擒盜，上寨征糧，民服其清而感其惠。或大差經過，夫役千百人，傳旗一呼，百里畢集，使當煩劇之任，庶幾堪備任使。其一爲江寧府司獄張承宗，出身吏員。臣去年奉差審事江寧，於囚犯取供既畢，問詢及獄中疾苦，皆誦言張獄官視我等如子，歷詢各犯相同。後臣喚承宗至，當堂面訊之，其人應對明爽，於獄中一切事宜，籌算周詳，料理妥當，數年不懈。臣彼時念承宗以微員實心辦事，才復可用，使居荒殘地方，一邑之任，拊循招來，必有可觀，而限於資格無可展布。臣與同差二官皆爲惋惜，僅一解袍脱帽以賜之，略示奬勵而已。今幸奉有不拘資格之諭，臣一并保舉，統乞敕部議覆施行。

康熙十三年三月三十日題，四月　　日奉旨：『吏部議奏。』

閩逆之狡謀疏〔一〕

都察院左都御史臣姚文然謹密題，爲閩逆之狡謀叵測，粵東之餉道堪虞，仰祈睿鑒酌議預防事。臣數日以來，聞耿逆反叛，普天同憤，計其兵非精鋭，將戀巢穴，自可計日蕩平。但逆賊既已稱戈，豈肯坐待擒滅？其或近犯浙東，或由江西入楚，與吴逆合，皆未可定，非臣所能逆料，而臣愚見所尤慮者，耿逆既受吴三桂之指麾，復與孫延齡爲唇齒，滇、黔、粵西與福建聲勢相連，中間所阻隔者廣東一省。地方各逆所同心切齒者，矢忠不變之平南王耳。耿逆將士先鎮粵東，後移福建，山川地利皆所素悉。竊恐其出粵東，不意與孫逆表裏夾攻，既圖分平南王及粵東督提之兵力，即遥助孫延齡之威勢，且贛南爲江廣孔道，與閩省接壤，儻逆賊盤踞其間，使粵東之餉道中斷，入都之塘報難通。餉缺則軍心難保，報阻則訛言易興，亦屬可慮。臣愚謂通粵東餉道，實爲急著先事之防，乞敕部酌議施行。

臣本庸儒，實不知兵，即不應妄言兵事。然當我皇上宵旰焦勞之時，臣既有所聞，不能不思，思之再三，偶有所見，又不能不言者，臣之心也。至於聞之不能確，見之不能當，而又妄言者，臣之罪也。統祈慈鑒，愚臣幸甚。爲此具本，密題請旨。

康熙十三年四月二十四日題，本月　日奉旨。

校記：〔一〕此疏題清廣仁堂刻本虚直軒文集卷之四爲『闖逆狡謀疏』。

天方盛暑時際多艱疏〔一〕

都察院左都御史臣姚文然謹密題，爲天方盛暑，時際多艱，仰祈睿鑒，節哀節勞，安聖心以頤聖躬事。臣痛思大行皇后賓天，率土臣民悲慟震悼，自皇后梓宫奉安鞏華城，皇上於二十七日之後，二十九日駕往矣。初三日、初六日、初九日駕屢往矣。今十二日大雨，而駕又往矣。我皇上天性仁慈，惇篤倫紀，哀禮備至。臣初聞之，以爲自古聖人之德與人異，而情與人同，不忍諫也。臣年衰氣餒，有忝言職，不敢諫也。至今日而見我皇上之勞已甚，哀已過，則不得不進一言矣。

臣思我皇上一身上肩太祖、太宗、世祖皇帝基業之重，内縈太皇太后、皇太后之心，下繫四海臣民之望。使皇上自知其勞之甚，自知其哀之過，豈肯不節勞節哀，自重聖躬，何待臣言！臣竊慮我皇上因哀而不自知其勞也，更慮我皇上哀之過，而并不自知其哀也。此臣之所甚憂也。皇上之身，天下之主也。皇上之心，又皇上一身之主，而臨御萬邦，剖决萬幾之根本也。書曰：『一人有慶，兆民賴之。』蓋謂主德清明，君身强固，而天下自受其福也。我皇上於旬日之内，屢次馳驅於暑雨之中，往返百餘里之遠，悲悼之氣結於中，慟呼之聲徹於外，若從此勞而不息，哀而無節，所關於聖躬者甚重，所關於天下者甚大。此臣所不敢言而又不敢不言者也。

方今邊隅多故，逆賊吴三桂、孫延齡、耿精忠相繼反叛，臣等所以不憂彼者，專恃我皇上仁明聖主，天心佑助，可計日蕩平耳。然而三方煽亂，六省勾連，不可謂伊等爲小寇也。今天氣溽暑異常，臣前於沙河道上，見役夫擔水澆路，頃刻塵飛。兵人争水吸冰，面如灰裹。臣中暑昏仆卧病，至今未能平復。以臣所聞中暑而病者，不獨臣一人也。以此推之，一日之暑尚且如此，况於湖廣濕熱之地，兼以久雨連綿，王、將軍以下及甲兵人等數十萬之衆，自春徂夏，枕戈坐甲於帳房之中，暑氣下逼，濕氣上蒸，人馬久頓，隱憂未艾。以臣愚論之，此非我皇上往來道路，過哀灑泪時也。雖我皇上勞而益勤，哀不懈政，軍機政務奏决如流，原無壅滯。但朝廷之上，一日萬幾。一日在道路之間，則一日有餘積之事。即至駕回之次日，以一日而并行兩日之政，政行不異於常時，乃以一日而兼兩日之勞，君勞已倍於昔日。禮記曰：『一張一弛者，文武之道也。』下民且然，况於君身君心可無休息之時乎？且臣愚以管窺天，竊念我皇上思皇后之深而哀之甚者，非徒以崇中宫之位，敦人倫之本也。實因皇后事兩宫以誠孝，佐皇上以敬勤，德之盛者思之深，觸目痛心而不能自已也。臣愚謂皇上既重皇后之德，則宜體皇后之心。皇上試思：皇后在天有靈，推其誠孝敬勤之心，必不願聖躬之憔悴也，必不願聖心之鬱結也。儻皇上肯節勞節哀，使聖心安和而聖躬逸豫，以上慰兩宫之心，即俯慰皇后在天之靈矣。皇上儻垂念及此，則哀情之停蓄於中者，或可以立時涣然如冰之泮，如結之解乎？昔唐太宗英主也，文德皇后賢后也，后既葬昭陵，太宗即苑中作層觀以望之，引魏徵同升，徵熟視曰：『臣眊昏，不能見。』太宗指昭陵示之，徵曰：『臣以爲陛下望獻陵若昭陵，臣固已見之矣。』太宗泣而毁觀。夫毁觀而泣，則知英主亦有難割之情，雖泣而終毁觀，則知天子亦有不可直遂之性也。唐史載之，至今傳爲美談。我皇上勵精求治，方期媲德堯舜，豈可令唐太宗專美於前乎？

伏願皇上權衡審度，忍耐性情，沙河之行不敢請毅然停止，但將聖躬大爲休息，一月之内間一往焉，亦何不可者。至於服已除矣，起居飲膳漸漸復舊，以頤養聖躬爲重，從此以往，養一人之喜神，集萬邦之和氣。中庸有言：『喜怒哀樂之未發謂之中，發而皆中節謂之和。致中和，天地位焉，萬物育焉。』臣謹拜手揚言爲皇上誦之矣。臣前任恭逢京察，曾以臣年衰氣餒，久忝言職自陳，不意聖恩復拔今職，事關聖躬之重，躊躇囁嚅，稿成復毁，至於再三。

皇上念臣前此不忍諫不敢諫，至今日而不得不諫之苦心，俯垂天聽，將臣疏留中。時賜睿覽，稍寬聖懷，天下幸甚，微臣幸甚。爲此具本，密題請旨。

康熙十三年六月　日題，　月　日奉旨。

校記：〔一〕此疏題清廣仁堂刻本虛直軒文集卷之四爲『天方盛暑疏』。

中州要地疏

都察院左都御史臣姚文然謹密題，爲中州要地，請暫留賢撫以慰輿情事。臣見河南撫臣佟鳳彩以病乞休，仰荷聖慈，准其所請，解任調理。此皇上體恤勞臣之大恩，凡屬臣工無不感激，而臣竊有請者。臣之愚見謂河南界連秦楚，爲兵馬往來要衝，近復傳聞秦省有叛兵噪逃之變，河南地居鄰近，恐流言易興，人情震動，亦未可定。聞撫臣素得民心，相傳告病以來，百姓皇皇如失所倚恃。臣數日以來所聞，大略相同。臣知撫臣相貌，議論樸實無奇，而老成謹慎，熟練和平，服官二十餘載，歷任皆能稱職。其撫豫數載，辦事無誤，恤民疾苦，民愛而信之。臣思民爲出餉之原，官乃安民之本。官爲民愛未可易得，若聽其去任，雖更代得賢撫，而臣竊思民之信官，如場之樹木，新木雖嘉，待年而長。新官雖賢，待久而後民信之，非可旦夕取效者，不若仍留舊人，如駕輕車行熟路之爲便也。伏乞皇上熟籌詳訪，如果人地相宜，特再沛慈綸。令其暫力疾視事，俟秦省叛兵勦撫就緒之後，彼時視撫臣疾之痊否，再議去留可也。臣思命未下之先，去留聽自上裁，臣不敢言。今成命已下，而臣復言之，臣之罪也。但臣念河南衝要之地，當鄰省多事之時，心有所見，義不容默，謹束身待罪，冒昧陳言，以候宸斷，伏乞聖恩鑒宥施行。爲此具本，密題請旨。

康熙十三年十二月二十二日題，　　月　　日奉旨。

請廣封典之恩疏

都察院左都御史臣姚文然謹題，爲請廣封典之恩移孝作忠事。臣惟錫類者，朝廷之恩。急公者，人臣之誼。數年以來，封典未經舉行。自覃恩錫封以後，諸臣有新服官而未得封者，有新陞任而未得加封者，有從前不值覃恩之時而未得封者，有父官品大，子官品卑，舊例應晋階而見例不行者，竊念凡服官榮身之後，人子孰無榮親之心？值軍需浩繁之時，人臣孰無急公之念？移孝作忠，本無異理。爲臣爲子，咸有同心。臣請敕部酌議，照品定數，聽輸按季具題給與封典。其在外願輸各官，有願交藩司者，徑交藩司；有願交内部者，本官自具文徑交内部，不必轉申起文，以省留難稽延之弊。其有已經革職而追奪者，及嗣後有革職而應追奪者，察非重情贓私，但係因公革職者，酌議捐輸，將伊親封典，應給還者給還，應免奪者免奪，亦廣君恩而盡臣誼之一端也。倘臣言可采，仰祈睿鑒施行。

康熙十四年正月十七日題，二十二日奉旨：『九卿科道會同議奏。』

裁兵雖裕餉急著疏〔一〕

都察院左都御史臣姚文然謹密題，爲裁兵雖裕餉之急著，請敕部酌議裁之以漸事。臣日來風聞有裁兵之議，竊思内地冗兵有糜糧餉，兵日增則餉日絀，裁兵以裕餉，廟謨實爲深遠，區畫自然周備。臣本不應妄言，但臣愚見過慮，以爲裁兵宜以漸也。兵有新增之兵，有經制久設之兵，議裁新增之兵，尚可於經制缺額中補伍。若將新舊之兵一時議裁，則舊兵有失糧之怨，新兵無補伍之望，將衆多無賴無歸之人聚之於一地，迫之以一時，分散恐衆聚則勢成，人急則變生。雖有賢督撫、提鎮加意安插，非易事也。方今無事之地，惟直隸、山東、山西、河南、江南等處，兵戢民安，財賦足額，實爲天下根本。至此等處地方，雖稱腹裏，亦多有深山綿亘險阻之處，萬一有挺而走險者，雖無足慮，然亦不可不深慮也。臣請敕部酌議，即於見在議裁之兵，將新增者分其緩急，次第裁減。其經制舊兵暫且照舊存留，俟新兵裁汰事畢之後，再爲酌議行，令該管理軍務各官，將老弱者陸續裁汰，事故者勿補，以漸銷去，及至所裁之定額而止，不必新舊各項兵丁一時同裁，庶裁兵有漸而餉亦漸裕矣。

臣書生迂愚過慮之見，既曉夜縈回於胸中，不敢不據所見冒陳，可否采擇，仰候睿鑒施行。爲此具本，密題請旨。

康熙十四年正月二十　日題，　月　日奉旨。

校記：〔一〕此疏題清廣仁堂刻本虛直軒文集卷之四爲『裁兵雖裕餉之急著疏』。

全秦之大局將定疏〔一〕

都察院左都御史臣姚文然謹密題，爲全秦之大局將定，遠人之征調宜停，敬陳愚見，仰候睿裁事。臣見邸抄臨洮、延安、秦州、鞏昌、蘭州等處俱經恢復，平凉不降則剿，計日蕩平，全秦大局已將定矣。從前因數處逆賊鴟張，間調蒙古以佐征剿。今秦中既定，則我兵全力從此合注湖南自有餘裕，嗣後蒙古之征調似宜酌停，關東之舊兵似宜酌回。蓋蒙古居高寒之地，南方乃卑濕之鄉，風土大異，疾病易生，計其一聞征調，如避死亡，人情所苦，不必驅之。

蒙古雖名爲遠人，實居近地，天威既震於前，撫恤宜周於後。此根本重計所關。臣既有書生愚見，不敢不言，仰候睿裁施行。爲此具本，密題請旨。

康熙十四年　月　日題，　月　日奉旨。

校記：〔一〕此疏題清廣仁堂刻本虚直軒文集卷之四爲『全秦大局將定疏』。

平凉之蕩平在即疏〔一〕

都察院左都御史臣姚文然謹密題，爲平凉之蕩平在即，恩赦之大信宜堅，敬陳愚見，仰候睿裁事。臣念王逆煽亂，秦凉人皆憂之，以爲秦地近而民悍，自古以來易動而難静也。仰賴皇上天威遠震，仁德遐宣，赦諭下頒，兵民感泣。鞏昌賊兵尚有一萬餘名，捧讀赦免敕諭，一時解甲投誠。至蘭州一城，爲河西五郡咽喉，逆賊拒守累月，自知罪在不赦，乃鎮臣王進寶同布政臣伊圖差官至城下，宣揚我皇上如天好生之德并恩赦，而城中文武僞官及賊兵五千餘名一并開城投順矣。鞏昌、蘭州既下，則平凉勢孤，如折翼之鳥，入圈之豚耳。王逆不降，其麾下必有斬其首而來降者，全秦計日底定，豈非仗皇上如天之德、如天之福哉！而臣鰓鰓過慮，謬陳善後之畫者，以爲招撫之初宜慎，招撫之後宜信也。古稱信者，人君之大寶也。

故招撫之初，倘有必不可撫之地，則明言其罪在不宥，不受其降。儻有必不可撫之人，則直云除某人罪在不宥外，其餘官兵人民概准招撫。如此，則恩明而信著。若既經招撫矣，此後惟有堅持恩赦之大信，以爲未降者之招徠，安既降者之反側，不可小有變更。蓋凡事必審其大小，權其輕重而行之。豈止爲一地一人計哉！

臣思秦中初投兵將恐尚在且喜且懼之間，而平凉正在此時分或降或剿之局，故恩赦大信宜堅，所關不小。臣既有書生愚見，不敢不言，仰候睿裁施行。爲此具本，密題請旨。

康熙十四年七月二十日題，本月　日奉旨。

校記：〔一〕此疏題清廣仁堂刻本虛直軒文集卷之四爲『平凉盪平在即疏』。

患病危篤疏

刑部尚書加一級臣姚文然謹奏，爲微臣患病危篤，聖恩高厚難酬，伏枕哀鳴，泣陳愚悃事。竊臣草茅賤士，謭劣庸材，蒙世祖章皇帝簡授科員，又蒙皇上知遇隆恩，以科員內陞超遷都察院副都御史，屢叨異數，歷任今職，才菲任重，夙夜冰兢，常懼隕越，以負我皇上拔擢至意。奈年力衰憊，於本年四月中感疾卧床，復於六月初旬力疾入署辦事。豈料沉疴愈加，痰症昏迷，醫藥罔效，自知病入膏肓，危在旦夕。臣死何足惜！惟思我皇上高厚深恩，犬馬未報，又以微疾上廑宸衷，屢賜垂問。臣雖在昏憒之中，感激涕零，惟有生生世世圖報天恩於罔極耳。伏願皇上聖德彌新，治功益茂，溥施膏澤，早奏蕩平。臣雖死之日，猶生之年，不勝悚惶依戀之至。遣臣男國子監學正姚士塈親賫奏聞。

康熙十七年六月二十日奉旨：『覽卿奏，患病危篤，朕心深爲軫念。這本内事情，知道了。該部知道。』

姚端恪公文集卷之九

與蔡總漕書

敬拜啓者〔一〕：敝府南米原額一萬八千九百五十餘石，今除荒徵熟，至順治十三年實徵一萬二千六百三十餘石，應解江南布政司，聽其改撥兵運二糧，但以運米入省，既有上水船錢、挂號、取批各項等費，百計留難，多方勒索，有米到數月而不得交者。有交米而不得批者，有米至南而復改撥别府兵餉、别衛運糧者，敝府舊例點糧長爲區頭，以解南米一次輪區。傾家蕩産，兼之公貼私幫，合邑受其苦累，至近日極矣。弟目擊傷心，細考其故，總因南米一事撥無定數，撥無定地，撥無定期，或撥兵餉，或撥運糧，多寡遠近定於臨時。藩司、郡縣之胥吏，一綫穿珠，上下蠶食。或此年撥入皖餉則云調停，上下使用多金；或此年撥解别府則云打點不周，罰之遠涉。此敝府無不破家之區頭，而亦無不飽噉區頭之胥吏也。窮其根本，救其大弊，唯有定南米爲皖米，以皖糧足皖餉一法。

夫南米載在賦役全書，原解布政司，聽其改撥兵運二糧，非有一定不可易之例也。皖亦有兵餉，與其撥皖米以供別地之兵，不若撥皖米以供本府之兵也。皖亦有運糧，與其撥皖米以供別衛之糧，不若撥皖米以供本衛之糧也。皖爲操撫駐節之地，與別府不同，標兵餉米凡三萬餘石，本衛運丁行月糧亦苦不敷，年年待池州等府解米協濟。夫解敝府之米，以供別府兵運二糧，又解別府之米以供敝府兵運二糧，勞兩地之民力，耗兩地之民財，不若以皖米供皖糧爲兩利而長便也。況布政司每年亦未嘗不撥皖米爲皖糧也。以順治十三年計之，安慶府南米盡撥皖標兵餉共一萬零八百三十餘石，撥皖衛行月糧一千九百餘石，其撥江寧右衛行月糧不過六百六十石而已。以敝府南米全額一萬二千六百三十餘石，而止改撥別衛六百六十石，則別衛得敝府六百六十石之米無關輕重，即可見敝府南米無關別衛行月糧之輕重明矣。然則，定撥皖米爲皖餉，亦實實可行者也。但運米者利于有一定之規，而撥米者利于有臨時之撥。寧可散撥于後，不肯定撥于先。收放在手，高下由心。蔣撫軍爲撥去年南米作皖餉一事，布政胥吏執拗支吾，至懲責而後已。語云：利於民者，必不利於吏。豈不難哉？

敝縣近日議革區頭。弟溽暑抱病，血下如注。以一年不見一客之人，今同鄉耆里老集議於城隍廟者，三日不決于兹矣。總因解南米一大苦，無人敢首爲承當。上下胥吏又從而恐喝之。弟當衆矢神，願於變法之初，代區頭解運一年，以狥百姓之急，而僉議又以爲非體憒濍之極，家父往見蔣撫軍，言及定南米爲皖米，以救合府生靈，蔣撫軍素洞解南之苦，即爲舉行，但云此米兼兵運二糧，不便擅專，須從容請教老公祖方可。弟敢專函拜懇，倘蒙許允，惠以德音。弟即扶病出見蔣撫軍，乞其移咨老公祖及郎制府，將敝府南米永定爲敝府運丁行月二糧及皖標兵米之用，免其解南候撥，既省道路遠涉之費，又杜胥吏勒索之奸，而敝府一歲中可救百十家，積之永遠，便救千萬家。弟惟同合郡父老子弟拈香萬拜，以祝老公祖福祉無疆而已。病中勉泐，不盡拳注。

校記：〔一〕『敬拜啓者』，清廣仁堂刻本虛直軒文集作『某啓』。後文中姚文然自稱『弟』，虛直軒文集均作『某』。

又與蔡總漕書

外奉商者，前廬府關稱：廬、六二衛運丁行月二糧本折均徵，將敝府舊解廬州麥折銀每三錢，改米一石解廬。此係通行事例，不獨敝府也。弟愚見以爲本折均半，部咨已定，自當遵行。但或有通融之法，於近地徵米，遠地徵銀，既不失均半之成規，而可省遠道之脚費。

又或本地有存貯米及應解别府米，酌量就本地撥給。如敝府運丁行月糧原編徽、寧等處，今一半本色，即于本府萬億倉。支給不足者，題于本府應解布政司南米内撥補。此見行之例可仿也。况近地徵米，則行月二糧，即時隨漕起運，不致有誤兑期。遠地徵銀，則編折二銀原係春夏開徵，亦可先期起解，其于漕事實爲兩便。若遠地徵米，則以安慶一府論之，協濟别府之米必在本府漕兑之後，即令星夜起解已自後時。陸路有盤脚之艱，水路則有風水之阻，非惟勞民，亦且誤漕，故漕運議單載：嘉靖年間，運軍行糧派别處兑運者，因徵收不齊，每石折銀四五錢不等，其明徵也。至於運米别府繁費不貲，即如敝府解南米往江寧等處一事觀之可見矣。但運江寧猶係水運，解廬、鳳則係陸運，爲費較巨。查之會典，原有陸運改折之例。今廬州既已關至，鳳陽尚未文到，若解鳳麥米折色亦徵一半，本色則共銀九千五百兩，以三錢一石算之，敝府合解鳳米三萬一千六百六十六石矣。是敝府見年解鳳之米與見年上漕之米數相同，而且多于敝府南米之一倍也。其苦累更有不可言矣。推之各府，其苦或亦皆然。此事知已經部定。

但弟以托老公祖骨肉之愛，故敢便陳，倘有調劑之法，便爲老公祖萬世功德。惟是山林伏處，聞見不廣，止能竭其蒭蕘，未知時勢可行與否耳？瑣瀆縷縷，知在原鑒。

與王兄書〔一〕

病卧山墅間，忽江寧便人至，開一書，則故人李某五月内手字也，怪其書情迫而至遲，詢之于來人，曰：李之弟某面付者，以貧極不能專一價故也。不佞聞之惘然。記與某年少木天同鄉宴飲，朝夕無間。今幾年耳，乃一敗至此！其名墨墨之罪至于死，其實貧至瀕死，不能專一人裹糧乞救，可憐亦可痛也。

不佞山居，不聞外事，不見邸抄。據其書云：從前未經面質，未曾畫招，并無一字口供。果爾，則于張諸公鞫此，必無死法矣。不佞知此時功令嚴甚，誰敢言寬，亦誰敢勸人寬？但在道丈相幾酌勢，倘可於覆審時，准其辨呈行臬查勘，果否未曾畫招，稍緩審結，亦可苟延一歲之生。秋風落葉，縲絏銷魂，至于不敢求生，而求暫生，尤可憐可痛也。事之可否，在道丈裁之，但無從井之憂，便當下垂雲之手，是感應經中第一等功德耳。不佞于此，倘有纖私，天地鬼神實臨之，然不敢取必于道丈。惟是再審，既奉綸音，則寃情必宜下照，亦仰體聖天子好生之大德也。

校記：〔一〕此文題清廣仁堂刻本虛直軒文集卷之六爲『與王君書』。

與張撫軍書

啓者：敝鄉蘆洲一事，前歲仰仗台慈軫恤民瘼，主持大力，調劑苦心，白叟黄童，至今頂戴，不獨洲户也。近聞部文行查隱匿户名，其自供與親丈不符，應治以隱匿之罪，洲民惶惶，呼搶無路。弟深悉其苦，敢一代陳之。

竊謂事局有常有變。常者，不妨懸揣，可以理斷。内部之議所云，隱匿各户，經管各官難辭其咎，此論其理者也。變者，必須目擊，可以情原。察部原疏所云，丈出各户似可寬宥，及某官任内欺隱，難以憑定，似可寬宥，此原其情者也。前歲丈量蘆洲，實與往年清丈不同。夏秋之交，洪水大漲，爲十數年所未有，洲圩盡破，洲民盡逃，此丈洲一變局也。洲地犬牙相錯，一土三課，除蘆課外，其小港深宕可以畜魚，則納工部魚課。其築圩分埂，可以種稻，則納户部田畝。各洲户自供在水漲之先，各分地皮，魚當魚課，田納田糧，俱與蘆地無涉，即蘆地内復有泥灘水影等項，例不納課，故自供之畝應少。其察部清丈在水方漲之時，一望白波渺無畔岸，魚宕田埂盡在水中，水影泥灘無由辨别。人役乘船綑丈，委實疆界難分。洲户屋漂民逃，彼時無人控訴，察部雖目睹水灾，而國課爲重，何從分豁，只得據水面弓口積步增畝，故清丈之畝數自多，則自供與清丈畝數雖有參差，非盡隱匿情弊。其中或有清丈在前者，水未甚漲，故自供與清丈畝數相符，即不相符，不至相遠。凡此水灾情形，不獨老公祖痛念民艱，給米賑濟，即察部諸公料亦目擊而心憫之。不然肯以專差清丈之官而反爲丈出各户概請宥哉！至于洲地之新漲，原與田地不同，田地墾荒成熟皆由人力，可以稽查。洲地浪推沙擁，盡屬天功，難分歲月。竊聞故老相傳，喻洲之漲如人之長，自少至壯，懷抱之童漸成七尺之軀，而不能辨其爲某年之長幾尺，某月之長幾寸也。洲地近江邊，東崩西漲，日積月增，而不能辨其爲某年之漲幾頃，某年之漲幾畝也。是某年某洲之新漲尚無憑據，又何從查其爲某户之更替某官之經管乎？

謹按：我朝律例有欺隱田糧之條，而不載欺隱蘆地之律。律例無所不載，非有遺漏也。誠以水之趨射無定方，洲之消長無定時。故止可于丈量之後，按畝以陞科，不能查其新漲之期定律以治罪，即桐邑蘆課，明初止一千七百餘兩，萬曆年間增至二千七百餘兩，天啓、崇禎年間節增至三千六百餘兩。我朝順治六年又新增六百餘兩，十五年丈量舊額新增共四千三百餘兩，未有因加洲地之課，而治洲民以隱匿之罪者也。此察部原疏所云：洲民地在沿江，五年内坍漲不常，丈出各户似可寬宥。又云：不知某年新漲，某官任内欺隱，難以憑定，似可寬宥，固以其身歷而目睹者，拜疏上聞矣〔一〕。

察部躬臨洲地，與内部之遥揣者不同。老公祖地方大福星，愛民如子，與察部之暫莅者不同。伏乞詳達輿情，疏請豁宥，則萬姓歡若再生，百世咏歌不朽，寧獨事内官民頂禮高厚已耶！至于見在道衛各官，暑雨泥潦，備嘗辛苦，覃心引丈，清畝增課，似與察部功同一體，有勤謹之績而無疏忽之愆，方當望恩議叙者也〔二〕。此時部覆行查甚嚴，民干憲典，官罹考功，所關甚重，而弟過慮私憂更有甚于此者，則以洲民自水灾之後，圩破屋漂，財殫食盡，人逃過半。今春兼徵兩歲新增蘆課，催比無從，或差役鬻子女以代完，或官吏借正供而那解。竊若更治以隱匿之條，不勝株連之衆，丈册所載或止百十餘户，而朋充管業實有數千餘家。恐洲民驚駭，逃者不歸，在者亦逃，且伊地逼江邊，不過捕魚采蘆爲業，是以民多宦少，貧多富少，課止一錢二錢，人或三户五户，本無根株，不難漂泊。如此，則洲地日荒，洲課日欠，下切民生疾痛，上關國課考成。弟仰荷老公祖骨肉之愛，俯悉地方疾痛之情，不得不呼天而呼父母矣。迫切懇陳，忘其冗瀆，并乞鑒宥。

校記：〔一〕『拜疏上聞矣』，清廣仁堂刻本虚直軒文集作『據實拜疏矣』。

〔二〕『望恩』，清廣仁堂刻本虚直軒文集作『仰望』。

與姚臬臺書

前一函奉賀，想久達記室矣。茲懇者舍親方宅一切，前捧復緘，極銘關注。方氏此時一門皆孤兒嫠婦耳，無能結草者。惟弟伏枕山墅，晨起心香一瓣耳。今爲方某入官變價之田復查子粒，此前署張公祖批而邑中遂奉檄而行也。弟向在都門，稍知部中典故。近復詢之出都諸戚友，皆以從來入官變價之田，并無復追子粒之例。蓋入官之日，田非罪人之田，而爲官之田矣。變價之日，以官之田而復報賣於民矣。民田則有編折各銀，漕南各米止完國課〔一〕，不應復追子粒。官田則必官出牛種，官招佃户即收子粒，不應復納錢糧。若兼錢糧、子粒而并追之，是重徵也。某之田原奉部文確估變價，各臺憲檄嚴催，本縣遵上檄報賣，實因田荒歲歉，勒買無人，責令方氏户長派行兄弟族人分田納價，照畝完糧。桐城去歲合邑錢糧俱皆依限全完，報上册籍可據。曾爲其入官數畝，除正項分厘之銀升合之米乎？今令方氏族人既納官價以受田，又貼牛種以開田；既完田之錢糧，又徵田之子粒，是一姓而叠受某一田之害也。此猶爲方氏一姓言之也。近來籍没之田，各省皆有之。若此例一開，入官子粒升合皆達部，部中不悉其爲宗族攤賠之膏血，而反視爲持籌積累之錙銖，執此例以繩各省，各省奉此例，以追難家，則此後各省入官田産國課官租一時并納，誰人敢爲承買？誰人敢爲佃種？惟有將變價銀兩、完錢糧、子粒三項，少者灘賠於一族，大者灘賠於合邑，破十七年未有之成例，貽億萬世莫大之流毒，其害豈止一家一省一世而已哉！

敝邑葉令，仁人君子也。言及於此，輒嘆弟之婆心遠見，相對攢眉，但以既奉上查，未敢遽違。近復因督修兵舡堞堡，留滯郡城，即欲申詳，尚羈時日。弟復慮老公祖榮陟之後，起行非遥，繼此署此者，未知何人？萬一無獨斷之明，則縣申雖上，嚴駁必下。此例遂開，因敝邑而貽害天下萬世矣。弟病中思此，輒爲中夜徬徨，繞床達旦，念老公祖現宰官身，行菩薩行，弟澹心苦行，雖以老公祖骨肉至交，從未敢以一私事溷起居，里門中人亦無知老公祖與弟交誼者。此事所關實大，區區此心可矢天日，敢不傾肝吐鬲，與老公祖詳言而熟計之耶？弟思變價者，北部之來文；查子粒者，貴衙門前此之苛政。非奉部文，非奉操批，實係城狐添兹蛇足。况以敝省論之，年來如某某入官田産亦未重追子粒，但得大人君子一筆削除，了此藤葛，便可造福於方氏，造福於敝里，造福於天下萬世矣。伏乞便查舊牘歷年入官田産，果否無查追子粒之例，錢糧子粒果否不應并徵，俯賜金批牌行本縣豁免子粒，則灘賠之累可省，流毒之例不開，此亦高大于門之一助，弟非敢僅爲姻婭效哀鳴，老公祖亦非僅爲屋烏推雅愛，神之聽之，必有鑒兩心之如一者矣。肅泐無仞懇注。

校記：〔一〕『國課』，清廣仁堂刻本虛直軒文集作『銀米』。

與石令君書

前叩問台安，并爲敝邑加丁一事公函拜瀆，復荷回示，深感老父母軫恤至意，即遵諭作公函於朱公祖矣。治弟細思此番審丁之難〔一〕，總碍於懷寧加丁一千及朱公祖有懷寧規式妥當之諭耳。病中無事，詳查懷、桐兩邑丁額例銀，各大不相同。在原額則懷寧多而桐城少，在缺額則懷寧有數千而桐城止缺數百。在丁銀則懷寧科一錢餘而桐城科三錢餘。種種皆異，因便書增丁末議一册呈覽，乞賜采擇，或入郡時婉以此説達之。朱公祖似當蒙俞允，蓋人丁與地畝同，加丁與省荒同，未有不從原額起規則者也。合邑望恩，無仞拳切。

校記：〔一〕『治弟』，清廣仁堂刻本虛直軒文集作『而某』。

與趙太守書

陽和布令，福履時增。六邑熙熙，咸托春臺之庇。忻企何可言！兹專懇者，藩臺公祖牌行各屬令各承丈，各役解府開局造册，老公祖自應仰遵。但以愚見揣之，此係通行各府之牌，或别府中有丈册未解藩司者，故一概嚴督耳。若敝府則仰遵老公祖之成憲，簡明册既已申解，魚鱗册久造存縣，或司中另發新式，止煩老公祖一檄下縣，敝邑父母自立催報完，似可免承丈、各役之解府造册也。若必遵奉司牌，弓正、里耆盡須赴府，則敝縣丈長四百一十人，每丈長除造册不需弓手外，其算寫手每甲約二三人，合計之已一千二三百人。府中客邸飯食較縣中費當數倍，算寫手顧募入府，其工直較在縣又數倍，而道路之盤纏尚在其外。今春轂滯不行，小民之家困苦艱窘，爲十年來所未有，加此重費，其何以支？此其爲民力慮者，一也。敝縣丈長多係排年，方今初限錢糧兩年。新增蘆課田畝本色，春季安米并在催徵。排年本身之畝多者七八百畝，少亦五六百畝，措辦甚艱，兼有督催花户之責，若排年盡解入府，則册非旬日可竣，此項種種錢糧，本身既去，辦納何人？花户零星，督催誰手？此其爲國賦慮者，二也。况弟素承至愛，更欲仰效忠告，則以在府開局造册，不過經承同造，縣官有倉庫城池，無住府之理。官居于縣，册造于府，此後再有牌催，是老公祖兼任六邑之勞，而縣令反謝督催之責。册成之後，倘有駁改，亦屬未便，故弟敢詳布其區區，乞老公祖俯順輿情，念前册已經申解，果有司須新册發縣造申，恩允縣詳免其多人解府，則民力可省，造册無誤，合縣誦功德無量矣。

與郡伯趙興公書

前承高厚之誼，至今感佩，不能一刻忘。老公祖愛弟真不啻家人骨肉，事事關切照拂，語語開心見誠，則弟之報老公祖當與別紳不同。倘有所知而不告，是負愛我高誼也。敢以一得之愚而直陳之。

兹奉商者，敝縣丈量一事，弓口俱已報完。前奉牌示：承丈人役甘結定式，有隱漏之人本身斬首，妻孥流徙之諭，極體老公祖盛心，以爲立法必嚴而後隱漏可清也。今敝鄉各丈長已一一遵依定式，投遞結狀到縣矣。計縣當不日申府，但弟托老公祖至愛，謬陳愚見，以爲此結存縣則可，若申上與存府，則微有未便也。查大清律開載：欺隱田糧脱漏版籍者，照畝笞杖，其脱漏之田入官，所隱税糧依數徵納，立法不可謂不嚴矣。今甘結所供，是以欺隱之條而改用叛逆之律也。此結申後，其奸頑健訟之人見立法太嚴，希圖嚇詐誣告人以欺隱田畝者，必多矣。即令所告是實，各縣審理將欺隱之人，欲依律定以笞杖之罪乎？則甘結所供斬徙之罪爲虛文矣。將不依律而依甘結定罪乎？則斬徙重罪必需請詳題奏，不獨事勢難行，亦仁人君子所不忍爲也。此弟謂申上之有未便者，此也。至於甘結存府，在老公祖天覆地載之中，何所不可，但恐丈量覆勘未必一二年間便能結局，而老公祖考績届期，榮陞指日。此結存府便爲永遠之案，萬一繼老公祖而來者，未必能如老公祖之大賢，據此結而開告訐之門，地方未免受累，是後人之事，而推原所從來，猶曰自老公祖始也。豈可不爲深念久長，以造福兹土哉！弟謂存府之亦有未便者，此也。

弟知老公祖取結大指，欲使人心震恐一番，或有丈時隱匿之田，懼而自首耳。今敝縣甘結俱已投遞，則各縣甘結料亦遵示投完，其自首者已首，其不首者亦終不首矣。以弟愚見妄論之：或老公祖止取各縣印官一結存府。其餘丈長、保長等項止令縣中取其願甘依律認罪。甘結俱發存縣，則既不爲各縣擔責，又不令人心驚惶，似爲兩得也。今年小兒亦當丈長，投結到縣之時，見鄉愚之人深切憂怖，故略知其下情，恃愛久欲上達，故因施丞之便而密布之，可否行止，總在老公祖裁酌，非弟所敢懸揣。但乞亮其愚忠，勿罪唐突爲感。

再與鄔父母書〔一〕

承翰知貴體違和，此時天氣暑濕，又忽風寒，甚難調攝。即弟血病亦盛發也。望老父母年臺寧神自玉，輔以藥餌。毋期速效，以圖萬安。至于諸事掣肘，百慮焦心，時勢實使之然。且望隨緣應付，天君泰然，即憂病之心亦不可過急，急則肝水愈弦，心火愈熾，一日之内覺可怒之事常多，五倫之中覺可喜之人絶少，適足令病增耳。弟積病連年，亦三折肱于斯矣。外之困我者百端皆起于官，竭其心以盡職而窮通，禍福不與焉，是謂外其官而官達。内之戚我者，百端皆起于身，安其心以養身而勞逸，生死不與焉。是謂外其身而身存。治病于藥石之間者，標也；治病于性情之間者，本也。弟知老父母獨深望之遠、愛之至，故直言無忌，當不罪其戇也。

魚課一事，仰仗厘剔，卒爾紛紜，可勝扼腕。然議費本自公平，官民皆可領解，亦無大可爲老父母焦勞者。但官解原係奉旨，而本折二項貼解至六百餘金，亦復何名，更言不足！即上臺偶不悦于老父母，亦必不明言解費之少，而但言水脚解府之遲。又或以本色解費連阮帖五百餘金，而今止解四百餘金，計面悟之時不過此兩駁，但部文藩檄原云：三月全徵折色，同本色解北。則四月水脚全完，未可云遲。至於阮帖百金原爲江寧采買加秤及布政轉文之費，亦可公言之。愚見此事老父母若于郡公祖賜詰，但與合同議約，上下不爽，萬無可慮。況往來府差萬耳共聞，及府中各役亦有湖在敝邑者，郡公祖耳目甚長，豈有意外之疑耶？願老父母不必過憂，以擾珍攝。至於小小變通之法，諸候駕歸時，又可與衆面商，或不致膠柱也。來役匆匆，卒復不盡。

校記：〔一〕此文題清廣仁堂刻本虛直軒文集作『再與鄔令君書』。

與朱雲門中丞書

日前浙中一敝世兄賜奠至桐，因言浙中丈田有一縣而增數千畝者，聞之驚愕，正欲修書奉寄，祈老親臺造浙中萬世之福，苦無確羽，適因縉雲之便，因詳作一函，囑其一到即陳，唯留意焉。

丈量只可清畝，萬無增畝之理。蓋地土古今一定，但有荒熟，并無增減。查科中原疏首云：將今比昔，仍此地也。觀此二語，其未議及增畝明矣。一縣之畝有定數，一縣之糧有定額。若云未丈以前田多畝少，豪强隱占者，清出宜增。則未丈以前畝多田少，貧弱賠累者，清出亦宜減。總期以一縣之畝，足一縣之糧而止，何從增哉？但州縣之所以增畝者亦自有故，大約拘於丈量弓口之畝，而未詳考地方舊例折實完糧之畝也。各地方弓口積步之畝同，而折實完糧之畝異。故有大畝，有小畝，有毛畝，有實畝。往年部派練餉，每畝派徵一分，而鳳撫林北海公祖具疏力争云：江南多大畝，江北多小畝，難以一概均派。後部覆議查，卒允所請。由此觀之，江南有大畝小畝，則浙中亦必有大畝小畝矣。以理而論，小畝者，或是丈量弓口之畝，一畝而算一畝者也，或即所謂毛畝也。大畝者，係將丈量弓口積數毛畝而折一畝者也，即所謂折實畝也。其折實之法，一省之中各府不同，一府之中各縣不同，一縣之中各鄉不同，一鄉之中又有上中下三則不同。即以敝縣論之，弟曾考前朝萬曆十六年碑文所載，每弓口一畝算一毛畝，合毛畝三畝折實一畝，完糧當差其大概也。就中又有上則之田，弓口不足三毛畝而折實一畝者；有下則之田，弓口不止三毛畝而折實一畝者。甚至有水荒之田，合毛畝八畝而折實一畝者，其不一若此。若止據弓口之畝，而不查各地方舊例折實之畝，則一邑而增萬畝千畝，何所不至哉！此時民困已極，見在錢糧尚苦拖欠，官吏參罰不休，若更增畝增糧，民窮財盡之時，其不驅之爲盗賊者，幾希矣！有司不計久遠，或以增畝增糧博一紀録一加級爲功名捷徑耳，豈顧其貽地方萬世之害哉？此唯有大仁人君子密施拯救，便語藩司，示意郡縣，只宜遵旨清畝，不貴額外虚增畝數爲功。其一縣之中，無論弓口毛畝之多少，腴鄉或二三畝而折一畝，瘠鄉或四五畝而折一畝，總期折實畝數與合縣歷年完糧額畝相符。不增不減，庶有司不敢妄報增畝造册邀功，而地方受仁者之福於萬世矣。

又弟細閱科疏，原從錢糧拖欠立論内云：屢經差御史清查，原指山東、河南御史察荒之舉，大意重在查荒，唯恐人隱熟作荒，以虧國課耳。至部覆全疏中，唯引科疏有踏勘字面，而部議各省巡撫止云確查地田之荒熟，并未言丈量一字，可見部中亦以丈量事在難行，不敢輕議矣。但今各省俱皆丈量，浙省豈能獨異？所幸浙中田土抛荒者少，成熟者多。倘老親臺加恩地方，移咨達部，將已經全熟地方免行丈量，部中必需再一調劑，得允所請，然後諭意郡縣其地方有願認開墾全熟者，各具甘結亦可援例免丈，則一舉而省民間無窮之擾費，省蠹役無窮之需索矣。免熟丈荒，此法若行，各省自然仿例，是功德不止在浙省，而且在天下矣。倘部中不允，必行清丈，亦可盡仁人君子一片婆心，唯有勿定格式，立名目，上隨下便，官隨民便，各地方隨各地方之則，又在老親臺自有隨宜妙用〔一〕，非弟所敢懸揣也。恃在至愛，不禁縷縷，未知浙中風土情形何如？統惟裁酌。

校記：〔一〕『隨』，清廣仁堂刻本虚直軒文集作『便』。

與解學使書

聞老公祖文旌賁臨皦郡六邑，人材咸在春風化育中矣。兹啓者，安慶府學舊例：新進生員十五名，撥桐城七名、懷寧六名，餘則分之外四縣。後奉部文，府學增五名，共二十名，則所增之數應懷寧、桐城分撥。去年老公祖録科時，懷寧生童具呈引衛學爲詞，其説乍聞之亦似有因，故老公祖將府學分撥之時，懷寧十名，而桐城仍舊七名，遂使新增之數而桐邑不獲，少沾恩澤矣。在府學分撥之數恩出鈞裁，逐年原無定例，而皦縣合邑紳士惟恐此新增之數再照上年，則此後遂爲成例，屢函北道，諄諄嘵嘵，以爲弟等仰托老公祖契愛之雅，而俯念桑梓久遠之計，應迫切陳其顛末，以乞恩於老公祖之前。

蓋舊例府學分撥之多寡，原以各縣應試人數之多寡爲准，桐城每年應試生童數千，實數倍于懷寧，試册可電也。至於衛學之廢已久，前此三十年原無别有位置之處，而近日部文新增五名，乃增府學也，非復衛學也，似朝廷格外之恩與部中通行之例，非一邑所能私沾者矣。伏乞老公祖俯鑒試册，視桐城、懷寧人數多寡爲府學分撥之額，使均沾培植，則造于士林者非淺矣。臨啓拳切。

與郎總制書

惟老公祖德普東南，功在社稷。當茲海氛猖獗，屹然江左長城，始則堅壁以老賊師，既則出奇以制全勝。震用寡擊衆之神威，運處女脱兔之秘策，援枹再鼓，京觀如山。江東自謝太傅以來，千百年間未有此捷。自是折衝妙算動合孫、吴，而治弟竊以爲老公祖好生大德〔一〕，上格於天，百萬生靈心禱口祝，此其呼吸謳吟可通帝座，將使海若助順、風伯效靈。區區殊旌懋賞，錫胙圖勛不足道也。

治弟年來伏處山野，僅一再候起居，實以野分自安，不敢頻瀆記室。茲者風鶴山摧，鄰邦皆震。四鄉水次，賊艘風馳。斗大孤城，危如累卵。勉隨葉令之後，朝夕登陴，皇皇莫保，幸仗老公祖德威遐布，立奏膚功，從敝盟伯孫魯老家報中，一得金陵固守之確音，再得江干奇捷之喜息，人心大壯，城守益堅，而陳兵備、黄司李兩公祖固守皖廬，左右犄角，山邑僥幸得以瓦全，是敝邑十萬户皆老公祖之再造，而治弟闔門百口皆老公祖之再生，焚香百拜，莫罄謝私。敝邑最危者十二之夜，潰賊數千突至近鎮，距城僅廿里，游騎四出，駐營竟日，見城守嚴毖，整衆入山，聲趨英、霍。幸黄司李連夜兼程，提兵至桐，密召葉令備乾糧，擇嚮導，間道疾趨三晝夜而及之，出賊不意，斬馘數百，生降近千。此皆黄司李仰承憲威方略，而大有造於江北也。計郡縣申報當在師旋之日，故敢先此附奏，以慰盛懷。

至治弟四載以來，卧病山林，未敢一入城市。今感佩大君子深仁厚澤，救世利生大功在萬目共睹之間，不過銘旂常而書竹帛，苦心在一人獨知之地，真可以動天地而泣鬼神！私心頂禮者在此，不在彼。竊思城守解嚴，擬當買舟趨叩九頓階前，一申謝悃。先此遣价肅函，用代躬晤，道路尚艱，未敢莊啓，惟鑒宥焉。臨啓無任感激，依仰之至。

校記：〔一〕「治弟」，清廣仁堂刻本虚直軒文集作「某」，後同。

與趙郡守書

敬公啓者，敝邑魚課本折兩項，荷老公祖委官彙解，合邑感仰戴德無量。至於貼解之費誼所樂輸。蓋父母既下代子弟之勞，則子弟宜仰佐父母之費，必使官民兩便，斯爲可久。

敝邑今歲魚課承鄖父母上稟懿規，新行滚單，一清夙弊，紳衿耆民公議每折色銀壹百兩，出解費貳拾兩。本色貨帶閏捌拾石，出解費肆百餘兩。謬意漁課中所解本色與田畝中所解本色不同，田畝本色如絲絹、銀硃等項，石數雖少，俱係細貨，采買價值千有餘兩，一有駁换，所費不貲，故交部之時，使費獨重。至於魚課本色麻鐵等項，石數雖多，朕自南至北一舟可載，且皆係粗貨，采買價值不過五百餘兩，交部之時使費頗輕。治弟等向亦略知梗概，故草野公議，以爲五百餘兩之貨而解費至四百餘兩，在民間雖爲分所當輸，朕合計司估時值等項，計正課一兩而加贈亦近壹兩，力云竭矣。今聞解官議貼其折色每百兩欲貼貳拾五兩，此與縣中所議相去無幾。仰祈酌減定奪，至於本色一項，聞每石欲貼至拾兩之外，合計捌玖百金，則幾倍於上供正貨之價矣。

治弟等上念解官之艱難，下念漁户之窮困，唯有哀懇於老公祖之前，伏乞婉諭委官細詢解費款項，果否應該若干，倘可俯從下議，不至增加，則老公祖造敝邑無疆之福，萬世頂禮者也。恃在老公祖愛民如子之盛心，故敢直布下情，仰請裁酌，不勝顒望，拳切之至。

與鄔令公書

魚課一項，蒙老父母新行滚單，夙弊一清，歡聲動地。昨見光經承持保東王明等禀來，知解官高索貼價，此必有主之者，向老父母之慮阻撓滚單，治弟之杞憂私貼〔一〕，皆不幸而言之中矣。此中一切仰仗老父母苦心妙用，俾大仁人愛民盛心，不致爲若輩所持。其寔本、折二項貼解至陸百金，似亦至足矣。治弟同諸紳輩作一公函上之太老公祖〔二〕，特走役呈覽，倘其中有應更定者，乞明示易之。或老父母就近已有挽回，則此緘可省，亦乞示之地方，如同舟肰，老父母司柁指揮，治弟輩少效櫓楫之用〔三〕，一切唯命是聽，此治弟輩之敬布腹心者也〔四〕。事難預定，議無偏執，惟相幾調劑爲望。又沕者解官，倘定索重貼，不肯帶解，則包解之人必表裹稱艱，亦不肯領解，以上掣神君之肘，下遂私貼之計，勢所必肰也。今復與衆細商，倘萬不得已，則今年解户中頗有止需此陸百數十金，不索私貼而可連本折解北者，不卧批以病官，不私貼以累民，似亦可行。無可奈何，則出于此，敢并聞之。

校記：〔一〕『治弟』，清廣仁堂刻本虛直軒文集作『某等』。

〔二〕『治弟』，清廣仁堂刻本虛直軒文集作『某』。

〔三〕『治弟』，清廣仁堂刻本虛直軒文集作『某等』。

〔四〕『治弟輩』，清廣仁堂刻本虛直軒文集作『某等』。

姚端恪公文集卷之十

與朱華陰書

去歲接手教如侍晤談，兼荷絨杯雅錫，彌深感佩，所望福履日增，德業盛茂。此時凡事俱以聽天安命爲主。

弟年來於病中更看得天道十分親切，天道無他，平而已。人心不平，生於有我。我欲富，則人宜貧；我欲貴，則人宜賤；我欲壽，則人宜夭。有我則無人，無人則無天。天欲平之，先去其我，使我之欲富者貧之，欲貴者賤之，欲壽者夭之。用我之聰明使入於陷阱，用我之才力使墮於深淵。我之逆天以其欲，天之用我亦即以其欲。故其貧之、賤之、夭之者，天也。所謂天作孽，猶可違也。其欲富、欲貴、欲壽者，我也。所謂自作孽，不可活也。

近日天意摧折多在豪强才智之家，其故何也？天之怒之在彼有我而多欲。天曰：爾之自奉其我者，足矣。彼曰：未也。天曰：我之所以供爾之欲者，厚矣。彼曰：將以求益焉。積之久而天不能堪，故爲疾掃其一己之障，而立塞其無厭之求。爲之忽然無故而更張之，使之强弱無定勢，禍福無定形，成敗無定局，如登忽墜，如夢忽覺，如震雷破百仞之山，如颶風飄萬斛之舟，而後豪强才智者之我始去。其我去，然後其欲去。豪强才智者看之我去欲去，而後天下平。夫天之爲是也亦勞矣，豈其所欲哉？人不自平而天代爲平，誠有所不得已焉耳。人當此時，誠能以恐懼心生悔悟心，以悔悟心得安樂心，則莫若惴惴焉不敢勞天之代爲平，而先自爲平。自爲平者，先平其心，使薄我而寡欲。我而褐布，曰我煖矣，人固有寒者。我而藜糗，曰我飽矣，人固有飢者。我而飢寒，曰我安矣，人固有病困而死亡者，見在一境即爲佛國，見在一念即爲道心。儒者言之則爲素位，釋氏言之則爲平等。敬其父母以安，不以榮；教其子弟以德，不以福。畏天之法如畏國法，感天之恩如感親恩。將一切忻羡心、不足心、等待心、謀畫心、怨尤心，净净掃除，朗朗照燭。夫是則無欲，無欲則無我，無我則合天，合天則平。易曰：『自天祐之，吉無不利。』詩曰：『敬天之怒，無敢戲豫。』苟不敬天，天豈佑哉！世之有我而多欲者，由於不知恐懼，知懼則知天。知天之常，又知其變。知天之喜，又知其怒。如是，則知我且不爲我有，而凡我之所求與我之所厭，種種差别境界又外之外者矣。弟居恒家庭訓論，每以此爲第一義，故亦以告我兄，使自朝至暮，將恐懼心一刻不可放下。如是，則我見自輕，欲心自澹，老守見在，不計未來，庶可以迓天休，弭天譴。惟念千里贈言，毋忽葑菲。五舍弟日侍弟教，頗能苦行精進，可與言者，惜其公車僕僕，未能山中静坐，大加煉煅。然立心學道，根柢已自可觀，暇中縱談，不異弟奉塵尾也。病中不覺縷縷。

與李野臣書〔一〕

病困支離，伏處山墅，寂無聞見，偃息在床而已。所深自浣慰者，聖恩特簡，賢俊得路，入則白筆趨臺，出則綉衣按部。上酬帝眷，下抒所學，翹企何言？巡察之時，惟拿衙蠹、土豪一事最宜精簡，精以驅大憝，簡以省株累。若有一濫及，則干証多人，貽累地方。其助惡之干証與被害之干証，名雖不同，其破家蕩産則一也。唯恐上臺之耳目寄于下官，下官之耳目仍寄于衙役，狐狸充數，豹虎潛藏，多一人不如少一人之爲愈也。

愚見開送未可全憑，必以親訪爲確。訪得蠹豪主名之後，直待按臨本邑之時，將蠹豪密拿，一面招人告發其受害多者，告發必多，立時親審，盡掃株連，庶不負聖天子剔蠹安良之至意耳。至於罰鍰贓贖，多者自當據實達部，少者不必搜剔求盈。巡方本爲除奸，非爲裕國。人臣但祈盡職，豈在遷官！以實心行實事，不求利不求名，如是而已。供應鋪設，久經禁革，但下吏之承事上官，不惟其令，惟其意，意之所向甚于令也。或以華爲恭，或先陳後却，雖一時之所用無幾，而民間之耗費已多，所宜先期嚴飭，百倍叮嚀者也。山中人本不作竹籬外語，以道丈有心濟世，又得志可以有爲，故不覺力疾縷縷若此。

校記：〔一〕『書』字，底本缺，現據清廣仁堂刻本虛直軒文集補。

復劉良弼書〔一〕

棲霞禪師至，得尊札，知道法源流，甚爲忻慕。但都門風景蕭瑟，老年翁掌科，向年所稔知而今殆甚。長者布金非其時也。至弟自承乏此席，即都中戚友應酬皆廢。蓋以入署半日，強半了八旂現審之事，至科抄揭帖，或一案而牘近百張，非退食閉門細閲不可。如一次盜案畫一題字，而人頭落地紛紛矣。可不略知其始末乎！是以外却人事，内省家事。小兒間以近文一二篇求閲，語之曰：『汝功名事小，人性命事大，勿以慁乃公爲也〔二〕。』老年翁視弟處此，豈得已哉！故承教汪兄來半年而今方得晤，禪師來僅一晤，贈以鱸供六金而已。其獲戾於左右，知必見諒，而弟之不安則何以自解也。唯原之便，因塘上走字奉復，不盡歉歉。

校記：〔一〕『書』字，底本缺，現據清廣仁堂刻本虚直軒文集補。

〔二〕『公』，清廣仁堂刻本虚直軒文集作『翁』。

與查孟如昆弟書

接手教如晤，深爲慰浣。承諭感應經以自反身，未能實行之故，善哉斯言！夫即此自反一念，便爲行感應經之根本，火然泉達，擴而充之，豈可勝用哉！

近時宦海紛紜，風濤飄忽。凡平日號稱奇才廣智、高官厚禄之人，羡者以爲榮若登仙，妒者以爲力能通帝。然一旦變生意外，往往求爲貧賤而不可得。則當此時，而一丘一壑，汲泉烹茗，田可足食，織可充衣，菑患不及于身，怖懼不攖于心，此實爲人之福人而天之驕子，若兄昆仲是也。故昔之言惜福者，宜在廊廟。今之言惜福者，更宜在山林。青壁丹崖，竹籬茅舍，可易言哉，可易言哉！惜福則思見在者之難於消也，思所以納之；又恐將來者之難於繼也，思所以積之。夫人也，腹中有痞則思消，而不知福之難消甚於痞。倉中無粟則思積，而不知福之宜積倍於粟，亦見其不知計矣。

我兄家世敦厚，存心醇正，弟語頗愧饒舌，然攻玉之懷不能自已，敬以老生常談三言進：曰勤，曰樸，曰利濟而已。山中受用全在一閑，然受病亦在一閑。天下無可閑之人，人無可閑之時。所謂閑者，少思寡欲，寧静恬淡而已。若夫暖衣飽食，無事無爲，積日而月，月而歲，歲而衰老，豈可哉！流水不腐，户樞不朽，蓋言勤也。日月不勤，則世界晦暝。氣血不勤，則手足痿痹。天人之間，其理一耳。人不勤則天或閑之，往往壽算未盡，福禄先盡，長駕短馭，早年休息。又人不自勤，則天或勤之，苦境忽來，禍患紛至，身勞心疲，求閑不得。諸如此類，若影與響。

弟近病卧山中，較數年在長安道上可謂閑逸，然每以此自警，深山静息亦每日作小小功課，夕則記之。我兄昆仲亦山中人，故以弟之自警者相警。至于山中風氣，樸其本然，然始樸終華。人情不免凡事仍舊則相安，争新則相尚。要當謹之於始，防之於漸，使山中數十年前，數十年後，常不失本來面目，自然永遠安静。弟昔有一好友魯人而吴饌，初飲而甘之，既而謂之曰：『子爲吴饌必畜吴肴，覓吴庖，必美其盤碟，必盛其器具，勞魯人之心，匱魯人之財，以悦吴人之口，子何利焉！夫葱白、蒜汁、麥餅、黍飯，此魯人家風也。吴不效魯，而魯獨效吴，何爲乎？』其友笑謝予爲格言。兄以爲何如？

利濟之事，無大小，無貴賤，無難易，久久不懈皆成善果。昔鎮江太守葛繁每日必行一二利人濟物事，人或以力不足爲言，公指座間脚踏曰：『如此物置之不得其所，暗中或至損人足，我爲正之。人渴與之杯茶，寒與之薑湯，皆是也。』推而廣之，凡勸人一善言，止人一邪行，放一生，節一殺，逐日可行，無難爲者。但恐因循擔閣，誤却一生，若一念提起，按日行去，善遇善緣，善得善果，譬如種桃結桃，種李結李，花無錯開，實無誤綴。近在淮上刷來感應經説定一部，甚詳而核記，向奉覽，今更寄上，以爲山中導師，有同志者，兄爲倡之。外功過格拈案，弟所注成，并語善注各三册，又鏡善彙編并上，惟暇中閲之。

復程賓梧書

卧病歸里，萬事廢閣，久疏候起居爲歉，遠拜瑶函，相念肫切，兼荷雅貺，佩德勿諼。并聞清晨必莊誦感應經，廣植善緣，歡喜精進。弟輒望雲九首，忭慰無量，故敢便效其區區焉。

竊以爲人生福享，各以時異。先朝隆、萬之間，承平已久，大小富貧，各安其業。户有含哺之樂，人無嗟嘆之聲。佚樂驕淫，馴致刼運，寇氛肆虐，南北仳離。上至王公貴戚，下至編户窮黎，身殞家亡，蕩居没産，不知其幾千萬人，以至於興朝鼎革之際者，皆僅存之餘也。夫以家之祚綿于國之祚，庶人之福逾于帝王易姓之時，生全幸矣。而弟與親翁不獨生全矣，又復子姓依依，身康家裕，是千人中之一人，萬人中之一人。人間之天堂而天之愛子也。嗟呼！可易言哉？

夫倍千人之福禄者，必有過于千人之功德；倍萬人之福禄者，必有過於萬人之功德。德積于己，功累于人。自利利他，道無二致。功德過于福禄者，福禄與日俱增。福禄過于功德者，福禄與歲俱減。故功德如出水之泉，涓涓不絶，增而不見其增。福禄如銷油之燈，星星不滅，滅而不見其滅。功德者，福禄之母。福禄者，功德之子。子壯則母必衰，枝繁則根必瘠。福禄之盛可喜，尤可懼也。若僅如來諭所云，以退讓節儉爲惜福之道。此中人薄植者之所爲，非所論于福禄顯盛千萬人中之一人也。仙子真人名登玉闕，諸天帝釋位列天宫，然而福盡報來，仍歸墮落。夫仙真何得有驕奢之事，諸天豈復有邪僻之行哉！不過如弟所云，福禄過于功德，福禄與歲減者耳。繇此觀之，福禄過于功德者，雖仙子真人、諸天帝釋不能以久有其福禄，而况于人乎？

雖然，天之畀親翁以福禄者，誠云厚矣。若以親翁爲恣享福禄之人，則弟又未敢厚誣親翁也。夫人之眈眈側目于親翁者，妒之也，羡之也。唯弟獨以爲不然。親翁者，天下之勞人而天下之苦人也。他事弟不能妄臆。即以愚揣之，親翁以一人之身而綜核乎千百人之手目，以一室之中而籌度乎吴、越、荆、揚數千百里之外。一日之中而經營乎上下數十年之間〔一〕，即令無尊諭所云，緑林波臣誣蠛鏃害等事，亦已寢不及安席，食不及甘味，極人世之至勞至苦，無以逾於親翁者矣。而况世變實繁，人情叵測，懷刺而升堂者，盡懷機智；握手而示款者，各具肺腸。欲結納以成歡，則求者不以無厭爲慚，而應者必以不繼成怨。欲杜門以謝客，則暗投者不耻爲無因之前，而斂迹者亦難爲逾垣之避。親仇無定局，而戈矛或伏于肘腋之中；常變無定形，而釁隙或出于意量之表。或彌縫其東而起於西，或捍禦其前而潰於後。微風所以生波，風定而波不息。擊石所以取火，石損而火仍焚。凡此者，皆令人心血爲枯，形神俱瘁。則弟雖妄以親翁爲天下之勞人苦人，或亦不甚罪弟之狂謬乎！使親翁而僅數椽足以蔽風雨，數畝足以給饘粥，其勞與苦斷不至此。然則天之厚與親翁以福禄者，實重累親翁以勞苦也。乃古者五福之中，又必以壽富爲首，稱此曷以故焉？嗟乎！是蓋有道矣。夫登高而呼，聲非加疾，其勢激也。故天下功德之事，未有不藉福禄而成者也。苦衲修行尚需護法，神仙度世亦借外丹。但使功德盛而福禄盛，福禄盛而功德愈盛。功德爲母而福禄爲子，母生子，子娶妻，妻復生子，使功德之與福禄如母子之生生不息，以至於無窮。必且身安而家泰，天佑而人和，極天下之至逸至樂，無以逾此。而親翁乃以爲任勞茹苦之具，亦可謂不善于用其福禄而拂天，所以厚親翁之意矣。親翁解百金千金以厚人，而人不曰謝，親翁必怫然怒之。况天之所以厚親翁者有倍而又倍於此者乎！

來諭所云誣害緑林等事，雖人爲之，實天爲之。至於波臣震蕩，連艘飄沉，則天之于親翁亦顯有怫然之色矣。夫世之權貴有勢力者厚人，而人不謝，則怫然。怫然而又應以無禮，則必思所以挫辱之。况天之明威赫濯有萬倍於世之權貴有勢力者，可聽其怫然而已乎！亦失於不恕矣。弟愚不知忌諱，不遠嫌疑，敬效芻蕘於親翁，以爲親翁與其尤人，不若敬天也；與其令天之怫然而戒於後，不若令天之歡然而佑于前也；與其厚積而防患於臨時，不若酌散而弭禍於未至也。又况來諭所云緑林者、誣巇者、鏇害者，人之代爲親翁散也；波臣者，天之代爲親翁散也。與其人代爲散而不見德，天代爲散而不見功，不若親翁自爲散，而功德積於身，延於後也。以弟愚計，願親翁每歲以入息爲率而三分之：存其一爲治生產、貽子孫之資；以其一爲來往酬應之具，凡公祖父母之知交而有氣誼者，及士大夫之交游契厚者、同鄉之孝廉新發與困於公車者、親友之借貸者、市井無賴之小有詐索者，皆取給其中，而家之日用奉養附焉，用人於無事之時，消釁於未然之際，内難不作，外侮不生，如是，則人不能爲親翁害矣；以其一爲積累功德之費，凡可濟人之急，救人之危，扶人之困，賑人之乏，至於茶湯之施，放生之會，道路橋梁之修葺，或立義田以贍宗族，或施漏澤以掩骼胔，隨緣布施，心存歡喜，務期一年之中，盡其費而止。一日之暮必有功過之紀，一月之終必考黑白之豆。如是，則天必爲親翁佑矣。且量入以爲出，既無不繼之憂；積德以弭災，亦有相益之道。身家必日見其豐亨，令子必高翔於雲路，正所謂福禄與功德相得而益章，相因而益盛，變苦爲樂，化勞爲逸之道，竊以爲不外於此矣。夫弟之所言者，庸言也。其道，常道也。而弟竊意其無以此言於親翁之前者，蓋人之左右於親翁者，皆有求於親翁者也。其聞聲而自暱於親翁者，皆有望于親翁者也。有求則不效逆耳之言，有望則多進過情之譽。其親密者，恐動親翁之疑而疏其交；其樸直者，恐觸親翁所忌而逢其怒。又或啖親翁以甘言，陰輸於怨敵而以爲利，或鼓親翁之盛氣，樂激於生事而以爲功，求其言庸言、言常理者，不已難乎！

弟願親翁叮嚀肺腑之友，時陳苦口之談，心意流通，耳目漸廣，既可内省己過，又可外察人情。至如方外之士，素心之交，如陳涉江、鮑曼殊諸君子，生平無希于世，不責于人，蔬核茗尊，便堪卜夜。或爲曠達之清言，或效膏肓之針砭，皆可蕩滌愁煩，裨益心志。其視弟隔在千里之遥，僅效片言之悃者，必百倍于此矣。弟於親翁尚無覿面之雅，而輒敢言之過直過盡者，以深信親翁之爲善人君子，并知近日奉持感應經之誠，故敢以此爲報，惟恕其迹而亮其心，勿罪且垂聽爲感。

校記：〔一〕『經』，清廣仁堂刻本虚直軒文集作『繼』。

寄方吉偶書

我兄在遠，只宜娛情養身以慰。白髮坐禪學道，立定命根，絶不可以妻子兒女爲念。可憐那時，試較諸公，刀邊繩下，頃刻無常。萬種葛藤，天公親爲掃斷；千般留戀，鬼使立等批回。求得殘喘苟延，做個苦行頭陀、胥靡、餓隸，亦安可得！我兄聰明絶世，意氣瀟灑，相傳慷慨登車，怡然就道。弟聞之甚喜，殊不枉爲鬚眉丈夫。此時自然素位而行，安之若命。但此止可順受，將來不能懺悔已往。古德云：『懺悔至心，方可解免。』

弟每山中静坐，刻意搜求，自反生平罪業，真覺其大如山，其細如髮。只可惜一面懺，一面作，前門趕獐，後門失兔。借債還債，無有了期。人生生前懺悔，苦被俗緣牽繞，真正死來，又苦懺悔不迭，惟有單身苦境，無家無事，是乃生而死，死而生之時。名爲幻死，真可修行。古德發心，多從患難起緣。前輩學道，每向遷謫得力。願我兄於此時閑中静觀，忙中苦煉，將一生來繁華心，風流自喜心，成就我便心，外下内高心，我智人愚心，甘言用他心，人急我緩心，應當受用心，種種剔洗，種種融釋，如求亡子，如捕逸賊，所謂只有除翳法，更無求明方。入塵不染，應緣湛然，方可稱絶流香，象透網金鱗。此時不做，更待何時！

弟非敢浪作不情之語，故爲寬慰之辭，實見面訣無因，痛哭何益！願言努力以副遠懷，行笥携有周易否？弟日來山中，朝夕賴有此耳，望我兄日讀一卦，以助澄豁。

復友人書

不覯芝宇，遂數易裘葛矣。病困支離，遂阻良晤。何時入城握手，一傾數年別緒耶！承示手教，具悉台旨。筆札之間，言不盡意。頻上三毛，知在末後二語耳。此事凡可苦口，豈煩諄諭？

但弟自丙申引乞以後，養疴山墅，醫藥爲侶，病骨僅存，胆小如芥，一切門外事不能聞，亦不敢聞。倘欲以弟附於魯生之後，則萬萬未能應命也。惟是生平排解有心，可矢天日。一隙有明，萬端畢盡。痛掃枝葉，苦下針錐。口無剩語，言無匿意。抽薪息火，恐致燎原。塞穴疏流，毋使潴野。清夜自思，一言一事，恐造泥犁種子，三塗業因，弟自爲而已，豈暇從親戚知交起見耶？在彼則然，於兄亦爾。書雖不能盡達，意亦可以略宣。兄試思數年以來，凡兄與如君歡聚宴處之時，皆彼母女兄妹飲泣腐心之日，怨以歲增，毒因時發，日暮途窮，與爲俱碎而已。豈可復以尋常情勢論之！

弟反復思此，大約是累世宿因，兩家積業，人懷推刃，天爲發機。諺所謂冤家者也。家而不冤者，善緣也；冤而不家者，淺業也。家而不冤，其冤不生。冤而不家，其冤不深。既冤且家，夫乃纏綿，其冤乃長。夫乃蔓延，其冤乃大。長者令短，大者令小，亦在兩家一念悔艾之間耳。古德云：毒無實性，激發則强。慈苟無緣，冤親一揆。水之性，下而可使上者，激也。火之性，上而可使下者，遏也。水火之性，可以變化，而况於人乎？弟初因病血發卧床榻間，本不能作答書，來使敦促屢屢，不得已作答。既作答，又不敢作膚語，聊復論其理若此。若欲弟與聞其事，則此後南山之南矣。然使兩家情順則氣自平，理明則事亦静。弟即虚中論理，超然事外，恐非等于閉户也。一切惟深維之，直率布復，不盡懷注。

復友人書

遠承手翰，具悉尊旨。所諭四公祖云，禮義之鄉，豈盡視爲鄉鄰之鬥？其迹則然，而其心實未敢坐視也。但弟此時大病卧床，山居息影，豈能應酬？親友反復論議，與名魯連之列耶，特以任之，則不能謝之。又恐債二家之局，故前此四公祖有字來，弟即命小兒聞之兩姓諸友隨作復字，以病夫雖不能奔走，然勸二家轉托親友，期于息争歸好，無負德意。此番再荷書來，弟復書大指同前，寧待尊諭下及，以爲當復一函以存大體耶？總之，台揭一出，兄已定必欲絶某之心；院辭一投，某亦成自絶于兄之勢。兩家之恩義已斷，親友之調劑何名？與從前局面迥然不同矣。然從此而戰，則枝蔓方長；從此而和，則葛藤永斷。兩家之構禍在此，息禍亦即在此。視天心降灾之淺深，人心悔禍之遲速耳。切偲之道，惟在無欺。視彼與兄義均一體，惟深思熟計之！弟之愛兄翁勝於諸人之愛兄翁，弟之愛某某勝于諸人之愛某某。諸人見其偏且近，弟見其全且遠。他時禍結兵連，或至變生不測，切膚之痛，惟兄翁與某某耳。病中語無倫次，乞宥。

與王朴齋令郎書

去歲除夕，正與兒輩飲椒觴，忽傳長兒塈一家報至，喜甚，急取折閱，首一行即曰王世兄於此月二十一日仙逝矣！不佞驚悼，泪在睫間，哭將出聲。復念此守歲酒也，堅忍久之，不覺氣逆胸膈間，至五鼓卧醒，痰氣凝結，咳數而膺塞。今數日矣，猶日事藥餌，欲草一文遣祭尊公，而悲不忍成也，病不能成也。謹于元旦之後三日，遣小价賫手函，不腆鷄絮，命塈代叩靈座之前，放聲大慟，尊公九原有知，尚其來享否耶？

尊公官至大方伯，所在有政聲。他日當在名臣傳中，雁羽繼振，鳳毛蔚起，尊公可以無憾，世丈可以節哀。惟是卧病以後，錢糧款項宜清，庶無事後之累。不佞前於尊公惠奠復書中，曾詳言之。豈料不佞發書之日，即尊公捐館之日也。痛哉〔一〕！尊公之待不佞誼篤矣，惠渥矣。不佞失尊公，悲痛摧頽，不待言矣，而不佞尤爲尊公之不久惠莅江南痛也〔二〕。他不具論，即丈量一事，不佞屢書與尊公言之，以尊公之惠我南土也，止急取簡明總括册解上，其魚鱗册獨本縣留貯一本，以備抽丈，即此一事，而尊公已爲我江南民間省數十萬之金錢矣。今尊公已逝，又安知繼此者之何如耶！已矣，病中不能多作書矣。世丈姑以此置幄前展之，以見不佞感尊公之至，而痛尊公之深。然其感與痛皆不載於書，以非書之所能布也，唯尊公知我之感與痛不在於書也。

校記：〔一〕「痛哉」，底本在「曾詳言之」後，現據清廣仁堂刻本虚直軒文集移此。

〔二〕此句，清廣仁堂刻本虚直軒文集爲「而尤痛者，尊公之不久惠莅江南也」。

上郎制臺書〔一〕

去秋拜接復翰，深銘存注。新春福履，與時增進。以不祥姓字未敢仰溷起居，統俟賤服闋後，匍叩階前，一傾積悃也。

茲專啓者，去歲台函中有王左藩百呼不應之諭，心竊憂之，以彼素性爽練，何以至此？因深疑其病殆不起，而不意其果然也。此時錢穀爲重，暫留櫬眷以候交代，此正理也，亦老公祖之不得已也。但治然所拜懇台慈施仁格外者，則以王左藩尚有八旬老母垂病在堂，見眷屬之留南，痛旅櫬之不返，過疑意外風波，或至溘然朝露，是王左藩既不能報國恩於生前，復貽親憂於身後，目難長瞑，情實堪憐。

聞王左藩逝前數日，猶扶垂死之身，一覲仁人之面，實仗雲天孔邇，預以身後乞恩。又聞其病中不問家事，惟將出入文册手自封緘，計其錢糧自然清楚，但此時交代尚稽，安敢預必，或留一親丁在南，可以取保候代？至于孀婦枯骸，計無關於錢穀之數，或老公祖破格垂慈。許其先歸故里，不獨王左藩矢銜結於來生，即治制然亦誦高義于没齒矣。

校記：〔一〕此文題清廣仁堂刻本虚直軒文集作『與郎制軍書』。

與黄鎮臺〔一〕

兄此舉定亂〔二〕，剪渠散從。諸將奉行嚴肅，秋毫不擾，鷄犬無聲，以菩薩低眉之慈寓金剛努目之内，百萬生靈拈香拜德，如弟此土銜結尤深〔三〕。唯是軍旅經過驚魂易動，或傳江南之軍間道行剿，或傳株連有徒再搜餘孽。大兵未至，而震動于數十里之前；大兵已行，而摇眩于十餘日之後。老稚蓬首跣足蒲伏山頭，婦女喪魄失魂飄零水次。久之將令農桑失業，家室漂摇，言之傷心，念之慘目。弟之視此一方猶兄弟也，則兄之視此一方當以視弟者視之，而此方之戴兄猶父母也，則兄之視此一方當以子視之。以兄爲弟計，以父母爲子計，得不爲深長却顧一善其後耶？

弟今妄陳一法：上之與兄約，下之與此四保中士民約，凡此四保内再有奸宄不逞之徒，願先期舉首，或有奉拘者不敢以煩麾下，但須盟兄賜一密票，或徑發弟所，或發委捕廳巡司，當同保長合力擒送軍前，如有疏漏，保長及左右鄰舍俱任其咎。上之不敢煩吾兄命將發卒之勞，下之可免鄉里訛言驚散之擾。其有江南兵丁經過此地者，亦望先期密示，以便趨避。

東作正殷，哀鴻方集。萬衆瞻仰，在此一舉。緘書之刻，弟與四保士民焚香禮拜，五體投地，專候德音。

校記：〔一〕此文題清廣仁堂刻本虚直軒文集作『與黄鎮臺書』。

〔二〕『兄』，清廣仁堂刻本虚直軒文集作『足下』。

〔三〕『弟』，清廣仁堂刻本虚直軒文集作『某』。

又與黄總戎〔一〕

廬江土賊情形塘報自悉矣。據弟鄙見〔二〕，此番局面與前不同。前者地方初定，訛言繁興，故誅渠散從，恩威并行，且設計密擒，不煩大師之克，所謂殺一人，以生全千百人，殺之可也。今則亂形已著，依山傍險，密擒則不能制其死命，用兵則所定者小而所傷者多。又經羅道臺用兵懲創之後，此輩急之，則如窮寇之遇追軍，撫之則如窮人之依慈母。當商之道臺，同給示給劄，用其豪長二三人，收之標下，以羈縻之。此後即他有蠢動，可因以得其聲息，制其動静。此李愬所以用李祐也。又可令心腹之士因撫爲名，入其山寨，悉其形勢。令彼受撫，則彼進有所依。不受，則彼退無所恃。至其餘民盡散，令歸農，驅之南畝。此輩愚民初爲借名煽動，後又爲亂名劫持，進退維谷之時，忽得一條生路，自然立時瓦解。黨從既解，其豪長能獨立乎？此撫之有利無害者，此也。至若用兵行剿，其害有三，敢詳陳之：敝邑西鄉一帶鞠爲茂草，惟東鄉人民初集，田野初墾，雨水幸調，緑禾盈畝。凡此八九十里少有起色，則正自皖至廬出師孔道也，馬馳卒騰，傷禾不小，民無以生，其害一也。自郡至廬百有餘里，夏水阻隔，出師非旦夕可至，白晝整旅，賊必遁散。兵回則賊復起，久駐則民生怨。又剿局一興，流言易動，居民駭遁，致誤農事，其害二也。又土賊情形不一，或言揚旗行掠者，僅六十餘人；或言依山守寨者，黨援尚衆。今欲多發兵，則恐賊少而虛發，徒滋一番驚擾。少發兵，又恐賊多，而反受敵，其害三也。以利若彼，以害若此，必用撫着無可疑者。要以速爲主。

蓋鄉間洶洶，既傳賊劫民，又傳兵剿賊，計此書到之日，即應同夏公祖料理牌示等項，次日即應發人來，不可多用一人，亦不可發一騎，只劉振之自足了此，但須給牌委之。賊知不見剿，則無變局；民知不發兵，則安農業。此幸遇盟兄輩大有心人。要知雖殺千百人不足以言功，亦不足以言名。盟兄功名二字原不介懷，至如古人渡千百螻蟻亦是陰德，況兄所救者百餘里之田禾，所生者數百人之性命乎！夏道臺，弟在郡曾與深語〔三〕，其救世慈腸當與盟兄同是入世菩薩，至其苦心細心殆不可及盟兄，可一一商之。此等大事因緣，務要直下承當，毋負我輩訂交救世之意，地方幸甚。

校記：〔一〕此文題清廣仁堂刻本虚直軒文集作『又與黄總臺書』。

〔二〕『弟』，清廣仁堂刻本虚直軒文集作『某』。

〔三〕此句，清廣仁堂刻本虚直軒文集爲『某在郡曾與夏道臺深語』。

與夏道臺〔一〕

廬江土寇事，前臨别已一扎便聞，時猶未敢深言也。大約敝郡前此蠢動，原係無爲許大復之黨，而此亦即其餘孽耳。前局既破，當不再蔓延於兹土矣。惟是此輩亂形已著，自解無策，雖釜魚無逃，而困獸猶鬥，未可以計襲密擒也。若剿勢必用兵，一則首從難分，愚頑堪憫；一則緑禾蔽畝，蹂損必多。計此時一撫可定，而撫以速爲主。蓋鄉間汹汹，既傳賊劫民，又傳兵剿賊。使賊早得一條生路，即是民早得一日安枕。安賊即所以安民耳。老祖臺沉幾密算，自談笑折衝，因辱在至誼，故陳芻蕘，惟俯裁不一。

校記：〔一〕此文題清廣仁堂刻本虚直軒文集作『與夏觀察書』。

與黃鎮臺〔一〕

長兄此舉消亂未萌〔二〕，其爲陰德溥矣。惟是善後之策，敢以骨肉敬效蒭蕘：一止江南之兵。鄉間汹汹，皆傳余鎮臺兵來此會剿，人不自安，除一面移會外，仍須發刻示下縣，分給各保，以安愚民。一詳真僞。此事多出風聞，但人言如犬吠形，而更吠聲。人命如絲，可斷而不可續。即弟就近一二人稱快稱冤，疑信各半，但他人如此等語，不肯直告左右耳，則他處亦可知矣。願以虚公無我之心行生道，殺民之事，或有爲人所邀而實未身往，或有素行不端而此案無辜。有天在上，有神在傍，一死一生，萬惟詳慎。一寬漏網。奉票拘拿，僥幸漏網，遠走高飛，勢無還理。若必發兵擒捕，其人不可復得究，無損于奸黨，空有害于地方。不若開一面之生，弘泣罪之德。彼驚魂喪魄之餘，奔竄不暇，豈敢復爲亂階耶？一斷株連。群奸就縛〔三〕，旦暮即死之人而已，性命既輕，何所顧忌？或爲下水拖人之計，或爲報怨反噬之謀，若再起披尋重捕，村落所捕者一家，而所驚擾者百家；所正法者一人，而所牽累者數人。延及無辜，所關不小。發捕之時，便有鄉里奔竄之擾；就擒之後，徒爲奸邪報復之資。

不若將節外株連一筆盡勾，葛藤都斷，死者瞑目于地下，生者含笑于田間。其功偉，其德厚矣。

校記：〔一〕此題清廣仁堂刻本虛直軒文集爲『又與黄鎮臺書』。
〔二〕『長兄』，清廣仁堂刻本虛直軒文集作『足下』。
〔三〕『群』，清廣仁堂刻本虛直軒文集作『郡』。

復魯公書

蒲節浮觴，榴花拂檻。每懷良友，耿耿之思與時序俱增耳。遠翰適至，念我良深。來使復曲致誠款，再三諄至。弟見手書如晤親臺〔一〕，又使者傳親臺口示，更見相體之切，相愛之周。昔人云：書不盡言，言不盡意，洵有以也。但弟自元旦以來〔二〕，外緘概璧，雖畏功令，亦有鄙衷。親翁肫肫懇懇，時置我于胸臆間，敢不一略陳之！

弟自喪亂後〔三〕，自分爲宇内廢人，伏處山谷，又值歲大饑，往往晨竈無烟，從鄰家乞薪一束、米一升，與妻子炊而食之，如此而已。邀被聖恩，復歷仕宦。自念一無功德于天下，而數載京華，釜羹豆肉無闕，兒女冬褐夏葛，較之曩者山中，足稱温飽矣。慚愧何可言！又每歲冬杪，愍忠寺例有賑粥之舉。去臘偶損月俸之餘，及戚友贈遺者少佐埃滴。同兒輩往觀之，是日嚴風砭骨，積雪平階。貧者近千百人皆凌晨竦候，呻吟無聲，背摩背以代衣，足緣足以代火。一杓甫傾，如執玉，如飲瓊〔四〕。弟爲嗟嘆不能去。顧謂兒輩此亦人子也，可不念與？平生每懷止足之分。今春專拜疏乞歸，又爲同官所阻而不果。因自念山林之私既不克，遂素餐之愧復迫于心，唯有痛自裁損，勤修苦行以贖之。然人情誰肯自苦，言惜福于冥冥之中，而强所難堪於昭昭之際，妻子奴婢亦誰甘之，欲塞其流，先絶其源。使京中與山中不異，雖欲不苦，何可得耶？是以自春徂夏，室人告謫，而弟守元旦之盟〔五〕，言益堅也。少有異同，適爲兒女子姗笑耳。以親臺至誠愛我〔六〕，又一二日内因有薄恙，閉門少服藥餌，無入署之勞，閑窗午眠初起，不覺言之累幅，聊供噴飯，臨楮神往。

校記：〔一〕「親臺」，清廣仁堂刻本虛直軒文集作「閣下」。

〔二〕「弟」，清廣仁堂刻本虛直軒文集作「某」。

〔三〕「弟」，清廣仁堂刻本虛直軒文集作「某」。

〔四〕「瓊」，清廣仁堂刻本虛直軒文集作「瓊漿」。

〔五〕「弟」，清廣仁堂刻本虛直軒文集作「某」。

〔六〕「親臺」，清廣仁堂刻本虛直軒文集作「閣下」。

姚端恪公文集卷之十一

復張敉庵

向承復函，兼惠大製。方期霖雨天下，餘蔭及於丘壑。不料風濤倉卒，樓市紛紜。弟雖不知其本末，大約越鳥南枝，春冰秋籜。耽耽者應爾所幸聖人之離照而已。弟一病經年，近益委頓，鍵户野墅，藥爲饔飧，醫爲伴侣。里門一二戚友入山問竹者，亦爲鑿壞之避。又貧不能致邸抄，雖白門半年前事傳入山人耳中，猶咤爲新聞，固陋若此，可發知己噴飯也。忽得手翰下及，正值溽暑中人，伏枕悶憊，强起拜讀，似有涼風習習來我襟袖，奚啻枚大夫七發耶？諭函便賫從天理與！故人起見，若及纖私，則天日可誓也。率布神馳，如侍左右。

奉辭别葉令書

年來感佩德愛，極荷萬間，至於紛紜搶攘之中，震動憂危之日，休戚與共。幸而瓦全，皆仰托鴻庇。舉室再生，兼以老父母弼成剿撫之大勛，佇邀金秩之上賞，鶯遷計日，猿鶴分榮。弟應陪侍末光，時聆麈誨爲厚幸，而輒以尺函拜辭左右者，豈甘與共患難，而不與共安樂哉？勢有所不可，情有所不能，未易爲外人道，復不敢不爲老父母陳也。

弟自病廢以來，屏居山墅，閉門自給，教飭諸子，嚴束僮僕，不敢一事得罪於鄉黨。居恒竊自念吾親老矣，身復病弃，冀得以朝夕色養，侍山中杖屨，自不當仍齒身於士大夫之列，是以樵童圃叟并坐爾汝，布衣徒步，謝絶請謁，即賢父母間有式廬者，亦數至不一答，譬如枯櫟朽株自絶於匠石，庶幾拂衣不顧，以不才終其天年，斯已矣。鄉黨之間，亦謬以愿謹相許，七年如一日，未聞以惡聲加也。

獨自六月之杪，瓜鎮警息狎至，弟不得已勉從諸大夫之後，講議守城，復累荷老父母辱顧荒軒，坐語移晷，而七月初旬謡帖之釁起矣。閲其問罪之由，不過曰：今海師漸近，日招縣主議事，以爲恐嚇愚民，關説張本而已。夫城守非無可議之事，風鶴亦非關説之時。乃其乘亂恫愒，言搶言殺，一則云聖朝自有斧鉞，諒不久稽天誅；一則云殺其父兄，係累其子弟，凍餒其妻子。有王者起，不易吾言矣夫。其曰不久稽天誅，應上文海師之漸近而言也。曰有王者起，引領代興而言也。此一時也，推奸人之志，視縉紳猶釜魚機肉耳，而可用之以爲贄。闔門百口命若懸絲，岌岌乎殆哉！幸而諸民隍廟直道猶存，衆友黌宫公論間出。弟唯痛自怨艾，上念辱及老親，下恐累兹黄口，以爲彼嘵嘵者，不過欲我之不晤令君斯已耳。此可弭謗，吾何敢煩旌節僕僕於野人之廬哉！用是竟七月以還，登陴旅，見外不敢一勤館人辱顧，亦概不敢見。但擬城守解嚴，剿撫事竣，便可展席再拜，浩然辭郭門而去矣。乃不意老父母縶之維之，使不得遂其長林豐草之性，而必使之奔走於臺沼之下也。是月之二三日，三姓諸友一日而三及弟之門。自此以往，則諸友賜顧無虚日，詢之，則曰：老父母實面命之使往懇諸紳，且於諸紳中有所指名某某而以弟爲稱首，獎許過當，更於風俗之偷，謡帖之往事再三諄諭焉。弟聞之，口呿而不能合也。以爲縉紳之苦至是哉！比即告諸友曰：梓里戚誼奔走惟命，况重以賢明府之諭，其何敢辭！但是言也，所謂陽重之以虚名，陰予之以實禍。諸君異日其念鄙言，賓館公謁亦即正告老父母曰：梓里之事，功不敢居，怨不敢任。此案自此案，謡帖自謡帖。今諸友以此案懇寬於公堂之上，而老父母諭以公懇諸紳，且牽引謡帖，是使手援者不敢吝其從井，而望援者且先疑爲下石也。弟他日不風之波，必自此起矣。老父母之贊我者，禍我也。老父母爾時顰蹙而言曰：心不可昧，功不可泯。嗟呼！弟豈不知老父母之心，而忍爲此緦緦過慮之語乎哉〔一〕！然而勢有必至，無足怪者。他日必曰：諸君子公懇令君，而令君何以反令懇諸紳也。此解鈴繫鈴之説也。諸君子之公懇者，此案也。而令君何以言及謡帖一案也？此聲東擊西之説也。又況取保結而不從，請公緘而不應。衆怒難犯，防口如川。然則弟之心，老父母憐之；弟之功，老父母鑒之；而弟之禍，實自老父母賈之。弟欲進而親近左右，則恐蹈謡帖中關説之嫌；欲退而掃迹深山，則老父母又復寄語相招。諸戚友反以閉户見責，是老父母使弟進退維谷也。弟其奈之何哉？嗟呼！弟一疏拙病夫耳。世亂則奸人以爲魚肉，時平則戚友以爲牛馬，爲桐紳者不亦難乎！弟深自思，惟平日之仰體雅懷，以爲地方者，其心苦，其力竭矣。唯是旌麾枉駐，薤水恭迎，密坐深談，罪實不免。然而直道虚中，可矢天日。竭愚布悃，備罄蒭蕘。猶憶下車之初，俯賜咨度，弟不揣冒昧，妄進二言：語進步，則曰名可以爲實。其取下廉者，其奉上簡；其聲譽重者，其責望輕。故名者，造物之所忌，非忌其名也，忌其可以爲實也。語退步，則曰擇禍莫若輕。廉吏之敗，僅於官秩；墨吏之敗，害及身家。故養生者，外其身而身存；巧宦者，外其官而官存。老父母每提掇此二語，謬加擊節，以爲名言。嗟呼！爲鄉大夫而敢以休官褫職之狂瞽，直陳於賢父母之前，言之者不以爲諱，聞之者不以爲罪。推是心也，則凡其所語，抑或可以告無過于鄉黨矣。然而海氛一熾，嗡吡沸騰，謡帖不已，繼之以謗文。文謗不已，繼之以歌曲，宵半榜通衢，凌晨喧闔邑。以議事爲罪案，譽海賊爲海師。闔室安居，而曰先去以爲民望；城守無恙，而曰密勸携印潜逃。訛言巨室之去，使民皆去。訛言令君之逃，使民皆逃。陰爲惑亂之謀，公言搶掠之舉。凡可中以身家之禍，無不極其構煽之辭。反而思之，是誠何心哉！

弟今日之得復布片氈，以辭左右，拜尺素以上中涓者，幸也。非初望之所敢及也。然而其心灰熄，其氣波靡，更欲使之厠於薦紳之後塵與！聞地方之末議，是猶起牛馬於垂首，伏櫪鞭棰，迭加喘息，僅存之後，而更責之以引重致遠也，必不勝其任矣。又況伏憂隱釁，有不止於是者哉！地方不幸，而一事出，則曰某某能得之於令君。自令君而進之，則曰某某能乞之於上臺，幸而得當，曰一啓齒，一揮毫耳。奚僡焉，不幸而不得當，則曰夫夫也，其力之有未竭也。不則，貌應而中拒也。又不然，則示難以爲名高也。語公謁則束帶恐後，語公函則屬草恐後。一不應而怨聲及於耳，再不應而盛氣徵於色矣。少遷延而辭避，則曰令君實云。語關兵之公函，曰奉令君之命而來也；語五友之公謁，曰奉令君之命而來也。嗟呼！桐紳苦矣。弟之苦尤甚哉！又況此後事變迭出，有百倍於是者哉！則弟雖欲不散髮投林，泥塗蔽室，守宓子陽鱎之戒，上巨源絶交之書，固不可得矣。豈敢復罄折琴堂，開口論地方事，使衆怒蕴積，再以其身蹈不測之淵耶？故敢直布誠愫，遂以爲别，使如里門寅賓館中，原少此一鄉大夫而已。牛釋輗，馬弛轡；禽相忘於林麓，魚相忘於江湖。庶幾弭謗保身，以毋爲老親辱，至於令節揆辰，政成最奏，或當出捧一卮，爲老父母壽。方外之人，不惜過虎溪矣。拜啓不勝依戀之至。

校記：〔一〕『緦緦』，清廣仁堂刻本虚直軒文集作『鰓鰓』。

上張郡伯書

前張二尹自樅川寄老公祖復翰，知專責以糧務，免其遠委。弟并合邑士民咸戴高厚矣。卧病山中，未敢頻瀆起居，適家叔自邑入山，泣陳其子某以討舡不法，致蒙拘禁，更荷垂慈，免其懲責。弟聞之，竊爲家叔惜，惜其有此不肖之子，而更爲某幸，幸其得邀懲創之恩也。

某討舡本末，弟山中不能詳悉，但其童心稚氣，庭訓弗率，家叔及弟平昔亦深惡而痛戒之。夫以兵興重務，舡隻艱難，公祖父母爲此焦勞，不遑寢食。弟年來所目擊而攢眉者，故生平不敢發一舡批，頻年封船，不敢爲親友討一舡隻兼出帖，水口各鎮恐有指托等弊，族中諸父昆弟亦共鑒鄙心，兢兢無隕，而不意某之獨冥然罔念家規，自蹈罪戾也。弟方深感玉成，何敢置喙！惟是既痛恨于族弟破轅之罪，復重念於家叔舐犢之情，故敬因家叔匍匐叩階，肅泐尺素，仰懇台慈乞賜推愛，免禁豁釋，則戴德無量。仁言嚴諭，使知畏法改行，事親孝而居身慎，庶其懼而知悔，悔而知改，則族弟此生復爲恂恂子弟，皆再造之恩矣。棠棣關情，忘其干冒，惟鑒而宥之，臨啓拳注。

與署廣文某書

承雅意爲敝邑父母立功德碑，甚盛也。承諭以不佞篆額，甚榮也。不佞唯有感愧而已，豈煩更命哉！

惟是撰文一事辱命舍親程立庵，立庵初承先生賜顧，以所代撰文稿示之。立庵云：『邑父母知乎？』曰：『已聞之矣。』因展文讀之，沉吟云：『此公事也，此文尚需送舍親姚龍懷等一酌之。』次日蒙先生枉顧，值不佞他出，遂以文稿付小价，且以篆額相委。又一日，立庵賜顧云：『碑文送閲乎？』曰：『閲矣。』曰：『文佳甚，但就中尚有數語可商耳。』不佞曰：『然，鄙意實亦如此。撰文借重便携歸，更定何如？』立庵遂携文而去。嗣後先生屢遣役相促，不佞據實以復，而立庵適有冬至掃墓之役，未免稽遲，及立庵歸，而又詢邑父母見此文稿否？曾有更定否？不佞復詢之舍親潘蜀藻，蜀藻云：『邑父母閲時，惟更定一字耳。』不佞又復之立庵，立庵云：『邑父母既見此稿，則我輩不便更定，更之則恐招父母之怪，不更則難謝鄉里之責，奈何？』不佞又復之蜀藻，轉復先生矣，則原稿之在立庵處，無可疑也。已久復之左右矣。後蜀藻致尊意云：『文係送不佞處，不便索之。』宫詹又向家弟經三云：文稿久送不佞處，不見發來，若此則先生或以稿實在不佞處，而駕言宫詹以相欺耶！或明知稿在宫詹處，而必欲不佞索之以應命耶！不佞内不能得之宫詹，外無以謝先生，而久留已定之碑文，致稽立碑之盛舉，此語豈可令邑父母聞乎？則不佞不得不效忠告於左右矣。宫詹玉堂雅度，圭角渾然，不佞屢詢其故，一言不答，惟有攢眉，至不佞負性愚直，有言必吐，若先生當日以撰文見委，則不佞當畢情無隱，豈能如宫詹之汪汪千頃，不見涯際哉！

以愚意妄言之，人各有心，事各有體。邑侯，父母也；紳，士民子弟也；先生，師長也。父母覆育恩深，子弟誦禱情切，孩提而知，五十而慕，天性使然。今乃煩爲師長者撰已定之文，拭已瑩之碑，然後呼子弟而命之曰：此我已告之汝父母者，汝速舉，無少稽，不惟上褻師長之體而已，陰與子弟以不孝之罪矣。其爲之子弟者，甘乎不耶！至於邑父母郡歸之日，先生往謁，次日邑父母奉晤先生，乃以是日之晨出碑文廟之中，挽至堂除之下，庶幾邑父母一顧及之。文呈閲于一月之前，碑磨礱于數旬之久，何待乎？待文耳。一顧之間，誰任其德？誰任其怨哉？人情不甚相遠。黨塾之間，師長之于子弟，亦有激之而反戾者。小可喻大，非盡教不先而率不謹也。凡此者，皆弟妄意而妄言之。立庵長者，口無此言，心亦未必有是意也。但以先生屢索文鄙處，故略陳愚論以自解。其不敢稽留文稿之罪，惟慈鑒焉。

復高念東書

濟武來，捧得手教，十餘年闊别，兄弟數千里修阻道路，忽到眼前，忽聆面語，此種忭慰，豈復人生所有！况如讀司馬上林，令人飄飄有凌雲氣耶！濟武道老年翁先生解悟行履，勇猛精進。玄關佛學，深入堂奥。弟聞之，愧不能效應汝南北面稱弟子也。

至弟近狀，晤濟武可悉之，年僅逾强仕，身又林居已十載矣，未嘗有遺大投艱之事，勞其筋骸，疲其神思，而鬚鬢且皓然矣。稍知玄學者固如是乎！至於佛學，總是揣摩影似，止如昔人所謂三家村裏，閑論中書政事堂。今日作何事不堪噴飯。初略讀維摩、楞嚴諸經後，垂涎宗家語句。愛其平地風波，山摧海立，當機圓妙，月朗雲行。稍一涉獵藩籬，含咀菁藻，其所口談心會者，正是彼帶水拖泥、葛藤窠臼。若其正令全提，正復茫如漆桶。諺云：真佛前不燒假香。弟未敢自欺，敢欺善知識乎！

十年以來，病骨支離，偃息山墅，兼以老親在堂，遠游狼顧。足不入郡城者數載于兹。

况能海陵三山，陸登五岳，遍參法席，問道崆峒乎？十年回首，只是一忙，只是一俗。初到家即爲先母經營喪事，葬事中間，爲三兒娶三媳，又嫁二女。今又有先大夫之變，牛眠片地尚未知税駕何時，兩小兒復以次將成婚禮矣。弟雖云不忙不俗，其可得耶！若待向平願畢，未免妄冀河清。若云不背不觸，亦即亦離，日往月來，草青葉落。覿面紛擾，我國晏然。諸與實相，不相違戾。吾聞其語矣，畫餅望梅，終騰口説，當機返照，自覺支離。舒卷不得同時，理事判成兩截。既往未來，兩項尚可勉强消遣。見在一著，硬鎖咽喉，牢把關隘，不許丟開，不容放過。弟到此却理屈詞窮，弓斷矢折也。老年翁先生何以折蘆渡我乎？導師在望，企予爲勞。

濟武從長者游，所學大進，可慰！左侍御已成逝者，密之年伯行脚江右，精修苦行，勤於讀書，此亦迦葉聞箏，積習自在。然其意以只圖遮眼，何異吹毛。大約聰明軼人，雖入祖師堂中，不肯受一法束縛耳，亦久未知聞問也。潜柱長齋繡佛，居然有室；頭陀參學勤猛，頗苦太貧。時時有在陳之厄，然神氣安緩，無惘惘之態，亦可念也。以故人遠詢，便聞奉慰。

濟武本留爲旬日住，以其太公相念，確不可挽。五舍弟適往鄉省旱未回，故未稟候，弟爲代布歉悚，臨楮馳注。

附高念東來書

回首春明并馬時，便似三生石上矣。弟蓬心竅啓，本非仕宦之才。年來貧病交侵，遂令支離黔婁，合傳一丘，自命固其所也。老年丈以槃槃之器，精悍猶在眉宇間，正當爲蒼生一出耳，奈何墨守謝公雅志耶？比來添鳳雛幾人？消遣居諸，作何等事？弟願一一聞之。年兄素躋玄關，兼又近鄰佛窟，出世大事想已得手矣。龍沙不遠，五陵之内八百人，焉知非僕乎？幸以所得教弟，弟願北面著弟子籍也。又年兄比所聞見性命，導師有幾人，何姓名，何居止，希爲一一提命焉。弟自揣不如年兄者，略有三端：年兄精神奕奕，上掩錢郎，而弟山澤之癯，望風欲仆，一也；年兄强仕，無何尚有勁翮摩天之勢，而弟半百有二，蒲柳驚霜，二也；吴下阿蒙使舟如馬，一篙緑水，便是新豐枕簟之間，九州五岳矣，而老傖策蹇，幾如枯株。三月聚糧，須典衣物。有此三不如，故善財百城，望如神足，雖欲問道天台，摳衣金澗，勢所不能，安得不卒爲庸人以老乎！然弟亦正患未得真師耳。倘年兄不吝金玉，弟將鬻産南游，追踪支、許，勝漢人破家仕宦多矣。

貴門人唐舍親往，先此布聞。舍親真有志性命者，弟之畏友，想能述弟近狀，并企向之私也。左侍御向曾相聞，今精進如何？劉潜柱年兄參禪有得否？密之證悟何似令弟？年兄昨承都門，存注附謝，南望神馳，不盡欲吐。

與王西樵

專懇者，先大夫有亦園詩集，兒子士塈自金陵梓成寄來。其集以年分，曰初、二、三、四、五、六集，集各有序，仍其舊也。全集梓成，欲乞一序冠諸首。念文章爲不朽盛事，另立赤幟，孤行宇宙間，非公卿貴人咳唾珠玉所得而抗旌并壘者。念日下詩、古文辭，西樵昆仲實持其魁柄。西樵又屬有天幸，奪其奔走簿書之事，不復與長安顯貴人并轡戴星，而使之一志肆力於文章，西樵之爲世傳人，復何疑乎？僕欲傳吾親，則必借世之傳人一言爲重，故敢以爲請，惟西樵毋辭我請。先大夫且不朽。

亦園者，先大夫爲國學生時所卜築也。桐城城東南濱河，西北負山。亦園在郭西，小有樓閣亭榭之屬。時桐鼎盛，郭西多名園。先大夫曰：吾亦園耳，故以『亦』名其園，以園名詩也。明季寇過桐，倚山而攻城，此園毀矣。嗣後先大夫移居於金陵，宦於浙，罷官而隱，客游於四方。晚年乃構茅屋數椽於東龍眠之頌嘉嶺，一名瑞隱窩，與僕之竹里隔一嶺，相距里許。先大夫詩所云：『嶺頭烟入望，谷口水同源。』僕詩所云『長文頻過嶺，親御太丘來』者，謂此竹里有斗室，先大夫過則宿焉，曰小隱，因瑞隱而名也。蓋先大夫之詩不盡得於亦園，而皆以亦園名，不忘初也。先大夫每言：我寧爲樗，不爲芝。自號樗道人。丁酉六十壽，自作樗傳，集首載之。

與彭于民

向者瀫水趙靈修云：與老年翁爲車笠交，擬鳴榔，指清淵，作十日歡也。未知果握袂道故否？敝里僻甚矣，而弟復山居。山居矣，復卧病，京雒聞見如矇師望氣耳，奚啻坐井哉！計老年翁當内簡不，且榮陟東方千騎居上頭也。苦未得音耗爲悵，適因敝侄婿江在湄當計偕而苦貧，舍陸而舟。舟矣，而仍不免苦於貧，遂妄意以會通爲西江也，貴治爲舟所必經，又龍門在望，能無以得御爲榮乎！囑弟書爲介，若謁時乞惠而教之，炙割華軒，肝分安邑，弗使張憑舡上彈鋏而爲臨淵羨〔一〕，則如雲之誼，不獨躬拜者，矢隰桑之四章矣。伏枕裁緘，不能覼縷，但有懷企如侍左右。

校記：〔一〕『舡』，清廣仁堂刻本虚直軒文集作『船』。

與何湖州

去冬五舍弟回，備述雅愛，又承復翰，重以賻貺，何故人念我之深也！欲便羽布謝，適值舍親茂才潘殿聲家遭横逆之後，涕泣而請於弟曰：『何湖州於先君子爲同盟至契，異姓兄弟也。今困乏至此，將往索升斗活我，然苦無半面，何老伯義雖高〔一〕，安從辨其爲故人子乎？知長者不肯作游函，但乞一言達之，云來此者，爲古岩潘公之伯子而已。』弟聞而憐之，竊念古岩久即世，而其子敢於典衣裹糧，千里徒步，訪半面不相識之父執於黄堂之上，此必古岩平生庭語述年翁行誼之篤，交情之密，即有緩急，此公可告者，不然殿聲何恃而爲此行也？弟於舍弟奉訪後，已相約不作薦剡，此則爲殿聲作一證明，年翁其念古岩以念及殿聲乎？如此，則年翁真念舊，古岩真知人。蓋山泉湧，東平樹靡，存没之間俱成佳話矣。長興葉令極感照拂，附謝及之，臨池馳注。

校記：〔一〕此句，清廣仁堂刻本虚直軒文集爲『何公風義雖高』。

復佟中丞

久別光儀，時深懷注，極知公務繁劇，不敢以尺素候起居。唯時從來往中州人口中備悉德政，合省紳士軍民莫不倚爲長城，而依若父母矣。去冬，忽聞大疏引退，正在秦楚多故之時，中州之士大夫惶遽於京邸，父老子弟奔趨於道路，舉朝之正人君子相對嘆息，不知所出。弟以受上知遇最深，聞見既真，誼難緘默，亦自知補牘事後恐屬空言，幸聖主夙鑒忠勤，軫念重地，遂以優息勞臣之殊恩，更煩以拮据岩疆之重任，天眷彌殷，舉朝歡動。但弟所歉歉者，久悉老先生清風自好，介性孤行，塵芥榮華，雅志恬退，兼之積勞思息，頤攝心堅。弟不能仰體，惟知有益於封疆，難辭開罪於知己。而翰教適來，不加督責，足見老先生公爾忘私之盛心，亦少紓弟爲君負友之積愧，忭慰有懷，非楮可罄，便有蒭蕘之獻者，全省事務川流，牘案山積，老先生年非盛壯，性復精詳，愚見謂宜專綜大綱，微略細務，庶幾勞而有節，頤養此爲國之身，以仰報君恩之重。

弟年近桑榆，鬢成霜雪。竊比老馬知路之義，稍效野人曝背之忱，惟鑒照之。冗次率泐布復，不盡銘楫。

復桑總戎

久慕盛名，但以未得親芝宇爲悵，乃敝夫子同事邊陲，湼焉朝露，署如懸磬，室惟黄口，而老先生垂羊舌之深情，弘麥舟之高義。渥解推於逝後，復然，諾於生前。此在古賢猶爲罕遘，何期今世幸值偉人？去歲世兄西回，即擬附函申謝，無如泰山梁木，握管悲來，伸紙再三，復爲中輟，未嘗不瞻雲泥首，拈瓣香而祝景福也。頃反辱瑶翰，先垂問訊，捧讀之餘，愧汗浹背矣。老先生以名家宿望，功著西陲，而積德行仁，敦倫念舊，吉人介祉，自天佑之。佇望麟閣，勛名爲當代第一。弟之臨風企仰，豈有量哉！順羽布謝，可勝銘楫。

與司李

平允著聲，邁種之譽，翕然視周營道之于南安，歐廬陵之于西京，不啻超乘而上之臺端，柏色掖左，梧陰傾耳，以聽翹車矣。弟徑餘松菊，床積參苓，雖幸近水樓臺，依光朗月；自愧遠山猿鶴，未坐春風。邑邑予懷，但增馳仰。

兹敝友某某地，其夙游也。龍門在望，御李爲榮，敢泐尺素以致蹇修。此生亦韵士南樓，月夕北海。尊前差足從屬車清麈，唱酬不令人作惡耳。至於分肝安邑，割炙華軒，使九里潤波，無憂枯肆，萬間大厦，覆以歡顔，不至彈蒯緱者，咏淵明孤雲之句，所謂猛虎依深山，願得松柏長者也。因風順宣，心馳左右。

答甥受斯

得手翰具知近狀爲慰，一切兒輩俱詳道之。來文尚未得暇細閲，大約筆致明爽，是其所長，而失于率易，落筆便成，思不能精深，句不能警練。總之，由於所選看時文太恕之過也。須努力苦心，再求進步。其弊又在作文無根本絶，未究心古文。閑中熟讀孫武十三篇，便見古人運筆如刀，下句如石。無他要，一個緊字而已。古人論織曰緊滿，論地曰緊要。緊則滿，滿則不鬆，美錦是也。緊則要，要則不涣，關隘是也。復吾甥字偶爾及此，然亦是近日作文者對証之藥。見令祖先生詩於蜀藻扇頭，頗有壯氣。君家其有吉慶事乎！

姚端恪公文集卷之十二

與江右某道臺書

都門極承德愛，耿切五中，嗣後雁序分飛，各天風雨。老年社翁暫厭金馬，借重旬宣轅文，聞亦引疴三茆。弟夙疾連綿，長栖豐草。感念故人星散，風雅淪胥，惟展轉伏枕，慨當以慷耳。杜門以來，憂生養拙，足不入城市，一切書緘概行謝絶。故數載積懷，終未敢尺素溷起居，乃有關注至情不得不瀆之左右者，永豐季大年先生，弟其壬午本房所得士也。今其家有一事，幸在貴同年薛老親翁覆鞫之下，敬以詳陳其本末，祈代布鄙誠焉。

季先生于丙申，家被盜劫，繼而緝獲數賊，業經各上臺審明定辟，三載於兹，乃内有一盜劉慶苟於戊戌自縊獄中，而盜首楊榮保怨季先生族弟季崇之捕之甚急也，遂造爲誘扳之浮辭，肆其反噬之狡計，而季氏之禍始此矣。竊思劉慶苟繫獄三年，歷經累讞，使季崇果有挾仇誘扳情節，彼既能鳴冤於死後，豈不力辨於生前？年來研審諸公自應垂矜分豁，敝先生微宦廢弃，有何聲勢把持？而叠經供招，擬罪皆云駢斬，無辭一慶苟也。生則身定重辟，死則反坐失主，其可疑者，一也。且今所據以定季崇之罪案者，楊榮保口供季崇於縣倉門首，親與榮保銀五錢、米二斗，使之堅釘慶苟之數語耳，夫榮保身爲宿盗，所見金帛不貲，斗米錢銀何能利誘而使之陷人於死地乎？且陷人於死，陰謀也；誘人陷人，密事也。言之於縣倉門首則非其地。若止云誘之以銀，猶可言也。乃米二斗非可袖携手致之物，爲價甚微，不足以動榮保之貪心。爲物甚鉅，適以彰通國之耳目。季崇果有陰謀，豈愚至此？况季崇始能以斗米錢銀誘榮保，而使之陷人於死後，豈不能以多金重帛餌榮保，而自脱身於死一榮保也。始則誘之甚易，後則餌之甚難，豈非盗憎主人巧供報復耶！其可疑者，二也。况即坐以謀殺之條，而律文開載亦云：殺死乃坐，其自殺者僅應與邂逅身死同科。白骨復肉，止在仁人君子一援筆間耳。或成讞自有曲折，遠道未敢懸揣，惟是季先生慈仁清慎，鄉譽素隆，隔省客游累詳甚確，妻爲刃傷子，因驚殞一門，慘痛所不忍言，即使季崇身爲匪類，尚不以貶柳下之賢，况因族弟爲盗口反噬，豈至爲康樂之累？所望秦鏡慈航，俯垂照宥，海岳高深，兩親臺共之，頂禮銜結，弟與季先生亦共之，至於推愛逾涯。念自殺與謀殺殊科，使季崇得稍從末減，尤弟所泥首而翹企也，非敢請也。

至薛老親翁處，弟以從未通函，不敢遽以私瀆，但以薛老親翁雅懷古道，弟所夙欽，雖麋鹿有性，若自弃於軒楹，而草木有心，竊願同於臭味。敢望老年翁代致區區，先布鄙悃，倘蒙鑒俞弘慈，即當專緘拜謝。弟以山林病廢之餘生，而當絳帳安昌之疾痛。情不容已，泪與墨傾，知必爲古處君子所深憐，知己故人所垂照，五體布地，百世銜恩，臨楮可任顒望〔一〕，勤懇之至。

校記：〔一〕『顒』，清廣仁堂刻本虛直軒文集作『正』。

賀總戎啓

恭惟老親翁台臺，龍門標秀，鳳穴振儀，魚服霜飛，壁壘旌旗。增氣色，鳥章風静；投壺散，帙有餘清。炳定遠之雄姿，擁當陽之勝概。海門雪浪，挾翼影以摇空；天柱雲峰，映龍文而散錦。部曲識西征之節，風雷護北落之星。幸樓臺近水爲光，喜旌旆自天而下。不佞凌雲氣盡，賦雪才窮。二仲之蒿徑無塵，五柳之柴扉晝掩。鷦巢小息，燕賀久稽。負戾萬千，念之悚息。家父僻隱龍山，竹垣荒野，在問柳枉。十乘之隊而掃花缺，三雅之迎重辱謙光。惟深鏤刻，更仰温言之可佩，哀斯民之孔將。垂念瘡痍，曲求嘘拂。既欲農安而士飽，兼求吏畏而民懷。在敝郡歌哀鴻碩鼠之有年，而今日值威鳳祥麟之戾止。從此連雲介馬盡化牛歌，擇木窮猿無虞鹿走。行見老親臺名鐫玉鼎，勛紀凌烟，又不獨不佞弟爲一人一地之私幸也。兹肅泐魚緘，曷勝雀躍，不腆侑函，并惟茹鑒，臨啓主臣。

上某公書

老親翁瓊基叠秀，瑶翰騖薰。鷄舌含香，青綬動南宫之雪；豸冠擁節，朱旛摇西渚之雲。天目峰前，晝翔鸞而開重鎮；錢塘渡口，騰白馬而閲江潮。玉銘金相，握符之希文再出；文昌武庫，爲憲之吉甫重臨。翹首鶯遷，曷勝雀躍。

若然問關殘息，鼎鑊餘生。回首侍觶長干，恍若夢寐。驚魂初定，養疴戢影。魚鴻迢遞，遠莫致之。新命寵頒，舉手加額。春温秋肅，陰閉陽開。昔人所謂政不出階序，而人自得于湖山千里之外，計全浙十萬户式歌且舞矣。

家父峴中本末，老親翁自深悉之。至當日守城禦賊之勞，及硜硜茹蘗之素，長安萬口直道猶存。即前此設阱者，漸去要津；而叩閽者，已達天聽。某先生俯念世誼，極垂援手，惟是解結有機，葛藤難斷，一切望老親翁詳察輿情，主持公議，使覆盆之冤，得披雲霧而見青天，惘勞彌亂，頌義無窮，豈惟然叔侄父子永戴二天哉！謹專价代躬，并致拳切。

寄相國金息齋年執書

每念老年伯功成黄閣，踪紹赤松。十賚頻勤，繼山中之宰相；五衰不及，作平地之神仙。袍笏堆床，玉蘭繞膝。雙扉扃闤闠之間，一棹寄湖山之外。集散鷄林，漸捐文字爲有相；丹分麟脯，猶薄海山而不歸。栖心最上之乘，深參末後之句。紫玉山中，徒慚客作黄蘗座下；獨探圓珠，擬之載籍邈焉寡儔。况在近今，誰爲倫匹！然久睽德範，每切瞻馳，輒以吴會扁舟，得拜至人函丈，蒙不鄙而賜以晤談，兼惠然而錫之宴勞。上尊異茗，非薄劣所能堪；高閣曲房，煩招携而畢至。飲食誨言，真不啻乎猶子；徵歌引滿，似反健於當年。喜慰逾涯，感佩何極！所憾一尊纔侍，二豎頻侵，屏處荒園，綿延兩月，遂使千餘里瞻依之悃，十三年企慕之懷，只尺而不能奮飛，聚晤而旋成契闊。自愧蒲柳之早衰，彌羨松柏之難老。山川雖隔，寤寐彌縈。今因一价之行，肅布雙魚之寄。銘鐫無量，非楮墨所能宣；瞻仰徒殷，與斗山而并遠。附將芹侑，并冀慈存。臨啓馳注。

上洪相國書

前歲小兒入都，一稟肅候，家葛將芹，不蒙慈茹，反荷老夫子賜之晋接，惠以周旋，詢山中之近狀，遠念殷然。侍綺席之末光，旅酬款甚。此即小子躬趨絳帷，仰叨清宴，猶以過邀非分，捧觴悚息，况于兒輩，何以克堪？家庭備述，感極涕零。遥佩高深，惟有泥首。伏念老夫子赤松雅志，緑野遐風，大隱在輦轂之間，杜户擬湖山之外。稽之簡策，邈矣絶倫。世兄績成粉署，領袖清卿。此日家聲繼振，帝謂蘇瓌之有兒。他時主眷日隆，人望韋成之繼相。魁三象近，福五群臻，念之可勝忻慰。至小子一紀沉疴，萬端灰熄。嘆鬢髯之斑白，悵蒲柳之易衰。向猶以老親在堂，追隨山墅，謬冀青山無恙，白髮長依，而今已矣。俯仰林泉，生理都盡；檢點參术，宿疢彌加。老夫子聞之，當爲心惻也。

謝魏相國書

然林栖伏枕，萬端灰熄。然側聞君子得輿，故人秉政，霖雨及于天下，餘蔭被于丘壑。未常不瀝酒丹涯，北向相賀，而終不敢以尺素溷記室者，則以雲端方外，引分自安，知老先生必不以疏節見督也。乃淝水年伯書致高誼，淑恬郡丞口宣渥愛，言念車笠情深，綬冠義篤。此道今人弃如土〔一〕，似君應向古人求行吟，慨然當吾世而如執事者能幾人哉？及然煢然在疚之中，而敝門公王紫瀾伻來，手翰下賁，慰唁丁寧，寵奠遠頒，榮兼存没。足徵山林，病廢草土。棘人猶煩注存，豈同恒等！謹焚香盥捧，布之几筵，光徹重泉，銘深百世。至於隆儀，非敢自外，但以春明故舊賜奠概璧，恐以尊者之賜，反開同異之嫌。百稽完趙，彌增心泐。

然之近狀，程立庵舍親可口悉之，沉疴委頓，鷄骨僅存。向猶以白髮西莊杖，青山北闕恩自吟自慰，今并已矣。俯仰愴懷，生趣都盡，無一可爲雲霄知己道也。力疾手謝，另布專柬，雙縑將帛，并冀慈存拜疏，可勝銜楫。

校記：〔一〕『人』，清廣仁堂刻本虚直軒文集作『日』。

與王西樵

舍弟回得接手函，意言温摯，何殊密坐温談也。兼承雅貺，惠我爲勞，捧卮酌月，光徹醉醾。製錦臨風，衣新荷芰。念言銘佩，但有耿耿。至於大匠引繩，九方選駿，中州靈秀，悉萃公門。上爲朝廷慶得人，而下爲林壑增光寵。方在額手，歡喜無量。忽聞以字句小疵，致于吏議，棘人僻處山陬，驚魂震魄，罔知所措。白璧微瑕，原爲臣罪。一身似葉，總屬君恩，但有感激涕零。杜門修省，讀書學易，以道卷舒，與時消息。詩歌舊已名家，今應悔其少作。間一言志抒懷，必歸温柔敦厚。切勿樹幟騷壇，吸引新鋭，鼓吹商調，揚扢楚聲。前代逐客名流，以文字貽戚者，往往而是，不可不慎。名利爲人所并争，而人之忌名也甚于利。蓋利濁而名清，利陰而名陽也。

至不佞近狀，無一可爲知己道者，既在草土之中，復有炊臼之戚。青山猶故，黄髮已非。松菊舊游，蓼莪沉痛。且桑隴躬耕，僅餘龐老。布裙操作，先失鴻妻。俯仰林泉，生趣都盡。撿點參术，宿疢彌加。道丈念我，能説詩爲我解頤否？

復龔洍水年執書

制侄兄弟業重，獲譴于天，禍延衰親，痛沉終古。鯉庭何在？鷄骨猶存。不能一慟，永絶從先大夫于蒿里，苟存視息，摧裂肺肝。乃荷老年伯儼然存之草土之中，寵奠遠頒，榮增存没。手翰慰唁，注恤丁寧。猶憶先君子邗江分袂之期，不勝任彦升撤瑟平生之感，情深楮外，泪漬行間，謹焚香三盥，捧告几筵，庶幾東平樹靡蓋，山泉涌九原。來格亦佩如雲，况制侄等仰戴鴻慈，光賁生我。涕流雨面，惟有呼天。流血叩頭，無能縮地。自此有生之日，誰非感泣之年。紬帛敬登，奠儀完趙。以長安故舊賜奠概璧，恐以尊者之賜，反開同異之嫌。銘等躬承，彌滋心鏤。二縑引帛，山野自愧，惟不鄙而存之。至于雅意殷殷，小兒頗能口悉〔一〕，霞蒸枉札，并布摯懷，展讀瑶緘，益增感楫。確鴻甚少，久稽報章。

今其相北上，方敢手泐布謝，陳其積悃。念侄一紀沉疴，三徑偃仰。追維曩昔，百感并生。君恩雖厚，臣罪應知在芝山罹法之時。見在六垣之長，或私室素昧平生，或公庭頗多抵牾，然皆蒙薄譴，同日左遷。至侄兩世譜誼，數年交好。自省負罪之深，應在群公之上。反因苫塊之身，遠遁衡茅之下。荷先帝解網肆眚之弘仁，及當路諸公觀過知仁之雅意。碧海無波，青山安枕，且感且愧，如何可言！然而慈竹終天之痛，纏綿于中；臨淵集木之危，震惕于外。鄴侯驚失魂魄，柳元悸不自定。哀懼交攻，神明恍惚。或伏枕經旬，或通宵失寐。引鑒自駭，髯鬢皓然。悵蒲柳之易衰，幸松菊之無恙。蒙恩允請，長賦歸田，乃萬端灰熄之中，猶有一綫餘生之樂，則以老親健飯，草墅支床，或侍觴花下，或捧杖林間。陶令詩成，命舒宣而和韵；孟園葵熟，祝哽噎以登盤。含飴弄孫，即摘山亭之果；耆英雅會，群來蓬垢之賓。謬冀叢桂長幽，靈椿難老，而今已矣。

丹崖如故，黄髮已非。尋壑經丘，舊游不再。植花布石，手澤猶存。觸目水竹之居，摧心蓼莪之賦。俯仰林泉，生趣都盡。撿點參术，宿疢彌增。近且忽發痰症，幾至委頓。老年伯篤念猶子，寧不爲之惻然深念耶！一切書不及悉者，其相晤間當可悉之。至愛渥誼，握管不覺縷縷。春明諸君，勿語及爲感，臨啓企注。

校記：〔一〕『口』，清廣仁堂刻本虚直軒文集作『自』。

賀宜操撫啓

惟老公祖台臺，六鰲負極，八柱承天。淑氣絪緼，澤布隨車之雨；仁風披拂，暖生有脚之春。值兹日麗新蓂，玉律應三微之始；群仰雲輝霽色，丹臺推八座之榮。令節維新，純嘏滋茂。絳桃曉艷，福臻仙島三山；赤羽晴熏，恩接帝城雙闕。七十二候錫極，迎神禹之疇；三百六旬敷政，授軒轅之策。蒼龍起蟄，經綸取象雲雷；紫燕栖梁，長養咸沾雨露。歡騰列郡，喜溢三江。弟志切希陽，心慚省日。寄踪松菊，聽殘臘之竹聲；戢志參苓，隔獻春之椒頌。望青雲多處，欲傍魁三；看紫氣浮來，遥占福五。敬布雙魚之悃，用歌百福之遒。君子無疆，繁祉何啻松茂；野人有獻，溪毛聊比葵傾。伏冀麾存，可勝光寵。

賀張玉如操撫莅任啓

惟老公祖台臺，鐘鼎元功，斗山偉望。光依日月，南陽勛舊名家；履上星辰，東序縉紳領袖。惟一時諸要地之僨急，故同日三中丞之并推。廷議盡冀北之良，王事莫非王土；宸斷重江南之寄，帝臣簡在帝心。公初廷推閩撫，後命下操撫吾鄉。鳳詔初傳，自雙闕雲中飛下；鳥章忽轉，似三山海上移來。謂我來矣，車彭彭，先覺仁聲載路；方叔莅止，騏翼翼，真看甘雨隨車。時久旱，公至得雨。天柱西懸，壁上隼旟變色；海門東控，日邊蜃市澄波。君子至斯，小人幸甚。然病栖一壑，庇托萬間。自舍弟之南歸，口隆情而北頓。雲霄泥土，忘分撝謙；霽月光風，仰高增慕。深幸樓臺之近水，竊比葵藿以傾陽。竹馬恭迎，應在諸兒童之首；李車未御，無如二豎子交侵。暫阻凫趨，祈恕病夫於方外；先將燕賀，敬抒悃悰於行間。伏冀慈存，可勝銘佩。

賀胡鹽臺啓

惟老公祖台臺，濟川舟楫，調鼎鹽梅。銀管生花，彩徹仙人之掌；珠鱗濯錦，光射牛女之分。公寧波人。唯丹山赤水之洞天，誕白筆烏臺之偉士。鶴栖珠樹，復睹賀賓客之風流；鶚立寒松，争羡胡康侯之苗裔。群久空於冀北，驄近躍於江南。入告嘉猷，上殿有在山之虎；出疏醝政，下令如流水之原。紫蓼緑葵，僻壤滿周顒之味；周顒每曰：『緑葵紫蓼，赤米白鹽。』黄龍青雀，長江絶賈相之醝。宋人咏似道鹽艘云：『雖然要作調羹用，未必調羹用許多。』綰橐鑰以流恩，處脂膏而不潤。商民胥慶，吴楚騰歡。弟頤疴丘壑，夙沐風徽。雙旌在望，擬輸獻紵之忱；二豎頻侵，空切停雲之賦。敬命小弟代叩崇階，所冀曲推烏愛，垂盼雁行。得邀三接之榮，用分一顧之寵。幸仰瞻模楷于司隸，門比登龍；倘俯詢水竹之拾遺，庭真羅雀。不異躬承謦咳，何殊近水樓臺。拜疏神馳，將芹色赧。惟鑒野人之款款，勿罪下里之戔戔。特荷慈存，可仞鏤佩。

與胡道臺

老公祖年臺，儀高鳳羽，望峻龍門。粉署風清，暫輟尚書之直；烏臺霜肅，群瞻憲紀之尊。惟南邦爲水陸之要衝，故使節總梯航之鉅任。清漳瀉鹵，歌謡復覿於秦淮；五丈營田，規畫重施於二水。外勞益懋，中召佇宣。弟沉綿二豎，偃仰一丘。念都門昔辱德愛，時耿耿痼寐間，顧以十載林栖，遂至尺函契闊。恭聞旌節榮莅秣陵，方幸近水樓臺，竊比向陽花木，而草土摧頹，又不敢以不祥姓字輕瀆起居，悵望車門，但增悚息。兹肅泐專函，薄將燕賀，戔侑柬，并乞鑒野人之芹念，而存之榮籍弘多矣。臨啓可勝忭慰，翹企之至。

年節賀別駕啓

惟老公祖年臺，瓊基叠秀，瑶翰騰薰。丹陛分符，簡任循良之寄；黄堂佐政，猷分師帥之曹。聯熊軾之崇班，齊驅五馬；展鴻猷之偉抱，并屬專城。惟兹太皥司辰，喜遇勾芒布令。玉衡齊政，輝騰造福之星；金箭回陽，暖煦迎祥之日。望蒼龍之起蟄，聽紫燕之鳴春。快睹鷺振於昌期，佇看鶯遷於上國。弟忻逢令節，愧偃山阿。酌兕蹻堂，未躬浮於竹葉；瞻台望斗，竊遥頌夫椒花。君子惟宜純嘏，何啻松茂；野人有獻溪毛，聊比葵傾。仰冀麾存，足仞光寵。

賀郡伯年節

椒誦惟新，福履增豫。仁風應律，悉蹻春臺。惠日寧人，咸依化國。凡屬宇下，孰不翹首五雲，願效公堂春酒之祝耶？至然林栖蠖伏，沐澤尤深。念野人卒歲之優游，悉君子萬間之鴻庇。雖山中曆日寒盡忘年，而谷裏陽春吹温有自。每懷稱觥，恨不奮飛，顧以沉疴伏枕，未能趨叩台階。謹泐魚緘，用申燕喜，附將芹念，莫罄葵誠。惟鑒山鄙之款款，而存之榮藉弘多矣。臨楮可勝馳注。

送郡伯新

金風應律，穎栗載登。膏雨自天，有懷郇伯；黄雲拂地，載誦張公。吾儕小人一飯敢忘所自耶！弟松徑久荒，葵羹自愧。躬耕下濮，寧辭帶月之鋤；穫稻東屯，幸飽射麋之飯。伏念山林，偃仰悉邀，覆露生成，慚以食粟之身，又届嘗新之候。眷懷左右，但切神馳。兹泐尺素，薄布微忱，雖種愧玉山，聊以將農夫野老含哺歌風之一念耳。

送　新

嘉穀初登，穎粟式咏。沐浴膏雨，披拂仁風。孰非老公祖之明賜耶！弟躬耕無力，藿食增慚。眷兹周歲之中，咸托萬間之庇。幸稂莠之不蕃殖，譬草本之無差池。惟與山莊父老帶月秉鋤之暇，鼓缶而歌雙岐，心香一縷，每飯不忘耳。尺素肅勒，以代躬趨，馳新上貢，愧非玉山種，聊代任棠水一盂也。廪人存之幸甚！

賀李撫臺

恭惟老公祖人倫琬琰，學府珪璋。瑶翰鷩薰，擢亭柯于八桂；瓊基叠秀，積珠構于九芝。武庫文昌，衷甲之希文再出；金相玉鉉，爲憲之吉甫重生。值江鎮之弘開，仗鴻猷之特異。天柱西懸江漢影，昔曾回熊羆百萬之舟；海門東控帝王州，今更轄犀渠三千之甲。人歌舊德，户慶新旄。幸樓臺近水爲光〔一〕，欣節鉞自天而下。

治侄凌雲氣盡，賦雪才窮。二仲之蓬徑無塵，五柳之柴扉晝掩。鷦巢初息，燕賀時稽。顧平生雖未御李膺之舟，而通家已夙忝陳群之好。白門僑寓，烏巷論交，與公巽公朗兩長兄披衿自許，贈縞相期，杯酒結昆弟之歡，患難切同舟之義。衡門只尺，握手欷歔。嗣後雁序分飛，魚書少闊。

今復得老公祖持節三江，建牙兹土，外爲蒼黎托萬間之庇，而内爲治侄切二天之私。維湫郡歌哀鴻碩鼠之有年，而今日值威鳳祥麟之戾止。在滄海之潤寧九里，似岱宗之雨不崇朝。欣豫氣之如雷，望師干以映日。土滿則租需易匱，定知勸撫字于招徠；人稀則奸宄竊生，所望寓團練于保甲。秋雲在野，不銷寨而寨已歸；衆志成城，欲振兵而兵已具。聞風解綬，吏儼夏日之明；取笠狗軍，士凛秋霜之令。仰雷動風行之略徵，經文緯武之猷行。且名覆金甌，勛鐫玉鼎。又不獨治侄爲一地一人私慶也。兹肅泐魚函，不勝雀躍，臨啓無仞主臣。

校記：〔一〕『光』，據文意推應爲『先』。

姚端恪公文集卷之十三

順天鄉試録序代

歲辛卯比士於順天，爲今上御極之八年，實始躬親大政，覃恩中外，畿輔則廣額十有幾人。天子方右文崇學，俞臨雍之典。又東南大定，江、楚、浙、閩諸省士鱗集闕下，廣雍額幾十有幾人，而是歲上俞部臣請，爰修太宗皇帝舊制，八旗俊秀咸舉賓興，中式五十人，計額較往年且倍，而臣某以檢討貳同官，臣奉命典試事，吁惟艱哉！

臣竊惟制藝者，亦虞廷敷奏，以言之遺意也。夫太上立德，其次立功，又其次立言，似言後矣。乃自漢以來，選辟雖代設而廣川，以天人三策擢第一人，實始黜百家，尊孔氏爲萬世儒宗，歷唐、宋、元、明，以迄於今，取士之法代殊，大概不外乎立言者近是，蓋永之千百年而弗替何哉？子曰：『國有道，其言足以興。』孟氏極論知言而本之於心，推之於政事。蓋言者，心之符也。制藝者，又立言之盛也。士屈首受書，習博士弟子業，固將以明經術備世用也。若采擷浮華，標尚詭異，靡然也。匪聖言是程，悍然也。匪功令是遵，其心以爲苟可，以梯榮進而已耳。夫靡然者，其人不足以有爲；悍然者，無所不敢。推是靡然悍然之心，尚安望其異日者當天下事，稱天子任使哉！故人文之盛衰，心爲之也。人心之邪正，時爲之也。

今皇上親政之初，鋭然與天下更始。官方澄叙，内外肅清。人心惕厲，與時俱新。即臣等扃棘闈中，取多士文而繙閲之，才寧斂毋縱，氣寧静毋囂，辭寧飭毋支。雖言人人殊而其斤斤焉、不敢悖聖言、忤功令之心，則一也。嗟乎！士自服官後，聖言姑置勿論，乃功令則具在求以廉也，或墨應之求以勤也，或慢應之求以直也，或諛應之求以執也，或脂韋應之求以和也，或枘鑿應之，且功令之以繩。士者合則進，不合則放已耳。其繩於服官以後者，亦嚴甚矣。乃往往遵之於前，而違之於後。斤斤焉恐背其所寬，顧昧昧焉甘犯其所嚴，是誠何心哉？嗟乎！弗思甚矣。然則，推諸士不敢悖聖言、忤功令之心，雖以立德立功與古帝臣王佐争烈可也。擴而充之，寧可勝用哉！説者謂文運視國運，不其然耶！如以言而已，則爵秩禄惠柄自上耳。廣拔一二儒生，曾何足爲輕重，而親政覃恩，列爲盛典，上以之告天地宗廟，下以之布告中外焉。於戲！蓋上之重待士者若此，可不念哉？

臣聞之：文王育賢造士，武以之興，故其詩曰：『周王壽考，遐不作人。』美先烈也。我太宗皇帝嘉意科目，實始隆百年樹人之大計。今皇上合八旗而選造之，一四海而旁求之，斯所謂繼志述事者歟！臣於是益咏歌太宗皇帝之澤矣。

山東鄉試録序

皇帝御極之五年，三比士於鄉。山東則命遴臣文然以禮科給事中，偕兵部員外郎臣仲熊往典試事。密綸晨拜，脂轄夕馳，至則鎖闈，三試之，得士九十人，録文以獻。臣例颺言簡端，因宣揚我皇上德意，進多士而迪之，曰：齊魯之於文學，其天性然也。又曲阜之遺風在焉。今者萑苻未靖，荆蓁蔽野，而弦歌之聲不衰。聖天子亦登賢遂良是亟，不以文教後武功。且是歲也，八閩、東粤肇舉賓興，兩浙、三楚再蒙籲俊。至爾齊魯士則歌鹿鳴者三矣。可不謂上意誠寬仁厚至哉！

然今年春，輔臣以正文體，端士習，請部覆可行，蓋凛凛以黜浮夸，敦醇樸爲首務，而臣等畏此簡書〔一〕，勵公矢慎，寧汰毋收，寧核毋濫。其於多士抑何謹嚴已甚也。嗟乎！寬大者，朝廷之恩也；謹嚴者，臣子之職也。上以寬待士，而臣等不克嚴以自待，并嚴以待士，使夜光碔砆雜然并進，至他日隕越，爲制科羞。於戲！是豈制科立法之咎哉！夫敷奏以言，自虞廷已然矣。周書曰：『政貴有恒，辭尚體要。』易曰：『吉人之辭寡，躁人之辭多。』記曰：

『其敬心感者，其聲直以廉；其愛心感者，其聲和以柔。』故言發於心而形於文，和順積中而英華發外，不可誣也。且漢魏辟舉，或失則僞。隋唐詩賦，或失則浮。至若本經術以立體，策時務以資用，論尚疏通，表源風雅，蓋人文化成之道備矣。况爾齊魯之士出乎其性者哉！今勉爾多士，毋易爾言，毋變爾塞，毋罔念民恤，以封殖於爾家。毋静言而庸違，毋務清其文而濁其質，以浮慕標舉爲名高，使人知臣等之嚴待爾齊魯士，而齊魯士之嚴以自待者若此。然後我皇上益始終以寬大待士，必將泳育長養，以需其成。馮翼忱恂，以盡其用。厲廉耻，優禮遇，以作其氣。旁搜廣采，以求致天下之無窮。庶幾聖朝文治之隆，其寬嚴交相翊以有成也，而科目亦得以永之歷年而勿替，豈惟齊魯士嘉賴之哉！

校記：〔一〕『臣等』，清廣仁堂刻本虚直軒文集作『主司』，後同。

張服公橋門試牘序

癸未歲，予得從晋白子東谷游，已亟稱其鄉張洎水服公云，既而曰：『吾甥也，抑吾畏友也。』予固心識之。丙戌冬予復來，匏繫燕邸，去洎水寓，不數武而遥。左青壇，右木干。每相過飲酒徵詩，角逐諧戲爲娱樂，而予獨過洎水尤數，燈檠棋局，至丙夜不能自休。酒闌人靜，星月在天。策一款段歸，馬蹄蹴霜雪，濺濺有聲。寒風栗烈，舉袖障面以爲常。然服公恒掩關謝客，即予亦不得數數見，詢之，圖史一床，凝塵滿席，湛如而已。予以是益心儀服公。

服公一日忽過予，手橋門試牘而謂予曰：『子爲我序之，且示不敢忘兩先生之教也。』兩先生者誰？司成行塢薛先生暨予年友羅篁庵也。嗟乎！以予之浮沉拓落，應爲世所擯斥吐弃，而洎水獨辱與之游。服公玄晏，不以乞長安顯貴人而乞余，以服公之才，不使之獻玉杯，射策金馬門，乙酉之役復幾得而佹失之。至徒令其梓試牘以問世，以兩先生爲之師，最號知人能得士，而又皆抑抑罷斥以去，是皆可悲也。予既不能已於言，復進服公曰：『子往矣！』自此出井陘，上太行，眺白登，徘徊河汾澤潞間，懷古攬勝，舉鶴觴羊膏而賦之，弃博士藝而從事于不朽之盛業，毋令三張獨擅美談。若夫異日者，待詔公車，較書天禄，則服公饒爲之，豈予所望哉！

東谷有令子、兄子皆下第歸，亦三晋名下士，於服公外兄弟行也。其亦以吾語語之。

鄧夫人白湖寨序

兵事蓋難言之哉！奇男子且然，無論閨閣中人矣。木蘭從軍流爲美談，然其金柝鐵衣，束韉市轡，與一校等耳。荀氏女玉顔雪戟，拔其父於萬鏑之中，搴旗摩壘而還，以方男子則騎將，非大將也。陸家姑縫織軍中，梁夫人織簿爲屋，躬執桴鼓，然因人成也，烏能獨立一軍哉！乃若建軍府，授方略，馘渠魁，龍變虎蹲，電奔星運，恢恢乎稱大將才者，古之所難，今於是乎在！余與黄公玉耳稱昆弟交，因得讀史先生次其鄧夫人功狀，及前輩張先生守白湖寨記，蓋重有敬焉，蓋重有感焉〔一〕。

白湖非有星崖劍壁、懸磴飛棧之險，士非有羽林射聲之鋭，器非有墨陽谿子少府之利，塹培塿而城之，裂繒梟而幟之，淬耰鋤而戟鍛之，取我田舍子而卒伍之。其戰不可禦，取我婦人而丁男之。其守不可攻，蓋賊三至輒創去，至乃斬其渠而奪之氣。然則，今天下之天險士鋭器利，豈無小逾於白湖者耶？嗟乎！自流氛四掠，名城隳，雄郡潰，將星殞，師徒北，幾何年矣，而白湖巋然若靈光如故也。然則，今天下男子安在耶？豈真末世天地，雄杰瑰琦之氣，不鍾於我輩男子，而偏在閨閣中否耶！賊渠左金玉殪於白湖之下，蓼之人有被俘而返者，稱賊黨震動，咸嘖嘖知有鄧夫人云，而當時不聞殊旌懋賞，如洗夫人錦蓋錫封故事，則豈戰伐功格昧於輦上諸君子，而顧明於揭竿斬木中人耶！抑豈擒渠破賊自男子事，夫人不應越澼絖醢醴而代之耶！嗟乎！天下事尚何言哉，尚何言哉！乃夫人自足以不朽矣。渭原以娘子名其軍，襄陽以夫人名其城。吾又安知易世而下，兹寨之不復以白湖名耶？玉耳雅歌散帙，有儒將風，至其手一玉辟邪，進百萬熊虎而麾之，介馬無聲，萬衆如一，間一過白湖，夫人嚴部伍，束櫜鞬以迎，旌旗相望，隱若一敵國然。蓋門以内有兩大將軍哉！夫秉彤管摭奇軼，以傳之永永者，亦史氏職也。是爲序。

校記：〔一〕『蓋』，清廣仁堂刻本虚直軒文集作『抑』。

贈黃總戎序

黃公玉耳鎮皖未及期，皖人士德公無斁，作歌詩以頌之，而屬序于予。予遁荒戢影，自分丘壑，幾欲焚筆硯者數矣，是何能效一言。雖然，爲公故，爲吾皖故，亦何能已于言！

憶予客冬入郡，時值公自英、霍撫諸寨至。而先是江南馳檄來，以將軍二，將步騎萬，剿江北諸寨之不受命者，道經皖，歷英、霍，抵豫、楚而去。郡民日夕驚，有他徙者。余時馳書公及撫軍李公，爲殘疆孑遺請命，公疾謁撫軍公，飛檄以事定報聞，兵得中寢。予因感激，謂公真有古儒將風，非僅欲以兵事顯者，遂以兄事公，僑札之分，自此始也。

蓋吾皖苦兵事者十餘年，而始得公。予嘗謂公言：古之爲將者，貴以功名終。今之爲將者，功非其功，名非其名，則貴乎無功無名。無功，功之盛也；無名，名之歸也。兵家者流，其書莫盛于孫、吴、司馬，而其道莫深于猶龍氏。猶龍氏之言曰：佳兵者，不祥之器。偏將軍居左，上將軍居右。蓋孫、吴、司馬能用其所用，而老氏能用其所不用。戰勝以喪禮處之。於戲！知此者，可與言兵，可以語大將矣。

吾皖城自潰卒之變，青磷白骨瓦礫間之，不啻巷無居人矣。公至即瘞露骸，扶創夷，首以計擒叛渠戮之。遺民臠食其肉殆盡，歡聲動戟門，或泣十行下，皆曰：『微我公，無以瞑吾亡者！』公又謂：『亡者已矣，如未亡者，何顧槖中金幾何，趣具舟峙糧，溯流而上，合鏡還珠。豈惟一姓，皖民忘亡矣。』則又曰：『微我公，奚以慰吾未亡者。』公治軍整而暇，嚴而不煩。冬若挾纊，夏若負霜，以其暇散帙投壺，凝塵滿席，湛如也。又以其暇治保甲之令，申禁諭之書，其言約而達，巽而入，罕譬而喻。鄉三老又咸扶杖而觀曰：『此將毋非我總閫黄公耶！胡若終日與吾田舍父老游者耶！』公又以偏師撫英、霍，入商、羅，歷光、固，斸冰踐雪于深菁峭寨之中，所至披心析肝，慰諭其豪長而去。凡出師二十有餘日，歷地千有餘里，得寨千四百有奇，往無頓刃，返無遺鏃。吾皖及舒、廬之間，舊不逞者實繁有徒，青履爲識，探丸數邑間，前撫軍張公縛斬其渠以狥，後遺孽復逞，公廉得其狀，即密擒一二人置之法，餘悉縱舍無所問，仍焚其書不視，曰：『令反側，子自安耳。』蓋公之不欲黷兵究武者若此。倘所謂老氏之善藏其用者非邪？嗟乎！使公不務德是滋而惟功名之樹，則山寨千里，其鹵獲當以萬計，朝報聞而如斗之印夕下矣。又或有蠢爾奸宄易種新邑，必欲草薙而禽獮之。語曰：『火逸昆崗，蘭艾并盡。』能保吾皖之不一夕爲歷陽湖耶！此其功當益高，其賞益懋，而公終不以彼易此者，何也？公嘗自言：『吾受先朝厚恩不能死，今復幸不以俘臣釁鼓，而俾莅戎行，吾何知有兵，吾知以吾餘生廣生生，冀萬一報塞朝廷耳。』其招諭江南湖民書累千百言，皆本此意而推廣之。嗟乎！此可以知公矣。

公用兵本老氏，而又深通浮屠家言，飯一盂，蔬一盤，幕府壁立，敝褐蕭然，人莫測其際。予嘗見自古天下多故，其隱君子，或隱于卜筮，或隱于釣灌，隱于疾，隱于酒，隱于吏，至矣；而公獨隱于枹鼓鐃吹之間，牙旗鈴閣之内，蓋有道而以兵隱者也。尚何稱梅尉、東方生哉！漆園有言：魚相忘于江湖，人相忘于道術。吾願公日取軍若民而拊循之，而無變其塞，使民忘兵，兵忘偏裨，偏裨忘大將，大將忘功名，使吾皖如畏壘焉。視吾公如姑射之神人焉，則吾之所以祝公者，至矣。即吾皖之所以望公者，盡矣。至若軍騎電發，露布星馳，議賞雲臺之下，策勛畫閣之間，則公優爲之。然吾知非公意也，則亦非吾所以頌公意也。

送蕭侍御南還序

予不敏，浮沉言路者二十餘年，殆將以是官老矣。再荷聖恩承乏垣中，才盡識鈍氣衰，不能復縱論天下事。又病廢久，耽静惡勞，退食輒下簾却坐，一切謝絶。又不能從諸公卿賢豪長者游，自視欿然，無足比數，固其所也。乃蕭侍御先生獨不鄙而辱與予游，間或近郊古寺，蔬茗竟日。區畫一二救人利物事，慮殫而法詳。予固心儀公爲仁人長者，念得與公交，私心竊自喜。既又讀先生前後諸奏議，才弘識周氣振，恢恢乎帝臣王佐之間哉！予又不獨自喜，而爲聖天子得人喜，爲天下喜也。既而年例届期，御史臺備列名以請，上特簡公内陞，予深喜天子知人之哲，又喜公之爲天子知也。乃未幾而公來告别曰：『將歸矣！』予聞之悵然，不樂者累日。蓋予既以病且衰將乞歸，公雖暫歸，而前此内陞臺諫待次者，且數十人，公其殿也。然則，公之再入京邸，及予之再得侍公者，皆未知是何年事，屈指茫然，感慨係之矣。夫天之難生者才，而才之易往者年。嗟乎！豈獨朋友之間哉！

今士大夫能進身卿貳者，自詞臣外，則臺諫内陞一途耳。自博一科第，謁選一令，即以數年計，自令而黜者十之九，陟者十之一，陟而臺省者又百之一也，亦以十數年計。洊歷臺省又或十數年數年不等，然後拔其尤而内陞之，其久且難若此，而其年亦約略可紀矣。況乎其自此以往者哉！夫天下之事，才以行之，識以明之，而氣以勝之。氣衰則識不能入，而才不能出。往往輕其事而重其官，豈曰皆然，蓋有之矣。故用兵者，作其氣而不使竭。用人者，及其氣而不使衰，其道一也。易曰：『窮則變，變則通，通則久。』有斯世斯人之責者，可不曰如之何，如之何哉！

公今年甚壯，望亦甚重。一日天子宣室念舊，馳召公而大用之，例何足以畫公，然予於公之行也，聊書以爲贈，以見予於賢友之别而喜與悵，且不能自已若此。庶幾秉鈞用人以佐我后，得人之治者，深念而熟計焉。予病且衰，計當乞歸卧田間，一旦聞公荷柄，用以名御史，爲名卿相，天下咸稱願然，曰天子知人善任使。然雖老矣，猶能爲聖主頌之！

張太翁八十壽序

張太翁壽八秩矣，實爲今天子改元之春正月。語曰：人情莫不欲壽。三王生之而不傷也。故三代之隆，世稱仁壽，非以其和氣迓休，民罕夭扎，又且養老有典，優之以禮，崇之以逸，故黄馘兒齒者相望耶！雖然，八十者，于其時亦罕矣。故曰八十拜君命一坐再至。又曰八十曰耄，非謂其筋力智慮衰耶，是以食則常珍，于朝則杖。夫使古之時，八十者誠易遘也。古之人所以優而崇之者，宜不若是渥矣。

今天子御極之初，優詔養老，命七十以上者，有司以次報聞，俟幸學有期，徵以蒲輪就見，如三老五更儀。其不勝舞蹈者，命子孫扶掖謝恩。嗟呼！禮亦隆矣。雖然，明詔自七十以上誠謂此，八十者未易遘也。即有之，未必其躬夙有令聞也；即有之，未必其子若姓皆烜奕遹駿，且鵲起有聲也；即有之，未必其筋力智慮不少衰減于昔也。今既遘今昔之未易遘者矣，而且令聞愉愉焉，而子若姓繩繩焉，而顔丹焉，而履和焉。若張太翁者，古之人宜若何而優禮焉，今之世又若何而優禮焉。嗟呼！不其盛哉，不其盛哉！

太翁才氣卓犖，聲施于鄉。既少試爲政，又碣轟以政最稱。既拂衣林壑，放浪于六橋山水之間，每花之晨，月之夕，木末烟嵐，蔣山朝爽。飲牛渚之練光，眄中峰之晚黛。謝屐周游，申之觴咏。若乃登高眺遠，則目數雁行；陟險探奇，則足窮猿穴；華筵列豆，竟日銜杯；錦席當歌，猶能顧曲；食無祝噎，步不資筇。雖新息之據鞍，榮期之披裘，何以尚之覽揆之辰。長公方以名御史晋冏卿，緋衣結綬，鍋玉而趨。諸子若含飴而弄者十餘人。班彩紛員，霞披錦爛。拜舞之餘，以次上壽，公猶能爲人舉一觴，噫，盛矣！昔陸賈乘安車駟馬，從歌鼓瑟，侍者十人，寶劍百金，過其五子家，敕其數擊鮮，每極飲十日而更，可謂善于怡老矣。然史不紀其年，又不聞其五子中之有名位勛伐者，未知其得與太翁等否也。乃若萬石君質行孝謹，貂璫盈側，至令天子下詔，以爲人臣尊寵舉集其門，可謂盛矣。而史亦不著其年，第云建老白首，萬石君尚無恙，則其年或亦能與太翁等，而又未知其顔丹履和，食無祝噎，步不需筇者，果能與太翁等否也。太史公曰：人能弘道，毋如命何？一之實難，兼之已甚。若太翁之壽，又當今天子改元之初，其不謂之爲矞雲、爲景星、爲白虎、爲赤麟，以爲興朝之人瑞者，誰邪？

異日者，聖天子親幸辟雍，以蒲輪迎太翁至，命惇史而乞言焉。公其以晁大夫三王仁壽之説進，自壽壽世，祉且無疆，而詔所謂扶掖謝恩者，則又緋衣紫綬，鋗玉珮而趨者也。又且繩繩蟄蟄者，十有餘人也，而况翁之顔丹履和，舞蹈便捷，更無煩扶掖者爲也，則天子之旌異其門者，宜何若矣。乃余則又聞冏卿公家世孝謹，每洗沐過子舍，中裙厠牏，親自浣洒，有石氏諸子風，則太翁之壽而健而愉，蓋有所繇來矣。噫嘻，備矣！夫宣揚懿徽以昭聖天子崇老之義者，亦史氏責也。是爲序。

壽年執上官賓吾先生序

予年友上官三立，以紫微舍人居京邸，小有園亭竹樹之勝，距予寓不里許。時過從飲酒，及同籍六七兄弟狂呼，徵逐甚歡也。居亡何，三立急請假歸覲，省其兩大人。於晋時，其秦中所得士畢集公車，將乞一言以致青門之贈，三立則預戒謁者，毋得以卮言祖我，固以請則固以辭，於是門下士咸逡巡敞罔，遷延而辭避，既則聚曹而語曰：『無已有吾師之大人賓翁在。』蓋翁以是年夏孟舉七十有一觴云，因謂不佞然少嫺於辭，且爲年家子，宜有以效頌禱者，强委簡焉。然誼不敢辭，則竊謂天人之相與微矣，或于其身，或于其世；或厄之於數十年之久，扃而靳之若吝也；或賚之於數年之間，浥而注之若寄也；或順而嗇，或逆而豐。此豈有期會約契縢鑰哉！而卒令人之始疑者信，惋者忭，屈者伸。其示世也，朝暮而三四之不厭幻；其報施也，銖累而分較之不厭勞。歷古今若晝一者，抑又何也！

翁少爲晋諸生，則爲名諸生，祭酒菽苑者數十年，然每試輒罷去。己卯之歲，六十有奇矣。翁恒循其髮而咄咄曰：『天其尚欲平津侯我乎？抑李將軍我也？我束髮而狎主，晋盟逐北，亡所引却，今奈何且種種矣。』已則又撫諸丈夫子而言曰：『我固志在千里乎？猶有駒而汗血者，在其代我馭天閑，稱上駟哉！』而仲子果以是歲舉於鄉，又三年，叔子亦繼舉於鄉，以成進士。予遂得以父執事翁矣。又三年，爲公七十覽揆之辰，則仲子以是月肄政長安邸中，同叔子拜書翁前，謂不獲拳講曲跽，手一卮上大人壽，而翁則益浮巨斝謂：『而曹觴予口，孰與觴予心之爲愉快者！以餘瀝賜長公，汝當長侍老人耳。』乃是年冬，長公亦繼二子鳴矣。嗟呼！自己卯距今九年耳，公齒歲以增，則閥閱歲以盛，奏凱之書與介眉之觶，相待而舉，相得而章。丹轂交馳，朱紫輝映。喬木蓊蔚，槐陰森然。而翁且髮益而鬒，顴益而頳，頤益而豐，或以爲更少於六十時，視平津侯應賢良待詔金馬門，言辭容貌甚偉，動天子觀聽，吾知其不以此而易彼也。翁居晋之河汾，文中子之所設臯比也。杖策而登藐姑射之山，神人之所栖集也。翁冰雪綽約，邈若神仙，固亡論其落拓隱佚，以布衣老，有類文中者。而令嗣奕奕，視勣、勃輩，不啻超乘而上之。其仲叔氏輔試於豫，主試于秦，咸號稱知人能得士。異時必有如杜、薛、董、李，蔚爲國禎者，使世復誦河汾之學，不於其身而於其子。天之報施我翁，度越王氏遠矣。

三立今且歸侍翁，浣中裙，酌大斗，舉襄陵鶴觴而羞之。予于三立去，惘悵累日，不能如吉甫之餞仲山，致清風之頌焉，惟是從諸君請，以不腆之辭，進三立其入侑翁觴，出而語諸昆弟爲道燕市竹林之游，余其一也。

張齡若五十壽序

歲在癸卯孟秋之三日，我友張齡若先生稱五十矣。予不佞，率兒子塈等竊效一言之祝侑先生觴，先生固以辭，則固以請，先生復固以辭。予乃顧謂兒子輩，先生即峻拒我，然我亦安能終已于一言哉！

憶溯此以往者二十有三年，歲在辛巳，先生實始來辱臨我長干之賓塾，長子塈從受書焉。時予猶傫然諸生也。又三年甲申，予初宦京邸，遭國變，南北阻絶，家之人不獲知予存亡狀，而仲子堂以是秋八月始即兄塈、塾拜先生師之。又二年丙戌春，叔子堅復從二兄後，拜先生于會宫之莊舍。時予初自長干歸里，旋應徵北上，寄家荒村中，值歲大饑，貧不能自給，晨炊有迨日餔者，先生顧枵腹授徒自如，或更乞隣周之。予有憶昔詩，其一曰：『遠游托子賴師賢，仲友交情窮益堅。冒雨乞糧過屢渡，逼冬逋俸動移年。』蓋念之也。嗟乎！予又安能已于一言哉！

嗣予授京秩，家累移入城。先生兼課我三子及長女于天尺樓下。旋以之入京師，設帷邸中，次女復受書焉。癸巳予讀禮歸，旋乞疾里居，即居之左偏構書室五間，曰雁軒，謂兒子輩兄弟讀書處也，亦小有梧竹花石之屬，或暑旦納凉，或月宵布榼，予輒請齡若歌新詩一二章，倚柱巡檐而和之。塈、堂、堅等漸先生教且久，稍知讀詩若古文辭，間唱酬辨難，佐父師笑樂，而季子基、幼子塾復以次先後及先生門，迄今誨之不倦也。蓋距予歸里之年，凡再癸朝夕起居，冉冉無間，不覺遂爲先生稱五十觴矣。予少於先生六歲，回憶長干里布毡賓塾時，猶信宿事耳。而今者鬚鬢亦且斑然矣。嗟乎！予又安能已于一言哉！

予五子二女無二師，賓無二主，主無二賓。二十餘年交如一日。寧惟吾桐載籍以來未之或有也。師道至今日難言之矣。師視其弟子若塗人，視其塾若傳舍，弟子亦數更其師若舉棋。嗟乎！聞先生之風，其亦可以興矣。予竊謂齡若，蓋庶幾有道而隱於教授者。不然，以齡若賢而多能，於書鮮所不窺。予嘗見其手抄至二三千餘紙，望之嶷然，展之肅然，婉麗秀折可喜。詩與年進，五七言律尤妙絶一時，書畫下筆合古法。嗟乎！有才如此。而豈肯終爲一家一塾之師哉！古之以教授隱者，或誦開門成市，或稱大黌小黌。齡若并其名而遁之，蓋穆乎深遠矣。若此者，里之人莫齡若知，即兒子輩亦不能深知而師者，其知齡若者，我也。嗟乎！齡若亦安能令予已于一言哉！先生其毋終拒我，而爲我及其門下士舉一觴！

鏡善彙編序

里門諸友奉太上感應經者甚衆，醵金授梓，并梓功過格立命説，而然以病卧山中，夏窗小暇，因拈格中舊案，作數語綴之。凡六門四十餘則，兼益以心經、準提咒像、清静經及蓮池師戒殺放生文，致書金陵洪子賡虞董其事。賡虞善信士也，爲其母孺人許金剛般若經并唐宜之先生金剛因果遂同梓焉。而益以藥師經、彌陀經、普門品梓潼經、寶號救劫章、戒諭文、真武戒文、爲將好生戒殺文、嘯聚報略、雙生同異録若干卷。然惟言大乘者，四大五藴，根塵界入，一切皆空。言感應者，仙真神鬼、灾祥因果，一切皆實。其説若不能以相通，而奉之者亦各持其説而互相訾，故向無合梓，合之自是刻始也。願世之奉斯編者，或攬玄圃之積玉，或探滄海之一珠，或手持口誦，更窮百尺竿頭，或神解心通，如過萬花叢裏，果其凈裸裸赤，灑灑自然，一切皆空。若能晝勉勉，夕惺惺，何妨一切皆實。雖知一切實，而精進利濟喜捨無所希望。雖知一切空，而福德禪定，智慧不住，無爲益廣流通，共堅信受。應機接物，使草木之皆兵；正令全提，識金玉之成翳。庶啓寶山之筦鑰，永作苦海之津梁矣。

邑侯石二孺詩序

邑侯石二孺先生將去桐，桐之人咸爲歌詩以祖之，蓋南人所爲賦甘棠也。乃侯復自哀其詩若干首，將授梓氏，而命序於予。予久以病嚴，詩若文戒，固以辭，不獲命，因受而讀之。竊嘆昔人之論詩者，曰詩必窮而後工，又曰一行作吏，此事便廢。然則，岩栖蠖伏，巾車草屨，侶鹿豕而賓猿鶴，放浪乎山砠水湄之間，宜乎爲詩者也。曉起坐堂皇，胥史抱牘進，山積絲棼，以次受判決，臺郡檄雨下，治文書至丙夜不能寐。有急請，或秣馬蓐食而馳。軍賓狎至，則皆飭傳舍，具芻粻，負韉矢先驅，不遑啓處。若此者，宜乎不爲詩者也。乃予顧經年不能得一詩，侯顧力爲詩復多，且旨如此。然則二者之説，然耶，否耶？吴季重令朝歌，號稱繁劇，而文采委曲，有春榮清風之譽。謝宣城、沈東陽咸以詩鳴於治所。由此觀之，文章吏事，豈相妨害哉！

侯治桐，廉正敏斷，負賢能聲，而邑邑不伸志以去。其詩清亮振拔，有古風。復值西河之戚，撫節悼往，多羽徵之音，蓋愴其傷焉。則雖謂侯之詩以窮而益工，其亦可也。關中故多偉男子，秦風激揚慷慨爲天下壯。予向與叔則李、稚恭張轟飲邗上，醉後連紙丈餘，更韵迭唱，風雨相屬。今幾年耳，而予遂支離困憊如衰老人，不復知比興作何語，亦無詩若文在几上者，雖辱知如我侯，亦復不能手一卮，侍南樓佐唱酬之末。屺瞻李、杜若杜、豹人孫諸子，先後過龍眠，皆以山居方外，不獲見其人，誦其詩，無由如向者憑軾屬鞬，以當車軨騆鐵之盛。嗟乎！病之窮人乃如此。雖然，侯有序不以乞當路貴顯人，而以命病廢如予者，予於侯之在治也，不敢歲時請謁以勤館人，亦不敢以薄號溷記室。今於侯之去，顧獨毀戒，爲文以贈侯，亦或者皆有古人之道，庶幾相與以有成也。是爲效一言。

送王石仲訓導上元序

里門王石仲先生篤行君子也。居於里以教授爲務，其訓弟子不專以文蓺，時取古人嘉言懿行反復誘掖之至，竭盡底藴乃已。居則坐木榻，衣冠儼然，安視徐步，舉止皆可法，良師也。嗟乎！師道之難言久矣。古者易子而教。又曰：作之君，作之師，以君之尊，以父之親，乃有不能得之于其臣若子者，而以屬之師。蓋其難哉！上而國學兩司成督學使者，及廣文先生與庠塾師，其義一也。嗟乎！弗思耳矣。

予少事潤甫王先生，間嬉，弗率教，王先生起抶之，抵几於地，氣結頰赤，或至減匕箸，竟其日無愉容。蓋痛之也切，故怒之也深。此與嚴父之視子又何間焉。石仲於王先生若稍和，而其視弟子猶子，才不才，憂喜共之，庶幾知師道者。嗟乎！今世師弟相與之間，何漠如也。其弟子以偶輩視其師，其師以他人子視其弟子，以傳舍視其塾，營營焉，別有其意之所在。弟子而才曰可矣，而不才曰嘻，予甚矣憊。揚揚焉，褰裳而去之。嗟乎！何弗思之甚也。若石仲先生者，可以風矣。

石仲既以司鐸得上元，將梓其語録以行世，予受而讀之，其意一于誨人勤勤懇懇可念，蓋始終以師道自任者。嗟乎，君子哉！

姚端恪公文集卷之十四

祭曹秋岳冏卿王母文

嗚呼！太夫人而竟奄然長逝耶！猶憶往者，壬午冏卿公以名御史直聲藉甚，震慴公卿間。語次詢及兩尊人及王母太夫人皆亡恙，含飴而弄者，且見其鋗玉而趨，惠文簪筆，爲天子近臣，何其盛也。予輩時甚艷之以爲寵。

既逆賊滔天，神京淪陷。公時握節不屈，呼搶三木之下，氣垂絶者屢矣。但謂魂魄有知，當先謁鼎湖，次歸首丘，一拜太夫人，夢寐間先侍于蒿里耳。予輩時各以蒙難，不相覿，然聞是語也，甚悲。幸王師入城，出公于刀俎鼎鑊之中，仍以故官督畿輔學政，公故盛年，負當世名，士登其門者，咸比之李司隸、狄中丞云。然公每與予輩從容密坐，未嘗不涕泣沾襟也。謂某不孝，蒙恩承乏，惟觸藩覆餗是懼。越山峨峨，先人之松楸在焉，不克一執鏄銍，剪刈宿草。又不克侍兩大人，後板輿輕軒承王母太夫人歡。太夫人春秋高，又不克馳驛，使問旦夕加餐狀，萬一溘焉朝露，不佞即有靦面目，亦何以對李令伯表也。時南北兵構，音問阻絕，故公云予輩時慰勞公甚苦，然私心竊憂之，謂長江號天塹，公家又在明聖湖以南，距京師三千而遥，公與太夫人相見豈旦夕事邪！居亡何，東南以凱奏聞，而公翁若母夫人鼓吹樓船，儼然侍太夫人至矣。公時亦以學事復命晋今官，一見太夫人泣十行下，疑昔所謂夢寐間者甚悲。已而奉萬年之觴，融融如也。又大喜謂初願不及是，予輩則亦奉牛酒爲太夫人壽。又以太夫人倦于扶掖，不克成升堂禮，然間一過冏卿公子舍，則神完而氣揚，顔懌而貌澤，即太夫人起居可知矣。

嗟呼！人生百年間，離合聚散之故，摧心隕涕，感慨係之，而況其在生死鼎革之後者邪！故予輩更艷之倍于壬午時，而豈意太夫人以不樂京師風土，返棹津門，遂真奄然而長游耶。予輩念無以如昔慰勞公者，唯是徵太夫人之孅德軼行，以備彤管，且致哀焉。公則又靳弗予曰：『婦德不外遵太夫人之志也，故止爲述其悲愉之迹若此。』於戲！于今三年，白雲在天，高岸爲谷。人世庭闈骨肉之事，不克如太夫人之于公者，又何可勝數也。太夫人其以某等爲與分公之悲愉者而歆之耶？抑以謂言之不文而吐之也。嗚呼，哀哉！

祭王鐵山廷尉趙夫人文

嗚呼哀哉！參軍傷逝，黄門悼亡。靈丘既扃，遺挂在堂。或云情至，非伊德將。爰偕爰處，璇閨曲房。豈若夫人，繼相廷尉。休戚死生，二十餘祀。有翁皤然，夫人所侍。潔髓滫觴，晨羞夕饋。有駒煢然，夫人所字。逝者容與，生者况瘁。粢簋斯陳，几筵斯肆。爰佐夫子，以睦兄弟。廷尉歸田，甓社湖邊。青衫黄綬，鳳翥鴻騫。夫人貳之，釀秫擊鮮。冀饁有秩，梁案維虔。廷尉起家，膺北門寄。以大中丞，撫齊督薊。刁斗風驚，羽書雲至。邊地苦寒，冰霜夏墜。鳥羽不張，馬毛如蝟。夫人罹署，中丞按轡。鐵騆宵馳，鈐閤晝閉。間歸休沐，雪涕相視。南歸未期，浮家海外。驟颶飄飄，洪波澎湃。蛟蚪夜門，鯨鯢曉邁。吞舟而嘻，曾不芥蒂。夫人忡忡，莫知所届。布帆亡恙，廷尉北征。拜表在衿，單騎從營。夫人不可，以笲輿行。蘆管凄切，介馬悲鳴。力疾乘軒，爰戾京邸。公授今官，夫人疆起。詢醫或云，勿藥有喜。如何彌留，遽返蒿里。嗚呼哀哉！玉岑鸞逝，秦嶺鳳飛。銀潢改色，婺女韜輝。西河蒲絶，東海芝稀。蘭膏猶馥，薤露先晞。嗚呼哀哉！列女煌煌，中壘所纂。歷萬憶年，誰修誰短？酌彼椒漿，酹兹玉碗。一日素車，千春彤管。嗚呼哀哉！尚饗！

祭劉太師母文

嗚呼！以我太母之懿行炳爍，内則淑嫻，中壘不足揚其徽，彤管不足罄其美。方期罔陵日增，永膺純嘏，而遽乘雲以翔帝鄉耶！以我夫子之爲世羽儀，爲國梁棟，方期太母黄髮兒齒，俾我夫子入而侍太母于家，出而弼聖天子於朝。岱宗之雲不崇朝而雨薄海，而小子然亦得以藉蔭于豫章千尋之下，伏枕偃息無虩虩憂，乃豈意太母遂弃我夫子，致使當宁亦暫失我夫子耶。嗚呼痛哉！

憶昔小子然留戀京邸，請急稽遲，致不能一訣先孺人于簀前，摧肝裂胸，不齒人數。我夫子俯賜奠唁，慰諭倍至，戒以溽暑節哀，爲親惜身。至今思之，泪浪浪不禁也。復幾何時，而更以自痛者代我夫子痛耶！小子然自去年引乞以來，病卧于龍眠之麓，不能見一人，人亦無過而問者，荒僻幽閑，滅絶聞見。夏五月，長兄文烈北歸，詢及夫子近履，始聞太母訃音也。遠道既不獲撫輀一慟，病軀又不能素車白馬，奉鷄絮獻靈几前，我夫子悲怛哀號，亦不能跽左右，效一二勸慰語。小子然之罪，其可擢髮數耶！嗚呼痛哉！

江南土脉疏惡，掘地往往得泉。小子然爲先孺人丘首計，屢遷而更卜，今尚未知所税駕也。日者，陳兵憲過里門，辱顧小子然於呻吟病榻之間，爲言我夫子已爲太母得佳城。形家者流交口誦贊如一。騶從威儀極一時之盛，會葬者以千百人，衢不容軌，道無停駟，生榮死哀，今古罕覯。太母其亦可以驂鸞服虬而含粲於玉京耶！

嗚呼！太母其德備矣，其嘏萃矣。生有自來，婺女降矣。逝有自往，瑶池御矣。海内人士及宫墻小子唯禱于太母，佑我夫子節痛抑情，毋損七箸，自愛即吉。有日秉國鈞，握斗柄，金甌覆，卜鸞誥，叠申用，光寵太母于未艾，小子然復何敢以無已之悲，重增吾夫子哀，以戚我太母九京之靈耶！嗚呼哀哉！

小子然自草上以後，繼之沉疢，支離轉側形具而已。唯冥心三車之教，栖神内景之經，蛛綱書籤，蠹閑緗帙，其何敢致一言之誄於太母，且拜草泪墮，觸緒悲來，情邑邑而如塞，辭逼逼而莫申，太母其亦鑒其誠而恕其不能文耶！椒漿遥酹，百拜將之。太母有靈，庶其歆之。嗚呼哀哉！尚饗！

祭劉元功夫子文

嗚呼！我夫子遂弃小子然而長逝耶！憶己酉之夏，夫子以白首郎除分巡寧夏僉事，然拜祖天寧寺中，依依不能别。蓋口雖不敢言，私心竊自念吾夫子老矣，所遇數奇，懷抱又甚惡，值此荒邊寒苦之地，起居安否未可知。然亦且老矣，又於垣署俸最深，或内陞需次歸里，或外轉他任，勢不能久索長安米，以待夫子歸，將毋祖道之夕，竟爲永訣之期耶。嗚呼哀哉！今果然矣。嗚呼哀哉！

夫子卒於官署，署内蕭然，幸梓戚今蜀撫羅公時爲秦藩及同事總戎桑公特爲經紀其喪。又不能以其喪遄歸，蓋夫子卒於庚戌之八月，而喪至於壬子之又七月先一日，世兄遣价以音來，然聞之狂喜跳躍，忘其哀也。至次日匍匐郊外道左，風沙凄黯，敝蓋飄飖，痛哉！我夫子至矣至矣！嗚呼痛哉！然以癸未成進士，得出夫子門，旋遇甲申之變，夫子義不爲賊屈，賊縛拷置營中，名曰徵餉。然一日短衣東竄，遇夫子於道，數賊挾刃夾之，不敢問訊，以目而已。然自此遁迹南歸，深愧不能冒死一省視夫子於戈槊桎梏之中，輒嘆古弟子之於先生者，豈其然哉！至今以爲恨。

興朝舉逸，然丁亥入都，以庶吉士蒙恩改授，得侍夫子於垣中，凡五六年，出入諷議，曉夕步趨，平生追隨之樂無逾於此。夫子性好施予，急然諾，拯危濟困，名譽滿天下，賓客日益進，輻輳雲集，咸嘆爲一時之盛。乃是時故輔溧陽方秉銓政，雅重夫子，夫子顧落落，終年不一往還。其持論又多相枘鑿。然游於夫子之門，其於溧陽爲年家子，又同年生，相善也。彼此不相諱，故一二與聞之。及溧陽獲嚴譴，六垣之長皆被謫，夫子與焉。嗟呼！彼一時也。然適以丁艱去職，反免吏議，而夫子以經年不一往還之人，波累鐫調爲卑散官，坐此一蹪不復振，偃蹇中外十餘年，以旅殯終。嗟呼！豈非天哉！豈非天哉！百世而下，誰爲言之？而誰爲明之者哉？嗚呼哀哉！

人生一世間，委贄而下事親與師其大矣。然少也，不幸早列清華，浪致名譽，矯情苦行，冀以躐顯釣奇於吾母也，不及養而母卒，哭泣而已。於吾父也，名爲侍養者十年，竹里茅齋，菽水而已。士之養親者也，非大夫之養親者也。傷哉！貧也，謂之無養可也。其十餘年間，於吾夫子無毫髮補益，固其所矣。然丙午服闋，再入梧垣，而我夫子老矣。宦益困，賓客益衰。家益落，其喜施予，急然諾如故。室無長物，則稱貸以益之。然亦垂老矣，不敢云能矯情苦行如少時，乃時詘心違，車薪杯水，坐視我夫子之枯槁憔悴。追呼在庭，而不能有所規設，以解夫子憂。夫子之出也，不能爲治裝。夫子之卒也，不能以其喪遄歸，而至於二年之久，傷哉！貧也，尚何言哉！嗚呼哀哉！雖然，夫子之去，思載名宦，讜論載國史，其不朽者在天壤。

公子賢孝，能讀扶風書，阿咸撫軍昆仲竹林誼篤，經理具備。我夫子其亦可輾然一開顔於玉京乎！然老且病，不能爲文，又不敢以其不能文而他乞以滋僞，惟略書其中心之恨恨歉歉者如此，而其不能盡者，仍不能盡也。舉尊一慟，夫子其聽之否耶？嗚呼哀哉！

祭季大年夫子文

嗚呼！我夫子竟溘然而仙逝耶！夫子抱碩德而不獲享其報，負濟世才而不獲展其用，有子若孫才且賢，而不獲見其成立貴顯。嗚呼！奈之何，竟溘然而長逝耶。

夫子以庚辰名進士，筮仕一令，得江南之涇，政成而民和，稱循良第一。壬午鄉較兩臺，遴爲同考，入闈後，分閲諸經，事秘甚，外無得知者。予三場畢，偶夢謁漢壽亭關帝君祠，再拜請示，帝曰：『若問科名事，人間那得知？此去某山某真人居焉，盍往詢之？』遂若有導予行者，至真人所，再拜請示，真人曰：『汝自入闈中視之。』復若有導予行者，遂至一所，導者及門而止，曰：『此閲春秋經房，季某居室也。』予獨入見夫子卧布帳中，案上燈熒熒然，文卷狼藉，内一卷則予卷，與伯兄文烈卷合爲一。予且拜且泣，向帳中叩首曰：『先生其收録我。』忽爾驚寤，榜發，予獲雋，急詢房師爲誰？果吾夫子也。及對卷時，則一場三場乃予卷，二場則伯兄烈卷。蓋伯兄與予經相同，名相似，故彌封時誤入耳。賴應天府尹金公諱蘭改正之。公昔督學上江，試諸生拔予第一者也。嗟呼異哉！予通籍已二十餘年，林居者十有四載。於師門無毫髮報效，而夫子溘然長逝矣。嗚呼痛哉！

壬午歲，予謁吾夫子於涇，涇爲李供奉白游栖地，有水西琴溪、碧山桃花潭諸名勝。夫子視予猶子，公暇時挾之游小奚，捧一小爐，囊一素琴，山水佳處則止，焚香煮茗，彈琴一操，或令予立，進詩一章，紀盛游以爲笑樂。予因此窮游涇邑諸名勝，并得與碧山查氏應琦、文若、相若諸兄弟交。碧山茶製法近於岕，疏通馨逸。查氏歲餉我以爲常，雖至都門亦然。聞夫子訃之次日，碧山新茗亦至，對之不忍啜，因舉一杯遥奠我夫子，聊代椒漿桂糈云。嗚呼痛哉！

予家居時，有小墅在東龍眠，屋八九間，山水藏折，林木蔚然，奉先大夫游息其中。一日忽報吾夫子至，先大夫於夫子爲同年友，喜甚，把手瞠目，以爲自天而降，因盤桓近月，山巔水涘，經丘尋壑，兩老人皆健步登山如夷，越澗如閾。夜則先大夫飲酒，夫子喜自煮山中泉，點茶自飲，并飲先大夫及予并座客，一時父師山水之樂，爲數十年所未有。此壬寅之冬十月也。夫子別去之。次年正月，而先大夫見背矣。予再至竹里桃溪梅谷舊游息處，輒忽忽如狂易人。遂小草再出，計去先大夫弃藐孤之日又七年，而我夫子復弃不才弟子而逝矣。日月幾何，哭吾父，旋哭吾師焉！而予亦垂老矣。追憶昔游，邈若天上。嗚呼痛哉！

予再入都，夫子時時惠手諭見訊，最後鄉姻臨淮令魏君來，又接諭札，小楷完好，非臂力强固，目光澄霽者不能。窃喜謂我夫子不期頤不止矣，而豈意臨淮之札遂爲我夫子獲麟之筆也。嗚呼痛哉！

前月之廿九日，夫子老蒼頭青衣冠來，見之甚喜，出其函『面姚某啓』，非夫子筆也，驚愕不敢問，而心已識之，變色泪下，蒼頭隨泣，曰：『此去年臘月十三日事也。』嗚呼痛哉！

世兄書來致夫子遺命，以晶壺、晶章、犀觥、密墜各一見賜，曰：『口澤存焉爾，手澤存焉爾。』嗚呼痛哉！

夫子壬寅過龍眠，曾賜予斑竹椅六張，予入都適兒輩以此附糧艘載至，列書室中，如見夫子焉，甚喜。今則觸目愴懷，悉成遺愛，十賚斯存，哲人焉往。嗚呼痛哉！

夫子家居貧甚，而性嗜疏泉布石，蒔花植木之屬，園近郭濱河，有亭有樓有臺，古木千章，吟風蔽日。予小子每爲神往，擬歸田後，尚得鳴榔執杖，侍我夫子側，如靖節藍輿故事，而今已矣。嗚呼痛哉！

雖然，夫子宦雖薄而棠愛甚著，身雖遁而名行甚高。子若孫雖未即貴顯，而家德甚修，文譽甚盛，豐城之劍，荆山之玉，所待者時耳，終當策名天衢，顯揚未艾，我夫子復何憾乎！予小子於我夫子病不能視藥餌，殯不能躬含殮。自癸巳迨今，焚筆硯者十有餘年，又不能操觚濡墨，表揚我夫子逸行令譽於後世，僅彈泪爲誄，略述平昔知己之恩，聚散之感，而不能文也。我夫子其亦念其情之哀，憐其辭之陋，輾然一聽之耶！高山峨峨，江流湯湯。辭則有極，我哀靡央。嗚呼哀哉！尚饗！

祭王冰壺少宰文

嗚呼哀哉！君遂弃予而逝耶！君氣充而神健，不聞以善病名。月前朱華蔭過別，始云君今夏有消渴病。予笑謂：『此適然耳。』後聞君微恙小卧。予屢命弟及兒子輩及門往問安否，門者或曰：『瘥矣。』或曰：『未也。』予亦漫應之。且以朝審秋審届期，退食時撿點招册至丙夜，不能自休，始終未一過榻前詢君病狀。至十五日朝審，予與君姻家副憲李公班次相亞，微聞李公价急趨至，云君家有价來，此予不敢復問，而心動，曰噫嘻！王君其死耶，痛哉！審訖，疾驅至君門，而君真死矣。嗚呼哀哉！

君以盛年通才負大名，佐銓政，天下想望其風采，以爲黑頭公輔霖雨天下在指顧間。予自顧老矣，私心竊自喜，謂他年或林居，或丘首，王君年位未艾，吾子若弟當得此君力，而豈意君應哭予者，而反令予哭君耶，嗚呼哀哉！ 君爲少司寇及爲少宰，皆與修二部條例，終日從滿漢諸公後詳考確議，退食之暇，間一過予，亦深論移日。予先後謂君曰：『刃殺人於一時，有限；例殺人於萬世，無窮。』又曰：『筆勾一家哭耳，例勾萬家哭矣。』君喜甚曰：『此夙心也。』值一時同事皆滿漢大賢，持議仁恕，君間效一二，參酌其例之已甚者，皆稍爲更改，漸劑於寬平。故君之卒也，同朝知與不知咸爲流涕，而先後同署諸公哭之尤哀。今冢宰、昔司寇對公與君同事久，聞訃，同滿州兩少宰率其屬而來，哭之甚哀，哀畢曰：『惜哉！惜哉！』蓋爲國惜人也。督捕折公晤予於育嬰堂，亦三嘆曰：『國家失此一人矣。』嗚呼痛哉！

君才達而有守，微涉署事，雖至戚師友不能强内一錢，又遇事有執持其事。予素謹所言，公無不唯唯。有一二親暱相干君，輒婉辭巽謝，既別去，予輒喜，謂兒輩曰：『此君於我若此，其他可知矣。』因深器君，謂真能任重者。庚戌撤闈，即過予告曰：『中卷麟經中式者二，已閲定矣。值後場貼多卷不及額，例應退一，三先生及生覆較，二卷工力悉敵，幾如沈、宋之昆明詩，再閲至生，生見其天爵卷中有「實司陰騭之權」一語，忽動一念曰：「先生每言必及陰騭，此豈天之所以啓予乎？」因曰：「此卷微勝。」三先生亦覆閲而頷之。及折卷，則五河錢生也。彼一卷得毋爲世兄乎？急索稿閱之，曰：「是也，生罪矣，罪矣！」』予笑曰：『此當因錢君陰騭勝耳。雖然，安知非天之所以陰騭吾家耶！因言士子中式結八比緣，正如男婚女嫁耳，乃婚嫁之後有幸焉，有不幸焉，甚有大不幸焉者，如上官桀之娶兒婦，吴起妻父之嫁女，是也。君桃李滿天下，他日當念鄙言。』君悚然曰：『敬當終身誦之不敢忘。』今年君二子皆在雍應試，文采聲名俱藉甚，乃榜發俱被放。予扼腕久之，既而喜曰：『君真能念鄙言矣。』君之廉而執，能以公克私，臨大事有斷類若此。使天假之年，必能爲名宰相，弼聖天子致太平，而年僅逾四十，功名以少宰終，嗟呼痛哉！天之生才實難，既生之矣，而復用之矣，且大用之矣，然不使竟其用。悠悠蒼天，此何心哉！

君於師友誼甚篤。予自癸巳家食十餘年，君歲時音問不絶。同年生如王君樸齋身後，君經理其家，撫其子若弟，視昔有加。安君復旦、唐君濟武先後來京視予，皆主於君家館餐無倦，行必以贐至者如歸。今君一旦捐館舍，計樸齋、復旦且相迓於九原道上，握手道謝如平生，而兩家子弟及濟武及諸同年生聞訃之日，必各爲位以哭。吾不知其滂沱呼頓之何如也。則予之慟，豈僅爲一人之慟耶！嗚呼哀哉！

予之壯也病，今且老，焚筆硯者二十餘年。去年季大年夫子自南豐訃至，寄文而遥哭之，君亦附漿糈焉。今年秋，劉夫子靈輀至自寧夏，予迎拜於郊寺，宵爲文而朝哭焉，君亦捐白金六十以賻。今幾日耳，乃又爲文以哭君耶。蓋二年之間，予爲弟子則哭其師，予忝爲師則又哭其弟子焉，何其悲也。嗚呼哀哉！

君之才用雖未竟，然其名位亦庶幾古之不朽者。有丈夫子二，能讀父書，有聲雍庠間，他時可必成立。又已有男孫三，蓋君之成名早，宦顯早，得子與孫亦早，而其即世亦早。日昃月虧，福鮮全備，命也，哀哉。雖然，君亦可以無憾矣。

予之始見君於濟南也，君年方十九，一榜稱最少。今又二十有四年，而哭君於京邸。蓋君一身之始終，予皆目擊之，而予之老亦可知矣。又安能效無益之悲，以重貽逝者憂耶？予於君過從邸中，亡不深談，獨未一言及生死之學，謂此他年事耳，而豈知其終不獲一言耶。虚空粉碎，石火萬年；成住壞空，無一實相。二十四年之前，予不知有冰壺，四十三年之前，君亦不自知有冰壺。御氣而來，撒手而往。自此以後，予之視君并願君之自視，亦若此而已矣。予一慟之後，無餘哀矣。因書此爲誄，并録一通，向靈座焚之。君其聞而知之耶？見而知之耶？否耶？嗚呼哀哉！

姚端恪公文集卷之十五

祭宋艾石方伯文

嗚呼！君竟捨予而長逝耶。甲寅春，君以粵藩入覲，覲事畢，謁予於京邸，留談竟日。其六子世勛年甫九齡，立椅上，向几作大字如斗，運臂落紙如飛，觀者錯愕，予亦繞案稱奇，相笑樂。然君神氣已衰減，謂予曰：『生將以病請，恐不能再侍皋比，奈何？』予亦老矣，身不能乞休，而喜人乞休，輒極口從臾之。未幾而君果以病得請矣。又豈知歸里未數月，而君竟逝耶！聞訃之日，且喜且傷之。使君非入覲，覲畢而不以病歸，則粵中方多故，兩臺素倚君如左右手，一切當强君卧理之，君一旦捐館舍，拊鼓傳芭，大招於數千里之外，視今日吟嘯故山，子孫繞膝，歌於斯，哭於斯，君復何憾哉！

唯是君素負不羈之才，犯難不撓，應機立斷，揮霍開闔，脱略細節，有郭代公之風。當今疆埸多故之時，使天少假之年，俾得建牙擁旄，折衝制勝，必能勝其任而愉快。今僅以方伯終，官不爲不顯，秩不爲不崇，而不獲一抒鷹揚虎視之氣，祇與繩趨尺步，低頭理錢穀簿書之士，腰金紆紫，一概而并論之，君豈能無恨恨於是哉！

君性重然諾，急人之急，傾囊落産無所吝惜，而於師友誼尤篤。憶甲辰秋，君自楚赴晋臬任，停舟皖江，迂道策騎來桐城，存問予山中，慰勞贈遺殷渥，臨别復留白金三百兩，密付兒輩，曰：『以備夫子不時之需。』言訖愴然。蓋是時，予室夏安人病已篤，君心憂而難言之，後閲月而安人卒，時予林居十餘載矣，非君留金幾不能成禮，至今心鏤不能忘。今君亦逝矣，逝之期月，至鬻田以償索逋者，予不能具纖毫賻奠，遣一介之使以撫慰其遺孤，悠悠我心，能不悲哉！

予與君在戊子、己丑間，接聯聚首於東署燕邸。彼一時也，君雄豪自喜，予亦年少氣盛，視握手分袂爲適然耳，不知有惘惘不豫之色。既君再見予於山中，蓋已距己丑十有六年，師弟之間，喜晤難别，壯懷亦略盡矣。後又十年而再見君於京邸，君既甚衰，予復垂老皓首，相對且爲慶幸，後會何期，不敢念及。趙孟有言，朝不謀夕，蓋其偷也，而今已矣。計予與君稱師弟者二十有八年，始終聚晤者四耳。嗟乎！聚散恒事也，忽忽而壯老隨之，又忽忽而生死隔之。回首數十年，如追逐騰藉而至。嗚呼，可畏矣哉！雖然，君之年逾冰壺、西樵遠甚，宦績著於六省，家聲嗣振未艾，其亦可以含笑於九京矣。予聞君州近勞山，神仙之所窟宅也。君而有知，其亦可輾然驂鹿於其間耶。予焚硯既久，不文之辭，直寫胸臆，椒桂有盡，蘭鞠無極，君而有知，尚一聽之否耶！嗚呼哀哉！

祭吴玉騧都諫文

嗚呼！公竟别予而長逝耶。憶公去歲假歸，以昧旦發裝，祖道者皆以後期不逮。予時馳騎及門，公已登車矣。停車深語者久之，予切切以及期早入都爲囑。嗚呼！豈知河梁携手之日，遂爲故人永訣之期耶！

公體壯而神完，又知導引，習岐黄。每日五鼓起讀書數帙，或復知交箋札，平明即入署以爲常。予同辦事垣中，窮年未能或先也。計公不應病，即病而内煉神氣，外進劑餌，亦應不至彌留。乃顥亭嚴給諫自南來，日晤公於榻間，噫嘻！公真病矣。未幾而山琢徐侍御人南來，始微聞公凶問，予且信且訝之。又未幾而李書雲給諫、夏敬夫侍御，各有手字至，道公病狀，且曰：『臨時沐浴更衣，語不及私，神明朗徹，端坐而逝。』噫嘻！公真逝矣。嗚呼痛哉！

公以名進士高隱不仕，膺薦勉起。特授垣中，以天下事爲己任，知無不言，而絶不肯毛舉鷙擊，以博風力名。其在垣署，閲各垣所存録疏，或至日晡不歸，歸閲邸抄，撮其要者，分六曹帙之。其朝夕留心天下事如此。予與公同事者數年，嘗謂公言，言官糾參易，條議難。糾參不當，害及於一人；條議不當，流毒於天下。奉温綸而懼甚於奉嚴旨。蓋言不當而不行，譴責僅在一身。言不當而行，則負朝廷以害天下。若公之條議酌古準今，窮原極委，言必可行而大指歸於敦大簡易，可稱諫臣而大臣者矣。公遜謝曰：『我未之逮也，然君實知我心。』嗟乎！言猶在耳。予與諸同人咸以大臣期公，而公竟以諫臣終矣。嗚呼痛哉！

予林居十餘載，再入京邸終懶且病，宴飲謝絶，唯同鄉言路數子月一雅集，六簋數觥而已。同集者爲公及李書雲及予三給諫，俞天木、夏敬夫、謝鶴坪、徐山琢、施硯山、季蒼葦、徐孟樞七侍御，而公之兄玉隨先生及予年執宗伯龔先生，先後時宴游其間。今春王正月，例一舉觴，屈指舊游，則鶴坪留滯晋陽，書雲、蒼葦連翩以丁艱去，敬夫以請假，孟樞以需次俱歸里，無復曩時之盛。又其甚者，天木馭鶴於雲中，我公復騎箕於淮上。曾日月之幾何，黄公壚畔邈若山河，又不止於聚會之艱，離合之感矣。嗚呼哀哉！

公之兄玉隨先生方以德行文章名世，佇將甌卜。公諸公子皆鳳翥玉立，克讀父書，公未竟之緒，公子必克竟而張大之，公功名在國史，行誼載鄉册，文章藏名山，公亦可以無憾於九京矣。獨予於鄉、會皆辱爲公同年生，又同事垣中最久，辱愛最深，而不獲椒漿桂糈，一躬奠於公前，誄言有盡而悲心無已也，姑一略言之。公其聽之否耶？嗚呼哀哉！

祭朱華蔭封翁文

嗚呼痛哉！公竟捨我而長逝耶。公素不知病。去冬，忽中痰眩幾殆，既愈，坐板輿歸里。予適遇於道左，公褰簾謂予曰：『我暫歸耳，來春當北轅。』今歲數得公書，腕力甚健，予喜甚，詢其使，曰：『不寧惟是，且挽弓一石强矣〔一〕。』予益喜甚，謂公且旦暮來。嗚呼，豈知褰簾之日，遂爲永訣之期耶？嗚呼痛哉！

予與公交自丁亥始。彼一時也，予年少氣盛，雄豪自喜，所遇亡不睥睨，見公虬髯虎視，機略内藴，肅然異之，以爲一時之杰，握手定交，朝夕過從甚歡。或月下馳馬長街，挾姬縱酒，以爲笑樂。無何，而予辟債之事起。甲申歲，予避寇海濱，不能歸，韓次卿實資給之。丁亥，予入京邸，次卿適以事繫獄初出，命予爲保債數千金，予不忍辭，諾之。時旗之索逋者横甚，毆辱縉紳，視之篾如也。公畫之曰：『盍暫避諸？待其氣少頓，欲少殺，而後可徐圖也。』遂謀遁於内城楊諧五之宅。予盡遣僮僕他匿，獨公挾數騎，衛予入城，遇子錢家時姓者於塗，立馬語良久，別去，忽旋馬，疾馳至呼，予曰：『得無遁乎！』公大笑曰：『然。』時姓者亦大笑，復馳馬去。次日，諸子錢家聚哄于公之堂，曰：『居停主人無多言，時君遇諸塗矣。』時予寓公家故云。公徐應之曰：『姚君所在，我實知之，不汝欺，然亦不汝告也。上天下地，唯諸君命之。』諸子錢家恨甚，度終無可奈何，故爲大言恫愒，徐徐散去。自此或一二日一哄以爲常，久之事乃解。嗟乎！緩急人所時有也。士平居談意氣指天日，蹈湯火不反顧，及一旦臨利害，僅若毫髮，輒囁嚅次且遷延而辭避。若此者，滔滔皆是也。聞我公之風者，可以興矣。詩不云乎：『如可贖兮，人百其身。』惜哉！若公者，其才氣必不可以死，其年又可以無死，而竟死矣，悠悠蒼天，此何心哉？

予以兄事公者，垂三十年。其家之自微而顯，自盛而衰，自衰而復盛，予皆目見之，皆公一人始終經理，而老其身於夙興夜寐、車塵馬迹之間。年來念雲躋九列，萊孺成進士，至去歲季弟徽蔭以勞吏内召，公曰：『譬諸役車，吾其休矣。跔突可營，吾將老焉。』予聞公別墅有山水林木之勝，尚擬引病南歸時，迂道相過，把酒扶杖，談少年亡賴事，回首三十年前石火電光之速，因以提唱無生之學，而豈知公竟不我待耶？蓋天與公以文武幹略，負草澤公輔之望，而不使其身膺一命之榮；天與其家以閥閱貴顯、三戟盈門、七葉珥貂之盛，而不使公之爲父兄者，得享一日之逸。悠悠蒼天，此何心哉！

往年予在山中，聞公仲氏訃音，爲詩而遥哭之。又四年哭雲門於郊園，酒脯蔬核一慟而已。不敢爲文頌冤以祭之。今又十年而哭我公焉。然則，予之衰也，亦已甚矣。去冬病困絶而復蘇，伏枕間頗以不能待公北轅爲恨，而豈料公反不能待予之南耶！嗚呼痛哉！

公之少也，即與賢豪鉅公游，聲名滿天下，海内識與不識咸交口誦朱長公云。公居鄉博施利濟，投止者如歸，望賑者如携。雲門開制府兼轄齊魯，按部過故里，齊魯文武大吏咸郊迎伏謁，鄉黨愕眙以爲榮。公戒舍中兒及宗族恂恂彌謹，又爲桑梓籌利病興革甚備。庶幾古所稱鄉先生没而可祀於社者。家世烜赫無足艷，而一門之内伯叔、兄弟、子侄如一人，隆隆未有艾，蓋孝友之世澤然也。嗟乎！人孰無死，公死可矣。予忝公異姓兄弟交，於其卒也，官守斯羈，輀不能撫；其聞訃也，老病哽噎，哭不能慟；其製誄也，硯焚才盡，言不能文；亦何以揚公之懺，而寫予之悲也耶？椒桂斯陳，蘭鞠無極，率諸子弟跽進一觴，公其儼然而來燕否耶！嗚呼哀哉！尚饗！

校記：〔一〕『且』，清廣仁堂刻本虚直軒文集作『日』。

祭五弟文

康熙十七年四月二十八日，行年五十有九老兄文然病中伏枕爲文，祭于五弟翼侯之靈曰：痛哉！吾弟忠孝知勇人也。予教之誨之二十有餘年，以至今日，謂可代予持門户者。今年方壯而宦方起，庶幾數年間提挈吾兒輩居京邸，予藉以息肩矣。乃四月二十三日，忽爾凶問自天而降，信乎？曰信矣。嗚呼，弟死矣，痛哉！老兄痛不可言而不敢哭，哭則老兄病軀亦死矣。老兄哭亦死，忍痛而不哭亦欲死。兩兒侍側，懼老人之哭亦死，老人如之何哉！如之何哉！痛哉！

弟年十九中辛卯鄉試式。癸巳予丁先太夫人艱歸，隨引病山居，與弟討論酬唱者十有餘年。予宦游既貧，弟尤貧。然於先光禄公小有游宴，輒治具賡詩以爲樂。弟前婦張孺人卒，值弟游他所。予妹蕙綢檢其遺奩，有篋甚重而封識之，曰：『治具啓之。』則青錢數十千，或百文，或數十文，各小繩束之不等。蓋其日月積累以佐堂上觴咏者也。嗚呼痛哉！妹蕙綢適于方而少孀，先太夫人極憐之，妹後太夫人十年卒。其病篤也，弟密書手疏，請減身算十年，以益姊齡，曰：『得一二年，待其子之婚足矣。』步走城隍廟哭且拜而焚之。予輩不知也。里友毛麟州遇而泪之，曰：『人間有如此姊弟乎！太夫人爲不亡矣。』妹卒後，撫甥方曾祐特篤。嗚呼痛哉！

弟辛丑成進士，癸卯居先光禄公喪，哀號深墨，慘動左右。有老僕方順一竊語人曰：『堪稱孝子者，唯五郎君耳。』予聞之，驚愧恨恨者累日。嗚呼痛哉！己酉授德安令，以清慈著聲，兩臺交章薦之，又舉卓異。江右賊猖獗，南康、彭澤、湖口一時潰陷，弟與把總魏久功誓死守，曰：『吾不敢負朝廷蟒綉之恩，不敢辱吾總憲兄也。』城守三日，用計馘賊，賊臨河不敢渡，值兵至城全。弟詩曰：『鼓伐三更壯，葦燃一面紅。』蓋實録也。語云：崔司徒可惜，李宣城可哀。若吾弟者惜哉，惜哉！不獨爲吾家哀也已。乙卯，弟行取入都。丙辰，以部例應回避，不得與考選候補五部主事。是年春，予嘔血痰結，氣塞瀕危，忽喉有聲而甦，時二更矣。弟侍側瞪視，把手語兒輩，以爲更生。比時予不能因病引退，致弟清華望絶，愧恨實甚。然豈料老且病者不死，而壯且强者反死耶。嗚呼痛哉！

予嘗訓弟曰：官當爲可進可退之官，家當爲可富可貧之家，人當爲可生可死之人。爲官毋令其可進而不可退，爲家毋令其可富而不可貧，爲人毋令其可生而不可死。弟深嘆以爲至言。今弟有美才而不得試，有大志而不得舒，子生而不育者數人。廉吏不可爲而遺負數千金，年又未及艾，此誠不可以死者，而竟死矣。老兄前言其大謬不然哉。嗚呼痛哉！

弟不幸死矣，又不幸盛暑客死矣，又幸在大梁董撫軍會徵爲予十餘年兄弟交，所以購木而附身者，甚腆而速。若在京，吾不能也。豫中當事諸先生存恤備至，殮之五日而大侄陞赴北闈鄉試，道經汜水，聞信奔赴哭奠而省視之。予已作字四弟，命擇子以爲弟嗣。予殘喘或無恙，俟秋涼當經理弟櫬，及弟之婦及女，并眷屬以南歸。仲兄及四弟、六弟自朝夕撫慰之。頃家信至，弟長婿孫曰琨，已援例入雍，數年内當令嗣子成立，女長而教之，以歸于張學士之子某。嗚呼！弟誠不可以死者，而已死矣，則亦可以死矣，痛哉嗚呼！

地闊天長，今來古往，人生其中，一粟太倉，其不可以死而死如弟者多矣。弟性多鬱，所遇又多鬱。其病也，手書紀病狀亦以鬱。今已矣，并其能鬱之身與多鬱之性而亡之矣，其亦可放眼曠觀，而逍遥于無何有之鄉耶，否耶？老兄望弟以哭我者，今已矣。又安能反爲弟哭耶！此詠草稿初成，不敢至靈座前，聞哭泣聲，命兒輩先拜而焚之。嗚呼哀哉！

先妣敕封孺人姚母倪太君行狀

嗚呼！先妣太孺人遂弃不孝等而長逝也。痛哉，痛哉！先妣年僅五十有四，入今歲始多病，病非久輒愈。不孝然滯京邸，私心切切憂之，然豈意其遂至此！先妣在，不能侍菽水養於堂；先妣病，不能奉藥餌訣於簀；先妣歿，不能視含殮躬於棺。聞先妣訃，又以家大人在堂，不能一慟竟絶，以從先妣於地下。嗚呼痛哉！怦怦營營焉，懼懿德之日泯，欲銓述一二言，以求大君子不朽之業而竊反。

然自讀書少知成立十餘年間，然在南在楚，先妣從家大人於蘭谿、於東陽。先妣南，然計偕於北，宦於北。然歸自北未二年，又違先妣養，來宦於京師七八年所，中間僅一迎省於揚州纔十餘日耳，而遂與先妣永訣矣。所知亦復幾何而敢以辱壺儀，少有所知，又昏憒摧頽中，百不能記憶一二。間記憶一二，又哽咽涕涔涔下，且忽忽忘之矣。又不敢遲之又久，以負大君子之念存歿而辱問者，姑述其昏憒摧頽中所記憶百之一二，又操管時，哽咽中輟，其忽忽忘之者，又止得百一二中三之一也。是不孝將欲以章先妣之德而適以湮之，以虛大君子不朽之賜，此其罪復浮於生不養，病不侍，歿不躬含殮之上也。然卒已無可奈何，憒憒惘惘，切切憧憧間，遂且勉爲狀矣。嗚呼哀哉！

先妣倪氏，故太僕卿諱應眷公三女也。倪故桐望族，太僕公以殿中名御史所在巡歷有聲，諸子或仕至二千石，或以經術名，其季宮諭公出入禁幄，赫赫望在公輔間，孫近十人，或早成孝廉，或晚達，悉諸生祭酒，一時里門稱太僕公爲天人，閥閲極一時之盛。而先妣自于歸以來，淡素性成，被服無他華飾，蓋不自知爲世禄之家矣。先妣歸家大人及兩期年，而姑恭人方氏卒。我王父觀察公曰：『新婦事姑謹，御下慈，綜理愼，其總我家政，以佚予老。』于是先妣遂兼理門内之事，我王父忘恭人之亡，即諸妯娌族黨間亦遂以恭人爲不亡也。我王父即世，我庶王母陸氏繼歿，先妣撫其一子果及女於家，訓誨撫育以至長成，有室有家，曰：『此舅之志也。』家大人嗜書嗜客，喜周急，從不問家人生産事，有不給，先妣時時傾簪珥繼之，不令我大人知。家大人以嗜書嗜客，喜周急，中經寇亂，家産日落，家大人不知其家之落也。既家大人成進士，爲令清白刻苦。先妣一從于蘭谿，再從于東陽，安貧無間言，曰：『北門之謫，彼何人哉？以予得助夫子，稱清白吏足矣。』先是天啓丁卯秋試，家大人得乙榜，悲歌感慨不自勝。先妣密遣价走金陵，聘庶母郭氏以歸，擇日拜見家大人。大人曰：『吾與若兒女成行，何以有此舉？』先妣曰：『吾正爲兒女累，恐朝夕視事或疏，爰命此女侍巾櫛，以紓子憤，以佐吾職。』由此撫愛有加。其娠也，謹視而善護之。其免也，手糜粥而督婢進之，或夜分不肯寐子，擇善乳而乳之，以至有子女四人皆成長，識言語時，始知爲庶母郭氏所自出，家大人嘆之，紀以詩曰：『職允稱中饋，恩尤及小星。』時時門内吟咏，以爲娱樂也。

先妣鞠諸子備慈，而教一準於義。平日家訓不悉，著其一二大者。不孝然成進士，選庶吉士，三閲月而流寇陷都，不孝然遁歸，拜先妣於江寧，顧謂然曰：『兒以吾兩人在歸耶，吾喜兒之生歸，而悲兒之不能以死歸也。吾失教兒，吾不如王孫母遠矣。』然時俯伏涕泣，不能對。

是時南中黨禍作，浙直指左公，於家大人姻戚也。家大人令東陽，討亂賊許都有功，左公疏聞於朝及南渡柄國者，顧以左公黨庇姻戚激變殺降，與家大人俱被逮，不孝烈、勛、然等憂惶計無出，哭泣匍匐求解於當事者某，某曰：『此易耳，吾於若父奚仇？仇左耳，若等能爲若父疏稱浙東事，皆承左指，則罪獨坐左，若父解矣，非惟解，且得復官。不然，上怒不測，將傳二首以徇浙東，今何泣爲！』不孝等涕泣歸，以告先妣，先妣怒杖擲之，曰：『兒以是爲生而父耶？身死心死等耳。且是獄也，人則以左公而累若父，事則若父而累左公，義不得令左公獨死，若父獨生，且若等以此而生若父，若父何以面里黨[一]？此後里黨復孰肯爲我家姻媾者？我知若父心，而若輩不知我心也，平昔讀書何爲？』不孝等復涕泣受教，逡巡十餘日，巽辭謝當事者，言今母病甚，未遑也，當事者笑而出之，數日逮益急，先妣亦恬然安之。後王師南下，左公及家大人俱無恙。不孝兄弟時時爲左公言，不謀于吾母，幾陷於不義。先妣之明大義，臨事不惑，遇大利害不亂，皆此類也。

家大人被逮事解，家落益甚，歸隱小龍山，僦舍而栖，乞米而炊。先妣偕隱，無退言，無愠色。不孝然龍懷歌中所云『茅檐土室間荆榛，山鬼夜嘯虎晝嗔』者，是也。後不孝然來京師，先妣偕家大人城居，時諸子女、孫、女孫數十人食指繁甚，先妣不自佚，悉躬經紀而衣食之。不孝然雖名爲宦，實不能積升斗之羨，以奉甘脆需，亦庶幾得邀聖恩，辭職侍養，以贖不孝罪，而豈知先妣竟捨我大人，且捐不孝等而長逝也。嗚呼痛哉！

先妣即世前數日無他病，唯覺心中忽忽不自怡，偶顧謂不孝勛等而言曰：『我得無病乎？雖然，即有萬一憂，我俯仰無所恨，唯三兒五年未得一見，其媳雙瞽多病，少可念耳。』又曰：『得毋誤爾等春秋試乎？』不孝兄弟方駭愕母何爲出此言？越二日爲天中節，諸子女、孫、女孫畢集，先妣敕家婢具飲饌如常，且命取蒲黄酒遍飲之；又一日而忽欲卧，卧竟不起矣。痛哉，痛哉！不孝然以工科左給事中，於正月初六日拜疏請假歸省，行至午門，爲同官追阻不果封，而是日兵科都給事中之咨達吏部，又數日而新命下矣。前疏遂已矣，痛哉痛哉！後邀聖恩，宥其大罪，方期勉圖報稱，無敢及私，而家大人以書來，言先妣多病狀，意怦怦不自寧，於五月十七日具疏以省親終養并請，奉旨下部，越十餘日，而先妣訃音至矣。痛哉痛哉！計正月疏得上，當能馳歸及先妣之存一言，死無所恨，即不然，而先妣能少待二三月，不孝然亦且馳侍簀前，亦死無所恨，而今竟若此，不得見者五年，不及待者三月，病中一言，終天搶地，不孝然萬死莫贖也。天乎，痛哉痛哉！

先妣生以明萬曆己亥十月廿九日之子時，卒以清順治十年癸巳五月初六日巳時，以覃恩得封爲孺人，相家大人者四十年。家大人諱孫棐〔二〕，庚辰進士，子八：長，文烈，辛卯北雍鄉試舉人，娶方氏；次文勛，國子監貢生，娶齊氏；次即文然，娶夏氏；次文爇，庠生，初娶張氏，繼娶戴氏；次文燕，辛卯江南鄉試舉人，娶張氏；次文烝，庠生，娶倪氏；次文麃，庠生，聘左氏，南渡所謂黨庇姻戚者也；次文炱，聘江氏；二俱庶母郭生。女三：長適推官方公畿子、邑庠生方于宣，于宣早卒，自誓柏舟；次許聘中書吳公日昶之子兆武；次許聘學士方公孝標之子方雲履；二亦庶母郭生。孫十三人：士陞、士塈、士重、士堂、士堅、士奎、士量、士垐、士基、士塾、士臺，應甲、士蕃俱未娶。女孫七人：長適江皋，餘俱幼。不孝然念無以釋終天之憾，死不足塞責，唯是辱名公鉅卿哀而賜之一言，使不孝然得捧歸里門，以解家大人悼亡之戚，以爲先妣貞珉之光。不孝然死且不朽，謹泣血具狀於左。

校記：〔一〕『面』，清廣仁堂刻本虛直軒文集作『見』。

〔二〕『孫棐』，據姚瑩編姚氏先德傳補。

姚端恪公文集卷之十六

募修准提閣像引

予嘗讀子美『前佛不復辨，百身一莓苔』之句，蓋潸然隕涕也。曰：嗟呼！佛事之興替，可以覘盛衰焉。往者，吾桐全盛，山川秀衍，民風敘殖，野處有栗里鹿柴之安，邑居有梓澤辟疆之麗。而人又以餘力營造紺宇，山砠水湄，罔不旌建，朱幢翳日，絳節連雲。嗟呼！何其盛也。今十有餘年，周原茂草，畫棟劫灰。梁上雉飛，燕泥空落。欲求一丘數椽僅庇風雨，則已歸若靈光矣。然則，龍象哀泣，世尊塵埃，固其所也。嗚呼！浮屠家法，三宿嘉桑，猶墮愛戀，是區區者何足言？雖然，亦可覘世變也已。

樅陽舊有準提閣，歷年多故，像塵殿圮，信者掩涕。今僧明燃誓爲己任，務期丈六煇煌，碧宇輪奐，億衆瞻仰，因敬生悟。予既嘉明燃之勤且誠，又念里人喪亂餘生，見人命之朝露，感桑海之眉睫，應祛慳痴，共襄盛舉；又感流亡漸集，雨暘以時，民得以衣食之羨，從事福田，是皆可喜也。至若拂菩提樹，拭明鏡臺，又自有莊嚴佛土者在，則雖大地爲黄金，恒沙爲珠玉，布施當無逾此。後之過斯閣者，亦或歸而求之矣。

樅陽放生會前紀

今年夏，余友洪賡虞自金陵來龍眠，因閱案頭感應經説定中，非禮烹宰諸因果，遂談及金陵善寶庵放生之盛。予聞歡喜無量，既而賡虞歸，復以唐宜之先生時所撰善寶庵放生記及會中放生簿見寄。其記之言曰：『念佛放生，雲栖吃緊。法門也，放生以地爲主。善寶庵緊傍旱西門，於赴會者不甚遠，放生船即在庵門之外，開船即達下關，出關即達大江，永離罟罟，人浩然之天地矣。蓋既便于放生之人，復便于所放之生。人物兩便，斯爲可久。』其簿之紀曰：『某月某日放生，某人直會，或一人，或數人，齋資若干。某月收某人銀若干，化家人助銀若干，施佛若干聲。收某人錢若干，化家人助錢若干，施佛若干聲。共收銀若干數，共收錢若干文，共得佛若干聲。其日放生若干斤，水族之屬。用銀錢若干。放生若干頭，牛羊之屬，放於紫竹林禪院。用銀錢若干。放生若干隻，犬雉飛雀之屬。用銀錢若干。顧船并雜費用銀錢若干，共用銀若干數，錢若干文。如此月銀錢有餘者，算明登簿，交於下手直會之人。』蓋其法詳善若此，予讀而慕之。既月致銀九錢，以單月爲家嚴，雙月爲先慈，放生附於善寶之會末。

復思廣其意於吾里，吾邑之棕陽、湯溝二鎮，亦唐先生所謂人物兩便之地也。鎮爲水次要衝，自邑及衆鄉之人往來于鎮者，月日不絶。其聚貲而達之於鎮也，甚易。大江在軒宇之間，舟楫卧寢門之下，水族盛繁。其散貲市生而放之大江也，亦易。有此二易，遵善寶之法而行之，又何難焉？所難者，直會之人耳。偶以語方羽南先生，先生曰：『僕有數友在棕鎮，信心樂善，一介不苟，制事有條理，宜可以子語語之子，其以子語筆之柬，庶幾有如唐先生及賡虞其人者。』予曰：『諾！敬如命。』聞之善，非緣不肇，非緣不興，非緣不廣，非緣不續。夫賡虞能汲善寶之餘波以溉我里，其緣已肇矣。自此而興、而廣、而續，豈無其人哉！豈無其人哉！

告雨壇神文〔一〕

伏惟天心仁愛，神意慈悲。旱豈天殃，孽因人作。倘能悔悟，猶可湔除。無如天方震怒，人更荒嬉。布禁立壇，祈神役鬼。拜章奏闕，遣將鞭龍。視若具文，沿爲故事。譬如官臨民舍，賓到主家，敦請而來，狎侮而應，定遭官責，必被賓嗔。故當祈雨之年，每有拗壇之事，祈雨不雨，曰拗壇。在人情真堪痛恨，惟天恩終欲生全。

某伏念人間極惡，斷不專在於農夫。天道禍淫，何忍概加以亢旱？祈雨不誠者，本不資乎雨。雖斷雨，不足以報其辜。禱神不虔者，本不信乎神。非顯神，不足以奪其魄。某偏承帝德，雨澤略異於他田。普恤民艱飽煖，豈祈于一姓？勉扶病骨，薄展誠心。惟此數載以來，稍知人道邇，而并天道非遠。迨兹近月之内，雖恨雜念擾，而覺邪念已除。帝必汝臨，妄冀片誠之可格；心無不懈，僅能三日以爲期。伏願大降甘霖，遍沾通境。無徵不信，有感斯通。雷鳴叩首之時，雨注朝壇之刻。天人有應，稍起萬衆之信心；勸導微行，暫挽一時之劫運。自知妄誕，仰冀哀憐。臨奏無仞，激切望恩之至。

校記：〔一〕此文題清廣仁堂刻本虚直軒文集爲『祈雨壇告神文』。

訓子篇

張子齡若言歸矣，念諸子幼而離賢師，又予自公無暇，過庭之訓闕然，恐遂隋廢，至于不克成立。間有一二誨言，又恐其言逝而忘也，率爾書帙，以資觀惕，言之無文無序，固所不計爾。

予小廳前土薄，艱于樹木。階右植一槐，前數年枝葉僅具落落而已，至去年忽暢茂條達，青緑勃然可喜。予每過，輒倚欄睇視，流連而去。因思人家植一樹木，尚且望其蕃盛，況父兄之望其子弟乎！　種樹未必其成陰，而望其生長。養子未必其榮顯，而望其成立。嗟乎！　望子之誠，至于當食忘餐，臨寢失寐。訓以義方，勵以憤勉，旁引曲譬，援古道今。唇喉如焚，氣竭暫止，瞑目定坐，復理前言。又若嬉佚燕隋，夏楚必加。呼聲疾，則恐其傷子也；呼聲徐，則又恐其不足以懲而易犯也。輕不滿志，重亦傷心。子痛在體，父痛在心。嗟乎！　爲人子者，能以父母望子之心爲心，敢不勉乎！　心正則志立，志立則氣奮。愚可使明，弱可使强。冬可不爐，夏可不扇。山可鑿而平，海可汲而竭。天地可通，鬼神可格。故爲學者，貴乎立志。爲子者，能以父母望子之心爲心，則志立矣。

題陳芝山相國手牘

宗伯敬哉王先生出所存芝山陳先生手牘，命予題識。予讀之，喟然而興曰：『惜哉！芝山好以詩文自負。』予以年家子辱忘年交，心竊不韙之。一日，過石雲居，值其作祝少司農及贈友南歸序初脱稿，喜予至，出以相示，曰：『此何如太僕公？』予不答者久之。曰：『君少我耶，丁敬禮有言，後世誰知更定吾文者。』予曰：『非謂是也，公爲大臣，當早夜勤職業不暇給，何暇及此？此他日午橋莊中事耳。』公歛容相謝，嗣後予數過石雲，不復出詩文相示矣。

今讀此數札，皆予去京邸後事。其論文斷斷精悍之色猶見行間，豈非聞箏起舞，結習難忘耶！芝山受世祖皇帝殊恩，不能冲挹敬畏，以功名始終，而令後世以文士目之，惜哉！予里居十餘年，所間聞兩先生晚節，稍有異同之論。今觀芝山持論矜慎，强項少可，而獨折節宗伯公。宗伯於芝山身後楮墨數行，猶勤勤眷眷如對故人。然則，悠悠之口，何足道哉，何足道哉！予往在京邸見芝山翰墨往往而是，今來此獨見宗伯此帙耳，故三嘆而識，并存平生之言也。

題吴五崖册後

予性不能書，兼不知畫，五崖强以此册謬屬題識，扣盆揣籥，其能免乎？然軟紅塵中，款段歸來。斗室焚香，時一展玩。雲峰霧壑，風柳霜松。寸晷百變，只尺萬里。眉展目張，神王胸豁，亦何必辨爲某幅爲某家，某爲恒似，某爲時似乎！惟是春蛇秋蚓，忽續於梅村、仁和兩先生之後，使覽者嘆爲俗物忽來，殊敗人意，然五崖執其咎，予不任也。

題平岩禪師語録後

予往在山中，間取五燈、指月諸書讀之。其所尋繹者，大率皆有徑可通，有罅可入，落草之談而已。至其壁立萬仞，浪涌千尋，把斷要關，向上一路，予則茫然一無所知解也。或慰之曰：『幸賴汝不知，知則好吃棒在。』或訶之曰：『汝只是不肯承當，承當則自知。』雖則云然，而予之真實不知如故也。予雖不知，而每見諸宗師語録，必取一二則讀之，正如上世鼎彝希世珍寶，雖不能知其所以然，而見之則三薰而展，得之則什襲而藏，不敢以不知而疑且褻也。予之於諸方梗概如是而已。

予同官莽公素留意禪學，一日，以平岩禪師語録相示，予受而讀之，但覺其提唱、舉揚、擒縱、殺活，或東風布地，百卉齊春；或一句截流，萬機寢削；或絳雲在霄，卷舒自如；或掣電驚雷，山崩海立。予雖不能解其所以然，而手展目玩，心曠神怡，若有契於中者。蓋師所鼓揚自是宗旨，而予所尋繹仍是義學。宗旨之與義學，二則二之，一則一之，唯是不敢餙不知以爲知，庶幾此心與諸方共知之而已。

送子觀音贊

稽首大士尊，普濟一切衆。以慈悲心故，爲世衆生母。以方便力故，送子於衆生。今人祈菩薩，頂禮勤供養。或建七寶幢，或塗十種香。或金珠布地，遍滿恒河沙。以至燃頂指，放捨於一切。是名爲供養，不得見菩薩。或禮菩薩相，若想若夢中。或坐蓮花臺，或騎獅子吼。寶瓶青楊枝，瓔珞朱藤杖。龍女若童子，左右侍立跪。若定若慧相，以曁慈與威。現爍迦羅首，及毋陁羅臂。清净雙寶目，至八萬四千三十二應身，變化無紀量。是菩薩色身，非見法身者。我今爲大士，普告一切衆。令入三摩地，勿以色見我。勿著音聲求，永誓慈悲心。勤施方便力，視世出世間。親疏諸眷屬，奴婢及牛馬。以至若螻蟻，是人非人等。悉起大悲心，如我子無異。應作如是觀，名報大士恩。汲海量虚空，計數不能及。大士傳心印，功德亦如是。

題乳母盧氏像

昔蘇文忠，銘其乳母，年七十二，旅葬以妥。吾之乳母，逾彼九齡。侍養有子，封樹里門。福似逾之，靈其來歆。獨我留滯，遠在燕京。日月其徂，十春有餘。念乳哺恩，泪下沾襦。忽睹貌容，乳母如在。濡毫寫哀，以代遥酹。不朽者文，名永千載。佑爾子孫，受福未艾。

書祝枝山卷後

劉元公夫子赴靈夏道任時，以此卷賜予别，夫子遂卒於任所。頃從書簏中撿閲，爲之泫然。夫子好藏古書畫，及古磁銅器具，家以此落，而夫子不以介意也。夫子靈輀自秦歸，世兄以夫子所藏古銅瓶一，漢玉玦一，玉盒一，程君房墨一，笏蜜章、玉章各一，安息香一塊惠予，曰：『吾先子手澤存焉。』爾時六弟烝見漢玦，把玩不能釋手，因以贈之。安息香則六弟及諸兒輩各剖少許。塈兒乞銅瓶，載騾車中以歸。今撿此卷以賜堂，玉盒賜堅，蜜章光潤，有山水林木之態，特可愛。時埶在署乞之，并乞玉章寄基，咸如所請，惟程墨則老人自藏之。適今年宋艾石方伯自粤入覲，携贈舊端硯，即以試之，黝然燦然。他年得蒙恩乞身，坐竹里晴軒，研墨揮毫，猶曰：『此夫子之賜。』

姚端恪公文集卷之十七

爲人後者議

伏聞功令，凡犯罪應緣坐者，雖經出繼，不准原免。仰見聖人明斷，絶欺朦之路，杜巧匿之奸，離炤當空，無幽不察，實非臣下思慮所能量度。然臣竊以爲特旨出於一時，法令垂於萬世。昔唐太宗時有敕資廕者多詐，序聽自首，不首者死。尋有詐蔭事覺，大理寺卿戴胄奏以當流。太宗怒曰：『朕敕不首者死，而斷之流，是示之以不信，且胄知敕如是，故奏以當流，何也？』胄曰：『法如是而足，臣法官，獨不敢虧法耳，且敕或一時喜怒所發，法乃明主所以布大信於天下也。陛下以一時之怒而敕殺之，既知其不可裁之以法而流，此所謂忍小忿而存大信也。』太宗遲回久之，卒從胄議。故法者，萬世之法也。緣情定罪，酌古垂後者也。

謹按：禮爲人後者，爲其所後父母服三年，爲其本生父母服期年，誠以人無二本也。謹按律：犯罪之人，其子孫過房與人者，俱不追坐，誠以罪無重科也。今使爲人後者，於其本生之父母兄弟不得准律寬免。倘其所後之父母兄弟犯罪，又當依律緣坐，是一人之身而兩受父母兄弟之連坐也。且若使爲人後者，本身犯罪，則其所後父母兄弟既當從坐，而其本生父母兄弟又復不得寬免，是以兩處之父母兄弟而皆受一人之連坐也。昔魏母丘儉之誅女，適劉氏者當從坐，司隸主簿程咸上議曰：『女子出適，減父母之服，所以明外成之節也。』今夫黨見誅既隨戮，父母有罪又追刑，是一人之身而兼受内外之辟也。男不遇罪於他族，而女嬰戮于兩門，非所以均法制也。請以後在室之女，可從父母之刑，既醮之婦止從夫家之法。詔爲著令，歷代遵之。夫出繼之子，降其本生父母之服，正與出嫁之女同。女從夫家，男從所後，其情與法一也。今嫁女不嬰戮於二門，而繼子獨禍延於兩父，有重罹之法，無一面之綱。

臣思皇上至仁至明，垂念及此，必有惻然不忍者矣。但因律有過房不坐之條，罪人或托名自匿，胥吏或緣法爲奸，四海之大，敢必其無。臣又思：人君猶天地也，天之仁無所不覆，地之仁無所不載。而日月之明，幽隱或有所不照；雷霆之威，奸邪或有所不擊。其有所不照，有所不擊者，無損於日月之明，雷霆之威，而總以成天地無所不覆，無所不載之仁。故古帝王立法以懲奸，而有罪者或幸逃於法外，終不因奸而變法，使無辜者反罹於法中，書曰：『與其殺不辜，寧失不經。』此堯舜好生之德，所以爲萬世君極者也。臣願皇上以堯舜爲法，宸衷獨斷，參酌古今，念法爲萬世之法，仍命法官將過房不坐之條，一遵欽定事例。其或有托名出繼情事可疑者，間以特旨行之，不必永著爲令。如此，則皇上無疆之仁，不測之威，并行而不悖矣。謹議。

加丁末議

謹按：王掌科原疏首云：户口凋殘已極，則其意原兼言除豁，不專於增丁明矣。又按：部覆云，丁之則例各地不同，但經兵荒殘破之後，溢額者少，缺額者多。則部中亦言及額之難也，又明矣。皖郡奉行懷邑首屬下令於里長老人共議，加丁一千有零。查得懷寧縣原額丁一萬一千二百六十一丁，至順治二年編審除豁人丁四千四百四十五丁有零，於缺額四千四百四十之中，而增復一千有零之丁，約略計之，是於缺額四分之中而復一分之額也。故朱公祖文下桐城，許其規式，妥當大意。或以四分復一爲酌中之式，上不虧國，下不病民耳。

今桐城縣原額丁八千七百一十九丁，後爲流寇盤踞十餘年，大荒大疫，銷耗數倍於懷寧，而順治二年編審止除豁一千七百八十四丁耳，計以一千七百八十四丁，四分缺額之中，而復額一分，止該增丁四百十六丁而止，便與懷寧之規式相合矣。況桐城縣十二年編審又已增復額八百一十三丁，則見今桐城未復額之丁，僅僅九百七十一丁也。以四分之一計之，止該增丁二百四十二丁有零而止，亦與懷寧之規式相合矣。若不計丁原額之多寡與除豁之多寡，而每縣以增千丁爲率，則有可議者三焉：懷寧缺額四千四百四十五丁有零，今增一千丁，桐城缺額九百七十一丁，今亦增一千丁，是懷寧尚缺舊額三千四百四十五丁，而桐城已增於舊額二十九丁也，一缺一增，其可議以候裁酌者，一也；懷寧每丁科銀一錢六分八厘有零，桐城每丁科銀三錢五分八厘有零，今概增一千丁，是懷寧所加一千丁之銀止一百六十八兩有零，而桐城所加一千丁之銀已三百五十八兩有零，丁數雖同，而所加之銀已多一倍零二十兩，值此時艱力詘，正課尚難追比，增銀豈能力辦？其可議以聽裁酌者，二也；況六邑雖同府，丁則各有不同，若概增一千丁，則桐城增額猶止二十九丁，若望江縣原額丁三千四百九十九丁有零，順治二年止除豁三百八十四丁，今若增千丁，則望江於原額之外新添六百一十六丁矣，恐額數既相懸殊，規制萬難畫一，其可議以候裁酌者，三也。大約增丁與省荒事雖異，而法實同。未有不從原額起規則者，生等蒭蕘之愚，敬陳一得，亦仰體聖天子視民如傷之心，及內而部科、外而當道公祖父母軫恤凋殘之意，惟賜采擇，幸甚。

丈册末議

丈量之册有二：一曰魚鱗册，一曰簡明總括册。魚鱗册者，以户從田，細列丘塅畝步；簡明總括册者，以田歸户，詳書清丈總數。此丈量造册之大概也。今簡明總括册已經備造申解矣，至於魚鱗册之造解藩司，則愚竊有末議焉。

蓋東南地勢險狹，與西北地勢平衍廣闊者不同。東南狹隘峭峻，山岡之田多，平坂之田少。平田畝雖多而丘數少，山田畝雖少而丘數多。此一定之勢也。故造魚鱗册之煩難，較之西北爲甚。即以桐邑計之，計折實一畝，田大者或一二丘，或三四丘。小者或八九丘，至十餘丘。酌中約筭，每折實一畝，爲田五六丘不等，而桐邑田畝三十九萬有奇，計丘近二百萬。魚鱗册式一葉寫田八丘計，册一本用紙近二十餘萬計，册一葉紙劄刷印筆墨，顧募抄寫，磨筭約費需銀一分有奇，約造册一本，民間所費已二千餘兩，而彙解藩司紙劄浩繁，卷帙重大，途次水陸解扛之費，又復不貲。一邑如此，則一府之費可知矣，通省之所費更可知矣。然此猶爲一無差訛而言也。若有萬一差訛，必致駁改，文移往復，動以月計，勢必遷延，更非旦夕可以清結也。且申解魚鱗册于藩司者，不過以爲便於稽查，及爲遣官抽丈張本而已。

自愚觀之，則徒爲具文，無裨實用。何也？魚鱗册中之丘墩細數，雖解藩司，而田土之坐落地皮，仍遠隔在各府縣，即有情弊，必須抽丈方明，紙上何從查核？至於抽丈之時，勢必按臨各縣，即取各縣貯庫清丈魚鱗册，按圖履畝，方便查勘，萬無將申解藩司之魚鱗册，輂載轉發各府州縣，以憑抽丈之理。似此，則鱗册解司，既無益于稽查，又無關于抽丈。倘得免其造解藩司，但須嚴檄各縣將現在丈量交縣魚鱗清册一本用印，存縣貯庫，以備不時抽丈，則丘墩之細數存縣，田畝之總數申上。存縣者積步分明，抽丈一目了然。申上者直截簡要，民間可省勞費。即以桐邑一縣計之，已省二千餘金，則一府之省可知矣。通省之省更可知矣。

愚又竊查科疏，止云清丈共熟好地若干頃，言共則不過清丈總數而已。部覆止云，嚴敕各撫嚴查田地之荒熟，備造清册。夫言造荒熟清册，則非造魚鱗清册可知，是今所現造簡明總括册，正與部科原疏相符。再查安撫部院牌行藩司内載：江西撫院回咨云，止造總括册達部，言總則不及撒數，言括則不及細數。是江西總括册可以達部，則江南亦可援例矣。似此，則簡明總括册上有部科原疏可考，近有江西成例可援。其魚鱗册止存縣庫以備抽丈，免行解司以省煩費，公私兩便，萬姓沾恩矣。草野冒昧，未知當否？一得之愚，聊備采擇，謹議。

求改麥折本色呈稿

爲陸運例無本色，山邑萬難改徵，泣陳五苦，懇乞轉詳，以解重累事。

桐邑僻處山陬，年來頻苦水旱。維正之供尚苦後時，頃奉上文，將應解廬州麥折銀兩，本折均徵，以爲廬、六二衛運軍、行月糧之用，除一半折色仍舊解銀外，尚有一半本色應解米六百三十六石有奇，凛奉本折均半之部文，何敢更控？但運道各有不同，山城不比別郡。竊念運莫重於漕，然桐城自水次開兑至張家灣上岸，陸路不過四十里，今桐距廬三百餘里，登山越嶺，肩挑驢馱，崎嶇萬狀。故從來陸運之地，例行改折，陸運之難，難於上天。其苦一也。計徵本色六百三十餘担，陸路盤撤，其折耗數倍于水運，兼以上倉加耗等項，共不下七八百餘担，以麥折舊例，每担三錢筭之，止得銀一百九十餘兩，而連年桐邑米價或一兩外不等，即以一兩一担計之，共正耗米價不下七八百兩，則費已四倍于折色舊額矣。其苦二也。舊例麥折銀數百餘兩，一里長領批可解，今改徵本色，則領米必須多人。其道路飯食盤費，及挑夫馱驢之工價，交納需索之使用，爲費亦復不貲，是陸運之累幾于數担而致一担矣。其苦三也。又徵糧比銀各有定期。銀則春初開比，米必冬月開徵。向來麥折一項原解折色，故可先期解盧，以爲協濟運軍、行月糧之需。今改徵本色，若待桐邑漕米開徵之後，則此米非一日可徵，陸運亦非一次可解。雖兼程星馳，勢必愆期。盧、六運軍豈能坐候？若當秋穀未登之際，未徵桐邑之漕米，先徵盧州之本色，則青黄不接之時，米價騰貴，豈能猝辦此七八百餘担之米哉！其苦四也。又安慶運軍、行月二糧原編徽、寧等府協濟銀米支給，後因本折均半，其一半本色即於安慶，本府萬億米通融支給不足者，又於本府南米内撥補。其一半折色不敷者，題明於本府田畝，每畝加銀一厘八毫，共補銀二千九百餘兩，總未派及外府協濟地方。夫皖、盧同屬運軍隔府，皆有協濟比例。陳情望恩一體，不然，以别府應協濟皖屬之銀米，既坐派于本府，而皖屬應協濟别府之折色，反重累以本色，是桐民獨受苦中之苦矣。哀此窮黎堪此叠困乎！其苦五也。可憐山城僻邑，旱澇頻仍，髓骨俱枯，呼搶無路，伏乞俯念陸運最艱，解本最苦，賜文申請，庶孑遺得以少甦矣。沾恩上呈，須至呈者。

旱灾呈稿

呈爲異旱奇荒，懇恩詳報急救民命事。

竊三農仰望者惟秋成，四時最苦者惟秋旱。蓋旱早，則遲禾可望。旱遲，則早穀先登。惟今歲亢旱始於六七月之間，故闔邑奇荒實爲十八年未有。早稻則秀而不實，遲稻則苗而不秀，已全弃春夏之前功。晚稻則堰斷塘乾，絶無下秧之水，土焦地裂，又無可犁之田，更永絶晚秋之薄望。槁穗盈疇，登倉竟無顆粒；秋收伊始，枵腹以待來年。佃無隔月之糧，唯有轉徙；牛無卒歲之草，日就死亡。田野勢見荒蕪，遠近聲聞痛哭。雖急公終事，敢不爲國而忘家！然窮極痛深，唯有號天而呼父。伏乞慈臺備陳疾苦，轉賜申詳，庶邀格外之恩施，稍救境中之塗炭，萬民待命，闔邑沾仁。上呈。

馬槽刀鍋三項宜永存府中公所以備永遠之用〔一〕

大兵養馬一次，民間所備馬槽、刀、鍋三項，計打造、市買、搬運交納之費，不下數千金。每次皆然，受累無窮。惟有將此三項物件借府中一公所收貯，以備下次之用，免致再派。民間即一次兵馬經過，中間必有損傷失落物件，然畢竟所存者多，登簿存後，到下次兵馬過時，添新補舊，免致全派。計每一次亦可省民間萬餘金，此誠萬世之利也。而年來未行此法者，則以碍於部文『借備』之二字耳。實謹以兩言蔽之曰：言借者，虚名也。其實民間無可借之法也。唯有按畝收銀製備而已。有借則必有還，而言還者，亦虚名也。其實民間不能受還之實惠也。到下次養馬，唯有再按畝收銀製備而已。何以明其然也，江南與西北地方不同。北方大家小户，人人騎馬，家家養馬，故養馬之具或可借備。若江南水鄉，自驛遞官馬外，民間并無一馬，何從而得養馬之器具乎？且槽有長短大小之不齊，刀有輕重之不等，安能一一而合式乎？惟有各糧長按畝收銀，臨時製備一法。故曰言借者，虚名也。至於養馬之後，一一言還之民間更爲難矣。大兵養馬，或二十日，或三十日不等。凡各縣糧長、里排能爲衆人公事，自用盤費住府，而待兵馬過後，領出槽、刀、鍋等物乎？其難一也。且交納之時，胥吏尚且留難，况領物之時，胥吏肯一一還之糧、里乎？其難二也。即令糧、里可以領回，則此槽、刀、鍋三項原係收花户零碎銀兩製備，今若還物，則物無可細分之法。若還銀，則此三項何人總買？何法變價？糧、里又何以還花户乎？其難三也。且領物恐亦有領之費，領物運回又有搬運之費，如馬槽一項搬運脚價幾可當槽價之半，糧、里又何樂而運回，其勢不得不盡没入於胥吏之手矣。其難四也。既不能還，則到下次養馬，惟有再按畝製備一法，故曰言還者，亦虚名也。若云還之各縣糧、里，公同收貯，以備下次養馬之用，則糧、里安能得此空閑房屋，收貯此項物件？且糧、里一年一换，養馬約六年一輪，在六年以前之糧、里，豈肯爲六年後之糧、里用心料理收貯乎？若云還之各縣，則縣中必付胥吏收貯。官三年五年而必陞，其下次養馬答應之官，必非前番養馬收貯之官，其權一歸於吏而已。其領物之時，必多隱匿。其收物之後，必多開銷。究竟到下次養馬，用馬槽、鍋、刀之時，仍舊重行派備。故言還之民，徒有還之虚名也。言還之官，亦徒有還之虚名也。惟有於養馬駐劄府分地方，預借一公所，如安慶書院之類。候大兵過時，將三項物件公同查點收貯，以備下次永遠之用，則無借與還之虚名，而可省歷年重備之實害，造福真無疆矣。所有各項條目酌議於後。

行此良法，惟大兵臨去時，查點物件一事最難。蓋大兵去後，此三項物件，其損壞者可查，其胥吏藏匿而托名於大兵之帶去者，難查。然即有隱匿不過刀、鍋二項，至於馬槽，則帶者不能帶，而匿者豈能匿乎？即刀、鍋二項，間有藏匿，然不過十分之一二耳，較之從前養馬次次全派民間重備者，不已省乎？固未可以小害而弃大利也。况養馬一棚內，必有各縣知應之衙役，必有民間所撥煮豆鍘草之夫，約五馬有夫一名，煮豆之夫即可以守鍋，鍘草之夫即可以守刀，知應一棚之衙役，即專任一棚鍋、刀之責。除大兵所欲帶去者，非彼輩所敢抗留外，其餘皆可看守，以待查收。惟是大兵一去，各馬棚之人來往亂走，遂多隱匿失落物件。今宜先期出示云：大兵臨去，各棚人役，各守各棚，不許亂動，仍專委一官臨期巡視，棚內有亂行走者責之。如此，則各人守各人之棚，各棚守各棚之物，直候兵去後，或本府、或廳官、或本縣官，到棚查明所有三項物件，原備若干，大兵帶去若干，損壞若干，實存若干，即日具清册呈報，則查點可清矣。

一查點

一收貯造册批定入府縣交代册内

收貯鍋、刀等物皆易，惟馬槽一項須得高朗乾燥之地方可收藏，以槽多松料，恐生白蟻故也。且槽每一面長有一丈，或八九尺不等，計槽三四千面，須得空大地方，上下堆積方可收貯得下。其收貯之時，必將各縣物件刻各縣字於上，將屋封鎖，用本道、本府、本縣三個封條封上，其鑰匙付本縣收之。所以然者，因府中有營將駐札，恐年深事久，視爲閑置公物，營將一時向本府借用，難於却其情面，借端一開，侵冒百出，故加以本道之印封鑰，付本縣收掌，而本府總其出入。此三面互核，以垂永遠之意也。仍將收貯物件一樣造册四本，詳注經手、收點，經承姓名，一呈本道，一存本府，一存本縣，一付本縣糧、里收執，仍祈本道批行府、縣，將此册於本府、本縣升官之日，造入府、縣交盤册内，以防數年之後，官有陞轉，胥吏得以藏匿，册籍更多作少。如是，則不患日久弊生矣。

一下次取用增補

收貯既善，侵冒不生。到下次養馬屆期，本府先詳，本道開封驗視，酌彼一次馬數多寡以爲增添，除一面行牌本縣外，一面府發一告示，張挂本縣縣前，内開本年養馬應用槽、刀、鍋共若干，前存府馬槽若干面，今向縣借備若干面；前存府刀若干把，今向縣借備若干把；前存府鍋若干口，今借備若干口。明開數目，出示通衢，則胥吏不得於府派之外，另行多派以累民，而民間有舊物存府，不過新添十分之一二，其所省物力甚多矣。

一正名

馬槽、刀、鍋三項畢竟是民間之物，而官竟封貯之，無乃於名不正乎？曰有正名之法在。先期傳各縣官公同一議，其官之清正愛民，不爲胥吏所惑者，未有不以此法爲不善者也〔二〕。果以爲善，則凡事未論將來之利害，先論已往試詰。今年養馬，其借備馬槽、刀、鍋等項有一件不新派之民間者乎？其十一年養馬馬槽、刀、鍋等項盡銷磨於何處乎？或胥吏之家猶有收藏，舊物折新，用舊欺官誑上，云舊物尚存若干以報上者，或有之矣。然紙上之虛名耳。其實以一縣糧、里計之，其所出之槽、刀、鍋總數，既與府牌相符矣。若有舊存物件，則新派者應減，豈不明稟於官，大張告示云？府牌槽、刀、鍋總數若干，除舊存若干外，今止該新派若干耶！再或有言其不善者，不過托言原係民間之物，當日還之民耳。則前所議還民間之『四難』，已詳言之矣。倘各縣果以爲善，則令各縣具一詳糧長、里長，或云見年，或云排年。具一呈，呈爲懇恩，借公所貯公器，以備下次養馬公用，以免往來搬運之費事。如此，則不云官封民物以備用，而云民借官屋以省費。其名正而言順矣。

一 刊刻成書

立法於六年之前，而利民於六年之後。止憑文移書册，則惟官與吏知之耳。官今日知之，而六年後之官，非六年前之官也。吏知之，而專壞此法，欲去其籍者，即吏也。彼知之何益？惟有於法定之後，將上下文移及收貯物件數目册籍刊刻成書，使紳衿、糧、里各得一本收據存後，則人人共知上臺德意，而前任陞轉之官，可以此刻書，送後任新到之官，一覽了然，不至爲胥吏所欺蔽，斯永遠良策矣。

校記：〔一〕此文題清廣仁堂刻本虛直軒文集爲『馬槽刀鍋三項宜永存府中議』。

〔二〕『不』，清廣仁堂刻本虛直軒文集作『反』。

姚端恪公文集卷之十八

戊子山東程表一道[一]

擬上特召輔臣及三品以上京官飲宴，賜蟒衣彩緞有差，廷臣謝表。順治五年。戊子山東程伏以五位廣鴻恩，飫天厨，以隆台輔；九重弘駿典，啓寶笥，以賚臣鄰。珍出尚方，特重調羹之佐；彩分宫錦，用酬補衮之忠。退食感深，披衣情切。臣等誠惶誠恐，稽首頓首上言：竊惟王者聯宫府爲一體，時洽燕笑譽處之歡。盛世製衣服於五章，不靳璣組玄纁之錫。筐傳魚麗，載歌於魴鯉鱨鯊；會作山龍，明象於宗彝火藻。蓋隆泰交於三接，實昭喜起之同心。秬鬯瓚圭，厘來宣之召虎；玄衮赤舄，賜入覲之韓侯。降至召供奉於香亭，空泛凉州之酒；覆承旨於蓬禁，獨遺蜀襭之袍。玉樹生花，徒傳狎宴；金蓮送院，罔召典衣。未有廣式燕之弘施，優在笥之嘉貺，如今日者也。

兹蓋伏遇皇帝陛下，奉三而建，御六以飛。日出開基，震耀東方之位；天行表健，乾凝北極之區。乃聖乃神乃武乃文，亞唐帝之弱冠；有馮有翼有孝有德，邁周辟之冲齡。爰啓彤扉，特宣元老。因馳丹詔，廣集大僚。舞餘捧得酒盈樽，傾仙盤，而浥露朝罷。携來香滿袖，披文綺以如雲。雖無旨酒式飲，庶幾雖無嘉殽式食，庶幾猶曰：不醉無歸也。矧紫駝翠釜移來六甲厨中。緇衣宜兮，予改爲兮；緇衣好兮，予改造兮，猶曰服之無斁矣。矧鸞袖鮫綃織自七襄機上，在皇仁既已下逮，而聖慈別有深心。咨爾公孤，皆麴糵鹽梅之寄；詔茲喉舌，彰星辰黼黻之華。非徒令拜手而銜恩，亦欲使顧名以思義，群工洽而萬姓承流矣。唐宗御樓而大酺三日，曰與民同樂也。尚其廣而行之，大臣敬而小臣咸勸焉。宋祖賜貂而馳諭諸將，曰不能遍及也夫，亦可以興矣。一時盤觴交錯，酒分文考之千鍾；兼之錦綉繽紛，光映神堯之八采。幸近天顔有喜，群依帝座如春。

臣等黃耳，非任赤芾徒慚。玉鉉聿頒，衹深覆餗之懼；金章式焕，彌懷服采之忱。敢不益厲忠謨，酒無卜晝而卜夜；永堅素節，絲惟五緎而五紽〔一〕。庶幾一飯不忘，寧負三英有粲。伏願吐哺惟勤，垂裳而治，任賢勿貳。穆生之醴時陳，從諫如流；辛毗之裾堪引，梯航萬國。毋忘玉食之艱難，筐篚九州，倍儆宵衣之劼，毖協明良之一德。寧徒侈宴享賚，予之文聚卿輔於同堂，可漸復召對咨詢之典。將見推食食我，解衣衣我。欽哉！何止二十二人，且念五月新穀，二月新絲，樂只載咏千億萬祀。臣等云云。

問：一代之興，必定一代之制。説者謂取天下者，尚闊略；守天下者，貴繁重。今海宇大定，南服悉臣，議禮制，度考文，此其時矣。亦有可酌古準今，以仰助訏謨者歟？孔子曰：殷因於夏禮所損益可知也，周因於殷禮所損益可知也。又曰：周監於二代，然則，興朝之創制顯庸，與先代之舊章成憲，亦有可相沿弗替者歟？尚亦變而通之，神而明之歟？昔周公輔成王，斧斨載歌，多方甯靖，即皇皇以制禮作樂爲急務，乃周禮一書，實與周官相表裏，皆分官列職，亮采熙載之事。然則禮者，豈在夫柴望禋類之儀，登降揖讓之數，而可云謙讓未遑歟？我皇上亶聰濬哲備德，冲齡立法考憲，嘉與維新。如敬授則，頒時憲之曆，清理則定賦役之書，明敕則布本朝之律，亦既百司六宇遵守罔斁矣。乃若天官則黜陟選任之規，秩宗則品節物采之制。武科再舉，殿工肇興，而營衛建置之沿革，宫寢名數之鼎新，若此類者，未可更。僕在諸司之職掌，既分而不合，前代之會典復窒而難通，其亦可廣集儒臣博咨掌故，分曹定例，以成興朝一代之書，俾永之億萬世而無弊者歟！爾多士尚昌言之。異日者，以定典章，奏治平，恢恢有餘地矣。

戊子山東程

聞之古帝王創制顯庸，莫不因革損益，以成一代之規，所以經久明遠大一統也。故有所闊略簡易。變化因心，神明不測者，以爲取天下之資，即有所委曲繁重，大小相維，輕重相制者，以爲守天下之具。蓋盛世有治人而無治法，亦非謂有致治之人，而遂謂法之可缺焉不舉也。是以國有三重，莫急於禮，而制禮首自周公。今觀其周禮一書，辨方正位，體國經野，設官分職，自天官掌邦之六典，以佐王治，邦國八法以治官府，八柄以詔王馭群臣。地官以土宜之法相民宅，任土事以土均之法，辨五物九等以土圭之法，測土深，正日景，以求地中。春官以九儀正邦國之位，以六瑞等邦國，以六器禮天地四方。夏官掌邦之九法，以佐王平邦國。春教振旅，夏教茇舍，秋教治兵，冬教大閲，以飭戎事備不虞。秋官以五刑糾萬民，以八辟麗邦法，以五禁懸門閭，而冬官考工於輪人、輿人、輈人、函人、矢人之制皆詳哉。其言之用，以飭五材，辨民器。凡後世六曹分職之法盡此矣，而統命之曰禮。故禮本於天，殽於地，而舉夫升降揖遜之文，郊勞贈賄之節皆儀也，非禮也。是以四岳九官十二牧以亮采惠疇，唐虞之禮也。修六府則三壤定，五服設，方伯連，率分天下以爲二伯，夏殷之禮也。然尚書所載夏商無更張官制之文，而周官亦稱唐虞稽古建官惟百，夏商官倍亦克用，又蓋其制大約因唐虞不變，獨至於周而大詳。然孔子猶曰：周監於二代。然則，一代之因革損益，與前代交相矯也，交相成也，神而明之，存乎其人耳。又烏可已哉！當周公制禮時，斧斨載歌，多方作誥而遑遑以制作爲首務，蓋若是之亟也。故曰周公成文武之德。又曰公德明光於上下，勤施於四方。乃魯兩生以爲禮樂必百年而後興。漢文帝聞賈生之言，至謙讓而未遑，是豈知周公汲汲制禮之本旨哉！

今我皇上秉成王聖哲之姿，立法考憲，嘉與維新，如頒時憲之曆矣，而敬授欽若，燮理弘化，愆陽伏陰，修德修刑之道宜講也。定賦役之書矣，而土滿人滿，徵納轉運，蠲荒治熟，清冒匭派之法宜詳也。布本朝之律矣，而依勢作威，倚法以削，比輕比重，意出意入之罰宜嚴也。至選任則資俸譽望之兼采，而定畫一之制，以明其無私。黜陟則舉劾連坐之勿徇，而廣糾拾之法，以匡其不逮。以詳品節，則尊卑上下之有章；以辨物采，則登降辟旋之有式。武科舉矣，然前代戰將每出於行伍，而韜略罕聞於制科，因其法而勿因其弊，是必精爲遴擇，然後干城有所風也。殿工成矣，然前代規模未侈於弘麗，而冒破每苦於不貲。新其名而更新其法。是必明著會計，然後鳩庀有所考也。諸若此者，未可枚舉。或權變於一時，而難經久遠；或密籌於廊廟，而未勒典章。是豈可不纂述昭垂，以成一代之書，定開國之制哉！夫明時之職掌具存也，會典猶在也。然或法有可通，則以爲先朝之成憲；或情有不便，則以爲勝國之陋規。或沿或變，何去何從，蓋因革不出新裁，則臣下無所遵守。今宜廣集詞臣，如議郎之會，虎觀旁徵，隱逸如陶凱之入，纂修博考掌故於蘭臺，分彙六曹之章奏。百揆各予以專職，而一瓢毋取乎侵官，則文武既已除改授之條，司刑豈得仍用考功之法，專任雖戒乎越俎，而立法尤貴乎周咨，則内必須政本之參稽，外必經黄門之封駁。務令酌古準今，本經達變，推之四海而咸宜，永之萬世而無弊。然後彙呈御覽，仰請聖裁。欽賜嘉名，勒之金石，使知興朝開國之規，煌煌與周禮相表裏，而後世亦頌我皇上睿德遠軼成王，豈不盛哉！愚生衡茅管窺，敬抒一得，以爲入告我后之助。

問：用人爲致治之本，銓政爲衡鑒之原。周官冢宰掌邦治，統百官，而選秀出於司徒、大樂正造焉，大司馬又從而論定之。漢世得人皆自州縣補署，五府辟召。魏、晋以還，沿九品官人之法，置中正以輔選，部核行誼。元、魏及隋然後銓法一歸之天曹。然則，歷代用人因革之故，亦有可得而殫悉者歟？說者謂銓法專循資序，則賢與不肖相蒙。專咨譽望，則私與公相亂。今欲使資序不足以滯異等，而超擢不至於徇私實，宜何術而可？語曰：善言古者，必有驗於今。我皇上迪知忱恂，任官器使可云備矣。乃吏道多端，官制未定，或謂爲天子而親民者，守令也。代天子而守天下、巡天下者，撫與按也。今得毋遷代太亟，而久任之效不彰歟？地勢懸隔，而計吏之法未盡歟？豐、沛多才果盡，以殊功膺節鉞歟？考選肇舉，僅應以年俸陟清華歟？若此者，其永宜遵成規而罔變歟？亦有可神而明之，存乎其人者歟？抑上世用人惟其人，後世惟其格。格繁而吏因緣爲奸，如寇準之却例簿，杜衍之注選格，使胥吏屏息者。今尚可仿而行之歟？抑皋陶之論九德官人，而歸之同寅協恭，有不僅在是區區者歟？諸士其準酌以對，務令坐言起行可也。

戊子山東程

自昔唐虞建官惟百，夏商倍之。然其時疇咨拜讓，藹若家人。入覲時巡功惟明試，外委之方伯連率而不以爲專，内拔之幣聘夢卜而不以爲驟。蓋銓選無專司，而官人之道已備矣。至成周始以冢宰掌邦治，統百官，而選士造士進士，又必大司馬從而辨論之。論定而後官之，任官而後爵之，位定而後禄之。蓋公之至也。自兩漢用補署徵辟之法，魏、晋沿九品官人之制，然其弊也，纁帛几席，流爲處士之虛聲；俊及顧厨，激爲名流之標榜。漸至於獎譽相借，門第相高，上品無寒門，下品無世族。然後元魏罷中正之設，而銓選一歸之尚書。隋代絶辟舉之科，而尉史畢除於吏部，窮極而變，固其所也。夫以一吏部而官天下之材，其任專矣，其責重矣。若明季銓政淆亂，是非蜂起，毁譽繇乎異同，黜陟變於門户。選司無卒歲之淹，天官爲傳舍之位。一命除授，票擬出於綸扉；九列會推，短長關乎言路。

至我興朝，而其任益專，其責益重。然愚以謂論銓法於今日，不在崇其權而在責其實。不慮越俎者得撓其法於官守之外，而慮統均者不得盡其心於職掌之中。不慮其嘯喏唯隨，不能抗顔於斗席之上；而慮其方員枘鑿，不得并達於辰極之前。是在我皇上克知灼見，以慎擇其人，既得其清公明正之人而力任之，以盡其用耳。不然，而銓法專循資序，則薛淑有貫魚行雁之譏；專采譽望，而范仲淹又有百官圖次之議也。二者將安所折衷焉！今執事以謂爲天子親民者，守與令也；代天子而守天下、巡天下者，撫與按也。文中子曰：『成周之隆，邦家有社稷焉；兩漢之盛，牧守長子孫焉。』今黄綬未幾時，倏而二千石矣；二千石未幾時，又倏而藩臬矣。官不需考績之期，民不睹有成之效。上下未習，胥吏得以爲奸；新舊未交，委署因而肆虐。供張驛傳，徒有將迎繁費之勞；錢穀城隍，遂多侵冒疏虞之變。且計吏之典雖行黜陟之道，未盡在册中之賢否，其權或獨操於司賢否者之意中，而格外之糾彈，其禍或反中於職糾彈者之意外，以勸吏治不已疏乎？ 今宜力申久任之規，定爲畫一之制。倉庫可爲姓氏，則如況鍾之十載，以盡其材； 高第擢爲九卿，則如陳璉之三遷，以厲其氣。而又殿最必公，考功惟允。 外因撫按之賢否，而采輿論以廣其周咨； 内有言路之糾彈，而秉虛中以稽其治行。 則内不得以風聞資搏擊，外不得以己意爲低昂，亦烏有龔、黄、召、杜不聯袂而奮者哉！ 至於漢祖從龍，半資豐沛； 光武佐命，多出南陽。 故天生一代之真人，其地氣亦蜿蜒鬱積，而聚一代之人材，以輔之盛京者。

我皇上之豐沛、南陽也。 今宜令銓曹預立保舉之法，僉咨節鉞之材，或京卿之俸深勞著，或監司之功懋薦多者，列名御前，遇缺隨補。 如唐宗之書刺史於屏風，明祖之紀姓名於内殿。 初定之地，則需長者以養和平； 盤錯之時，則資利器以弘戡定。 人預舉則不及私情，缺未分則難營便地。 然後畀以重權，責其久效，而撫臣極一時之選矣。 且巡方者，吏民之綱領也。 考選者，又巡方之先資也。 專論俸而累日積久，豈盡賢良？ 專論薦而茂異上等，果皆實録？ 即同一俸也，地有安危，則官分勞逸； 同一薦也，序有先後，則才辨短長。 蓋考選與資補既殊，則甄別以銓衡爲定，而又驗其年貌之盛衰，稽其學問之淺深，試其風力之强弱，始進攸端，澄清可必，而按臣皆表率之材矣。

抑愚更有過慮焉，古者用人之法，推賢讓能，量才授職。 其胥吏不過奉簿書，效奔走而已。今則皆邀被聖慈，憫其勤勸，班列鳴珂之後，俸分少府之錢，在朝廷不過以酬勞，而中外或疑爲捷徑。防微杜漸，道有宜嚴。昔寇准主銓政，進擢惟其人，却例簿不用，曰誠用例胥吏足矣。杜衍判内銓，既視事，命諸曹各具銓格，以白紨自平注，吏一不得預而稱平，誠使主銓者厲之以清，持之以公，鏡之以明，守之以正，而其本又在君臣一德〔一〕，復召對以訪人材，則唐虞闢門咨岳之典也。滿漢同心，如水火之相互濟，則皋陶協恭和衷之義也。如是而銓政有不清，人才有不聚，以幾於百揆時叙九德咸事之盛者哉？

問：王者德以宣化，刑以弼教，故典著欽恤，誥表敬明，以及周大司寇六典、八法、八成、三刺、三宥、三赦之制詳矣。語曰：『能生殺之，謂王。』又曰：『五刑五用謂之天討。』豈王者之用刑，必求端於天歟？皋陶以虞帝好生之德洽於民心，民用不犯，而周官又有輕典、重典、中典之説，豈寬猛果以世爲升降歟否歟？賈誼陳治安謂：『禮不及庶人，刑不及大夫。』而宋臣蘇軾又以謂：『厲法禁當，自貴近始。』二者孰醇孰駁歟？書曰：『要囚服念五六日，至于旬時。』傳曰：『王者賞以春夏，刑以秋冬。』蓋遲之又久，重民命，慎擊斷也。然則，漢唐以降，置廷平以平庶獄，二日五奏以防冤抑，及詳覆推勘，雜聽審録之法，亦有可敷陳者歟？昔門王之治刑者，或畫一于法，而明示以律令條例之遵，或慎重其人而務遴乎明允平恕之選；或罔兼乎庶獄，而使衆人不得旁撓於法之中；或參讞以多官，而使一人不得恣睢於法之外。其道將安適從歟？今清律聿頒王言式賁，冀幾刑措之風，以昭祖宗好生之德，甚盛念也。爾諸士其直陳無隱。

戊子山東程

刑者，成也。一成而不可變，故君子盡心焉。夫天道不能有陽舒而無陰肅，然雨露則進處於春夏，而以生育爲功；霜霰則退處於萬物收藏之時，而常積於空虛無用之地。以此知天之不任刑，而霜霰爲天司刑，亦有以體其意也。父母之於子也，勢不能無有朴責。朴責者，或乘其怒，而斃其子焉，則父母必爲之大戚。然則，古帝王之不得已而用刑，與司刑者之仰承其不得已之心，亦若此而已。

今清律頒矣，重以王言，曰冀幾刑措之風，以昭祖宗好生之德。此上帝鑒其如傷下民，戴其孔邇一言，而生億萬人，且廣生生於億萬世者也。夫以我皇上仁慈覃敷，重恤民命若此，下當以德威德明之訓進。況海隅大定，率土悉臣，而不知者乃援孔明之治蜀，王猛之治秦，以附會於亂國，用重典之文，此悖逆大不道之言，而可以污興朝維新之化哉！在昔士師欽恤，吕刑敬明，及周官六典以定邦國，八法以斷官府，八成以弊庶民，三刺三宥三赦以求其衷，以訊其疑。愚不敢遠引以對，亦曰遵王言，守清律而已。若夫賈誼之陳治安，謂刑不上大夫，然則罪如四凶，亦寬而縱舍之耶？蘇軾又謂立法自貴近始，然則古天子所謂改容而事，降席而禮，伯父叔父而優遇之者，僅以爲徇天下之具耶，是皆非達本之論矣。夫刑者，平也，所以平天下之不平者也。故無意出，無意入，無舞文，以恣無倚法，以削而一秉於律，則下不敢犯；一守於王言，則百執事有所遵。今凡大小京官及在外五品以上官有犯，奏聞請旨，不許擅問，則既載在清律矣。刑曹不得濫收詞訟，内必經通政五城，外必由撫按參奏，則既特允刑臣之請矣。以此見我皇上廣虞帝之好生，弘周后之敬忌，厲無耻，養士氣，至仁也。法若持衡，官無越俎，至明也。經久垂遠，防奸杜弊，至斷也。然今或有清華侍從之臣，編纂討論之彥，單辭甫入，奏報不聞，而縶辱相加，搏顙乞哀於階下者矣，如王言何？如清律何？且吏法莫大乎贓私，刑律莫嚴於反坐。今或貪污已挂吏議，誣陷及於不道者，皆朴責而遣之，乃使清華侍從之臣受無名之罪，據一偏之辭，俯首而與之同科，呼搶於三木之下，哀鳴於桎梏之前。士林寒心，路人酸鼻。是寬於貪污之吏，陷善之人而獨嚴於朝廷翰墨之寮署也，非所以重名器而興起當世之士也。書曰：『要囚服念五六日，至于旬時。』傳曰：『王者賞以春夏，刑以秋冬。』非故爲濡滯也，蓋王者能生人、殺人、貴人、賤人、貧人、富人，然能使貧者富，能使賤者貴，而卒不能使死者生。故曰：死者不可復生，斷者不可復續。雖王者亦無如之何也。故古王者慎之。

今清律有不待時者矣，亦有秋後者矣。然或有優游粉署之司，贓私曖昧之事，而司刑者不聞，以據律請朝定爰書，夕肆西市矣。夫外之情真罪確已蒙報可，而聖慈矜慎猶必令巡按御史再審，則是郊甸之外，且得邀皇恩以延旦夕之生，而輦轂之下反不得望司刑以緩呼吸之死也，非所以昭畫一之憲也。然則，如之何？曰法不立，則務敕法。法立而下不遵，則務慎擇其人，而又不使專制於一人而已。昔治獄者，虞稱臯陶，周稱蘇公。然臯陶之誦帝曰：『好生之德，洽于民心，民用不犯于有司。』周公之美蘇公曰：『式敬爾由獄，以長我王國。』蓋臯陶能體帝好生之德，則有所不忍。蘇公能式敬，則有所不敢。有不敢與不忍之心，而後可以刑人而不疑，可以刑人而人不怨，可以刑人而期於無刑。今遠者無論已，誠得如釋之有功定國者，使勝其任，則彼且能廣縱舍於法之外，豈不能守繩墨於法之中？且能以失出小罪，好生大德者，抗顔於深刻之朝，豈不能以罪疑惟輕，功疑惟重者，將順於仁明之世，而又參之多官，以質其疑；重之屢讞，以伸其誣；廣之駁正，以矯其枉？昔唐太宗以斷獄必訊於三槐九棘之下，與三公九卿同之，命諸疑獄法官得執異議，以争而明祖之，於重辟亦令府部科、通政、詹事雜聽之，録其冤抑以聞。至興朝而官戒雜局，事忌旁撓，故卿貳罷會推之典，專任銓曹司空，并關澤之征獨歸户部，豈非以任之專則責之重耶？然至於刑，則必命三法司會議者，何也？以此見民命之至重，而聖恩之無已也。今宜令會鞫，勿徇故事，議有不合者，得以兩請大理兼置滿官而重其權，專以平反爲職，開言路以嚴駁正之，法立覆審，以防倉卒之冤。如是而清律有所必遵，王言有所必守，庶司刑者，不敢不以皇上之心爲心，則可以用刑矣。并不忍不以皇上之心爲心，則可以措刑而不用矣。

校記：〔一〕此標題係編者所加。

〔二〕『緎』，疑爲『絲』。

丁酉宧稿三首

子曰賜也女以予爲全

聖人欲明一貫之傳，而兩以身教焉。夫子貢以學識高天下，而心折者，唯夫子，故子以身教之，而使曉然于一貫之説也。且夫聖希天，賢希聖，此學人之志也。而聖人設教，亦即取其所希之志而微用之則言教，得身教而益章焉。故或以身叩之，而使之疑。疑之者，進之也。或以身示之，而使之信。信之者，定之也。若曰：爾實師我，而我如是焉，爾亦可以返矣。説在孔子之教子貢。子貢者，固多學而識人也。彼其博學洽聞，列國之大夫非所云也。强識通敏，同堂之諸子箆以尚也。其微遜不如者，獨有顔回。乃中心誠服者，惟有夫子。蓋其才甚大，其學甚勤。二者皆進道之資，實入道之累。所幸俯視一時而猶有歉焉，未至于聖之憂且自負殊高，而復有毅然必至于聖之志。此其機可轉，而其意可用也。夫子知之，以爲多學而識。

賜也，用力爲已勞矣，不啓其疑，不足以奪其所恃也。然而英敏之士勇于自信，往往執己而中堅，故啓他人之疑易，而啓賜之疑難，是非以身叩之不可也。故急呼而詢之曰：『賜乎！知予者，宜莫若賜苦也。予之爲予，其多學而識之者與？』夫以數十載侍側之，先生無故而俯詢于弟子，賜即欲不疑而安可得也。疑則并多學而疑之矣，而賜果疑矣。然豈其然，非豈其非，直交戰于言下矣。子又以爲一貫之説，予也欲以詔賜，又已久矣。不堅其信，不足以定其趨也。然而多識之士易于多疑，往往見異而善變。故堅他人之信易，而堅賜之信難。是非以身示之不可也。故直取而喻之曰：『賜乎！愛賜者，莫予若也。予之爲予，蓋一以貫之者也。』夫以三千士從游之大聖，一旦而自盡其生平，賜雖欲不信而安可得也。信則并一貫而信之矣，而賜果信矣。然忘其然，非忘其非，直相喻于無言矣。以是知考道而遇良師，何其幸也。

端木夙稱才穎，而一貫之傳，至是而始有聞焉。始信力學親師二者，蓋交相長也。不然，負不可一世之才，而無大聖之啓迪以折其心，吾見終其身以學識自雄而已，遑言一貫乎？以是知傳道而得良弟子，何其艱也。孔門至號多材，而一貫之傳參、賜而外，罕聞焉。始信沉潜高明二者，俱未易才也。不然，取中庸以下之人，驟舉上哲之微言，以冀其悟。吾見其聞一貫而廢然返耳。然則，多學而識者，又曷可少哉！

仕非爲貧也全

大賢誅爲貧而仕者之心，窮其説以耻之焉。夫今人之仕以爲貧，而孟氏斷之以居貧，於是爲貧而仕者，其心拂而其説窮矣。故曰：耻也。且讀詩至北門，而嘆春秋之變風，猶良于戰國也。其曰：政事一埤益，我位不卑矣。然而室人交謫，終寠傷懷。蓋爾時居高官者，猶多貧士也，無所謂爲貧而仕之説也。迨至戰國而風斯下矣。黄金雙璧，上卿以炫里閭中國，萬鍾驕主以夸天士。故其時艷富之心日奢，而爲仕之術益陋。于是爲貧而仕之説出焉，所謂又從而爲之辭也。孟氏竊耻之，而正其説，以告天下之爲仕者，曰：仕非爲貧也。古之仕者，聽吾言則膏澤下于民，行吾道則堯舜致其君，乃所願則學孔子，其終身以轍環老。蓋仕如此其急也，亦烏有仕而爲貧者哉！

雖然，古亦有仕而爲貧者矣。乃其爲貧而仕，與今之爲貧而仕者大有異，不可不辨也。何也？今之爲貧而仕者，將以求富也，將以居尊也，其心以爲尊者富之藉也，高位者多金之媒也，吾不兼其官，不可以網其禄；不扼權要之地，不可以擴賄賂之門。取不宏則積不厚，積不厚則用不神，意旨可伺，則布金以結君恩。小奪則載寶而朝，非尊無以致吾富，非富無以固吾尊。尊與富如弋之必獲，如環之無端，而仕附焉。夫是以抱關擊柝可爲而不爲也，曰是散秩耳，烏足以濟吾貧也。乘田委吏可爲而不爲也，曰是小吏耳，烏足以濟吾貧也。不言高可也，居卑位則不可也；道不行可也，不立乎人之本朝則不可也，曰不居高位而立于人之本朝，則無以大濟吾貧也。故充其爲貧之心，可以至于無所不攫；充其爲貧而仕之心，可以至于無所不爲。夫下挾其無所不攫之術以漁民，而上操其無所不爲之術以逢君，詩所謂『如賈三倍』之道也。仕而爲貧之説，其流弊一至此哉！

吾故正其説，以告天下之爲貧而仕者曰：爲貧而仕必也，其辭尊也必也，其辭富也必也。抱關擊柝、乘田委吏處乎卑位而不立乎人之本朝，庶乎免罪遠耻而可也。蓋今人而仕將以救貧，而吾斷之曰：居貧。今之爲貧而仕者，將以求富，而吾斷之曰：辭富。則固已大拂乎爲貧而仕者之初心，而其説可窮，其風可熄矣。吾故曰：仕非爲貧也。雖然，貧富之間難言之矣，五福及富而不及貴，廉吏可爲而不可爲仕而爲貧，遂爲後世之美談矣。

舜流共工於幽州放驩兜於崇山

聖人有治黨之法，離之而已。夫國家之患，莫大乎人臣之有黨，然虞廷已不免焉。北流南放，使其黨不得合，斯已矣。粤考上古之世，臣風淳樸，未有黨名。有之自虞廷始。其局創往古未有之局，其事爲後代必有之事，則其法亦當立萬世可法之法。大聖人處此亦大費遠慮，深計于其間矣。

稽之虞史，有共工、驩兜二人者，比周而爲黨。舜之攝位也，一流之于幽州，一放之於崇山。君子曰：是可以見獨斷之果焉，可以見發奸之速焉，可以見防患之周焉，可以見愛惜人才之至焉，可以見黨與赦宥之寬焉。蓋聖人立於千載之上而爲百世之師，故黨始于虞，而治黨之法亦莫不備于虞也。何以言之？二人者，堯之才智重臣也。觀於堯有若采之咨，而驩兜首舉共工以對，力薦于聖主之前，抗論于公廷之上，盈朝莫以爲非，四岳莫糾其謬，則鳩功之才，亦有大過人者矣。且堯之論共工曰『静言』，則其言辭必足以動人；曰『象恭』，則禮貌必足以悦衆。夫以蓋世之奸而挾權藉之重，豈區區士師所能挾三尺之法，以繩其後哉！是以盜賊奸宄皆可命皋陶治之，而誅鋤貴近必親决於朝廷。孰流之？舜流之也。孰放之？

舜放之也。故曰可以見獨斷之果焉。又二人者，非常人也。其祖、父皆有元德顯功著於帝籍，其宗疆矣。於舜則老成耆舊，列在等夷，其勢逼矣。遲之，植根愈固，而權不可驟奪，則人之服于其勢者多矣。處禪代之際而爲煽動之談，則人之惑于其説者衆矣。外服其勢，内惑其説，則其黨將成而不可解。是以攝位未幾，大法即行，所謂彌亂於微，杜患於早也。故曰：可以見發奸之速焉。又堯之時重臣多矣，而二人者獨相爲黨，不獨其勢相倚，亦必其才彼此相資，若左右手之不可廢一也。二人之才不可見，然以書考之，共工『静言』『象恭』，其人必以智勝也。驩兜悍然頌言共工于朝，不避同己之嫌，不畏失舉之罰，其人必以勇勝也。君子者不智勇相資，不足以致治。小人者不智勇相資，亦不足以釀亂。故此二人也，使之合而在朝，則釀亂于朝。即使之合而在野，亦釀亂于野。舜曰：『散黨之法，孤之而已矣；孤之之法，離之而已矣。』是以一流之于北之北，一放之于南之南，地距數千里之遥，山川以限之，關津以束之，音問不能以相通，起居不能以相達，則其交不得親，而謀不得合。然後各安於其地而無邪心。故曰可以見防患之周焉。

抑舜竊念以堯爲君，己爲相，而二人者敢于爲黨，其悍可戮也。然獨念堯爲君，己爲相，而二人者能于爲黨，其才亦可惜也。可戮不戮，置之于山川遼遠之鄉，而徐動其悔艾自新之意，然後召而用之，皆良才也，待其怙終不悛，流者終流，放者終放，則亦聖人之不得已焉耳矣。此立法而愛惜一時之人才者，此也。舜又念夫堯爲君，己爲相，而二人者猶不免于爲黨，則洞見夫後世之君未必若堯，相未必若己，而後世之人才賢不肖相半也，又未必僅若共工、驩兜二人，則後世之黨禍必有百倍於今日者矣。將比而誅之，是誅天下才之半也，此濫殺，小人不可也。又深念夫堯爲君，己爲相，故法當其辜，黨人之罰止在于共工、驩兜耳。若流及後世，君子以小人爲黨，小人亦以君子爲黨，萬一君子不勝而受黨名，執法者援古律以誅之，則雖有他日之悔，而帝王之尊能使流者復，放者還，卒不能使死者生也。此誤殺君子尤不可也。是以法至于放流而止也。此立法而愛惜萬世之人材者，此也。故曰：可以見愛惜人才之至焉。

抑又有疑焉，物以類聚爲黨，黨非一二人之所能爲也。使黨而止于二人，不名爲黨；使黨不止于二人，則法何以止及于二人？蓋舜又慮之熟矣，以爲黨有首有從，其從者非必大憝也，世之蹐不能自守，弱不能自立者，皆是也。吾治其首，以奪其恃；宥其從，以解其交。善用之，則黨人皆吾人也。且重念夫黨之事曖昧而難明，黨之名可以牽引一二人，以至于千百人。立法一有株連，後世遂成踵襲，即令空其國而無小人，尚非國家之福。萬一空其國而無君子，遂成宗社之憂，如之何其可也？是以流者止于共工，放者止于驩兜，而其外不及一人，蓋其慎也。故曰：可以見赦宥黨與之寬焉。凡此者，皆舜之遠慮深計。所以定千古未有之局，料後世必有之事，而立萬世可法之法者也。噫！禹治水，而三代有水患而不至于潰；舜治黨，而三代有黨禍而不至于烈。兩聖人之明德遠矣哉！

国家出版基金項目
NATIONAL PUBLICATION FOUNDATION

全國高等院校古籍整理研究工作委員會規劃項目

姚文然全集

中册

（清）姚文然◎撰　江小角　楊懷志　張啓兵◎點校

北京师范大学出版集团
BEIJING NORMAL UNIVERSITY PUBLISHING GROUP
安徽大学出版社

姚端恪公詩集目録

姚端恪公詩集卷之一

姚端恪公詩集卷之二

姚端恪公詩集卷之三

姚端恪公詩集卷之四

姚端恪公詩集卷之五

姚端恪公詩集卷之六

姚端恪公詩集卷之七

姚端恪公詩集卷之八

姚端恪公詩集卷之九

姚端恪公詩集卷之十

姚端恪公詩集卷之十一

姚端恪公詩集卷之十二

姚端恪公詩集卷之一 辛巳壬午

東昌門人鄧秉恒元固甫校
男姚士塈注若
士堂佩若
士堅庭若
士基履若
士塾庠若敬輯

沿江攬勝五首

寒磯古木卷蒼藤，正憶常公一躍登。日落虎賁穿鐵壘，風清龍舸下金陵。時衰選將熊羆盡，世亂稱戈水陸興。漫道防江多戍卒，蘆漪寂寞起魚罾。

岧嶢天柱接層霄，新置轅門建白旄。時新設皖撫。大帥臨江誰跨馬？健兒入市盡横刀。

水奔吴會龍舟駛，山接潯陽雉堞高。正憶往年張太守，曾將百戰拒宸濠。

關門坐對九江遥，額餉新增十萬饒。青瑣郎官愁榷税，白衣估客畏停橈。漢川杞梓無消息，錦水璆琳漫寂寥。時川廣路阻。看美漁舟移日晚，不堪坐嘯報中朝。

黄鶴樓前江水深，高皇當日御舟臨。一從僞漢金戈息，誰效東吴鐵鎖沉？故壘蒼茫看鷺宿，高城浮動有龍吟。可憐夏口遥相望，在江北。不盡頻年鉦鼓音。

丹樓迢遞若霞浮，蕩蕩專城領上游。岷嶺欲分三峽接，漢川不斷九江流。青烽黯黯餘今日，緑黍芃芃憶往秋。夾道争傳新刺史，功名應比杜荆州。

小　艇

小艇縱陽入，青山夾岸同。虹霓開翠巘，風水漾晴空。

里門得伯氏書却寄

蒹葭烟雨越江迷，夜夜危檣渡瀫谿。但見老親相勞苦，不聞伯氏共招携。馬穿歙嶺黄花落，帆指華山絳葉齊。初伯氏擬自新安抵秋浦應試。比到開函知未發，更將曉夢怨烏啼。

聞君官舍欲嚴裝，老母牽裾涕數行。應對原鴒憐小弟，暫停班馬慰高堂。花明水驛丹葩冷，弦落山城緑綺張。好借俸錢當甘旨，金華臘酒玉壺將。

我到鄉園百草腓，開君東角著書扉。枯荷淅瀝聞秋雨，叢菊蕭森對夕暉。千里江魚常漠漠，一行霜雁故飛飛。從兹官舍瀟湘外，望爾西湖烟艇歸。予自此侍伯父入楚。

憶昔二首

少小尋幽出野坰，錦叢堂外有茅亭。予祖居丹楓萬株關西，許光祚顔之曰：『錦叢堂。』貧家漉酒春相餉，巨室懸扉夜不扃。間一揚鞭沙漠漠，有時垂釣水泠泠。最憐晚燒樵歌起，犢背兒童八九齡。

猶憶家君甲戌年，尋幽天柱萬山邊。川原木老無人伐，城市賓來到處傳。松葉自留巢鶴徑，桃花深謝捕魚船。間登古寨尋殘壘，裊裊啼猿半嶺懸。

里門感懷

歸來三徑半荒蕪，月白霜黄冷碧梧。據室伊威晨自走，嗔人鳥雀晝相呼。南遷漸長金城柳，西望頻飛董澤蒲。何日凱歌傳皖上，草堂高卧著潛夫。

古木參天萬壑霜，連營鼓角接瀟湘。難將露布傳招隱，幾見鐃歌奏缺斨。堅壁有時設奇伏，屯田兼已課農桑。王師若欲問津者，春水桃花路渺茫。吾里山中通潛、太、英、霍，以及楚之黄、羅，豫之光、固，綿亘近千里，賊久住其中。

欲賦中都泣數行，陵園佳氣漫蒼蒼。蓬蒿寂寞無人徑，古木從横自夕陽。石馬迴依孤殿立，玉魚空伴五雲翔。沛宫父老多零落，風起何堪望故鄉。

海門潮接青谿曲，六代興衰古帝畿。馬嘯寒風猶北立，烏啼明月盡南飛。伏戎强半流民熾，徵餉那堪土著稀。湛湛長江楓葉盡，側身四望泪沾衣。

武皇當日訪蓬瀛，萬里巡邊自勒兵。織女橋頭明月度，仙人掌上暮雲平。珮環想像帷中起，宫闕虚無海上生。聞道柏梁多侍從，曾無諫草達延英。

岱宗東望鬱青葱，控引河淮擁帝宫。獻馘幾曾光魯頌，陳詩何處覓齊風。月明野戍燕鴻度，雨落荒村鷄犬空。南旺明年春草緑，挽輸珍重入雲中。

天門蕩蕩察秋毫，蒼隼臨關刷羽毛。幾輩絳侯尊獄吏，獨令張尉冠刑曹。霜飛六月長虹見，月冷三司貫索高。四十八年懷往事，福堂蕭瑟起蓬蒿。

今年二月正桑麻，千里蛟龍捲白沙。水落纔高新樹影，潮平重築舊人家。麥田魚躍供寒鷺，茅屋烟殘起暮鴉。扶杖久聽蠲賦詔，諸君何以謝咨嗟。

皖口送仲氏下金陵予侍伯父之荆南

征帆泝漢水，歸棹下南畿。獨鳥亦何急，雙鳧相背飛。鳴琴懷謝傅，鼓瑟憶湘妃。兩地詩成帙，長江鯉正肥。

其　二

伯父高牙壯，樓船建鳥章。詩分潘岳秀，酒恕阮咸狂。文鹿同雲夢，嘉魚會武昌。有書傳越署，莫憶楚江長。

舟經小孤山下

亂水浮孤寺，危峰駐遠濤。石分鮫室斷，樹古鵲巢高。負米僧乘筏，焚香客住舠。最憐青壁迴，結構小亭牢。

柴　門

高柳長堤一望遥，柴門坐對楚江潮。牛車汲水通樵徑，虎落垂藤覆板橋。月散千林停賈舶，風傳幾處起童謡。故園回首桑麻盡，何地躬耕藉緑苗。

月　步

江天星月欲争先，平楚蒼蒼净晚烟。風急雲空鴻路闊，霜高林潔鳥巢懸。柴門静閲千帆影，草閣平臨十畝偏。緩步咏歸尊酒熱，舟人烹得鯉魚鮮。

黄州赤壁歌

山臨江屹立如鼻，又曰赤鼻。子瞻以爲周瑜破曹處，誤也。

赤壁高高臨江渚，蘆漪荻岸晴堪數。遠峰似散蒼梧雲，驚濤欲亂瀟湘雨。虚無黯澹忽變色，湘靈鼓瑟群龍舞。有時天水相澄鮮，翠屏鱗鱗束什伍。江邊眄睞女墻斜，城臨峭壁復平沙。井幹直視一千里，睥睨深藏十萬家。江上城邊即古寺，唐碑剥落餘殘字。林巒倒映西湖深，鐘聲雜還潮聲至。寺裏老僧爲予陳，後有高樓舊薄雲。使君建策防黄巾，考鼓鳴鐘一夕焚。厲兵秣馬豈無策，獨令野寺烟氤氲。何不鞭山走赤壁，令此高城壁立臨江濆。我聞此語復長嘆，賓從容與歸江岸。夕陽黯黯檣烏飛，青壁杳冥丹崖散。恨無吴生擅場筆，驅石移江歸几案！

武昌赤壁歌

赤壁之山鬱崔嵬，驚波濁浪相喧豗。曹公樓船蔽千里，旌旗如雲天上來。鳴鉦伐鼓三軍應，江水壁立山崩摧。有時散馬飲江隈，紛紛虎脊與龍媒。健兒輕身垂紫鞚，風沙漠漠去復回。横槊賦詩何壯哉，左立嚴馬右鄒枚。三吴局促不盈掌，孫郎憔悴捧金罍。二喬如花鎖春殿，真珠簾箔掩銅臺。豈知天道有倚伏，樓船十萬一時灾。蒲葦蔽天飛，東風揚其灰。弃甲浮水上，焉知游與洄！朱光灼灼江水沸，馮夷却走蛟龍哀。壯士死盡紫烟散，然後晴江萬頃琉璃開。散花洲上酒千杯，洲在山北岸，周瑜犒軍處。孫劉談笑無嫌猜，回思拔劍斫几何壯哉！周郎密計奪神秘，曹公逸氣凌九垓。中原未一兩賢厄坐屈，仿佛孫吴之奇材。不然水陸之師八十萬，奚啻龍驤乘流破竹如奔雷。寂寂斯人不可作，烟雨漁蓑披緑苔。

西　塞

一名道士，洑形如道士。張志和漁父咏云：『西塞山前白鷺飛，桃花流水鱖魚肥。』

爲尋龍窟寺，畫艇易漁舟。剥落唐碑古，蒼茫野殿留。竹林穿石出，樟影入江浮。萬壑傳孤磬，鷩鷗起别洲。

其　二

地近蛟龍穴，人題虎豹關。濤飛蘆荻白，霜降薜蘿殷。斜日亭臨水，微風帆度山。桃花岩尚在，漁父棹歌還。

其　三

西塞臨平楚，蒼然萬木齊。沙崩蛟出浦，風嘯虎鳴谿。陸羽茶能薦，山公酒自携。仙源如再訪，花下去津迷。

白雲閣

昔聞黄鶴樓，今上白雲閣。武昌若彈丸，繭錡紛交錯。朱甍映旭景，歷歷見丹雘。直視出晴川，對岸樓名。高下漢陽郭。微霞遵渚飛，采虹垂天落。松風静不興，澹澹澄江廓。黄鶴杳不來，微軀欲安托。何當復冰儀，翼我登廣莫。帝閽啓雙扉，羽衣紛相索。玉女引吹笙，并坐垂珠箔。左薦綏山桃，右獻浮丘爵。持謝鸚鵡洲，嗟彼羅間雀。

鸚鵡洲懷古

馮高望孤洲，悵然獨懷古。不見禰處士，悲風動寒浦。借問殺者誰？大兒孔文舉。縶鶴立階除，驅鳳入林藪。羅畢東西施，欲去將安所？遂使曹與劉，假手于黄祖。曹公亦寂寞，餘輩安足數。落落水上洲，猶得名鸚鵡。

阻風　時伯父先自武昌陸行向荆。

長干解纜鞠華黄，青女初飛陌上霜。對雪不堪詢節序，占風空復偃帆檣。爲鄰楚署羈思切，久别吴宫客夢忘。兩地折梅無驛使，各憐懷袖滿馨香。

昨宵初得使君書，促我衝寒坐笋輿。一别經旬猶未得，刻期明日定何如？官亭雨過冰條結，沙岸風飄玉樹疏。多少材官南陌上，馮高空復列旌旗。

去年冰雪結寒潭，曾侍家君駕兩驂。越木鳴琴收竹箭，湘陰聽瑟倚楩楠。魚龍寂寞自千里，鴻雁拼飛無一函。莫上沙堤頻望遠，烟波何處是江南？

九曲歌

歲云暮矣多離憂，朔風瑟瑟雲油油。擁書萬卷不復讀，擲向牙籤玉架頭。但當飲醇酒，炙肥牛。清風流西歙，蒼霞揚東謳。湘東醽醁酒思柔，拂衣長嘯傾百卣。百卣未盡日已遒，東馳之景復西流。安得巨靈力士列如麻，齊繫長繩挽日車。扶桑枝柯拂萬里，咸池清淺風揚沙。暗河桂不落，綏山桃再華。旦復旦兮不復暮，薄暮爛爛起朝霞。酒亦不可盡，日亦不可回。君不見岷峨之水三峽來，千里江陵一日回。明年燕山雪花大如掌，匹馬又向黄金臺。

江行雜咏

朔風清以厲，霏霧散江湄。翳翳遠峰没，喬林餘高枝。玄雲四邊來，高下天風吹。亭亭沉陰岡，彷彿復翻飛。有似客游子，飄飄臨路岐。菀結吐高吟，伫立心孔悲。皎皎河漢女，太息損容儀。

三楚多秀士，靈均發高倡。乘黄振逸足，千春無雁行。嗟予亦南征，揚舲浮沅湘。鵜鴂聲苦悲，百草慘不芳。芙蓉無可搴，何以製爲裳？釃酒讀九辨，悄悄以永傷。楚山自嵯峨，楚江清且長。楩楠與杞梓，蜿蜒尚千章。所遇如宿昔，斯人獨杳茫。我生宋景後，矯翼思騰驤。直視發浩歌，異代黯相望。

澄江瀉碧空，净如舒縞練。文霞何處來，玄黄鬱相絢。有鳥差池飛，清音振遥甸。淡淡遠峰上，濯濯寒洲見。盤石垂釣者，放歌方夷衍。

褰扉一以眺，江天杳冥冥。薄霧縈高峰，回波蕩行雲。日車不可挽，蒼蒼餘夕曛。俯仰歲云暮，躑局尚江瀆。孤鴻遵渚飛，翩翩求其群。清音徹層霄，羽翰何紛員。踟躕還入户，感物思氤氳。

南眺沅湘濱，浩浩流不息。傳聞虞二妃，遺廟在其側。九疑鬱相望，慘慘長相憶。淥竹爲悲辛，千春無顏色。我來值歲暮，芳草以衰熄。荷蓋與藥房，采采安可得。佇望北渚雲，仿佛見容餙。

楚江何逶迤，澄湍清且漣。回瀾縈曲岸，沙堤當我前。布帆懸復落，天風無變遷。游人起彷徨，估客泪潺湲。容容出谷雲，逍遥度前川。游雲日千里，我憂不可蠲。夕鳥連翩飛，泄泄迎我船。安能假勁翮，撫翼起高騫。

弭節停江臯，起登江上村。枯樫八九株，蕭蕭出衡門。石瀨清且淺，微雲波際翻。古老兩三人，并坐偃松根。髮短耳何長，炙背當斜暄。有婦負葦歸，縱横成藩垣。稚子啓雙扉，傳呼進夕飧。田家爲改歲，漉酒羞鷄豚。越陌復度阡，古歡相枉存。好風自南來，牛歌歡以繁。客子獨行役，擊汏度湘沅。載吟蟋蟀詩，慷慨誰與言？

晼晼日西没，倦翼戢北林。歸雲會暮風，翩翩返層岑。勞人夜未央，鼓枻赴前潯。長川動明月，流光正浮沉。玉繩何歷歷，縱横辰與參。天路渺難涉，江漢迴且深。四遠浩茫茫，離思安可任。

治裝發長干，黄葉飄前除。按節停荆渚，素雪下林墟。玉樹夾道生，枝柯何扶疏。烈風自西來，洪波與之俱。帆静遠峰合，蕭蕭江上虚。獨鳥求其曹，羽翼不能舒。飛鳴一以逝，出没無樵漁。嗟此千役子，悲思鬱以紆。何當高堂上，斗酒樂相於。酋人奉甘蓄，中厨羞珍魚。徵歌合古歡，并坐佩瓊琚。

行路易

予以仲冬侍伯父入楚，樓船簫鼓，浮江覽勝，洵昔人所謂壯游也。恐瀫水長干，咸念我羈人，漫增菀結，故變古『行路難』爲『行路易』，以慰之。

呦呦林間麋，銜草更鳴麑。雝雝雙飛雁叶，連翩遵渚畔。渚上戢翼有鴛鴦，三三五五羅成行。對物增愁思，感心動耳不能忘。調膠理亂絲，纏綿結曲不可治。拔劍斷流水，各自東西南北馳。憂來無方，誰能不思？相思莫揮涕，聽我爲歌行路易！長吟高嘯絶清雲，安庸怫鬱益憔悴。

四遠茫茫天蕩蕩，安得少華仙人進我九節杖。下含龍嘯之清音，上發虎鬚之奇狀。海游三山揚素波，陸登五岳開青嶂。振衣高步金銀臺，浮雲入掌天風揚。誰能碌碌困坐鬱，金堂蘭燈桂酒朱軒上。外鼓玉匣之雕琴，内擁芙蓉之羽帳。鬥鷄東郊之綉茵，走馬長楸之錦障。丈夫意氣不可干，敖游當爲天下壯。君不見龍門司馬遷，南浮沅湘歷九疑。蕭條異代稱倜儻，長江湛湛水淪漣。高帆如雲挂樓船，左右龍鱗紛蜿蜒。三湘健兒持戈鋋，丈八蛇矛列兩邊。挽弓一石能洞堅，金管嘈嘈鼓咽咽。廣厦十間何有焉，洛陽博山焚麝烟。葡萄清酒斗十千，中厨玉饌值萬錢。漁歌嚦嚦小舟前，舉網新得素鱗鮮。王屋之鮪縮項鯿，視此何啻若比肩。鸞刀縷切翠釜煎，水精之盤明且妍。平頭奴子髮初卷，手提玉壺左右旋。嗣宗逸興何翩翩，匹侣列坐竟長筵。明月高高霜滿天，爲君屢舞舞躚躚。

昨夜夢長干，思婦憔悴倚樓端。問我何方來，路遠旋歸難。下有衝波百折之回川，上有林岑千尋之危巒。感君惟古歡，寄我金琅玕。置我紫綺襦，一日十回看。北風清厲閨闥寒，况復長江盛波瀾。新衣誰當綻，故衣誰當完。賤妾筐篚七十二，蜀錦越練與齊紈。弃置不復陳，念君客衣單。菖蒲九節，合藥一丸。庶無疾病，顔如渥丹。君家阿母更相憶，傳書命君勉加餐。努力慎自愛，毋令衣帶寬。話言未罄榜歌發，易地山遠路漫漫。鴻鵠高舉絶四海，焉得連翩振羽翰。行路易，君莫嘆。

石尤起何處，飄飆漢陽來。錦帆不復施，起登江上臺。江上千山萬山鬱相望，蒼龍百疊翠屏張。杞梓楩楠各千章，枯松倒挂倚石梁。女蘿蜿蜒十尋長，澄川如掌瀉青黛。珠宮黯淡無輝光，彼何人，斯山之岡，霞衣瓊佩蔭修篁。臨池徙倚美華芳，冷冷差參吐鳳凰。山公倚石據胡床，醽醁清酒玉瓶將。山簡亦荆刺史欲飲不飲申百觴，酒酣振筆發高倡。綺思雲合何飛揚，酩酊歸來日蒼黃。左右傳呼有葛彊，今日爲樂樂未央。

蒼隼矯勁翮，高舉凌紫蓋。鷄鳴發天南，日晡集下蔡。丈夫壯游亦若此，龍爲馬兮雲爲旆。九野局促不足步，會携長劍倚天外。翩翩飛禽，遵彼北林。五步回顧，十步鳴吟。不見京洛繁華子，東厢西序相追尋。

長江素雪何霏霏，風雨飄飆下九逵。方者爲璧圓者珪，玉柯亭亭正參差。若有人兮江之湄，乘回風兮載雲旗。鮫宮暗靄無顏色，馮夷寂寞湘娥悲。遥峰連綿起烟霧，翠屏杳冥丹崖疑。我友二三人，并坐彈奕棋。酋人獻甘醪，中庖烹伏雌。酒酣岸幘摇彩筆，四顧蒼茫起賦詩。詩成却笑五陵賓，對雪徵歌淥酒醇。璇閨玉墀垂珠箔，彩女如花洛陽人。齊衾兩設枕雙陳，靡顔膩理待君親。千金駿馬不動塵，留向明年芳草春，吁嗟此輩安足珍。蒼鷹凌風一遐翥，寒空萬里誰能馴？

永　言

故山盛松桂，昔亦結茅茨。陽春二三月，萬木發華滋。山静闃無響，好鳥鳴高枝。澄潭如委練，文禽蔽其湄。石泉何泠泠，鳴玉相追隨。斜月映平林，流光正參差。驚飆驅浮雲，蕩蕩天門開叶。宿莽無人徑，蕭蕭虎豹啼叶。自我之出矣，中心恒因依。願爲雙飛燕，銜泥巢故榱。

啖桃餘桃子，投子種道傍。未及二三年，枝柯如我長。泫泫林間露，瀼瀼陌上霜。翩翩堂前燕，烈烈牖下螿。所遇如信宿，玄髮倏已蒼。人短知物長，撫心增慨慷。

昨夢天門開，乘槎漾日傍。仙人召我居，驂駕白鹿翔。金闕千尋餘，威蕤自生光。羽衣紛相索，綺袖何飄揚。授我緑瓊丹，飲我沆瀣漿。益我三秀草，奉藥一玉箱。詔我獻陛下，陛下歌芝房。陛下三千萬，小臣亦壽康。高者文成侯，卑者執戟郎。賤子跽自陳，踧踖不敢當。方士多矯誣，天王方聖明。長揖謝王喬，高步下玉堂。

亭亭百尺松，黄爵巢其枝。寄托不肖軀，有如太山陂。天風拔我松，柯幹從横披。黄爵暮來歸，哀鳴聲正悲。畢羅出其東，彈丸出其西。頂踵寧不惜，且復繞枝啼。不惜故巢毁，所悲棟梁摧。勿以炎曦熾，捐弃紵與絲。勿以秋霜零，捐弃綌與絺。平居不畜士，緩急當語誰？黃金閉笥篋，意氣徒爾爲。

亮景麗四遠，誰辨辰與參。滄溟日夕流，焉知淄與澠。海蜃爲樓臺，夸父成鄧林。人心非金石，恩怨苦相尋。昭昭明哲士，睨視若飆塵。杯酒釋怨怒，無庸少逡巡。我愛廉與藺，慷慨結殷勤。我愛魯連子，排難以解紛。

蘭蕙植山椒，杜若被江渚。與子雖殊途，馨香自相許。豈必偕晨夕，然後稱儔侶。親者日以來，疏者日以去。古道不可作，斯意竟誰語。

步出城南門，松楸臨廣路。華表秀平阡，云是侯王墓。荆棘夾道生，從横起狐兔。石馬慘不驕，局促以窘步。穗帷舞袖空，肅肅悲風度。嬋娟歌吹停，仿佛能復遇。登高望故里，欲歸鬼伯怒。安知華屋裏，玉棟珊瑚樹。松門一以閉，萬歲更相赴。白日沉陰岡，少焉出扶桑。嚴霜百卉零，春露復芬芳。人命苦迫促，一别永相望。安知王子晉，驂鹿雲中翔。

拔劍斷流水，流水自西傾。漉酒解愁思，愁思還復盈。我有金錯刀，左右垂琇瑩。窮年不復施，黯澹少光榮。龍性欲揚去，中宵風雨聲。攬衣拔劍起，顧龍空復情。壯士猶寂寞，爾曹遂悲鳴。

樗蓫生道周，欲伐我無斧。猛虎戲田間，欲射我無弩。馬瘏車輪折，言陟齊與魯。舟楫川無梁，言涉江與海叶。利劍不在掌，黄金不在肘。意氣自分明，空言竟何補。

孔雀參天翔，清音絶雲漢叶。徘徊閬苑顛，游戲若木端。瑶光過我前，北斗在闌干。交交三黄鳥，林間振羽翰。曰將從我游，仰視浮雲寬。我欲躬負汝，天高路漫漫。我欲捨汝去，所見無鳳鸞。五步一回顧，十步一盤桓。

青谿月泛

秋風吹木末，高月動城隅。刻漏傳金箭，停杯傾玉壺。疏林開鳥户，落葉骨魚罛。悵望澄潭裏，雲天列畫圖。

其二

清光流不盡，曲曲館亭幽。菰岸檐前出，松軒水上浮。墻花秋爛熳，亭鶴晚夷猶。公子方高會，笙歌坐綺樓。

其三

誰家調玉笛？清切夜初分。垂手依簾立，焚香隔沼聞。縠衣驚夕露，羅袖動秋雲。明月高梁上，徘徊亦爲君。

其四

欲盡十千酒，重過三五橋。樓空深貯月，槳急亂生潮。薄霧縈高柳，疏星挂遠條。浙東湖北地，回首憶今宵。

送子遠之湖上

亂柳繁蟬曲水隈，錦帆遥背女墻開。奇峰坐對夏雲出，烟棹斜分返照來。蘆荻從横環浦溆，芙蓉寂寞隱樓臺。知君此别無多日，大指子遠齋名齋頭白雁催。

潮生風急水曾波，雙鯉艱難度遠沱。欲采杜蘅遺澤畔，空披薜荔倚岩阿。清商婉轉朱弦冷，湖海從横白眼多。莫道壯游名勝地，素箏濁酒易蹉跎。

得爾止書却寄

青鳥拼飛繞檻低，美人書札自淮西。寄言别路春雲散，又見官齋夏木齊。鼓角三更悲欲語，風沙五月晝長迷。莫言河朔當年飲，玉碗金尊不忍携。石頭城畔晚烟蒼，間一登高望草堂。繞砌松筠空復好，沿谿荷芰爲誰芳？老農側耳聽鳴鸖，列郡移書正捕蝗。江北江南有如此，離憂愁思兩茫茫。

贈奕于新居

一月東風蕙葉齊，王孫卜築禁城西。星懸古渡栖烏羽，雲隱高樓集燕泥。傍石種花開草閣，沿墻植竹度前谿。閉門好著平邊策，江北江南正鼓鼙。

挽陳大士先生兼唁孝威逸少

湯湯濟水漫東傾，濟上樓船空復情。南望山川如故國，北來風景失神京。青牛斷絶關雲散，白馬淒凉墓木平。縱有所忠來問賦，知無禪草媚延英。

徙倚新亭望畫橈，吴宫風雨漫瀟瀟。道周杕杜無消息，江上芙蓉久寂寥。一去但歌黄鶴曲，復來難奏白雲謡。蒼茫烟水寒潮急，何處傳芭可大招？

有子涔涔涕欲枯，縞衣散髮渡江湖。驥沾赤汗原千里，鳳翥丹山自九雛。（孝威名鳳，逸少名驥。）郭北松聲雖寂寞，亭南槐影未荒蕪。懸知春露滋蘭畹，并奠瓊漿泣畫圖。

贈爾止新居

我奏思歸引，憐君竟卜居。呼童飼好鳥，饌母有嘉魚。雲落谿光淡，風閑樹影疏。故園應寂寞，松菊近何如？

其　二

擁離城闕下，人静草堂深。小閣爲吾掃，新詩對客吟。如披高士傳，因見古人心。坐久闃無響，蘿風激素琴。

贈别謝孺玉

望遠臨高酒一杯，莫雲不斷楚江開。蒹葭白露人初去，楊柳青谿燕已來。千里山川還入夢，百年風雅更登臺。莫教屈宋淪胥後，寂寞瀟湘萬壑哀。

送陳興霸之邗上

孤帆寂寞唱驪歌，羡爾霜天雁陣過。舟泊葦汀貽杜若，月明桃渡冷藤蘿。洲前落照隨濤湧，江上游雲入晚多。裊裊秋風邗水碧，相思疑是洞庭波。

寄元錫吉偶

聞君邗水去，借問幾時回？屈指重陽節，同登木末臺。霜天鸞翮鎩，月望雁書來。念爾還留滯，黄花空復開。

其　二

季方聞善病，近日體何如？旨蓄堪陪宴，窮愁莫著書。六龍應并轡，四牡正回車。牢落多吾友，芒鞋返敝廬。

其　三

聞爾過淮上，胡生在幕中。丹崖如不隔，青雀可能逢。枚宅桂叢發，王池藥竈空。新詩應更好，何處托霜鴻。

其　四

城南君别墅，古木間横塘。垂幌風鳴竹，開簾月在床。步隨楓葉下，坐對菊花香。何事留瓊觀，飄零滿院霜。

謝孺玉投詩賦答

神絲出濟陰，桐峰産文梓。製爲琴與瑟，其音清且旨。同調良獨難，千里遥相俟。應憐屈宋亡，寂寞瀟湘沚。

贈慰吉偶

高閣疏簾列翠屏，登樓指點索銀瓶。裁成白練詩先就，舞罷青萍酒半醒。世上何人憐孝伯，閨中有婦諫劉伶。養生莫笑丹砂拙，試讀黄庭内景經。

羅畢高懸鵠未飛，秋風憔悴願多違。能宗阮籍唯青眼，欲送荆軻莫白衣。下闋。

姚端恪公詩集卷之二 癸未甲申

春日往琴溪道懷伯父仲兄愆尋梅之約

旭景雙柑期杖藜，玩鞭亭外漫栖栖。南郊風日春相麗，梅塢笙歌晚更齊。康樂應憐詩寡和，嗣宗孰爲酒同携？ 踏花歸向長干里，知有游蜂逐馬蹄。

碧山道中

青蓮人不作，白社我還行。沙岸臨谿折，山泉出峽鳴。岡巒青不斷，阡陌緑初平。春色蹉跎甚，空餘此日情。

其　二

小憩藍山寺，高林覆古丘。褰扉雙嶂合，俯檻大溪流。磬響時一發，鳥聲終日幽。驅車已嚴駕，回首欲淹留。

其　三

夕陽歸已盡，岧嶅倍清深。亂石水争道，空山月在林。村幽聞犬吠，谷響或龍吟。二仲勞相御，張燈度遠岑。謂查孟如，其中爾公兄弟。

三桂園

三桂園清絶，蕭然出世氛。樓臺架石起，桃柳面谿分。卧聽水鳴澗，坐看山吐雲。茅亭如可結，應製女蘿裙。

碧山道

兩山古木葉交通，中有藤蘿一徑空。薄霧自停崇嶺下，亂流争會小橋東。松林白鶴時相訪，柑酒黄鸝聽不窮。我亦風塵萍梗客，將因采藥問韓終。

碧山歸道

芒鞋竹杖性情偏，每别名山便黯然。况值高朋良宴會，更逢春雨乍晴天。荒村面嶺雲迎馬，灌木臨溪風送船。從此桃花流水上，高歌獨讓李青蓮。碧山尚有桃花潭，汪倫故址。

晝卧

幾欲登樓賦晚晴，陰陰烟雨亂春城。只應閉閣看龍卧，何處吹笙學鳳鳴。支遁買山思辟世，韓康賣藥願逃名。閑來散帙疏鐘起，文藻風流萬古情。

柔艣

柔艣趨前渚，蒼然暮色遒。雲霞餘絶巘，日月亂中流。獨雉越檣去，雙鳧出浪浮。最憐烏臼葉，爛熳在河洲。

江行

堤近橋相接，沙平岸亦摧。坐聽樵唱起，遠和棹歌來。墜葉因風上，疏花傍水開。惠山新貰酒，寒晝泛金罍。

即事

東吴遲納稼，陽月穫田園。狹徑藏樵路，低橋通水門。

郭外

臨江開藥圃，近郭即村家。古瓦覆楓葉，疏籬冷豆花。月明漁泛浦，風急雁移沙。旅思聊沽酒，高歌白鼻騧。

虎丘

千人石畔兩溪回，傳是生公舊講臺。鐘磬迥從天上落，雲霞倒映鏡中開。滄桑寂寞還懷古，風雨飄零更舉杯。漫道館娃多勝迹，呦呦麋鹿點蒼苔。

寄子遠

舍弟揚州至，傳君旅次音。吴舠恣嘯傲，隋苑足登臨。五馬停青路，雙蛾拂素琴。幾回明月夕，搔首望辰參。

武林謁王父祠

臨安五馬正翩翩，世父初題雁塔年。王父守杭時，伯父初成進士。御史雨隨絳雪遠，郎官星傍紫霞懸。伯父時宦荆南，大人令漵谿。含飴拊膝悲寥落，結駟題橋許接聯。故老有人思仿佛，更從容止憶先賢。

吴山山半結祠堂，在隍廟之左。坐見錢塘江水長。青嶂紫瀾相映發，驪駒白馬足翱翔。用樂府二千石語。芝分三秀懷王謝，麥吐雙岐憶趙張。仰止更煩新太守，雕楹綉柱倍輝光。

迢遞丹梁面碧湍，南屏山色向闌干。在岳廟之東。門開曲徑叢花發，垣背高丘古木盤。父老歲時虔伏臘，漁樵經過拜衣冠。林逋孤墓長鄰近，并倚梅花駕鶴看。

贈懷張益讓

聞道玄亭傍碧山，西風纔静已緘關。愛看楓葉雙鳶下，坐對松林一鶴還。書就黄庭晨磬發，經過白社晚笻閑。蒙茸嘉木雲霞外，青壁峨峨不可攀。

寄鮑曼殊

吴江迢遞越谿深，青鳥無因寄玉岑。一望雲山孤鶴回，幾時風雨二龍吟。調成緑綺弦多急，書就黄庭酒半斟。夢裏玄亭恒過訪〔一〕，蒙茸芳樹不堪尋。

校記：〔一〕『過』，清康熙二十二年姚士塈等刻本作『遞』。

冬過富春江

五月富春城，波光混太清。漁舟凌岸度，雉堞與江平。

烟　雨

烟雨寒江曉，連山争吐雲。布帆辭葛塢，柔艣向桐君。水落高沙見，波恬細石分。此州多逸士，應製女蘿裙。

越谿

越谿清且淺，竟日少風濤。魚泛張鱗甲，鳧飛落羽毛。白沙依岸折，青嶂夾雲高。漫道孤航逸，山川應接勞。

空碧

越谿空碧净無塵，雲木青移澗底春。只合當年范少伯，開簾持照浣紗人。

七里灘

富春清絶地，况近子陵臺。岸折疑山盡，舟移見水開。岩松垂薜荔，谿石照莓苔。勝迹昔如此，歸思安可裁？

嚴陵

嚴陵絶壁俯潺湲，雲石參差古木間。湍急不堪寒雨漲，岩高易見夕陽還。空憐耿鄧穿金甲，耻效姜伊近玉顔。社稷三分群寂寞，釣臺長是漢家山。

别沈冠東

休文湖上正相逢，颯颯楓林夾岸紅。鵬化北溟飛更迴，馬驤西極步能工。纔傾玉碗歌零露，又挂牙檣犯曉風。燕市明年期并轡，紫騮相向落花中。

廣陵雜咏

揚州城外有高臺，白旆央央鼓角哀。歌舞百年餘戰伐〔一〕，旌旗十道此遲回。江連京口防南渡，河接淮陰向北開。辛苦中丞天下計，籌兵督餉兩相催。

寇燧頻年不可除，河南江北半丘墟。天留淮海馳驅路，人歷滁和震恐餘。往年寇破滁、和，揚人大震。空復紅亭臨岸起，誰言翠袖對門居。咽咽笙管無宵旦，風俗猶傳萬曆初。

廣陵濤氣浩茫茫，枚叔驅車正入梁。文藻斯人不可作，風流異代黯相望。春花偃蹇迷空宅，芳草連綿發女墻。白水青簾晴歷歷，誰將辭賦傲滄浪。

隋家宫殿冷斜暉，有客馮高泪欲揮。沙岸柳條堪攬結，春梁燕子故因依。雙蛾盡向金閨老，八駿難隨玉輦歸。欲問迷樓無處是，又聽鉦鼓動漁磯。

校記：〔一〕『餘』，清康熙二十二年姚士壁等刻本作『條』。

泗州道中感賦

寢殿黄雲覆野汀，喬松長繫萬年苓。女墻隔岸晴堪數，遠岫沿流春更青。馮伯依然朝王氣，蚩尤猶未捲妖星。何年詔獻河清賦，并與鐃歌奏紫廷。時值河决，兼感寇警。

徐州謁漢高帝祠

荒庵古瓦覆楸花，赤帝遺容籠絳紗。芒碭雲深猶作雨，彭城風起尚揚沙。河流曲抱平原轉，山勢平臨睥睨斜。嗚鏑可憐遺鏃在，居人指點説悲笳。

孤兒啼

孤兒啼，在道傍，孤兒胡爲在道傍？父母去兒時，語兒勿倉皇。吾暫從此去，躑躅覓糇糧。此去亦不遠，還來相扶將。五步一回顧，十步九彷徨。如今一去不復返，東衢西巷黯相望。上無單衣，下無複裳。飢無簞食，渴無壺漿。一語泪盈眶，再語泪千行。我誓將活汝，爲汝叩穹蒼。河伯出鯉魚，北斗挹酒漿。姮娥奉瑛琚，織女錫霞裳。天門高蕩蕩，此語亦難量。孤兒胡爲在道傍？孤兒安得久道傍？

塗吟

牙旗遺寨在，編柳覆春谿。警夜聞盧吠，巡營仗馬嘶。徵歌停玉節，擁被擬金閨。别壘遥相望，連宵動鼓鼙。

其二

拉泪誰家女，明妝短後衣。王嬙悲度曲，蔡琰夢知歸。束縛名駒逸，防閑老嫗依。春風楊柳怨，長傍玉關飛。

其三

荏平徐駐馬，餘燼冢纍纍。緑柳城中變，白楊郭外疑。誰人空巷出，有鳥舊巢悲。仙令留遺恨，深深陷馬池。

德州遇金天樞先生感賦

建章宫闕欝嵯峨，北道連朝絶玉珂。忽聽青驄鳴驛路，驚看紫氣隱層阿。雪霜黯黯餘松柏，風樹蕭蕭泣蓼莪。憂國懷親雙涕泪，張衡不獨四愁歌。時先生以言事左遷，兼值外艱。春風小謝共蹉跎，玉樹餘輝逮緑蘿。時令弟冲玄年兄與予同上公車。七葉衣冠南渡并，三台宦迹左遷多。誰從魚海銷金甲，空向龜山怨斧柯。雲雨紛披那可問，欲憑忠信涉風波。

與曼公年執夜話作

桐峰文梓直，清激倚樓端。緑綺能相和，朱弦盡日彈。移情江海闊，顧曲歲時寬。惆悵知音少，殷勤托古歡。

贈别農父

長干諸子待歸輪，漉酒徵詩定幾旬。故里風流餘此地，西州翰藻足千春。雙龍浴水光堪并，旅雁依沙晚更親。松竹同岑君察識，莫令膠漆説雷陳。

喜宋其武及第

條狼鞭静日熹微，羡爾傳聲動禁闈。書奏玉階多氣色，身移金城倍光輝。傳臚日，三鼎甲移跪玉墀中道。雙蓮花傍鸞姿起，五色雲隨玉輦飛。韓魏公亦及第，第二人。别墅城南春草芳，論交身屬灌夫行。故人雨散各千里，才子風流自一方。綺袖隔年懷錦字，珠宫同日咏霓裳。相逢寧用歌車笠，不異承恩捧敕黄。

上李茂明先生

楓殿傳呼拜次卿，天人風裁動延英。四朝黄髮三君望，百折丹心萬里名。鳳翥霜臺梧露冷，烏啼秋署柏風清。佇看北闕頒新詔，重聽尚書舊履聲。

題元錫斗室

吾師清苑絶蓬萊，令子亭隅曲徑開。較史定知分太乙，占星應復傍中台。擁書諸弟環床坐，問字高朋載酒來。四壁碣碑無不好，臨池白練幾徘徊。冠蓋京華僕馬喧，垂簾小憩即名園。短墻荒草雲移檻，老樹空亭月浸門。玩世漫勞栖栗里，辟人何處不桃源。安能十日從雄宅，高卧長吟復舉尊。

寄吉偶兼懷陳二如

黯黯雙瞳畏曉風，携尊還過慰離鴻。別時，吉偶病目。故人只望別離久，紈素相遺圖畫工。春草秋花成彷彿，伯勞飛燕易西東。吾兒君婿時常見，可一呼名問若翁。

元方冒雪侍鳴珂，淹滯來書三月過。北道我愚知磬折，江南君醉莫悲歌。閉門松竹應還古，高會賓朋可更多。寄語元龍同努力，顔書杜律勿蹉跎。

贈別尚木時以舍人催餉

轉餉趨魚海，徵書借鳳池。烏烏曾嘯傲，燕燕忽參差。文藻雲間盛，風流宋玉師。索居那可問，星馭莫教遲。

寄慰伯父

御史霜何在，飄零海一隅。巢松看獨鶴，集苑自群烏。名爲清貧減，官因久宦迂。華林新月好，尊酒對平蕪。

其二

宦情甘寂寞，世事日艱難。屢借能臣箸，頻開大將壇。北山空轉石，東海漫投竿。高卧龍吟穩，徵杯合古歡。

呈汪澹石年執

黄海嵯峨天際開，夕郎風裁振東臺。驊騮得路爲龍友，雕鶚横秋聽鳥猜。左省夙標松柏譽，公門新植豫章材。時自江右典試至。懸知不寝聽金鑰，封事應從月下裁。

呈光含萬前輩

天路紛飛雲雨寒，中原相望觸邪冠。但祈秦弩迎蛟發，肯令隋珠向雀彈。封事夜裁霜欲雨，朝衣曉起露初乾。美人只尺宫雲上，圖報頻陳雙玉盤。

送方仁植前輩屯田河北

曾張幕府漢陽墟，八捷功名在孟諸。昔撫全楚有八捷。銷刻今朝司馬印，艱難前日樂羊書。時已推司馬，不果。漢家轉餉元黄閣，北道開屯比白渠。□□□□□□□，懸知新命不時除。

送任玉仲年執直指浙中

嚴飆蕭瑟錦林凋，御史霜威倍寂寥。白簡暫虛烏署月，先聲已震浙江潮。輕裝短景驅驄馬，大澤寒雲起皂雕。道過金陵詢守禦，莫教風雨更飄搖。

憑高遥望子陵灘，漠漠白雲天外寒。時大人令東陽。幸有相如憐負弩，可容貢禹説彈冠。青囊自許匡時易，黄綬方知行路難。裊裊緑蘿忻有托，能無輝映借琅玕。

上倪鴻寶太夫子 自翰苑拜司農，特典也。

蓬池清切五雲高，曾賜冰盤和郢醪。只擬謝安司北斗，猶煩杜預領東曹。竹屏介節誰能并？木柹遺風不厭勞。積貯疏成應力上，懸知太乙助揮毫。

□□□□□□□，越谿特簡一司農。越人司餉自公始。桃花春水南帆絶，榆塞軍需少府供。黄白寧分勾漏術，渥丹殊異度支容。他年著史修平準，藏向吴山第幾峰？

海樹蒼茫近鳳池，成連相導謁吾師。劉元功夫子爲公門下士。桃谿先後歸青瑣，竹箭東南入絳帷。櫪下霜蹄懷顧盼，階前海鶴托容姿。上林春苑花如綺，可許吹噓借一枝。

送吴鹿友相國視師楚中

中台常傍紫微低，忽聽元戎甲仗齊。只擬謝安游别墅，重勞裴度閲淮西。玉龍出匣芙蓉亂，鐵騆穿營楊柳迷[一]。此日服成正六月，先聲應震白銅鞮。

□□□□□□□，雲擁天書出尚方。門下參軍占太白，戲前厮養傲中黄。肯教劍閣留歸路，更塞潼關扼大荒。况復握奇兼水陸，新開幕府在潯陽。

故里山川久索居，戰雲蕭瑟蔽林墟。管寧辟地情徒切，王粲從軍計已疏。此去丈人懸劍節，歸來天子賜旌旗。金門擬獻鐃歌曲，重向龍眠結草廬。

姚端恪公詩集卷之三 乙酉丙戌

贈王元昭

一從京雒黯風塵，文士蹇默少精神。鍾牙郢匠千古事，豈謂知音在海濱。王君意氣何糾糾，口誦新詩耀珠斗。全編零落十八九，自云遺在古塞口。我詩流失在長安，兒童稚女等閑看。當時慘澹經營意，湘娥寂寞倚闌干。江淹別賦已消魂，況別生平詩與文。早知神物終當化，悔不臨風月下焚。大沽海波碧如酒，愁烟黯澹縈楊柳。相逢相別不淹旬，天涯萬里莽回首。

寄宋其武

相别疑昨日，逢人問死生。夢醒餘涕泪，河海各奔傾。病骨勞中健，游魂定後驚。江關晴歷歷，不應我還行。

其　二

高堂華髮在，汝我宦游非。萬死今誰問，餘生不可歸。時正議北歸之罪。樓臺滄海結，雲雨帝閽飛。北返揮殘泪，何山采蕨薇。

其　三

我於君更苦，堂上謗書新。時大人被逮。鷙鶻張羅急，飢鷹索脯頻。短兵思自刺，長跽向誰人？知爾天涯外，悲歌泪滿巾。

和大人道病詩

荒亭卧病泣龍髯，予北歸，卧病金山。長跽烹魚泪更添。薏苡定知擠馬援，菊松何事滯陶潛。大人兩乞休，爲兩臺手札慰留。勞臣掩泣悲燃豆，年少横戈更煮鹽。焚却雕弧休射賊，爰書露布兩無嫌。大人城守，手殪一賊魁，功次第一。

野鶴孤雲夢已甘，重勞繒繳慕蘇耽。初止革任。金鷄肆勝初飛五，市虎同聲更過三。閱世不堪歌蜀道，投詩何處弔湘潭？孤臣倘雪明珠泪，老傍丹崖結草庵。

荒城鼓角峴雲陰，病骨支離直至今。伏枕髮髯三月白，閉門風雨一春深。刀鳴短箾聲何急，石剖陵陽泪不禁。獻賦長楊真自誤，悔從燕市碎胡琴。

應律條風散遠柯，寒岩山鬼泪滂沱。身從萬死甘薇蕨，家隔三江夢薜蘿。近釜枯魚勞結網，驚弦黄雀願投羅。懷沙總覺君恩重，不敢高聲唱九歌。

范釜塵生烟火遲，天涯百口命如絲。龍媒下食虚千里，鷦翼何鄉借一枝。時鬻宅。白壁剖心天闕遠，明珠銷骨暗中疑。北堂萱草無顔色，不及牛衣對泣時。

同時按劍定兵符，亦有承恩侍掖梧。敢望萬家封即墨，寧知三至中萊蕪。蓬蓬霜鬢銷金甲，炯炯冰心碎玉壺。辛苦峴山諸父老，寃聲猶徹九關呼。

答劉大將軍

黄旗丹券大河干，河上河魁倚劍看。朱鷺高鶱瞻羽節，青禽遥裔贈琅玕。牙旗月繞江濤壯，玉帳春開海日寒。鐃吹擬成需露布，淮淝不數舊登壇。

哀榆林

榆林城外黄沙殷，軍賊枕藉在其間。從横白骨相覆蓋，鬼雄白日鳴刀環。雲梯直上女墻口，巷戰自辰復至酉。寶刀入户血痕新，還家自斬妻孥首。可憐金印僞將軍，也死通衢鬼火焚。咸陽市上新妻妾，痛哭招魂不可聞。懸知飲至入西秦，定有稱觴上壽臣。錦袍玉帶綉麒麟，曾是金門射策人。吁嗟乎！榆林空郭鬼啾啾，當日招降萬户侯。

春日掃王父墓即事五首　在小山去城三十里。

杜户蹉跎，看春荏苒。忽策騎臨高，川原改色。谷風何來，入我襟袖，窮愁中人不覺爽，然自失矣。

斗室春光駛，林塘曙氣多。青圍峰改色，緑漲水增波。亂後風流盡，愁中節候過。黄鸝如有意，柑酒莫蹉跎。

人情蜀道，世變齊諧。見田間野老，柴門晝掩。岩谷林木，朝夕檐宇。視春若忘勞勞者，疑以爲從桃花水問津也。

野老疏籬隱，看春不記年。倚檐山匝霧，高枕澗鳴泉。柳葉分桃徑，蔬花間麥田。誅茅如可駐，散髮望江天。

暮宿雲臺寺，步月寺外，回首而眺，若不知有寺者，蓋喬林隱然矣。俯視地上，誠如蘇子所云：積水空明，水中荇藻交横。因思今夕何夕也。

古木深藏寺，沿籬竹徑回。暝鐘萬壑静，新月半林開。心共栖烏定，身疑駕鶴來。幽尋憐一夕，清漏莫相催。

過王氏園，見盤梅者，小枝怫鬱，大枝矯折，附之以塗，束之以繩。因思往昔市上所見爲龍蟠虬屈，如欹如偃，可喜可悦者，率用此法也。梅而有知，德耶？怨耶？雖然人寔欲之梅，其得已乎！顧視衆卉馮生，梅其悔爲材矣。

衆草甘爲伍，孤芳豈受憐。委蛇寧玩世，屈曲畏逢年。束縛酬知己，蹉跎願弃捐。安能幽谷裏，峻幹拂雲烟。

席地浮白，面崇岫，俯曲谿，高樹爲蓋。亭午陰陰，隔墻木筆，特灼爛可喜。一觴一咏，以醉爲歸，是日清明也。

春林無不可，谿岫况相宜。藉草氍毹暖，攀花翡翠欺。爐風催熱酒，瀑雨對傳卮。令節供疏放，狂歌倒接䍦。

懷婺守王楚先同年

仙郎高第領專城，八咏樓前夏木清。重見袁宏臨水驛，宏守東陽。豈如嚴助厭承明。雙旌晝轉棠陰合，五馬晴巡麥穗平。倘念長楊同獻賦，應憐東峴舊琴聲。時大人以東陽令被議。

答莊年兄

尚憶裁詩燕水寒，離尊祖道裂齊紈。寧知靈洞攀仙藥，重念青谿有釣竿。燕乳雙梁芸閣寂，雀喧三徑草堂安。五雲忽下烏皮几，長把琅玕仔細看。

寄懷方坦庵師

北固沾衣涕未乾，挑燈豈意復長干。高臺拌灑雍門泪，短髮兼焚杜甫冠。時師已方外。春草萋萋當檻碧，寺鐘歷歷度谿寒。倚笻側帽穿林立，猶作邯鄲夢裏看。

浮家江上一帆低，相送離憂到霅谿。亂後摳衣期易左，愁中閉户日難西。遥憐白社空薇蕨，倦聽青山又鼓鼙。初度此年真不易，吴雲越樹杖還携。

寄張坤安中丞

五雲深處捧青鸞，全越風烟攬轡看。地逼東南登禹貢，天分旌節領周官。霓旌晝轉江濤合，雪戟晴開海日寒。懷古倘臨秦望上，玉津臺榭舊鳴鑾。

憶醉嗣宗花下亭，別來風雨雁冥冥。吴山建節瞻真氣，淮水垂竿漫客星。北望芙蓉雙闕冷，愁看楊柳六橋青。神州幸有夷吾在，肯使揚波近紫庭。

巡旌應歷峴峰西，雙峴琴花望欲迷。萬死艱辛歸薏苡，九關陰雨亂虹霓。訟冤谷永書還在，報最劉寬願已睽。肯令擔簦諸父老，天門伐鼓獨含凄。時峴民爲我父頌冤闕下。

夏日飲石嶺伯父水亭

夏雨寒生沼榭秋，開尊咸籍并夷猶。籬花紅委石前徑，堤柳青浮水上樓。拭几彈棋堪坐隱，倚爐垂釣比虚舟。停杯酩酊晴雲出，漸見荷珠月影流。

送秦復齋守新安

桂殿華榱動五雲，焚香侍直夜氤氲。龍樓浥露虚仙掌，鶴駕將琴送使君。谿匯吕灘竹箭駛，天回白岳薜蘿分。緜來吏隱稱難得，况復中原赤羽紛。

雨飲張孺野水亭

水榭風軒夏更宜，雨餘新漲坐傳卮。輕橈細槳穿橋度，短檻斜楊夾岸垂。赤羽横空唯縱酒，白雲拂案且彈棋。笛床舞袖疏簾隔，玉樹繁華憶昔時。

納　凉

疏林平楚挂澄暉，散髮招提暑氣微。暝磬爐烟孤梵轉，籬花岸草亂螢飛。北山徙石謀空拙，東海揚塵事已非。笻杖木瓢無不可，長攀雲樹製荷衣。

酩酊

酩酊垂鞭過曲塘，禾風蓮雨拂衣香。魚罛側挂斜陽净，犢背平鋪碧草長。身世漸疑鴻爪雪，風烟未束鹿門裝。買山築塢真無策，始信張融不是狂。

對竹

叢竹陰岑花徑寬，花瓢逃暑竹風寒。蓂序山中成甲子，桃源洞裏倦衣冠。夢回蕉鹿芳尊遠，影戢林烏小榻安。欲共海鷗長嘯傲，莫將方朔歲星看。

渡湖

曹村曾泛宅，石臼更浮槎。高岫没雲影，朝暉走浪花。吾生甘野馬，此地近悲笳。湖草青青外，殘紅血濺沙。石臼湖通溧水、高淳諸邑。

其二

二十四村好，村村水四望。浪翻茭葉白，日吐荇花黄。漁舫家家繫，河亭曲曲藏。同門吾好友，蒹露近何方？

承天寺

在黄池自湖向蕪湖路也。

古寺不知路，樵童引杖行。柳谿孤徑轉，松宇一鐘鳴。遠遠晴帆度，微微沙草平。禪心何處印？即此悟無生。

同齡若登舍後山

午炊無薪拾松子，策杖便入荒山裹。高藤短刺罥人衣，閲盡人情猶喜此。張子拓落興翩翩，手披榛莽入蘿烟。尋幽不肯踐古徑，茫然遂登磐石巔。卧石長嘯迴生風，浮山岩洞玉玲瓏。傍峰四立競顔色，流光吐翠摇烟空。當筵長流曳碧帶，蓮舟漁舫往來通。俯仰神思接浩渺，便欲乘鸞駕彩虹。其餘群石亦林立，欹斜磊落狀非一。深莽圍風罅竇空，蘚苔溜雨斜藤入。弄石吟山不可歸，驚看林抄挂斜暉。山左尋山山右返，竹烟松靄空際飛。木瓢笻杖無不可，谷口桃花何處稀？

檐寓

覲省龍山，雨暮投止及曹君之門，假宿不果，遂藉草檐下。有風卒然起于林莽之間，從者驚愕，起曰：『此虎也。張蓋以禦之。』予堅卧不起，卒亦亡恙。蓋此地之戒心久矣。

初漏高門閉，空檐帶雨眠。蟲吟當砌切，虎嘯挾風傳。欹枕行雲度，披衾古木懸。汲車張蓋立，新措草堂偏。

登青浪洞 在小龍山後，是土人避賊舊址。

靈岩千載閟蒼苔，獵客穿雲逐鹿來。古木四垂沙徑没，暗泉不斷石紋開。家家鋪荻鷦巢穩，曲曲攀蘿鳥道回。更欲尋幽篝火入，莫教天末夕嵐催。

風林 葛園雜作。

風林雲嶠舍西東，石磴沙谿曲曲通。虛谷松杉晴亦雨，遠洲菰荻水疑空。雪鴻飄泊枝初穩，塞馬浮沉策孰工。却笑桑陰青壠上，猶談兵略鹿門中。

秋色

重歸墟里度重陽，百戰山川菊更黄。處處登高堪記憶，深深舉酒對蒼茫。平湖風定寒潮穩，叠嶂雲開夕照長。秋色可憐兼晚霽，相遲新月返林塘。

横塘

横塘曲岸近墻東，散步群山暮色同。微暝松林秋水側，半紅楓葉夕陽中。鷄栖茅屋禾場静，犢返寒原霜草空。漸見月明如可掇，新尊歸向菊花叢。

尋月

菊尊泛月月深深，逐月開籬恣遠尋。獨樹水田雙映影，片雲來往遞傳陰。池陂犬吠成孤立，褐幘寒生識苦吟。清境留人歸不得，一任栖翼戢平林。

草堂

門迎秋水半林遮，藥圃禾場處士家。地僻茗憑松子爇，杖貧酒爲菊花賒。桑滄夢盡唯歸里，櫟社才窮甘種瓜。客過草堂無灑掃，鳧葵蝦菜飯胡麻。

炙背

閉門炙背水雲清，回首長楊從獵情。瓜指故侯難辟世，訶來醉尉幸逃名。罾回湖落沽魚賤，村僻秋豐糴米平。鎮日垂簾車轍絶，楓霜松浪足逢迎。

仲蔚

謂張子齡若也，幼兒受業于其室。

墻東仲蔚傍柴荆，書幌貧厨共一楹。酒釀黄花秋色永，爨炊紅葉飯香清。授徒床下妻全慣，得句窗前客不迎。近作登高圖更好，滿堂楓柏挾霜聲。

比鄰

比鄰小隔竹烟微，揖客開尊便掩扉。霜落罾亭魚正美，草枯獵網兔初肥。家偕阮籍添疏放，謂叔城起。婦慣劉伶息怨誹。酒起慵梳兒每笑，昨宵倒著接䍦歸。

小立

午餐信杖出柴荆，小立秋原野色平。桃卧石矶分钓影，松传远谷挟樵声。浅罍泛泛群儿汲，朱果垂垂稚女擎。衆鳥不嘩山正寂，鄰春谿杵數聲鳴。

藉草

藉草陽坡列坐平，背風迎日晚寒輕。暖回花蝶低低折，天净雲鴻字字横。慣逐牧童呼爾汝，閑看樵女下峥嶸。短衣側帽吟須細，莫浪高歌亂笛聲。

垂簾

茶竈烹甑間一椽，布簾深下隔風烟。呼鷄啄黍寒毛整，醉蟹停秋霜味全。石穩小床書案逼，竹分新牖薤畦連。閑持短帙迎暄坐，恣意長吟向晚天。

楓子

三世簪裾四十霜，竹軒茅舍尚荒涼。墻頽久借松薪拒，爐冷全憑楓子香。散髮灌園堪自老，叩門乞食欲何方。龍山更説凄清甚，五柳檐前秋草長。

寄黄玉耳將軍

投壺雅詠夙知名，七萃霜寒幕府清。天柱懸峰摇旆影，海門高浪擁軍聲。垂綸久毁長楊賦，杖節新開細柳營。近得龍山書訊至，松醪叔度喜同傾。

憶龍山

陶令歸田拙，傾囊賃草堂。柴扉觴客處，竹牖讀書床。鄰圃分蔬麥，豐秋乞稻粱。石林盤舍北，竟日懶衣裳。

其　二

舟病萱親獨，還山二竪新。藥罌群假借，醫榻動逡巡。挂壁通猿嘯，編籬隔虎嗔。愁懷那聽此，不獨杖錢貧。

其　三

雲木孤檐隱，晴沙一徑微。遲賓茶竈冷，釀秫酒罌稀。幼弟盤争栗，鄰家筐餉薇。閑門寒更寂，風葉亂飛飛。

其　四

擬侍浮山杖，龍山杳不來。岸楓霜自落，谿菊雨空開。新穩詩誰和，飄零酒孰陪？定知無意緒，短絹畫秋苔。

寄李銜岵同年

石城蕭寺晚烟低，草榻同聯竹檻西。惜別各天淹日月，停車一水判雲泥。高旌風捲江濤壯，小徑霜寒野樹齊。倘辱使君垂問柳，村莊應并浣花谿。

方子貽索詩走筆賦贈

新亭惜別草綿芊，勞贈清詩十七篇。風雨亂紛鴻雁序，管笳吹斷鳳皇烟。歸吴菰鱠情空切，訪戴雲山興杳然。獻賦長楊吾已誤，請君莫羡祖生鞭。

樅水湯湯處士家，我依浮渡望烟霞。舉觴但對柴桑柳，灑泪難看杜曲花。録別只今淹歲月，相思豈必在天涯。袖中錦字猶存未，青壁深深暮靄遮。

列戟霜寒幕府清，松醪永夕喜同傾。錦囊貯句今多少，別墅彈棋定幾枰。才子陳琳能草檄，主人黄憲舊知名。相逢不用歌車笠，回首白門折柳情。

侍大人西峰花酌

春風摇落杏花村，春水桃源酒一尊。倚石高臺舒眺矚，宜人天氣劑寒暄。雙峰中斷夕陽出，孤澗遥催宿雨奔。酩酊不嫌沙徑濕，竹林初月待柴門。

飲月珠庵桃花石上

春澗小橋東，桃花路可通。光開深竹裏，妝炫夕陽中。拂石草堪藉，徵詩酒不空。轉憐風雨驟，零落杏村紅。

春霽過月珠庵

横峰曲澗小橋深，暖徑交喧乳燕音。虎嘯隔谿風閃閃，龍鱗逼岸水陰陰。幅巾自許歸花事，藤杖能供選勝心。沙蕙石楠無近遠，微香浮動不堪尋。

衝泥

屐齒衝泥出，横峰霧未開。松林摇細粉，蔬圃潤深苔。閃閃斜陽見，涓涓石溜催。安能樓百尺，積雨當登臺。

短杖

短杖纔隨手，長吟便度阡。遥嵐松岸合，宿雨麥田穿。脱帽風吹頂，披襟月上弦。遠湖懸匹練，相送竹籬烟。

祝桑于門太守

十年烽火徹孤城，來暮新傳江上聲。政最潁川黄相國，禪心天竺古先生。雙旌晝轉棠花静，五馬春巡麥穗平。此日稱觴官署暖，緑尊應并玉壺清。

過石巢

石門石磴石中亭，石上平臺松杳冥。晴塔孤臨睥睨出，雲峰橫隔大江青。空梁紫燕曾經入，老樹黃鸝不可聽。正憶步兵新度曲，當歌一顧玉簫停。

飲胡篤民石巢中芳潤校書徵詩即席走筆

嬋娟春泛木蘭舟，十斛明珠水上浮。借問玉人家遠近，湘娥神女舊風流。姬，楚人，新自望江至。

舞袖裁成嶺上雲，羅衣初試蕙蘭薰。手持紈扇徵新賦，三絕吾慚鄭廣文。姬同一廣文來此。

梁塵飛盡玉簫停，幕府霓裳酒半醒。今日彩雲猶未散，莫歌江上數峰青。

一見朱顏憶是非，春風仿佛畫圖齊。徐郎小扇曾相識，人在花欄竹院西。徐有芳姬待月圖。

白紵青蛾舞袖偏，主人雅集石巢邊。從今西子浣紗石，石上青苔不可憐。

題徐静生芳姬待月圖

石徑竹橋亭院，月窗雲鬢嬋娟。若令玉人對此，應言我見猶憐。

飲任克家園

空城臺榭盡，此日一登樓。古磴垂松覆，攲橋暗水流。風移新緑動，雨净遠青浮。漉酒微香發，當歌有莫愁。

其二

白眼一相視，青萍合有神。飛揚歸我輩，蕭爽見斯人。縱酒燈前舞，徵詩亂後新。珊瑚如可拂，相伴老垂綸。

偶成

蕭然彈鋏走風塵，終日低眉促膝頻。河魚仍自枯欲死，海鶴何須鳴向人。拔劍彈琴俱不得，高談密語爲誰伸？送窮文在徒如此，坐誤山村烟樹春。

滅刺

一别蘿軒滯郡城，盡將風月付柴荆。閉門竟夜聞鐃角，滅刺無能廢送迎。林嶠過春青更好，禾疇經雨緑應平。歸田願築譙東舍，泥水吾甘謝客名。

短牖

短牖依篁谷，深陰冷筆床。穿籬溪水細，隔樹鳥聲藏。謝客成疏放，收書接渺茫。午眠還獨坐，白日始知長。

輕輿

蕩槳摇晨日，馮輿御晚風。新禾齊樹緑，返照拂霞紅。謀食慚懷橘，還山息轉蓬。候門稚子立，蘿月竹烟中。

納凉

松枝承日密，竹椅面風移。亭午鷄鳴栅，新晴鷺浴池。早知謀食拙，翻悔納凉遲。時自郡初返。石瀨菖蒲好，明朝試酒巵。

灌園

灌園吾計拙，懷刺世情紛。茅宇瓜藤接，沙畦蔬葉分。荷鋤還帶月，倚杖即看雲。猿鶴如堪狎，風林共爾群。

田園雜咏

結宇風林下，所志在幽栖。鄰靡鹿門友，室無老萊妻。苦心成獨往，信杖度雲谿。碧葉浮遠岫，緑禾摇近畦。俯仰但一色，風日相與迷。泛泛魚一浴，陰陰鳥亂啼。我無琴與酒，獨步奚招携。

納凉倚修樹，松竹鬱縈回。上密日華薄，下疏風聲來。仰視碧葉亂，羅襟與俱開。獨立罕儔侣，黄犢眠青苔。乳鷄八九子，飲啄無嫌猜。寧與若輩伍，不與賢豪儕。所以蘇門子，高嘯蘇門臺。嗣宗亦不答，嗒然鸞鳳哀。

曳屐池塘側，仰見青楓林。驕陽上翔舞，水木下岑陰。禽魚欣有托，吾亦披吾襟。潮落石瀨淺，草長岩壑深。農子獨劬勞，臨池轆轤音。詩書亦焚餘，荆棘至于今。長戟蘊談笑，太行失崎嶔。我寧豚蹄歌，不爲梁甫吟。

酒闌起送客，策杖盻遥嶺。晚村上孤烟，夕嵐相與永。風落樹聲喧，雨定月華冷。微雲黯然深，坐失松杉影。犬吠槿籬幽，蛙噪林塘静。吾亦返柴荆，坐嘯塵囂屏。

賀趙明府

山驛晴花拂綬香，青鸞遥下五雲長。紫芝逸氣能驚座，緑綺弦聲不下堂。何武思猶留皖伯，寇恂重得借桐鄉。荒村長跽裁魚素，心在南郊竹馬行。

同室人月下小飲

斜月挂茅宇，山妻漉酒看。家貧兼味少，世亂一尊難。駿犬驚風立，馴鷄入塞安。持壺兒滿席，吟細促杯乾。

其　二

君知藏拙穩，我并入林深。莫辨亡羊策，空餘夢鹿心。風凉傳樹響，雲聚失花陰。垂釣珊瑚冷，相隨老碧岑。

飲朱南征竹亭

面水茅亭敞，承陰密坐移。荷筒催泛酒，竹粉拭題詩。鳴樹新蟬簡，眠塘暑犢遲。葛衣都不著，閑挂隔墻枝。

贈吴石蘅先生

先生年幾七十餘，白髮蕭蕭映象梳。拭壁細題晚晴賦，開枕一讀内景書。曲項鳩杖纔平手，東岩西阜披衣走。穿雲獨撥陰崖芝，吟風閑蔭晴池柳。薇醖逼床香暗生，花瓢挂壁兩三傾。微酡小隱烏皮几，夢中猶度松風聲。歸田余咏遂初賦，釣絲晴挂珊瑚樹。鳴鳩喃燕會笙竽，青林白石縈烟霧。與君并坐槿籬傍，雷雨如飛六月凉。當門池漲蒲節短，隔林田散稻花香。北窗可卧東皋嘯，商山偕隱傲千霜。

追吊魏子一

秦廷灑泪有征旂，九死孤臣願不違。秀實未揮朱泚笏，杲卿肯著紫衣歸。丹心一日堪今古，青史千年無是非。故里江深風浪險，不如魂傍鼎湖飛。南渡有苛求子一者。

中書舍人龔君廷祥

君長洲無錫人，甲申南渡，授今職。乙酉五月南都城降，自沉于文德橋下。家僮奔救不及。橋近黄公觀祠。

雲陰風急水揚波，散髮披襟公渡河。國史自留千載事，君恩纔沐一年多。橋邊素幔魚龍護，輦上青衣虎豹訶。隔岸黄祠長伏臘，并依鍾阜泣松蘿。

哭憶石嶺伯父

伯父遂云殁，馮輀哭拜疑。清貧因宦積，孝友畏人知。朝雉哀歌早，將雛振羽遲。七齡兒倚杖，重經未知悲。

其　二

欲賦青門道，雲天泪不禁。經年停挽什，一望起哀吟。墓木悲風過，佳城落照深。龍山游未厭，駕鶴續登臨。

其　三

憶侍荆南棹，雲鷗霜雁汀。鱠分石首白，酒載惠泉青。竹院游如昨，松門黯自扃。千春薤露曲，凄斷不堪聽。

寄懷姜雲滄同年

楓葉槐花覆苑墻，隨君待漏獻長楊。銅池久冷燕臺露，玉節新飛淮海霜。叱馭路當雙柳峻，避驄人識五花翔。草堂短褐漁竿静，青鳥空慚緑綺將。

懷方吉偶

深山無驛使，浪聽返長干。轉訝餘生在，都忘遠别難。潛蛟騰駭浪，瞑虎嘯危巒。間有相思夢，辛勤莫易看。

其　二

我春言買棹，子夏已還家。忽聽池陽驛，重回白下槎。浮踪淹日月，别泪漬雲沙。跽讀雙魚字，千回不厭賖。

其　三

貧山何可贈，過嶺夏雲多。護圃籬防犬，穿池栅泛鵝。有心甘偃蹇，無策任蹉跎。欲望長干里，風江黯自波。

挂　席

謝客逃山山更喧，乘流挂席勝桃源。冷風酒碗吞山色，背日茶鐺煮浪痕。疏簟短衾閑不倦，潛鱗飛鳥静無言。飽餐足睡推窗坐，坐看秋波蕩落暄。

姚端恪公詩集卷之四 丙戌

登西梁山

憶昔與方二吉偶同登天門，以日暮未得窮江山勝迹爲恨。夜偕飲耿静公家。今十餘年，余舟復泊，此時日猶未下舂也，遂策杖獨登山。僅爲賊騎一躪，村舍尚接比如櫛。出村繇石徑蜿蜒而上，右則峭壁十尋。槎枒斗絶可愛。左則長江如疋練帶之。少上一獨樓，喬檜青楓，俯立盤辟。右一徑得一石臺。又進爲一石岩，居世尊其中，而土人于其前作一閣蔽之。此岩遂如面墻，無所得答遠響而生長風者，以爲一恨。又上窮其巔，則其嶙峋突怒，如立如仆者皆不可得。僅平沙澶延，緑草丰茸而已。望東天門，壁立如戟然，更狹似一假山在池沼中。遠則姑孰諸山，龍蹲虎峙，吐翠萬狀。來我襟袖下，則洲渚浦溆。緑楊與碧波相映，晴帆歷歷如畫。背則滁、和諸峰巒隱秀天表，近則蔬畦禾畛，黄碧彌望，間有長林覆之。村家烟火隨風聚散，出没于倩蒨青葱之間。余亦欸且吟嘯歸矣。大約觀天門之山宜于江，觀江宜于山，觀山石色宜于腰，不宜于頂。其大概也。嗟乎！予與吉偶游天門，曾幾何時耳，而今已忘昔所登者，爲此耶？爲東天門耶？至詢耿静公，則村居者已不知爲何許人，而余與吉偶長干一握手别，今亦且經年矣。王方平有言：『聖人云海水行且揚塵也。』始爲妄言，今始洵爾山川，似昔已爲有力者負之而趨。歲月如馳，離索罕侶，感志和之。扁舟慕尚平之，五岳有懷靡遂。俯仰愧愴，寧不眷眷於是哉。姑識以質之吉偶。

少小一登梁山上，蒼茫不記東與西。今朝重上西梁山，靈峰仿佛烟樹齊。鑿徑穿山沙路白，石屋陰岑古佛窄。緑草上懸老松伏，半壁青葱摇澄碧。登巔無復石崔嵬，畦壟洲嶼分縈回。雲落平江倒影净，日明斷崖空翠開。臨風長咏青蓮句，青山相對如朝暮。焉得芒鞋五岳游，回首風塵莽回互。

南中咏懷古迹

景陽井

銀床蕭颯碧梧秋，尚憶宮嬪綉髻留。粉黛若隨流水盡，胭脂何愧緑珠樓。麗華復爲繩引出，此井亦名胭脂。可憐萬騎宮門啓，不待雙蛾曉鏡收。想是佳人難再得，瑶臺金井并風流。

烏衣巷

烏鵲南飛樹樹安，烏衣王謝雅盤桓。争傳公子風流好，誰識瑯琊律令寬。春梁紫燕家家穩，宮苑黄花歲歲看。賭墅彈棋成往事，清談真不負長干。王謝皆北人南渡，故有感及之。

臨春閣

後主風流亦絶倫，吟花觴月坐臨春。至今玉樹燈前曲，不負昭陽掌上人。瓦圻鴛鴦芳草歇，簾虚翡翠露痕新。荒臺野寺殘僧少，當日繁華難具陳。

謝公墩

平沙曲岸啓松門，謝傅風流尚有墩。石竹玲玎閑鼓吹，秋花寂寞隱嬋媛。天留故宅供懷古，地挺荒臺更舉尊。六代遺宫泯滅盡，憑高指點不堪論。

勞勞亭

今昔離歌莫具陳，勞勞亭畔幾秋春。青衫去去誰家子？緑柳飛飛愁殺人。冠蓋至今餘祖餞，亂離何日不風塵。誰能泥水譙東舍，反閉松扉對碧筠。

雨花臺

誰道昆侖是水涯，溯流還貫斗牛槎。早知少室九年雪，錯雨長干一里花。草蔓荒臺雲半捲，鐘傳古寺日初斜。旗亭到處笙歌沸，不異潮音轉法華。

金山寺　金山舊有六亭，今止留雲呑海存。

塔自臨江峙，亭從呑海名。丹徒微嶂接，瓜步一沙平。白日龍吹浪，清秋雁度城。天風羅袂舉，真欲駕蓬瀛。

其　二

晴閣層層敞，風濤面面號。石穿蛟殿坼，雲抱蜃樓高。吴楚回孤柱，孫張復我曹。昔人評金山詩，以張祜、孫魴爲第一。放歌凌絶頂，秋氣徹林皋。

其　三

尚説龍王廟，猶餘忠武祠。風江如宿昔，雲旆憶當時。石磴坐懷古，靡崖洗讀詩。中冷堪手汲，滿載夕帆遲。

至金山，始知張處士『樹影中流見，鐘聲兩岸聞』之句，真至自然。上句尤奇秀，以樹影止在岸側，中流見者唯金山耳。李崆峒自題『石壁上有吴楚地，形伏江淮秋氣來』二語，亦自渾健，誠不減韓陵一片石也。時丙戌八月二十三日，啜茗於湛之僧舍。

揚州喜晤蔣赤臣

赤臣與予同業春秋家言。

玉杯同獻帝京游，并許雙龍駕十洲。此日英聲喧鶴禁，當年藝苑割鴻溝。青烟蒲柳隋堤晚，白露蒹葭邗水秋。兹土相逢重騁望，仲舒遺宅古揚州。

半船圖和韵

邗上訪張稚恭園中，邈若隔世人。落月屋梁，疑在夢寐。忽出陳涉江半船圖索和詩，渚烟驟合，湖雨欲來。此子宜在丘壑中，又爽然自失矣。交朋雨散，世變輪雲。又安得借畫舫徑入武陵源哉。

張子持新畫，邀予説卧游。烟雲不敢散，林壑爲君留。葉亂隋堤樹，潮通邗水溝。應憐佳麗地，無夢到原丘。

其　二

一折燕臺柳，三開楚澤蓮。離心春草亂，浪迹夏雲遷。烟渚懷虹飲，風林想鶴眠。桃花津可問，同泛武陵船。

寶應晤李令君叔則

冰署鳴琴不下堂，城頭姑射暮蒼蒼。青牛關裏來真氣，李，秦人。白馬湖邊飲練光。月静訟亭松子落，雨肥秋壠稻孫香。自公多暇詩成帙，早晚青蓮侍柏梁。

夢華歌走筆李叔則兼懷張稚恭

醉後忽夢二華山，不知其幾千萬仞。但見千岩萬壑之槎枒，霜雪不死，芝苓如麻。石扉中開，元君所家。浮雲欲出不到頂，六龍失氣回日車。玉女千春閟精魄，君輩突兀吐菁華。李叔則、張稚恭，割據二華金芙蓉。筆起霜空騰一鶚，詩成風海鬥雙龍。我來賓應縣，李侯數相見。手出枕中文，兼持十幅絹。滄江滾滾走堂前，雲峰霧壑開生面。江傾岸折吐文章，胡琴擲碎連城賤。我卧龍眠山，草舍烟蘿間。書焚不復讀，詩成不復删。西施甘死浣紗石，不向人間逞玉顔。露吾頂，爲君飲。披吾襟，爲君吟。悲歌慷慨酒人態，磊落崎嶔我輩心。吁嗟乎！天地大文不可舒，摇精走筆何爲乎！他日六丁怒，巨靈吁。收君書置宛委湖，不若晦穎和光學酒徒。酒餘醉夢華山頂，金闕銀臺光有無。

曉發宿遷憶昔

茅店鷄鳴枕，寒郊馬散鈴。殘星帶水白，深霧失山青。桑海何時變，風塵未許停。畏塗兼雨雪，小舸夜曾經。

九日道中

去歲今朝浮渡北，今年走馬大河傍。賦詩飲酒意欲往，脱帽鳴鞭日未央。片片晴雲過水白，平平秋草出沙黄。却懷諸弟龍山小，解插茱萸媚北堂。

過蒙陰宿寨子集

辜負蒙山茗，北來山更深。四峰圍晚翠，一月起秋陰。下馬便孤往，登臺寄遠心。放歌寧寡和，松栝有清音。

客有言寧武關周將軍遇吉事者作歌以志

寧武關前賊騎逸，寧武將軍披甲出。壯士身當百戰餘，小臣誓守孤城畢。積骸弃甲與城齊，城邊飛騎踏如泥。將軍死戰雲梯側，血污鐵衣歸不得。賊騎城中血洗刀，夫人初著錦戰袍。矢房蒲盡弓弦絶，手揮霜劍如剪蒿。歸向高樓縱火死，白虹貫日暮烟紫。我爲忠烈歌國殤，招魂好侍鼎湖傍。

追挽吴南蒼

我友吴南蒼，妙年即長夜。代鷹失遠擊，神駿屈短駕。懷古有八章，貽我扇一把。忽聞絶命辭，南蒼臨殞作數十首。悲風捲虚樹。遺集已飄零，誰定連城價。寂寞身後名，况乃千霜下。夙昔憂子形，秀羸如枯蔗。亦謂難永年，豈知遂速化。日出扶桑晚，春暖蘭英謝。草草玉樓人，悲來泪如瀉。

曉憶葛園

葛園深處有荆扉，水折山環空翠圍。桃花源裏少離别，竹葉杯中無是非。悵悵登車成一往，朝朝遠望豈如歸。草霜沙月征衣冷，回首匡床蝶正飛。

途中喜晤歐陽銓部兼謝惠酒

繫庵舊爲儀真令。

仙令調絲聲未央，山公清著芰荷裳。寒來賜被歸蘭署，朝罷揮毫咏柏梁。白眼只今憐我輩，青尊何處是他鄉？秋原落葉風沙捲，愁索侏儒粟一囊。

勞贈雙瓶慰鬱陶，章丘渌酒古羊膏。雖無玉碗盛清影，不數金魚换濁醪。曉褐衝寒霜氣烈，朔雲排雁月輪高。此時細舉蟹螯酌，畢卓風流逮我曹。

任丘見元達魯花赤野仙德政碑 元爲莫州地，屬鷹坊狗監射獵之所。

碑碣何時立，相傳大德年。鷹毛飛禁苑，馬影静秋田。海市三桑換，官亭一石懸。我懷古遺愛，憂世泪空漣。

宿白溝河吊古 是李景隆喪師地，李夢陽有哭白溝文。

易水寒風夕，白溝古戰場。塵沙埋斷甲，烟霧黯斜陽。龍虎鍾天表，貔貅付國殤。崆峒文尚在，凄切不能忘。

莘　城 督亢地。

沃壤號幽燕，名城没古烟。荆卿只一獻，此地獨千年。

總戎張君有寵姬能歌舞而君顧以僕僕無寧晷也朝斯夕斯居然契闊矣酒次爲予言且舉觴而謂予曰子其爲閨怨十章我飲若十觥飲畢而詩不成者以倍罰之予因走筆如張君言

繡幕珠簾閉寶弦，堪憐夫婿惜芳年。甇甇牛女空相對，誰道銀河在九天？

春風桃李惜芳菲，秋雨梧桐葉更飛。捲鏡手愁開玉匣，畫眉人似隔金微。

容顏初日映芙蓉，翠袖雙回舞閣重。想是承恩不在貌，獨令虛幌照高春。

竟日長齋繡佛前，高樓裊裊拂爐烟。爲感郎君真繾綣，不勞洲渚羨文鴦。

玉勒花韉日易西，翩翩歸馬一聲嘶。小爐細拂茶烟裊，急整羅衣出繡閨。

月滿樓臺花滿亭，牙盤群列五侯鯖。綢繆總覺君恩重，况復夫人惜小星。

風沙漠漠紫騮回，寶劍如冰映日開。意氣谿來山岳重，肯教歌舞戀陽臺。

濛濛新月透簾紗，寂寂深閨掩落花。翠幙繡幃真只尺，猶餘幽夢隔天涯。

玳瑁梁深海燕栖，翩翩比翼競高低。妝臺獨對朝雲冷，恰有紅顔鏡裏齊。

珠袚逶迤穩稱身，冰盤玉箸日相親。那堪月静天如水，悄悄羅衾若有人。

呈劉元公夫子詢及家君及然別後狀歌以當泣情見乎辭

鐵驷西來萬事非，月明烏鵲黯南飛。城邊潎褐衝關險，海上孤帆破浪微。予自津門泛海。[illegible]夢猶依張禹帳，泪痕空濕老萊衣。羈臣未返丹書定，遥拜高堂泣燕磯。予以被議，不敢入南觀省。

欲問高堂泪不禁，雲羅風弋黯相侵。九歌難盡椒蘭怨，一篋誰憐薏苡心。瀛海潛踪蓬浪淺，天門伐鼓亂雲深。隨身短箭刀鳴急，愁殺西風變徵音。時大人以殺賊城守被誣嚴逮。

不意餘生得草萊，豈知琴鋏更燕臺？盡揮桑海三年泪，重侍桃谿酒一杯。梧柏寵深差自慰，蓼莪歌斷可勝哀。時夫子丁内艱。雲天回首魚函少，轉恨荒山冷驛梅。

喜晤成青壇

未得臨清別，沾衣只夢中。豈知河上水，直泛大江東。霜冷三山樹，烟餘六代宮。故人青雀舫，高咏幾時同。青壇以乙酉典試江南，予在山中。

其二

雲峰慚豹隱，風浪枉魚書。一葉貧難買，連枝病亦疏。芒鞋孤壑轉，草閣半林虚。遠道無繇贈，憑高泪滿裾。

其三

故人多異代，君我尚同時。白眼重相視，青尊不易持。雲龍曾并躍，天駟已先馳。萬事成回首，寒燈密坐遲。

龍懷歌

龍懷者，懷龍也。龍者，邑山也。我兩尊人廬焉，故懷之也。曷不曰懷龍，爾曰龍之懷也，視懷龍者殆有甚焉。屺岵之章曰：『嗟予子也，嗟予季也。』故曰龍懷也。

有客有客生不諧，昔者若侯今龍懷。我懷龍山羽翼乖，河漢無梁天無階。安得浮雲與我偕，我騰而上登龍崖。吁嗟乎！我懷龍山阻且修，白日爲我踟蹰愁。

我懷龍山窶且貧，茅檐土室編荆榛。山鬼夜嘯虎晝嗔，旋風簇沙如轉輪。盎無斗儲爨無薪，昔日繁華今苦辛。吁嗟乎！二人胡爲龍山裏，悲風爲我動地起。

我伯我伯遂長夜，佳城亦卜龍山下。陰風颯颯哀湍瀉，穗帷只尺飄虚榭。煢煢弟妹髮相亞，十年代伯畢婚嫁。吁嗟乎！爲我謂伯何不仁，我父爲伯增苦辛。

有弟有弟羅成行，讀書走筆誰最良？高山産樹願樹長，阿母鞠兒願兒强。兒飢餔糜寒衣裳，終日車輪轉母腸。吁嗟乎！有子八人母氏苦，生男何事哺用脯。

有妹有妹字鳳儀，昔侍華屋今茅茨。别時容易見時遲，一見阿母泪交垂。往年珍女瓊樹枝，今年弃女斷機絲。吁嗟乎！妹兮努力事嫜姑，但願妹家毋不如。

壽高郵隱者

香山居士芰荷裳，雀舸樵車足徜徉。手植松陰隨歲長，自移瑶草拂階長。魚傳甓社銀絲色，酒到高郵琥珀光。蕭灑知君多逸興，飛觴况值菊華黄。

喜重晤王敬哉

海畔雙帆淚暗揮，烏衣宵過復沾衣。可憐碧海桑三變，不待金城柳十圍。吏隱我猶艱小草，宦游君况是當歸。朱門舊日枌榆地，池上新看鳳羽飛。時長公新捷。寒燈密坐酒飄零，玉節當歌月上櫺。天寶梨園鬓未白，竹林儔侣眼重青。人疑隔世初相識，曲變新聲黯自停。繞樹可憐烏羽亂，羈栖還借子雲亭。予時假寓敬哉别舍。

讀岳朋海近詩因憶昔時同志諸子感賦二章

太華五千仞，照耀金芙蓉。之子蘊瑰秀，枚馬繩高踪。筆或風雨落，思與鬼神通。天門爲子開，雲霞蕩心胸。銀河倒毫末，練光飲飛龍。置身碧海上，金臺十二重。南方有佳人，玉珮空瓏璁。寂寞苧蘿村，蘭膏誰爲容？

同袍二三子，宿昔青雲客。龍媒躍蒲梢，霜鷹整勁翮。談兵氣益振，漉酒腕相扼。海枯若木傾，波蕩天門坼。故人多異物，萬里如只尺。爾我各餘生，千里夢不隔。驚魂午夜游，十步九戈戟。魂往戰塵黃，魂返陰磷碧。曉鐘何處來，此身復枕席。豈期異世人，重聚金臺陌。相見白眼青，相對青髮白。曲室覽遺文，剩寇餘三策。絳灌薄賈生，百二供一擲。朋海昔有三策，首請敕孫督毋出關。萬事付浩歌，攬淚如潮汐。

上劉孺翁先生

軒臺新鳳曆，璜谷舊鷹揚。公舊爲司馬。尺五天門近，魁三景曜光。蓼莪悲卧雪，松柏迴凌霜。鳴玉依龍衮，樅金建鳥章。峨冠司北斗，崇級領東方。曳履星辰上，攀鱗日月傍。徜徉師命掌，方叔芾斯皇。紫氣縈鈐閣，青雲滿畫廊。棘槐瞻暗藹，桃李侍趨蹌。小子依皋席，吾師托雁行。公，吾師元功夫子兄也。傳經劉向舊，辟地管寧藏。一月燃藜火，三春毀柏梁。觀烟迷鳷鵲，殿瓦坼鴛鴦。刀鋸微生忝，迍邅宿命凉。草憐書帶長，花冷筆床香。將父慚懷橘，無家類宿桑。毛生方捧檄，盧植更升堂。灸自牛心割，名從驥尾彰。蓬山梯可陟，碧海葦難航。倒屣中郎鑒，傾貂賀監狂。古人垂注惜，才士各騰驤。此意歸前輩，虛懷答彼蒼。紫騮邀眄睞，黃鵠附翱翔。舊有長楊賦，吹噓達未央。

飲董良合同年邸中後彼此相過不值詩以代箋

青燈密坐酒初酣，銀箭丁丁漏已三。太乙燃藜空冀北，小山叢桂出淮南。良合，贛榆人，舉於北闈。柳霏窮巷勞題鳳，竹問玄亭正駐驂。何日銜杯重勞苦，從君石室啓金函。

追步湘揚女子壁間題韵

舊題在涿州南三十里之三家店，詩在店堂之左，左室之右壁。

洛月巫雲散冶妝，墨痕香氣寄微茫。宫詩半壁清如許，想見春容照海棠。

團扇流連爲憶郎，杜鵑春泪化啼鴿。章臺依舊青青柳，不假虞侯試劍鋩。

并蒂芙蓉一水香，女牛偏隔水中央。人間若識神仙苦，珍重春風舞綉裳。

石中生雪中見訪詩束以志夙懷石爲同年張天柱所得士時典試江南故并及之

杞梓千章出漢津，中生出自楚。近從燕館市麒麟。玉臺賦雪誰能敵，金谷徵詩復有人。玄草疑分宮錦色，青藜常照筆花新。君家絳帳今吾土，回首南雲雁字頻。

思婦辭效初唐四子體

廣陵曲巷，忽聽高樓琴音哀斷，有舞蛟別鶴之聲，異而詢之，鄰媪曰：『此新嫠也，束笄于歸，未期而寡，投繯誓殉，氣絶復蘇。家貧親老，遂致再適，哀思抑壹。此聲所爲來也。』予聞而悲之，爲作思婦辭。

高樓有女拂金徽，珠泪泠泠奏楚妃。鴛鴦冢上原雙宿，燕子樓前本獨飛。憶時初嫁貼花黄，二八郎君共曲房。捲鏡手開雕玉匣，畫眉邀近鬱金床。妾亦青春花可憐，明粧澹掃艷神仙。松蘿千歲驚風折，蒲柳三春擲水眠。郎君一去悲黄鵠，嬴女宵停栖鳳曲。寶鏡如冰不敢開，紗窗映日爲誰緑？妾時攬泪一從君，手繫雕梁白練裙。不及馬嵬銷玉骨，可憐巫岫返香雲。一自歸寧心事阻，貧家鞠女空辛苦。高堂白屋髮如霜，賤妾紅顔泪如雨。妾心一日九回輪，欲報親恩敢顧身。鸞袖欲揚懷舊穴，蛾眉重掃事新人。新人珠箔掩璇閨，寶瑟銀筝暗苦凄。青陵臺上梧桐樹，千年猶説仲卿妻。

重過維摩庵晤法如師弟

往年避賊維摩室，行者捧茶髮如漆。今年重上維摩堂，變爲僧雛如我長。借問舊僧半凋喪，别時肥澤身豪强。老僧不去亦不死，藍縷黧面上佛香。四角六時嘶戰馬，鳴鐘撞鼓割中央。六龍騁轡不轉眼，東海揚沙起扶桑。坐久忽出詩數卷，乃是當年手評選。初疑隔世見故人，又如汲冢搜周典。丹鉛真有六丁呵，藏書轉覺二酉淺。癸未進士古銅章，金子冲玄之所將。印色慘澹彩匣完，忽念故人心慘傷。憶昔訛傳賊洗城，庵前鐵馬刀鎗鳴。我時奔走藏複壁，稽首世尊心膽傾。爾時蒿里不呼吸，三年豈意向師揖。群蛇偷生龍上飛，俯仰去來紛雨泣。

同董良合石中生劉潛柱朱梅麓夜集黄鷗湄宅

才子風流聚柏梁，金魚換得玉瓶香。彈棋頗憶南皮逸，漉酒相傾北海狂。欲雪寒威避几席，經冬旅思失凄凉。行杯小史明初日，疑醉邯鄲錦瑟傍。

曉雪偶過王鐵山廷尉暖閣奕飲賦得十六韵

素雪明深檻，寒雲凍曉天。比鄰王翰切，高閣李膺連。徒步當飛霰，羈貧謝錦韉。龍媒慚眄睞，牛走辱周旋。未載揚亭酒，先分阮杖錢。應階瑶草積，逼案玉柯懸。疑授梁園簡，强浮剡上船。筆床輕翡翠，書架積楠梗。棋憶南皮逸，杯傳北海顛。酒仙歌可續，吏隱道能全。玩世凌霄鶴，觀心得蔭蟬。悲歌歸戲謔，酩酊閲風烟。蓬海生桑後，花瓢挂竹前。良園依嘯傲，岐路失迍邅。割炙分周顗，藏書屬仲宣。蒼茫前輩意，感分托長箋。

同季千里年執奕飲王鐵山先生暖閣因徵近詩賦以志感

藥階花徑草玄堂，漉酒彈棋冬晝長。玩世只容金馬隱，藏身甘蹈竹林狂。誰憐藜閣書三篋，難捧侏儒粟一囊。欲問新詩零落甚，吞聲愁説舊長楊。

金臺冬嘯雜詩

縞素東來擁綉弧，六龍驤首逐飛狐。報韓國士應歸漢，横海將軍又渡吴。但願天心銷戰伐，敢從人世説歡娱。憑高重向西山望，落木寒嵐翠有無。

玉勒金魚半儼然，獨餘衰草茂陵烟。難聽銀海新飛雁，愁説琴臺古杜鵑。槐市揚沙寒日暮，梧宫落葉朔雲天。不堪醉倚燕姬睇，翠袖香鬟似昔年。

款段垂鞭一刺勞，黄塵深處朔風高。道逢代馬青絲絡，臂著霜鷹白錦毛。莫唱吴歌驚冀北，重翻天問補離騷。文園近日凄凉甚，緑綺朱弦不敢驕。

貰酒徵歌莫論錢，簪裾猶似五陵年。銅臺鼓吹聲全歇，天寶梨園髮尚玄。不惜餘生供感慨，未逢知己亦沉綿。閉關真覺劉伶穩，浪把風流説七賢。五君咏劉伶善閉關，藏情滅聞見。

凍雲輕雪掩雙扉，撾鼓彈棋生事微。北里嬋娟如昔少，江南朋好到今稀。深慚虎觀徵賢急，總悔羊裘待詔非。寒旅鸘鸘猶未買，憑誰典得玉瓶歸？

芙蓉雙闕隱相望，千歲黄雲覆苑墻。竹老連昌森似束，松分五柞儼成行。夜深鶴浴寒塘月，宫曉烏銜落葉霜。記得小臣曾獻賦，鳴鞭宵度御河傍。

小龍烟徑竹成圍，陶令餘生寄釣磯。大人隱小龍山。白髮經年愁易長，青山今日遁難肥。鋤瓜種秫知多少，掃雪看雲無是非。遠望當歸當不得，還凴幽夢叩柴扉。

來往風塵黯自悲，秋原烟樹盡堪疑。重經戰馬歸南地，又值賓鴻背北時。谷口耕田猶負愧，東方索米敢嫌遲。但祈細柳銷金甲，歸傍松蘿結草茨。

寒邸雜咏

寒燈冬易盡，獨坐漏難深。無酒驅長夜，將身温短衾。預知離夢苦，暫避壁風侵。少婦誰堪買，東方少賜金。

其　二

翠袖倦風塵，停歌黯自陳。妾身元故舊，無語只酸辛。尚有良家子，君非薄命人。古來青冢上，香汨濕松筠。

其　三

顛狂疑縱酒，風雪不還家。下榻詩留壁，圍爐客點茶。趙姬棋一局，傲吏鼓三撾。莫説窮愁字，餘生願已奢。

其　四

新朝真浩蕩，故吏復長安。久識餘生苦，休言待詔難。黄雲埋玉碗，青浪匿魚竿。龍眠有青浪洞。進退兩維谷，孤燈不記寒。

其　五

亂後故人少，别來見我憐。陶潛有白社，李廣足藍田。剪燭徵詩夕，飛霜縱酒天。知音真可恨，重整舊朱弦。

其　六

忽見江南録，故人紛羽翰。憐兄復淪逸，令我獨艱難。霜葉迎歸舸，雲峰閉藥欄。卞和休揾泪，堂上問加餐。時兩兄南闈被放。

其　七

微生頗好道，夢到武夷山。暗泉流鐵鎖，古屋閉金環。虚壁留雲氣，真仙多苦顔。未能從羽化，流涕復人間。

其八

客睡疑天曙，冬宵苦漏停。被池風淅淅，帷角月泠泠。披褐還危坐，鳴鷄慣獨聽。歸田何日賦，雲卧竹窗青。

其九

聲華應汩没，風雅信浮沉。玉碗逃名穩，金門辟世深。人猶睨藝苑，吾已謝知音。漫興非關老，無心更苦吟。

其十

磊落負當日，悲歌豈壯圖。我來新洛下，不復舊狂奴。二酉元多事，三都合覆瓿。圍棋張譜好，敲罷酒盈壺。

十一

故人分俸米，兼贈玉瓶香。交譜慚龍尾，天涯累雁行。藏身甘紲絆，舞劍忽低昂。不廢狂歌興，晴窗動筆床。

十二

去歲龍山卧，心閑境亦深。閉門雲繞屋，倚檻月過林。稚子詩相角，山妻酒自斟。飄蓬今莫問，不敢作吴吟。

同張二唯米吉上劉潛柱飲王敬哉齋中即席賦得年字

風流亂後黯相憐，回首荆高擊筑年。北道誰傳枯樹賦，南音又奏雪花天。頻分薇醞春壺酒，重損蓬池月俸錢。憔悴金徽塵滿匣，因君更理舊朱弦。

短袖長吟莫問天，顛狂磬折兩誰憐。悲來脱帽過詩社，夢去移封到酒泉。漫倚百篇堪度日，難同五柳不編年。安能避世壺中隱，閑挂花瓢曲竹前。

宋玉叔納姬和敬哉韵

紗窗寒静碧如烟，簾箔深垂霜雪天。金屋定情當子夜，玉臺新咏及丁年。燈前解珮歌難續，月下吹簫影自憐。定識蘭房幽事有，采珠拾翠傍誰邊？

環珮空房説步虚，且薰羽帳暖芙蕖。歌成白雪難諧俗，擁得紅顔勝著書。星隔銀河秋更苦，雲飄巫岫夢無餘。神仙薄命猶如此，珍重香幃倚翠裾。

同喬月娑晚過吕亦仙寓值張西河共奕

爲尋楸玉局，徒步隔鄰過。喪亂交偏切，羈寒酒易酡。星當芸閣散，聲落竹樓多。世事紛如此，無勞問斧柯。

送同年李霖九刑部提學河南時自山東典試初至

玉節新收碧海霞，朱輪重出雪初花。香含鷄舌郎官署，士指龍門司隸家。岳吐芙蓉迎畫幰，河流竹箭引仙槎。知君種得桃千樹，定有青藜護絳紗。

姚端恪公詩集卷之五 丁亥

飲張刑部洎水齋中率筆

予於同年楊木干齋中，得讀洎水與韓同舍九日唱酬詩，有『西曹自昔多才子』之句，懷王、李也。予間同木干過洎水，圍棋斗酒徵詩，展謔平明，停驂繼以朗月，蓋羈人之傾倒至矣。洎水又爲予年友白東谷甥少同學也。其詩亦互相切劘云，故中及之。

白雲曹中才子多，王李岳岳高嵯峨。岱壇洞庭争氣色，東壁西園光蕩摩。韓張九日蜚八咏，欲與少陵競秋興。我有冬嘯欲自焚，珠玉在前光照乘。君家舅氏我輩人，新詩深穩亦絶倫。操觚便入竟陵室，壯節暗與崆峒親。雲峰霧壑蛟龍變，瑶闕金臺草木春。已忝香山稱伯仲，更有何忌爲比鄰？君寓去予只尺。跨馬訪君談促膝，紗窗初映高春日。烏几縱横楸玉枰，牙籤亂簡宛委帙。五岳不敢詩中吐，萬端欲向尊前畢。壓酒拔劍歌莫哀，宛宛霜月蛾眉出。楊君奴子初平頭，停聲緩飾爲南謳。聽謳忽憶故山去，何事金門典敝裘。

寄沈石友户部時司餉天津

楚江杯酒隔春烟，初晤石友於荆州。燕市悲歌興杳然。一自桑田回地軸，難同櫟社説天年。朔風沓颯宫雲冷，津樹高寒海月圓。記得管寧曾浪迹，因君夢到大沽邊。予甲申辟地大沽海口。

宋玉叔惠我新詩賦此志感

磊落山東妙，風流宋玉師。人經天寶後，調自建安時。大雅餘吾黨，浮生寄酒巵。新詩今在壁，月映玉峰遲。

其二

浮家王粲共，哀亂越吟長。顧曲亦何苦，調絲方未央。烟江青雀冷，沙苑紫騮驤。憐爾翻蕭颯，無心問錦囊。玉叔同王敬哉至自吴。

其三

吾徒元磬折，世路自崎嶇。易妒珊瑚樹，難投明月珠。蛾眉供偃蹇，牛耳合荒蕪。莫貴三都紙，爲君且覆瓿。

送魏昭華侍御督學上江

聖世崇文急禮闈，金臺兩度紫騮騑。爲收竹箭吴都美，正值蒲桃天使歸。春雪漸隨驄馬盡，江花應繞柏烏飛。絳紗南國多清豫，何似埋輪出武威。時侍御初巡甘肅至。

烟草吴宫六代餘，東南文事久蕭疏。貧同定遠甘投筆，窮比虞卿不著書。此去龍門新鼓吹，難詢烏巷舊簪裾。諸生旅謁從容語，莫道金臺賤子虛。時予久稽京邸。信陽夫子寓江城，攬轡彭宣按部行。金勒應停玄草舍，石渠真負絳帷笙。摩天雕鶚飛能回，失路驊騮黯自鳴。待詔放歸重侍側，親扶籃輿有門生。公亦何荆屏夫子所得士，夫子信陽人。

率筆作兼呈吉津潛柱

此日此時忽無事，閉門獨坐萬山中。明明朝暉來相照，冉冉爐香裊向空。塞馬人間誰得失，冥鴻天外有西東。詼諧射覆豈辟世，尚令今傳曼倩公。

節烈隱佚誰能傳？序誄碑銘積如丘。秦時經史道未墜，唐後文章不自繇。何爲倚馬還呼馬，不用歌牛只飯牛。傳聞此地賣卜者，豈非墻東君公流。蜀人前職方劉先生賣卜市廛。

李郎劉子俱吾師，落落莫莫人鮮知。亂後談心無要眇，貧來度日易支持。回首問天無一可，終朝策馬任所之。圍棋斗酒差快意，猶勝屈首受書時。

送蘇次公侍御督學下江

江城連歲羽書頻，投筆擔囊盡苦辛。虎觀南州今寂寞，龍門東去此嶙峋。隋堤柳拂朱輪度，吴苑花明絳帳春。所治出曹子建。披裘多隱逸，可容眄睞及垂綸。

趙韞退年執宋玉叔移尊曹秋岳冏卿宅招同張尔唯王羽一陳路若宋轅文諸子即席分韵録别得文字

懷歸難贈别，折柳况爲君。南浦同明月，西山失暮雲。酒人燕寂寞，俠少路紛紜。時東路多警。去去春帆穩，蘭皋草正熏。

其二

君自輕玄武，人猶妒惠文。龍吟雙劍析，虎嘯九關聞。辟世桃源淺，歸田菊徑分。愁心兼去住，不獨爲離群。

挽弟烈閻季子祺

祺兄樞部君禧爲闖賊所略，祺徒步千餘里訪之，見於兩當山中，歸途遇害。

桃生露井李代僵，兄弟空爲侍中郎。瑣瑣人間粟與帛，耿耿天上參與商。我每爲此長太息，上留田行安可忘。開卷忽讀閻生傳，拔劍斫地泪浪浪。閻氏季子心獨苦，流連尋兄涕如雨。鸞鳳自入虞人機，鶺鴒願釁靈鼉鼓。猛虎班班不避豪，腐肉安能去子逃？雁行中斷復相見，捐軀絶脰如鴻毛。至今兩當山冥冥，陰崖古木鬥雷霆。山鬼夜啼文貍怒，秋菊春蘭不忍青。還因季子泪沾臆，梧宫麥秀悲何極。鶺飛倘侍鼎湖傍，龍髯一去無消息。

麗詩

誰道陽臺別有神，苧蘿光艷照千春。吳宮多少如花女，不見西施説妒人。西子。

絶塞風沙掩障亭，琵琶聲斷玉驄停。紅顔薄命知多少，不見龍廷草盡青。明妃。

玉臂雲鬟香亂飄，無情公主亦魂銷。人間浪説知憐惜，誰解提刀抱舞腰。李勢妹。

泪濕明珠拜鳳綸，梅花深處舞衣塵。玉環一妒非容易，粉黛三千只采蘋。梅妃。

金谷烟花非舊春，香魂不逐舞衣新。高樓一墜等閑事，出塞文姬亦有人。緑珠。

碗井花鈿黯自斜，吳音哀斷後庭花。迷樓更踵臨春閣，何必青萍斬麗華。張貴嬪。

張洎水招同宋玉叔餞秋岳先生即席賦十六韵

草閣寒燈夕，春風濁酒前。施蘿聯雁序，折柳送鴻騫。曹子當時傑，聲名我輩先。人情摧磊落，天意付迍邅。易妒黄扉漏，難焚白馬篇。臺烏雖寂寂，海鶴自娟娟。門下蜚英彦，洎水其薦士。群公慘別筵。星河低自落，雲樹黯相懸。賦遜張衡妙，歌憑宋玉傳。吾徒甘偃蹇，東路尚戈鋋。望氣欃槍動，飛丸鎧仗鮮。草青迷舊冢，壤白變新阡。雀舫難歸越，龍門且失燕。崎嶇留藝苑，跋扈悔當年。棋減南皮逸，杯懷北海顛。蒓鱸吾有意，先慕五湖船。

獨漉篇

獨漉獨漉，河大冰堅。冰堅馬滑，河大無船。飢鷹在天，群雀相訣。仰天欲射，矢斷弦絶。落葉游雲，隨風紛紜。客子無托，向人殷勤。空床垂帷，若有麗人。解衣質酒，若有黄金。短劍龍鳴，切玉無聲。庖人歡喜，斷蒓煮羹。荷斧上山，求薪得虎。視虎如薪，游戲爾汝。

黄陂丞歌當古雁門太守行

黄陂丞者，予姑夫子夏公統春也。公以保舉授今官，黄人惠之。黄陂爲賊陷，不屈死。死甚烈，不忍言。時楚中丞王公養基聞而義之賻之。然後得以姑及諸子女歸江南。後然幸讀中秘書，與邑給諫光公時亨謀引同郡阮穀城例請，而李賊陷京矣。今予懼其事久而湮也，追作歌以紀之。阮穀城者，吾郡之懷寧人，亦以諸生保舉授穀城令。城陷以殉，蒙贈太僕卿，蔭一子入胄監。初，然議請恤時，或曰：是位卑，不得恤。予應之曰：『功成生賞，宜自貴者推；城守死恤，宜自賤者始。謂其可以無死而死也。』嗟乎！生死難言之矣。予尚敢歌黃陂丞哉！

崇禎帝在時，黃陂丞夏君，本自皖郡桐城諸生。少篤孝弟，通達五經。一解。
家循良吏，爲桐所推。應舉賢良方正，恪其官職，乳哺百姓，惠我黃人。二解。
賊圍我黃，城圮隍湮。雲梯衝車，百道齊登。君正衣冠，誓以死殉。三解。
賊曰降爾印爾紱，曰不爾，爾鼎爾鑊。君挺立公亭。劓鼻割舌，張目而嗔。四解。
身無餘膚，殁無寸棺。中丞聞訃，失箸停餐。賻俸錢二萬，歸孥江南。五解。
時皖忠烈，有阮穀城，贈卿蔭胄。命部臣議，給事吉士，比例上聞。六解。
昧死未上，賊陷北京。青衣載道，稽首稱臣。嗟爾殉國，黃陂縣丞。七解。
日月晦蝕，大烈不宣。爲君作歌，俾被管弦。忠不必貴，名不必年。八解。

寄劉子木年執時直指江南

柏臺清徹玉壺冰，此日褰帷軾更憑。霜肅三江新綉斧，雲横六代舊金陵。花驄誰不推桓典，蒓鱠空憐慕季鷹。回首燕山分袂夕，三年鴻雁漫飛騰。

壽張庶嘗太公

蓬萊清切倚鑾坡，遥拜庭闈憶薜蘿。紫綬曉分金秋露，青禽春獻玉山禾。地鄰姑射仙爲侣，酒酌襄陵色易酡。他日紅綃題御墨，膏車洗沐更如何。

河上仙翁舊築臺，春風此夕綺筵開。懷中玉燕凌雲迴，輦下金魚捧日來。玄圃盡滋桃五色，襄陵還泛酒千杯。直廬再拜馳箋往，楊柳郊原驛使催。

送王皚文下第歸里

連宵夢到北山薇，羡爾揚鞭馬似飛。莫怨故人俱雁塔，忍教新婦獨牛衣。風沙驛路眠餐穩，烟雨江城鱖鯽肥。陳疾有書吾力上，請君釀秫待漁磯。皚文新娶。

行路難

峨眉高高絶雲烟，豺狸啼後虎嘯前，樵子乃得攀蘿剪棘凌其巔。渤溟深深窮黄泉，鯨鯤宵鬥龍晝眠，泅人乃得腰絙探珠没其淵。長安大道直如弦，出門十步九戈鋋。欲歌行路難，氣結不能宣。短衣匹馬何所適，鳴弓射虎向藍田。

罽羅被空山，飢虎不得驕。玉勒錦障泥，駑馬爲雄豪。生不願樹勛銅柱標，亦不願采藥緱山桃。但需錢刀三十萬，散之廊廡如鴻毛。妖姬十五伺顔色，賓客三千盡漆膠。酒闌金盡謝卿去，反閉柴門著緼袍。

有口莫讀金簡字，但願脱帽露頂眠酒肆。有筆莫勒燕然峰，但願屈首伏几作書傭。炯炯雙寶劍，照耀青芙蓉。不遇壯武侯，雌雄安所從？請看千古延津上，風雨時時鬥二龍。

澹澹天河水，宛宛河橋路。牛女欲別時，十步九回顧。一載一相親，千春安足慕？贈子身上衣，是妾手中素。織縑織素不成章，斷絲擲杼起彷徨。少婦熒熒守空房，游子慊慊懷故鄉。故鄉欲望雲飛揚，空床欲卧月如霜。願作野田雙黄雀，不羨雲間孤鳳凰。

淮南煉丹砂，一日黄金成。鷄犬矯矯生羽翼，鞭鸞叱鶴凌紫清。帝閽開闢玉女喜，蒼龍赤豹相將迎。南山道士愚且魯，空餐石髓采黄精。

東方生，年逾二十長九尺，奏牘三千昧死聞。捧粟詐言飢欲死，侏儒頓首泣紛紛。一榜郭舍人，賜帛如烟雲。再辟賣珠兒，黄金三十斤。大官斷肉酒一石，歸與先生遺細君。先生細君復不悍，恣爾買婦同羅幔。先生猶言位卑禄薄著客難，獨不見公孫丞相布被脱粟飯。

瀉水置平地，涇渭安可嘗？練絲一以染，安問玄與黄？青陵臺上烏鵲死，琴心夜奏鳳求凰。一朝從貴中郎將，黛眉珠袚有輝光。懷古感心長嘆息，暗中涕泪沾羅裳。

鷹不樂，鷹坊呼。虎不樂，虎圈居。魯人苦饗爰居鳥，吴兒愁殺武昌魚。賦性各有宜，安能强相於？長安赤日如火然，炎風揚沙塵蔽天。懷刺十門九不入，騕褭款段無停鞭。酒樓日午列高筵，繁弦促管沸雲烟。握箸不下飢欲死，傳説中厨費萬錢。朝亦大道邊，暮亦大道邊。北山山中諸父老，赤脚迎風新稻田。

壽胡菊潭夫子時蜀初定

瑶池春宴錦徘徊，正值鄉園捷奏催。草就紫泥三殿去，家傳丹嶂五丁開。絳紗桃影沿軒植，黄閣珂聲下直來。早晚宫袍頒蜀襭，君恩不遣憶琴臺。

壽友人詩

禁苑春風乳燕低，葡萄宫酒玉壺提。玄亭桃李森相引，碧海蓬萊路不迷。書帶晴分階下草，筆花宵映閣中藜。他時寶匣琉璃啓，三蜀雲霞護紫泥。

擬古十九首 丁亥

古詩温柔澹折，其質也，至其神氣生動。思婦羈人之情狀，千年而下，如見其形，若聞其聲，或密而疏，似直而曲。建安則子建庶幾近之，唐唯李供奉得其一二，杜甫雖自成一家言，未是此中入室也。

蕭蕭庭葉下，遥遥秋夜長。泠泠空房深，熒熒寒燈光。寂寂一佳人，纖纖治衣裳。穿針猶未達，泪下已盈眶。弃置笥篋中，拭泪起彷徨。復憂針綫稀，遠道多風霜。遲遲熨貼平，薰以蘭蕙香。君恩若平生，薄命妾所當。安能托青鳥？舉翼一相將。

明月何遲遲，徘徊照我堂。斗帳縱横垂，仿佛有餘光。褰帷起嘆息，曳履步東厢。仰視牛女星，熒熒限河梁。人生百年中，别離安可常？灼灼桃李姿，顧盼成秋霜。如何秦氏女，雙雙驂鳳翔。

驅馬北郭門，白旐何飛飛。言是宦游子，飄飄出帝畿。帝畿雖云樂，白骨亦言歸。未盡平生心，夜臺當語誰。何不學神仙，令此冢纍纍。

置酒高堂上，召我平生親。酋人奉甘醴，庶饈難具陳。趙女被羅衣，揚蛾出中庭。騰光流四座，舉觶不能傾。清歌輟繁響，餘音妙入神。衆賓既醉歸，主人意未伸。華燈張密室，別有傾城人。香風隨袖發，爲君弛帶巾。東鄰裋褐子，金盡但苦辛。

河流阻且修，鯉魚長尺半。致我尺素書，遺我錦綉段。段知霜露寒，書言時節换。相待恒及昏，相思恒達旦。投冰積雪中，朝陽豈能泮？

昭昭朝陽暉，照我床羅幃。佳人起長嘆，當鏡理修眉。俯仰整儀容，悲心不自持。衆女盛鉛華，婉婉盈金閨。朱顔各自媚，誰念絶世姿。空房何足惜，但感盛年時。磊磊山上松，泛泛水中萍。山松偕千年，水萍隨風傾。游子懷故鄉，依依戀所生。別時庭前霜，今秋還復零。浮雲有往還，白日無停征。誰能高堂上，斗酒吹竽笙。

翩翩雙飛燕，托軀華堂楣。風雨一以毁，憔悴將安歸。長負主人恩，九日十徘徊。別巢阿閣間，毛羽猶摧頽。衆鳥鳴啾啾，安知我心悲？持謝雲中鶴，高舉凌天涯。

秋月照空床，愁人夜反側。反側夜以深，仿佛見容飾。良人繫驪駒，思婦停機織。相遇閣門口，一拜泪沾臆。會面良艱難，且復進酒食。誰能訴相思，令君重慘惻。雷雨何瀟瀟，蟋蟀何唧唧。漸疑夢寐中，尚爾近顔色。願爲雲間雁，雙雙振羽翼。

東登碣石顛，直視蓬萊水。仙人招我游，素女揚皓齒。哀彼亂離人，生死無窮已。一身不相知，何况妻與子。逝將弃此去，猶豫復徙倚。狐疑成老醜，萬歲更相鄙。請君擁名倡，酌酒被羅綺。灼灼亭前花，莫莫洲邊莽。沉沉青樓中，盈盈出歌舞。裊裊紅羅裾，冉冉隨風舉。一唱萬人歡，再唱泪如雨。豈我夙所諳，黽勉事儔侶。昔爲宕子妻，今爲倡家女。俯仰平生心，邑邑不得語。

讀貞媛競烈篇

闖賊掠太原，太谷縣田喬村有茂才侯化龍妻李氏，侄婦王氏、趙氏，媳任氏，長女侯氏室茂才張翀，并翀妾王氏，翀未室二妹，俱張氏次女，侯氏適牛茂才仙鳳三女、侯氏未室孫侯疆妻任氏與婢女十三人同投井以死，祝阿韓又韓慕其義而旌之，且紀之曰：貞媛競烈篇。

太原烽火徹金門，節義空餘太谷村。盡擲紅顔消緑水，耻餘青冢向黄昏。滄桑歷盡身猶在，巾幗年來道益尊。裁就楚騷還閣筆，知君不欲聽招魂。

送董良合歸田

緑草黄沙驛，青衫碧玉蹄。酒寒燕市暮，詩壓錦囊低。茅店河流曲，柴門海樹齊。菖蒲家釀熟，到日醉如泥。計歸近午節。

其二

野人猶待詔，學士竟焚魚。羡爾同張翰，先吾返故廬。畏塗紛雨霰，懶性狎樵漁。三徑容疏放，安驅下澤車。良合以違例乘車被放。

姚端恪公詩集卷之六 丁亥

飲陳彥升前輩書閣讀其送曹秋岳冏卿詩兼感近事

午雨炎風小閣陰，青尊白雪許追尋。中郎有席虛淮左，主父無書達禁林。地肺於今三逕險，天門自昔九關深。山公封事裁成未，不獨雲霄結綬心。

霜葉燕山并梗蓬，春餘宮柳鬱菁葱。重來總愧遼東鶴，兩度新看冀北驄。曼倩陸沉金馬下，劉伶關閉玉壺中。揮弦點筆今全懶，愁奏南音向朔風。

泛泛曹卿水一方，翩翩宋玉只爲郎。謂玉叔、轅文。書還二酉藏猶淺，賦貴三都覆不妨。樓近元龍分岌嶪，冠懸神虎付蒼茫。停杯萬事成回首，烟雨鍾山舊草堂。

送左子忠姑夫夏初歸里

丈人初下第，姑母計歸鞭。久滯還山屐，虛期射策年。時妄傳再舉會試。星疑浮渡聚，時同里皆聚寓。巷比竹林偏。仲孺時驚座，狂歌落月前。

其二

歸路舟車半，離憂去住兼。緘書因父執，灑泪寄茅檐。游子青雲滯，高堂白髮添。定知勞問訊，莫説病江淹。

題畫贈傅星岩

碧流如帶荻蘆遥，古木垂陰覆板橋。倚杖四收秋浦色，葛陂龍去雨瀟瀟。
老樹參天結草亭，藤輪孤浦晝冥冥。丈人安坐秋光寂，山水平分四座青。

疊嶂層陰水榭寒，疏窗烏几面澄湍。琴心三疊閑披帙，疑在蓬壺閣上看。

雲峰翳翳緑蘿陰，倒影沉川青黛深。陶峴扁舟何處去，烟波不盡五湖心。

送方元錫歸里兼懷坦翁夫子

留君不住更滂沱，憐我歸心繞薜蘿。池草竹林堪徙倚，時令叔晋公，令弟吉偶皆登第。春風夏木豈蹉跎？輕輿書鋏人辭闕，落月參辰曉渡河。暇日趨庭詢弟子，青氈何用羨鑾坡。

送周大中丞撫江寧

燕臺春盡草初萋，驛路幡旗小隊齊。紫氣還從山左度，青雲相望秣陵西。江帆浪静驕龍偃，海戍烽消彩鷁迷。倘念東南多隱佚，肯分餘照浣花谿。

送友人備兵辰靖

攬轡燕郊踏緑蕪，帆過湘澧雪鴻呼。五谿吹笛元蕭瑟，二酉藏書近有無。銅柱君還開瘴癘，金門我自羨侏儒。東南遺彦多零落，極目龍標天一隅。

送宋轅文返松江

宋郎拂袖鳴鞭去，津門帆指吴江路。長安赤日滚風沙，更應何計留君住。停君紫游韁，遲君官道傍。却憶春風同餞别，酒闌醉卧曹卿堂。春正同餞，秋岳即宿其宅。寒燈熒熒月欲吐，明河澄碧斗低昂。回首乾坤成反覆，靦顔吾輩復飛揚。餘生斷犧與腐草，之子騏驎或鳳凰。期君兄弟謂玉叔。致日月，手啓天扉排柏梁。射策雙雙真脱穎，依然薄宦含香省。陳遵謂彦升前輩。啓事上每遲，趙壹謂韞退年執。祠壇官獨冷。詞人只剩酒猖狂，達官頗厭詩遒警。稍喜冀北賤驊騮，得返江東呼舴艋。江東渺渺雲嵯峨，漕河四月水曾波。青簾素舸晴摇曳，黄浦機山秋嘯歌。鱸魚鱠絲白勝雪，楊梅浸酒顔易酡。因君憶我同門友，轅文兄九畹、尚木，皆余同門。弟唱兄酬奈爾何。

次韵和陳彦升前輩遣姬詩

鄉思離憂盡此時，越鳥腸斷向南枝。檗林漸識流離苦，蠶繭長懸晝夜絲。
妝樓曾傍五湖間，約指雙銀理鬒鬟。此夜月明深院悄，尚疑嬴女弄簫還。
鬱金堂上燕空斜，折盡堂前萱草花。還是季倫饒意氣，不教傾國入孫家。陳有『俠異季倫』語。
攬裾出閣莫逡巡，從此蘼蕪是故人。何似茂陵初輟聘，紅顔誰恕長卿貧。陳詩有『不是文君狼藉甚，世間誰信長卿貧』之句。
織綺調絲歲不同，教成別貯舞樓中。空簾更擬高唐賦，似挽行雲駐曉空。

同潛柱宿百史年執署酒中話舊泫然及之分得五字

雨閣風燈影動摇，舊游回首倍蕭條。三年重酌荆卿酒，萬里憐吹伍員簫。先生避仇，徒步萬里。玉署餘生還嘯咏，金門大隱即漁樵。尚思掩袂分携地，凝碧烟寒罷早朝。

午日百史年執招同雅集分得五字

冰署冰盤列座隅，開尊逃暑泛菖蒲。寧徒令節傾三雅，別有閑心寄五湖。叔夜酒酣人似玉，茂先賦就字爲珠。由來投轄君家事，坐見清輝映碧蕪。

齊侯照乘幾明珠，坐使王孫泣路隅。弃甲誰令揮白羽，談兵争道伏青蒲。同消壯志歸桑海，恨有餘生負鼎湖。往事不嫌傾倒盡，風塵回首舊萊蕪。夜闌深談往事，并及家君作令時狀，愴然久之。

百史年執席中同贈張君文玉得齊字

舞劍停杯意黯凄，翩翩俠客自荆溪。爲奴季布元藏魯，變姓鴟夷轉相齊。河上歌成同涕泪，天涯人在憶分携。今宵玉女潭前月，曾照羈烏繞樹啼。張，宜興人，先生曾避難其家。

月下同程其相王以介方吉偶分得槐字送子遠姑夫之長清

罷酒褰扉月映槐，預愁班馬發天街。霓裳已泛含桃宴，黄綬還因苜蓿齋。子遠成進士，仍以廣文陟今官。魯史由來多卓異，齊風曾否尚椎埋。時東省賊警小定。相期鳧舄雲霄遠，莫怨飛龍羽翼乖。

同戚元亮劉潛柱過佟一元少司空留飲醉歸率賦奉贈

一刺升堂駐玉鞍，雙尊遲客儼冰盤。紗帷隔牖凉風入，夏木當軒午日寒。酩酊總忘歸路遠，婆娑還覺酒杯寬。翩翩馬上飛揚甚，細雨斜曛倒著冠。

贈戚元亮

燕趙悲歌士，如君誠亦稀。青尊聯雁序，白眼看鴻飛。才子窮金簡，將軍舊鐵衣。却懷風雨夕，倒著接䍦歸。

挽趙元公孝廉

沅水湘雲路幾千，君隨孤旐遠翩翩。冤魂莫吊三閭苦，未及長沙賦鵩年。元公年二十。

黄金臺畔柳鳴風，同學搟飛跨鐵驄。倘令中涓真買骨，誰傳聲價玉樓中。元公以病未入春闈。

湘佩遥分紫塞長，琵琶空憶婿爲郎。傷心海燕初歸日，不見盧家玳瑁梁。元公配初贖歸，未婚而卒。

忽看素壁泪沾裳，壁上冬吟誰和章？却憶北風天雨雪，君來携句草玄堂。元公冬過我，出和我冬嘯八首，今遺迹在壁上。

怪爾騎鯨何處游，可能化鶴返皇州。有無海上黄金闕，曾否天邊白玉樓。

柏府重過泣楚雲，烏啼花落暮紛紛。堂前素幔隨風捲，宋玉招魂不可聞。君爲御史中丞洞門次公，宋玉叔有文及詩挽之，甚凄苦。

送胡山公備兵揚州

濟濟京華道，東南幾玉珂。風流吴咏少，丘壑楚材多。待詔寧遲暮，褰帷足嘯歌。倘憐江左逸，未惜上林柯。

其二

去歲秋風晚，重游邗水傍。蕪城餘斷鏃，瓊觀下斜陽。五袴需廉范，單車祖鄭莊。蒼葭寒露浦，争望使君航。

送宋玉叔暫假還萊陽

時時稱二宋，忽忽各分飛。時轅文先歸。薄宦詩名減，過春酒社稀。戰雲餘草驛，炎雨隔氈衣。東道烽初息，遲君駟馬歸。

其二

爲郎非不達，暫返即滄洲。酒并鄰翁飲，詩無竪子求。卧窗風過枕，散帙月當樓。因爾憐羈絆，歸心滿故丘。

其三

封禪書曾讀，蓬萊棹屢回。余甲申避難，浮海舟再及成山而返。蛟宮銜日躍，仙闕隔雲開。雅屐誰能共，秋吟應獨裁。新詩兼海味，取次寄金臺。

同潛柱宿百史年執署中

下馬升堂轉玉除，長卿多病更樓居。客來真率同羊曼，酒半悲歌憶鹿車。時以病思歸。過檻浮雲滄海意，當窗殘堞隔朝餘。短檠長被蕭疏甚，吏部床頭滿架書。

過飲成青壇新居用敬哉東谷舊韵

停鞭朱户晚，轉檻白雲深。窈窕開幽徑，青葱寄遠心。竹留新雨色，槐落隔墻陰。據地歌成未，如君足陸沉。

其　二

往日張刑部，經過出每遲。棋枰風散處，酒碗月移時。舊徑求羊失，新巢海燕知。開尊重指點，丘壑是吾師。齋因張洎水舊址新之。

月夜同吉偶過慰王鐵山少司空即飲奇吾新齋

解綬開尊足嘯歌，蒿廬近日在銅駝。鄭莊官罷賓朋滿，庾信園成酒債多。亭落槐陰初上月，鳥驚人語半移柯。明朝堅卧紗窗午，恣意深更捲白波。

施子翔年兄招飲金魚池

同价人、惇五、茹吉、潛柱諸年兄。

施侯手一卮，酌我金魚池。赤日如火忽改色，午餘露坐平臺遲。大池小池荇藻亂，横陁曲岸楊柳垂。小魚委虵如畏人，大魚騰踔如有神。雲黛倒映碧玉沼，風萍開出黄金鱗。投餌唼呷水衣裂，腠雨穿枝出没頻。沙苑泉中讓此物，南屏金鯽空逡巡。池前陰陰天壇樹，壇下漠漠平沙路。班馬嘶風匹練飛，感此離情莽回互。憐君此別動經年，座中散盡廣文氈。董子歸田劉子泣，獨我金門無俸錢。他時倘寄南和酒，重憶秣陵秋草烟。施令南和。

送方二吉偶之獲鹿

又送方生去，愁聽班馬風。如何同里客，都散夏雲中。別酒誰能醉，離歌懶欲工。王程芳草驛，不敢怨飄蓬。

其　二

真成負弩吏，仍是謫仙人。草映青袍色，花移上苑春。蛾眉圖畫賤，馬首送迎頻。莫厭喧卑秩，循良慰老親。

其　三

天妒蓬萊苑，人争苜蓿盤。滯君南省棹，六月出長安。歸夢縈桃渡，清時穩釣竿。吾師同老父，并指路漫漫。

其　四

如君真令子，相送泪闌干。白髮經年望，青雲此日寬。無才同結綬，勸爾好爲官。古帖兼藏畫，公餘莫浪攤。

其　五

爾汝憐同學，聰明并絶群。人偕期紫綬，吾已負青雲。翰墨餘前代，風流且使君。到時迎竹馬，曾否憶中軍？

其　六

傳聞獲鹿縣，坐對井陘關。秦蜀烽初息，兵車正往還。驛亭芳草騎，畦隴稻花斑。他日徵書至，楓宸第幾班？

種竹篇飲成青壇新齋作

種竹復種竹，三竿五竿足。紗牖頻開助晚凉，疏簾半捲摇新緑。吟風咿咿雙鳳鳴，沐雨瀟瀟湘水曲。由來此物足幽遐，况值軒楹初卜築。却憶去年山舍東，朱家亭子萬竹中。新梢峨峨礙白日，疏幹面面來秋風。拭粉鐫詩碧玉裂，停陰逼酒琥珀空。赤脚單衣六月冷，展席彈棋十日同。長安一别空相憶，犢車馬首塵如織。見爾疑得故園青，托根更近君子側。君不見此竹移自玉泉山，千竿萬個只等閑。山鬼朝栖紫瓊樹，啼猿晝挂籦龍斑。從君拂拭蜚佳咏，檀欒峭蒨開容顔。吁嗟乎！一物遇合猶若此，昂首狂歌種竹還。青壇有竹咏，諸公和之。

七夕後一夜對月

客裏不知過七夕，穿針設脯事全收。又成天上經年別，稍減閨中昨夜愁。螢火空階砧杵下，梧陰深院綺羅秋。誰堪千里明明月，同照銀河在上頭。

乞米行

京華留滯，貧與日增，一日款段歸暮矣，僕以米竭告，欲糴則無見錢，因走札程子其相，負米斗二升以來，遂作乞米行自嘲。

乞米復乞米，乞米無休已。乞米不乞豪富人，乞爾寒官更比鄰。憶昔西園振毫素，睥睨九州不足步。餉客時傾琥珀杯，贈人不惜珊瑚樹。天崩萬死歸逡巡，老父圜扉奉切綸。阿母釵釧典已盡，阿兒薄宦餘一身。空倉烏鵲飢欲死，猛虎斑斑來噉人。蕩産鬻宅易珠玉，稽首權門稱主臣。再生適逢鼎革會，緩死豈非諸公仁。刀俎遲遲釜魚走，至今感激無怨嗔。

老父歸卧龍山貧，茅檐蔬圃編荆榛。日日伐薪課僮僕，時時乞麥向西鄰。阿母十日九日病，幼弟幼妹顔苦辛。賤子中夜起嘆息，走馬復向長安塵。一滯長安寒復暑，往往晨炊至日午。艱難世人誰得知，雄豪吾輩猶堪數。海上意氣韓次卿，燕臺再見楊諧五。王君敬哉。假館猶弟昆，成子青壇。經營心獨苦。不分天涯累故人，從君乞米泪如雨。吁嗟乎！龍懷乞米有其相，龍山乞米更何方。以此投箸不能食，倚劍凌雲思渺茫。

同李成玉程其相月過蔣虎臣即返

一年燕市寓，月步自今宵。隔巷尋儔侣，長街半寂寥。彈棊依地榻，送客出門橋。不爲金吾禁，傾尊夜未遥。

過飲王鐵山先生新閣賦

停杯聊折簡，騎馬便升堂。斜月先虚閣，高林過短墻。蔬盤羊曼潔，酒態灌夫狂。不分更籌急，歸鞍夜未央。

送龍大生令脩武

郎宿高高次太行，覃懷仙令每循良。潘安花署餘秋草，王涣祠亭下夕陽。此去勉君還卓異，重來奏最有輝光。傳聞瓠子宫須築，莫遣蛟龍騁大荒。時河工甚峻。

銀錠橋上作

劉同人侗、于司直奕正景物略，有英國新園記曰：崇禎癸酉歲深冬，英國公乘冰床渡北湖，過銀錠橋之觀音庵，立地一望而大驚，急買庵地之半，園之，一亭一軒一臺耳。但坐一方，方望周畢，其内一周二面：海子一面，湖也；一面古木古寺，新園亭也。園亭對者，橋也。今亭與橋不相對。

何處來秋色，居然在石橋。山横西嶺秀，水匯御溝朝。其水自德勝來，以入海子。槐雨連莊静，荷風對岸飄。鷺鷗無結束，沙畔晚蕭蕭。

鄭君招飲蔡懷真園中

衙泥城霧合，展席夜亭清。小徑回廊入，微香隔幕生。榻從徐孺下，杯爲鄭莊傾。預識金吾禁，判期四五更。

其二

落葉秋風夕，催花撾鼓時。吴儂深度曲，燕女坐調絲。罌盞登筵古，茶羹佐酒遲。却懷烟雨渡，曾過習家池。懷真舊有别墅，在秣陵關。

其三

碧紗深剪燭，紅粉次行觴。薄命誰家子，低頭説故鄉。座妓有廣陵人。餘生同鄙賤，失路豈猖狂。莫奏文姬拍，淋漓秋夜長。

送王漢卿令吴縣兼懷齊廣文

聞道吴門是昔游，栽花重向百花洲。東南山色歸籃輿，風雨湖聲到郡樓。此去調琴多暇日，不堪分袂復深秋。鄭虔筆札應無恙，定有新題待虎丘。

送江寧憲使王子俊暫之錦州

江亭争望使君航，朅爾鳴鞭攬大荒。塞草清霜開獵騎，秋花寒日上邊墻。鹿盧雙劍當筵舞，羊酪千鍾漉酒嘗。寄語報韓張國士，通家回首涕沾裳。

送王鐵山先生歸里

四座離憂寫玉壺，黄雲丹葉黯寒蕪。羊公有表辭開府，賀監無恩賜鑑湖。時先生以辭少司空之命，被斥歸里。雨驛氈衫晨躍馬，風江素幔夕啼烏。悼亡賦就休還讀，珍重加餐千里途。

去年今夜隔街居，漉酒彈棋丙夜餘。霜髮半生消鐵馬，歸心三載厭銀魚。周原寒柳誰堪折？召圃晴瓜好自鋤。獨恨園亭新卜築，黄花宛宛餞征車。

贈李二公朗霽

李二爲予拔一友妹出。先是江南使君王君言同予謁年執陳公名夏，以身任之，及自錦州歸，病甚，以托李君也。

謾書宵至晝眠床，十一夜，予在岳朋海座，偶李二以書來，曰某氏事已矣。然酒次大吐，汗中衝寒，趨李二家，復大吐。李二曰：以試子誠耳，人已得矣。汗中復衝寒，歸遂病。次午予病卧，而某氏至。忽聽羈人到故鄉。孝綽定知憐令妹，曹公原未識中郎。曹公贖蔡琰於中郎故友也。李二賢于彼遠矣。寒服廣陵身自解，時廣陵女解衣衣之。手緘樅水汨相望。是日顧君返吾里，某氏手札寄其兄。江寧使者如垂訊，爲報元龍謂陳公。喜欲狂。

廣陵吟

朱家秋院酒三巡，翠袖當筵泪滿巾。問舞徵歌俱不解，低頭説是廣陵人。

藥裹茶鐺病裹身，王郎高義亦殊倫。微軀敢惜紅羅裂，但有長干賣果人。先是其夫曾僞作賣果者以覘之。

寒更深語漏低迷，離別天涯各黯凄，妾念故人君亦爾，歸心同到大江西。

天台采藥豈無情，只慮多情負舊盟〔一〕。寒月孤燈更悄悄，開簾還送一人行。時寓予家而異室也。

盥手焚香雙泪傾，趙家今日返連城。明明共對尊前語，一拜真同千里行。

朱家東魯舊雄豪，怒擲黄金按寶刀。手擘明珠歸合浦，仰天大笑若鴻毛。

校記：〔一〕『盟』，底本不清楚，現據國家圖書館藏清康熙刻本姚端恪公詩集補。

有感

一拜三年别，重逢萬死身。海濱天可問，圜室鬼爲鄰。不堪回首處，難作負心人。耿耿情何極，丹書墨尚新。

其二

金卮母手賜，枕秘婦親縫。痛哭三更夜，蒼茫一念中。避債臺難築，調砂術未工。誰憐蠶室苦，再贖史遷公。

其三

龍山昨有信，時家大人字至。生計日凄微。毛義情空切，朱家事已非。揚亭纔寂寞，代馬遽拚飛。長齋哀綉佛，持謝廣陵衣。

姚端恪公詩集卷之七 自戊子至乙未

送黄商侯司臬建南便歸壽其太翁侍御公

千里間關并轡行，鷄聲霜迹憶同盟。重逢恰值桐華節，叱馭還過荔子城。紫綬倍輝萊舞色，青山深護老成名。他時再捧鸞章下，建鉞褰帷念友生。

送鄧元昭請急歸里時予以避債匿迹

報國堂前雙古松，聯尊并轡每相從。柳車無罪同鉗布，柑酒寧堪送戴顒。意氣摧殘甘畫鵠，交游汗漫悔登龍。在原相望情何極，屈指炎雲書一封。

寄懷黄玉耳總戎時韓際明爲玉耳甚力詩以志高義也

皖江鈴閣駐輕裘，忽手丹書涕泪流。莫怨虎頭多偃蹇，幸逢蠶室有交游。夢回瘴海傳新息，雨潤瓜畦隱故侯。自愧燕臺留滯久，悲歌全讓越谿頭。

壽劉少司馬孺翁先生

舊向天台采藥苗，偶游人世珥金貂。羽林自傍河魁轉，南極常依北斗朝。麾下争傳朱鷺鼓，門生初侍絳帷簫。亭前流水清如玉，疑是虹飛百尺橋。

壽給諫袁九叙太翁

翁昔贊政沁水時，長公令歷城。

石樓猶有去思吟，便賦閑居栖故林。猿鶴凌雲孤渺渺，驊騮得路兩駸駸。歷亭桑柘千家影，左掖梧桐一院陰。并有俸錢堪上壽，不勞陸賈更分金。

送王坦公同年備兵金衢

憑軾君何壯，金衢我舊游。舟經七里瀨，山抱四城樓。南棗貧堪啜，蘭茶近可求。雁行如記憶，魚素穩江流。

送王君俞廣文南歸兼預爲祝并懷我楊冰如

白馬湖邊荷芰香，待君飛騎一傳觴。孫弘射策年相亞，鄭監擁氈寒不妨。郭外種田惟秫米，階前植樹盡琳琅。因風憶我同門友，曾著玄經在草堂。

忽憶效近體

留滯京華旅夢遥，垂簾風雨漫瀟瀟。秦嘉有鏡遺牛浦，蘇蕙無舟駕鵲橋。一自樓東分跳脱，幾回天北轉招摇。萱花莫向堂前樹，花落花開倍寂寥。

浴蘭芳節酒難醺，燕雨吴雲黯自分。偕隱未終叢桂操，破愁聊借石榴裙。龍舟頗憶江前劇，鴛袖愁成錦上紋。傳得尊前多感慨，長亭笙管漫紛紛。

壽東海艾長人太翁

金闕蓬萊紫霧遮，安期相贈棗如瓜。新鳴太傅階前玉，又散黄門縣舍花。猶子地鄰東海日，同官身倚閬山霞。定知浮白琴堂冷，早晚徵書出絳紗。

壽膠西匡澧江侍御太公

椒盤初獻氣氤氲，錦瑟傳觴春未分。玄圃盡滋三秀草，青驄新試五花文。地留靈棗安期種，城逼仙樓海市雲。他日尚方鳩杖錫，西京萬石豈如君。

無題

銅駝大隱亦浮家，白苧青尊漫惜花。半醉慵顏如赭玉，更宜新月透簾紗。

鏡臺烟裊蕙蘭熏，薄薄新妝掠楚雲。寄語亭榴休漫妒，湘江初試素羅裙。

款語頻聲問妾家，低頭無語一咨嗟。桃源谷口花千樹，誤盡漁郎幾度艖。

風花摇曳綺羅香，容易風流老擅場。他日倘逢蕭史客，畫眉邀近鬱金床。

泛泛鴛央點水蘋，猖狂無語一沾巾。挑燈不用深惆悵，同是青樓薄命人。

一花當檻月當門，宛轉離憂繞玉尊。莫道倚花猶悵恨，有人對月更銷魂。忽憶。

縱酒看花真可憐，桃根桃葉渡頭船。彩雲斷處霜岩古，記取蒼松百尺懸。

白雲龍岫隱千層，半夜驚雷起佛燈。持謝錢塘蘇小小，同心無處結西陵。紀夢。

放誕風流迴絶塵，白家樊素漫傷神。越谿才子清如玉，堪爾妝臺拭鏡人。同時有白姬，名亞於姬。

雙尊千里竟匆匆，拜訴離憂一語中。飄飄柳絮因風起，憐取君王舊守宮。

獨坐偶成

秋水平湖將遠航，別來兩度芰荷香。時時月上難孤座，處處花開似故鄉。得食雛鴉群送哺，銜泥新燕并穿梁。燕臺所幸塵如織，悶倒雙壺倦一床。

閑院梧陰自十尋，游絲風絮莫相侵。談詩匡鼎殊無賴，買婦東方未有金。浪說惜花真繾綣，連朝中酒亦高深。長安容易斜陽晚，拱手垂鞭月上林。

桃邊僵李亦堪誇，不羡春風二月花。黽勉酬恩甘踧踖，糾紛絶粒自豪華。香浮紫珀羅青玉，花映紅妝倚碧紗。獨有三更拔劍舞，悲歌相向魯朱家。

夜飲吕脩祉園

長安飛蓋若驚鴻，急管高筵午日紅。忽有亭臺開夏月，居然林木落秋風。當歌錦瑟人難傍，逃暑瑶尊夜不空。跋扈飛揚聊復爾，寧妨金馬作墻東。

青壇敬哉念東邀同吉倩東谷侍薛行塢夫子劉憲石前輩小酌汪園

汪家園子官道側，春藤夏木青團欒。閉户忽與城市絶，登臺坐見雲峰寬。冰漿傳酒日易暮，紗牖彈棋風自寒。不是公門章吉士，朱欄深鎖碧琅玕。汪爲章君内戚。

送郝仲趙給事備兵徽寧

雙幡一别曉梧班，黄海南連霄漢間。對仗年來閑白筆，褰帷何處不青山。飲冰堪啜松蘿茗，載石應分龍尾斑。自古謝江游嘯地，定郵新句破塵顔。

奉命東省宵發天寧寺 予入都，亦宿天寧寺。

重宿天寧寺，初秋玉露零。月林寒散影，風塔静鳴鈴。北海同征節，時同事爲李蒼嶠駕部。東山望使星。相期登白雪，高嘯憶滄溟。滄溟有白雪樓。

途次水甚

官道沙堤滿，危橋亂水低。使車欹剪棘，驛馬病衝泥。灾異還畿輔，戈鋋更魯齊。綉衣曾拜疏，司會莫相稽。鄧侍御有灾傷疏下户部。

壽王梅和少司農太夫人

白首青霜歲月多，篝燈數問夜如何。熊丸芳訓傳金簡，鳩氏崇班領玉珂。舞彩自浮蒲節酒，當筵莫奏柏舟歌。諸孫况有蘭芽茁，早晚鳴鞭御柳過。

壽張庶常太公

張家玉燕舊光輝，令子鸞坡管更揮。捧日可知依禁籞，看雲莫怨遠庭闈。郢醪賜罷遺春酒，宫錦裁成作舞衣。借問馳箋何所獻，紅綃應拜御書歸。

清苑晤周藺俞同年時將以考選入京

把袂初秋夕，驚心易世餘。循良稱異等，梧柏待征車。官拙聲名達，交貧雜佩疏。徐陵高介節，劉寵莫踟躕。

趙州晤胡沛然時新陟備兵蘇松與吾同盟方吉偶雅相善也

館驛初秋一葉零，使君傾蓋雅相親。自慚交譜甘龍尾，又見雙幡逐雁臣。恒岳清風依絳節，大江雲岫待朱輪。因風憶我同門友，浙水烽烟負弩人。

滹沱河别方綉山使晋予東指山左

山郭河流繞海長，征軺回首背恒陽。雨餘波漲石梁淺，露後風高沙草黄。使節東西分巖嶪，離情山水共蒼茫。真人麥飯曾經進，慚愧三秋不裹糧。

過南和李蒼嶠選部招飲澧園

小憩征軺日暮天，仙郎置醴在平泉。李文達園。秋荷窈窕雙池合，盤柏交加一徑穿。流水出門成浩渺，高亭面郭倍幽偏。南和刁酒清如玉，顛倒寒尊滯綺筵。

過鷄澤距曲周三十里懷白令

寒雲一葉下平蕪，回首交游滯帝都。黄綬喧卑詩品在，白衣蕭索酒徒孤。三秋水漲浮豺虎，十里山空息蟪蛄。不爲王程驅傳急，琴堂爛熳倒雙壺。

平鄉

平鄉城上雨頹樓，城外輕航大陸游。官道垂楊雙映水，歸心疑是五湖秋。

壽高給事太公 時給事弟亦應公車。

草閣寒檠一榻穿，丹顏玄髮腹便便。新誇韋氏傳經貴，未及公孫射策年。時公五十有四。左掖梧陰看侍仗，南宮柳色待鳴鞭。易州春酒清如玉，歲歲飛觴乳燕天。

壽傅庶常太公 以冢宰予告旋里。

鶴翎渺渺碧雲間，鳳羽旋騫霄漢間。詔許嚴光仍釣澤，家餘疏受尚朝班。一桃春綻綏山種，五柳門開衛水灣。此日稱觴馳驛使，宮醪滿貯玉壺還。

壽王少司農太夫人

春風乳燕北堂深，韋杜城南紫氣陰。庭獻青禽三秀草，歌餘黄鵠百年心。竹屏介節貽元老，蘭畹新葩秀上林。他日女清臺更築，稱觴歲賜尚方金。

有感五首

春風摇曳緑楊絲，燕市悲心不自持。西里通侯懷款段，東門賤妾願餔糜。黄金問舍苦不早，青壁藏書悔已遲。近日浪傳江上信，莫教風鶴近茅茨。

猛虎斑斑不戲田，桃邊僵李亦堪憐。朱家痛哭强浮白，揚閣栖遲未草玄。短嘯無聲明月夜，長齋有女朔雲天。廣陵東去潮如許，知爾相懷泪湧泉。

朱家豪氣束裝輕，躍馬聊從海畔行。曾否揚帆凌浩渺，空餘明月滿亭楹。還珠初拭文姬泪，脱帽争傳彦道名。何日櫪前雙繫馬，細傾杯酒咏劉生。

詩壇酒社雅盤桓，擲碎胡琴懶自看。當厄誰能投木李，苦飢真欲逐金丸。交游在昔燕臺滿，緩急如今蜀道難。持謝清貧陳吏部，悲歌終夜涕闌干。

漫説交游白首新，越谿高義亦殊倫。悲歌頗類幽燕俠，意氣全歸刀筆人。稍悔登龍稱結客，早知畫鵠可藏身。何時落日玄亭悄，避債臺前鳥雀馴。

劉給諫師太夫人七十壽十八韻

鸞詔覃恩會，魚軒杖國年。星躔南極麗，雲隱北堂懸。玉燕翔阿閣，金魚捧綺筵。靈椿秀五百，桃李蔚三千。車騎金張第，笙歌韋杜天。稱觴宮醴汜，舞彩御香鮮。焜耀烏衣里，喧闐鶴蓋聯。鷴雙法錦製，珈六夜珠圓。海岱千春棗，嵩高五色田。承歡梧掖盛，重憶柏舟篇。銼薦供賓秣，吞丸訓晚編。庭烏縈顧復，肩鳳鬱騰騫。玉葉盤傳李，銀輝燭吐蓮。青絲開步障，緑蕚御雲軿。上客傾陵里，諸生集廣川。板輿長近日，喬氣藹非烟。瑞鶴翔蘭錡，鸞箋出蕙榜。佇看彤管德，盡向紫泥傳。

壽李少司馬太夫人

岱麓榮光滿北堂，白雲親舍邈蒼蒼。盤傳金毋千年實，身領仙郎五夜香。鳳集左肩親捧日，鳩頒中禁迴凌霜。稱觴不獨斑斕舞，應泛星槎借錦裳。以七夕誕期。

壽楊總戎時其第初落成

金貂夙領曉朝班，甲第新開衛水灣。竹石逶迤朱檻曲，花樓窈窕白雲間。冰盤雪藕堪投轄，宮醴霞觴可駐顏。自愧卜居王翰近，年年爲賦九芝還。

東諺

予出使山東之所作也。

石田租

山東田，最膏腴。蒿原能代稼，石田能納租。一門十人九人絶，一人鬻女應追呼。嗟嗟一人須努力，慎爲良民勿爲賊。不聞當年魯黔婁，守義餓死官道側。

土室深

土室深，土室深，縱横二十里，小穴纔容人。高高復下下，淵谷與山岑。前穴官軍入，後穴土賊行。賊行過村莊，殺鷄炊午羹。半夜官軍至，化爲鯢與鯨。嗟嗟爾民獨不聞，簞食壺漿迎官軍。

鄒平潰

鄒平潰，棘闈沸。鄒平諸生哭震地，願歸視妻孥，不願科與第。宗公立，山東監臨。諸生集。甑已破，顧何益。諸生拉泪向公揖，歸向號房對策訖。棘闈開，諸生來。鄒平有四生，頎然美且鬈。欲出不出賴宗公，使我策馬向南宮。

月上弦

月上弦棘闈，燎炬光燭天。監臨夜起當中坐，諸生點名列兩邊。賊來去城十里許，捲旆偃鎗息金鼓。但聞唧唧聲，夜襲濟南府。邏卒入，撫軍出。跨馬披甲親馳突。次日監臨隔簾語，吁乎危哉昨夜午！

董君良

棘闈器，堅且良，一几五貫餘，一紙直十張。公差下府縣，縣令避中堂。傳檄召鄉村，鄉村盡奔亡。藩使董君賢且良，胥吏震栗如探湯。雙睛赤白肌骨黄。嗚呼！董君賢且良！

毋張弓

毋張弓，十室空。毋彀弩，死無所。憶過平原與恩縣，鄉兵練總擁征傳。鄉兵毒矢與神鎗，練總白馬藍旗殿。有時鄉導引官軍，大村小落百十戰。聞命弃弓復擲戟，妻啼子逃如飛霰。賊來但稽首，我無弓與弩。萬一見哀憐，得保子與婦。汝不聞盛世方寬仁，省刑薄歛可深耕。山東良家好子弟，制挺亦撻秦楚兵。

估客苦

估客苦，估客苦，有馬不得騎，用印歸官府。寸鐵爾毋攜，攜鐵連比伍。空拳挾重貲，往來齊與魯。賊來爾毋侮，爲言估客苦。萬一見哀憐，無喪爾資斧。不爾飽食且安生，東西南北停經營。廟堂指日大發兵，賊平民聚爾安行。

車如水

車如水，馬如雲，高竿大旗摇晚曛。村叟店嫗出門望，低頭展席迎官軍。大婦催造飯，小兒催飼馬。少婦知禮儀，避匿床簀下。小者楣櫨大者椽，拾來炊爨動盈把。借問此物亦何多，昨夜賊來烟蔽河。

高橋豪

秦高橋，賢且豪，皇華駟馬夜蕭蕭。官長不勞動顏色，片紙便下秦高橋。小兒市河魚，大兒持屠刀。茶湯盈客座，芻秣盈馬槽。登州參蝦，青州棗桃。鄒平醴酒，章丘羊膏。蓬頭奴子捧盤碟，上客醺醺解黑貂。我聞山東諸村盡賢豪，嗚呼豈獨秦高橋！

雉飛行

野鷄飛飛三丈高，駿馬嗚鞭風怒號。三飛力盡便委地，下馬縛鷄繫弓弰。細看却無弓矢迹，怒氣填塞殞蓬蒿。嗟嗟野鷄氣太豪，村鷄店鴨宜厨庖。雉性激直，爲人逐三飛則氣塞而殞，不假矢也。

西　泉

西泉流出故王宫，使者開筵返照中。間問嗚鸞歌舞盛，如花殿脚采蓮風。

趵突泉

趵突泉源出太山，樓傍碑云。三泉噴出雪潺湲。荒樓蔓草秋風急，傳是滄溟昔閉關。有李于鱗先生白雪樓。

華不注

緣谿走馬夕陽遲，不注山頭散酒巵。斗絶芙蓉青窈窕，同游半駐吕公祠。山腰。

大明湖

水面亭邊放小舠，還登北極望湖潮。聞是先朝欽賜地，舊賜德藩。荇根蘆葉月蕭蕭。

穆陵關

齊家履賜穆陵關，劉裕曾經大峴山。見説青州崔刺史，横戈親蕩賊巢還。崔諱起鵬，青人德之。

渡沂

沂水空清碧玉寒，沙紋石蘚照澄湍。却懷吴越誰堪比，記得桐廬七里灘。

沂河三道浄無泥，橋柱雲光動午谿。白墮若來造沂酒，定教清影徹玻璃。

途憶

山左諸生視予骨肉，途次將迎至，别有流涕者，念予何以得此？於諸生歸途憶之，而各識以詩。

伊生闢等餞省城外

濟南城外酒三巡，驛路遥遥促起身。便約春明重載酒，諸生何事苦沾巾。

章丘飲韓生錫祚牛生天宿李生縉益宅至日出王生廣鎮夜馳百里自淄川來餞予城南

章丘諸子沃羊膏，痛飲深談曉日高。睡起淄川飛騎至，王生辛苦餞林皋。

鄒平令趙君同成生晋徵劉生愷王生錫申韓生敬所出澧酒觴予地僻無梨園成生手洞簫佐觴澧酒者澧泉所造也相傳范文正公讀書故址

鄒平四子振清芬，鄒令翩翩雅好文。爲捧師觴無鼓吹，紫簫親度遏寒雲。

長山飲李生文熙徵泰所知予中酒不强以栝酌進而手烹茶沃我

馬瘏卒痛倦風沙，留宴長山二李家。知我連朝深中酒，手烹泉水點新茶。

至青冀生紹芳自章丘陳生名言自齊東皆星夜馳歸張生聯箕亦自顔神鎮馳入府同餞予一觴

顔神去青二百里，齊東漯水夜歸來。君鄉道路非容易，苦爲師生酒一杯。

予飲長山李生席啖草蟲而異之味類江陰子蠐云詢得其名且曰是恒棲於豆間今年雨甚不多得諺又謂之嘤蟲予念大人未嘗此袖得三枚行次一日予至青李生徵泰走書以三十枚至

草蟲微細遠傳郵，爲我高堂佐晚羞。持謝孝廉無別語，長山馳騎走青州。

至河陽高生燻止觴予其蒼頭能吴歌且曰昔有梨園今家業荒落各散去此其僅存者河陽新爲賊毀室無完扉瓦礫而已

河陽殘鎮賊初行，辛苦高生匹馬迎。酒半蒼頭雙度曲，梨園白髮舊家聲。

漂母臺

背郭荒基傲草萊，淮陰阿母自憐才。千金散盡仍無國，一飯何年竟築臺。極目雲沙高浪湧，如聞砧杵數聲哀。傷心更有壺漿女，何處投金曲瀨隈。

夜　渡

黄河中夜渡，滅燭進輕航。一水迷林浦，千艘合混茫。驛人呼隔岸，倦馬卧平岡。空遲王水部，張燈古道傍。

至王家營王生伯馭携尊過别

艤棹即王程，携尊古渡行。那堪千里别，相對一杯傾。落日河流直，寒雲草驛平。依依誰忍别，期聽上林鶯。

白洋河

當年相國此防河，河上樓船湧白波。柴市一從摧漢節，臺城到處起邊歌。雲沙古驛更籌斷，烟火人家隔岸多。稍喜漁舟殘雪夜，烹鮮汲水艤寒莎。

河上歌 憶舊也。

陳公清且俠，高義凌飛翰。念我多苦心，疾聲呼古歡。古歡亦有儔，同心良獨難。朱提誠不易，非爲輕金蘭。入室啓家書，百金來江干。淮上新鬻田，遠寄充盤飧。促札招予贈，重以錦雙端。舉手不言謝，歸來泪汍瀾。耿耿納有心，内手知袖寒。非君高介節，千金等一丸。朱家東魯彦，非我昔同胞。又無骨肉親，兼之道里遥。一逢長揖間，神宇相招要。廣坐寂無語，密室吐英飆。擾擾視寥闊，落落爾汝曹。在原敦古誼，鴒羽何翛翛。贈金貸友橐，并轡遁星郊。予同華蔭走馬避索逋者，僮僕莫知。僮僕麾已盡，雙劍虚寥寥。感君綢繆心，酌酒盟重霄。任俠亦有時，堂上春秋高。請君謝交游，掩户没蓬蒿。

王君刀筆人，高義雲嵯峨。黄金傾篋笥，擲手無摩娑。誰言管與鮑，此道如逝波。濟濟京華道，冠蓋亦何多。

劉子平生親，又我同門友。結交亦有因，意氣良獨厚。解囊不厭頻，酌我以巵酒。凌厲各有時，無庸苦疾首。

憶馬

鄭朱雙贈馬，重險達園林。南草投胸濕，檐風刺骨深。苦心秋潦闊，驤首暮沙陰。豈乏馴良駕，哀吟猶至今。

渡河

曉日穿橋漾，殘冰載雪流。鴛鴦無結束，五五立沙洲。

夜抵諸城即奠李令君太夫人

膠西雲木隱遥岡，宜有神君雙舄翔。素幔一枯慈母竹，青山空繞蓋公堂。衝泥驛騎嘶寒厩，啄雪啼烏近女墻。此際生芻無可束，憑輀揾泪月蒼蒼。

過營丘寒甚易輿而騎率占以告後之載馳者

笋輿涼氣薄，改策過林丘。蹄雪凝風重，鬓冰入店流。役夫聞凍死，寒鳥不高浮。寄語青驄使，休夸狐白裘。

青州崔雲程使君周守楊令分招於故衡府

青州從事徹玻璃，三易歌筵綉户迷。星漢半空月杲杲，冰泥重結雪凄凄。紫騮亂繫平臺柱，翠柏依然兔苑西。髫髮梨園能度曲，故宫學就舞前谿。

宿博興作

秋霖餘潦闊，湖盡即城邊。積雪猶浮草，澌冰初出舡。輕鳶行不穩，空馬踏難堅。辛苦登陴令，寒更卧鎧鋋。

送李蒼嶠備兵衡永昔同典試山左

豹突寒尊咏朔風，還朝容易若榴紅。燕臺朋好糾紛裏，楚澤山川漭沆中。莫怪五溪猶佩犢，但呼三老問飛鴻。衡陽回雁知真否，極目雲翰下遠空。

題上陽像在金山側

羽客蕭疏兩鬢髭，端然坐對妙高臺。天風不動千帆起，五月寒濤拂案來。

送蔣虎臣探花請假歸昏

句臚三唱玉山遲，天子相知年少時。紅藥翻階詩滿袖，碧蕉堆案墨凝池。爲歌鳳曲蒙馳驛，先捧鸞章想畫眉。到日孫枝依子舍，和鳴休沐兩相宜。虎臣王父母猶在堂，時新得覃恩。

翔風桃葉舊情深，虎臣先納二姬長安。翡翠雙栖珠樹陰。秦嶺近傳丹鳳侶，茂陵先慮白頭吟。定知驛路多私語，想見妝臺用苦心。倘念當門蘭亦好，他時瑜玉并成林。

元錫招陪匡侍御後飲雷雨迅至

金魚池水帀林陁，池上杯槃入夏多。似識雨來堪避暑，居然客去更當歌。風飄急鳥過朱檻，電繞飛龍倒白波。岳廟圜丘成恍惚，有無旌節下天河。

送鍾文子同年視學山左

薄露疏林驛舍秋，仙郎高第擁行輈。後前衡鑑皆同籍，前視學爲吴藩之同年。泰岱山川是舊游。文子昔理刑濟南。音審黄鐘興雅調，暇登白雪足風流。知君結網滄溟闊，不數珊瑚七尺鈎。

題張幼量古劍

土花千歲閟含光，玉匣深封三尺霜。莫向華蔭重拂拭，恐教風雨鬥滄浪。

壽同社白孟新茂才仲調孝廉母陳太孺人

北堂佳氣郁非烟，堂上琪珂映雪懸。桃葉夙推祭酒席〔一〕，槐花新送孝廉船。寒閨燈影黨人傳，孟新兄弟曾以黨誣下司敗，夫人安之。小閤鐘聲綉佛前。此日稱觴惟果簌，茅容鷄黍在賓筵。太孺人茹素三十年。

校記：〔一〕『夙』，國家圖書館藏清康熙刻本姚端恪公詩集作『風』。

追挽孫宜人

宜人爲副憲孫公昌齡元配，抗節死井中。

大澤寒洲落照黄，悲風露井下衣裳。九齡侍婢從蒿里，一紀中丞泣挽章。戊寅死烈，己丑乞言。環珮凌雲朝貝闕，蛟龍過雨拜銀床。至今節烈歸巾幗，側耳文姬拍正長。

壽朱給事太公

階前玉樹接彤樓，左掖梧陰滿院浮。不數東方新賜帛，可知蕭望定封侯。東方、蕭望俱給事中。壺提宫酒承宵宴，舞着朝衣當彩衰。倘祝高堂增匕箸，早裁封事拜螭頭。

送聶輯五侍御巡按淮揚聶舊令南陵

隋堤遥接縠谿雲，十月清霜擁惠文。山右近多名御史，江南猶識舊神君。褰帷鷹隼寒初擊，按部蕭蘭迴自分。來暮維桑歌幾許，青門不敢悵離群。

聞張趨正按吴命下志喜

伐北青驄迥絶塵，君，晉人。閶門匹練讶朱輪。三吴近屬哀鴻地，六載初逢綉豸人。積壑陰霾回日馭，寒林蕭艾避霜新。姑蘇臺畔多名宦，懷古應釃酒一巡。

見宋轅文刑部西山近詩感賦

玉署珂聲滿殿東，斯人偃蹇白雲中。一官寒糴泖湖米，轅文歲自家運米至。單騎秋看天壽楓。亂後風流相向老，辭壇跋扈爲誰雄。歸囊近咏凄清甚，極目諸陵返照紅。

梳妝臺

路轉西華歷古丘，仍餘蕭后洗妝樓。假山眉黛疑相稱，溝水胭脂不可求。香院回心傳嫵婉，契丹亡國獨風流。雙橋圜殿今猶昔，泣憶延秋烏白頭。

寄操江李撫軍培原大中丞并爲家君致謝

柏臺烏署舊清芬，鈴閣歌壺迴不群。賜璽新增山虎節，揚舲兼閱水犀軍。千岩刁斗麾如意，十部霜華擁惠文。親舍白雲懷渺渺，幸依交戟望氛氳。

過萬壽宫

臺前殿後兩丁香，蒼老盤旋不可當。寄語韋祠與報國，花開輸爾十分香。

題嚴元復畫像

有客蕭然水石灣，如雲深處即三山。鎮日琴聲隨坐右，老年俠氣在眉間。岩松反挂虬龍飲，秋葉横披翡翠斑。自笑西莊王給事，風沙爲爾一開顔。

寄大司農于姜黨公山中

公以冬杪請告歸里，聖眷禮遇特厚，公歸矣，上宴集大臣樂奏，猶念及公且詢其年。聞者以爲君臣相遇古未有也。公之歸也，予未及歌以祖道，今始吟五韵以寄公山中。

珠樹陰岑獨鶴飛，安車初見老成歸。輕裝馳驛霜隨轍，祖帳傾城泪漬衣。待漏九年臣誼歉，當歌一嘆主恩稀。開元天子櫻桃宴，誰念知章卧翠微。

題沈石友垂釣圖 高郵人。

此豈高郵甓社湖，烟波杳冥蕩虚無。菱浦葦汀影微末，中有扁舟一釣徒。簑笠翛翛雲水静，垂綸似欲挂珊瑚。細看居然沈石友，揚髭瞬目如可呼。我滯京華四五載，焚硯閣筆徒區區。風沙雨淖馬逼側，長筵急管人奔趨。達官長者好磬折，詩壇酒社成崎嶇。近日垂簾真闊略，板扉土壁無一娱。種得三槐與五棗，雙槐微青棗盡枯。惟有滄州數竿竹，壁有滄州戴先生畫竹。時時相對傾屠蘇。見此心目更朗豁，捲浪移舟到坐隅。風塵爾我共躑躅，愧此扁舟一釣徒。

別百史陳年執

麻衣踵户不升堂，到此寧知遠別傷。風木萬春成杳渺，樹雲千里失淒涼。年來封鮓無能寄，日進蒸豚應不妨。何事節哀勞累札，痛予聲泪偶沾裳。

其二

騣騣追騎趁平沙，東便門前泪漬麻。手札三年懷錦綉，墓銘千紀爛雲霞。征南立石還男子，復公書中語。中壘編書未大家。得此九原無一恨，春蘭秋鞠好傳葩。公遣人追送先慈墓志銘。

其三

此日悲心黯自分，絶裾攀李突如焚。堪憐萱草終天恨，博得芝山公別號。擲地文。死罪定知慈母恕，哭聲敢令老親聞。覺公倘惠無生偈，願向高峰禮德雲。公囑歸禮覺浪和尚。

哭慈大人

哭獻京華酒一杯，諸孫共拂紙錢灰。兒能强飯渾無恙，母若含飴尚復來。緑萼雙軿瀛海外，白雲半落太行隈。嚴君華髮今應長，苦惜餘生不敢哀。

送朱大華蔭

別離千古恨，到此不沾巾。柳陌飛孤騎，松門悔萬春。兩衝行客面，泪送白衣人。去後君無事，經營愉老親。

不孝非人數，諸君情枉多。紛紜催祭軸，容易走山河。悔逐青雲隊，渾忘薤露歌。入城逢好友，風水道平和。

贈朱在庵

淮海有逸士，彩筆洞青冥。手注瑯函編，苦口或涕零。我載寶山歸，金碧曉晶熒。在庵以所注感應篇説定見贈。悵望草玄居，空天雲樹青。

同門吴純祐招同宋尚木同年飲冷泉兼攬飛來峰諸勝

九里松風減，兵以代薪。蒼蒼只冷泉。赤雲過檻薄，翠壑逼谿懸。愛客移尊遠，敲冰浸果鮮。吴歈携二妙，歌發午鐘前。

其二

斜陽重展席，廣洞更留賓。飛來峰有射旭、金光、龍泓諸洞。曲竇横飛鳥，懸岩俯瞰人。松根踞石頂，佛骨浸苔身。石上有西僧楊璉真伽鐫像甚衆。不是炎蒸月，停杯能幾巡。

其　三

謝却尋山屐，重浮載酒船。兩峰能送客，一水恣鳴舷。雲隱曾游處，風來欲暮天。徵詩吟倍苦，投筆已三年。

孫健六世兄招飲江頭迂道略攬南山諸勝

石屋宜逃暑，烟霞更幾重。禪房分半壁，虛閣聚諸峰。入洞絺衣薄，尋谿夏草封。歸途三里桂，自烟霞返石屋，碑勒桂花巷，俗云滿家衖，杭城游此極盛。秋月滿游笻。

其　二

不爲炎蒸倦，還堅虎跑行。兩山趨塔合，山門雙塔峙焉。一徑界谿成。向寺松相引，烹泉茗細傾。即虎跑泉。宋蘇餘碣在，詩軾記濂并峥嶸。

其　三

重指江頭路，風帆夕照餘。主人同客至，佳醖與殽俱。面水日開閣，看山不出廬。長繩如可繫。安得長繩繫白日。吾亦厭還車。

游咏素堂　紹興張狀元故園。

伏龍穿舴艋，咏素恣追攀。橋束重重水，樓横面面山。老藤不倚樹，頽石欲當關。便合炎蒸月，朝朝載酒還。

訪余若水隱居

不見余高士，輕舠冒暑尋。柴門臨水閉，竹圃護籬深。避客還留我，披衣笑捉襟。瓶中村釀貯，語次手頻斟。

其　二

咏觴因病廢，爲爾興偏賒。瓜豆來園架，魚鰕貸姊家。世何妨晉魏，話只到桑麻。三面無鄰住，深林鳥雀嘩。

其　三

不出門前路，儵然半紀餘。短墻山聽入，缺壁月同虛。貧至無書讀，閑唯抱膝居。勞勞王處士，徒步欲當車。

其　四

話到師門舊，分飛逾十霜。玄都桃灼灼，白露水蒼蒼。喪亂身俱在，行藏迹可忘。人生能幾別，短鬢兩茫茫。

其五

往年孫吏部，浩蕩紀南征。杖策來相訪，携樽爲爾傾。居然高士傳，增重越王城。翰墨傳佳話，風流萬古情。孫少宰有南征紀，紀訪若水隱居。

其六

休文興不淺，頻過浣花莊。出郭停騶從，維舟載酒漿。坐移漁棹晚，送過虎溪忘。别後無書訊，相思水一方。謂紹兵使者沈静瀾。

將返忽王千里見招

欲訪元龍甚，誰言向廣陵。豈知將返棹，重得晤良朋。越郭青山繞，秋軒白露澄。十年風雨别，羽翮更飛騰。

謁禹陵

倚仗隨僧入翠微，禹陵□□藹斜暉。香爐佳氣朝金簡，大澤回風舉玉衣。萬里翠華虛駐輦，千春松栝黯成圍。辛勤絶勝蒼梧野，鼓瑟停鑾有二妃。

禹王廟

冒暑輕舠曲水通，維舟來拜禹王宫。幾年黄屋歸天上，依舊朱衣拱殿中。面面回巒朝絳節，陰陰高棟落秋風。相傳昔日荒凉甚，苔樹梅梁夕照空。殿後梁以古梅，廟爲兵備沈公潤新修。

邗水

邗水四年别，戊子迎先孺人于揚州。龍山百口繁。自從亡阿母，無意愛諸孫。予時亦有子五人。多子原爲累，高天不見恩。楚辭酷嗜讀，此後廢招魂。

奉祝元白尊宿

投子浮山又慧山，黄花翠竹滿禪關。搬柴運水横生事，拔楔抽釘老不閑。苦爲一星留火種，可憐雙劍挂眉間。鈍根難換雲山衲，慚聽拈棋説法還。

姚端恪公詩集卷之八 自丙申至庚子

游披雪洞

并屐尋幽遠，荒藤逐杖開。山從何處去，泉向此中來。斜日劃谿樹，懸流鏟石苔。暝烟歸徑險，倚木首頻回。

宿冰持澹雲庵

絶巘盤孤殿，平軒拱萬岑。遥星銜岫上，皎月貫林深。衆籟此中息，微蟲間一吟。遠公寬酒律，携醖許頻斟。

過月可別峰庵

何處別峰去，霜楓半嶺含。澗回深覓路，樹轉忽開庵。茶澤龍山種，（藝茶茂甚，詢之龍山所携子也。）茅馴虎夢甘。榜書方仲筆，（別峰二字爲方二吉偶題，時奉命楚中。）離緒到湘南。

塈堂侍馬一公妹丈張齡若經三弟游予新置竹里別業各分得五字予以病不能赴賦此

聞汝携壺恣唱酬，眉公（一公別號。）逸興稔風流。輞川竟向詩中得，天姥先從夢裏游。（一公有夢游小桃源詩。）竹爲嗣宗開蒨蒨[一]，梨因仲蔚倍清幽。病夫悔不添雙屐，策杖群吟過嶺頭。

東轉龍眠路欲迷，買山未效塵門栖。荒臺沙徑芟衰草，石罅泉聲合舊谿。（夢中得此一聯。）擬卜茅亭桃塢側，最憐石閣竹林西。嘉賓百萬如堪貸，嶺雪春雲早杖藜。

雲沙半嶺隔荆扉，瑞隱新軒通翠微。（越嶺即家大人頌嘉山居。）吟罷澗風醒白酒，舞餘涼月挂緇衣。西莊肯令松筠閉，錦里從看芋栗肥。判却薄田全種秫，祝鷄調鶴總忘歸。

校記：〔一〕『蒨』，應爲『蒨』。

寄王朴齋時觀察饒南

江畔維舟晚，山城易騎行。病夫驚剥啄，稚子急將迎。話到三年倦，杯從永夕傾。欲留還促別，霜月趁王程。

其　二

清切饒南地，春流一葦杭。餘生憐伏枕，逸興阻鳴榔。月净芝山迥，花明栗里香。倚樓還信杖，雲樹遠蒼蒼。

將至小龍道過金家灣

我愛金灣好，人家竟杳然。陂陁全見竹，畦澗亂鳴泉。閑犢深趨嶺，飢麋旅犯田，龍山清絕地，山外已堪憐。

過璧珠庵即景賦贈惠徹上人〔一〕

竹林暑暇，偶步璧珠庵。庵三面水，一阜特聳而庵踞之。竹柏茂密，外廠内邃。上人惠徹參學勤行，氣宇簡静，啜茗相餉，間出卷示我，命綴數言。予方以内人也，不解五家旨趣，不敢蹈綺語戒，因即景口占，以供一粲。

青青竹葉映陂塘，柏子離離階下長。茗碗菜根鐘午後，薰風殿閣送微凉。

校記：〔一〕此詩題底本漏刻，現據目録補。

六弟招同王申之城起楷人兩叔五弟侍大人錦叢堂賞桂因游浮山積雨更期及期復雨至莊同飲者爲晋庸城起楷人三叔信宿徒返三叔以次招集歡然率賦

尋花頻阻雨，花去雨仍來。古幹殊堪對，寒雲不用開。更衣教向火，脱屐便傳杯。次第茶羹至，深憐小謝才。

其　二

泥徑經過少，閑亭笑語和。雨中秋色近，空外樹聲多。坐解游山榼，頻披載酒簑。塒鷄兼圃蔌，將日未蹉跎。

其　三

十年曾别地，三日雨中閑。飽看亭前水，相思屋後山。賭棋寧計局，展譃共開顔。苦愛池楓古，行吟戴笠還。

其　四

暫回蓮社杖，近指竹林栖。嵐霧連村合，谿橋一夜低。宿酲燈下解，襆被午前携。款款慚諸叔，聯尊絆馬蹄。

栗園經始卜築暮歸道作

買山猶未住，愛山恒暮歸。漸漸遠峰一，冥冥沙徑稀。亂蟲初競響，流火乍高飛。屈指端陽後，沉酣月上扉。

栗園遇雨時草堂初構

赤日扶笻看栗花，虛檐一霎雨風斜。草堂喜蓋兩間瓦，秧隴纔停半夏車。亭午樹聲迷嶺阜，久晴溪色走泥沙。臨流衣履從教濕，木柹烘餘酒重賒。

栗園雨歸

山歸真畏雨，山雨暮仍佳。石步回看没，雲林直望垂。墻衣猶借瓦，檐溜未齊階。小待三間就，谿聲卧到齋。

吾　廬

吾廬夏可愛，竹樹盛華滋。入牖北風廣，落階午日遲。坐催仲友畫，卧讀幼光詩。諸兒好談説，動至月生時。

藕塘侍大人夕酌

半夏荷初密，當西柳正遮。小兒携白酒，老圃貢粗茶。緑拆浮鵝度，香頹立鳥斜。大人貪石色，拂草坐谿沙。

其　二

日移濃蔭失，酒壓小筒低。垣短青來座，阡連緑過谿。遲烟深樹裏，餘綺亂峰西。歸咏頻回首，城烏半欲栖。

山中風檐小酌時草堂將成

陰陰嘉樹下，坐石聽潺湲。忽作尋源想，悠然信杖前。腰鐮開密徑，攀竹面飛泉。老佃新篘暖，三回促我還。

其二

短机如趺坐，深檐當小堂。雲山侑獨酌，風竹奏清商。圃近蔬香在，泉甘酒味長。納涼無午暮，不卧亦羲皇。

其三

疏豁三間就，經營半夏過。病唯思偃息，貧敢悔蹉跎。樹匝鳥聲散，溪環石響多。此中饒勝地，布置復如何。

檐卧

粥罷懶傳杯，涼檐卧一回。晚風城漏起，微雨樹聲來。長機肱堪曲，高吟眼倦開。平頭摇白羽，階草漫蚊雷。

山曉

擁被疑寒早，酣眠苦夜慳。掉頭看白日，絺幔入青山。鳥語紛酬答，春聲獨往還。趁涼課幽事，疏竹亂泉間。

槭岩行

六月此日雲蔽日，山風蕭蕭鳴竹栗。黄翁笑腰鐮刀來，欲往槭岩此時哉。啜茗扶筇過栗園，沙草霏微古徑存。半坡以北晝冥冥，山腰澗底連青熒。仄陂恐驚龍虎睡，幽宫或爲仙靈扃。黄翁拔鐮前開道，步步有聲向幽草。雜樹繁藤應手開，碧澗蒼崖當面好。兩崖古木逐溪洄，老槭參天踞崔嵬。怒雨止從高葉過，微風疑挾萬山來。谿根樹抄石無數，層者爲階平者路。斗壁懸青午日回，陰岩沉碧炎雲暮。游人五步可停筇，酒客十曹堪治具。對此繾綣澹忘歸，便欲誅茅岩下住。黄翁餘勇猶糾糾，搜石窮幽露雙肘。某處可亭某可臺，經綸真出老農口。憶昨炎蒸山夜寒，歷階來問有酒否？小甕剛貯兩壺春，新蔬便在籬門首。感君朝夕意殷勤，况復登臨愛奔走。黄翁愛爾懷抱好，花瓢竹杖同傾倒。翁别棫岩七八年，今日爲吾佐幽討。我病久矣廢長歌，來此伸紙筆如掃。適意相逢佃作鄰，來往風流成二老。

喜塈兒迓大人入竹里小晴即游棫岩

魯子依愚谷，家禽野性成。漸能娱祖意，同此暢幽情。過嶺迎藤杖，歸檐沸茗鐺。雨中來不意，賒望午邊晴〔一〕。

校記：〔一〕『邊』，清康熙二十二年姚士塈等刻本作『過』。

其　二

晴光纔隱見，游興已憑陵。闢草遠衣露，疏藤吐石棱。席從兒輩布，壁羨老親登。險處携鋤過，微微階幾層。

其三

平石茂林下，坐來暑氣清。谷風太拂面，山雨但聞聲。摘果流泉浸，携茶宿葉烹。總判歸徑濕，雲暮盞頻傾。

堅兒入山口占

静子山行急，登鞍雨未開。爲留瑞隱杖，怕自栗園回。携榼無兼味，藏山有舊醅。薜裳堪起舞，兼爲弄孫來。

小憩

晨餐趁早凉，携鐮芟灌翳。竹脚出新泉，草根還古砌。竟忘日色深，方覺汗濡袂。歸檐傾沸鐺，薄拭遂小憩。依此湘簟清，卧領南風惠。樹杪青山來，嶺外白雲曳。攲枕亦疏豁，心目兩無蔽。秋蟬一聲長，鳥語迭相替。百慮此中空，澹然羲皇世。

水口

水口誰栽樹，擁沙帶浪生。蔽谿增闃寂，映石足逢迎。格物知天意，觀心净世情。跨流頹石閣，一過一經營。

初月獨酌

山宵白粥居然好，送酒來時肯放空。頗厭初秋餘暑氣，恰於此夕有涼風。凳移户外梅陰裏，席就軒前滿月中。一味敢嫌供給少，躬耕深愧鹿門翁。

小隱 予出堂後丈室以待大人觴卧，命之曰小隱，以大人山居曰瑞隱窩也。

納涼依北牖，横几面西除。全對右溪竹，偏宜左腕書。大人書，以左腕。老年隨坐卧，家語只樵漁。所愧兼珍膳，山泉釀酒儲。

病卧山莊荷趙興公郡伯相念獻新賦謝

使君相憶意何長，憐我蒲姿早著霜。藝藥肯容廬北渚，種松不遣鎖西莊。時奉部查病痊諸人，郡縣具結狀。寧親白酒金魚换，訪道丹崖石髓嘗。病骨他時如再健，蘿裙棕履拜黄堂。

田間藿食頻年忝，病後躬耕半畛難。幸有畫熊膏雨渥，坐令陽雁稻粱寬。麥岐相映桑三畝，薤本慚將水一盤。何日行春過陌上，荒莊可當浣花看。

病中何黄州道岑屢顧賦謝并别

荒軒伏枕竹風寒，三枉前綏過藥欄。久病漸於交態熟，感君獨作故人看。驛亭返照催征騎，石渚秋花隱釣竿。惠我蒲萄長在手，題詩啜茗細傾盤。時自凉州回。

信杖

飽餐還信杖，嶺畔復谿邊。所向吾無意，依人秋可憐。佃童剥墜栗，相餉竹陰前。笑指茅深處，前朝虎晝眠。

肺病

肺病無聊賴，山窗懶嘯歌。定餘蟲響出，空際竹聲多。嶺日遲遲挂，炊烟冉冉過。床頭有周易，讀罷一婆娑。

閲五兒悼亡詩

白露團梧葉，秋雲黯桂枝。不堪多病後，讀汝悼亡詩。情在誰能遣，心抽强自持。含飴猶可弄，我爾共舒眉。

其　二

放眼人間苦，灰心我輩全。漸知生死幻，仍爲孝慈牽。相爾能勤儉，寧親有歲年。病中新藕栗，囑婢獻姑前。

其　三

昔友遺如綫，張公威赤僅此一女。今秋盡悄然。中郎猶有女，伯道豈無天。玄室拜嘉慶，顔延之詩『上堂拜嘉慶』。白楊待墓田。公子先逝，公今尚未葬。兩雛知健否，止望外孫賢。媳遺二子。

獨　酌

獨酌宜山夕，高吟恣老狂。移燈承皎月，疏樹上深堂。小栗峰頭襭，予午游自携。甘泉酒内嘗。山釀初熟。田家真作苦，相杵夜何長。

省松

左手携鐮右携杖，爲省松秧幾許長。秋色迓人住不得，攀蘿闢草穿雲上。茫然直造石壁邊，連陰上有苦連樹。覆石平如掌。坐石芟枝秋望寬，蟲吟鳥語谷風響。萬木初霜色不齊，雙岩錦綉競鮮爽。倦起扶笻歸山半，故徑倏迷草漫漫。日日登高無定方，忽思今日是重陽。

憶昔

遠游寄子托師賢，仲友張情親窮益堅。冒雨乞糧過屢渡，逼冬逋俸動移年。
連陰甫旦朱贈乾柴，瑞伯張輕舠載米來。稚子厨人喧笑語，寒林倉卒晚烟開。
小豎携錢方氏湖，止沽白小當園蔬。伯勛笑殺臨淵羨，便餉鮮新一石魚。
黄公高義拂雲長，謂總戎黄公鼎。爲我攢眉坐小堂。宿望二邑令雙雙書幣至，深深笑内袖中央。

李克甫送酒山中兼餉鱖魚豚蹄并盛酒吴甕詩以謝之

寒雨空山犬吠忙，白衣人到菊籬傍。魚肥錯記桃華節，豚祝剛逢秫穗黄。便檢栗蒲傾榼蓺，旋搜瓜子對评嘗。蘇州磁甕還同贈，昨夜糟床正注香。杜詩：『已覺糟床注。』

哭殤孫二首 時當五媳亡後之七七。

寧痛懷抱物，憐他衰經身。一周當母逝，盡七挈兒賓。來往真堪省，悲歡兩賺人。撫床視爾訣，瞑目嘆何頻。

其 二

出胎成母病，報訃贅渠名。慈孝月餘事，寃親宿世人。吾儒歸物變，釋氏剖根因。了此真無泪，閑思亦愴神。

送操撫宜小泉中丞新時海汛初回

玄纛新從江上回，黄雲萬頃竟江開。春農有喜銷金甲，秋閣餘清舉玉杯。海市不驚青雀舸，河魁徐映射蛟臺。野人一飯歡安穩，寧獨隨車甘雨來。

病癯無力秉園鋤，峴隴躬耕愧不如。香稻懶頻飼語鳥，盤餐貧欲共谿魚。長沾膏雨青門圃，未獻香芹碧澗蔬。再拜東籬裁短札，五雲多處望高旟。

喜望侯弟秋捷

頤痾耽枕簟，聞訊倒衣裳。世德重袍笏，高科殿老蒼。易慚卿共長，甘讓季尤良。喜極還悲涕，龍山墓木長。伯父尚璽公墓於小龍。

其　二

二豎成吾廢，一飛奈爾何。容車道正隘，樂府：『道隘不容車。』時南額初減。作健伴無多。樂府：『男兒欲作健，結伴不須多。』時諸弟子侄多擯闈外。新雨榮喬木，朝暉耀薜蘿。小山叢桂色，立馬簇笙歌。祖中憲公墓於金陵之小山。

其　三

樓市金門闊，精靈爾輩堪。馬能空冀北，人合老山南。霜漢摶孤隼，春風舞兩驂。時五弟亦公車。成名休恨早，取次宦途諳。

夢劉潛柱

欻然劉潛柱，獨到山籬裏。遲遲左右顧，似疑誤投止。我望急招呼，涕泪兼歡喜。相別幾何年，面目遂如此。舉步如蹇蹇，低頭復爾爾。似言我亡媳，未慰書一紙。我言太夫人，即世闕奠禮。腸中千萬端，彼此各傾耳。如何此數言，晨鐘遽驚起。

五媳發引感賦 時出攢於山莊栗園之右。

鐵石心腸一老生，此時摧折不勝情。香殘燈燼穗帷啓，鐘斷譙樓挽唱聲。蹇衛白衣霜路滑，柳車孤旐曉風輕。病夫怕見傷心處，徐坐篼輿緩一程。

憶昔荆南初問名，阿翁榮貴我諸生。左思女自多年弃，孫楚詩先服内成。五兒有悼亡詩十首。學道微禁塵世苦，遺雛偏切病姑情。山丘莫太悲零落，古栗園邊水竹清。

深秋秋色倍佳哉，何事悲秋策杖來。霜老岩楓紅漸合，雨移溪竹翠初開。移竹以葉舒爲生候。愁懷全懶登臨興，倦眼纔舒水石隈。苦爲山川兼嘯咏，道人心死又燃灰。

兒輩乞論詩

白眼青山病長卿，無端高論健縱横。酒杯容易將寒夜，詩律艱難到老成。逸氣先鋒看的破，妙姿微步欲塵生。强教重定鍾嶸品，多少風流浪得名。

撥悶

秋色峰峰妙，寒流澗澗遲。放懷無悶撥，到眼得詩奇。大地無非藥，用善財語。青山可代醫。神仙豈尤物，只是老狂痴。

坐曝

坐曝高檐下，長吟午日斜。不妨閑杖履，直視足幽遐。栗葉偏肥竹，藤腰恰卧瓜。鄰農將村酒，今夕有生涯。

有懷寶山

入城容易成覊絆，在野艱難定雨晴。恰值三秋寒照穩，定期一日寶山行。兒能供饌卿同長，予喜扶筇弟後兄。堅兒治具，候大人及予并二兄，於次日游。何事匆匆驅出去，茅庵雙柏數年情。寶山雙柏甚古。

山晚歸城輿中有作

漫道山居好，違山路尚清。茅岡卧虎迹，楓澗叱牛聲。無計淹高枕，回眸駐遠情。行行黄葉薄，漸漸碧雲平。

丈　室

山結吾廬僻，城栖丈室如。雙趺禪榻坐，三疊道家書。神王一吟嘯，心灰百掃除。階前空所有，雲月未全疏。

其　二

强分廳事側，長近往來門。甚荷天心厚，頻年生齒繁。人聲四邊入，吾道此中尊。對面濂溪老，看蓮水竹村。壁上有周静香寫乃祖愛蓮圖。

偶讀李集

雨過仲友室，信手手一編。乃是青蓮集，朗吟心茫然。早歲深文又强項，熟讀不肯贊其賢。百戰豈能無利鈍，日月薄蝕仍中天。當筵裂紙雖怒筆，慘澹經營亦有年。沉酣曹阮江鮑語，放浪高岑王杜前。雲車風馬翩然下，掩月欺花絶可憐。愛殺四明老賓客，據地狂呼李謫仙。

胡元洲二尹來攝邑篆山中寄詩代晤

寒堂短袖手如冰，拄頰朝來爽氣澄。訟芋伏階唯片語，哦松卧閣在三層。肯因攝篆寬豪吏，偏爲談經拜老朋。聞延方羽南先生談《易》。山墅違城無十里，蟪蛄聲不到崚嶒。

憶方邵村十八首

邵村出關，每欲力疾作數章，悲來填膺不能成也。事久心頑，餘痛漸减，然後走筆無復詮次。

端坐無端憶邵村，側身北望竟沾巾。山齋九月寒如此，塞木蕭蕭凍殺人。

前年臘月初聞信，顛蹶提衣出户欄。長慟一聲隨便住，語兒妻父止休官。吾兒，邵村婿也，誑其女云然。

同時雷電下高閽，白旐連翩出國門。盡室登車休返顧，餘生邊外是君恩。

慷慨登車感路旁，衝風浩浩日荒荒。幸逢聖澤重生日，墮地何鄉是故鄉。
千里難尋賣米家，瘿瓢莢稗足豪華。村農薄福晨炊慣，浪説山田飯有沙。
斐几滑浄那可得，練裙光麗未曾聞。隻鷄十日堪揮灑，敢望山陰舉一群。
絹滿鵝谿誰去寄，紙携宣德久應空。恰如道子初歸蜀，滿眼山川在腹中。邵村書畫妙天下，今無所施矣，二章惜之。

哭殺妻孥不用論，任他生死在乾坤。枉將書札哀哀托，病骨年來只閉門。
花近離披月到盈，山阿一鬼瞰高明。安能半日樅陽住，毒手針錐向老兄。邵村粵差回，曾約樅川一晤，不果。
野服升堂是邵村，放歸爲我説君恩。擲身投地歡無限，誰識青楓月夜魂。
六律歌驪送邵村，井陘關外已銷魂。那知永訣同袍友，便是燕姬青綺門。邵村初令獲鹿，予於長安祖道，録别六首。

憐爾枯魚泣作書，六千里外到蒿廬。跽讀三行還掩却，裁悲乂手步前除。
磊落聰明誰更過，風流放浪奈君何。半生誤盡東方傳，塞外應猶據地歌。
吾師出塞聞還健，令子趨庭竟日閑。一縷茶香親上壽，六千里外北源山。
春樓花簇錦襜褕，冰雪埋空夜半趨。天意婆心施大喝，曾經三日耳聾無。

隔眼妻孥無處憐，隨身疾苦定由天。安禪且去參三要，學易何妨早十年。邵村四十出關。

三日致齋筮遇坤，先迷後得以情言。十年十月或十日，萬一春風度玉門。予爲邵村筮。

畫溪繞舍老梅交，破衲三間蔭白茅。倘得夜郎還李白，定將鎖入小團瓢。邵村里門舊山館，今爲僧舍矣。

二咏詩

病中率筆咏懷咏史，不復區别，名之曰二咏詩。

瞿曇爲利生，捨身若敝帚。過涉而滅頂，雖凶亦無咎。亢龍豈非龍，時乘良不偶。老氏與易異，六爻闕上九。至人際此時，杼軸仍在手。走馬滄海波，徐步蛟螭口。斯道如背水，無地曳兵走。我生嬰多難，更值衰病後。才識與精神，數者皆鈍朽。老親一在堂，萬事狼回首。甘卧碧山春，仍感君恩厚。微微三徑資，亦因薄宦有。安敢負夙心，浪比柴桑叟。

巍巍西山夫，一餓馨千春。浩浩八十翁，救民興渭濱。水火雖殊能，妙物各有神。知音在萬世，顧曲識其真。巧宦言利濟，飽餐爲逸民。茫茫六合間，杜口勿復陳。

瞽妻苦不悉，十載無朝昏。乃知運寸光，萬倍璵與璠。雙瞳遍四海，誰言天地恩。豪家紫貂寒，貧女慕布裙。無者競嘆息，已有不復云。所以高足人，濡首卧要津。黄犬與鶴唳，千春步後塵。知足多歡喜，幸甚聰與明。區區苟完矣，善哉公子荆。

少小學放誕，開口建安前。沿流下三唐，經營亦有年。中道遭屯邅，弃若風前烟。多病貴精神，閱世賤蹄筌。煉液内景經，垂涎祖師禪。多岐竟亡羊，木馬陸地船。專心求實際，羲文先後天。豈不小弋獲，終之蠡測川。山居逸興發，高咏愛莫捐。老馬夜知道，霜鶻不空拳。偶用杜語。所向無轍迹，曲折合自然。此道有根柢，知者莫能傳。

韓休隱賣藥，兒女呼姓名。龐老耘峴南，刺史釋其耕。虛聲不可逃，生死與同并。况我市井臣，病卧碧谿濆。滿床尚圖書，袖手看耕耘。苦心慕温飽，閉口不復云。醉尉一聲呵，已説故將軍。下愧垂竿兒，求魚志不分。上愧龍吟人，高足步青雲。

人皆遺以危，我獨遺以安。龐老人中龍，邈然雲漢間。生不五鼎食，死則五鼎烹。此子亦虓虎，負嵎誰敢攖？嘆彼容容人，所向無一成。首鼠盡兩端，狼顧憊精神。長跪叩穹蒼，賤子志未伸。君志復何如，所志亦平平。少小無宦情，黽勉滯要津。公卿候顔色，不復記姓名。賂遺必奇珍，呵斥金與銀。子錢六萬家，作使馮先生。名園秀通都，便與卧閣鄰。沼引四時泉，岩壑若天成。退食必游衍，妙伎間嘉賓。香風隨出入，娟娟眉目人。別有傾城姿，嬌坐待君親。八十便勇退，雲卧碧山春。飲饌妙天下，坐客羅詞英。美人奏絲竹，山水音并清。徐徐煉玉液，冲舉慕仙真。猶有未了心，遺子以一經。遺經亦何爲，黄金期滿籯。

朱公能知子，不知人無良。殷勤托所善，封書寄瀟湘。嗤嗤黄口兒，命依丈人行。兒子雖可怒，故人安忍忘？失意片語間，令其中子殃。兒子羞一賣，兩賣楚君王。驪龍如一寤，其頭齒尚方。

喬松生斗壁，女蘿故纏繞。入山無處深，浮家苦不早。俗物何莪莪，到眼神枯槁。順風同其塵，吾愧猶龍老。

夷甫徒虚談，郭氏善經紀。健婦潤門户，亦勝一男子。繞床阿堵物，從横良可喜。矯情叱舉却，寄君内府耳。何如髯參軍，大破乃公鄙。

白髭冉冉生，方剛遂速老。心戰精銷亡，意敗色枯槁。出門畏教言，入室懷温飽。學道與治生，二者苦不早。仰慚蘇門生，土窟裳編草。俯慚王家郎，走馬金溝道。

姚端恪公詩集卷之九 庚子

五弟同象九表弟集張子藝宅拉飲垂殆時五弟將北上詩以戒之

新月霏微度碧壚，黄花寒媚郗家亭。山頹連壁顔初潤，五弟、象九皆張司馬婿。盤剥雙螯手不停。莫漫驅愁澆阮籍，真教何錨瘞劉伶。未知慈母松門意，聞道孀姑涕夜零。燕市酒人真汗漫，狂奴故態也縱横。醉揮金碗當筵卧，笑擁妖姬上馬輕。憐爾浮池夸痛飲，莫教入洛有虚聲。試詢霍石諸前輩，百斛千鍾略解酲。謂霍尚書魯齋、石侍郎中生。

桂龍歌慰三侄勃紹

長松閣前桂一柯，往往風雨有龍過。奮鬐怒爪攫其枝幹去，閣中有人掇高科。辛卯之年及庚子，翼侯望侯皆若此。勃紹朝朝卧閣中，一過桂前一心死。我兒從卧桃谿濱，閑論詩騷并古文。笑爾熱中何太急，此事兒曹難并論。男兒仰天各有志，悲歌豈獨爲其身。我之兄弟七八人，伯也仲氏童稚親。天尺樓邊竹馬劇，栖霞古寺烟蘿春。老親脱珥買書紙，温言拊僕送盤飧。到今山居十里艱轉饋，方知往日慈母恩。栖霞三月風花新，長干女兒看殺人。珠翠如雲照林麓，香風不自百花生。我輩紫峰閣上齊閉門，足不履閾動經旬。有時兄弟拍案忽狂走，或泣或歌動鬼神。青衫皂帽難爲子，唾玉揮金始作人。是年己卯不得志，老父公車獨攬轡。三人送別盤谷吴家，稻場明月尊前墜。痛飲千杯不醉人，長嘆一聲横涕泗。曼殊鮑惟直齊也悲歌，皆座客。此是二十年前事。今看富貴於我如浮雲，同胞冉冉老將至。伯也卑栖已郡丞，仲氏潦倒老明經。我每念之泪濡袂，何况承顔捧檄人。阿重阿重歌莫悲，眼前英物我能知。三嘆易公孫惟半面，天尺樓前烏板扉。伯兄斗室逢在湄江，寧馨兒郎是阿誰？呼其乳字來前揖，謂兄勿以常婿而畜之。經三祖母開吊時，嘆其孤貧揮霍有雄姿。望侯人筆兩疏豁，富貴功名定可期。所相牝牡驪黄粗不失，安有鐵網珊瑚遺一枝。但努力，且揚眉，明年後年風雨龍吟時，請我來看桂樹枝，君家痴叔痴不痴？

餞五弟翼侯席間作

霜下深階月上廊，與君坐月不知霜。來年高第三旬少，去日公車萬里長。五弟年廿八，已四上公車。嘗盡艱難能軟弱，醉餘聲泪忽低昂。酒間五弟讀予桂龍吟，熱中泣下。可知富貴原難忽，豈爲停炊不下堂。

小謝霜空一鶚騫，望侯弟新捷。春風雙駿御街鞭。帝鄉賴爾爲前輩，同學憐渠更少年。門户峥嶸寧一第，神峰落穆望諸賢。花時并走泥金帖，攬起山窗白晝眠。

酒間慰彦昭弟

經術文章老更成，鹽車修坂歲時行。無雙人漸疑江夏，第一吾終屬阿平。酩酊莫嫌長寂寞，嘯歌不廢舊峥嶸。黑頭却羨蕭冲子，四弟别號，時在坐。赤手焚書學耦耕。

彦昭讀桂龍吟而嘆酒間走筆感舊

我作桂龍吟，差强勃紹意。那知彦昭離席起悲歌，斷縻老泪燈前墜。亦有老親孀在堂，仲也紫綬照金章。老人眉目雖粗展，男兒身手各自强。入門僮僕分顔色，舉頭冠蓋有輝光。後塵步步青雲滿，坐逼彦昭成老蒼。科名争嘆彦昭遲，不見彦昭年少時。酒中跋扈飛揚態，醉後風流駘蕩詩。長者停車問僻巷，佳人舞紵乞新詞。老兄當日慚前輩，諸弟如今拜老師。及門翼弟便翩翩，望弟飛騰也少年。雲龍往往歸高足，霜鶻年年鈍老拳。素絲近爾朱藍色，緑綺調人燥濕弦。先生自此其升矣，都講歲，一看鱣，一黯然。彦昭彦昭爾莫吁，當年潛園并起五姚，俱籍咸肅爽，競逸足比時。爾雖汗血尚爲駒，到今儼然吾家名士二十載。獨不見同園兄弟存没與榮枯，可憐天上修文也不孤。博豸許南蒼吴與二胡，子兊即公。墻東避世陳二如。炎牧吴南山歸敝廬，時炎牧將返函雲。濬之張多病修堂卧，頻年潦倒困公車。三方樓岡、邵村、與三。伯仲尤傑出，金馬花驄偉丈夫。一麾出關寒裂膚，盎無斗粟桁無襦。我憶邵村十八曲，每一讀之泪下纍纍如貫珠。酌酒解君愁，罝兔何如水上鷗。裂我桂龍吟，尊前燭下燒之勿復留，亦有桂樹叢生山之幽。能如是乎偕隱不？山中白飯浄如玉，碧酒黃鷄頗易求。唱酬縱少羊何輩，與君二老亦風流。知君老驥壯心殊未已，阿萬科名已若此。謂弟經三。捉鼻向君言，正恐彥昭不免耳。容容篇中八十翁，急流勇退君所喜。予容容吟有『八十便勇退，雲卧碧山春』。彥昭絶倒，彥昭未四十也。自此以往持梁齒，肥者四十有餘年，綱成君倘曰足矣。

憶邵村

去者日以疏，昔疑今有之。我與邵村交，髮未覆額時。兄弟締婚姻，才名亦差池。扼腕談管鮑，平平何所奇。自從遠别離，不復長相思。初聞猶委頓，積久成頑痴。寄書萬里來，讀已弃如遺。叔子往徐莊，邵村食田。瀦塘闢新菑。冒雨策蹇歸，淋漓漬中衣。不念遠友苦，翻憐吾兒疲。呼婢易衣裳，酌酒與兒持。

故人難後郎，跛衛來山陽。邵村中子以事至里，謁予山中。荒籬本無門，忽忽入我堂。相見兩漠漠，寒暄若尋常。徐步左右溪，藉石坐疏篁。日晏告别歸，怡然舉數觴。相送亦不遠，薄至舍南岡。郎去兒跪陳，吾翁何太凉。故人萬里外，弱子十齡强。相逢無一哭，許别亦匆忙。語兒未及語，三嘆步修廊。我嬰病患後，木人石心腸。多病重餘生，多患輕死亡。所餘未死心，高堂捧一觴。妻子亦敝屣，朋友久粃糠。端居憶邵兄，泪不到三行。安忍迂兒子，聲泪故浪浪。更有茹荼心，銜悲無可將。邵嫂致書來，兒依叔父行。拜我塾中師，住我讀書堂。文章便通達，身體亦豪强。老嫂不我知，明月有弦望。塾規夙清峻，病後久頽荒。館竪漸龐雜，兩蒙亦飛揚。長者雖淳朴，軟弱面無霜。張師苦致辭，張時授兩蒙經。郎是貴家郎。病夫方外人，十月九山莊。少年無羈紲，勤嬉兩難量。虚名恐誤人，重任非所當。更有鄙悋私，朝饔夕酒漿。兄子若己子，此語似荒唐。命兒辭阿嫂，勸郎歸母傍。此托一以虚，我心豺與狼。痛哭復何益，羞愧冷中腸。縱有盈眶泪，彈之壁與床。庶幾輕薄名，昭昭白日光。葛藟在河滸，語郎當自强。

東鄰田舍翁，髮短意何長。赤脚竹風前，揖客坐茅堂。清泉浴白米，出甑如秋霜。長兒賣薪歸，换魚作羹湯。蔬摘園中新，登盤羅兩行。苦辭下箸難，滿面色慚惶。語卿勿慚惶，泪下倏沾裳。念我同胞友，摟身日月傍。錦衣白玉人，驄馬紫游繮。納之沙漠中，初秋骨欲僵。吴人最饕餮，白日慕黄粱。旦飢面發紅，晡飢雙睛黄。如何東方生，恣睢粟一囊。

死别一垂泪，生别兩沾巾。參商不相見，已絶平生親。牛女盼河梁，一年一問津。念子偕老人，嫠鰥并世生。北歌雉朝飛，南爲黄鵠吟。鵠吟長各天，雉飛永殊林。我嫂儼鬟眉，意無萬里程。誓將畢婚嫁，出關從老兄。生同黄沙風，殁并青草塋。語兒修尺書，勸嫂且徐征。夫人坐中堂，兒女亦峥嶸。虎在谷風雄，龍去空湫清。諸雛翮未健，何以立門庭。徐步三五回，語兒且吞聲。同穴尚艱難，何以寬悲辛。

生別已腸裂，生聚更嗚咽。兄弟四五人，盡倚寒邊月。雙親亦在斯，眼暗髮垂雪。甘旨奉夢中，菽水艱一啜。赤手望承歡，分定無巧拙。老兄素滑稽，詼諧能中節。舞衣百結餘，戲作老萊跌。破彼萬古愁，賺此片晷悦。窮邊大孝心，事與前賢别。苦地無閑身，預恐炊薪缺。荷斧笑辭親，上山泪流血。

酣眠忽恐栗，大感皇天恩。布帳垂四周，綿被實奇温。重關内外結，北牖紙塗新。不入北風氣，但聞北風聲。念我骨肉親，寒邊獨卧身。邊風利勝錐，著骨如著冰。以此泪浮枕，披衣難及晨。病妻怪我早，初勸後怒嗔。卿嗔我更喜，偕老得同衾。急起炷高香，九叩君王仁。

龍山夢邵村，手煮黄鷄熟。半以奉老親，半以犒女僕。問爾何不倫，掩面吞聲哭。長鑱白木柄，十口望果腹。闢沙藝荑稗，伐林成板屋。刁僮指昔繁，此物伴煢獨。苦地如敗軍，相隨即骨肉。聞言驚泣起，紙牖悲風逐。子有數頃田，荒蕪故山麓。圩長雨易崩，墝遠車難續。邵村徐莊舊有七道車，轉水上灌，今廢矣。我兒省視歸，往往雙眉蹙。老嫂力開墾，典釵興板築。額稞雖漸增，積久或怨讟。女婿終他人，牛羊難久牧。方知稼穡艱，輕言辨麥菽。安得諸雛長，把書牛背讀。

死苦一朝畢，生苦浩茫茫。懷鄉與惜別，身外總不遑。晝飢望晝短，夜寒苦夜長。邊庭一晨昏，海水三爲桑。回首造物恩，豢爾四十霜。生平悲歌心，百思無一當。七尺未遽朽，萬苦聽所將。其中有真人，冲然廣莫鄉。弦望自有時，北斗低復昂。萬一金鷄鳴，甘霖灑大荒。

山齋同兒塈堂侍外父大人夜酌

山寨無一事，初暝閉中堂。張燈圍瓦爐，酒薮信所將。舉眼三世人，論詩夜未央。楊惲與馬遷，清辨亦頡頏。兒儕侍我飲，爵不過十行叶。殫歡奉二老，赬面態飛揚。撤席興未終，老祖意何長。怡然立兩孫，對傾三五觴。今夕復何夕，陶陶到羲皇。酣睡待朝晴，亂屐跋深霜。次日爲寶山游。

寶山行 時侍大人及妻父夏廣生先生，同張齡若并兒塈、堂游。

一月前期寶山去，俗冗如麻苦絆住。今朝真作寶山游，仲冬風日如初秋。兩山盤折孤徑轉，中有清泉石上流。行行水石漸相厄，叠練倒挂空青坼。趙老手題瓔珞岩，俯瞰繞雲梯百尺。石頂無端豁大陽，從横阡陌森開張。尺木樓是趙中丞公柱野休老處。基對山缺，舉頭放眼浩茫茫。百里湖光當面卧，三圍巒阜擁趨蹌。歌臺舞榭今蔓草，前有荒莊後佛堂。佛堂亦不復當年，低小茅齋八九椽。惟餘殿前雙檜今勝昔，車蓋亭亭直造天。横風欲度不得度，驕陽怒雨停其巔。此檜可師可鏡禪師。所手植，開山造殿金碧鮮。紫衣撾鼓升法座，龍象威儀立兩邊。霜鐘一聲入空去，仙梵絡繹合流泉。春來千樹萬樹木筆齊作花，素錦彌山香出川。酒徒詞客紛來往，花瓢挂竹踏蘿烟。就中吾翁婦翁與師最莫逆，往往叩關啜茗不參禪。遠公苦禁淵明酒，杜甫偏耽贊老眠。惟有竹林之外一片婆娑石，亦趙老泐。許其痛飲狂歌落月前。至今兩門公之年，共一百三十一，信步登山如履田。酒酣絮語中外孫，此山一興一廢眉睫邊。舉杖謂雙檜，爾之生也屈指四十有七年。嗟乎！此檜纔生四十有七年，未知人生能著幾量登山屐，一飲千杯莫論錢。

點　筆

午夢誰驚起，風檐脱葉聲。已傾西上日，漸向紙窗生。端坐觀心净，攤書到眼明。熟詩吟細細，深見古人情。

楓藤歌 時望侯弟中式竪旗，予同至此。

昔有關西許光祚，賦我祖居錦叢堂。嘆其萬楓齊著霜，紅霞秀天絢七襄。沙塘一楓尤奇古，四望此爲楓中王。根蟠厚地幾十畝，枝挂藤稍千尺長。即論此藤亦奇絶，古幹糾紛虬龍結。遠看此楓竟不凋，高下青青敵霜雪。却憶老祖葵軒公，課子聽玉山館中。鬻田杜俸不敢致，擊磬升堂拜祖宗。是時子衿貴一鄉，藍衫袨日驕春風。葵軒公爲族衿所凌，恒曰：吾子得一青其衿，足矣。豈知奕葉盤根大，簫鼓朱旗歲歲同，經三以去秋成進士。我對此楓還再拜，子孫如藤祖如楓。千條萬葉布霄漢，并依老幹盤蒼穹。前年我來雨三日，戴笠看楓衣屨濕。今朝塘上風如刀，倚楓颯颯竪顛毛。安得畫史吴顧徒，爲我便寫楓藤圖。許公字賦許賦即許書屏上。并三絶，一日對之傾一壺。

訪二殷舊居

西峰廟坐一片石，餘石磅礴二殷宅。老父先慈昔僦居，土銼烟寒乞鄰麥。囊篋雖貧景物清，茂松高竹碧檐楹。山茶煮聽松風響，村酒傾看竹月生。今年我來疑錯誤，鬱鬱青青何處去。茅館爲場池作堆，一堂兩姓紛割據。正所别適恒所老，定生廟舊僧也。行脚他山杳。所遇無故百感生，傾衫血淚悲萱草。人生萬事難回首，十五年間何不有？君不見朱旗閃閃龍山隅，七歲孤兒今丈夫。先伯璽丞公墓於此，予别龍山時，望侯弟僅七齡。今中式立旗於此山矣。

輿中吟

登山輿中人，不知輿外風。浩浩發發山北風，傾林響谷貫心胸。涉河輿中人，不知輿下水。波波咤咤冬河水，踏冰蹴雪擘肌理。萬事當眼不相知，世上悠悠盡如此。

卧病山中聞鄔夢陽明府賜顧城廬有闕展待賦謝

小竪來城喜氣真，寒門翠蓋駐逡巡。虚教剥喙驚亭雀，已覺光輝感路人。藥藝晴畦雲外卧，花栽清署雪中春。負薪换酒村樵返，交口神君日日新。

四弟以楚游詩請正喜之有賦

青衫投筆訣秋風，四弟已弃諸生。赤手高吟卧錦叢。頗怪王珣頭正黑，早同杜甫左書空。子美晚枯右臂，有『悠悠伏枕左書空』句，四弟亦然。新詩滿載瀟湘色，此子真宜丘壑中。漸覺騣騣凌老驥，病夫跛扈爲誰雄？

吊胡子兑於令弟茨又宅感賦

子兑令台之臨海，卒於官。

台州不合桐人去，太守飄零茂宰亡。南海魚應隨破釜，北堂烏只繞靈床。子兑太夫人在堂。素帷屋角寒迎日，老樹城隅黯著霜。尚是阿連吟嘯地，錯疑陶令徑初荒。潛園回首二胡名，謂令弟即公。廿載三山風雨情。春草如袍人偃蹇，虬髯似戟氣縱横。青楓記室青磷散，即公殉難於揚幕。白首郎官白旐輕。同學少年今半老，那能死别便吞聲。

口　號

老筆無端發興新，十年焚硯氣還振。他時倘遇知音賞，李杜之間著此人。漫指吟詩太瘦生，何妨學道本來人。渼携帝座供搔首，儘散天花不著身。用李白及維摩經中語。

二兒堅移居有賦

扶床冉冉竟成人，分得枝栖門户新。析箸久因衰母病，僦居仍愧乃公貧。時賃吴屋。就籬冬補三竿竹，遺力晨輸一束薪。那得橐金分給汝，擊鮮鼓瑟莫辭頻。背郭比鄰微轉巷，開門跋履已升堂。月移霜樹過墻影，風入寒梅隔舍香。詩向老師終日和，堅兒有和仲友贈移居詩。酒携諸弟夜深嘗。病夫最喜含飴便，兩宅群雛并繞床。

口占命兒堅讀史戒詩

闕外憶詩十二首，六兒有憶其妻父邵村詩。小兒學語亦潸然。相期讀史非今日，莫浪談詩在少年。下酒定需一斗醉，解頤已覺兩兄偏。此間雄伯紛如許，翡翠蘭苕盡可憐。

祝郡司李黄僘庵

鸞坡驄馬舊家聲，謂宫庭、愼庵兩先生、鷗湄學士。利器初硎更早成。第一流中先屈指，無雙天下夙知名。青袍折獄風盈袖，白羽揮兵月照營。正憶長鯨千里浪，卧羆當道截江城。去歲江城多潰，唯皖歸然。公攝府篆，督兵固圍之力也。病瘝無計手稱觥，僅隔公堂兩日程。遥祝嘉平初降岳，誰言四十始專城。門桃全樹官家木，公與校南闈時功令不分房。鄉荔偏分野客罍。公，閩人，曾以瓶荔見餉。便擬黑頭爲相國，定知不損郡功名。

堂兒乞細論詩不答口占示之

年較陸機作賦早，庭依匡鼎學詩遲。興來隨意飛騰入，妙處他年子細知。蜃氣爲樓開浩渺，龍媒若鬼合權奇。會須萬紫千紅過，漸見霜清葉脱時。

送次韜兄移居

一枝移卜近城闉，隙地儲栽數畝春。郭北山邊扶杖遠，江南舟到買花新。園分庾菜常多種，室有萊妻喜共貧。微恨量慳無五合，月軒堅坐愛留賓。

五兒鰥居岑寂二兒恒招飲慰之月夜予偶末至值張師在坐

就席添杯便坐床，老夫來晚興還長。重開醉蟹盈匡色，新浸霜蔬出水香。問字翻邀楊子過，傾尊不損陸公裝。推窗明月深如許，庭竹疏陰欲轉廊。

一咏一觴吾不倦，佳兒佳婦爾堪當。山中遠饋供卿長，燈下頻炊酌小郎。坐有圖書宵易短，來因孝友意偏長。霜階罷酒狂歌發，未減狂夫病後狂。

偶夢冰持上人口號二律嘆之

子不磨墨墨磨子，非人居室室居人。冰持十載開山去，福湧今朝卓錫新。早識百年同弃物，應容三宿有閑身。可憐未遇夾山老，一炬當風滿地塵。冰持創庵澹雲，規制稍闊，力詘心勞，化去無嗣，今庵故無恙，與昌言之墨等，而居者福公矣。

殷勤無著與天親，靈骨潛藏已一旬。冰持有昔之師弟若宜書與人曰：我與冰持無著天親也。福湧何得住，澹雲因取冰持灰骨藏之月上庵。十二日慈雲眷屬合往請骨瘞。澹雲門庭杳然，索之不可得矣。火著可憐舍利子，借丹霞語。洪波難覓本來人。借石霜語。知恩狗賜雲門棒，冰持爲狗嚙耳致病，得償債去，寧煩打殺與吃耶。錯怨刀揮入塔身。悔不隨流湘水去，留些藤葛起紛綸。冰公是年游楚，溺水復起。

喜堅兒水次歸

念爾衝寒去，爲吾兑運歸。漸諳門户事，喜值雪霜稀。李固驢偏瘦，姜詩魚復肥。就魚開臈酒，衰懶願無違。

歲暮病中示室人

久病翻忘病，君愁我亦愁。此身付造物，吾道隔滄洲。方内貧難遣，春催景易遒。龐家好妻子，肯共鹿門游。

病中亂夢而悸

始笑吾心幻，全依血氣强。一朝雙削弱，終夜獨飛揚。開眼元如此，游魂應更狂。死生於是驗，功行果荒唐。

畏風有憶山齋

内熱沉疴在，傷寒近症添。漸能諳藥性，不敢憶茅檐。梅谷虚丹蕊，菱花變紫髯。床頭無老易，竟日只垂簾。

病中聞山中梅信

聞道桃源曲，寒梅徑欲開。不妨絶世立，留待病夫來。臘雪微微綻，春風緩緩催。負暄定挈杖，藥罷强傳杯。

除夕

催逋當歲逼，交謫入門頻。病廢宜今日，安貧憶古人。青氈書帙在，斑鬢藥囊親。對雪披裘坐，春光隔宿新。

姚端恪公詩集卷之十 辛丑

歲首病卧掩關蕭然無事其相過問率爾有賦

臘盡百勞集，餘此歲首閑。慶節亦有禮，冠蓋紛往還。皇天特佚我，一病掩重關。座右柴桑集，壁上濂溪顏。茂叔觀蓮圖。相對唯二老，爐香揚其間。好友念起居，入室雅盤桓。軟語析醫理，拊慰良多端。履閾却我送，户外微風寒。感子澹蕩人，禮失心亦安。蕭然窗日静，雙趺禪床寬。

偶吟

臘雪明廣除，寒月流清光。忽忽日東升，春風入我堂。俯仰眉睫間，變化何茫茫。營營良足鄙，悠悠亦可傷。達人游方外，良士履其常。學道何所成，愧此玄鬢蒼。隨時聊勖厲，春陽方未央。
陶潛力躬耕，叩門乞一餐。董京栖白社，碎帛聊復完。悠悠任形骸，愉愉怡妙顔。予亦希高尚，深念飢寒難。如何當路子，追欲百不歡。朱門遞傾軋，寧在温飽間。人我參差高，隴蜀古所嘆。
無身何所樂，有身起百憂。憂樂莽相仍，縈若寒暑周。坦步信所之，委心無去留。嚴霜却紈扇，暑擲千金裘。如何瓜埸間，猶憶東陵侯。載吟咄唶歌，時哉聊優游。
袁安振孤貧，卧雪食不充。門户熾然昌，四世世三公。華繁悴其根，白日不再中。奉高晰幾先，履滿憂忡忡。閉身一土室，飲食自牖通。黄巾避其間，履道以待終。稚蟠亦肥遁，寒門本素風。難蜕泥中蟬，易冥雲間鴻。千載繼者誰，杜陵逍遥公。
向平讀損益，身外無所須。惟疑死與生，未知定何如。我惑寧止此，窘步四踟躕。富貴人所欲，性豈與之殊。衰病懼弗堪，垂翅息丘隅。寄踪良寂寞，所性在歡娱。交戰熱其中，顔色罕敷愉。兼慚俯仰人，嗷嗷視薄軀。栖烏争茂林，誰甘集於枯。截趾以適履，吾又悲其愚。上愧冥鴻士，下憐郎鹿夫。戰勝誠難希，聊復安吾癯。
母鷄將數子，啄粟我欄干。惻然懷所生，一去不復還。周墓所種松，離立青一山。人心隨物化，餘悲日以闌。逝矣空復悲，所悲生鮮歡。高門兒女繁，嗷嗷非一端。逼側縈百憂，豈惟飢與寒？梅華一何爛，梅子常苦酸。錦衣而絺裏，外艷懷中單。宦游三千里，安知吾母艱。奔喪錯痛哭，恨恨遲撫棺。年來婚嫁逼，鬢鬢爲之頒。方知負母恩，不在永訣間。

少好深湛思，耽耽在文藻。馳騁滑其精，端居喪吾寶。晚病重餘生，瞑目慕枯槁。寂寂萬山空，憧憧起紛擾。稚柏萌枯株，寒蕪長春草。一榻卧閑身，馳情騖八表。心齋愧未能，隨意寄幽討。寓目無定帙，行吟亦草草。四坐休言工，聊以傾懷抱。

花缸泛薄萍，金鱗戲其中。以此三尺波，盛彼徑寸躬。所向浩滔滔，焉知江海空。黄魚湧巨浪，山頹出海賦。下江東。潛身非不深，負勢亦已雄。漁師苦相慕，叢艇犯危風。連網沉霜鈎，百道穴其胸。長縆遠從游，待其氣力窮。舉網或先時，委棹蛟龍宫。郡人取魚舟尾網後，斃而後舉，急則沉舟。豈不亦艱辛，奈子腴且豐。玉盤待爾甘，江湖安可容。君看不才木，往往天年終。

蒲柳何飛飛，微霜已從風。衰質自弱齡，秀羸頤不豐。恭逢慧上人，謂栖霞僧慧若。教我以規中。斯道本無玄，恒者集其功。君看岩下溜，涓涓石爲空。蹉跎二十年，愁病遞相攻。卧山山自幽，萬慮如飛蓬。勞魂而逸魄，真人遠其宫。霜我鏡中鬢，負彼河上翁。何時畢婚嫁，揮手巢雲松。仙人惠一丸，閃閃方雙瞳。

曹公聰明人，往事不復思。文若鑒亦洞，展矣心相知。聞歌泣妙年，育長良云痴。破甑顧何益，叔達豈我欺。百年千回首，積憂安可支。曆書開歲首，卜日詳其時。新者從門入，誰當俯視之。我有一虛樽，酒至聊復持。吾子在川上，逝者嘆如斯。

古人墻樹桑，今人籬種菊。樹桑可光軀，種菊但娱目。生男莫願多，多男莫教讀。儒冠半飢寒，宦途頻寵辱。廉吏使親覊，貪吏使親哭。東鄰田舍翁，有子百無欲。長子把鋤犁，歲入秔百斛。仲子一擔薪，城歸挂魚肉。三子略學書，落筆五與六。幼子無所爲，鞦韆摇古木。稻場午護鷄，松嶺宵驅犢。老嫗早飯香，此翁春睡足。笑指雪漫山，仰頭坐茅屋。

玉樽金鏤碗，瓦注長生瓢。陶然共一醺，入口何所饒。潛魚樂淵深，巢鳥喜林高。萬類任所托，相非毋乃勞。峨峨樊南陽，高閣截青霄。坦坦張思光，岸上舟逍遥。

秋風掃高林，隕葉集兩肩。春氣穆穆生，青青盈我前。萎草萋更碧，白髮獨不玄。難老無要眇，真人潛深淵。鉛汞歸土釜，神凝氣自專。盈縮自有期，榮悴不在天。夏姬一妖娃，鷄皮三少年。

城居苦内熱，山居苦風寒。俯仰一世間，兼娱良獨難。微雨與風俱，重裘爲之單。病夫肌理疏，當午不能餐。白樽暖餘瀝，欹卮三五乾。温温上眉間，齇頰生微丹。乃知儀狄造，匪直也合歡。聖王及莊士，聲罪亦多端。此物終不廢，厥功安可刊。吾欲繼伯倫，狂歌舞杯盤。

陰陰行雨雲，日日梅溪曲。盈盈溪畔花，寂寂春山麓。玉顏孰爲開，香風難信宿。絶代有佳人，遺之在空谷。

雨暝四山合，牛下鷄亦栖，采薪者誰子，丁丁動雲梯。田父前致辭，小兒山之垂。前朝獵客過，三虎下林陂。胡不早上山，薄此夜凄凄。長跽語貴人，田家職所宜。鬻薪晨入市，午歸把鋤犁。餘力急腰鐮，庶免寒與飢。敢畏虎與狼，敢同牛與鷄。聞言仰空拜，恐栗摇心脾。此生猶飽飯，大荷皇天慈。如何春雨寒，剪韭夜傾卮。

昌衛對關弓，矢矢墜中道。吾甚哀其愚，人或羡其巧。置身霜鏃端，絶藝安能保。所差毫厘間，兩俱應弦倒。毒機安可張，釋掤以爲寶。安世與公孫，藤蔓何繚繞。鍾鄧幾何時，劍門雙白旐。

入山探紅葉，山山秋色好。坐我山中堂，啜茗展懷抱。田父要我行，行行田間道。指田泪雙墮，欲語色枯槁。二月五月中，插秧兼薅草。傭工不論直，酒肉恣傾倒。既恨秋雨遲，復苦凉風早。霜疇青間黄，隨風尚縹緲。稻早寒則不實，里農呼爲清風稻，稻實則卧矣。去歲登倉久，語斷心如擣。若輩祝無奢，滿志期一飽。區區竟難酬，八口敢云保。吾儕漫登臨，對月傾清醥。

城中秋氣爽，幾望月先圓。趁月入山軒，月黑雨連綿。悵悵別山歸，置酒暮雲天。蟾兔重盈盈，不知將下弦。茲事亦微渺，帝必操其權。行樂言及時，徒爲達者憐。聖人不凝滯，與物并推遷。城山與雨月，未知孰者賢。

送同學吴二炎牧歸白雲岩山居

之子悵何之，言歸白雲阿。岩棲亦復佳，感子竟蹉跎。束髮文章伯，百戰未投戈。曖曖青雲衢，飛騰一何多。斯人獨倦還，擢頹向故柯。

人生亦有初，四子歃一盤。錢生奄物化，謂錢蔭升。季方遠出關。謂方邵村。爾我同里居，子城我卧山。八年尊幾持，玄鬢各已斑。闊哉辰與參，寧必岐路間。忽聞臨當垂，回首涕汍瀾。

快馬常苦瘦，世族常苦貧。穠華不再繁，白月無恒盈。天行使之然，豈惟子一身。城中嚴禮數，還往盛姻親。中乾而外强，憔悴喪其真。惟有林泉棲，可以蘇涸鱗。我與諸弟昆，言此每齗齗。子歸亦云晚，去矣勿復陳。

去矣勿復陳，雲岩良足栖。娟娟户外峰，裊裊亭前溪。復有下潠田，可以把鋤犁。圃蔌四時新，牢豕塒有鷄。寧親一尊酒〔一〕，豈必組與珪。古之履虎人，回首悲故畦。吾衰倦人間，一杖倘同携。

校記：〔一〕『一』，底本缺，現據國家圖書館藏清康熙刻本姚端恪公詩集補。

命壓兒下鄉督視濬塘興埂歸來有作

椒酒纔稱觶，東屯早著鞭。迨天春未雨，近臘土猶堅。宦薄更農事，身衰視少年。蓬頭王霸子，藜杖晚塘邊。

其二

歸尊聊勞汝，坐話與偏饒。野外春生早，田家晚數招。龍燈蟠積水，蝦菜款元宵。力疾需秋爽，籃輿肯憚遥。用陶公二兒事。

力疾入山歡然有賦

畏風勉城居，百藥疾不瘳。人生亦有命，且向春山游。揮手別塵囂，展目眺林丘。譬彼檻中虎，忽爲池上鷗。陰岡餘斷雪，晴谿漲新流。谿梅爲我來，盈盈迓道周。林鳥見我來，歡嘩命其儔。籬犬聞人來，一吠垂其頭。仲子喜我來，挈注促茗甌。春光何澹澹，行雲亦浮浮。俯仰山軒前，端居寫百憂。

與兒堂讀吴梅溪先生詩集

憔悴先朝供奉臣，法歌零落滿江濵。前身莫是王中允，當代重看何舍人。公詩似二子。風馬停雲紛自下，霓裳當舞著來新。汝曹莫謾評前輩，他日終憂作後塵。

暝雨

山暮雨不絶，夜氣侵書幌。宿葉承檐溝，滴瀝增浮響。風聲來怒號，溪聲去漭沆。寒燈猶未張，隱几空群想。

尋梅

力疾踏泥徑，尋梅宅右溪。溪風撼竹林，宿雨濡我衣。衣濡安敢惜，感此芳菲時。攀條不忍别，小摘兩三枝。瓶香貯密室，一卮爲子揮。山雲猶未開，馨香難久持。屢往梅溪不果。

力疾冒寒同朱甫旦并兩兒尋瀑布

佳人懷瀑布，雨歇呼杖藜。連陰憂虎卧，擊柝指雲梯。病久亦不甘，著屐試寒威。山風一拂面，回策停荆扉。終愁積雨霽，瀑漲減容輝。黽勉歷崎嶔，微汗生中衣。徑竹翠色新，盤磴幸無泥。春雨沐石廊，苔光倒澄溪。飛流何喧豗，漱石下逶迤。玉河傾瓊屑，御風高下飛。病夫難延佇，牽率共言歸。五步一回首，前林雨微微。

力疾步送甫旦出山口

無計留君住，相將勉挈笻。犬茵林下葉，牛飯草間松。步屧身從病，看雲興未慵。山中難得客，登騎且從容。

步溪望幽梅一株黃皖岳移植我堂左

荒徑隔流水，香風太可憐。鄰翁高興發，舉鍤土根圓。來近幽人室，剛移積雨天。老梅應倍喜，相伴月娟娟。

病骨

病骨宜山僻，春光在野清。呼兒從杖履，信竪與茶羹。雨竹晨炊色，風谿夜讀聲。間聞飢虎怒，歡喜竹籬成。

大風

雄風宵自起，弱骨枕難安。遠殷天邊下，深聽去後皤。勢携群嶺過，聲壓百溪乾。林鳥驚還伏，晨開未覺歡。

携鐮

散步岡前望，携鐮谿畔行。翳開梅色近，藤斷竹身輕。坐石商留去，呼兒手廓清。小僮空賈勇，閑立聽谿聲。

獨坐道傍梅下

飄零愁積雨，攀折近田畦。不減初春色，交横滿樹低。艷光深掩竹，香氣迴浮溪。坐久群山寂，高林一鳥啼。

彦昭經三弟携尊過訪竹里止宿次曉予亦力疾同尋梅梅谷

荒林聞客喜，載酒况君來。問竹平安否，看梅爛熳開。岕茶春澗水，海味晚山杯。皆經三越歸所携。草榻凝塵久，呼兒拂幾回。

其　二

結伴搜梅谷，初暄强病身。雙鐮緣石入，萬蕊出谿新。屢奮登臨屐，深愁雨雪晨。亭中只一樹，檐步也千巡。

其　三

對酒能無酌，看花肯遽還。疏斜隨水石，芬馥入雲山。身怪今朝健，天容此地閑。層岩千尺練，乘興亦追攀。

同五兒酌庭梅下

逼側籬間物，黄翁昔以樊圃。紛披階下清。久凌寒雪色，仍聚早蜂聲。拂石低低坐，行杯細細傾。山中從作達，午酌敞柴荊。

喜　月

深春纔得月，新霽便無雲。倚杖身從病，開籬酒不醺。栗疏高幹落，梅静夜香聞。歷歷群峰近，分明過雁群。

信步

山色經晴出，春光信步幽。入林衣惹麝，護竹杖驅牛。布地麥全碧，摇谿柳漸柔。鳥機何處響，獵客嘯峰頭。山人携小銃擊鹿不中，更噪而逐之。

傳方邵村病卒於關外予决其訛

浪聽方生没，長號旋却疑。定無君去日，不見夢來時。顛躓胸仍豁，風沙髮未絲。寄書瀟灑甚，學道禮丹師。

得方中丞栗亭故址

楊衝老農周士懷，烹雌擔酒來相存。爇酒留酌之，酒酣慷慨爲我言：水閣之東一茅亭，中丞當年於此逃暑，醉客聽潺湲。爾時栗實如拳竹可拱，連峰喬木走平原。鑿山開洞面流水，倚石堆臺眺遠村。寇去兵來紛澒洞，往迹湮蕪難具論。我今過林露，半磉呼兒急。掃栗葉，斵竹根，石基團團開生面。嗟乎三十年來塵草昏，舉趾總感前賢澤，高卧即荷皇天恩。低低補石垣，草草成竹門。此地縱不爲亭石，可藉暑月時來傾一尊。

月　步

酒酣將啜茗，月朗更移尊。信步看山色，呼兒啓竹門。天清宜樹少，野曠覺星存。闕。

喜積雨後瀑布

苦恨三春雨，今朝意總消。山空銀漢響，風静玉河于闐國。飄。衣任穿林濕，筇忘著屐遥。小亭需結構，面瀑有三角亭址。拄頰當觀潮。

野步

春光歸積雨，野望趁微晴。近竹桃偏艷，臨橋柳故迎。遲遲斜照色，步步水流聲。不覺歸來晚，籬燈布地明。

雨後自宅左山登宅後諸山頂

六載筇初到，三春雨乍晴。路紆沿石憩，嶺斷度溪行。鹿擾新田穢，山鹿害稼，田墾復荒。桃華古屋明。李家凹故址。上山看火路，青草最先生。山人焚草，開道以截野燒，謂之火路。地以灰肥，草芽早青，他山宿莽猶黃也。

其　二

鳳凰一片石，駐杖俯層巔。白净群湖劃，青深斷壑連。老翁能道古，喬木此參天。今童矣。回首一長嘯，天風爲浩然。

其　三

黄草尖頭望，簝峰冉冉趨。連畦青異縣，叠嶂吐平湖。釀石晴蜂急，横林旅鸛呼。一城真斗大，烟火蘊山隅。

喜江公婿病愈歸里

有客傳爾到樅陽，曳履出門倒衣裳。問客相見自何方，答云同舟發建康。展眉拍手喜欲狂，從容却詢起居狀。飽餐三飯酒數觴，舟次旅次八里長。公然步到陳家堂，聞樅寓陳錫其宅。我聞此語轉彷徨。入室重把前月書，二句口不入水漿。風塵碌碌路茫茫，安能病骨便豪强？將毋迋我慰我望，數日果自樅陽至。衝泥著屐檜軒傍，婿居有雙檜。入門見爾氣揚揚。腰帶准昔面微黄，今朝真勝婿爲郎。却憶前月得書日，病夫半夜鬢添霜。此日若翁應繞床，有人策蹇古堯鄉，細作平安字百行。江公覲省定陶署中，大病小瘥至途而愈。計尊公懸旌倍於僕矣。

四弟之全椒入山過别病中口占寄懷金冲玄同年

山橋扶杖柳垂垂，送弟攀條遺所思。割席尚懷龍首尾，停雲空望燕差池。知君斑鬢如銀久，念我丹砂得藥遲。莫向惠連詳問訊，八年一病卧茅茨。

奉祝宜小泉操撫中丞五月初度聞疏乞休老并致攀卧之私

榴花拂檻閃朱旂，鈴閣霞觴次第揮。蒲節勝餐三秀草，宫羅輕叠六銖衣。紫騮傳箭江城肅，青雀鳴鐃海戍歸。不是憂時頭似雪，丹顔玄鬢未全稀。

西莊伏枕對松筠，未上公堂酒一巡。累疏忽聞陳遠志，三台可許乞閑身。愛聽充國心猶壯，愁説剡溪賜竟真。便欲力疴扶短杖，率先父老卧朱輪。

何黄州道岑惠書山中兼寄葛杯等物詩以志謝時六弟客黄

聞説黄州使，褰扉恐未真。故人書半絶，之子意何頻。把葛呼刀尺，傾杯向檜筠。今朝新氣色，錦里未全貧。

其　二

二十年前事，黄州午泊船。江山齊在眼，魚蟹不論錢。用坡書語。伏枕懷安道，佳游屬阿連。書來恒數紙，句句主人賢。

夏仲入山即冒暑步桃溪看今年樹色小酌山軒入城仍飲壐兒宅

曲曲晴橋水，亭亭夏木陰。人纔一月別，山比去年深。栗古花彌屋，桐開笋上林。風軒傾茗碗，亭午未披襟。

其　二

桃溪當日盛，入谷樹千章。容易名山買，艱難夏木長。六年親擭劚，五月漸陰涼。携茗分僮佃，揮鐮水石傍。

其　三

黑雲催暝色，青靄滯歸踪。步步隨溪水，行行出谷峰。閑牛歆細草，貪鼠竄高松。笑殺張平子，山腰返一筇。張子仲友未至桃洞而返。

其　四

歸覺山扉暮，旋看夏日長。老人頻坐卧，時大人及妻父以暑未步桃谿。兒輩促壺觴。堅兒治具。梅蔭頹斜照，桐風進晚涼。携瓶難得罄，留待夜軒將。

西山數聞盗警感占

里貧今歲甚，客暴入山頻。總乏床邊物，堪憐梁上人。提刀分米散，蔽面蟿瓢新。聞多以瓢繫面，當目穴之。短夜何時旦，村農泪滿巾。

奉寄朱梅麓總河

歸帆尚憶過張秋，皓皓風濤拍日浮。予癸巳過决口。帝用作歌沉玉璧，君來乘載自瀛洲。公以學士陟今官。淇園竹色渾無恙，春汛桃花竟穩流。早晚閣麻宣内制，争傳先作濟川舟。

九年雲樹隔江城，回首燕臺數子情。詞伯日邊頻聚散，故人别後盡公卿。君苗硯自歸田擲，叔夜書從伏枕成。采采清谿無可贈，白雲嶺上故縱横。

喜望侯弟暫下第

仍是千金駿，寧需一顧增。吾方慚馬況，人漫惜張憑。詩卷雲林杖，書窗雨夜燈。細論如不厭，觚爵恣飛騰。

其　二

才盡吾衰久，心降爾最多。反何思澄語。此間易雄伯，宿昔恨蹉跎。伏櫪期駒健，經天看雀波。西陵應有獻，屬和幾羊何。

其　三

幸仰曹姬健，堪忘馬援孤。松栽勤護鹿，時伯父初卜地龍山。桂樹穩栖烏。多暇惟今日，寧親急令圖。却愁騰上速，容易滯皇都。

張子孚行人賫詔之粤東便道惠晤力疾賦贈

暑雨寒門喜鵲頻，應門稚子説朱輪。升堂相見憐斑鬢，把臂難忘是故人。濁酒頓驅漳水疾，清齋似念庾家貧。子孚持准提。綺紗解贈呼刀尺，竹里從驚野服新。天使輕裝帶月行，六千里外五羊城。漂萍苦憶九年別，芳草堅留一日程。客位坐談西掖舊，法宫猶記遠臣名。子孚道先帝覽親政諫草，下詢病狀，聞之感泣。蒼梧雲斷盈衫泪，回首京華百感生。別後新詩歲歲殊，如雲山色下春壺。席問子孚談海上二勞之勝，兼示游詩。文章他日歸公等，氣色從今逮老夫。夏水九江淩浩渺，秋風五嶺歷盤紆。歸囊肯貯登高賦，重過荒庭踏雪無。

封船謡

四月六月五封船，桐山官長樅川眠。大船使風殺捕吏，小船穴板沉深淵。傳聞聯纜鎖湖邊，夜半舉火灰漲天。舟師哭罷仰頭笑，赤手生還學種田。君不見舟斷粟死田家苦，徹夜追呼吏如虎。吞聲荷校時以懲逋賦者。出衕前，黄稻在囷青在土。時穀賤無售。

許許吟

許許復許許，千唱萬謳汗爲雨。前行踵後行，山蹊禾隴變康莊。天生神物必大用，古屋荒塋安足藏。君不見曲轅櫟社大蔽牛，匠伯四邊來不憂。

傪傪吟

傪傪復傪傪，病寒復病熱。欲學神仙去，難與妻孥別。何況堂上一衰親，擊鮮鼓瑟不能頻。峨峨七尺何所益，拌飲醇醪近婦人。千金購一姬，十千沽一斗。掇月向雲間，此語空在口。已矣雲林長閉關，暑中赢得病中閑。閑侍吾翁粗飯畢，信手過眉拄杖斑。

姚端恪公詩集卷之十一 辛丑

再蒙恩允養病山中感賦十首

展假三年後，恩綸五月天。白雲容偃仰，赤脚向林泉。帝德匪今日，家聲付少年。諸弟屢捷。此身無一事，服食與安禪。

其　二

小隱因端隱名。慚將父，經過可弄孫。擔泉催壓酒，嘗果數開園。白髮西莊杖，青山北闕恩。此中舒化日，未覺戀晨昏。

其　三

豈不懷温飽，其如畏教言。貧思爲吏拙，病覺我生尊。換酒薪如市，停舂米浴盆〔一〕。筠

籠誰小贈，園叟向厨門。

校記：〔一〕『舂』，疑爲『春』。

其　四

紙筆兒能好，山林興每同。行吟喬木下，坐論古人中。我竟生靈運，人從就阿戎。鬖鬖

朱汗齒，冉冉白頭翁。

其　五

帝德仍深厚，臣精已耗亡。灰心天下計，回首少年場。障日蒲葵扇，迎風薜荔裳。叩盆

歌一曲，每飯祝陶唐。

其　六

山蹊沿一水，石岸補三橋。暑氣此中薄，雲峰入望遥。隨風花到鼻，蔽日柳垂腰。小築吾將老，長吟樂聖朝。

其　七

聯步鳴珂彦，年來曳履頻。君房痴盡差，叔夜懶如新。蒿目需公等，蓬心自野人。客來携仕籍，檢點説情親。

其　八

身退慚真隱，家貧敢説廉。菀枯人不免，舒卷道無嫌。煮藥風前竈，開書雨後檐。薄田籬竹外，粳秫幸能兼。

其　九

聞道湖南吏，銀鐺滿會城。杳然雲樹外，不盡弟兄情。薄宦無名姓，閱邸抄，始知被逮入楚省者，二十三人。全家出死生。寄書各努力，吾幸息柴荆。時大兄爲辰郡丞。

其　十

先鳴用左傳字。花萼盛，後進竹林多。治譜慚余授，詩名望爾過。暇能來講習，病敢倦磋磨。鬱鬱十年樹，林林百尺柯。

秋前苦旱

首春直接黄梅雨，月月祈晴那得晴。豈意陽烏翻一怒，頓教銅雀失三鳴。一鳴五穀生，再鳴五穀熟。暮山日落雲不接，夜篁風凉潮暗生。皆農家以爲旱占。安得叩關伐天鼓，手挽天漢東南傾。

念金壇蔣虎臣太史

阿連客歲客中游，及爾同時寓越州。變姓尋山雙草屨，清齋卜夜一茶甌。戴良有女艱笥亦有平音同篩。屐，宋玉吾師且唱酬。皆經三弟越歸云然，時宋玉叔爲地主。不分風流貧太史，三冬霜雪五湖舟。虎臣、長齋時爲嫁女，治裝於越。

伏枕青山病未除，奔波白下敢寧居。群公合拜甄書記，一壑難栖謝幼輿。到處逢迎應不減，登高詩賦定全疏。山人只有空相憶，北雁南魚願總虛。

有懷五弟

喜弟今科捷，慚兄宿昔非。頻年丘壑共，諸事討論稀。門户持寧易，詩書日漸違。眼中吾老矣，鷗鷺只忘機。

其　二

兩兄俱薄宦，一老尚長貧。鮓羨陶公寄，歌慚陸氏頻。臣清名絶假，妻子慕元真。喜爾稀家累，專心暮景親。

其　三

題塔年還少，牽裾母不歸。那堪松柏下，初拜綉文衣。神道笙歌入，鄰山老稚圍。誰知兒意苦，奔走説光輝。

其　四

鹿苑書常把，時聞寓千佛庵。龍門客若何。静知稽古力，謙自閲人多。氣象魁三近，聲名第五過。大兄真見晚，小弟肯蹉跎。大兄借使吕蒙語。

讀隱逸傳

暑中檢帙，偶韵數語，世系先後不復詮次，每絶各自一意，庶免雷同耳。

鹿門妻子雅團圞，椎髻偏能奉伯鸞。笑殺向平婚嫁畢，縱游五岳也艱難。

土木借使劉伶土木形骸字。憐他杜五郎，籬門門外一株桑。閉門端坐緣何事，十五年來不納凉。

草裳土窟滿塵埃，斗壁叢林路不開。柳下豈因公子恨，蘇門尚遣嗣宗來。晋文王猶訪孫公和宜叔，夜之不免矣。

官舍連雲照剡溪，吴中高士此栖遲。入林我亦思充隱，先賺嘉賓百萬資。

市上女兒呼姓氏，山中使者促車徒。淈君青壁千尋外，逃得韓康兩字無。

大壁山中樹上眠，斑斑猛虎戲苫邊。興來忽造王丞相導，一卧西園便七年。郭文。

挂脚朝衣結草廬，松風深處更樓居。山中宰相無聊賴，苓蜜頻頻降璽書。

一笑何縁便墜驢，此翁豪氣未全除。愛他草屨垂條後，御苑酣眠百日餘。

貴極止應昇白日，老來何計就黃金。笑他方外先生語，那解人間宰相心。

宅平終日可無爲，在險空勞説運奇。借問山林可居否？會逢其適也焉知。愛子光數語，撮而韵之。

龐媪如賓敬老農，峴山南畔德星重。室中呼黍供元直，床下低頭拜卧龍。龐德公居峴山之南。

楊宣繪像懸高閣，馬岌題詩在碧岑。不是風流賢太守，酒泉謾道入山深。宋纖。

擔笏踏雪坐門闌，詩興才情苦未删。米桶更煩他處去，姓名昨夜落人間。呂徽之。

狂奴故態事全非，帝腹輕加處士緋。自是聖朝天子度，平津閣上故人稀。公孫弘曰：『寧逢惡賓，不逢故人。』

藏身獨覺此翁深，作意顛狂慁禁林。口斥君房非故態，足加帝腹是機心。

同學真人入紫宫，眉間豪氣未全空。羊裘釣澤知多少，偏是君當物色中。

水漲魚肥風雨斜，漁舟苕霅穩浮家。牽船上岸謀真拙，自牖傳餐遁未嘉。張志和。

荷鍤浮池太作癲，陶公嗜酒獨天然。王弘候酌青林下，惠遠沽尊白社前。

爲貧而仕仕仍貧，結綬抽簪總是真。薪水在心杯在手，訓子書中語。忘情却是近情人。

翟嫗携鋤伴碧岑，室無萊婦恨何深。輕言方外誇沉隱，誰識先生抱苦心。淵明訓子書：

『室無萊婦，抱兹苦心。』

酣暢河東酒一升，阿寬官馬未甘乘。此生不捉謝安鼻，尺五名家壓杜陵。韋夐弟孝寬總管延州，迎夐至，將還，以所乘馬并轡勒將之，夐不受，乘其舊馬而歸。

乞杖携兒拜郡堂，南安老叟太倉皇。人間漫道休官易，此是宣和帶職郎。

延翁上坐也殷勤，愛殺風流好使君。入甕告身還在眼，請看灞上故將軍。

帥漕終歲坐高車，聯步驚傳入草廬。莫羡林中高士卧，可知袖裏相公書。蘇雲卿。

向平入岳唯孤往，張愈尋山盡室游。更有蒲芝工嘯咏，萊妻孟女失風流。愈妻蒲氏名芝，賢而有文。

床下贏錢積寸塵，羅冲何用贈嚴遵。終然青竹傳名姓，絶勝臨印諸富人。

秋旱

里農傳古諺，稻怕爽秋乾。穗稿雙岐健，實則岐卧。秧遲兩熟難。里諺云：『晚稻不用糞，秋前三日趁。』何堪西日赤，又值北風寒。農家以烏雲接落日爲雨占，又曰秋後北風乾到底。一片山雲起，傾城仰面看。

其二

羽士威儀肅，群公禮數虔。撫心真搶地，搏顙定回天。望氣秋愁爽，占星夜又懸。潛山桐鄉邑。偏應禱，一雨渥高田。

其三

屋脊山頭水，深湫宿老龍。幡迎齊罷市，廟午盡鳴鐘。闔城迎水，分獻各廟。霖雨今誰作，豐年昔易逢。會看清晝晦，畎澮碧溶溶。

懷六弟客游聞初至鄂渚

老母卒里寢，賤子滯燕京。未奉永訣言，九年泪沾纓。齋心時忖度，如聞卧榻聲。孀妹及弱弟，切切千春情。此弟真數奇，所之無一成。從我讀雁軒，諸兒同授經。晉妻艱中饋，一飯百悲辛。兒分時塈兒等已析箸。而弟合，開口我顔赬。從我下金陵，旅舍冷如僧。十日九清齋，寒宵乏一升。吴令吾故人，爲爾具舟迎。相迎臨當發，仕籍除其名。薄命揚餘波，故舊與同并。乞米水西店，書經祇樹林。時弟於水西門外庵中爲先慈書法華經。我淮倦游歸，共禮塔前燈。時懺經於報恩寺塔下。老宿夜施食，星空轉梵音。塔鈴相和切，塌然摧肝心。跽階四泪墮，凝霜面面深。衝風貫耳去，著骨如懷冰。到今不敢憶，憶之魂數驚。隨我下蕪關，關使夜開尊。問我寒至此，脱手贈百金。入舟各剖半，爾歡我泪傾。區區破爾顔，何以爲人昆。草草歸卒歲，再隨湖上舲。稍稍升斗水，圉圉旱沼鱗。我病卧一壑，爾歸守一塍。躬耕豈不艱，庶無異患侵。仕路日崎嶇，戚友慘崩奔。納納乾與坤，局蹐藏一身。但飢未及死，百叩皇天仁。妻子任啼號，遑恤弟與兄。爾飢與爾寒，杜口勿復陳。去秋兒鼓盆，皓首裹白巾。黄州太守過，謂何道岑。唁我念我貧。九江頗易杭，赤壁堪深登。感子誠殷勤，病骨非所任。小人有弱弟，糊口累我君。慷慨應聲諾，不忍再丁寧。别後味餘言，欲告轉逡巡。一諾古人重，此道今已泯。昔游必我偕，今當爾獨征。命行未及行，我腸轉車輪。果然太守賢，一見温顔春。開尊延後堂，披豁率天真。令子曰龍牧，與弟童稚親。兒子何令遠，酒後吐高吟。唱酬必午夜，款曲或連晨。解葛復解裘，問米兼問薪。客忘客中久，主人意更新。驅車向麻城，麻令笑寅賓。丈人屋上烏，到處有光榮。初聞寬相憶，三思轉怦怦。念爾拙且瀛，終鮮童僕貞。從行一老力，遣歸省秋耕。旅次終艱難，薄寒漸中人。昔行桃未華，今聞庭桂馨。陟岡代倚閭，遥望武昌城。武昌有使君，高義陵霜旻。謂宋艾石。

白雁

偶張子藝惠詩見咏白雁，有『蘇書傳雪後，杜句得霜前』之句，甚爲擊節，因亦效顰。墨客揮犀，所載白雁似自爲一種，予未暇詳考也。

嘹嚦晴空字字翔，白雲深處忽無行。瀟湘寒影全疑月，紫塞春深早負霜。宿鷺圓沙同皎皎，雙用杜語。昏鴉遠戍半蒼蒼。莫將加飯傳魚腹，尺素相宜道路長。『負霜』字出樂府襄陽樂。

又咏白雁

偶因『蘇書傳雪後』句再咏，此寓懷邵村關外。

白衣容易任隨陽，塞北江南未覺長。皓首可憐還道路，素心何事變炎凉。銜蘆洲渚花無色，作字晴空筆有霜。邵村臺臣白筆兼用書空事。欲繫尺書還擲却，恐教血泪污征裳。

得邵村關外書

喜披關外札，已達病中詩。得予去秋相憶詩。入手驚顔面，凝眸豈夢思。生還猶有泪，死去亦無辭。繞舍巡檐走，秋風亂雨絲。

其　二

安禪君竟可，愛日苦如金。書云：『堂上雙佛垂白，投荒愛日如金，度日如年。』易了浮生事，難堪子舍心。黄沙人世外，白髮此中深。憶爾久無泪，今朝更滿襟。

其　三

問年過四十，此日解飢寒。回首天恩厚，甘心行路難。皆書云。諷經風浩浩，禮斗月漫漫。伏臘尋常過，乾坤著處寬。

喜韓心康擢順天巡撫　君爲前蒲州相國韓公爌曾孫，十齡，外曾入内院試清漢字。

中條相國舊清門，馮翊新看節制尊。争羡登壇三十少，久傳升座半千孫。朝天走馬雲旗簇，饗士乘邊雪帳温。漸喜都亭枹鼓歇，行人獨騎夕陽村。時畿輔多盗，行旅甚艱。

傳來除目到山城，驚看韓朱雲門撫浙。仗鉞榮。同日故人開幕府，九年別緒慰平生。晴暉驟起柴荆色，風竹交喧喜雀聲。此夕病夫真不寐，園蔬剪盡酒還傾。

重陽前一日四弟惠菊并蟹

郊園秋早此花稀，何處移來種獨肥。偶度微風香泛泛，偏迎斜日艶暉暉。應憐累歲登高懶，堪代來朝落帽歸。兼贈霜螯同下酒，病夫詩興未全違。

重陽雨夜小酌賞室中雙菊

布簾深下晚燈張，移得秋光貯曲房。皎皎盈盈當户牖，花花葉葉次低昂。□□未敢酬輕質，五木無勞發妙香。轉覺登高徒好事，最宜風雨度重陽。

十三夜同張仲友步月歸塾偶命小酌因讀其近詩

步月長街月竟圓，歸來檐月倍娟娟。風開叢竹窗前色，雲盡重陽雨後天。試算內厨唯鹿脯，請嘗家釀是春泉。新詩幾日又成帙，對月吟詩醉不眠。

入　山

纔坐筺輿暫背城，北山爽氣便逢迎。霜初葉色分相絢，晴久谿流合有聲。喜見村莊松節長，愁看寒隴稻身輕。時秋旱甚。草橋拄杖深深立，尚是中秋此上行。

塈兒治具侍妻父大人入山同仲友及兒堂夜酌待月不至各賦數章

供饌兒粗辦，尋幽予覺閑。時邀內外祖，同侍水雲間。雨過猶覘月，風來欲挾山。盈盈三五夜，叢桂許誰攀？

其　二

尚餘詩爛熳，誰厭月蹉跎。忽起巡檐覓，同來據案歌。筆憐兒輩得，酒愛老人多。短燭蔬還剪，茶鐺水自波。

十六日山齋晨雨

殘尊待月月難生，山曉微雲雨便傾。轉怪迎秋祈雨苦，難爲趁月入山情。寒軒紅葉峰峰向，歸路斜陽稍稍明。徑造兒家重置酒，判教雨月總三更。是晚亦壁兒治酌。

哭七弟介侯

赤汗仍駒齒，蒼髯一偉人。相君無死法，許負語。卧榻未連句。視含心疑夢，推棺事竟真。白衣誰忍著，况著老親身。

其　二

俯仰誰憐汝，相知是長兄。漸諳生活計，堪稱老成名。驢背省秋旱，魚梁坐月明。七弟每歲觀魚湖上。經營兼弱弟，深慰二人情。同母弟夏侯家事，亦介侯經理。

其　三

死去餘辜在，悲來恨汝深。反遺兒女累，重入老親心。舞彩歡應減，含飴泪怎禁。鵑鳴哀夜半，梧月影霜砧。

其　四

遺孤君可瞑，同室有聲侯。六弟同宅。知人吾不愧，此外爾何求。歲入治家事，書聲課晚樓。老兄止一慟，含笑解親愁。

其　五

人命誰金石，年華漫短長。死知家孝友，生見國興亡。七弟九齡即遇鼎革。悟此應無恨，翩然返故堂。招魂金磬發，汲引向空王。杜詩：『無生有汲引。』

山館築垣初成因尋梅溪

竹里年來勝，垣成竹更幽。曠仍團野色，高只過人頭。護笋童牛遠，圍花暖蝶游。虎聲溪外怒，酌月自夷猶。

其　二

啜茗開籬望，呼群挈杖來。入谿全見竹，疏石半逢梅。香落微風過，妝明午日開。提壺布果榼，隨意坐莓苔。

送王顥五太史督糧江右六十四韵

屈指同歸日，蹉跎竟九年。黄河衝溽暑，白舫次連翩。痛我堂摧竹，時予丁内艱。悲君燭撤蓮。顥五以詞林外轉，值病請假。維舟頻譬解，扶病辱周旋。游子骨休立，尊君眼正穿。深懷良友意，不敢哭聲傳。迢遞炎雲路，蕭條太史船。裹餘盈案藥，床剩賣文錢。長物無重簟，輕裝仍舊氈。皆君家物。抽簪停雀舸，垂翅息龍眠。撿點晴窗帙，淒迷藜杖烟。息機甘守黑，作賦只思玄。掃徑延三益，垂簾撫一弦。彈棋開草閣，手録滿蒲編。頻入青泉寺，時元、白尊宿開堂於此。深參老宿禪。靸鞋花木徑，信杖燕鴻天。草榻團瓢下，茶鐺午夜煎。揚眉瞬目際，石火電光前。刮眼金篦妙，留山玉帶圓。宰官身自在，摩詰室翛然。抵舍憐匍匐，陳情亦接聯。予服闋，亦病卧山墅，蒙恩允調理。茅齋粗結構，竹澗夙回沿。卧落高春日，躬耕下潩田。山扉閑剥啄，牧豎競鞦韆。翟尉庭原寂，陶公地更偏。犬聲松嶺下，客屐草橋邊。每喜軒車過，都忘禮數愆。掃苔隨坐石，著茗自烹泉。尋瀑沿谿入，披榛挈杖先。玉龍騰峭壁，石蟹聚晴川。花下傾芳醑，林間布小筵。宜人風氣迴，選地樹陰全。市遠厨難敕，山幽景倍延。剖柑唯鳥語，登俎罕豚肩。禽向期山岳，裴王足往還。支離真偃息，雄俊必騰騫。

沿杜語，借用騫字。北闕勤求舊，東山報病痊。帝心勤轉運，除目借花磚。財賦東南盛，漕儲職掌專。鷁舟喧鼓吹，鶴氅羡神仙。湓口江分九，南州里近千。穉亭凌崒嵂，滕閣俯澄鮮。帝子簾堪捲，高人榻可懸。『高人』字出杜。吹笙憶鶴嶺，望氣想龍淵。懷古能無賦，登樓定幾篇。文人原落落，吏治雅便便。國課良云急，民生亦漸朘。敬宣天子惠，深倚使君賢。負載千車集，脂膏一切蠲。争傳齊漢相，誰分數韋堅。寒浦牙旗肅，春河錦纜牽。雲帆傾楚越，露積潤幽燕。鵲錦褒嘉至，鸞章賜予駢。宣麻來日下，曳履踐星躔。兆叶松生腹，家傳筆似椽。圖南今始矣，卧北愧終焉。公望起安石，詞壇遠仲宣。相期終下馬，誰忍賦鳴蟬。反古昔我同門友語。柳折寒吹笛，梅香春扣舷。幾年同蠖伏，累夕語蟬連。直至分携苦，方知歲月遷。倩兒詩草草，願五行迫，曾命兒堂代贈。念子意拳拳。呵凍深宵月，行吟累幅箋。報章如不惜，江鯉正聯綿。

七弟發引

挽歌誰聽得，况入雁行情。黯淡帷燈出，飄摇紙旐輕。山丘從此去，書劍竟無成。夙號方山子，七弟號此竟成讖。依依傍祖塋。七弟攢於方山，在先中憲公墓左。

其　二

衰親聞欲至，時因七弟病歿，迎養于四弟宅。盡室泪痕乾。哭到無聲處，悲從此刻闌。承歡吾輩苦，將母季江單。幸有遺雛健，他年望羽翰。

姚端恪公詩集卷之十二 自壬寅至己酉

寄李范林觀察兼懷蘇環中掌垣

九江迢遞下雙魚，日日巡檐把贈書。駐節地移雙柳近，持自豫章移鳳泗。褰帷人别十年餘。鳳山雲石春林霽，金粟松風晚照虚。多暇咏懷應滿帙，官衙詩興未全疏。尚思梧院次鳴珂，烏鵲南飛兩向波。半菽欲從仁祖乞，一丘敢説幼輿過。庭中春色攀奇樹，谷口離憂帶女蘿。寄問蘇門清嘯客，荒臺松菊近如何。

寄王貽上 時司李揚州。

博士風流馬繫階，謂令兄西樵。揚州東閣酒如淮。後來不盡烏衣秀，曩昔徒知法護佳。西樵爲予所得士。墨妙春風揮判牘，咏懷凉月步官齋。山人十載真焚硯，此日行吟破草鞋。

入山

不覺尋山晏，清明再宿天。柳桃流水徑，菜麥遠風田。城郭真何事，登臨是隔年。雙藤喬木下，村豎也鞦韆。

其二

藉石花交覆，盈除月復光。寒從深夜覺，體愛老人强。妻父大人皆露坐。改席重圍火，挑燈不算觴。敕厨添一味，新摘蕨拳香。

其三

晏起朝饔罷，扶筇舍左岡。臨流春蕨粉，撥草算松秧。不覺尋源久，方知入谷長。石臺回首眺，高下布青黄。

送堂兒北上就婚門公王紫蘭郎署

行年二十未分携，此日征衫試馬蹄。貧橐琴書誠簡略，春亭風雨易凄迷。香含粉署葭堪倚，畫罷眉山案恰齊。小立碧紗無浪語，鹿車早傍鹿門栖。

京華一别兩茫茫，因爾回眸已十霜。或有故人詢野老，總無尺素附行裝。蓬頭只合依王霸，竹筍相依仰戴良。滅刺垂簾無不可，微吟徐步月蒼蒼。

得朱大華蔭書

朱家走使來山縣，把書過目如相見。牘尾殷勤著數行，索我新詩書便面。山人一病卧蒿萊，筆床書架凝塵埃。雙趺坐聽松風響，五合傾看竹月開。因君好我巡檐走，行吟折盡庭中柳。兩姓連枝十載情，填膺那忍終鉗口？往事悲歌難具陳，半生聚散何不有。青雲總付少年場，白頭相望同袍友。同袍夢想見容輝，兩家三載日崔巍。令弟高旌開幕府，謂雲門中丞。鄙宗諸季亦雄飛。借使趙温雄飛字。别後椿萱餘一老，一老，字出毛詩。何年松菊款雙扉。

華蔭期訪余山中。息機我幸餘生在，投筆君終心事違。相思歷亂迷烟草，據案疾書寫懷抱。祇可風前持自親，莫教携向京華道。予詩：『不入長安十載矣。』

送别六弟聲侯自豫章游粤東

楚江一鋏已彌年，去臘自鄂渚回。此去征帆更渺然。弱弟可堪頻遠道，炎方况值夏雲天。深慚宦罷分甘薄，强説途窮仗友賢。拜疏故人無浪語，病夫躬謁戟門前。天隅一雁黯飛鳴，况爲孤甥代遠征。謂方甥曾祜也。少嬰家禍，産宅蕩然。貧病坐看孀妹老，悲歌相對渭陽情。山林十載無他恨，存殁雙親念此行。計爾歸期難得近，倒尊互勞雪窗明。

經三弟作畫四幅寄家南陵令君命予題識

□□□雲林上下，虚亭半露□□□。□□□□□□□，□□□層峰澶漫，古木槎枒。其室則邇，其人則遐。□□□□□□□，叠峰臨水，松梧競翠。□□□□□□□，□□參天窈窕青，浸水交加碧。扁舟何處翁，看山傾一石。□□□雲木一色，漁翁維舟山側。□□□□□□□，水皓皓兮連雲，林沉沉兮欲雨。借問苕霅浮家，何似南陵漁浦。□□□□□□□，□□□□□□，□□□□，林壑皓然，一人踏雪橋上，一人倚檻觀。□□危橋扶杖不知寒，水閣迎風捲幔看。俗殺閉門袁處士，林山空負雪漫漫。

挽朱二

挽歌曾一慟，閤筆過三春。離別如前日，蒼茫失此人。精神龍馬健，門户節旄新。令弟雲門初晉越撫。莫辨皇天意，行吟泪點頻。

其二

憶爾京華舊，扃扉氣不平。憐予深念苦，鞲馬應聲行。意氣青萍在，文章白髮生。傳芭知不瞑，書劍兩無成。

其　三

雄俊君家有，深湛爾較過。對人豪氣盡，論世苦心多。玉折悲黄土，林栖泣碧蘿。草堂一杯酒，遥酹向山河。

又聞王生湯谷病卒

哭挽朱二悲未已，長安僕夫來雙鯉。喜展兒書又失聲，時兒堂在都。王大鴻臚卒京邸。屈指心知能幾人，那堪携手歸蒿里。十年青眼望重逢，一别黄泉長已矣。王生意氣拂雲高，忠敬先生等鬣毛。填海移山應聲諾，蕩産灰軀信所遭。却憶浙友孫健六，丁酉來到龍眠曲。未知爾我忝通家，口口新按王湯谷。墨吏聞風乞五湖，豪强到處囊三木。發奸擿伏不移晷，薄海窮山如在目。因説初聞御史來，杭州偵卒日十回。官長紛紛望驄馬，旌旗日日迓高臺。豈知御史已越錢塘江，微行先到温與台。朝過台城門，門前悍卒毒手聲如雷。暮投山寺宿，寺僧夜半提刀揕其懷。御史擘窗挾印通宵走，台州城門旦初開。公然直坐太守堂，吏人歡嘩侷階而乞哀。奸僧悍卒立伏法，仰首□□□□□。自此兩浙山陝與水涯，日日巡方御史來。

奉祝皖撫張玉如大中丞

三載崔巍領上游，旌旄近接古南州。時令兄温如先生督撫江西。板輿壽母仍黄髮，公望僧彌更黑頭。組練江恬風拂纜，賓僚尊滿月明樓。山人恨不施雙屐，末席深杯佐唱酬。

久擬芒鞋拜大旌，况逢良宴祝長庚。敢言叔夜由來懶，倘恕劉楨體未平。三秀煒煌開郡幕，五雲只尺隔江城。扶疴倚樹裁新律，許當躋堂舉一觥。

喜　雨

肺病侵晨半轉床，檐溝驚聽雨聲長。堰塘比屋休争水，蓑笠連阡趁插秧。久罷漸於農事切，連乾真慮寢丘荒。去秋旱甚。樅江通夜新鰣至，喜坐凉階熱酒嘗。

涉亭

亦園爲大人少年讀書地，兵燹後，頹廢久矣。四弟今始構亭其中。

亦園廢址草青青，二十年來構此亭。亭前蒼翠紛回互，盡是鴑侯手種樹。樹過亭檐柳拂堂，繁花繞徑笋穿墻。對面青山詩律細，承顔白髮酒杯長。

入魯硔視周莊飲吴惟子山居

丘園長守拙，稼穡漸知艱。望歲先詢水，求田喜近山。□□□□□，牛屋樹陰間。敢説尋幽至，因兹漸往還。

其　二

廿載曾過地，今朝冒暑來。每逢山徑合，又見水田開。深柳村醪店，高林石澗隈。也知延佇久，十步九裴徊。

其三

雨中喜客到，籬外促衣寬。袒跣凉初定，杯盤坐已安。手開山釀洌，目送夕陽殘。地主情何極，霜楓許重看。

入山

不自城中至，誰知酷暑天。檐前風氣迴，林外日華懸。御袷溪堪步，攤書扇可捐。愛聽昨夜午〔一〕，卧具欲裝綿。堅兒先在山云然。

校記：〔一〕『夜』，康熙二十二年姚士堅等刻本作『在』。

午前小卧

陶公北窗卧，自謂羲皇人。山軒無一事，聊復效其顰。湘簟滑净榻草匀，冰紗敞幔隔蚊蠅。青山欹枕群到眼，栗竹桐風往來新。蒲葵小扇却不御，當午氣候如初春。却怪城中苦鬱蒸，中宵轉側到侵晨。男兒兀兀在城府，七尺峨峨一婦人。

槭岩口占

一溪雙石迴當關，樵客經年不往還。鳥語林聲風細細，未知何處更三山。
老槭懸岩一澗通，水珠飛雪濺炎空。面面碧林天際合，不知身在四山中。
愛瀑尋源石步頽，從教履襪浸蒼苔。□□翻却滄浪曲，竟向清流濯足回。

址兒六歲病殤

不止抱懷物，寧無繾綣心。理應乘化去，恩莫待年深。未命阮孚字，遥集婢出也。虚分陸賈金。己亥撥兒輩租址與焉。人間多少事，何用苦沾襟。

奉懷郎一柱總制時巡江至吾皖郡

鈴閣嵯峨俯舊京，指揮江海并澄清。人從豐沛三朝舊，身作東南半壁城。救世可憐心獨苦，褰帷遑恤體初平。金山黄浦纔巡罷，已説潯陽迓大旌。

江城閲罷度山城，處處焚香夾馬迎。獨有丹崖淹伏枕，遥瞻紫氣拜行旌。風前脱粟郵亭飯，雪後輕騶上相營。他日藏山成野史，元勛佛子是公名。

書趙興所郡伯册子

神爵治近古，首重二千石。藉藉趙京兆，高名光史策。我公豈其裔，爽氣秋旻碧。揮牘有餘清，入案無停檄。選士拔其尤，恤民置諸席。吏呼不到村，婦織常通夕。病子卧龍眠，百里限良覿。間枉尺書來，苦訊民休戚。捧書雙泪墮，仁哉我邦伯。念彼小民咨，引爲君子責。黄堂白屋心，霄壤迴不隔〔一〕。龔黄不可作，此意復誰覓。天子褒高第，應錫黄金百。不次拜九卿，功名無損益。我樂不可支，瀝酒向青壁。

校記：〔一〕『迴』，康熙二十二年姚士塈等刻本作『逥』。

望大人頌嘉草堂

入山迂道入，怕向草堂過。别轉龍眠口，予竹里在東龍眠，此日從西龍眠口入。難遮瑞隱窩。大人自題。一丘仍薈蔚，十歲竟蹉跎。予林居十年，買山相近，冀長侍色笑，而回首因循，養志闕然。今已矣，痛哉！白帽何時著，青溪黯自波。

薄暮偶步伯氏北園率賦

康樂天南萬里回，便開别墅近城隈。西莊舊是吾家物，是叔祖給事公故址。北郭尤宜小弟來。予居只尺。扶杖板橋新雨過，披襟篁徑晚風催。羊何滿座尊闌後，爲我提壺更舉杯。時伯兄小集園中。

方塘東轉草新除，小構宜亭積雨餘。白上短垣溪漲後，青來群嶺樹删初。看僧出郭迎樵唱，留客臨橋選釣魚。微恨月生陰較密，平臺别築面澄虚。

群從清音滿碧岑，細論不厭酒頻斟。時東朗諸侄，各出近詩請正。人倫鑒讓王澄定，兄衍曰：『已經平子。』喜霽詩看謝混吟。薄靄晚風歸咏地，竹林荆樹老年心。間時襆被携來共，可怕城樓戍鼓深。

入山

積雨喜微霽，箯輿便出城。綠深山徑合，白漲野橋平。近竹烟初上，穿林犬故迎。半年成契闊，深負買山情。

其二

小隱難深坐，大人昔過此偃息處，過則塈兒供饌。推窗百感催。兒曹仍治具，無處侍登臺。不覺爲人父，何堪此一杯。長文曾過嶺，頻御太丘來。

其三

入山恨得雨，水閣喜相尋。石束蛟龍怒，潭轟霹靂深。竹逃三伏暑，栗下半山陰。選勝慚前輩，蹉跎直至今。是方中丞公水閣故址，今始營建。

其　四

仲容已預此，時兄子勃紹同兒堅、堂侍飲山房。作達任兒曹。酒約携尊罄，談從永夜高。老知門内樂，静覺我生勞。已矣聊三徑，優哉慰二毛。

其　五

山扉風半掩，愛弟雨中開。北郭臨溪返，東橋枉道來。小驢衝浩渺，輕蓋拂雲雷。群從歡呼擁，茶鐺手自催。六弟以次日冒雨至。

其　六

阿堅傳札至，伯叔願全違。聯轡尋幽出，時堅兒請二兄、五弟同入山，雨阻雁軒。翻盆驟雨飛。剪蔬留小坐，送酒向山扉。兩地呼尊好，誰言興盡歸？

過大人草堂六弟先在彼檢校

兩年不到地，雨暮暫經行。竹樹於今密，雲山依舊清。推窗多古榻，捧杖剩殘生。兒輩知惆悵，三回促入城。

其　二

安得無人處，呼天一放聲。檐楹聊徙倚，子弟故隨行。指漏催茅蓋，遷床避蟻生。墻東愁雨打，移竹趁新晴。

水閣初成喜雨有賦

凌虛小閣眺幽遐，跨澗偏宜雨後嘉。游霧入林青隱見，奔泉湧石白交加。懶逃袁紹杯中暑，坐笑張融岸上槎。截竹凭闌親汲引，風爐活火試蘭花。六安張公古岳手製茗曰『蘭花片』。

宿冷水澗

茅店團烟火，蔬畦小坐安。穿林凉氣過，仰面暮雲寬。宿鳥驚栖樹，村兒哄浴盤。四圍山竟可，過客往來看。

馬令君招飲四宜亭 亭爲令君建。

仙令延高會，新亭湧巨觀。三江簾外盡，五月酒中寒。

其二

坐撫江山麗，偏深締造情。閣前凉氣迴，塔半暮雲平。

舟行雜咏

曹公厭紛紜，馬上得休息。入山何處深，俗物時相即。惟有旅舟間，晝夜寢與食。應對二三人，俯仰江山色。輕帆倚順流，天風任南北。我愛張志和，浮家志可則。

憶昔丙戌年，舟行無一友。晨興兩餐外，周流用六九。綿綿隱臍間，浮浮生腦後。道逢李叔則，飲我以杯酒。我飲昔數升，此夕三四斗。裂紙各丈餘，提筆吟在口。始信規中功，實有弄丸手。回首廿七年，蹉跎成老醜。負彼慧導師，遥拜紫峰首。慧公居攝山之紫峰閣。

長年覘風雹，荻港午泊船。炎蒸真火宅，急步大江邊。傍顧一峰秀，林木何蒼然。云是徐氏墳，僧寮亦數椽。奮身青翠中，日華回其顛。妙石左右蟠，一徑入蘿烟。沿籬到上方，别有蔚藍天。老僧恕不揖，手茗置客前。

啜茗二三杯，移椅坐前軒。夕陽沉松腰，澄江動竹根。老僧詢我里，知是有虞孫。倏然談往事，日月如崩奔。初言吾九弟，繁令同呼尊。江山携手看，書畫縱口論。禮法脱落盡，大哉安昌恩。遺詩尚在壁，手迹風塵昏。失聲不能讀，黯然消我魂。又詢方刺史，河上建旌幡。當時髮覆額，趨庭此轅門。吁嗟三十年，月上舊江村。九弟燮爲繁令，張公所得士。今張公逝矣。方刺史謂蛟峰，其尊君曾建牙於此。

載酒置何所，平埸臨曲路。江風上晚山，竹月升高樹。流螢穿我衣，鮮鮹恣下箸。山茶置一甌，老僧時自注。茶酒恣談謔，歡然爲道故。曾參老宿門，深恨諸方誤。獅蟲太可憐，羶蟻更相赴。老人無一能，淡淡寡思慮。有屋不願添，有施屋者，辭之。有疏不願募。搬柴曉破雲，鋤圃宵侵露。只此念佛人，蕭然無來去。我愛此山佳，此僧亦堪住。酒罷下山來，帆燈明遠戍。

六月六日後，炎氣何輝赫。岸高風不下，河狹日偏赤。侵晨理茗漿，通宵轉枕席。行行丹陽城，皇天惠熱客。凉颸動地起，驟雨彌天擲。雲低兩岸連，電過女墻白。凛然秋竟深，稠疊絺與綌。吁嗟天帝尊，四時俄頃易。誇者迷其常，達人信所適。

中秋日謝韓心康中丞存問 時卧病周觀察園中。

自香池上雨淫淫，雨外風催搗練音。客病轉愁佳節近，幣書獨見故人心。十年別緒尊纔共，一月沉痾念更深。不是中丞頻問訊，吴門秋色好蕭森。

寄韓大中丞

寒浦歸帆計日程，朝朝回首故人情。携來幕府清貧俸，分得樓船鼓吹聲。歸里荷以舟相送。雪卧山軒三徑晚，星高吴會五雲平。相懷無一堪持贈，折却庭梅遣使行。

喜晤朱雲門督府

越水香烟百里昏，傾城遮道盡攀轅。以浙撫晋今官。人傳召伯來南土，帝簡萊公鎮北門。時兼督三省，駐節大名。攬轡群僚多自効，校旗千騎不聞喧。却思督府初開日，小草曾蒙特旨温。予昔條議設三省總督，奉有『依議行之』旨。

相逢面目認難真，回首河梁十四春。日下羨君誠磊落，山中愧我復風塵。停卮錯訝更籌急，絮語翻憐幕府貧。雲門莅任以來，饋遺概禁，幕中蕭然也。同輩故人皆節鉞，那能青鬢不如銀。

題大名相國成文穆公素園手卷

至人運天樞，無智名勇功。端坐政事堂，如在丘壑中。爲鳳覽輝下，倏若雲間鴻。披圖起再拜，三嘆文穆公。勇退卧素園，蕭蕭處士風。高深因自然，結構與時同。騎箕二十年，今相繼高踪。兩開緑野堂，恥效平泉工。惟有手植桐，雙翠摩蒼穹。以此贊萬幾，垂衣何春容。清净而寧壹，豈不本諸躬。我生則已晚，三嘆文穆公。

題成青壇相國浮丘山房圖

漢代有二疏，解綬出西都。都人齊太息，賢哉二大夫。大名之成兩相國，先後東山恣偃息。門第闃爾謝車騎，館榭天然去雕飾。文穆素園常下關，少傅别業浮丘山。花宫仙梵六時近，果圃蔬籬一徑閑。五石蹲騰修竹裹，雙松夭矯白雲間。大伾烟靄軒前入，衛水晴帆郭外還。冥鴻雅意翔寥廓，乞身在籍延醫藥。蒼生猶望作霖功，主人遽返歸雲閣。圖中閣名。予卧龍眠十載餘，拾遺重拂舊簪裾。王維復遣松筠鎖，杜甫難容水竹居。驅車過魏郡，相國情何盛。一刺纔通到錦堂，雙樽屢召開花徑。手携兩卷命予書，一素園圖、一浮丘山房圖。行吟拂紙更躊躇。午橋佇起裴中立，丘壑誰過謝幼輿。因之南望雲山杳，却憶山人舊草廬。

雨阻欒城旅舍題壁

敢嫌風雨滯朱輪，深喜良苗翠色新。雲裏帝城春樹近，自慚不是作霖人。

再入都門喜晤友人某留飲觀家樂因宿其園中

少年觴咏憶追陪，一首詩成酒一杯。杜甫如今渾謾興，不妨老去又春來。

華屋金尊簇綺筵，清歌妙舞艷神仙。名花對酒增惆悵，不早相逢二十年。

翠華樓閣倚天看，白紵紅燈舞夜闌。縱飲莫愁丞相倦，君王欽賜大還丹。時演邯鄲夢。

列屋花顏照眼明，平章老健勉逢迎。黄粱豈待他時覺，白髮先從夢裏生。

酒罷歌闌握手行，空階凉月倍分明。深談不覺更籌轉，十載重逢老弟兄。

綉枕文茵卧曲軒，故人别去更相存。那知布被山中慣，手覆貂衾别樣温。

再飲友人内宅觀其家樂

下馬升堂便舉杯，青蛾白紵雅徘徊。桃花流水仙源路，何待漁郎苦賺來。時因予戒赴席，公遣急足賺致之。

九十流光惜轉蓬，疏紅深緑映簾櫳。子規聲裏春難住，留向香風綉幕中。

吴趨逐隊舞燕臺，幾斛明珠换得來。怪道姑蘇佳麗少，名花盡向洛陽栽。

急管繁弦竟日閑，清歌横笛兩相關。行雲肯逐春風散，留戀珠簾綉柱間。

百和香薰金縷衣，低徊舞袖錦成圍。珍珠百琲誰酬得，紫燕栖梁不忍飛。

凌雲司馬夙才名，珠玉隨風據案傾。一幅吴綾書不足，畫堂頻促剪刀聲。時年執淝水龔先生即席成數章。

張天石銀臺山居十餘載矣忽以其長公光禄君抱子喜而入都晤間率賦

忽聞珠樹鶴，重踏帝城雲。雒下覯司馬，懷中得長文。遠裝身更健，家語夜常分。小暇揮紈素，烟嵐迥絶群。

其二

十載勞山境，千峰引一筇。推窗海日浴，倚閣嶺霞重。石髓尋花得，雲車采藥逢。許吾稱弟子，解組誓相從。

秋日同給諫吴玉騆李書雲太史張禮存素存餞董侍御易農於報國寺　董時外轉隴西觀察。

古寺虬松緼曉烟，高吟回首悵離筵。十年星散來何暮，一代風流去可憐。驄馬秦關曾歷地，昔巡監秦中。霜鴻燕市送行天。法書莫吝頻頻寄，算入金貂質酒錢。董書法妙絶。

易農至又賦一章

平旦提壺候遠裝，傳杯秋色暮蒼蒼。一麾携去顔延筆，雙闕難容曼猜狂。驛路霜沙驅小駟，離亭風雨近重陽。伯鸞新句强人意，興在東柯杜老堂。用梁侍御『西域張騫路，東柯杜老堂』之句。

偶過報國寺花下花且紛紛矣啜茗賞之兩兒適至侍坐口占七絶〔一〕

海棠報國與韋祠，二十年前痛飲時。此日太真重起睡，何妨杜老便題詩。

花前渌酒漾金波，林外青絲散玉珂。應是自公多暇日，花開花落盡笙歌。花時設醴無虚日。

蒿目看春不當春，花時辜負酒千巡。如今問夜慚無補，欲作尋花中酒人。時小疏已奉温旨依議中格。

老眼看花不解愁，霜髯茗碗倍風流。珠璫斗帳珊瑚鏡，多少紅顏對白頭。

風飄萬點送芳菲，戲蝶游蜂心事違。安得留仙群百幅，不教飛燕御風飛。

澹日微風春可憐，憐花莫惱落花天。暫時金谷爲房老，來歲鷄皮又少年。

巡檐惆悵別花時，霜鬢那堪插一枝。此意常憂兒輩覺，詩成莫遣卯君知。時六弟亦讀書寺中。

校記：〔一〕此首詩底本不清楚，現據國家圖書館藏清康熙刻本姚端恪公詩集校補。

華蔭大兄別予十五年而再晤於京邸班鬢相對噫嘻老矣今秋令郎得掇巍科予兒亦附驥焉感懷今昔率賦一律以佐一觴

縞紵居亭舊，兒童繞膝行。別來驚長人，此日并聲名。門户持非易，風塵久漸更。息肩成二老，深慰倦還情〔一〕。

校記：〔一〕「情」，康熙二十二年姚士塈等刻本作「晴」。

国家出版基金项目
NATIONAL PUBLICATION FOUNDATION

全國高等院校古籍整理研究工作委員會規劃項目

姚文然全集

下册

（清）姚文然◎撰
江小角　楊懷志　張啓兵◎點校

北京师范大学出版集团
BEIJING NORMAL UNIVERSITY PUBLISHING GROUP
安徽大学出版社

姚端恪公外集

大人上感皇恩，下矜夙譽，以已衰之年，竸方剛之力，入署退食，勞苦無間，价至所述，竊爲憂悚，祈兄趨庭之暇，叩頭幾諫，念仲達『食少事煩』之格言，慕吕公『小事糊塗』之偉識，報國以人，濟世以身，蠲弃細煩，以弘大略。

堂寄塈書，孺子之言不可忽也，偶録之以爲韋弦之助，勞劇中展閲發笑，一切聊復擲去，勿令善知識笑我，若看牛皮也須穿耳！

虚直軒老人識

姚端恪公外集目録

姚端恪公外集卷之一

白雲語録一

姚端恪公外集卷之二

白雲語録二

姚端恪公外集卷之三

白雲語録三

姚端恪公外集卷之四

白雲語録四

姚端恪公外集卷之五

白雲語録五

姚端恪公外集卷之六

白雲語録六

姚端恪公外集卷之七

功過格拈案

姚端恪公外集卷之十二

姚端恪公外集卷之十三

姚端恪公外集卷之十四

姚端恪公外集卷之十五

姚端恪公外集卷之十六

姚端恪公外集卷之十七

姚端恪公外集卷之十八上

姚端恪公外集卷之十八下

姚端恪公外集卷之末

附録一 佚文

附録二　端恪公日記

閑邪録卷之九

閑邪録卷之十

附録四　傳記祭文資料

姚端恪公外集卷之一

貴陽門人蘇瑋　韋玉甫校

男姚士塈注若

士堂佩若

士堅庭若

士基履若

士塾庠若敬輯

白雲語録一（共六卷）

律意律心説

凡講論律令須明律意，兼體作律者之心。律意者，其定律時斟酌其應輕應重之宜也，如稱錘相似，有物一斤在此，置之十五兩九錢，則錘昂；置之十六兩一錢，則錘沉；置之恰當，則不昂不沉，錘適居其中央。故曰刑罰中。中者，中也，不輕不重之謂也。此律意也。何謂律心？書曰：『罪疑惟輕，與其殺不辜，寧失不經。』曾子曰：『如得其情，則哀矜而勿喜。』此律心也。譬如一稱錘也，存心寬恕者，則用錘平，且寧于其出也，微失之昂。於其入也，寧失之沉。若存心刻核者，則其用錘也，出必欲其沉，入必欲其昂。此非錘之不平也。用錘者之心不平也，故用律者亦然。

律者，如十二律然，因加減而生者也。黄鐘之管長九寸，九九八十一數也，三分宫損一生徵，徵數五十四。林鐘長六寸，六九五十四也，三分徵益一生商，商數七十二。太簇長八寸，八九七十二也，其餘皆三分損益而生。故律者，律也，加減而成者也。或加一等二等三等，或減一等二等三等，明於加減之故者，可以明律矣，可以作律矣。律中加減之最精而盡變者，莫過於鬥毆、誣告二條，欲明加減之故者，自熟講讀此二條始。

律之所以通者，加之而重，減之而輕，適得其平也。例之所以間有窒者，行於一事一時則可行，於事事行於永永，則不可行也。

立決重犯遇核擬

立決各犯之有三法司核擬也，監候各犯之有秋審朝審也。間雖有與律不合，而實所以輔律之不逮，并守律於不變也。微乎微乎，聖乎聖乎，蓋既按法又原情，照律有必不可行、必不忍行者，依律則傷恩，改律則變法，故於核擬秋審朝審之時，間一酌行減等，使法常存而恩不測。

君恩如雨露之自天，恩雖行而法未更，國法仍如山岳之不動。聖人之所以輔律，而即以守律者，意在斯乎？至于御勾，其聖而不可知之謂神乎？君恩雖大，有必不可施恩之處；國法雖重，有必不忍行法之人。

御勾酌留，迹同長繫，情若寄生，法存而恩不傷，恩行而例不變。神乎神乎，非至人，孰能定之乎？

古納殺主一案，部議凌遲立決，三法司核擬情有可疑，改擬監候。○後九卿科道會議，仍擬監候。○立決人犯之有三法司核擬也。猶監候人犯之有秋審也，立決人犯有罪皆合死而情稍輕者，自應於核擬時奏請，以候上裁。

議陳倉等後議

刑部等衙門爲公舉砍傷事，又一議得張才、陳虎、李愚公依謀殺人，因而得財者同强盜不分首從之律，應皆斬立决。但內查李愚公係陳倉雇工人，陳虎係陳倉跟帶各處行走之人。彼時陳倉造意謀害石朝鸞，張才持鞭杆將石朝鸞打暈跌倒，陳倉復用刀砍。伊等既係陳倉雇工人及跟帶之人，若隨陳倉使令一齊動手，定將石朝鸞登時殺訖，朝鸞豈有能復甦之理？今石朝鸞傷而不死，揆此，似伊等所供不曾動手，及張才所供李愚公、陳虎等不曾動手是實。雖謀殺人得財之律，所重在謀殺與得財，原不問殺人與否，俱同强盜治罪，但李愚公係陳倉雇工人，陳虎係倉跟帶之人，隨陳倉到淮安，雇淮安店内騾驢北上，石朝鸞不過一執鞭脚夫，彼時豈有謀害石朝鸞之情？及陳倉在中途起意謀害朝鸞，張才同謀加功，伊等係跟隨之人，豈能立異？又與平常殺人上盜各案同謀定計之後，合夥同行者不同，况陳倉尚在逃未獲，李愚公、陳虎應擬斬監候，秋後處决，餘俱照前議。

康熙十一年二月二十二日畫題，三月初五日奉旨後議，將陳虎、李愚公擬斬監候是否合律，本内未經説明，着再察明具奏。

又一議得張才、陳虎、李愚公依律應皆斬立决，前已奏明。但因李愚公、陳虎係陳倉雇工、跟帶之人，當陳倉、張才殺害石朝鸞時，伊等不曾隨陳倉一齊動手，今石朝鸞猶得傷而不死，又伊等跟隨陳倉雇淮店騾驢北上時，原無共謀害脚夫朝鸞之情，及陳倉到中途起意，同張才殺害朝鸞，伊等跟隨之人豈能立異？又與平常殺人上盗各案，先同謀後同行者不同，因此情由，又因三法司核擬時，有將律應立决重犯原情，改議監候之例，故將李愚公、陳虎議爲擬斬監候，餘俱照前議，原與立决之律不合，謹一并奏明。

王郎中明德擬官員犯贜議稿

爲請旨事，該臣部等衙門查現行事例，官員犯贜十兩以上流徙寧古塔，衙役犯贜一兩以上流徙尚陽堡。不分枉法不枉法，俱照定例流徙。若官犯贜未至十兩，或至八十兩，及八十兩以上，衙役犯贜未至一兩，或至一百二十兩，及一百二十兩以上，難以概擬流徙者，皆照律問擬杖絞在案，但查律文開載：有禄人犯枉法贜八十兩，方擬真絞監候，其犯不枉法贜，各主者通筭折半科罪，一百二十兩以上真絞，無禄人犯枉法贜一百二十兩絞監候，其犯不枉法贜一百二十兩之上，罪止杖一百，流三千里等語。今于犯贜人犯若照律分别枉法、不枉法擬罪，則犯贓多者反無流徙之罪，貪贓之人無所懲戒，且與新例不符。若仍照例不分枉法、不枉法，概問真絞，既用律又行例，不獨與律文不合，且人命致死甚多，似屬太過。該臣等議得除官員受有事人財，曲法處斷，及衙役受財，符同聽行，并受財故縱，係真正枉法，照例擬絞外，嗣後凡官犯贓至八十兩，衙役犯贓至一百二十兩，仍遵律文内犯贓各條下，分別枉法以枉法、及不枉法以不枉法計贓，滿數方行擬絞。其衙役犯不枉法贓計贓滿數，若罪不至死者，仍照定例流徙，庶貪惡知警，律例兩不相悖。合行請旨，候命下之日，通行各省督撫遵奉施行可也。

此司中郎中王明德擬稿未用，今刑部題明，停例照律。

律有宜仍舊宜更改

律有宜仍舊者，蓋律與例并存，例行而律停可也。以例爲律，而改去律，不可也。如竊盗至一百二十兩，舊律杖一百，流三千里，今改爲真絞，删去杖一百，流三千里。假如有兩人共竊盗一主之贓一百二十兩，爲首者自依律擬絞矣，爲從者應減一等。〔一〕今若擬以杖一百，流三千里，則竊盗律内無此一條，若擬以杖一百，流二千五百里，是減二等也。又有宜更新者，如官銜、地名，若軍餘、舍人、指揮及行都司之類，自宜詳酌更正，以昭一代之典章者也。

改官銜未可輕議，以古今銜不能相符，難以更正。

原注：〔一〕今改一百二十兩，杖一百，流三千里。一百二十兩以上者真絞。

以監守盜論不入己者

會看得九江府革職同知陶士章侵欺銅銀一案，據江南江西總督麻勒吉疏，將陶士章分別斬徒援赦，具題前來，查陶士章侵欺康熙八年分銅斤銀一萬兩，除斷追九江府知府陳謙署關缺額銀三千五百兩，差役陳堯等措索水脚銀一千一百二十兩墊解，已故部司劉芳聲任内滇餉輕平銀四百二十四兩，共五千四十四兩，於各犯名下照追補項外，陶士章實計侵欺銀四千九百五十六兩入己。合依凡盜錢糧不分腹裹、沿邊、沿海，至三百兩者斬例，擬斬監候，秋後處決。差役陳堯、羅經魁、桂啓泰、王希治、彭煥、鄒必陞，各措詐水脚銀九十三兩三錢零，俱合依衙役犯贓一兩以上例，杖一百，折責四十板，并妻解部流徙尚陽堡。革職知府陳謙署關徵稅缺額，捏報足額銀三千五百兩，合依虛出通關，計所虛出之數，以監守自盜論，應照凡盜錢糧不分腹裹、沿邊、沿海，至三百兩者斬例，擬斬監候，秋後處決。查各犯事在康熙九年五月初六日赦前均應免罪，陶士章、陳謙已經奉旨革職，陳堯、羅經魁、桂啓泰、王希治、彭焕、鄒必陞仍革役，陶士章等贜銀并輕平銀兩各照追，未到差役聶啓、夏克振、余有意、戴百訓、羅文瑞、賀之喜，各揹詐水脚銀九十三兩三錢零，均應照提另結，贜于家屬名下照追。江西審彭士聖案内，以監守盜論者，皆依律擬，雜犯不引例擬真斬，乃于陳謙引例，豈不舛哉？

又議得新例監守盜錢糧三百兩者斬，係專計入己之贜數滿者，方引例擬斬，其餘仍照監守自盜正律擬罪，部覆甚明。陳謙因關税缺額，捏報足額，并無入己之贜，若擬真斬，於題定之例不符。又律載稱：與同罪條下，凡以盜論之類皆與真犯同刺字絞斬，皆依本律科斷，注云：所得同者，律耳。律外引例，不得而同。蓋以律定在先，例增在後，定律之初，監守自盜，罪止雜犯斬罪，准徒五年，稱以監守盜論亦罪止此。故凡律内稱以盜論者，止可同律所定之罪科斷，不得同例所增之罪科斷，陳謙合改依虚出通關〔一〕，以監守自盜論四十兩斬，本律應擬斬，係雜犯死罪，准徒五年，事在赦前應免罪，本犯既援赦免，承問官亦應免其查議。律内載：侵盜條例，凡侵盜充軍人犯，各計入己之贜數滿，方照前擬。是例内充軍已專計入己之贜，况死罪乎？又查刑部覆永戍無并贜之例一疏内稱：嗣後凡侵盜錢糧入己數滿三百兩者，照例擬斬，不及三百兩者，應照監守自盜正律停例内充軍，照律雜犯准徒五年，并贜擬罪可也。

康熙十年七月二十八日奉旨依議，然則舊例新例，凡侵盜斬罪皆專計入己之贓滿數方坐，若入己贓不至滿數者，俱照律雜犯准徒，不照例擬斬，况無入己之贓者，而可照例擬斬哉？不惟不明於律意，而且與題定之新例不符矣。去年雲南將同知吴開封向守備借銀七百兩，守備以庫銀借之，引私借官物，以監守自盜論律是矣。乃不照律擬雜犯准徒，而照入己贓數滿之例擬斬，豈不謬哉？幸法司因守備借銀與開封，開封不知徑從開豁，不然亦冤矣哉！

校記：〔一〕『通』，康熙二十二年姚士塈等刻本作『邊』。

擬駁李大金稿

康熙十一年三月初五日到招册，山西按察司送册爲事，招首李大金與先獲鄭思要、王寄龍等，續獲高虎等，又行劫臨汾縣失主邢雲路案内擬斬賊犯申復然，與未獲夥賊介休縣人失主同縣。龔三理、隰州人楊海珍、永和人王祥、靈石人白天禄李大金親家。同打劫介休縣韓同村生員孟景明家，查定盜案以贓爲據，孟景明所遞失單衣服、綢緞、金銀首飾、銅錫器皿共百餘件，今止起桃紅絲綢一件，其餘俱未起獲。據稱係李大金、白天禄、王祥三人騾驢駝去，約至初三日張蘭鎮人齊均分，後聞捕賊，遂各跑散，未分等語。查各盜於二十八日四更劫財出門，於天亮即至張蘭鎮，則張蘭去韓同村計不過二三十里，豈有行劫之後不四散滅迹，反於失主就近地方相約會齊分贓之理？且既約張蘭鎮分贓，或係張蘭鎮有藏贓之地，或仍行捆載而行，未經招明。又各贓未起，止起桃紅絲綢一件，以定五盜之死罪，所關甚重。但桃紅絲綢家家有之，不比衣服、首飾、器皿有款式不同，可以認識，失主何以分别認爲當日所失之物？招内未見説明，且據申復然供稱：十年二月初三日到張蘭鎮候分贓，聽得人説捕官領人拿賊就走了，爲何又將桃紅絲綢當在張蘭鎮鋪内？其當票上係何年何月何日，未見供明。後衆議以各盜自認情真，又經該撫親審口供無異，不便駁查，遂照覆。

徒罪以上原籍發落

名例五刑條下，一在外軍衛有司，但有差遣及供送人來京犯罪審無力者，笞杖的決徒罪以上遞回原籍，官司各照彼中事例發落。箋釋謂徒流地方，各照本犯原籍地方遠近，以酌量擺站哨嘹之處，緣係差遣供送來京難，照在京事例發落也。

康熙十年冬，福撫有一咨到部，有河南人官于福建，因參革，問徒者，或應在福建擺站，或應在河南擺站，請部示，部中以陝西見行事例，令在福建充徒。觀此，似宜發回河南。康熙十一年六月，熱審有一流徒減徒，亦商酌許久，仍發所宦地方充徒。俟再考。

宦于福建犯罪應徒，自當遞解河南原籍充徒，若罪至流徒，福建長解到京，遇熱審減等，若自京解回福建，自福建又解到河南充徒，未免路途重複。以愚見論之，宜以空文付原解回福建，巡撫將減等，徒犯自京遞解發河南充徒。此偶就上文閩、豫而言之。

强盗破財説

圖財而捨命爲盗者，之所明知而不悔也。其意若曰：不捨命，不足以圖財也。故命者，盗之所輕也。雖然，捨命以圖財，則財者必爲盗之所重矣。抑知有强盗圖財而反破財者乎？如其知之，則凡爲盗者，未有不愕然驚，爽然悟，如大夢忽覺者也。或不信之，曰：世有捨命之盗，豈有破財之盗哉？請觀于廣德州楓塘鋪鄭雲等五盗截劫朱君甫之事。康熙十一年二月安撫靳題。鄭雲者，江浦小小販茶客也，以年荒而謀爲盗，同謀者有盗五人焉，特往江寧買腰刀二口，弓二張，把箭五枝，以爲行盗之具。初一試之，遇朱客人於路而截劫，其行囊燦然可悦之物，六百九十餘兩也。五盗四顧滿志，分而携之。是盗也，可謂得時行盗者矣。乃于康熙十年九月初一日巳時得財，於初二日未時被獲，各銀俱原封不動，止用動四分五厘買肉麵一餐救饑而已，哀哉！每盗一命止换銀九厘而已。哀哉！且所劫者，實止得朱客人銀四分五厘，而買製腰刀、弓箭約費反須四五兩，比而較之，是鄭雲等因一念之妄求，無故而破百倍之財也。捨命太輕而又破財甚大，豈不重可哀哉！侯景之反也，身首異處，景所不惜也，并其南豫州牧、河南王而失之。安禄山之反也，腸流數斗，禄山所不惜也，并其范陽、平盧、河東三鎮節度使、東平郡王而失之。楊玄感之反也，傳首磔尸，玄感所不惜也，并其上柱國、家累鉅萬金而失之，是亦不可以已乎！凡此之類皆破財之强盗也。

夫爲簞食豆羹不得，則死而爲之者，是捨命之强盗也，不得已也。爲宫室之美，妻妾之奉，所識窮乏者，得我而爲之者，是破財之强盗也，可以得已而不已者也。故捨命之盗可恕，而破財之盗難容。若夫充類至義之盡，凡非其有而取之者皆盗也。然而人多避盗之名，徇盗之實，必欲取之者，何故也？其意若曰：銀錢到手方爲己物，哀哉！此八字誤盡天下人矣。朱君甫之銀，何嘗不到鄭雲等之手，九月初一日巳時以後，初二日未時以前，鄭雲等亦居然視爲己物也，而豈知其日影一移，物非己物耶，哀哉！世之横取人財以爲己物者，不得到手則憂，到手則喜。然而疾病纏繞，巫醫不斷，是巫醫之物也，非己物也。水火不測，是河伯、祝融之物也，非己物也。犯國法則有籍没之條，干詞訟則有打點之費，是國主官吏之物也，非己物也。無賴、臧獲竊之而逃，不肖子孫蕩之而盡，親友甘言借之而不還，豪强怒色取之而不謝，是無賴、臧獲、不肖子孫、親友、豪强公共之物也，非己物也。是則到手錢財仍非己物，而必强取妄求，欲其一到手而後快，豈不可悲而可憐哉？

盜伐官柳誤刺字

康熙十一年四月初五日，有一犯人盜伐官柳一株，人家查被拿到部，部斷照贜一兩以下杖十，刺『盜官物』三字，是日署回獨後，偶與陝西司正郎王諱明德論律及盜園陵樹木一條，其罪重至于皆杖一百，徒三年，計贜重于本罪者，各加盜監守常人。罪一等。然而律不言刺字，蓋免之也。按律：盜田野穀麥、菜果及無人看守器物者，謂原不設守及本不待守之物，若因偶無人而盜之，即是竊盜。并計贜，准竊盜論免刺。發冢條內，其盜取墳塋上器物、磚石者，則引無人看守律科斷，有人看守者，仍計贜，准凡盜論免刺，大意與此同。歸查箋釋，盜園林樹木條例下注内云：除擅入山陵間〔一〕毁伐樹木係宫者加計贜，准竊盜論一語，遂再四遍查至户律〔二〕，田宅弃毁器物稼穡等條下，凡故意弃毁人器物及毁伐樹木稼穡者，所弃毁之物即爲贜，准竊盜論，照竊盜定罪。免刺，罪止杖一百，流三千里。官物加准竊盜贜上二等。讀至此，喟然長嘆，初以謂竊盜之條不過就本律查看，誤以爲官樹即官物耳，豈能知毀伐樹木係官物加准竊盜贜上二等，乃在户律田宅之條哉！准者不在刺字之限，而一時誤刺之。三次竊盜者絞，以曾經刺字爲坐，刺一字是去人性命三分之一也。可忍言哉！愚嘗謂新任官初到署半年之内，不應用意剖斷一事，蓋恐誤也。而今自蹈之，罪戾可勝言哉！是晚於大士前跽香一炷，痛自省愧。次日入署再同滿漢諸君子細考詳議，僉以爲仍照律爲是。又遲至本月十三日，又遇有數人，人各盜伐柳栽一根，公議照准竊盜贜一兩以下杖六十，加二等，杖八十而免刺。初五日閲律時，兒基曰：『毀伐樹木，或止伐而非盜。』予應之曰：『世豈有伐他人樹木而不謂之盜者哉？』但以其爲無人看守之物，故准竊盜論，不以真盜目之，若以謂伐與盜爲二項，則誤矣。

又公取竊取皆爲盜條下，其木石重器非人力所勝，雖移本處未駝載間，猶未成盜，不得以盜論。未成盜而有顯迹證見者，依已行而未得財科斷，竊盜未得財應免刺。則凡重器未駝載間亦當免刺。

康熙十一年四月十八日，現審説堂有工部送來張家口伐木八株一案，約值價七八兩，照毀伐樹木准竊盜十兩律遺『一兩至』三字。杖七十律，杖七十，免刺。

田宅律内盜耕種官民田條下，凡盜耕種他人田園地土者，不告田主。一畝以下，笞三十，每五畝加一等罪。止杖八十，荒田减一等。强者不由田主各指熟田荒田言加一等，係官者各通盜耕强耕荒熟言又加二等，仍追所得花利，官田歸官，民田給主。

田宅律内擅食田園瓜果條下，凡於他人田園擅食瓜果之類，坐贜論，計所食之物價一兩以下，笞一十，二兩笞二十，計兩加等，罪止杖六十，徒一年。弃毁者罪亦如之。其擅將挾去及食之者，係官田園瓜果，如林衡署果、嘉蔬、署瓜之類。若官造酒食者加二等。照擅食他人罪加二等。主守之人給與，及知而不舉者與同罪。若主守私自將去者，并以監守自盜論。至四十兩，問雜犯准徒五年。

賊盜律内盜園陵樹木條下，凡盜園陵内樹木者，皆不分首從，而分監守、常人。杖一百，徒三年。若盜他人墳塋内樹木者，首杖八十，從减一等。若計入己贜重於徒杖本罪者，各加盜罪一等。各加監守、常人盜罪一等，若未馱載，仍以毁論。

箋釋内園陵解見禮律：盜園陵樹木者，較諸官物爲重，故不計贜，不分首從，皆杖一百，徒三年。盜他人墳塋内樹木者，較諸竊盜爲重，故爲首者即杖八十，爲從者减一等。若計其入己之贜，重于徒三年、杖八十者，皆不計其本條徒杖之罪，直于監守、常人盜罪上加一等，如巡山官軍盜園陵樹木值二十貫，依監守盜論，該杖一百，流二千里，是計贜重于杖一百，徒三年矣；則加監守盜罪一等，杖一百，流二千五百里。

如盜園陵樹木值五十貫，依常人盜官物，律杖一百，流二千五百里，是計贜重于杖一百，徒三年矣。則加常人盜官物罪一等，杖一百，流三千里。如盜他人墳塋樹木值五十貫，依竊盜律該杖六十，徒一年，是計贜重于杖八十矣。則加竊盜罪一等，杖七十，徒一年半，監守必至四十貫乃斬，常人必至八十貫乃絞。竊盜加至一百二十貫，亦罪止杖一百，流三千里。此不言刺字，蓋免之矣。或以監守、常人盜罪滿貫，各止于杖一百，流三千里，不得加入于死，則盜之輕者，不計贜而罪重；其盜之重者，乃計贜而反輕矣。豈理也哉？不然，則如風憲官吏受財，各加其餘官吏罪二等，使其犯枉法贜至于八十貫，雖不加，亦不坐絞耶。記云：『爲宮室不斬于丘木。』蓋言重也。然則，盜何爲而不刺？按盜田野穀麥、菜果及無人看守器物者，并計贜，准竊盜論，免刺。發冢而盜取器物、磚石者，計贜准凡盜論，亦免刺。今盜樹木于園陵，終與盜物于大祀者有間，其盜他人墳塋之樹木，亦與竊取諸人家者不同。故皆得不刺者，此也。若以爲盜未有不刺，則前之免刺二律，非此義歟？

盜園陵樹木條下，一凡山前山後各有禁限，若有盜斫樹株者，驗實真正椿楂，比照盜大祀神御物斬罪，奏請定奪，爲從者發邊衛充軍。取土取石，開窑燒造，放火燒山者，俱照前擬斷。

箋釋內樹株係關陵寢蔭護，盜砍與取土開窑、放火燒山等項，俱於陵寢有傷，故重其罪。真正椿楂謂驗係新伐者，除盜園陵樹木并毁伐樹木，除者除其輕罪，不坐。係官者及擅入山陵，照此例比斷；爲從者除擅入山陵間毁伐樹木，係官者，加計贜，准竊盜論，一百二十貫二等罪止，爲某從減一等，律杖一百，徒三年，誥下免其杖徒，照例充軍。再詳考擅入山陵兆域門者，杖一百，在官衛律。

原注：〔一〕注中有此一語，因而遍查也。

〔二〕查山陵園陵何以不同？ 箋釋云：并計所值之價。又云：若毁弃毁伐者係官物，則加私物罪二等，如私物一貫以下，杖六十，加二等，則杖八十是也。

家産未曾抄劄入官者并從赦免

名例給没贓物條下，其犯罪應合籍没財産，奸黨及造畜蠱毒等罪，常赦所不原者，或有臨時特免。赦書到後，罪人雖在赦前决訖，而家産未曾抄劄入官者，并從赦免。其已抄劄入官，守掌及犯謀反逆叛者，財産與緣坐家口不分已、未入官。并不放免。若除謀反謀叛外罪未處决，籍没之物雖已送官，但未經分配與人守掌者，猶爲未入，其緣坐人家口，雖已入官，若罪人遇赦得免罪者，財産家口亦從免放。

刑部等衙門爲撿舉人命事，覆山西巡撫達爾布題前事，張維打死趙登科案内，張成功張維父。雖持有凶械，實無致命傷痕，應依餘人律杖一百，折責四十板。遇熱審減等，責三十五板。臣等未敢擅便，謹題請旨，康熙十年七月初六日題，初八日奉旨：『張維依擬應絞，著監候，秋後處決，餘依議。』

共毆内充軍餘人杖一百不應杖八十三項

康熙十一年十月二十日，江南司郎張諱爲仁説堂爲江撫題活殺夫命事一疏内，助毆之徐三有致命傷四處，以有重傷而無凶器，擬餘人律杖一百，張擬駁，照條例第一款充軍，因曰下手擬絞之人，不問手足，他物金刃并絞，言有致命傷，則不必凶器也。問死罪不必凶器，問擬充軍必兼之。何歟？曰鬥毆一命抵一命，絞犯抵命者也。若必兼之，則有人死而無抵者矣。充軍人犯在抵命一人之外者也，故必兼之。然後其情重，則遣戍不爲枉也。徐三外擬依同行知有謀害律，杖一百，非也。徐三既未同謀，又未下手，止於不行勸阻，改擬不應重杖八十。各省於見毆在傍，不同謀，不動手，止不行勸阻者，或問不應重杖八十，或照餘人律杖一百，或照同行知有謀害，不行阻救律杖一百，參差不一。今酌議以不應重杖八十爲是，蓋餘人律注云：不曾下手致命，言雖下手而不致命，猶爲餘人也。條例第二條云：雖有重傷而無凶器，有凶器而無重傷，毋得概擬戍。既不擬戍，則罪止餘人也，以此論之，以在傍并未動手之人，而與此兩項人同擬杖一百，豈非輕重無等乎？至於同行知有謀害之律，古律注謂：知有謀殺害人之事也，原與知人鬥毆而不行救阻者，不同謀害者，意在於殺同謀共毆人者，意止於毆，但因毆重身死，非初意之所及也，豈可比而同之耶？又古律箋釋云：同行之人，既不預謀，又不助力，止是不行勸阻者，只問不應不是餘人等語，亦可見各省之問擬不應者，亦係舊例所本有矣。

康熙十一年十月二十三日奉旨，覆直撫金世德爲打死男命事，皮三案内梁遼東不行勸阻，合依不應得爲而爲之事理，重者，律杖八十，照例折責三十板。

姚端恪公外集卷之二

白雲語録二

咨稿牌票存簿

牌票行於外，所關甚大。郡縣奉内部之文，轉行閭里，虩虩然震也。或討債，或争人，有必不可行之。牌票有行提，而姓名宜省者，其可斟酌處甚多。乃舊例當時寫稿呈堂，而所行牌票已先謄真待判，倉卒之間，安能詳慮哉？又咨徑有先行咨而後摽咨稿者，如康熙十一年五月初七日，各堂俱散，予與正堂艾公稍後，江西司柯君以陳倉案内三保等一咨稿送摽，且曰：初六日堂上某老爺命將一干人送還，督捕恐天熱有疾病者也，故本日即行，未及相聞。予思初六日早，予在署，阿、折兩老先生同在，及莫、黄兩先生啓奏下久之，又同往吏部議周鄒一案，艾老先生是日偶恙未入署，未知回堂在何時，又未知行咨摽日係司徑摽否耶？

予比時姑標稿及行簿皆標初七，容再詢之。同堂察其往例，益見先立稿簿之不可少矣。

各省定限

康熙十一年四月三十日，山東按察司送盜犯王安宇全招，再查此案失主張爾蔭，于康熙八年二月初四日失盜，蒙總督白部院具題，于康熙八年五月十五日准兵部咨，未獲强賊，照案緝拿，後卑府呈報獲賊八名，業經前任劉撫院會同楊提督彙册題報，于康熙九年七月初九日准兵部咨，開獲賊審，擬題結，應照例限四個月，扣至十一月初九日限滿。韓魏昌解審行至中途肥城縣地方，於九年三月十五日病故。韓永昌行至滋陽縣地方，於三月十八日病故。二犯俱病故于途，似與監斃者不同，且在康熙九年五月初六日赦前，其職名無庸開列。

再查張爾蔭失盜，在於康熙八年二月初四日，除韓小、大張三皆於年限内病故外，在韓魏昌病故于九年三月十五日，韓永昌病故于九年三月十八日，俱病故于途，似與監斃者不同，且係康熙九年五月初六日赦前之事。其承問職名無庸開列，後自康熙九年七月初九日准兵部咨，扣至十一月初九日，四個月限滿。鍾國祥病故於十月初五日，韓克習病故於十二月初五日，若依年限而論，則是限外病故。若依准咨之日爲始，照例限四個月而論，則病故尚在限內。其承問官職名乃兖州府知府蔡廷輔也，應否免議，統候部奪。其韓小限於康熙十年十月二十九日拿獲，審有承認確供，至康熙十一年正月初十日在監病故，是在限內，應無庸議。再照此案因續獲之韓小限監，故往返駁查，以致逾限一個月零七日。此案批司查限內限，外司以山東從前題覆多照准兵部咨之限，遂將鍾國祥、韓克習仍議限內監，故五月招册內，安撫靳爲遵旨逐件事。王愷若於康熙九年八月廿一日棍斃姊夫聶良聲，初供係蘇益甫用鐵尺先打，後蘇益甫自行投到對質，愷若始認。司查益甫以十年十二月投到，從來定限當以末後人犯到日扣筭，未有違限，相應詳明。

刻報五月二十一日，吏部題爲謀死弟命事，吏科抄出刑部等衙門題前事，奉旨：『朱三兒依擬應斬，着監候，秋後處決，餘依議。欽此。』該臣等議得刑部等衙門疏稱：朱三兒毆死岳尚義一案，該撫董　將承問違限，署司事糧道王孫蔚、接任按察使高翼辰題參前來查此案。因內有犯婦徐氏産後百日，方便刑訊，故司詳除去百日，康熙十年十一月二十八日限滿。該撫董違限兩個月零四日，刑部覆止交該撫於吏部。相應照例交與吏部查議等因，前來定例內違限月日，俱專責督撫計月處分，不許分坐道府州縣等官，違限二月者，罰俸六個月等語，巡撫董相應照例罰俸六個月。查董　已經告病解任，應于補官日罰俸六個月。又定例內如有等候題拿犯証，或因隔省行查限內實難完結者，承問官將此情由詳督撫，該督撫題明寬限，如承問官將難結情由，不預行申詳督撫者，該督撫題參將承問官罰俸一年等語，今署司事糧驛道王孫蔚、接任按察使高翼辰將難結情由，不預行申詳，該撫題明展限相應將署司事糧驛道王孫蔚、接任按察使高翼辰照例各罰俸一年，内查王孫蔚有紀録三次，應銷去紀録二次，免其罰俸，奉旨依議。

堂諭集録

病故人犯應存應覆

康熙十一年三月十三日，堂諭傳查，奉旨處决人犯，該督撫題報病故，或一司具覆，或一司存案，例不畫一。今酌得以後奉旨處决人犯，有病故者，若該督撫咨文報部者，部中應行題知。若該督撫具疏題明奉旨，三法司知道應存案，不必再覆。若病故犯人有情節可疑者，如汪藻、韓七、房三之類應行駁查者，具題駁查，十四司通行畫一，免致參差。

衙役過付流徙尚陽堡

堂諭十四司，嗣後衙役過付本官銀兩者，與受財人同罪，至十兩者不必同官流徙寧古塔，仍流徙尚陽堡。

康熙十一年二月十七日，傳衙役自己犯贜止流徙尚陽堡，爲官過付無入己之贜，反流徙寧古塔，似爲未合，況與受財人罪同，止同一流徙之罪，不必同其地方。

平人過付宜止流徙尚陽堡

查律説事過錢者，有禄人減受錢人一等，無禄人減二等，如求索嚇詐科斂等贜，及事後受財過付者，不同此律。罪止杖一百，徒二年。舊律杖一百，各還徙，還徙止一千里外，故訴訟誣告還徙條下云：比流減半也，三流總徒四年，比流減半止，該徒二年。有贜者計贜從重論。過錢而又受錢，若贜重，從本律。

陳謙虛出通關以監守盜論不入己者

會看得九江府革職同知陶士章侵欺銅銀一案，據江南江西總督麻勒吉將陶士章等分別斬徒，援赦具題，前來查陶士章侵欺康熙八年分銅斤銀一萬兩内，除斷追九江府知府陳謙署關缺額銀三千五百兩，差役陳堯等措索水脚銀一千一百二十兩墊解，已故部司劉芳聲任内滇餉輕平銀四百二十四兩，共五千四十四兩，于各犯名下照追還補外，陶士章實計侵欺銀四千九百五十六兩入己，陶士章合依凡盜錢糧不分腹裏、沿邊、沿海，至三百兩者斬例，擬斬監候，秋後處決。差役陳堯、羅經奎、桂啓泰、王希治、彭焕、鄒必陞，各措索水脚銀九十三兩三錢零，俱合依衙役犯贓一兩以上例，各杖一百，折責四十板，并妻解部流徙尚陽堡。革職知府陳謙署關征税缺額，捏報足額銀三千五百兩，該督依虛出通關計所虛出之數，以監守自盜論，律引盜錢糧至三百入己者，例擬斬，援赦免罪具題前來，查例侵盜錢糧必須入己之數滿，方坐真犯斬罪。今陳謙係捏報足額，無入己之贓，該督照例擬斬，情罪未協。又律載：凡稱以盜論之類，皆依本律科斷，律外引例不得而同等語，陳謙應改依虛出通關，以監守自盜論，四十兩斬係雜犯，准徒五年。律應徒五年。查各犯事俱在康熙九年五月初六日赦前，均應免罪。陶士章、陳謙已經奉旨革職，陳堯、羅應魁、桂啓泰、王希治、彭焕、鄒必陞仍革役，陶士章等贜銀并輕平銀兩，各照追。未到差役聶啓、夏克振、余有意、戴百訓、羅文瑞、賀之喜，各措詐水脚銀九十三兩二錢零，均應照提另結，于家屬名下照追。

准監守盗折贖 那移出納還充官用

康熙十一年四月初十日，傳諭十四司：凡覆准監守盗俱照覆柳維城、江督麻勒吉題。王保泰直撫金世德題。例杖一百，其流三千里，准徒四年，照例折贖。

秋審督撫科抄與各將軍咨送者例不同

康熙十一年九月初三日，查舊例各省秋審，係科抄者，督撫題到三法司核擬；係各將軍等咨到，已經三法司核擬過，奉旨者不候再咨，各司徑移院寺核擬，彙送廣西司具題。

正犯産絶援詔免追承追官并免交該部

康熙十一年七月十三日，浙江司説堂一件，浙撫范題爲官蠹侵蝕欽贓等事，康熙十一年五月十八日題，六月二十五日奉旨：『該部議奏，欽此。』該本部覆查費天生等遇十年十一月初九日恩詔，免入官；未完銀兩免追，已完銀兩速解户部。至承追此案不力之湖州知府王弘仁，應交吏部議，但此項銀兩既已産絶，援詔免追王弘仁等，亦免交該部。

小唐兒衙役過付

康熙十一年九月，看得平武縣革職知縣楊柱朝婪贓一案，先經該撫題參，臣部奉旨咨行，該督審擬去後。今川湖總督蔡毓榮將楊柱朝等分别赦前赦後，擬杖具題，前來查楊柱朝詐索韓俊等詞訟等項，共計銀四十兩一錢，應照官犯贓十兩以上例，責四十板，并妻解部，流徙寧古塔。賈仕第過付韓俊銀三十兩〔一〕，應照説事過錢者與受財人罪同例，將賈仕第責四十板，并妻解部，流徙寧古塔。小唐兒過付倪秉等銀九兩五錢與楊柱朝〔二〕。查律官犯不枉法贜一兩至一十兩，杖七十，小唐兒應照説事過錢者與受財人罪同例，杖七十，折責二十五板。王起鳳指官詐索解潤銀二十兩，應照衙役犯贜一兩以上例，責四十板，并妻解部，流徙尚陽堡。伊等事犯俱在康熙九年五月初六日赦前，免罪，王起鳳革役。赦後，除楊柱朝索取寇二等麥租價銀四錢，輕罪不議外，又因黄氏説伊兄黄成業身死不明告唐文燦，楊柱朝指修學，罰唐文燦木五十根，值銀九兩，合依有禄人枉法贜一兩至五兩，杖八十。律係貪官不准折贖，折責三十板，的决永不叙用，贜銀照追入官。小唐兒過付唐文燦銀九兩，應照説事過錢者與受財人罪同例，杖八十，折責三十板，的决革役。學基地、寺基地、分司空地俱入官。其分司地内修房居住倪秉等，另行安插。韓俊已經病故，唐永福等審係無干，均無庸議。

原注：〔一〕過付者，止科所過之錢議罪。

〔二〕外議照官流徙，但小唐兒所過付之贜不滿十兩，官雖并贜、全科過付者，止照所過付之數。

竊盜搶奪共三次不并罪擬絞

康熙十一年五月　日，浙江司因會小子定議，嗣後搶奪三次者，照定例立絞；竊盜三次者，照律擬絞監候，秋後處决。或搶奪一次，竊盜二次者；或搶奪二次，竊盜一次者，律與定例不同，免其并擬，照各犯之罪發落。

竊盜贜以一主爲重

康熙十一年九月十七日，刻報内刑部題爲拿獲三次竊盜事，據昌覇道申看得李國柱奏請改遣，王添壽口供：我同李國柱偷楊偉等家騾十一頭、馬兩匹外，再不曾偷等語，查律凡竊盜得財以一主爲重，并贜論罪，爲從者各減一等等語，王添壽除偷張得等家騾一二頭并馬匹不議外，偷楊偉家騾三頭，合依以一主爲重，贜至三十兩，杖九十律，王添壽爲從，減一等，杖八十，折責三十板，臂膊刺字。

熱審軍流徒減等

康熙十一年五月，有江南解流徒一人犯，起批是康熙十年十一月，限正月到部。又有真定解流徒人犯，計程不過七百里，每日五十里，照徒流人遇赦筭程。半月可到。今計起批到此，行過五十餘日，皆係故意遲延，以待熱審。若一概減等，恐各處流徒人犯效尤，延挨候至熱審，減等者太多，恐反塞流徒人犯熱審減等之路，故公議不准其減等，仍發遣，其杖一百亦不減。又江西鉛山知縣吴士恒亦以逾限太久不減。〇又江西鉛山典史陳祖洽查撫臺所摽限期亦已逾限，後往吏科查憑限，水程以一日五十里計之，尚在限内到，遂減等發回江西充徒。

康熙十一年五月十四日，公議旗下犯雜犯死罪，准徒五年者，初議減一年，枷五十日。後又議雜犯輕於軍罪，軍尚減爲徒，則雜犯亦應減爲徒，合減爲杖一百，徒三年。旗人鞭一百，枷號四十日。查古律例附解徒流人又犯罪條下内稱：每年熱審之期，一應雜犯死罪，准徒五年者，一體減去一年。其在外審録年分，審録官入境之日亦照此例行，是舊例是減一年。〇會典亦止減一年。明時軍罪遇熱審不減等，其流罪以大誥減盡無流，故法可通行。今例軍減至徒三年，而雜犯反止減一年，仍徒四年，則是雜犯反重于軍矣，然雜犯死徑減至徒三年，流亦減至徒三年，雜死與流何以别乎？

新例内一熱審之例未行之前，已經具題奉旨，未經發落，應減等之罪，遇熱審仍照例減等發落。此熱審一項係河南司承行。

徒流人又犯罪條下，一在京在外問擬一應徒罪俱免杖，其已徒而又犯徒，該決訖所犯杖數。總徒四年者，在京遇熱審，在外遇五年審録，俱減一年。若誣告平人，死罪未决，杖一百，流三千里，加役三年。律比照已徒而又犯徒，總徒四年者，雖遇例不減。已徒而又犯徒者，遇例減一年，比照此例，反不減者，以誣告人死罪也。誣告人死罪，熱審不減等，此沿舊律也。明之流罪以大誥減盡，其誣告人死罪未决者，亦止總徒四年。又云：四年零百日，故遇例不減。又彼時不見有軍罪遇例減等之條。今見行例流罪、軍罪俱減等，明流罪亦減等，但無流罪耳。

山東正郎范承世兄説堂山東鹽棍趙璜，按律指稱打點衙門，使費名色，誆騙財物，發邊衛充軍，情重者仍枷號兩個月發遣。今遇熱審，減爲杖一百，徒三年，其枷號兩個月徑行豁免〔一〕。蓋名例加減罪例條下載：每年熱審雜犯死罪，准徒五年者，減去一等。箋釋是年字。徒杖以下俱減等，枷號并笞罪俱釋放。蓋熱審原有放枷之恩例也〔二〕。或曰：旗下之犯罪應枷者不放，何也？曰：旗人之枷，以折徒流軍雜犯死罪者也。民人之枷，在于徒流軍罪之外者也，故不同也。

查例，見任文武官犯徒罪以下者折贖，犯流罪以上者不准折贖。係旗下的决枷號，係民人的決流遣。今流徒之官遇熱審，減爲杖一百，徒三年者，其杖的決，徒發驛不准折贖，何也？曰官犯贓不准折贖〔三〕。此皆犯贓十兩以上而流徒者也，非流罪既遇熱審減等，至徒而仍不准折贖也。康熙十一年五月内，吏、刑二部、都察院會審總督周有德、候補給事中鄒之潢。其鄒引誣告人死罪未決者，杖一百，充軍律。例遇熱審減等，杖一百，徒三年，仍照文武官犯徒罪以下折贖例，照例折贖。

康熙十一年七月初七日，江西司説堂有鉛山縣知縣吴士恒案内，犯贓一兩以上，衙役李含輝妻程氏于七月初四日解役，解犯人連撫咨投部查閲，撫咨係五月十二起解，限六月二十五日到部，查問逾限緣由，據解役犯人稟稱：係六月二十七日到京，因廿七、廿八、廿九俱齋戒，初一、初二不理刑名，曾于廿七日到衙門投文未收，初三日又來投文，此日因内閣大學士、學士等會同三法司遵上諭清理刑獄，又未收文等語，隨查問于廿七到京，寓何店，供稱甘家店内即在刑部衙門傍邊，隨傳店主云：我名甘二，果是廿七到店，愿出結狀。隨具結狀，到部查此犯，于六月内到京是寔，因仍照熱審例減等，已經該撫發落杖一百，折責四十板外，相應將本犯并妻咨回該撫充徒。

康熙十一年又七月廿三日，啓奏覆直撫金世德，爲打死人命事，張喜禄因護母，打死小功服兄張子秀。兩議：一議立決，一議減等。内有喜禄之父子玉、兄喜明，不行勸阻，杖八十，因原遇熱審之案，仍減等，杖七十。直撫原爲將張喜禄援熱審可矜例減等，因服制堂與從堂互異，駁查至再題，到已逾熱審之期，因原題時遇熱審，故仍行減等。

康熙十一年九月初四日，四川司説堂直撫金疏稱：永平府税課司大使陳允極犯贓擬流，遇熱審減等擬徒。舊例徒罪不具題，原係吏部發審之部件止咨吏部，吏部回咨云：應咨刑部。因此咨文往返已逾熱審之期，改擬流徒，具題前來。今查該撫原審定咨吏部時，係在熱審期内，仍應減等杖徒。查張喜禄亦同此例，但張喜禄係具題，此係移咨到吏部，微有不同，然徒罪例不具題，自當以移咨吏部之日爲准，當是一例也。

原注：〔一〕愚意熱審舊例枷號疏，放旗下之枷雖以折罪，難以即免，宜遇熱審補枷，旗人病有補枷之例。

〔二〕六月亦停流徒。

〔三〕此爲入己贓而言。

永遠充軍

一見行例，凡人突執刀鎗行凶，若傷人者，杖一百，發邊衛永遠充軍。查此等之罪應止于其身，不應及其子孫，宜酌議爲邊衛充軍，流三千里。又鬥毆條律例内載：執持凶器但傷人等項，俱問發邊衛充軍。俱字項傷人，各項與皆字不同。又聚衆執持凶器傷人等項，徒罪以上俱不分首從，發邊永遠充軍。兩項分晰輕重不同，今議仍照律行。

一例誣告死罪未决者，發邊衛永遠充軍。此誣告之罪亦不應及其子孫，宜仍照律行。杖一百，流三千里，加役三年。其誣告强盗人命不寔，及全誣十人以上者，發邊衛充軍。其誣指良民爲盗及捉拿拷打等項，不分首從，發邊衛永遠充軍。輕重不同，應照律行。詳在第四卷誣告目内。

坐贜致罪

私借官車船。凡監臨主守將官車船等類，私自借用，或轉借與人，及借之者驗日追雇賃錢，重于笞五十者，坐贜論，加一等。

擅食田園瓜果。凡於他人田園擅食瓜果之類，係坐贜。

弃毁器物、稼穡等。若毁損人房屋墻垣之類者，計合用修造雇工錢，係坐贜。

檢踏灾傷田糧。若致枉有所徵免，無灾傷當徵而免，曰枉免。有灾傷當免而徵，曰枉徵。糧數計贜，重者坐贜論。

私造斛斗秤尺。若倉庫官吏私自增減官降斛斗秤尺，收支官物而不平者，以所增減物計，贜重者係坐贜。

市司評物價。凡諸物牙行人評估物價，令價不平者，計所增減之價，係坐贜。

得遺失物。凡遇遺失之物，五日外不送官者，官物係坐贜，私物減二等。

費用受寄財産。凡受寄人財物而費用者，坐贜論，減一等。

違禁取利。若估所奪畜産之價過本利者，計多餘之物，係坐贜論。

隱瞞入官家産。凡抄没人口財産，若隱瞞財物、房屋、孳畜者，係坐臟。若里長同隱及當該官吏知情，計所隱臟重者，係坐臟全科。

擬斷臟罰不當。凡臟罰應入官而給主，應給主而入官者，係坐臟。

出納官物有違。凡倉庫出納有增減不實者，計所虧欠多餘之價，係坐臟。

私借官物。凡監臨主守將官什物等項，私自借用，或轉借與人，及借之者過十日，各計借物坐臟論，減二等。

多收税糧斛面。凡各倉官役收受税糧，踢斛淋尖，杖六十，計臟重于杖六十者，坐臟論。

私借驛馬。凡驛官將驛馬私自借用，或轉借與人，及借之者驗計月雇賃錢，重于私借之罪者，坐臟論，加二等。

私借官畜産。凡監臨主守將官馬等私自借用，或轉借與人，及借之者驗計借之日期雇賃錢，重於私借之罪者，各坐臟論，加一等。

宰殺馬牛。若殺緦麻以上猪羊等畜者，計減價。若故放官私畜産，損食官私物者，計所食之臟重于本罪者，俱係坐臟。

驗畜産不以實。若因而價有增減者，計所增減價，係坐臟。

强盗窩主。若知强竊盗臟而故買者，計所買物，係坐臟。

在官求索借貸人財物。凡監臨官吏求索借貸所部内財物，若將自己物貨散與部民，及低價買物，多取價利，俱准不枉法論。若於所部内買物，不即支價一月之外，坐贜。若私借馬牛等各條俱係坐贜。今新例入己者，照官犯贜，不入己，俱引因公科歛。因公科歛，不入己者，坐贜論；入己者，以枉法論。

因公科歛。非奉上司明文，不入己，杖六十。贜重者，坐贜論。

有事以財請求。凡諸人有事以財行求，計所與財係坐贜。今新例與受同罪。

盜决河防。凡盜决河防圩岸，而致水勢漲漫，毁害人家、漂失財物等類，計物價重於杖者，係坐贜。

造作不如法。若造作織造不如法，不堪用，再改造者，計所損財物及所費雇工錢，罪重于笞四十、五十者，坐贜論。

虛費工力采取不堪用。凡官役人工采取木石磚瓦之類不堪用者，計所費雇工錢，係坐贜。

擅造作。凡官司有所營造，應申而不申，擅差人工者，若非法營造非時，起解人工者，若因申請不寔，以少計多，而於合用本數之外，已損財物人工，計所費工錢，罪有重于笞五十者，俱係坐贜。

獄囚誣指平人。若官司追征錢糧，逼令欠户誣指平人代納者，係坐贓。

詐傳詔旨。凡得財而詐傳無碍於法者，計贓以不枉法論。

康熙十一年五月内，江南總督麻題特參剋餉事，參將李洪楚斂軍人錢糧，製營中，奉上文，盔甲火藥之用，不入己者，坐贓論，援赦，已經革職。未交與兵部。守備萬初科斂銀七十餘兩，未經革職之官交與兵部議。

康熙十一年五月，東撫張爲微臣入境事，似是林蔚春虧短行價，已經革職，無庸議。撫疏虧各行酒肉價，不即支價者，坐贓論，笞三十，輕罪不坐外，衙役犯贓失察，杖一百。此案衙役犯贓失察罪雖重，而新例役遇赦，其失察之官雖先經革職，仍交吏部議還職，反因虧短行户酒肉價不便交吏部，何也？買物不即支價，一月不還者，坐贓論。若始終不還則同于入己矣。久不還者，應照低價買物計餘利，准不枉法論。

康熙十一年二月十三日奉旨，部覆廣督金光祖特參貪婪等事一疏内，革職知縣王明道徵糧多派耗米〔一〕，赦後派銀六兩二錢，審非明道入己，依因公科斂不入己，贓重者，坐贓致罪，一兩至十兩，笞三十。明道亦係坐贓未交吏部，因其赦後有坐贓，此宜再考。已經革職，毋庸議。

康熙十一年七月廿三四日，説堂覆廣撫劉一疏，守備梁豹用火藥幾百幾十斤，因公科斂不入己者，軍人公買，坐贜論，應笞三十，贜無入己，事在赦前，其已經革職之處，仍交與兵部議。

校記：〔一〕『徵』，康熙二十二年姚士塈等刻本作『擅』。

姚端恪公外集卷之三

白雲語録三

八字之義序　附　王明德

律有『以、准、皆、其、各、及、即、若』八字，各爲分注，冠於律首，標曰『八字之義』，相傳謂之律母。諺曰：『讀書不讀律，致君堯舜終無術。』而先輩指示讀律之法，又云：『必於八字之義，先爲會通融貫，而後可與言讀法。』心竊志之，未敢學也。職以納言散秩，循俸填補，仰承曹務，懵然如盲，急取八字之義讀之，率多言簡而意未悉，師心推廣，志存乎心，卒未敢草率以屬筆，蓋恐有干聖訓貽譏。

當今賢士大夫也，秋初奉堂臺諭，特令其詳推，以廣其義。退不自揣，妄爲懸擬，既而服念，竊議八字者，五刑之權衡，非五刑之律也。五刑十惡，各有正目，而五刑之屬殆逾三千，中古已然，况末季乎？漢、唐而下，世風日薄，人情變態，一如其面，若爲上下比罪，條析分隸，以求無僭亂。其辭雖汗牛充棟，亦不足以概輿情之幻變。故於正律之外，復立八字收屬而連貫之，要皆於本條中合上下以比其罪，庶不致僭亂差忒，而惑於師聽矣。此先賢制律明義之大旨也。然即刑書而詳別之，正律爲體，八字爲用，而即八字細味之，則『以、准、皆、各』四字固無事乎？取用於『其及、即、若』，摘取『其及、即、若』四字時，則捨『以、准、皆、各』，别無所爲，引斷以奏，爰書矣。此讀律者之斷斷不容於八字之義，不敬爲詳審也。或謂八字之用，律載甚備，無容更爲旁溢，但比類曠觀，輕重懸殊，乃并以一字爲權衡，得毋非所以明等夷，示有别歟？曰好惡不嫌同詞，春秋之義也。春秋者，無象之刑書也。律也者，威用之麟經也。故其命義同也。謹述大清律原注，并故明律舊注備載於前，謬參鄙見，各爲截取律例數條，以著其義。凡各律原注所已載者，概不再述，以眩觀覽。一得管窺，遵諭敬呈，未知當否，伏候堂裁。

八字之義

『以』，以者，與真犯同謂，如監守貿易官物，無異真盗，故以枉法論，以盗論，并除名刺字，罪至斬絞，并全科。

講解曰：『以』字有二義。其曰以盗論，以監守自盗論，以枉法論，以常人盗倉庫錢論，以謀叛論者，惡其迹而深治之也。如厩馬律，曰如馬拴繫不如法，因而傷人者，以過失論。鬥毆律，曰因公務急速而馳驟傷人者，以過失論，則矜其失而輕貸之也。

謹按：『以』者，非真犯也。非真犯而情與真犯同，一如真犯之罪罪之，故曰『以』乃律中命意備極斟酌，有由重而輕，先爲寬假，而用『以』者。如謀叛條内所附逃避山澤，不服追喚，此等之人未叛于君，先叛于所本管之主矣，與叛何異？而律則以謀叛未行論。若拒敵官兵，實有類於反，而律則以謀叛已行論。按：其迹似用『以』之意極嚴，而詳其實，則實仁愛之至也。有由輕而重，示人以不可犯而用『以』者，如監臨主守將官錢糧等物私自借用，或轉借與人，雖有文字并計贓，以監守自盗論。夫立有文字，借用及轉借與人，非盗也，乃私自爲之，則漸不可長矣。蓋監守之人易于專擅，非重其法，無以示警，故罪非其罪，而以其罪罪之。若以過失殺論諸條，則又充類至義之盡，以行其權之妙也。總之，大義所解『即同真犯』四字最妙，『以』則無所不以矣。

『准』，准者，與真犯有間，謂如准枉法、准盜論，但准其罪不在除名刺字之例，罪止杖一百，流三千里。

講解曰：『准』字亦二義，其曰：准竊盗論，准盗論，准凡盗論，此則但准其罪不在除名刺字之例也。又如人命律，過失殺傷人者，各准鬥毆殺傷人罪依律收贖，則但准其罪名，不加刑法，止令如數收贖而已。此又一例也。

謹按：『准』者，用此，准彼也。所犯情與事不同，而迹實相涉，作爲前項，所犯惟合，其罪不概如其實，故曰『准』，如以米柴准筭布帛，惟取價值相當，而實不可以米柴爲布帛之用，其罪異于真犯。故贜雖滿貫，亦罪止杖一百，流三千里，乃注中不曰減等，但曰不在除名刺字之例。何耶？蓋官吏犯此，雖贜逾於滿貫，亦止於革其職役爲民，而不追奪誥敕。若未至滿貫，官則止于革職，不至永不叙用也。若本朝定例但遇革職，則盡爲追奪，似非所以懲貪之法，似當題請改正，是在俟乎主持國是者之大君子耳。

『皆』，皆者，不分首從，一等科罪，謂如監臨主守職役同情，盗所監臨主守官物，并贜滿數皆斬之類。

講解曰：『皆』字有三義，其曰皆絞、皆斬、皆杖、皆徒、皆凌遲處死之類，則是不分首從也。又如犯罪自首條曰：餘皆徵之。增減文書條曰：若無規避錯誤者，皆勿論之類，是又一例也。

謹按：『皆』者，概也，齊而一之，無餘情也。人同事同而情同，其罪固同，即事異人異而情同，其罪亦無不同也，故曰皆。若皆徵、皆勿論，則顯而易見，不過特舉以明皆之一例耳。

『各』，各者，彼此同科此罪，謂如諸色人匠撥赴内府工作，若不親自應役，雇人冒名，私自代替，及代替之人，各杖一百之類。

講解曰：『各』字爲義不一，有以人對人爲各者，如漏使印信條，當該吏典對同首領并承發，各杖八十；有以物對物爲各者，如盗賣田宅條，盗賣過田價并花利各還官給主；有以事對事者，如厩牧律，放犬殺傷他人畜産者，各笞四十之類。又如各杖一百，各從重論，各遞減等，各加凡人罪一等，亦俱以人對人爲『各』者也。

謹按：『各』者，各從其類義，取乎别也。萬類不齊，流品各别，比類而觀，實同一致。故用『各』字以别之。『各』字用義多端，有因所犯之事同，其情同，而其人有不同者，則以『各』别之。如選用軍職條内，凡守禦去處，千户百户，鎮撫有闕，奏聞選用。若先委人權管，希望實授者當該官吏，各杖一百，罷職役充軍。舉用有過官吏條内，凡官吏曾經斷罪罷職不叙，諸衙門不許朦朧保舉，違者舉官及匿過之人，各杖一百，罷職不叙。發冢條内，若卑幼發五服以内尊長墳墓者，同凡人論。開棺槨見尸者斬，若弃尸賣墳地者，罪亦如之。買地人牙保知情者，各杖八十。犯奸條内，和奸刁奸者，男女同罪。奸生男女，責付奸夫收養。奸婦從夫嫁賣。其夫願留者聽。若嫁賣與奸夫者，奸夫本夫各杖八十之類也。有因所犯之事異，其人異，而其情實同者，則以『各』别之。如無故不朝參公座條内，凡大小官員無故在内不朝參，在外不公座，及官吏假滿無故不還職役者，一日笞一十，每三日加一等。各罪止杖八十，并附過還職。縱容妻妾犯奸條内，若用財買休賣休和娶人妻者，本夫本婦及買休人各杖一百之類，亦有所犯情同事異、情異事同，法無分别，人非齊等。條難共貫，而義實同。辜者則亦以『各』字别之，如親屬相奸條内，奸内外緦麻以上親，及緦麻以上親之妻，若妻前夫之女，同母異父姊妹者，各杖一百，徒三年。如私借官畜産條内，凡監臨主守將係官馬牛駝騾驢私自借用，或轉借與他人及借之者，各笞五十之類。更有所犯之事與人大小攸分，科條不一，而情則無分，或法應屢加而律難該載，或罪無死律而法應齊等，又或各有科條而文難復述者，則亦以『各』字别之。如謀殺祖父母、父母條内，其尊長謀殺卑幼已行者，各依故殺罪減二等。已傷者減一等，已殺依故殺法。誣告條内，凡誣告笞罪者，加所誣罪二等，流徒杖罪加所誣罪三等，各罪止杖一百，流三千里。略人略賣人條内，和略賣妻爲婢及賣大功以下尊卑親爲奴者，各從凡人和略法。發冢條内，若于他人墳墓爲薰狐狸，因而燒棺槨者，杖八十，徒二年。燒尸者杖乙百，徒三年。若緦麻以上尊長，各遞加一等之類。

『其』，其者，變於先意，謂如論八議罪犯，先奏請議其犯十惡，不用此律之類。

講解曰：『其』字，律内有其子歸宗，其養同宗之人，其遺弃小兒三歲之類，是也。

謹按：『其』者，更端之詞也。然詞雖更端，而事與情實不離乎？本條舉凡明白顯然可爲指實共見之事，承乎上文爲之更端而竟本條所未盡，則用『其』字以發揮之，與後『若』字似同而實異。如謀叛條内，所附逃避山澤不服拘唤，以謀叛未行論，其拒敵官兵者，以謀叛已行論。盗大祀神御物條内凡盗大祀神祇御用饗薦、饌具等物皆斬，其未進神御，未造成及其餘官物，皆杖一百，徒三年。强盗條内，竊盗臨時拒捕及殺傷人皆斬監候。其竊盗事主知覺，弃財逃走，事主追逐，因而拒捕者，自依罪人拒捕律科斷。親屬相盗條内，其同居雇工、奴婢盗家長財物，減凡盗一等。盗賊窩主條内，其知人略賣和誘准竊盗爲從論。其不知情，誤買受寄，俱不坐之類，皆承上以起其下。蓋詞氣雖涉于更端，而事實不離乎本文，或罪或否，則皆以『其』字爲分别，然亦有事非本律，而欲附入于本條之下，則亦以『其』字附入之者，如職制律内，其見任在朝官員，面諭差遣及改除，托故不行，并杖一百，罷職不叙。此條與大臣專擅選官何與？而欲附入本條之下，則亦用『其』字以收屬之，此又一義也。

『及』，及者，事情連後。謂如彼此俱罪之贓及應禁之物，則没官之類。

講解曰：『及』字，律内有及因人連累，及其役日滿，及有過之人，及久占在家之類，是也。

謹按：『及』者，推而及之，有因親以用及者。如謀反條内，父子、兄弟、子孫及伯叔父、兄弟之子皆斬之類，罪由連坐，此一義也。有因物以用『及』者，如盗印信條内，凡盗各衙門印信及夜巡銅牌皆斬之類。有因情以用『及』者，如略買略賣條内，和同相誘及兩相願賣良人爲奴婢者，杖一百，徒三年之類。有因事以用『及』者，如强盗條例内，强盗殺傷人放火等項，及干係城池衙門并積至百人以上，皆奏請梟示。白晝搶奪條内，凡白晝搶奪傷人，因失火及行船遇風着淺，乘時搶奪，及折毁船隻之類。又有因人以用『及』者，如搶奪條例内，凡號稱喇唬，白晝在街撒潑，口稱聖號，及總甲快手應捕人等，指以巡捕勾攝，各毆打衆人搶奪財物之類，以上皆係正犯。此又一義也。大約凡係人與事，各有不同而罪無分别者，則皆以『及』字連屬之。

『即』，即者，意盡而復明。謂如犯罪事發，在逃者衆證明白，即同獄成之類。

講解曰：『即』字，律内有即時救護，即放從良，即是奸黨之類，是也。

謹按：即者，顯明易見，不俟再計之意。如儀制律内，凡朝參近侍病嗽者，許即退班。

禁止迎送條内，凡軍民人等遇見官員，引導經過，即時下馬躲避，此一義也。共謀爲盗條内，凡共謀爲盗，臨時不行，而行者爲竊盗。其不行者，若不分贜，但係造意，即爲竊盗。從名例内，犯罪事發而在逃者，衆證明白即同獄成，不須對問。職制律内，凡諸衙門官吏及士庶人等，上言宰執大臣美政才德者，即是奸黨。此一義也。若名例内，賣放充軍人犯，即抵充軍役，則又一義也。

『若』，若者，文雖殊而會上意，謂如犯罪未老疾，事發時老疾，依老疾論。若在徒年限内老疾者，亦如之之類。

講解曰：『若』字，律内有若奉旨推問，若庶民之家，若追問詞訟之類，是也。

謹按：『若』者，亦更端之詞，乃設爲以廣其意。雖意會乎上文，而事變無窮，欲更端以推廣之，連類以引申之，則不得不設爲以竟其意，故用『若』。律内惟用『若』字最多，有自本律而特及于輕者，如謀反條内，若女許嫁已定歸其夫，子孫過房與人及聘妻未成者，俱不追坐。謀叛條内，凡謀叛但共謀，不分首從皆斬。若謀而未行，爲首者絞，爲從者杖一百，流三千里。造妖書妖言條内，凡造讖緯、妖書、妖言及傳用惑衆者斬。若私有妖書，隱藏不送官者，杖一百，徒三年。盗大祀神御物條内，若已奉祭訖之物及其餘官物，皆杖一百，徒三年。盗賊窩主條内，凡係强盗窩主造意，身雖不行，但分贜者斬。若不行，又不分贜者，杖一百，流三千里之類。有自本律而入于重者，如謀殺人條内，謀殺人若因而得財者，同强盜，不分首從論皆斬。謀殺祖父母、父母條内，若奴婢及雇工人謀殺家長及家長之期親外祖父母若緦麻以上親者，罪與子孫同之類。大約『若』與『其』皆承上文，以推廣之詞，但作者命意多于可指証者，則用『其』，而于設爲懸擬者，則用『若』。又于異乎上文，而實不離乎上文者，則用『其』，于意雖本乎上文，而實異乎上文者，則多用『若』，此其所以命字之各異也。

以監守自盗論

收養孤老條内，凡鰥寡孤獨，所在官司應爲收養。若應給衣糧，而官吏剋減者。

擅食田園瓜果條内，若官造酒食，主守私自將去者。

多收税糧斛面條内，主守官役多收斛面入己者。

攬納税糧條内，監臨主守官役侵剋附納畸零小户税糧者。

虚出通關硃鈔條内〔一〕，監臨主守通同有司提調官吏虚出通關者，其監守不收本色，折收財物，虚出硃鈔者。

附餘錢糧私下補數條内，各衙門及倉庫，但有附餘錢糧須要盡實報官，明白正收作數。

若監臨主守將增出錢糧私下銷補别項事故，虧折之數瞞官作弊者。

私借錢糧條内〔二〕，凡監臨主守將係官錢糧等物私自借用，或轉借與人者。

庫秤雇役侵欺條内〔三〕，凡庫倉務場局院庫秤斗級，若雇役之人侵欺借貸移易，係官錢糧者，雇主同情分受贓物者。

冒支官糧條内，若承委官吏放支軍糧冒支者。

錢糧互相覺察條内〔四〕，倉庫場務官吏攢攔庫子斗級，若知侵欺盜用借貸，係官錢糧已出倉庫，匿而不舉及故縱者，并與犯人同罪。

損壞倉庫財物條内，監臨主守若將侵欺借貸那移之數，乘其水火盜賊，虛捏文案，及扣换交單籍册申報瞞官者。

轉解官物條内〔五〕，起運官物，長押官及解物人，不論有無損失事故，但有侵欺者。若起運官物，不運本色而輒賫財貨于所納去處，收買納官者。自天津該運京、通二倉糧儲脚價不敷，許令太倉銀庫借用，如把總官縱容旗軍花費及私下還債者。例。

守掌在官財物條内〔六〕，凡官物已出倉庫，而未給付與人，私物已送在官而未入倉庫，但有人守掌在官，若有侵欺借貸者。

人户虧兑課程條内，若人户已納税，官吏人役有隱瞞侵欺借用者。

私造斛斗秤尺條内，若倉庫官吏私自增減官降斗秤，收支官物不平，因而得物入己者。

驗畜産不以實條内，凡官司相驗官馬牛駝騾驢不以實，因而價有增減入己者。

隱匿孳生官畜産條内〔七〕，凡牧養人户將畜所得孳生隱匿不報，因而盜賣抵换者，其都群所太僕寺知情者，與犯人同罪。

詐欺官私取財條内，監臨主守詐取所監守之物者。

失火條内，若官府公廨及倉庫内失火，主守之人因而侵欺財物者。

淩虐罪囚條内，剋減官給罪囚衣糧者。

冒破物料條内，凡造作局院頭目、工匠多破料入己者，局官并承委覆實官吏知情報同者。

查盤軍器，若有人侵欺物料，那前補後，虚數開報者。例。

原注：〔一〕無入己贓不可引三百兩新例。

〔二〕□入己。

〔三〕借貸移易，非入己。

〔四〕罪入己。

〔五〕貲財非入己。

〔六〕縱容非入己。

〔七〕知情非入己。

以枉法論

官員襲蔭條内，庶出子孫及弟侄不依次序，攙越襲蔭，及將異姓外人乞養子詐冒承襲，當該官司知其攙越詐冒受財，扶同保勘聽行者。軍職將乞養異姓與抱養族屬疏遠之人冒襲及受財，將官職賣與同姓或異姓人冒襲，并保勘官、衛所并都司僉書連名保結有贜者。各處保送衛所，襲替軍職，掌印官及首先出結之人受財，將曾經管運參提追贜，或挂欠京、通倉庫各項錢糧及犯充軍降級未曾完結，朦朧保送者。二條俱例。

濫設官吏條内，凡内外各衙門官有額定員數，當該官吏受贜多添設者。選用軍職條内，選用總旗須于戳過鐵鎗人内委用，當該官吏受贜違者。貢舉非其人條内，凡貢舉非其人，及主司考試藝業技能受贜不以寔者。應試舉監生儒及官吏人等，但有懷挾文字、銀兩越舍與人，换寫文字，官吏受贜縱容者。例舉用有過官吏條内，凡諸衙門受贜，朦朧保舉曾經斷罪罷職役不叙官吏者。

磨勘卷宗條内，各衙門提調官吏受財，將遲錯錢糧不行追徵足備，及刑名造作可完而不完，應改正而不改正者。

脱漏户口條内，凡户長、里長受財，隱蔽在户相冒合户脱户及本縣提調正官首領官吏知情受財，致有脱户者。

隱匿費用税糧課物條内，部運官吏受財，故縱應納運送人户隱匿費用，詐欺虧欠物數者。

賦役不均條内，有司科徵税糧及雜泛差役，若放富差貧、那移作弊，許被害赴該上司，自下而上陳告，若上司受財不爲受理者。

隱蔽差役條内，豪民令子孫弟侄跟隨官員隱蔽差役，官員受財容隱者。

逃避差役條内，提調官吏受財，故縱丁夫、雜匠在役及工樂雜户逃者。

檢踏灾傷田糧條内，凡踏看水旱灾傷，甲長、甲首受相朦朧供報，以熟作荒，以荒作熟，增減分數，通同作弊害民，及官吏受財致枉有徵免者。

收糧違限條内，提調部糧官、吏典、分催里長，受欠糧人户財收糧違限者。

虚出通關硃鈔條内，委官盤點錢糧數本不足，受財符同申報足備者。無受財者，以監守盜論。古律監守盜四十兩斬（雜犯），枉法贜八十兩絞（亦雜犯）；若此條無受財，反重於受財者，何也？

隱瞞入官家産條内，凡隱瞞抄没人口財産，里長及當該官吏知情受財者。

鹽法第五條内，巡獲私鹽，有司官吏受財，通同脱放者。

鹽法第六條内，守禦官司有司、巡檢司及所委巡鹽人員受財，知情故縱，及容令軍兵隨同販賣者。

市司評物價條内，其牙行受財，爲罪人估贓不實，致罪有輕重者。

冒詐給路引條内，凡不應給路引之人而給引，及官豪勢要囑托軍民衙門擅給批帖，影射出入，當該官吏受財，聽從知情給與巡檢司越分給引，并應給衙門不立文案，空押路引，私填與人者。

遞送逃軍妻女出城條内，各處守禦城池及屯田地方，遞送逃軍妻女出城民犯而受財者。

私出外境及違禁下海條内，直日守把之人受財，縱令出境下海者，把守海防武職官員聽受番人金銀貨物值銀百兩以上買港，許令貨船私入交易者。把守下係例。

尊長爲人殺私和。常人爲他人私和人命受財者。

多支廩給條内，凡出使人員多支廩給强者。觀强取者，以枉法論，則官禁人責人以索取者可推。

乘官畜産車船附私物條内，運軍例外多帶土宜，經盤官員受財賣法者。運軍、把總等官受贜，聽令客商勢要附搭酒、麵、糯米等項貨物者。此二條係例。

恐嚇取財條内，監臨官知人犯罪不虛，而恐嚇取財者。係例。

告狀不受理條内，告惡逆殺人及强盗鬥毆、婚姻田宅等事，受財不受理者。

教唆詞訟條内，凡爲人作詞狀，增減情罪誣告人，并受雇誣告人，因而受財者。

因公科歛條内〔一〕，凡因公科歛入己者。

詐傳詔旨條内，若詐傳各衙門言語于各屬分付公事，若得財，因而動事曲法者。變動事情，枉曲法度。

囑托公事條内，若當該官吏監臨勢要爲人囑托，曲法受贓者。

應捕人追捕罪人條内，凡應捕人承差追捕罪人，受財故縱者。

徒流人逃條内，配所主守及途中押解人、提調官及途中長押官，受財故縱者。

稽留囚徒條内，若發遣之時，提調官吏受財，不行如法枷杻，以致囚徒中途解脱，自帶枷杻在逃者。

主守不覺失囚條内，獄卒受財故縱者；押解罪囚中途受財故縱者。

囚應禁不禁條内，若鞫獄官、司獄提牢官、典獄卒受財，將囚不應禁而禁，及不應枷鎖杻而枷鎖杻者。

與囚金刃解脱條内，若獄卒常人及提牢司獄官典受財者。

主守教囚反異條内，若司獄官、典獄卒受財，教令罪囚反異，變亂事情，及與通傳言語并容縱外人入獄，走泄事情者。

檢驗尸傷不以實條内，若官吏仵作受財，故檢不實，贜重者。

決罰不如法條内，凡官司及行杖之人受財，決人不如法者。

囚徒不應役條内，若囚徒年限未滿，監守之人受財，故縱逃回及容令雇人代替者。

原注：〔一〕各條中惟此一條與監守盜相溷。

以常人盜論

私借錢糧條内，非監守之人，將官錢糧等物借者；將自己物件抵换官物者。

冒支官糧條内，若軍已逃故，管軍官吏人等不行扣除而冒支入己者。

轉解官物條内，放債之主將、運糧把總官、旗軍，借用太倉庫銀不充脚價，用以還債收受者。

畜産不以實條内，大同三路民人將不堪馬匹，通同光棍引赴該管官、情囑守備等官，俵與軍士，通同獸醫作弊，多支官銀者。係例盜馬牛畜産條内，若盜官畜産者。

若家長令家人冒領太僕寺官馬至三匹者。係例。

以不枉法論

多支廩給條内，凡出使人員多支廩給者。

承差轉雇寄人條内，凡承差起解官物畜産，不親管送，其同差人自相替放取者。

在官求索借貸人財物條内，凡監臨官吏接受所部内饋送土宜禮物，因事而受者。又出使人于所差去處接受饋送土宜禮物，因事而受者。

因公科斂條内，凡有司官吏人等非因公科斂人財物入己者。

詐傳詔旨條内，詐傳各衙門官言語得財者。

以竊盜論

盜馬牛畜産條内，凡盜民間馬牛、驢騾、猪羊、鷄犬、鵝鴨者。

准監守自盜論

那移出納條內，若監臨主守不正收正支，那移出納還充官用者，各衙門不給半印勘合，擅出收帖，或給勘合，不立文案，放支及倉庫不俟勘合，或已奉勘合，不附簿放支，各衙門官吏及典守者。

准枉法論

恐嚇取財條內，監臨恐嚇所部取財强者。係例。

事後受財條內，凡官吏有事先不許財，事過之後而受財，事若枉斷者。

官吏聽許財物條內，凡官吏聽許財物，雖未接受事，若枉者，各減受財一等。

在官求索借貸條內，凡監臨官吏及豪强之人，求索借貸所部内財物强者；若將自己物貨散與部民，及低價買物多取價利强者；出使人于所差去處，求索借貸賣買多取價利强者。

准不枉法論

事後受財條内，凡官吏事先不許財，事過之後而受財，事不枉斷者。

官吏聽許財物條内，凡官吏聽許財物，雖未接受而事不枉者，各减受財一等。

在官求索借貸人財物條内，凡監臨官吏挾勢及豪强之人，求索借貸所部内財物者；若將自己貨物散與部民及低價買物多取價利者；出使人于所差去處，求索借貸財物賣買多取價利者。

准竊盗論

典買田宅條内，若將已典賣田宅朦朧重復典賣者，重覆典買之人及牙保知情者。

弃毁器物、稼穡等條内，凡故意弃毁人器物，及毁伐樹木稼穡者。

隱匿費用税糧課物條内，凡本户應納税糧課物及應入官之物，隱匿費用不納，或詐作損失，欺妄官司者；部運官吏知情聽從者；小户附搭侵匿者。

冒支官糧條内，凡管軍官吏人等冒支軍糧入己者。

市司評物價條内，凡諸物牙行評估物價，或貴或賤，令價不平，增減入己者。

把持行市條内，凡買賣諸物，把持行市專利及販鬻之徒通同牙行爲奸，賣物以賤爲貴，買物以貴爲賤。若見人有所買賣，混以己物在傍，高下比價，以相惑亂取利，已得利物贓重者。

白晝搶奪條内，其本與人鬥毆，或勾捕罪人，因而竊取財物者。

盗田野穀麥條内，凡盗田野穀麥菜果，及無人看守器物者；山野柴草木石之類，他人已用工力砍伐，積聚而擅取者；盗掘金銀銅錫水銀等項礦砂者。末條係例。

詐欺官私財物條内，凡用計詐欺官私以取財物者；又冒認及誆賺局騙拐帶人財物者。

發冢條内，若地界内有死人，里長地鄰不申報官司檢驗，而輒移他處埋藏，因而盗取衣服者。

賊盗窩主條内，知人略賣和誘人及强竊盗後而分贜者，准爲從論。

殺子孫及奴婢圖賴人條内，祖父母、父母殺子孫及家長故殺奴婢，子孫將已死，祖父母、父母、奴婢、雇工人，將家長身尸，期親尊長，大功小功，緦麻尊長，若尊長將已死卑幼及他人身尸圖賴人，因而詐取財物者。

庸醫殺人條内，故違本方，詐療人疾病而取財物者。

尊長爲人殺私和條内，凡祖父母、父母及夫，若家長爲人所殺，子孫、妻妾、奴婢、雇工人私和，期親尊長被殺而卑幼私和，卑幼被殺而尊長私和，妻妾、子孫及子孫婦、奴婢、雇工人被殺私和，受財者。

詐假官條内，無官而詐稱有官，有所求爲，或詐稱官差而捕人及詐冒見任官員姓名，詐稱見任官員子孫、弟侄、家人、總領，于按臨部内有所求爲而得財者。

盜決河防條内，若或取利，或挾仇，故決河防、圩岸、陂塘，漂失贓重者。

姚端恪公外集卷之四

白雲語録四

同律不同例

誣告充軍及遷徙條下，凡誣告充軍者，民告抵充軍役，軍告發邊遠充軍。此係誣告人律內。充軍若誣告人例內，充軍者只依誣告律科斷，不用此律。

略人略賣人條下，凡設方略而誘取良人爲奴婢，及略賣良人與人爲奴婢者，皆不分首從未賣，杖一百，流三千里。爲妻妾子孫者造意，杖一百，徒三年，因誘賣不從而傷被略之人者，絞，監候。殺人者斬。監候爲從各減一等，被略之人不坐，給親完聚。○若假以乞養過房爲名，買良家子女轉賣者，罪亦如之。不得引例。

條例下〔一〕，一凡設方略而誘取良人，與略賣良人子女，不分已賣未賣，俱問發邊衛充軍。

若略賣至三口以上，及再犯者，用一百斤枷，枷號一個月，照前發遣。三犯者，不分革前革後，發極邊衛，分永遠充軍。其窩主與買主并牙保人等知情者，各依律治罪，婦人有犯罪坐夫男，若不知情及無夫男者，止坐本婦，照常發落。此例有共犯者，止將爲首之人引例，從者不可，雖有俱字，止方略與略賣，兩下説非，不分首從之俱也。若婦人有犯而夫男知情罪坐，夫男不知情照常發落。此例惟略賣正條得用。若買良家子女轉賣者，律雖曰罪亦如之，終與設方略有間，雖同略賣之律，不同略賣之例，不得引例充軍，以作律時未有例也，與律文原有充軍者不同。

康熙十一年四月十　日畫題江西糧道彭思聖隱匿部文一案，每糧一石折銀六錢，後部文准折每石四錢，其每石多收二錢未給還民。江撫董覆引官物應給付與人，已出倉庫而未給付。若有侵欺者，計入己贓，以監守自盜論。共贓　千　百　十兩，亦止引雜犯死罪，准徒五年，不以入己，引新例則稱以者，同律不同例，見在已有行之者矣。

監守盜箋釋，如附餘錢糧已申作正，數徑問監守常人贓，合例引例充軍。如未作正，照附餘問罪，此與脚價銀兩俱入官，番貨私鹽私茶等物及贓罰之類，縱侵盜數多，俱不可引例，以非正糧故也。

守掌在官財物箋釋，又凡稱以監守自盜論者，雖刺字絞斬，悉得同科，却不得同引例充軍，以非倉庫中盜出也。

明會典開載：卷之第一百六十，律例一，按：祖訓有云：守成之君止守律與大誥，并不許用黥刺剕劓之刑。臣下敢有奏用此刑者，文武群臣即時劾奏，故頒令制律，永爲遵守。其後以累減從輕，無復流罪。雜犯倖免，不足示懲。累朝間有損益，因事定例，皆推廣律意，補所未備。弘治中，會官詳議，定爲問刑條例，頒布有司。嘉靖中，又以事例繁多，引擬失當，重加删正。近復將新舊條例參訂畫一，題請頒行。今備載大明律文，而以條例各附本律之下。例俱以一字冠，别于律文。

赦前犯罪應與赦免赦後事發在逃犯罪在逃逃後遇赦事發未到官而逃或已到官而逃

犯罪共逃條下，其因他人犯罪連累致罪，而正犯罪人自死者，連累人聽減本罪二等。以下因人連累而言，謂因别人犯罪連累以得罪者，如藏匿引送資給罪人，及保勘供証不實，或失覺察關防鈐束、聽使之類，其罪人非被刑殺而自死者，又聽減罪二等。若罪人自首告得免，及遇赦原免，或蒙特恩減罪收贖者，連累人亦准罪人原免減等，贖罪法。謂因罪人連累以得罪，若罪人在後自首告，或遇赦恩全免，或蒙特恩減一等二等，或罰贖之類，皆依罪人全免減等收贖之法。

徒流人在道會赦條下，若於途中曾在逃，雖在程限内遇赦，亦不放免。常赦所不原條下，若知情故縱，聽行藏匿引送，雖會赦并不原宥，謂故意犯事得罪者，雖會赦皆不免罪。其過誤犯罪，謂過失殺傷人、失火及誤毁遺失官物之類，及因人連累致罪，謂因别人犯罪連累，以得罪者，如人犯罪失覺察關防鈐束及干連聽使之類。并從赦宥，謂會赦皆得免罪。其赦書臨時欽定真犯等罪名，特賜宥免，謂赦書不言常赦所不原，臨時定立罪名寬宥者特從赦原。及雖不全免減降從輕者，謂降死從流，流從徒，徒從杖之類。不在此限。謂皆不在常赦所不原之限。

今例逃人三次絞，然赦前逃走不筭次數，逃三次題本内除赦前幾次不議外。擬定秋决，遇赦亦得免罪。逃人專以逃定罪者也。遇赦得免罪，則今例與前律流徒人在道曾逃遇赦，不放免者不同。逃人逃在赦前，拿獲在赦後，却不免刺字。

名例下〔一〕，一正犯不應援赦而承問，各官錯擬罪者，仍交該部議，至于正犯既經援赦免罪者，其承問舛錯，各官免交該部。

折贖還職

五刑條例下，一凡軍民諸色人役，及舍餘、總小旗審有力者，與文武官吏、舉人、監生、生員、冠帶官、知印承差、陰陽生、醫生、老人、舍人，不分笞杖。不碍行止，擬還職役，肄業寧家。徒流雜犯死罪俱令運炭、運灰、運磚、納米料等項贖罪。若官吏人等例該革去職役，與舍餘，總小旗、軍民人役審無力者，笞杖罪的決。徒流雜犯死罪，各做工擺站哨瞭，在京者，民、軍、王府。發充儀從情重者，煎鹽炒鐵，後停鐵冶郎中炒鐵亦停。死罪五年，流罪四年，徒罪照徒年限，其在京軍丁人等無差占者，與例難的決之人笞杖，亦令做工。

文武官犯私罪條例下〔一〕，凡文官犯私罪笞四十以下，贖完。附過還職，五十贖完。解見任，送吏部于原官流品。別處叙用，杖六十降一等，七十降二等，八十降三等，九十降四等，贖罪完日。俱解見任，送吏部。流官於閑散雜職内照降等叙用，雜職於邊遠叙用，杖一百者，罷職不叙。

一文職官吏、舉人、監生、生員、冠帶官、義官、知印承差、陰陽生、醫生，但有職役者犯贓犯奸，并一應行止有虧，俱發爲民。

一文武官吏人等犯罪例該革去職役，遇革者取問明白，罪雖宥免，仍革去職役，各查發當差。

犯私鹽條下，凡軍人有犯私鹽，本管千百户，有失鈐束者，百户笞五十至杖七十，千户笞四十至杖六十，俱附過還職。

新例名例下，一文武官員已經革職爲民，以先任内事犯折贖外，見任文武官員犯流罪以上者，俱不准折贖，照應得之罪，如係旗下人枷號的決，係民人的決，流遣犯徒罪以下者，准其折贖，其革職之後，若犯别罪，應照民人折贖。

議得江南江西總督麻勒吉將江寧後衛右所革職千總柳維城侵那一案，審擬流杖具題前來。查柳維城接徵康熙元、二、三、四、五年未完軍欠屯糧，將康熙六、七兩年屯米那解，迨六、七兩年缺額，又將八、九兩年屯米那解，以致八、九兩年虧欠屯米三千一百六十六石五斗。既經該督審明，雖非侵蝕，但那移出納，除赦前不坐外，赦後墊解米四百一十餘石。柳維城合依那移出納還充官用者計贓，准無入己之贓監守自盜論，免刺，律杖一百，折責四十板，流三千里，准徒四年，照例折贖。柳維城已經此案革職，無容議。查欽誘令維城那移，合依不應重，律杖八十，折責三十板，事在康熙九年五月初六日赦前，查欽應免罪，仍革役。其軍户原欠并柳維城那移缺額米石，分别照數追補。原項此案該督逾限未及一月，無容議。康熙十一年四月晝題。督疏柳維城原係職官，應照四年徒律，折納贖銀二十兩。是督疏照官徒罪以下折贖之例，非因准罪折贖〔二〕。

議得直撫金世德將革職守備王保泰擬罪具題前來，查王保泰接受前任守備張士輔交代順治十六年以前民欠銀二千九百四十四兩零，又伊任内自康熙元年至康熙八年節年拖欠在民，共銀一千五十三兩零。保泰恐碍考成，將康熙九年已徵未解正項錢糧銀三千九百九十七兩七分零，移新補舊，遞相那解，及至被參，離任清查，遂露累年那解情節。歷經研審，自認情真。除康熙九年五月初六日赦前不議外，赦後那解銀六百六十五兩零，王保泰合依那移出納還充官用者并計贜，准監守自盗論，罪止杖一百，流三千里，准徒四年，律責四十板，徒四年，照例折贖。其錢糧銀三千九百九十七兩七分零，雖係民欠，但歷年奏銷，保泰俱捏報全完，仍應于保泰名下照數追補。新任守備程安祥認徵民欠銀二百九十八兩零，已經追完，無容議。康熙十一年四月晝題，四月十五日奉旨依議。

事後受財，律箋釋云：按八字之議，稱准者不在除名刺字之例。又名例云：文官犯私罪杖一百者，罷職不叙，然今例有職役者，犯贜犯奸，并一應行止有虧，俱發爲民，則雖准罪杖九十以下亦然矣。姚云：犯奸和而有夫者，止杖九十，然亦發爲民。犯贜枉法者一兩至五兩，杖八十，亦發爲民。

律例瑣言附録，一官吏、監生、生員不審力者，例難的決，皆贖罪也。老幼廢疾不審力者，律得收贖，不決配也。盗賊不審力者，例不准贖，皆決配也。工樂户婦人犯笞杖，或該決，杖一百。餘罪收贖者，有力納鈔，無力的決，與軍民人等皆先審有力無力，然後發落。

冒破物料條下，凡造作局院頭目、工匠多破物料入己者計贜，以監守自盗論，追物還官。局官并覆實，官吏知情符同者，與同罪失覺察者，減三等、罪止杖一百。箋釋云：但失于覺察者減三等，罪止杖一百，俱擬還職役。

二罪俱發以重論條下，一罪職官公罪徒該紀録還職，一罪職官私罪杖一百，該罷職雖以重者論罪，而坐以公徒，其職則仍當罷，此之謂應罷職者，盡本法也。箋釋注。

邊境申索軍需條下，凡守邊將帥但有取索軍器錢糧等物，須要差人。一行布政司，一行都指揮使司，再差一人行五軍都督府，一行合干部分及具奏本實封御前，其公文若到該部，五軍都督府須要隨即奏聞區處，發遣差來人回還，若稽緩不即奏聞，及各處不行依式申報者，并杖一百，罷職不叙，因而失誤軍機者斬。

縱軍擄掠條下，若於已附地面擄掠者，不分首從皆斬。本管頭目鈐束不嚴，各杖八十，附過還職。

錢糧互相覺察條下，箋釋注：知侵欺等情而不首，及故縱者雖非入己，亦同奸也，係私罪，官吏各罷職役不敘。其失覺察者，無通同之情，罪止杖一百，係公罪官吏各還職役。倉庫不覺被盜條下，守把值更人等不覺盜者，罪止杖一百，係公罪官吏各還職役。故縱者，各與盜同罪。係私罪官吏，各罷職役不敘。亦出箋釋注。官員赴任違限條下，無故過限者一日，笞一十，每十日加一等，罪止杖八十，贖。并附過還職。

原注：〔一〕箋釋云：此律後不行，行五刑條例，贖者仍還職役。

〔二〕康熙十一年五月内會議，原任總督周有德、原任給事中鄒之璜一杖九十，一永戍減等，杖一百，徒三年，俱折贖。

刑部覆王掌科請停折贖疏

議得科臣王光前疏，稱民間詞訟全賴依律斷遣。今俱以有力折贖，在豪富之家僅納數金，爲力甚易。貧懦小民終無以泄其怨憤，甚至貪婪之徒藉此行私，豈無有殃及貧民追逼敲朴，借債變産以應者乎？爲國家財用計，有之不爲加益，無之不爲加損，而開此有力折贖之門，使大小各官得以剥民肥己，强者益以凌弱，富者益以欺貧。于民風所關，匪細題請，將有力稍有力折贖之條，相應一概停止等因，條議前來案，查順治十八年三月十四日奉上諭，小民無力納贖不完，反致苦累，以後民人犯事不必折贖。后臣部覆科臣吴國龍條議贖鍰一款，奉旨前諭，因無力小民納贖難完，反致苦累，故令懲決。但律内開載：有力折贖，無力的決，原聽從民便，非强逼。令其折贖以後，通着照律行。如有不能折贖，而强令折贖，着該督撫指名參處，欽遵在案。今如一概不准折贖，于寬宥之例不符，酌議得律例本條開明某罪有准折贖，某罪有不准折贖者，仍照舊遵行外，其律例内未經開載者，問刑官臨時詳審情罪，應准折贖，而自願折贖者，准其折贖。情罪有不可折贖者，仍照律的決，以懲奸民。如承問大小各官有濫准折贖，并額外追取肥己者，該督撫察出指名糾參，交與該部議處，俟命下之日，通行直隸、各省督撫，申飭所屬官員遵行可也。

二罪俱發從重論

四川嘉定州知州劉師尹赦後一款，派賞春銀十二兩，應照律非因公科斂人財物入己者計贜，以不枉法論。雖不入己，罪亦如之。計贜二兩以上至十兩，杖七十。又入己，童宗法應入官馬一匹，價值八兩，應照守掌在官，若有侵欺者，計入己贜，以監守自盜論，至七兩五錢，杖六十，徒一年，罪輕不坐。其索童宗法銀十兩，索峨眉縣户房董俊、金萬明、朱國士銀三十兩，應照律取受有事人財，於法有枉縱，以枉法計贜科罪。各主者通筭全科，係有禄人枉法贜四十兩，杖一百，徒三年，俱不坐外，應照例官犯贜十兩者，責四十板，并妻流徙寧古塔，係康熙十一年四月初揭帖到。

舊例定招，俱將各輕罪照律開出仍除去。近時多從簡易，止云：除各輕罪不坐外而已，但各罪未照律開出，何以知其輕也。獨四川此招，猶存古式，故録之。

應發遣人犯追贜監比未完

刑部題爲欽奉上諭事，康熙四年十一月初十日奉旨：『凡解部流徙入官人犯已有定限，已經具題。在外流犯無限，着再議具奏。欽此。』該臣等議得除解部流徙入官人犯，照此先定例遵行外，以後凡具題在外者流遣人犯，以臣部移咨，該省督撫文到之後，計限一個月，即行起解發遣。其發遣之時，俱照律内定日，徒流人在道若三千里限二個月，二千五百里限五十日，二千里限四十日，俱限内到發遣之處。其軍犯亦限一日行五十里。如流徙充軍人犯所追贜甚多，限内不能追完起解，該督撫應題明其該地方官違限遲延不起解，并押解犯人衙役限内不能解到所定之處，路途遲延者，該督撫將遲延不起解該官員、并路途違限遲延押解之衙役，指名題參治罪，俟命下之日，通行直隸各省，永著爲例，遵行可也，等因具題。康熙四年十一月二十五日奉旨依議，該臣等議得查此款律文捕亡律内。内載：凡應徒流遷徙充軍囚徒斷決後，當該官司限一十日内發遣，若限外無故稽留不送者，三日笞二十，每三日加一等，罪止杖六十等語。此款律載甚明，其所定在外充軍流徙人犯一月之限應停，相應照律行可也。康熙七年　月　日奉旨依議，發遣一月之限既停，仍照律行，則此疏内所云：流徙充軍人所追贜甚多，限内不能追完起解，該督撫應題明，一項亦應照名例律給没贜物條下，監并一年以上之條例行爲正。

康熙十一年四月十五日覆湖廣知縣屈超乘一案，引此律例具題。

名例律給没贜物條下，一凡犯侵欺枉法充軍追贜人犯所在官司務嚴限，監并至一年以上，先將正犯發遣，仍拘的親家屬監追，如無的親家屬，仍將正犯監追，敢有縱令倩人代監及挨至年遠，輒稱家産盡絶，希圖赦免者，各治以罪。

一新例侵盜錢糧贜重罪至死者，本犯照擬正法，所侵錢糧將妻子勒限一年追完，如限内不能完者〔一〕，妻及未分家之子，并本犯家口財産入官〔二〕。其流罪以下所侵錢糧限六個月追完，如限内不能完者，本犯并妻及未分家之子流徙尚陽堡，家口財産變價入官。若此等重罪人犯遇赦免罪，止應追贓，果係家産盡絶，限内不能完者，將本犯并妻及未分家之子入官。如侵錢糧麥贓等犯遇赦免罪後，仍復入原衙門及别衙門應役者，除死罪外，將本犯并妻流徙寧古塔，等因具題。奉旨：流罪以下犯人所侵錢糧，限内不能完者，正犯及妻既流徙尚陽堡，未分家之子不便令其離父母，着免入官，仍一并流徙，餘俱依議。查此款律文内載：凡還官入官給主贓監追一年之上不能完納者，果全無家産，或變賣已盡及産雖未盡，止係不堪無人承買者，各勘實具本犯情罪輕重監追，年月久近，贓數多寡，奏請定奪等語，律内一概定限一年以上，并未有妻子入官之語，事關錢糧懲戒衙役之例，非衙役仍應照律定限一年以上，相應仍留此例，遵行可也。奉旨依議。

原注：〔一〕此專指衙役。

〔二〕再查酌復舊章疏。

誣　告

盜賊律内恐嚇取財條下，一凡將良民誣指爲盜，及寄買賊贓，捉拿拷打，嚇詐財物，或以起贜爲由，沿房搜檢搶奪財物，淫辱婦女，除真犯死罪外，其餘不分首從，俱發邊衛，永遠充軍。誣指送官，依誣告論；淫辱婦女，依强奸論。姚云：此例重在拷打詐財及搶奪淫辱，故附盜賊律內。若誣告强盜不實，另在訴訟律內，問發邊衛充軍，無『永遠』及『不分首從』字。

教唆詞訟條下，一代人捏寫本狀教唆，或扛幫赴京及赴巡撫、巡按并按察司官處，各奏告叛逆等項機密，强盜人命重罪不實，并全誣十人以上者，俱問發邊衛充軍。

新例誣告加重條下，一刑部覆道臣傅宸條陳誣告人笞杖徒流等罪，應照律加等科斷，此等之人作奸害民，不准折贖，笞杖的決，徒罪擺站，流罪發遣。誣告人死罪已決者，反坐以死監候未決者，被誣告之人既未至死，本犯不便擬抵，相應免死決，杖一百，發邊衛永遠充軍。如以不赦之罪誣人者，雖遇赦，不與原宥。其誣告叛逆，被誣之人已決者，本犯擬斬立決。若未決者，應擬斬監候，不得株連妻子家産。如告言人罪不即赴審，輒行脱逃者，除將被誣及證佐俱行釋放，本犯獲日所告之事不與審理，仍以誣告擬罪。查此款律内，誣告人死罪已決者抵命，未決者流三千里，加徒役三年之條，尚輕，應留此例遵行。再查，以不赦之罪誣人者，雖遇赦不與原宥之條，除已將誣告反叛之罪，定擬不准援赦遵行外，至於誣告餘罪者，既罪不至死，此款應停可也。奉旨依議。

訴訟律内誣告條下，一誣告人因而致死被誣之此係全誣平人，若誣輕爲重，則不致絞。人，委係平人及因考禁身死者，比依誣告人因而致死，致死隨行親屬是已决者，此致死被誣之人是未决者。隨行有服親屬一人絞罪，奏請定奪。對平人若誣輕爲重，及雖全誣平人。對考禁却係患病在外身死者，止擬應得罪名發落。

箋釋云：誣告人而累死被誣之人，其初摘引誣告人因而致死律條，科斷與律意不合，改依致死，隨行有服親屬一人絞。係明嘉靖七年，大理寺題改。

姚端恪公外集卷之五

白雲語録五

問發充軍

徒流雜犯杖一百　軍亦加杖

户役律内隱蔽差役條下，凡豪民有力之家，不資工食。令子孫弟侄跟隨官員隱蔽差役者，家長杖一百，官員容隱者與同罪。受財者計贜，以枉法從重論，跟隨之人免杖罪，附近充軍。

箋釋親屬相奸條下，一凡犯奸内外緦麻以上親及緦麻以上親之妻、若妻前夫之女、同母異父姊妹者，依律擬罪，奸夫發附近衛充軍。

律例充軍，有問罪發充軍者，有止發充軍者，今例一概杖一百，發充軍。詢其故云：因旗下犯軍罪者皆鞭一百，枷號三個月〔一〕。問罪照律而問也，發者照例而發也。查明律例附解内有假如二册皆招式也，如某人犯某罪，事應照律問杖一百，徒三年之罪。今既照例充軍，應免其徒杖發遣。

徒流人又犯罪條下，一在京在外問擬，一應徒罪俱免杖。其已徒而又犯徒，該決訖所犯杖數，總徒四年。今雜犯死罪准徒五年者，俱比律加杖一百。雜犯死罪加杖一百，非也。

康熙十一年九月初四日，山東司于説堂直撫金世德咨，准陝撫　咨，直隸充發陝西軍犯戰加福棒瘡舉發，在道樹下身死，將伊妻　氏照部覆尚書龔鼎孳疏，流戍人身故，妻子放還之例，將　氏仍解回直撫。直撫咨到部，司中初議，以戰加福係强盗，因伊父舉首，具題減等之犯，另令該撫具題，後議强盗既已減等，即係流犯，近例衙役犯贜流徒者，止抄招達部，不必具題，况已故之軍犯乎！龔疏部覆甚明，徑從咨回省釋。查名例内，凡充軍及口外爲民者，免其納米運炭，并律該決杖等語，杖至一百之多，人行數千里之外，其不爲戰加福者希矣。宜酌議仍照律行。

晋撫達題爲配軍未能補伍度日，不過情迫控訴事。該臣看得發配軍犯，原以罪不至死，減擬遣戍，留其生路。舊例衛所管軍，所以問發軍犯補伍食糧，自衛所軍丁歸城守管轄，無解到配軍，究無着落，衛所之官恐逃累處分，嚴防有保者乞丐，無保者塾門，竟致飢寒殞命，罪誠莫逭，情實堪憐，屢控從前督撫批查，奈無長策，是以軍犯徐起蘭等泣訴不已。臣批司確酌據詳，衰老者入養濟院，强壯者補伍食糧。但衛所原無養濟院，若撥附近州縣，奈各犯均係外省萍踪，設或脱逃，責成無着，且營兵定有經制，既不便裁汰，若令候補，事故，營弁又安肯以罪犯補兵？均屬權宜，終非長計，駁議再四，苦無別法，合無將遣發軍犯不拘衰壯、有無保人，免其枷鎖，聽其傭工乞食。倘有脱逃，報部，責該管衙門及原籍地方緝拿，將未管官寬免處分，庶窮軍凍餒得免，性命可延。臣因軍犯可矜，冒昧上陳，抑或別作遠圖，部臣必有良法。伏乞皇上睿慈憐鑒，敕部議覆施行，奉旨：『該部確議具奏。』

康熙十一年十月十二日，揭帖到部，江撫馬爲父命活殺事内，凶犯王六擬絞，郁六助毆傷重，照例免杖，定發軍衛，拘妻僉解仍招達兵部，知會著伍。

原注：〔一〕旗下准徒五年，重于軍流。

鬥毆折傷應否折贖

康熙十一年四月二十七日，陝西司回堂有將眼打壞，又傷手一肢，未折。又打折脚一肢，已折。擬毆至廢疾者，杖一百，徒三年。予以應從篤疾律，杖流，司以其人目尚流水，或不至瞎，公議首杖一百，徒三年，從減一等發落。次早内務府復有文來稱：此二人係刺花匠，欲照旗下發落。清字不能識聞，大約如此。司又議徒三年，有力贖十七兩五錢，應否折贖？予以理斷之，使傷人目、傷人肢體者，皆可以折贖，則富人揮金百兩，可以抉數人之目，折數人之肢矣，似屬不可。因念見行之例，有旗下六品管倉某官，因巡倉人役不在倉所，以鞭責之，誤中其一目致盲，見題交兵部議，使可折贖，何必送兵部耶？且律内止過失殺傷人許贖，則鬥毆之傷人似不許贖也。

目録册内附在外納贖諸例圖，過失殺依律收贖，折銀十二兩四錢二分，給被殺之家營葬，取領狀。過失殺贖，傷者亦贖。

目録内附限内老疾收贖，凡誣輕爲重，如告人一百杖内，止四十杖。得實所誣六十杖。被誣之人已經受決，告誣者必全抵杖決六十，不准贖銀；如未決，方准照後收贖。如告人杖一百，徒三年内，止杖八十，得實被誣之人，若經已決，告誣者必全抵剩杖二十，徒三年之罪。如未決，徒三年，折杖一百，并剩杖共一百二十，仍實杖一百，餘二十杖，方准贖銀一分五厘。

目録内又按：王肯堂箋釋云：全抵剩罪無力的決，做工擺站哨瞭，有力納米等項贖罪亦如例，不在折杖收贖之限。今合二説，參酌其宜，如有力則剩罪俱以納米等項贖罪行之；如無力則剩罪至杖一百以上者，實的決一百，其餘罪亦着納贖，但不用律贖每杖一十贖銀七厘五毫之數，而用例贖每杖一十贖銀一錢，則杖不過百而贖不失輕，庶兩得其平矣。若無力至一兩之銀亦不能納者，則量從律贖與未決餘罪同，臨時酌之。

過失殺傷條下，若過失殺傷人者，各准鬥殺傷罪，依律收贖給付其家。凡初無害人之意而偶致殺傷人者，皆准鬥毆殺傷人罪，依律收贖，給付被殺被傷之家，以爲營葬及醫藥之資。箋釋云：傷者，准鬥毆條内笞杖徒流定罪。死者，以鬥毆殺人絞罪。各依律收贖銅錢給付被傷之家，以爲營葬醫藥之資。○此『准』字與准枉法、准盜之『准』字不同。蓋但准依鬥毆殺傷罪名而收其鈔，非如名例稱准罪止杖一百，流三千里也。

新例名例内照律納贖，一刑部覆准鹽御史胡文學題鹽罰罪贖等項，難以援例請免，相應仍行，依例收贖。又覆科臣吴國龍請復贖鍰條議，奉旨前諭，因無力小民納贖難完，反致苦累，故令懲決。但律内開載：有力折贖，無力的決，原聽從民便，非强逼令其折贖，以後通着照律行，如有不能折贖而强令折贖者，着該督撫指名參處欽遵通行外，鹽犯亦係民人，仍照民人一體依律折贖。凡内外各官任内犯杖罪及三品以上官員兄弟、子侄犯杖罪者，亦照實録折贖。其旗下人及另户有力之人，若犯杖罪情願折贖者，亦照民人一體依律，罪至鞭一百，折贖銀伍兩，不能納贖者，即行的決。凡内外人等，或越行叩閽，或叩閽屬虚者，不論旗下民人一概不准折贖的決，除叩閽已經停止，無庸議。查律文内載：有力折贖，無力的決等語，今官員犯杖罪者，照依實録折贖外，至於官員兄弟、子侄與小民分別折贖，似乎於法不平。此分别折贖之例應停，相應俱照律行可也。康熙七年八月内，奉旨：『原有官職之人，革職即同平民，犯罪既同，其折贖豈可以其原係官員多取？俱著照律行，餘依議。』

新例名例内贖鍰年終造册〔一〕〔二〕，一律例開載：流徒笞杖等罪，分别無力的決，有力收贖，内外問刑衙門，每年終造册開報，贖鍰以充軍餉。在京除流罪以上及奸情、强盗，知情故縱罪囚，以卑犯尊，衙蠹犯贓等罪不准收贖，以儆奸頑外，有犯徒罪以下應照例收贖。其無力者，仍從的決。再查漢人婦人，有犯輕罪者，俱准照律收贖，而旗下婦女俱的決。今議除奸盗逃走等情應行的決外，其餘一體收贖。順治十六年三月内奉旨，是依議行。

新例名例内革職折贖〔三〕，一刑部遵旨議定，文武官員已經革職爲民，以先任内事犯折贖外，革職之後又犯别罪者，俱不准折贖的決〔四〕。其見任文武官員犯流罪以上者，俱不准折贖，照應得之罪，如係旗下人枷號的決，係民人的決流遣。犯徒罪以下者，准其折贖。今查此款，見任文武官員如犯流罪以上，俱不准折贖之處相應仍留。此例遵行。再查革職之後，又犯别事者，俱不准折贖鞭責之處，因先民人有犯杖罪，不准折贖所定。今奉旨：民犯杖罪，既准照例折贖，其革職官員若犯别罪不准折贖之例，相應停止，應照民人折贖可也。奉旨依議。别罪，不過言革職之後又犯。别罪，不係以先任内所犯耳。

新例盗賊條下，凡民犯軍流徒罪即照律發遣，旗下人犯軍流徒罪者枷號，仍各以應得之罪照數鞭責，如職官本身及妻子、兄弟既然鞭罪收贖，徒流亦准照例收贖。流罪亦准贖，再考。妻子兄弟亦准收贖，再考。

會典工部班匠徵銀條下〔五〕，題准清匠主事給清理人匠、關防各監局人匠，遇有老疾事故，徑開清匠司注銷，審果乏人，不分軍民，俱要的親兒男、弟侄結送考校，工科驗實方准頂補。

會典工部清理匠役條下，匠役事故，各該衙門查照成化七年事例，即用手本行清匠官揭册查取户下應補親丁，驗送上工。若清匠官遷延誤事及各監局徑拘衛所，并宛平、大興縣官勒逼私補，雇人買免，俱聽本部該科參究罪坐所由，如係洪武、永樂年間已絕人數，清匠官查取今次未稱項下習藝已精者補盡，方許呈部行文，原籍清勾。

會典工部工匠犯罪條下，弘治十三年奏准内府匠作犯，該監守常人盜竊盜掏摸搶奪者，俱問罪送發工部，做工炒鐵等項，其餘有犯徒流罪者，拘役住支月糧，笞杖准令納鈔。又兩京工部各色作頭犯，該雜犯死罪無力做工，與侵盜誆騙受財枉法徒罪以上者，依律拘役滿日，俱革去作頭，止當本等匠役。若累犯不悛，情犯重者，監候。奏請發落，杖罪以下與别項罪犯拘役滿日，仍當作頭。

名例犯罪時未老疾下，箋釋小注謂：如六十九以下，徒役三年，役限未滿，年人七十，或入徒時無病，徒役年限内成廢疾，并聽准老疾收贖，以徒一年三百六十日爲率，驗該贖錢數折役收贖。假如有人犯杖六十，徒一年，已行斷罪拘役五個月之後，犯人老疾合將杖六十，徒一年，總該贖錢一十二貫，除已受杖六十，准錢三貫六百文，該剩徒一年，贖錢八貫四百文，計筭每徒一月該錢七百文，已役五個月，准錢三貫五百文外，有未役七個月，該收贖錢四貫九百文之類，其餘徒役年限贖錢不等，各行照數折筭收贖。

徒限内『徒』字，自六十以下言，若七十以上，則徒流俱得收贖矣。若在徒年限内有篤疾者，除原犯係盜及傷人收贖外，餘亦勿論。工樂户犯流徒在留住拘役限内老疾者，亦當依律收贖。惟雜犯死罪，雖准徒五年，難以一體折贖，蓋國初原係真犯死罪，故不可以徒論，而七十以上及廢疾原犯死罪不贖故也。至八十以上及篤疾者，犯監守常人盜，年限内亦准贖，餘皆勿論。

斷罪不當條下，凡斷罪應決配而收贖，應收贖而決配，各依出入人罪減，故失一等。可見非一概贖。

官司出入人罪條下，箋釋小注：此與誣告折杖不同，誣告之反坐，所剩入至流者，本注云：三流并准徒四年，折杖二百四十，收贖出入人罪至流者，本注止曰：每流一等，准徒半年。不云折杖收贖，則與誣告有輕重矣。其故失出入人全罪徒不折杖，流不折徒，惟故失有所增減者，然後徒流皆折。按：誣重反坐律，其徒流折杖剩罪已論決者，皆全科不在收贖之限。

此惟五徒折杖，其三流則但折徒，是增減至徒罪已決放者，亦如誣重全抵所剩折杖之數，若未決放則止聽減一等決之，皆不收贖。或謂增減人罪，自笞杖入至徒流，皆折杖一如誣告，止杖一百，餘罪收贖，非也。蓋官司故出入人罪，在名例謂之真犯常赦不原。惟失出入者，從赦原法。由此觀之，則難同誣重之剩杖收贖明矣。况誣重所云，收贖彼亦但謂其未論決者之罪然耶。

新例訴訟條下，一刑部覆道臣傅扆條陳誣告人笞杖徒流等罪，應照律加等科斷，此等之人作奸害民，不准折贖，笞杖的決，徒罪擺站，流罪發遣。

原注：〔一〕新例中之舊例。

〔二〕今刊新例中未見。

〔三〕行例。

〔四〕旗下放枷方責民人責後發遣。

〔五〕此兩項因議匠役犯罪應否徒流折贖而并録之。

親屬犯奸死罪立决秋後考

	從祖祖母 曾祖之子之妻 即伯叔祖母 祖之親兄弟之妻小功	祖妾	從祖祖姑 曾祖之女 即祖之親姊妹在室小功	
同曾祖從祖伯叔母 即父之堂兄弟妻小功	伯叔母 父之親兄弟之妻期年	父妾	姑 祖之女 即父之親姊妹在室期年	從祖姑 曾祖之孫女 伯叔 即父之伯叔姊妹服闋內之堂姑也在室大功
	兄弟妻小功	犯奸正犯	父之女 姊妹在室期年	從父姊妹 祖之孫女 即堂姊妹在室小功 同祖
	兄弟子妻 即服闋內侄婦也大功	子婦 長子婦期年 衆子婦大功	兄弟之女 即服闋內侄女在室期年	
		孫婦 嫡孫婦小功 衆孫婦緦麻		

軒罪。決不待時。奸小功以上親强者。

奸從祖祖母姑在室〔一〕、從祖伯叔母、從父姊妹、母之姊妹及兄弟妻、兄弟子妻强者。查從祖伯叔母下無姑字，宜考從祖姑在絞罪下。

奸父祖妾〔二〕、伯叔母姑姊妹、子孫之婦、兄弟之女及與和者。强者，奸夫決斬。絞罪。決不待時。奸從祖祖母姑在室、從祖伯叔母姑、從父姊妹、母之姊妹及兄弟妻、兄弟子妻及與和者。斬罪。監候。奸緦麻親及妻、若妻前夫之女及同母異父姊妹强者。

奸從祖祖姑、出嫁從祖姑强者〔三〕。强奸從祖祖姑在室則立斬，出嫁則監候斬。

絞罪。監候。奸從祖祖姑、出嫁從祖姑者。和奸從祖祖姑在室則立絞，出嫁則監候絞。〇姚臆曰：從祖姑一項若强奸，不論在室、出嫁，俱監候斬。和奸則在室立絞，出嫁則監候絞。

箋釋親屬相奸條下，一凡親屬犯奸至死罪者，若强奸未成，依律問罪，發邊衛充軍。照舊例，親屬犯奸至死罪，謂奸從祖祖母姑等，當坐絞斬罪者；親屬强奸謂奸同宗無服之親，及妻內外緦功之親及妻、妻前夫之女、同母異父姊妹强者未成，總承二項而言，俱依首條强奸未成者，杖一百，流三千里，引此例充邊軍。弘治間例，親屬犯奸至死罪者，不分成奸與未成奸，俱依本律科斷，仍將未成緣由奏請定奪。一向遵行。嘉靖七年閏十月，該南京大理寺奏稱，查大明律內，犯奸首條所開諸奸罪名，實爲諸條總要，亦如婚姻末條總開嫁娶違律諸罪，所以統括乎婚姻諸罪者也。故親屬相奸者不載未成之文，以其載于首條，故本條不復重出。如奸同宗無服親不載强者之文，必引首條强者絞，如奸緦麻以上親，以至奸子孫之婦、兄弟之女之類，不載强奸未成之文，必引首條强奸未成之文，而斷以流。不載奸幼女十二歲以下者，亦當引用首條而斷以雖和同强論。今若以首條所載泛指常人親屬不許引用，則强奸無服之親及其妻者，亦當依本條，止杖一百，而親屬幼女十二歲以下被奸者，不得以雖和同强論，而亦同罪乎？又如首條云：强奸者婦女不坐。今親屬不得引用，則强奸者，婦女亦坐乎？又首條云：媒合容止通奸者，各减犯人罪一等，私和奸事减二等。今親屬不得引用，則爲之媒合容止通奸及私和者，正係黨惡亂倫之人也，將獨無罪乎？又首條云：非奸所捕獲及指奸勿論。今本條無此，則親屬被告相奸者，非奸所捕獲及指奸亦論乎？考之别條，固有不分已成未成者，如劫囚云：但劫即坐，不須得囚。囑托公事條云：但囑即坐，不問從與不從，行與不行，皆明著其文也。今親屬相奸本條即無，但奸即坐，不分成與未成之文，安得不引首條坐罪而輒議入于死乎？若以親屬相奸事于倫理，罪在十惡，不分成與未成，則親屬相盗謀殺尊長，干名犯義，皆係倫理十惡者，然常人强竊盗分得財不得財，而親屬相盗亦有得財不得財之分。常人謀殺分已行已傷已殺，而謀殺尊長亦有已行已傷已殺之分。常人誣告死罪反坐，皆分已决未决，而親屬亦一體分之，俱可以干係倫理十惡，而一切論之乎？律惟謀反大逆不分未成者，則以人臣無將及逆專罪于未成，而已成無及，故不言也。至于謀殺祖父母、父母已行者斬，已殺者凌遲，處死亦微有分矣。况其他哉！或謂常人强奸未成得流，親屬强奸未成亦流，何其無有差等？蓋常人之與親屬，其分固有親疏，而成奸之與未成，其罪不容無間。若奸而未成皆坐絞斬，其已成者，當加入于凌遲矣。查得洪武三十年以前本寺衙門曾經革罷卷案不存，止查永樂十年一起犯人索富强奸弟婦未成，河南道問擬强奸未成，流罪充軍，啓聞依擬發落。訖宣德四年，犯人崔興强奸子婦未成節，該大理寺奏，奉旨：既是强奸未成，只依未成奸律打一百，發遼東充軍。是永樂年間以來，問斷親屬相奸，未嘗不分成未成，而悉坐以斬罪也。所有前項事理，律不應死，而于律外特置于死已爲不可，況欲著爲定例，使臣等與天下共行之斷斷乎？知其不可等因奏，奉欽：『依下法司會議』。覆題奉旨：『是今後親屬犯奸未成的，都依律問罪，發邊衛充軍，著爲定例，欽此。』

按：目録斬罪決不待時内有云：奸小功以上親强者，查律親屬相奸條内，無奸小功以上親之文，惟云奸緦麻以上親及緦麻以上親之妻、若妻前夫之女、同母異父姊妹者，各杖一百，徒三年。强者奸夫監候斬。若奸從祖祖母姑、從祖伯叔母姑、從父姊妹、母之姊妹及兄弟妻、兄弟子妻者，各决絞。强者奸夫决斬。言緦麻以上親，則該括小功大功在内矣。惟于大功小功内擇其情罪尤重者，特爲提出故云。若奸從祖祖母姑、從祖伯叔母姑、以上俱小功。從父姊妹、大功。母之姊妹小功及兄弟妻、小功。兄弟子妻大功。者，各决絞。强者奸夫决斬。其服雖小功以上，而律内未經特特提出者，仍應引緦麻以上親之律，和者各杖一百，徒三年。强者奸夫監候斬，不得引奸小功以上親强者立斬之目録也。或曰：今律注内又有云，惟强奸小功再從姊妹、堂侄女、侄孫女出嫁降服者，監候斬。則在室者，豈不應立斬乎？應之曰：查故明各律注内無此數語，惟王肯堂箋釋内有之。想本朝作律時采入，非古律相沿有此語也。凡律親屬之例有言緦麻以上者，則該小功大功在内親屬相奸有言大功以下者，毆大功以下尊長。則該小功緦麻在内，其有情罪特重特輕者，則非以上以下二字可，該故分晰言之，今律不特提出小功、再從姊妹三項者，該于緦麻以上親五字内也，則小功再從姊妹、堂侄女、侄孫女，若犯和奸，自應照律本文，各杖一百，徒三年。强者奸夫監候斬，不得于本律之外他擬明矣。

嗚呼！白雲語録，先端恪公未成之書也。凡録中彙集各條爲一帙者，皆有深意，欲爲論著剖晰，以仰體聖天子欽恤至意。惜自公無暇未竟厥志。堅因較字至此，繆忖遺意，附識數語于卷末，以俟祥刑之君子訂正焉。

又按：此注内又云，若奸妻之親生母者，以緦麻親論之太輕，還比依伯叔父母、母之姊妹論，考之故明各律注内亦無之，惟箋釋中有云：奸妻之母律無文，宜比附停當上請，蓋以服，則緦麻以上親；以義，則亦伯叔母與母之姊妹之比也。但妻亦有繼母、嫡母，自婿視之，終非所生，律不預定，蓋有謂也云云，似此想亦是本朝作律時采取增入也。

愚按：箋釋謂宜比附上請正名例中斷罪，無正條引律比附轉達刑部議定奏聞之意。今律注徑云：比依伯叔父母、母之姊妹論。則將何比耶？若比伯叔母則應各斬，若比母之姊妹則應各絞，亦未畫一矣。且父字疑衍，先端恪公常言大清律内多有錯字，意欲精加校定，題請改補，亦未遑及，溘焉長逝矣，嗚呼痛哉！

男堅百拜識

原注：〔一〕次重。〔二〕最重。〔三〕又次。

部牌追私債

康熙十一年五月内，聞有一人告予於通政及鼓廳，未查其姓名，其狀係清字，聞稱係買賣人，曾借銀與流徙犯人孫伯齡，告在刑部。刑部行牌山東巡撫，該撫以人亡産絶，取該地官印結回部矣。伊又控部求　再行准提，滿漢諸堂中獨姚某不肯准等語，且云姚係孫之門生，又云係孫之同年。比通政、鼓廳以各衙門辦事公可公否，方定行止，無一人能獨爲行止之理，且姚爲癸未進士，孫爲丙戌進士，安得有同年及門生之説哉？遂駁而不准之。予因思數日之前，有一人以討帳告狀，公議之時，予曾高聲云：追比官欠侵盗贜私各項，巡撫以人亡産絶具題者尚與豁免，豈可以年遠私債反重於官欠乎？且地方一切刑名錢穀俱以巡撫大臣爲憑，山東又無總督，更何從另查？此一時之愚見若此，與諸公所見相同，而不知此君獨怨望相及，亦可見發言之難，然而此心庶無愧矣。

五月廿九日，又有已故武振國之妻氏告已故原任禮縣知縣葛克念，於順治十三年借伊夫銀一票二百五十，三分起息，一帖百兩無息，其保人葛蔭垣及中人見人俱故矣。據伊妻云：自康熙元年方不完利息，伊夫又故，故遲至今方告。又云：去年遣人往討銀，葛克念之子以銀十兩、驢四頭與之，可見借債是實。葛之子云：與之，乃遵縣令之諭也。

錢債條下，一聽選官吏、監生人等借債，與債主及保人同赴任所取償至五十兩以上者，借者革職，債主及保人各枷號一個月發落，債追入官〔一〕。

錢債條下，一内外放債之家，不分文約久近，係在京住坐軍匠人等揭借者，止許於原借之人名下索取，不許赴原籍逼擾。如有執當印信、關單勘合等項公文者，提問債追入官。

錢債條下，一凡負欠私債，在京不赴法司而赴别衙門。在外不赴軍衛有司，而越赴巡撫、巡按、三司官處各告理及輒具本狀奏訴者，俱問罪立案不行。若本京别衙門聽從施行者，一體參究，私債不追。

新例刑部題爲遵諭陳言事，該臣等切照臣部現行事例，如民欠旗債，不分境内境外，概行州縣查追償還。倘稱未借，則必解部質審，其間或有真正欠債，理應清還者；或有本還利欠，利上加利者；或有本身不能償還，展轉扳指他人者。此等私債之事，部院接狀准行，而控告者甚多。今臣等酌議得旗下之人既不准出境外，嗣後放債與境外州縣民，而控告者概不准行。其境内之人，欠債能還而刁蹬年久不還者，准行審理。若借債之後身死，而家業實無可還之物者，債主雖告亦不准行。庶私債之事稀少，而小民得免擾害矣。如果臣等所言不謬，伏乞皇上采擇施行等因，康熙八年六月二十一日題，二十三日奉旨依議。

校記：〔一〕「追」，康熙二十二年姚士堅等刻本作「通」。

拒捕拒敵

户律課程條下，一凡豪强鹽徒聚衆至十人以上，撑駕大船，張挂旗號，擅用兵仗響器拒敵官兵，若殺人及傷三人以上者，比照强盜已行得財律皆斬，爲首者仍梟首示衆。其雖十人大船兵仗拒敵，不曾殺傷人，爲首者依律處斬，爲從者俱發邊衛充軍。若止十人以下，原無兵仗，遇有追捕拒敵，因而傷至二人以上者，爲首依律處斬，下手之人比照聚衆中途打奪罪人，因而傷人律絞。其不曾下手者，仍爲從論罪。若貧難軍民將私鹽肩挑背負易米度日者，不必禁捕。

刑律罪人拒捕條下，凡犯罪事發而逃走，及犯罪雖不逃走，官司差人追捕有抗拒不服追捕者，各於本罪上加二等，本應死者無所加罪止杖一百，流三千里。毆所捕人至折傷以上者，監候絞。殺所捕人者，監候斬，爲從者各減一等。

出界下海已行未行

康熙十一年四月内，福撫劉秉政爲稟報事，李明等行劫赤土埔，又於十年六月十一日夜集聖王廟謀欲出界捕魚逃生，被官兵圍住，拒敵重傷官兵二名，獲有藤牌刀械等件，按察使引出界例論斬。撫駁：聖王廟係内地，難照出界例，按察使引方景之船未出洋，亦照出界論斬之例，到部，部中駁以方景之等乘大船，置出洋物貨，夜出海口，被兵坐船追獲。李明謀出界而未行，難照出界例，仍照强盗本律，其陳一、王五原未同劫，止隨李明等謀欲出界，應比照謀叛未行律，杖一百，流三千里，熱審減等杖徒。都察院議李明等雖未出界，但拒敵官兵，又重傷官兵二名，有藤牌刀械等件，比照出界例論斬。聞比拒敵官兵，以謀叛已行論，故雖未出界而以出界論也。陳一、王五亦應擬斬，但未拒敵官兵，情有可矜，遇熱審減等，杖流議結。

新例海禁條下，會議得大小船隻出海行走貿易，及在遷移海島蓋房居住耕種田地者，或被地方官員查出，或被傍人首告，不論官兵人民俱以通賊論處斬，貨物家産俱給首告之人。該地方官、保甲、知情同謀故縱者處斬，知情不首告者，杖一百，流徙寧古塔等語，知情同謀故縱者仍處斬，不首者絞，不知情者杖一百，流三千里。該管文職不知情者，知縣、知州各降二級，知府、道官各降一級，俱調用。巡撫降一級，仍留任，餘俱照兵部議。奉旨依議，該管文官不知者，知縣、知州着革職，永不許用。府道着降三級調用。此係展海邊界，許民居住，後再行會議之例。

軍官軍人犯罪

刑部覆江南總督麻勒吉爲旗丁構蠹違禁私加，謹特疏指參以肅漕法事，該本部看得江南江西總督麻勒吉將興武、壽州二衛旗丁王國賓等私派耗贈一案，審擬徒徙杖罪具題前來，查王國賓、姬榮昌領兑在倉耗米構同書辦孫其顯等指稱濕潤，勒逼糧里趙錦銓等，王國賓得銀一百五十三兩，姬榮昌得銀一百七十一兩，分給水手人等，非盡入己，但挾勢求索財物是真，俱合比依監臨挾勢求索財物計贓，准不枉法論，折半科罪律，姬榮昌八十兩，律杖九十，折責三十五板，徒二年半。王國賓七十兩，律杖八十，折責三十板，徒二年。遇熱審應減等，姬榮昌責三十板，徒二年。王國賓責二十五板，徒一年半。查王國賓、姬榮昌係軍人，應照軍人犯徒杖一百，發二千里内衛分充軍，律應各責四十板，并妻發二千里内衛充軍等因，康熙十一年六月二十一日題，二十五日奉旨：『據奏王國賓、姬榮昌係軍人，應照軍人例議罪等語，其軍人有無熱審減等之例，本内未經説明，着再議具奏，欽此。』該本部覆議得旗丁王國賓等私派耗贈一案，先經臣等核議，將王國賓、姬榮昌照軍人犯徒，杖一百，發二千里内衛充軍律，具題奉旨。查得熱審減等之例，杖以十，徒以半年爲一減。查律軍人犯徒罪者，自杖六十起，至杖一百止，皆杖一百；自徒一年起，至徒三年止，皆發二千里内衛充軍。先將王國賓等因犯徒罪，故臣等議將王國賓等照律杖一百，折責四十板，并妻發二千里内衛充軍。查檔内從前并無此等運軍犯徒流罪，遇熱審減等議結之案。今王國賓等係運軍，若照民人熱審減等之例議減等，與律不符。若不減等，又未沾遇熱審之恩。王國賓等責四十板，遇熱審減等，應各責三十五板仍行，并妻發二千里内衛充軍，嗣後運軍有犯此等罪名，仍照此擬罪遵行，餘俱照前議。康熙十一年七月二十一日題，二十四日奉旨：『依議，欽此。』抄部送司，奉此相應移咨，通行所屬。

吏律官員襲蔭條下，一降級官見在而子孫願就見降職事者，准令襲。逃官不知去向三年者，亦准襲。被告脱逃該徒以上問革爲民者，至六十仍許襲。

一武職爲人命典刑充軍者，子孫襲職調别衛，凡調者，不許還原衛。爲事脱逃革職者，子孫仍照舊例襲職。

會典内凡調衛，正統三年，定南京及江南直隸調北京附近衛所，北京直隸并江北直隸、山東調山海、宣府衛所，山西、河南調大同、延安、綏德等衛所，陝西調甘肅、寧夏衛所，浙江、江西調福建、廣東衛所，湖廣調四川、貴州衛所，福建調廣東，廣東調廣西，四川調雲南，雲南調廣西，廣西調貴州。天順元年，令錦衣衛官爲事復職，雖遇赦仍調。在京别衛帶俸王府官爲事復職者亦調衛。○凡告願調衛，洪武三十五年令在京武職，有願調除外任者，聽其原管事，或帶俸仍舊。嘉靖十二年題准腹裏衛分指揮願改邊衛殺賊者聽，二十五年題准在京告調外衛不准行。

會典内，凡立功，弘治六年題准在京法司問過京衛并直隸衛所軍職該雜犯絞斬者，俱送兵部，照例判發宣府、薊州、遼東等處，各該總兵等官定撥沿邊沿海衛所，立功五年，滿日回衛，帶俸差操。在外問刑衙門問發前項軍職，就彼酌量沿海沿邊衛所，照例發遣，惟達官有犯押發廣西邊衛立功。其大同、宣府二處軍職問發犯，該絞罪者，係大同送宣府極東衛所，係宣府送大同極西衛所。各從本鎮總兵官定發，立功五年，滿日送回，帶俸差操。其餘腹裏并各邊地方，俱照舊例發遣。若軍職年七十以上，十五以下及廢疾者，免發立功。〇凡爲民，弘治間定軍職犯敗倫傷化者，非法用刑打死人命者，皆發回原籍爲民。如刑傷未死者，降級調用。强盗自首、犯罪脱逃及充軍遇宥者，亦爲民。正德二年，令軍職爲民無原籍者，本衛所隨住。萬曆十二年題准，凡軍職犯該爲民者，俱改本衛所隨舍，餘差操。〇凡充軍軍職，犯守備不設者，充邊遠軍；犯侵欺錢糧饒死者，俱充永遠軍。〇凡犯罪遣發，嘉靖十五年議准，軍職立功降調爲民等項奏允，即便遣發，依限責取收管繳報內，有應追贓者，嚴并完納。其立功候限滿回衛，後果能自新，一體送用爲民者，候年六十，或終身之日，子孫襲替，各不許夤緣管事，朦朧起送。

守掌在官財物條下，一各處衛所管軍頭目人等關出糧料、布花等物，若指以公用爲由，因而扣減入己，監守盗論。糧料至一百石，大布、棉花、錢帛等物值銀三十兩以上者，問罪追贓完日，軍職發立功五年滿日，降一級，帶俸差操。旗軍人等枷號一個月，發極邊墩臺守哨五年，滿日疏放。姚臆曰：或即雜犯准徒五年之意。

律條例新例

律有條例附於律者也，順治年頒行者也。新例於律與條例之外，新增者也。自康熙七年酌復舊章以新增者，名曰例。以附律之條例，概名曰律，非也。此一字所關甚重。蓋名例所載，稱以枉法論、以盜論之類，皆與真犯同。注云：所得同者，律耳；律外引例，不得而同。又別條同律不同例者，甚多。詳見同律不同例議內。若以條例爲律，比而同之，則凡以盜論者，皆可照例充軍矣。其可乎？監守盜邊海錢糧二十兩，例充軍。

姚端恪公外集卷之六

白雲語録六

强劫搶奪竊盜

律注曰：人多而有凶器者，强劫也。人少而無凶器者，搶奪也。姚臆曰：人多何以定之？將以律載稱衆者三人以上爲定乎？乃實有四五人，而其情仍是搶奪者。其凶器何以定之？必以弓箭刀鎗爲凶器乎？乃亦有執有巴棍柳杆，而其情實是强劫者。

律例曰：在途截搶者，雖昏夜仍問搶奪，止去『白晝』二字。姚臆曰：此與强劫何以別乎？既而思之，曰强劫者，盜之用直法者也。造謀結夥，直往主家無可避也。截搶者，盜之用横法者也。諺所云剪徑者也。剪以横用者也，伏於途以待人，人或不過焉，或將過，覺之而返焉，皆可免矣。雖并在昏夜，而其情與强劫異也。故例曰：凡問白晝搶奪，須要先明事犯根由，然後揆情剖決，故律有一定，情有萬端，貴乎揆之者之得其情而已。

承問官失出失入難概照吏部處分定例

一件刑部等覆雲撫李天浴欺神霸産一疏内，將張人紀私藏有僞永曆監單，律無正條，依謀叛未行爲首，律絞立決。法司議人紀所藏監單并非僞官敕劄，乃納監之單，改依私家收藏應禁之書杖一百律，張人紀應杖一百。此係改絞爲杖例，應參承問官或因撫疏稱律無正條，免參。

律反叛但同謀者

玉道榜、黄雲果、廖冲漢、李紹誨四犯，陰謀暗合反逆情真，既與同謀律無首從，各正極刑，於法不枉。其已獲監，故之李道静、楊君鼎即楊夢麟二犯，均與玉道榜等共謀，首逆雖服冥誅，仍依律議，家産籍没。若李國雲之爲僞參將，蘇帝養之領有旗劄，受僞守備，梁國匡領有令旗，與黄雲鼎同受玉道榜中軍楊禮生，雖稱未受僞職，然本係楊奇清家僮，遣督廖逆突犯橫城，以上五犯或領劄令，或受職役，雖服上刑，誰曰不宜！但念一身從逆，主使由人，姑依謀叛同謀之律，各議駢斬。其黄奇雲係玉道榜家奴，玉道羔雖稱年老，并未從逆，但據供爲道榜堂兄玉善情、玉發匿俱與玉道榜同族，李特賢、李特五俱係李紹誨撫子，以上六犯均應依謀反大逆親屬，按律分别究擬。其餘黄國亮、黄特綿、寧特君、趙道經、李特保、玉先旺、周特維、黄特雙、楊應登、王特三、李相、李特富一十二犯，俱係挾兵持刃，圍村犯城，烏合徒黨，一經敗北，或當陣就縛，或逋竄被擒，雖觳觫乞命，謂因脅從，但係叛逆夥黨，雖從末議合依强盗積至百人以上例，奏請梟示。

司查得玉道榜等聽信楊奇清倡謀造孽，或領受僞劄，或分任攻城，或通信内應，或從逆爲兵，各供鑿鑿，擬以謀反之律是矣，但查謀反律無首從之分。今該府既將玉道榜等擬以謀反淩遲，又將梁國匡等擬以謀叛律斬，黄國亮等擬强盗積至百人之律，同案殊科，似非允協。

致本府知府韓章傳同三州縣覆審，看得逆賊玉道榜等反逆情形，既已彰明較著矣。一干罪犯概置極典，更復奚辭。卑府前詳，所以分别反、叛、盗三案引議者，非不知謀反大逆，律無首從之分，特仰念王師剿逆，第惟散黨擒渠，而脅從罔治。此玉道榜、黄雲果、廖冲漢、李紹誨等，或任攻城邑，或約合内應，皆受命令於楊奇清，而蘇帝養等或受僞旗令、牌劄，或受僞中軍守備，皆奉節制於玉道榜等，至於黄國亮等應募賊兵，各隨招主，又皆聽號召於蘇帝養等，是諸犯之次第依附，總皆由楊奇清一人作俑，揣厥獄情，似有輕重。若概以大逆論之，雖本犯孽由己作，甘受礬刑，然而祖父子孫兄弟及同居之人與叔伯兄弟之子率皆無辜，俯首就刃殉死者衆，恐傷好生之仁，所以不辭冒昧，分别擬議也。今奉批駁，覆加詳審，期於同案同科，查原招罪犯内，如梁國亮、蘇紹林、蘇浪三名已奉行准與投誠安插，應俟取結，另文繳報。其黄國亮、李國雲、李相三犯，於前招詳，後陸續病故不議外，所有現在逆犯玉道榜、黄雲果、廖冲漢、李紹誨、蘇帝養、梁國匡、黄雲鼎、楊禮生、蘇德高、黄特雙、寧特君、玉先旺、黄特綿，或係逆首，或受僞官，或密約内應，或應募賊兵，審供如前，已無疑竇，已上共十三犯，均如反逆之科律無首從，概與寸磔。

本司覆加親訊，如玉道榜、廖冲漢受參將之僞劄，領署總兵之僞敕，覃祖龍、黄雲果、廖覼良均爲逆參將，梁國匡、黄雲鼎均爲逆中軍，蘇帝養，覃聖選、李紹誨、韋敬通、蘇德高均爲逆守備，而紹誨又許爲南寧内應，黄阮慶領令招人，楊禮生領令督兵，與寧特君、玉先旺、韋惑、梁善惑、楊三從逆做兵，庭訊之下，謀反情真，供認鑿鑿，所當案以謀反律不分首從，凌遲處死，各犯屬産應行查解，分别斬没，以盡本律。

會看得逆犯朱烍等，先經臣部議覆咨行，該督審擬去後，今據兩廣總督金光祖疏稱：朱烍等僭號散將軍、總兵等劄于周章意等相傳煽惑，歷審各犯同謀領劄刻印，供招俱確，將朱烍等擬罪具題前來，查逆犯朱烒等借號散劄封官，歷審各犯，俱各自認情真。朱烒、陳榮、閉時奎、周章意、廖慶昌、李可性、廖一庫、吕發昌、馬替魁、馬孔秀、侯興本、白强宇、蘇盛芳、莫琦廣、李繼盛、劉齋公、倪焕、韋士傑、莫明吾，均合依謀反，但共謀者不分首從，皆凌遲處死律，應即凌遲處死。莫炳先、莫門壽、廖繼禎，均合依不限籍之同異，年十六歲以上皆斬律，應斬立決。廖八妹、閉接養、李氏、王氏八女，均合依年十五歲以下以及正犯之母女、妻妾、姊妹若子之妻、妾給付功臣之家爲奴律，廖八妹等五名應解部入官。趙東仔收藏扎板僞印，該督擬以知情故縱者斬。查趙東仔并無領僞扎受職，且又據趙東仔供『因陳榮將扎板强放在小的家内，小的知道事不好就燒了』等語，與知情故縱隱藏之罪不同，將斬罪改擬知情不首律，杖一百，折責四十板，并妻流三千里。莫勝宇雖未領扎同謀，但知情不首，莫勝宇但合依知情不首律，杖一百，折責四十板，并妻流三千里。查趙東仔、莫勝宇事在康熙九年五月初六日赦前，相應免罪。張世仲、吕發教、倪煌等審係無干，相應釋放。莫思山等六犯已經在監病故，其承問各官將逆案不行速審完結，以致監斃六人，應交與吏部議查，事在赦前，免交該部。未獲逆犯陳友洪等三犯，嚴緝另結。又未獲雷正朝等五犯，據朱烒等供，俱係楚省人。該督仍行湖廣巡撫嚴緝務獲，據朱烒等供不知住址。朱慈燦、白子紅又已故，鄧立倫身上搜獲逆字，内載張智芳、周龍、方王、邵龍、邵虎、劉偉、張從芝，均應轉行直隸各省督撫通行緝獲。其該督疏稱：僞扎木印交與兵部燒毀等語，今木印僞扎已送臣部，相應將木印僞扎燒毀可也。其各犯産屬，俟該督查明具題，到日再議。

反逆律内，不分異姓下小注，有『正犯之期親』五字，即接及伯叔父兄弟之子，蓋律注有注在下者，亦有注在上者，猶云正犯之期親、伯叔期親侄也。查古律例附解，將『期親』二字注於『及』字之下，伯叔父字之上，甚爲明白。今大清律將期親小注在於『及』字之上，不知者遂妄疑大功伯叔兄弟之子應否從坐，往往訪問於内部，乃知一字在上在下之間，所關甚重，不可不慎也。修律之日應題明更正，將『及』字仍在『正犯之期親』五字之上可也。又查人命案内，凡卑幼毆殺本宗尊長疏内，必注明係何服制，蓋同一斬罪也，而有立决與監候之不同，必注明係期親，係大小功，係緦麻，然後可以定罪。今反逆緣坐之犯，如期親伯叔父兄弟之子，則斬立决。若係大功伯叔父兄弟之子，則竟爲無罪之人，服制止降一等，而一則死罪，一則無罪，天壤懸隔，若此，豈可不於疏内注明期親伯叔、期親兄弟之侄子乎？

犯罪自首

凡犯罪自首條下，未發而自首者，免其罪，猶徵正贜，謂如枉法不枉法，贜徵入官。如用强生事，逼取詐欺科斂求索之類，及强竊盜贜徵給主自首者，自狀其罪，告之於官也，其首也，情必實，贜必盡，事必不由人告發，方得全免其罪。罪雖全免，正贜猶徵。未發而自首，對知人欲告而自首，看其知人欲告及逃叛而自首者，減罪二等坐之。其逃叛者，雖不自首，能還歸本所者，減罪二等。逃如官吏避難在逃；民户逃避差役；丁夫、雜匠、工樂、雜户在逃；妻妾背夫在逃；宿衛人、守衛人在直而逃；從駕而逃；從征守禦官軍逃之類是也。叛則謀叛，與逃避山澤，不服追唤之類是也。逃叛明是兩項，不可交混。上言犯罪未發而自首者免其罪，此言若犯逃叛罪未發而自首者，不得全免。與知人欲告而自首者，俱只減罪二等坐之也。如官吏避難在逃，合杖一百。若自首，雖不自首能還歸本所者，減罪二等，杖八十是也。蓋犯罪許自首，所以開人自新之門。逃罪雖自首，若准全免，則恐遂人屢逃之計，此所以不同也。或以逃叛爲專指犯罪逃走者，誤也。蓋事發在逃，不在自首之律，下節已明言之矣。然雖不得首，所犯之罪猶得減逃走之罪二等，蓋如犯罪逃走者，與獄囚脱監在逃者，俱於本罪上加二等。若能自首及還歸本所者，減罪二等。此減只是得減其所加，蓋仍得本罪也。舊注皆言減原犯之罪二等更詳之。又如徒流遷徙人役限內，而逃者一日笞五十，每三日加一等罪，止杖一百，仍發配所。若自首及還歸本所，亦止得減其逃罪，其本罪并不得減。此處要知犯逃罪與犯罪逃走者，固不同也。捕亡律言主守押解獄卒失囚之罪，亦有因自首免罪之文。蓋因免在逃之罪，主守押解獄卒免不覺之罪也。反逆律條小注：未行而親屬告捕到官，正犯與緣坐人俱同自首免，此犯罪自首條下，逃叛而自首者，止於減罪二等。何也？姚臆曰：反逆未行而首告，故全免。此叛當是已行而首，故止減等也。

犯罪自首條下，一凡自首强盗，除殺死人命、奸人妻女、燒人房屋，罪犯深重不准外，其餘雖曾傷人，隨即平復，不死者，亦姑准自首，照凶徒執持凶器傷人事例，問擬邊外充軍。其放火燒人空房及田場積聚之物者，依律充徒。若計所燒之物重於本罪者，亦止照放火延燒事例，俱發邊衛充軍。箋釋小注：此正所謂損傷於人而自首者得免，所因之罪聽從本法者也。殺死人命，問故殺。奸人妻女，除因盗而奸，問强奸。燒人房屋，問放火故燒人房屋，各絞斬。傷人不死，自首免。强盗之罪，問刀傷人，引此例充軍。姚曰：律學之不可不講也，如是夫，予在署見强盗殺人放火奸淫不准出首之例既定，每思曰：假如有殺人放火奸淫盗案，其同案之盗有出首者一概立決，似覺未安。何法略爲分別，使不首者立決，出首者監候，以待秋審方爲至當之法？思之累月而不能得也。頃閲律注，喟然曰：古人先得我心矣。損傷於人而自首者，得免所因之罪，所因之罪即强盜之罪也。盜罪仍以首免，而不免其故殺、强奸、放火、故燒人房屋之罪，然三不免之罪皆監候也，微乎微乎！神乎神乎！既可待秋審，則情重者仍決，情輕者可減等矣。故曰：思而不學則殆。記在少司寇時，有一次投首强盜，部覆立決，奉旨改監候。此又聖人天縱暗合於古矣。

詐教誘人犯法條下，凡諸人設計用言教誘人犯法，及和同共事故誘令人犯法，却自行捕告，或令人捕告，欲求賞給，或欲陷害人，得罪者皆與犯法之人同罪。罪止杖流，和同令人犯法，看『令』字還是教誘人，而又和同犯法也。若止和同犯法，則宜用自首律。李云：還是和同教誘便與犯法之人同罪，不必又和同犯法也。諸人，諸色人也。此等不准自首〔一〕。

校記：〔一〕此句康熙二十二年姚士塈等刻本無。

罪以見獲爲坐

賊盜律内盜田野穀麥條下，一凡盜掘金銀銅錫水銀等項礦砂。凡非山洞捉獲，止是私家收藏，道路背負者，惟據見獲論罪，不許巡捕人員逼令展轉攀指，違者參究治罪。

課程律内鹽法條下，若私鹽事發，止理見獲人鹽，如獲鹽不獲人者，不追獲人。不獲鹽者，不坐。當該官司不許聽其展轉攀指，違者，官吏以故入人罪論。謂如人鹽同獲，止理見發，有確貨，無犯人者，其鹽没官，不須追究。

雜犯律内賭博條下，凡賭博財物者，皆杖八十。所攤在場之財物入官。其開張賭坊之人雖不與賭，例亦同罪，坊亦入官。止據見發爲坐，職官加一等。

犯奸内本條下，其非奸所捕獲及指奸者勿論，若奸婦有孕，奸婦雖有據，而奸夫則無憑。罪坐本婦。

未經司審監故盗犯免追贜

盗犯正法，乃法之不得已也。律無强盗追贜之條，名例云：以贜入罪，正贜見在者，還官主。已費用者，若犯人身死勿徵。今例盗已正法，正贜已花費，而追贜不已，至變産，并其妻子，非古也。盗有應得之罪，不得同於反叛，盗妻子係無罪之人，豈得比於籍没之條乎？此例尚宜酌改，至於盗犯未經司審，尚屬未定罪之人。歷來盗案有在府、州、縣審詳，俱稱自認情真，及至司院審時，始供在下審招，或係畏刑妄供，或係夥盗仇扳等語，因而覆審實非真盜者，此等甚多。今將未解司院審明擬定真盜之人，一經病故，輒云已經取有自認口供，筭作盜數以銷盜案，將其家産、妻子變價追賠失主，其中倘有冤枉，尤屬可憫。今宜酌定各盜案内之盜，有未經司院審明定罪而病故者，免其追賠。

流犯未分家之子

該刑部題定臣部見行事例，凡流徙充軍人犯妻及未分家之子，不論大小一并僉發。今臣等酌議得除謀反叛逆及造畜蠱毒，若采生折割人，殺一家三人等重罪人犯妻子不議外，其餘流徙充軍人犯妻妾不便折離，仍應隨夫僉發，以便完聚。若未分家之子，不論大小一概免其僉發，如自願隨行者，聽從其便，至永遠充軍人犯妻子外。若已經流徙充軍人犯身死，其妻子願還鄉者，准其照律放還可也，等因具題，康熙四年三月初九日奉旨依議。

秋審具題稿式

康熙十一年秋審題稿，以江南司爲稿式。

一起陸元、陳守志、姚起鳳、管成德、周得玉，原擬故殺，律斬。

一起陳思行原擬因奸殺死親夫，律斬。

一起齊達相原擬故殺，律斬。

一起吴俊卿原擬謀殺人造意，律斬。

一起徐卿原擬謀殺人，從而加功，律絞。

一起葉怡如原擬謀殺人，從而加功，律絞。

一起龔二、左大、王二、趙四，原擬放火故燒民房，不分首從，律斬。

一起解蘭生原擬奸夫因奸殺死親夫，律斬； 茅氏原擬奸夫自殺其夫，奸婦雖不知情，律絞。

一起俞二原擬故殺，律斬。

一起趙天飛原擬謀殺人造意，律斬。

一起張敬泉原擬兄毆弟妻至死，依凡人論故殺者，律斬。
一起吴嘉祉原擬凡監守侵盜錢糧，不分腹裏、沿邊、沿海至三百，例斬。
一起王三原擬竊盜臨時拒捕殺傷人，律斬。
一起許復原擬弟刃傷兄，不論輕重，律絞。
以上陸元、陳守志、姚起鳳、管成德、周得玉、陳思行、齊達相、吴俊卿、龔二、左大、王二、趙四、解蘭生、俞二、趙天飛、張敬泉、吴嘉祉、王三、徐卿、葉怡如、茅氏、許復，俱應冬至以前照先擬處決。
一起段彩林原擬卑幼毆死小功尊屬，律斬。
一起儲玉原擬謀殺人，從而加功，律絞。
一起紀其順原擬夫故殺妻，律絞。
一起張天循、丁士進、李之菁，原擬衙役犯贜一百二十兩，例絞。
一起馮士魁原擬僞造諸衙門印信爲首，律斬。
一起姚六原擬同謀共毆人，因而致死，以致命傷爲重下手者，律絞。
一起寂蓮原擬故殺，律斬。
一起左奎、曾大、熊一柱，原擬强盜得財，律立斬，奉旨改爲監候。

一起宋其儀原擬故殺小功親之奴婢，律絞。

以上段彩林、儲玉、紀其順、張天循、丁士進、李之菁、馮士魁、姚六、寂蓮、左奎、曾大、熊一柱、宋其儀，俱應緩決。

一起楊二原擬謀殺人，從而加功，律絞。

一起王大原擬强盗得財，律斬；但本犯年幼無知，被盜哄騙在船上盜時，并未同行，擬以監候。

一起王茂原擬故殺，律斬。

一起祁璵原擬鬥毆殺人，律絞。

一起趙國寧原擬故殺，律斬。

以上楊二、王大、王茂、祁璵、趙國寧，俱應免死減等，各責四十板，并妻流三千里，内有應給銀兩，于各本犯名下追銀四十兩，給付死者之家收領。

剋減軍糧及各夫役工食等項分別監守盜贓枉法贓

監守盜贓及枉法贓易分也。大約盜之於官，則監守盜也。取之於軍民，則枉法贓也。豈待辨哉？唯有軍糧及各役夫工食各項，雖係在官應發之銀，又係各軍民應領之銀，以爲盜之於官可也，以爲取之於軍民亦可也。其中分別之處，真有失之毫厘，差至千里者，故各省審擬有作枉法贓者，有作監守盜者，未能畫一故，因王純之事而明辨之。其作枉法贓者，惟有因公科斂入己者，以枉法論一條。愚三言以蔽之曰：給散軍糧役食之時，扣作別項公用者，此不入己之贓，非枉法贓，亦非監守盜之贓。律所云：坐贓論者也，已給散於軍民之後，又設法以科斂之入己者。律所云：科斂入己，以枉法論者也，未給散於軍民而剋減扣留入己者，猶是在官之物。律所云：官物應當給付與人，已出倉庫而未給付，有侵欺者，以監守自盜論者也。

倉庫律守掌在官財物條下，凡官物當應給付與人，已出倉庫而未給付，若私物當供官用，已送在官，而未入倉庫，但有人守掌在官，若有侵欺借貸者，并計贓以監守自盜論。主守，常用之守掌也。主守，自盜見盜律。守掌，暫時之主守也。守掌侵欺，此條是也。

條例，一各處衛所管軍頭目人等，開出糧料、花布等物，若指以公用爲由，因而扣減入己糧料至一百石，大布、綿花、錢帛等物值銀三十兩以上者，問罪追贓完日，軍職發立功五年滿日，降一級，帶俸差操。旗軍人等枷號一個月，發極邊墩臺守哨五年，滿日疏放。管軍頭目人等謂把總以下，旗甲以上，問罪依官物當應給付與人，守掌在官侵欺計贓，以監守自盜論。

受贓律因公擅科斂條下，凡有司官吏人等，非奉上司明文，因公擅自科斂所屬財物，及管軍官吏、總旗、小旗科斂軍人錢糧賞賜者，杖六十，贓重者坐贓論，入己者并計贓，以枉法論。各處府、州、縣官吏非奉上司明文，因以公務有如供應修理等項，一應雜辦不行申請，而擅自科斂所屬民人財物及衛所管軍官吏、總旗、小旗亦無上司明文，因以公務科斂軍民名下錢糧賞賜，各於公事内使用不入己者，杖六十。軍人口糧、冬衣、布花之外，有賞賜錢，故曰錢糧賞賜。此自己給散而後科斂者言，若未給散而尅留，則入己者又從監守盜論矣。其贓雖重，不爲己有，故計所科斂之贓，重於杖八十者，坐贓論。各主通筭折半，科斷至五百貫之上，罪止杖一百，徒三年。若將科斂軍民之物不充官用，因而入己者，并計贓以枉法論，各主通筭全科至八十貫，絞。

倉庫律冒支官糧，凡管軍官吏、總旗、小旗冒支軍糧入己者，計贓，准竊盜論，免刺。管軍官吏、總旗、小旗俱自軍人本管所部者言，本人現在應支不與通知，頂名支去，謂之冒支。及被應支軍人告發，或查出，不以官糧坐罪，而止准竊盜論，免刺。何也？糧雖係官，終是軍人名下合得之物也。或云此因軍人從征差遣、操運屯種等項不在，或有喪疾他故者，乃用此律。若非本管，或軍人冒支及本管將逃故闕伍軍糧，不曾開除，而朦朧支入己者，則陰取在官之糧矣，當以常人盜坐罪。若軍官承委放支軍糧，因而冒取者，以監守自盜論。旗軍公差，或操備及見在營而軍官剋落月糧等項，依官物當給付與人，若有侵欺者，以監守自盜論。凡應總領給散已出倉庫未給之間，有守掌侵用者，即是官物，當應給付守掌侵欺借貸律。又如常人冒領見在官軍應支月糧，以詐欺官取財科，冒關内府賞賜，比此律加一等。

户役律收養孤老條下，若應給衣糧，而官吏剋減者，以監守自盜論。并臟。

斷獄律陵虐罪囚條下，剋減衣糧者，以監守自盜論。并臟。

毆本宗小功大功兄姊及尊屬

鬥毆律毆大功以下尊長條内，篤疾者絞，死者斬。小注云：絞斬在本宗小功、大功兄姊及尊屬則決，餘俱監候。此一『及』字宜删。何也？恐人不詳，誤以爲毆本宗尊屬，雖緦麻亦概決也。毆本宗緦麻，目録在監候之内，未分兄姊尊屬。又目録内斬決不待時一項内載：卑幼毆本宗小功、大功兄姊尊屬死者，尊屬乃本宗小功大功之尊屬也，宜删注内『及』字。

十惡不睦條，毆告夫及大功以上尊長、小功尊屬。尊長兩項，尊屬則專指尊輩。

赦全免與恩例減等之別又非常赦所不原

名例五刑條内，一凡囚犯遇蒙恩，例通減二等者，罪雖遇例減等，若律應仍盡本法及例，該充軍爲民立功調衛等項者，仍依律例，一體擬斷發遣。如竊盜搶奪等項，仍須刺字，枉法、不枉法等贓仍須入官，故云仍盡本法。

名例常赦所不原條内，凡犯十惡殺人、盗係官財物及强盗竊盗、放火發冢，受枉法不枉法贓，詐僞犯奸、略人略賣、和誘人口，若奸黨及讒言左使殺人故出入人罪，若知情故縱，聽行藏匿，引送説事過錢之類，一應真犯。皆有心故犯。雖會赦，并不原宥，謂故意犯事得罪者，雖會赦皆不免罪。其過誤犯罪，謂過失殺傷人、失火及誤毁遺失官物之類。及因人連累致罪，謂因别人犯罪連累以得罪者，如人犯罪失覺察，關防鈐束及干連聽使之類。若官吏有犯公罪，謂官吏人等因公事得罪及失出入人罪。若文書遲錯之罪，皆無心誤犯。并從赦宥，謂會赦皆得免罪。其赦書臨時欽定真犯等罪名特賜宥免，謂赦書不言常赦所不原，臨時定立罪名寬宥者，特從赦原。及雖不全免。減降從輕者，謂降死從流，流從徒，徒從杖之類。不在此限。謂皆不在常赦所不原之限。

名例犯罪共逃條内，其因他人犯罪連累致罪，而正犯罪人自死者，連累人，聽減本罪二等。

若罪人自首告得免及遇赦原免，或蒙特恩减罪收贖者，連累人亦准罪人原免减等贖罪法。謂因罪人連累以得罪，若罪人在後自首告，或遇赦恩全免，或蒙特恩减一等二等，或罰贖之類，皆依罪人全免减等收贖之法。

律例箋釋名例竊盗條下，大明令：凡竊盗遇赦并免刺字。

原注：〔一〕赦前一次，赦後二次。

斷罪律無正條比依比照

斷罪無正條，凡律令該載不盡事理，若斷罪無正條者，援引他律比附，應加應減，定擬罪名，申該上司轉達刑部議定奏聞。若輒斷决致罪有出入，以故失論。

箋釋注云：法有限，情無窮，罪無正條，上下比附，此以有限待無窮之道也。應加應減，如嘉靖中奉旨，臣罵君比依子罵父，加一等，斬，是其例也。

閱律酌議

名例

五刑條發充儀從，煎鹽炒鐵久已停止。軍民有力及文武官吏不礙行止等徒流、雜犯、死罪，俱令運炭等項贖罪。又云：官吏人等例該革去職役者，及軍民人等審無力者，笞杖罪且的決。徒流、雜犯、死罪各做工擺站等項，死罪五年，流罪四年，徒罪照徒年限。蓋彼時官有罪至流雜犯死罪，而所犯不礙行止，非例該革去職役者皆可贖罪。如其所犯係例該革去職役者，如犯贓犯奸之類。雖笞杖，亦令的決。今見行例，則官犯徒罪以下折贖，犯流罪以上不准折贖，似乎專論罪之輕重矣。乃犯奸、犯贓、犯賭博者，雖杖罪亦不准折贖，則猶是古律行止有虧，例該革去職役者，笞杖的決之遺意，唯是古有罪至徒流而不革職役者。如坐贓致罪，擬還職役之類。今則罪至徒流而不革職役者罕矣。坐贓致罪亦間有還職者。此折贖一條之所以難於定議也。查斷罪不當條内云：凡斷罪應決配而收贖，應收贖而決配，各依出入人罪減故失一等，則是確然有應收贖、不應收贖之分矣。奈無典故可考，如之何哉？或曰：收贖是律所載，如老幼廢疾收贖之類，與折贖不同，折贖例也，非律也。律之贖有定例之贖，無定未知是否，再考。

查王肯堂箋釋於文武官犯公罪條下，注此條與下條係國初之法，見行事例見前五刑職官軍官條，及軍官軍人犯罪免流徒條下等語，蓋彼時有公罪重而可折贖還職，私罪輕雖杖而有革職不准折贖者矣。與文武官犯公私罪降革之律不同。

康熙十三年七月，兵、吏、刑三部會議守備一案，引刑律，杖六十，降一等，遂定爲降一級調用之例，然其事乃因公事借銀公用，後扣餉還，其寔非私罪也，宜折贖還職者也。容再考。

軍　衛

一軍官有犯律及軍官各條例，議欲全删者，以近日之衛所無世職軍官，如指揮千百户之類是也。但軍官與武職之異，原因流官與世職之分，衛所指揮千百户者，軍官之名也。世職承襲者，軍官之實也。

本朝在内八旗則有世職，前程在外，各衛仍有武官立功，給與世職，而附於各衛者，如金、王之變，守贛州之武官給與世職，附注贛州衛；海賊之亂，守安慶之武官給與世職，附注安慶衛之類是也。然則謂本朝無指揮千百户之名可也，謂本朝無軍官，不可也。既有軍官而將軍官有犯之律例一切全删，使歷代優恤世職軍官之典例，此後無從參考，豈可乎？

一軍官軍人犯罪免徒流。

一新改定條例又不行。

此先端恪公未竟之書也。先端恪自少司寇洊歷正卿，凡所讞决必詳酌律例，劑於平允，退食之暇，謝絶酬應，坐種槐軒中，垂簾拂几，取律例諸書研思熟玩，洞入毫芒，於作律者之意多所發明。或間參臆見，及猶待考衷者，皆分條比類，隨便疏記，彙爲一帙，顔曰：白雲語録。恨書未及成，而先端恪忽捐館舍矣。不孝等學識譾陋，惴惴懼不能讀父書，庶幾公諸剞劂，俾後之覽者，知先端恪服官之勤慎與用心之明恕，歷歷可考如此，而司刑之君子，倘參觀而加采擇焉，或亦可爲式敬由獄之一助云。

男士壂拜識

姚端恪公外集卷之七

功過格拈案

倫常第一

子路見於夫子曰：『昔者，由也事二親之時，常食藜藿之食，爲親負米百里之外。親没之後，南游於楚，從車百乘，積粟萬鍾，思欲食藜藿，爲親負米不可得也。』子曰：『由也，事親可謂生事盡力，死事盡思者也。』嗟乎！讀子路之言，人子有不通身汗下者耶！夫父母得子極早，亦不過二三十歲。子能自家成立，手挣錢財，身登貴顯，極早亦必待二三十歲。然則爲人父母者，等待子能養時，極好已是五六十歲人矣。譬如持短燭而行長路，奔趨投店，尚恐燭滅，况敢逍遥於中路哉。爲人子者，擁妻抱子，飽食安眠，漏盡鷄鳴，同衾并枕，暖被窩裏雙雙伸出頭來，豈知堂上髮白眼暗之老人，又復删除一日耶！妻子之年方少，享用之日正長。況妻可再續，子可再生，而生身父母一去不復，上天下地尋覓無門，危乎危哉！幸未及此，一則以喜，一則以懼。

太和楊黼辭親入蜀，訪無際大士，途遇一老僧，僧問何往？黼曰：『訪無際。』僧曰：『見無際，不見佛。』黼問：『佛安在？』僧曰：『汝但歸遇有穿某色衣，著某色履者，即是也。』黼遂回。一日抵家叩門，已昏暮矣。其母披衣倒屣出户，正與老僧所言衣履顔色一一相合，黼驚悟，自此竭力敬親，手注孝經數萬言，硯滴將乾，欲下取水，硯池已盈，人以爲孝感所致焉。彌勒偈曰：『堂上有佛二尊，懊惱世人不識。不用金彩裝成，非是旃檀雕刻。即今見在雙親就是釋迦彌勒，若能誠敬得他，何用别求功德。』冒起宗曰：『六朝高人名士，崇信孝經，或以殉葬，或以薦靈，病誦之愈，鬥誦之解，火誦之止，其功德不可思議亦如是。』故皇侃日誦孝經二十遍，擬觀音經。

弘治辛酉科，山西和順縣一糧户上糧訖，去布政司取通關，夜夢縣令至省城南城撤儀從，止一青衣牽馬，謂糧户曰：『爾且跟我入會議府。』因隨之，繼而一省府縣官皆在府中，太原、平陽、大同三知府上坐，澤、潞、汾、沁、遼五知府前席，其餘州縣以次列坐，茶畢，俄有符使賫文書至案，曰：『此山西新舉人榜也。』一官開而唱名曰：『第一李翰臣，大同府學生。』大同府、縣皆起應曰：『其人孝友，多爲人方便。』至第六名陳桂，和順縣應曰：『其人遵父命，事繼母能孝。』至三十四名，縣官應曰：『其人舉放重利私債，逼死二人命。』中坐者遂打一叉，至四十一名，縣官曰：『其人不孝，且逐其弟爲人傭。』中坐者亦打一叉。至五十九名，縣官曰：『其人捏寫呈詞，又好唆人訟，害者凡幾家，死者凡幾人。』中坐者又一大叉。唱名畢，中坐者命衆官各舉所知，衆舉共二十五人。中坐者擇九人呼寫本者寫訖，復謂符使曰：『月内進場，快去不要誤事。』糧户醒而記之。次日領文回，至盤陀驛遇陳桂，曰：『公今年中第六名矣。』桂不信，因述其事，揭榜果然。餘皆如夢。嗟乎！天榜已定之後，縣官得以糾舉而除其名，衆官各舉所知而補其數。是陽間所中者文章，而陰間所中者德行矣。自隋、唐以文章取士，而周、漢以來鄉舉里選之法，陽間不用而陰間用之。蓋幽明二教，彼此相成，佐其不逮，如車二輪，如鳥雙翼，烏可偏廢哉！且和順縣城隍陰間，豈少皂隸衙快，而必借陽世一糧户跟入會議府。其故何也？亦是城隍一片婆心，指引讀書之人一條求功名取科第正路，便在家庭日用間，甚是簡易直截，托糧户口中説出，即是現身説法，活城隍也。正如啞先生教一群聾徒弟，滿腹忠言，開口不得，無可奈何，請來鄰舍書生手寫數行，托他轉説，此先生何等苦心，何等真切而爲之，聾弟者方且泄泄不聽，曰：『須待我先生親口説來方信。』則亦無可奈何而已矣。世之不信報應者，何以異此！

福建漳浦有衛氏者，妯娌三人最不孝順，日以惡言唆鬥其夫。忽一日，雷震一聲，化爲牛羊犬三畜，惟頭面不變，雷神現於空中，觀視良久而後隱，三畜見人口不能言，惟低頭垂泪而已，久之方死。時陳瀛爲漳浦令，乃圖形刻傳，詳述其事，以爲不孝之戒。嗟乎！雷震人多矣，未有如此之奇巧新異者也。然而無足異也。語曰：人面獸心。此三婦人者其心之化爲牛羊犬久矣，豈待雷震之後哉！自古人家不孝不睦，其源莫不始於婦人，而富家巨族挑唆起釁，婦人之下，又有婦人，則婢嫗之類是也。爲男子者，能勿聽婦人言，并勸化婦人勿聽手下婦人之言，則家治矣。

王祥事繼母朱氏盡孝，朱嘗欲食生魚，祥解衣將剖冰求之，冰忽自解，雙鯉躍出，持之歸。朱又思黄雀炙，忽黄雀數十飛入其幕，得以供母。鄉里稱爲孝感焉。然朱氏不慈，每加楚撻，所生子覽輒涕泣抱持。朱又置酒酖祥，而覽知其意，徑取酒飲之。朱驚覆酒。覽之婦亦與祥婦服勞如一，以至朱氏感豫，復爲慈母。後吕虔有佩刀，相其文。謂有德而服之者位至三公，虔以授祥，祥果位登太保，壽至八十五。祥薨，以此刀授覽，後果九代公卿。嗟乎！人皆知王祥之孝于繼母，而不知王覽盡弟道於異母之兄，以全其生母之慈，爲大孝也。王覽取酖徑飲其一節耳，至彼晨昏定省之間，朱氏獨處無人之際，其叩頭流血，宛轉勸喻於生母之前者，日不知其幾，人不得聞，史又安得載也？痛哭流涕之言出於嫡親骨血之口，如滴溜穿石，石雖難入，一入之後，滴滴不差矣。不然，祥雖勤孝，豈能輕化朱氏之毒心哉！迨其後祥雖位登台司，而覽之後累世爲公卿，其食報且浮于祥，即請朱氏而較量之，設使酖祥而悉取其産，以與覽所得與此孰多也，故表而出之，以告後世之爲覽者。

楊士奇四朝元老，其子楊稷怙勢行惡，士奇不知也。後稷惡日甚，致于上聽，伏法而死，士奇亦幾不免。嗟乎！楊公聰明慎密人也，稷之積惡滿盈，至於殺身，而楊公猶不寤，則其彌縫之工，蒙蔽之巧，能使聰明慎密之父墮其彀中，如醉如夢，是稷之才亦定有大過人者矣。凡權要家子弟不幸而不才，徵歌買妓，縱酒呼盧，其禍止于敗家！尤不幸而有才，其禮數足以結納官府，豪華足以延致賓客，聚斂足以增置田産，而專於收養奸猾以爲爪牙，攫取小民以恣魚肉，其父兄且倚之爲家幹，同輩且羡之曰：『能人。』一旦禍至，則殺其身而危其父，故不才之禍小，而才之禍大也。論不孝之條者，當以楊稷輩爲首。

尹和靖先生焞將赴經筵，必沐浴端拱，以明日所講書置案上，朝衣再拜，人問之，公曰：『欲以所言感悟君父，安敢不盡誠敬哉！』謹按：臣道在於致君，一正君而國定矣。然君子之事君也，寧任毋諉，寧直毋諛，任則近於專，直則近於倨。斯二者，疑間之所由來也。開元之相姚、宋并稱，皆以恩禮始終。然玄宗幸蜀，給事裴士淹從，帝嘆曰：『元崇在，賊不足滅。』至宋璟曰：『彼賣直以取名耳。』嗟乎！當宋文貞生秉政，没賜謚，豈知帝胸中蓄此四字月旦哉！故人臣之道止敬爲先，敬而後可以任，敬而後可以直。王文正公旦謂人曰：『吾備位二十年，每進對意忤，常蹙蹜不自容。王孝先初被簡用，讓官拂旨，而辭直氣和，吾不及也。』噫！文正之不及乃所以過之也。

熙寧間新法行，吏州縣者争欲投劾去，邵堯夫先生曰：『此賢者盡力之時，新法誠嚴，第寬一分則民受一分之賜，徒投劾何益？』謹按：臣道在於澤民，天之立君以爲民也，况臣乎！『寬一分』二語，可爲黯然。然寬一分者，較寬十分者更難。昔人所以論徐有功在張釋之之上也。官不知恤民，由不知畏天。天，主母也；民，衆子也；庶官，乳母也。乳母絶其子哺，而凌藉之，主母其恕之乎！即逃國法必招冥誅宜矣。

漢李善字次孫，南陽李元之僕也。元家疫死，止餘一孫名續，尚在襁褓。其家巨富，諸奴欲分其産，謀共殺之。善乃密負李續逃至山中，哺食乳自生汁，至續十餘歲，乃出告於縣令鍾離意，意捕諸奴悉殺之而立續，光武拜善及續俱爲太子舍人。至日南守道經淯陽，至元冢一里外，即脱朝服持鋤去草，拜墓，哭甚哀。自執爨以祭曰：『主君夫人，善在此。』數日乃去。遷九江太守，後入少室，得成大仙。嗟乎！主僕者，一家之君臣也。然自古以來，忠臣多，義僕少，蓋其人微矣。李次孫密撫主孤於十餘年間，不至爲諸奴所踪迹，其志智皆有過人者，較之諸葛孔明、霍子孟之輔幼主事爲更難，孰謂厮養中無大聖賢哉！推而上之，子之於父，臣之於君，弟之於兄，婦之於夫，友之於友，皆可聞斯養之風而感奮興起矣，故以爲盡倫終焉。

勸化第二

宋登爲塾師，善於誘掖，專功誠心，誨人不倦。熙寧九年，登長子宋縉已爲翰林學士，侍立神宗御前，及唱名弟續及二孫皆一榜進士，上顧而笑，王恭從旁贊羨曰：『此其父至誠訓導所致也。』又義命書載：一士子入試，文甚得意，于寺中訪一神相士，士搖頭不答，其年果黜，因再往，問其終身，士曰：『君骨相寒苦，若求功名，其必大積陰德乎！』士子歸途自念：我貧士也，安能濟人？但我見近日爲師者，多誤人家子弟，我從今當留心教道，以積陰德。後復與試，尋寺中相士再問之，相士曰：『君骨相全换矣。』揭榜果中。嗟乎！孔夫子，百世之師也。今有教人之責，上之如國學、祭酒、司業爲天下師，次之如督學、廣文爲一方師，以至經館、蒙塾爲一家師，勸人一善言，阻人一過舉，爲一時師，皆師也。則皆百千萬億化身孔子也。孔子之後，一衍聖公，一曲阜令，一博士，子孫貴衍累朝不絕。然則，爲其化身者，家門鼎盛，身掇高科，如宋登及義命書所載，斷斷不爽，何足怪乎？爲人師者，誠能以二君子之心爲心，因其質竭其誠，教以養身，則弟子多壽矣；教以立德，則弟子多賢矣；教以讀書，則弟子多貴矣。師以此三者施于人之子若孫，而天亦以此三者報於師之身及子若孫，固其所也。吾願世之欲積陰德而力不能者，皆得於筆舌尖，作大布施，青氈上種大福田，則有化身孔子之説在。

秀水姚思仁，萬曆間巡按山東、河南，殺賊頗多。一日攝至冥司，群鬼索命，冥王詰之。姚曰：『某爲天子執法耳。』王曰：『豈不聞：如得其情，則哀矜而勿喜乎？』姚曰：『固也。當兩省凶荒，某上疏請賑，所活不下千萬，獨不可相準乎？』王曰：『此爾幕賓賀燦然特作疏稿，力勸汝上者也，已注其中年大富貴矣。』姚曰：『稿雖賀作，疏繇某上，獨不可分半乎？』冥王依言放令生還。賀亦秀水人，後四十成進士，官至吏部。謹按：心律云，能勸化豪傑權貴者功尤倍。蓋豪傑有才，權貴有勢，才勢者，人中之江河也，潰而決之，懷山襄陵，若引歸正道，則通舟楫者數千里。穿爲漕渠，則灌田地者億萬頃。其害大，利亦大。是以三教大聖皆急收才勢之人而用之。幕賓者，名爲豪傑權貴所用之人，而其寔則用豪傑權貴之人也。監司、守令之幕賓，勸監司、守令于善，則郡縣受福矣。督撫之幕賓勸督撫于善，則各省受福矣。部堂宰相之幕賓，勸卿相于善，則天下受福矣。且居官者功多，過亦多，互相準折，餘積無幾。若幕賓則有功無過，是謂净功。如儉家收重利，耗費既少，致富無難。居官者，政成而萬民譽之，績奏而朝廷榮之；陽世之福報既奢，則陰司之紀録亦減。若幕賓則有德無名，是謂陰德。如良醫愈愚父，父不知酬，子謝必倍。故冥司注幕賓賀燦然之功，在巡按姚思仁之上也。推此而論，凡爲要路腹心、豪門親戚及挾一藝一術游於富貴之家者，皆可即此意而善用之。

龜城祝期生好訐人短，又好誘人爲非。人有貌陋者，譏笑之；俊美者，調嘲之；愚昧者，誑侮之；智能者，評品之；貧者，鄙薄之；富者，訕謗之。官僚訐其陰私，士友發其隱曲。教人興訟，已復和之。構人成隙，已復兩利而并存之。見人奢侈，譽爲豪士。見人狠毒，贊爲竦手。人談佛理，笑爲齋公。人談儒行，嗤爲僞學。人言一善言，則曰渠口中雖如此，心上未必如此。人行一善事，則曰這件事既做，那件事如何不做。亂持議論，顛倒是非，習之既久，自以爲能。晚年忽病舌黄，必須針砭，刺血流出升許乃已。既而復作，又復刺之。一歲之間，作者五七次，痛苦切至，殆不可言，竟至舌枯而死。嗟乎！惜哉惜哉！祝期生之舌，美舌也。其舌才必有大過人者，使及其未枯之先，遇明師直友，苦口藥舌，痛下針砭，一旦翻然悔悟，竭其舌才而善用之，必能宣揚大教，勸化無邊，其舌上青蓮花且彌天蓋地矣。天生如此美舌，何可易得，而竟以枯死，惜哉！舌有二業：恣殺物命，以供饕餮，是謂入業；惡言邪論，惑人害人，是謂出業。夫入業猶有味存焉，若出業則吾不知其味之所在矣。無味入而以血出，爲祝期生之舌者，亦苦矣哉！

黄山谷居士庭堅好作艷詞，嘗謁圓通秀禪師，秀呵曰：『大丈夫翰墨之妙甘施於此乎？』時秀方戒李伯時畫馬事。公笑曰：『無乃復置我於馬腹中耶。』秀曰：『伯時但以念想在馬腹，墮落不過止其一身。公以艷語動天下人婬心，不止馬腹中，正恐墮泥犁華言地獄。耳。』公悚然愧謝，自是絶筆。嗟乎！今世號爲風流才子者，未必勝山谷居士，其艷詞未知果及公否？然而不肯絶筆，何也？温陵李卓吾極贊西厢、水滸爲天下奇書，書即奇乎，然鑿淫竇，開殺機，如釀鴆酒然，酒味愈甘，毒人愈深矣。間有耳食者，祖述其説，謂崔氏爲具慧眼婦人，或折之曰：『願君家閨彦亦具此眼何如？』怫然詬駡而去。又桐城寨亂，其渠魁張儒就縛時，篋有硃批秘書一卷，則忠義水滸傳也。桐之亂十餘日而定，然所殺傷已數百人。此數百人者，必同硃批水滸之張渠携手，索命于羅、施、李三先生之前矣。著書持議可不慎哉！

揚州某甲者，忽害人面瘡，以藥水洗之，痛不可忍。一日瘡作，人語曰：『我與汝夙冤多煩，藥石無爲。』某求哀救瘡，曰：『汝可印施太上感應經一千卷，并課金剛般若經七日，當可消釋。』如其言，印施課誦畢，果愈。今其人尚在，瘡痕宛然人面焉。儀真廣文左公子忠、江都文學鮑君曼殊皆親見之。謹按：奉感應經及金剛者，徵驗甚衆。獨録此者，以此人之見在也。瘡痕如人面，烏可僞造哉？語曰：無徵不信。徵之而猶不信焉，吁嗟已矣！

姚端恪公外集卷之八

仁愛第三

蘇東坡先生與朱鄂川書曰：王天麟見過，言岳、鄂間，民間子女多者，輒以水浸殺之。其父母亦不忍，常閉目背面，以手按之水盆中，咿嚶良久乃死。有神仙鄉百姓石揆者，浸殺兩子，後其妻一産四子，楚痛不堪，母子皆斃，報應如此。又鄂人有秦光亨者，今已及第爲安州司法。方其在孕也，其舅陳遵夢一小兒牽衣投訴，兩夕皆然，其狀甚急，遵起，念我姊有娠將産，而意不樂多子，豈以是乎？急往省之，則此兒已在水盆中矣，救之得免。準律故殺子孫徒二年，公宜召邑令以下正告以法律，仍録條粘壁曉示，召人告官，以犯人家財給之。若客户，則并責及地主，此風庶可變易。謹按：坡公一書則溺死子女一事，官府亦當中禁矣。家主之於僕婢亦然。莊子曰：『虎狼，仁也。』父子相親，何爲不仁人而殺其子女？其毒勝於虎狼矣。不仁不愛至於殺人而極，然殺子女之罪浮于殺人數倍。蓋殺人者，人也。殺子女者，不如虎狼者也。安得婆心苦口如王天麟、東坡先生者，家諭而户曉之哉！望之！

正統間，鄧茂七倡亂福建延平等處，張都憲楷計擒賊首，復委布政謝都事搜求東路賊黨，謝求賊中真黨之外，凡可疑及脅從者，密授白布小旗，約搜路兵至各各插門首爲信，仍預戒兵丁不得妄殺，全活萬人。後都事生子遷中狀元，入内閣，孫丕復中探花。謹按：不仁之器莫甚于兵，而仁者用之，其仁乃大。都事領兵自是苦差，然都事小官耳，非此苦差，安能活萬人？子孫之狀元、探花何自而來哉！華嚴曰：觀世音表位西方，以西乃秋殺之地，於殺處行慈救苦，故名大悲觀世音也。領兵者亦然。都事積德如此，受福如此，則上而監司以及督撫、偏裨以及大將軍，苟以都事之心爲心，其子孫之狀元、探花，豈止一世再世乎！

鄞人楊自懲爲縣獄吏，仁心守法，時縣令撻一囚，流血滿地，怒猶未息，自懲跪而叩頭，曰：『某少讀四書，聞哀矜勿喜，喜且不可，况怒乎！』令爲霽顔。懲家甚貧，而多方濟囚之食，一日有囚自杭州來，家又缺米，與妻商之，妻曰：『囚沿途乞食，菜色可憐。』因撤己米作粥供囚。後生子守陳、守阯，爲南、北吏部侍郎，長孫刑部侍郎，次孫四川廉憲。謹按：不仁之器莫甚於刑，而仁者用之，其仁乃大。楊公喜且不可，况怒乎！此刑官七字金丹也。朱在庵先生曰：『世言刑曹不可爲，其實刑官刑吏乃積壽、積禄、積子孫、積科第之捷徑也。』獄吏夫婦二人積出子孫三侍郎、一廉憲，况其上者哉！况其上者哉！

鄭剛中爲温州通判，歲饑乃出俸勸糶，守曰：『恐實惠不及飢者。』答曰：『已有措置。』乃以萬錢，每錢押一字，夜出坊巷，遇飢者給一錢，戒曰：『勿拭去押字，明日憑錢給米。』飢者無遺。謹按：兵荒者，世界一劫運也。救劫者，順天之心，逆天之運。天心好生，順以承之。天運行殺，逆以挽之。人道之所以與天地參也。人欲一日而行千百善，一人而救千百人，捨却此等時節，無處著力矣。語曰：『救荒無奇策。』非謂救荒無策，古之救荒者，或請金發賑，或募富勸施，或巧興工作，或平糶施粥。古之策如是，今之策如是，後之策亦如是。只須苦心細心，如鄭公者行之，便無不可救之荒矣。安用奇策哉？

佛經稱人道之下有三道：曰畜生道，曰地獄道，曰餓鬼道。今觀刀兵劫内，横尸斷首，何殊店裏懸鷄肉，敗血流，不異街頭賣豕，是即人道中畜生道也。刑獄牢中戴鎖披枷，皮開肉綻，提牌到面，催命符來，皂隸呼門，獠牙鬼至，是即人道中地獄道也。饑荒儉歲，千百成群，面黄似菜，骨瘦如柴，一步三移，筋骸欲斷，十聲九歇，氣息全無，此即人道中餓鬼道也。嗟乎！彼人也，我亦人也，忍見同類之人生身覿面，墮畜生道、地獄道、餓鬼道，而不爲之心痛手援，則其人亦止有人面耳，尚得謂之有人心乎！且世之縱兵者、濫刑者、擁粟者，誰有渾鐵頭顱，那得長生氣管，人心一失，人面何常，一旦眼光落地，又不免與畜生、地獄、餓鬼諸公把臂入林也。早知今日，悔不當初，哀哉！

高郵張百户以公事渡湖至淮，其返也，望見一舟浮沉波上，有人踞舟背，呼號求救，張心憐之，呼漁舟往救不肯，張即解裝出銀十兩與之，乃行救，至則其子也。父子抱持慟哭，問之，曰：『因有事候父而來，遭風被溺，稍遲則葬魚腹矣。』語云：爲善最樂。其樂安在？只是用賤價買貴貨，討盡便宜耳。張百户用銀十兩買活兒子一個，世間便宜事無過於此者矣。然人人皆欲討便宜，而究竟没便宜者，何也？曰以先不肯吃虧耳。張百户解裝十兩，慨然割捨，唯其肯吃虧也，乃所以討便宜也，猶龍氏之學也。

醫人劉太初治薛司法妻差誤致死，後數年白晝有緋衣婦人，蒙首稱薛司法妻來求醫，劉偶不在，家人實告，劉歸在路遇此婦，叙前病症，數劉用藥之誤，劉驚駭回家入門而死。謹按律：庸醫殺人，有故者斬。其誤者，以過失殺人論，不許行醫。然未有死法，乃太初亦誤耳，而死於此婦者，何也？蓋其人必忽於審病，輕于試藥，其心幾以人命爲兒戲矣。鬼肯釋之哉！王法據理寬之而醫道始廣，鬼神誅心嚴之而醫術始精，皆主於救人命而已矣。又有詐輕爲重，恐嚇錢財，恃己專功，嫉妒同道，高抬體面，忽略貧窮，讀書草率，切脉粗浮，藥味不精，不全製度，或假或減，以病試方，送生入死，諸如此類，豈無若薛司法之妻者，蒙首而隨其後哉！醫，仁術也。孫真人以之證仙，許叔微以之登科，其餘以良醫而子孫富者，不可勝計，無他，内盡其心，外精其術，斯可矣。

鎮江太守葛繁每日行數善事，四十年不倦，人問其故，繁曰：『吾無他術，惟日行一二利人事。』因指坐間踏子，曰：『如此物置之不正，則蹷人足，吾爲正之。若人渴，與之杯水，皆利人事也。自卿相至乞丐皆可爲之，惟行之悠久，乃有利益耳。』朱在庵曰：『今人不肯行善，非諉之財力不足，則曰時勢有所不可也。抑知時時處處俱有可爲之事，自上至下，原無限量，有如是之簡便直截者乎？』自踏子、杯水而推之，請以葛太守爲導師。

萬曆十五年徽州程氏兄弟作圈養牛，每日擇肥而宰。其弟進圈，有一牛長跪下泪，每次如此，弟憐之，遂改別業營生，且告兄曰：『此畜見我必跪，賣作耕牛何如？』兄不信，曰：『待我試之。』明早進圈，果長跪下泪如前，兄怒殺而煮之，煮未熟，鍋中轟轟有聲，牛肉變成火塊噴出，房屋盡焚，仍不改業。一日出門，遇挑擔賣牛肉者，討帳争論，一掌即死，到官抵償。其子胸生一毒，五臟皆見，備極楚痛，每向人哭曰：『我父殺牛貽累於我。』半年方死，弟得善終。謹按：殺牛之報應甚多，不能盡載，止録此者，以勸屠牛者之改業也。使程氏之兄能改其業，則家雖焚，而身與子或可以懺悔，善終亦如其弟矣。生業有千條，性命止有一條。程氏不肯改，其有千條者，必至于斷送其止有一條者，又將子之一條作牛肉秤上搭頭也，哀哉！

翟節，京師人，五十無子，繪觀音像懇禱甚至，其妻方娠，夢白衣婦人以盤送一兒，眉眼如畫，妻欲抱取，一牛横隔其中，竟不可得。既而生子彌月不育。聞者曰：『汝酷嗜牛肉，豈謂是與？』節竦然立誓，合家不復食牛肉，後再得夢如初，妻抱入懷矣。已而果生子繼後。蕭東白戒食牛文曰：『我勸世人，勿食牛肉。服耕效勞，反遭殺戮。爾食何來？忍爲烹鬻。』又曰：『皮解體分，猶張兩目。目豈徒張，看爾反覆。能保他年，不變爲犢。』朱在庵曰：『吾人之戒止於一身一家，曷如作一緣册，時爲捧持，隨身所到，婉轉勸化。募緣者不費人一文錢、一粒粟，而應募者積福積壽積子孫。凡我同心，豈無隨順！』

感應録曰：能勸百人不食牛肉者，增壽一紀。

兩蜀李紹好食犬，前後宰犬數百，後得一黑犬，紹愛而畜之。一日紹醉夜歸，其犬迎門號叫，紹怒取斧擊犬，值兒自内出，斧中其腦，一家惶懼捕犬，犬不知所之。紹後得病作狗嗥而死。朱在庵曰：『屠犬之人徒手入市，則衆犬叢而吠之，必其形狀已變也。』或云有血狗隨之焉，不然，彼亦人耳，胡獨吠之哉？姚龍懷戒食牛犬歌曰：『牛代人耕，息不遑喘。犬代人守，晴不停轉。所以玄帝，垂箴相勉。牢字從牛，獄字從犬。不食牛犬，牢獄可免。』

太湖之間，居民盡事屠罟，獨沈文寶家闔門好善，每日隨便用錢買禽魚放之，村中皆笑爲迂人。沈樂行不倦，後值疫疾，人有夢見瘟鬼執旗一束，自相語曰：『除沈家放生外，餘排門并可插旗。』未幾，一村三百餘家染疫，死者過半，獨沈全家獲免。嗟乎！沈迂人一家行善，而當一村三百餘家之笑難矣哉！然使沈家怕笑改業，則門首亦定插一枝小旗矣。一村笑何如一家哭耶，行善者不怕笑，只怕哭，便是脚跟踏實地人也。陳薦夫曰：『仁人捐未用之餘貲，智士施不報之厚德，使斷腸殘喘續命於鋒刃之顛，令稿魄驚魂回生於鼎鑊之際，功德無量。』蓮池放生文載之詳矣。夫世人放生多剋定時日，射利之徒因而網弋以赴之，多致困斃，是以殺爲放也。途間市上，耳目所及，隨便買放，是謂放無常期。世人鑿池置苑，既有常處，人得伺之。方脱豫且之網，又作校人之羹，是以放爲殺也。江河林藪地利隨宜，監以善信，倏然而往，是謂放無常處。世人外放生物，家中宰割不除。語云：經營還債，勝於布施。結會放生，何如戒殺，以至或壞垣而破蟄，或覆巢以毁卵，弃羶聚蟻，積水生蛆。珍玩魚鳥，致物以飼。我雖無殺之心，彼則有死之道，皆宜避忌，預護生全，是謂不放之放，放無常物。

趙素，華亭人，往青浦探親。夜行舟次，見一人立舟上，視之則亡僕也。驚問之，曰：『見役冥司，今追取三人耳。』問：『三人爲誰？』曰：『一湖廣人，一則其所探親也。』其第三人不答，又問：『莫非趙某否？』曰：『然。』趙大駭，至所探親門首，則已聞室中哭聲矣。益駭甚，促棹歸里，復遇僕曰：『無怖也，於路見有爲君解者，以君闔門戒殺故也。及夜吾不至，則免矣。』是夕果不至，趙得無恙。王衡戒殺文曰：『吾鄉自大父時，饗新親大賓，五果五案而已。宰人割牲，則歌而獻賓，非大禮不設。蓋猶重特殺如此。』姚龍懷戒特殺歌曰：『一物之命，一人之舌。命無再生，舌惟暫悦。盤内添羞，厨中積血。共業猶分，獨冤難結。禮在大夫，脯膾猶節。』禮，大夫有脯，則無膾；有膾，則無脯。又曰：人之宜戒者，殺也。更有味異家珍，物非恒膳，當擇其可戒者先戒之。物之最苦者死也。更有死而不得速死，其痛楚更深，生而活煮以死，其焦爛尤慘，人當擇其尤苦者先戒之。因各次以歌。戒田鷄歌曰：『我勸世人，田鷄休釣。剥皮不死，截趾仍跳。兩手抱頭，如嬰兒叫。况彼微軀，不堪大嚥。發政施仁，先此無告。』戒黄鱔曰：『水寒鱔寐，水熱鱔寤。誤揭釜蓋，飛盤梁柱。寸斷其身，尾結如故。寧甘淩遲，不蹈鼎鑊。哀我仁人，損此一箸。』桐城縣洪家巷酒店中曾遇此事，至今洪家店不用鱔，蓋烹鱔用冷水貯鍋，誘鱔于中，置石于蓋，然後益薪焉。戒鰻鱺曰：『鱧爲烏魚，影漫以生。上朝斗氣，慈母同情。曲躬護子，俯首就烹。母先子後，恩重命輕。百爾孝子，捨此杯羹。』鱧，玄鱧。俗云：烏魚夜北向而拱斗，鰻以影漫之而生，故名。周學士豫嘗煮鱔，見有鞠身向上，以首尾就湯者，剖之，見腹中有子，故母先死而子後焉。周因戒鱔。戒團魚曰：『我過吴市，見殺一鼈。縮項深藏，搔尾以箆。痒極頭伸，握刀乃切。如是者三，形魂方訣。鼈首最爲難斷。此外百珍，儘堪饔飧。』戒鮮蟹鮮蝦鮮螺曰：『鮮蟹蝦螺，戒之爲正。席酒杯羹，十百其命。火熾水呼，肉緊神迸。君看沸湯，一指難近。醉蟹乾蝦，聊供觴咏。』能全戒尤佳。賓筵節味歌曰：

『古帝享天，十二籩豆。今之賓筵，每逾此數。賓尊勝天，主費逾帝。物命暴殄，物價騰貴。凡百君子，舉觶毋易。』

取與第四

蘇州盤門外一賣油人，嘗往城中大家，見一小兒五歲，珠帽金鎖，遂起惡心，抱兒荒僻處，劫其金珠，推兒於井。勤苦經營，漸致大富。後妻生一子，狀似所殺小兒，心甚惡之，至五歲時，賣油人以天暑，當風熟睡，兒拔髻中銀簪戲刺其胸，其父疑是蚊蠅，舉手一拍，簪遂貫心而死。兒長，遂擅其業。嗟乎！人知陽債利重，不知陰債利尤重也。賣油人殺五歲小兒，天亦以五歲小兒殺之。此王法抵償之常耳。惟是珠帽金鎖所值不過數十金，賣油人勤苦經營，遂至爲蘇州大富。此兒一旦擅而有之，豈止百倍於帽鎖之所值哉！深可憐者，賣油人十餘年間，寢不安席，食不甘味，嘔盡心血，做盡牛馬，總是向債主借本錢，替債主營利息，一旦債主來到，直入卧房，算盤亂響，立時將房舍、園囿、田地、湖池、服飾、器具、奴婢、車馬，并此算帳之算盤，不得留下一个，編成號簿，盡還債主，絶不拘陽間加貳加叁之常例也。吁，可憐哉！陽債有倍息者，則人畏之，而不肯借，乃肯借此十倍百倍之陰債，其亦不學於算法乎哉！

四川資縣張御史語其親鄧給事繼曾曰：『予巡按雲南日，丙夜獨坐，有緋衣人至前曰：「某爲公守錢神，待公久矣。」予問今何在？ 神指座下示之，果見白金布地，數當千兩。因語神曰：「御史豈得携此？ 爾能送我家否？」神曰：「不難，但要鄉貫帖耳。」遂寫焚之，神亦隱。比復命，有同年某托薦一官，强納二百兩歸，而夜禱前事，神復至，獲八百兩，問何以減二百，神曰：「某同年金是也。」悚然愧謝。』嗟乎！ 人之好利無厭者，爲貪多耳。若然，則張公納同年之金合守錢神之所送，便當湊成一千二百兩矣，奈何明增暗減，如江畔沙洲東長西塌哉！ 凡爲官者，前世必有功德，今世必有福禄，脚跟所到皆必有守錢神以供之，然而不聞丙夜相見者，何也？ 蓋人多性急手癢，遇財即攫，其同年之金不待納於復命之後，且所納者又不止二百金以及千金已也。則守錢神亦豈便以赤手空言相見於燈燭之下哉！ 不特此也，人雖極清極高，至窮至賤，亦莫不有守錢之神以供之，清而至於苦行律僧，臨終必餘一盂一衲；窮而至于卧街乞丐，死後必餘一碗一筐，皆未有無所餘者也。生時赤肉條條，絶無所帶而來，死時業識茫茫，定有所餘而去。然則，人一生之財足供一生之用明矣，强取妄求，將毋爲錢神所姍笑哉！

鄞縣朱瑄，弘治時督撫淮安，嘗以微疾卧郵舍，謂侍吏曰：『爾等近有異聞否？』吏曰：

『里中有陸氏奸而横，侵奪其鄰鄭氏之産以爲園，所餘惟佳樹一本，後陸生一子而啞，忽一日指樹言曰：「樹乎！汝猶在耶？」家人大驚，已而復啞。稍長荒淫賭蕩，家罄乃死。蓋鄭氏後身也。』嗟乎！侵奪者有二：用勢者近於陽，用計者近於陰。陸氏奸人也，必以陰取之，故天亦以陰報之。啞兒出世，家賊難防。滿腹煩惱愁煎，向人前一字開口不得。蓋其父亦吞啞苦矣，反不若鄭氏後身之荒淫賭蕩啞而樂也，何益哉！何益哉！

隴右水門村有劉鑰匙遲者，以舉債爲業，善規取人貲財，如執鑰匙開人箱篋不異也，故以此得名。鄰家有借其債者，積年不問，忽一日執券而算之，即積累數倍，并其貲財物産皆盡。後鑰匙死，鄰家生一犢，有鑰匙姓名在肷肋之間。顔光衷曰：『人間徵子母，苟存恕心亦是隨處作方便，然無奈其知而不爲，何也？債負所逼，有至於令人鬻妻子、典身畢命者矣。變犢以償，豈爲過當哉！』劉鑰匙身滅而名不滅，悲夫！

定遠狄令，有富翁死，而其妻掌家，所遺數萬金，叔欲之，不與，告縣，且使人密囑曰：『追得若干，願與中分。』狄立拘其嫂嚴刑拷訊，於是悉追出其四萬金，狄果得二萬金焉。其婦積恨而死。後狄罷歸，一日晝寢，忽見前婦手持一小團魚挂於床上，倏然不見，乃大驚異，未幾遍身生疽如團魚狀，以手按之，頭足俱動，痛徹骨髓，晝夜號呼，逾年而死。凡五子七孫俱生此團魚疽，相繼而亡，止一孫僅免，無立錐之地矣。胡孝廉曰：『某未中時，鄉居看家土樓上，一日與室人倚樓梯説話，忽公差數十到門，齊聲叫「拿、拿、拿」，勢如狼虎，室人驚怖，滚下樓梯，立時胎墮，予不暇問也。母夫人向公差遍拜之，罄簪珥爲馬錢，至郡，牌令羈候聽審，勒借千餘金，交訖，召入後堂，賜茶一杯而别，細查并無原告也。後此公病甚，遍身生瘡，每日落皮升餘，掃之復落，血肉淋漓而終。其病症與此疸略同。』嗟乎！病死者，世所謂考終命也。乃有如此怪症，如此惡病，痛楚號呼，落皮徹骨，經年累月求死不能，病之慘固有慘於刀鋸鼎鑊者矣。乃其子訃狀不過曰：某月某日終于正寢而已。愚者横者遂曰：某某且得善終。天道何知哉！死者如啞人受杖，無處説苦。生者如盲人側聽，但聞杖響，不聞號聲，直臆曰：『官刑不痛而已矣。』

俞翺者，專造鑽鉛假銀。正德戊戌，至晋陵貿易，經賣羊處，欲以銀一兩三錢買四羊，主人求益，弗許而去。明日主人他出，復來增價一兩八錢買去。夫歸，怪其增價太多，視之，乃假銀也。怒駡其妻，妻忿縊死。夫痛其妻亦縊死。不數日，翺被迅雷擊死，陳於湖濱。四羊亦死，蓋其尸上。遠近稱快。嗟乎！俞翺所知者，用一兩八錢之假銀耳，豈知畢其夫妻二人之命哉！乃夫死妻死，翺亦震死。每人一命約止值假銀六錢矣。哀哉！世之貪官污吏、横紳土豪，虐取人財以快己欲，或虚聲恫喝，或設計網羅，未必即有殺人之心也。然而被害之家財命相連，有以驚怖死者矣，憂憤死者矣，飢寒死者矣，殺人者豈必盡以挺與刃哉！

陰律甚重，概從抵償，不拘陽間人命致死之例也。請以俞翱爲前車。

宜興學憲吴頤山無子，有李生告之曰：『某得一種子法，但須損公家財之半，能力行乎？』公曰：『能。』李曰：『方今歲歉，固天假公之會也。』乃列數事：一，細民錢糧兩數以下者代納；二，在官小罪追贖者代完；三，城門設粥廠；四，族屬姻黨貧者不時饋送；五，村落貧民親履給米；六，置藥療疫；七，掩骼格；八，造橋修街；九，修寺廟；十，置義庄；十一，助學田；十二，出役錢。吴公次第行之，連舉二子。嗟乎！李生所言似浩大難行矣，然世間豈無大有力如吴公者乎！五福之二曰：富正謂其積善有資耳，用物而物爲用，謂之主。人主者，能用天下之人者也；主將者，能用天下之兵者也；財主者，能用天下之財者也。有財而不用、不善用，則庫吏耳、守藏神耳，曷云主乎哉？

昔一女入寺，欲捨而無財，止有錢二文，捐而與之。主寺者親爲懺悔，後入宫富貴，携數千金入寺施之。主僧唯令其徒代懺而已。因問其故，僧曰：『貧中二文，心力已竭，較其功德在富貴後千金之上，故昔親懺，而今代懺也。』嗟乎！人之行善者，但隨心量圓滿可矣，豈乏二文錢已哉。

姚端恪公外集卷之九

性行第五

餘干陳生善醫，有貧人病怯幾危，陳治之痊，亦不責報。後陳薄暮過之，因留之宿。其姑與婦議，令伴宿以報恩。婦唯唯，夜就之曰：『君生妾夫，此姑意也。』陳見婦少而美，亦心動，隨力制之，自語曰：『不可。』婦强之，陳連曰：『不可，不可。』遂坐以待旦，取筆連書『不可』二字於桌，最後幾不能自持，又大呼曰：『不可二字最難。』迄明乃去。後陳子入試，主者弃其文，忽聞呼曰『不可』，挑燈復閲，再弃之，又聞連聲呼曰：『不可，不可。』最後又閲，决意去之，忽聞大聲呼曰：『不可二字最難。』連聲不已，主者因録之，出榜後，房師問其子，子不知也。子歸，語其父，父乃言之，後其子隨成進士。嗟乎！『不可二字最難』，誠難矣哉！旅客卧帷帳之間，美人暎燈月之下，漏長燭短，境冷情温，難矣哉！淫有三魔：眼光落面，妖態攢心，骨熱神飛，烟騰焰熾，是謂火魔；欲根萌動，任督二脉也。潛開，如堤將崩，如溜欲决，是謂水魔；水火相烹，形魂互蕩，如輪不息，如環無端，是謂風魔。三魔者，三關也。斬三魔，過三關，無他，有慧劍一焉：曰忍而已矣，堅忍而已矣，狠忍而已矣。飢不乞虎餐，渴不飲酖酒。陳生之初曰『不可也』，忍之説也。兩鬥奪刀，血流不解；敗軍奪路，中箭不回，陳生之連曰『不可不可也』，堅忍之説也。蝮蛇螫手，壯士斷腕，毒矢著身，英雄刮骨，陳生之大呼曰『不可二字最難也』，狠忍之説也。經云：視老如母，視長如姊，視少如妹，視幼如女。奸人妻者，得絶嗣報；奸人室女者，得子女淫佚報。嗟乎！敢不忍乎哉？嗟乎，忍不忍乎哉？

太倉陸公容美丰儀，天順三年應試南京，館人有女善吹簫，夜奔公寢，公紿以疾，與期後夜，女退，遂作詩云：『風清月白夜窗虚，有女來窺笑讀書。欲把琴心通一語，十年前已薄相如。』遲明托故去。是秋中式，先期其父夢郡守送旗扁，鼓吹甚盛，扁上題『月白風清』四字，父以爲月宫之兆，作書遺公，公益悚然，後成進士，仕至參政。嗟乎！陳生連呼『不可』以勇勝，陸公紿疾改期以智勝，較陳生更省力矣。紿疾而信，必非莊語。題詩而行，絶無腐氣。如此美少年，亦何嘗不風流醖藉也。乃世人必嗤之曰『腐』，又必自解曰『何傷』。天下人飲『何傷』二字之酖者，豈少哉！昔寶蓮香比丘尼妄言行淫，非殺非偷，無有業報。發是語已先于女根生大猛火，後於節節猛火燒然，墮無間獄。向疑其已重，及考之群書，稽之古德，始知殺人者殺其一身，淫人者殺其三世。蓋穢德必彰，惡聲易播，上而殺其父母矣，中而殺其夫矣，下而殺其子女矣。恥懸眉額之間，痛纏心骨之内，故殺其人者多得陽報，淫人者多得陰報也。今奈何無故教人挾白刃而剸人三世之腹哉！此而曰『何傷』，寶蓮香之事可鑒矣。

憲副項希憲，原名德棻，夢己爲辛卯鄉科，以污兩少婢被主科名神人削去，遂誓戒邪淫，力行善事，捐貲懇友高松聲精楷金剛經，刊板歲施之。後夢至一所，見黄紙第八名爲項姓，中一字模糊，下爲原字，傍一人曰：『此汝天榜名次也。』因易名夢原。壬子中順天廿九名，己未會試第二名，其疑夢中名次之爽，迨殿試爲二甲第五名，方悟合鼎甲數之恰是第八也。蓋鄉會榜紙皆白，殿榜紙獨黄云。嗟乎！污婢者，其勢順，其事易，人幾以此爲家常茶飯矣。乃主科名之神人獨如是之嚴刻，何耶？不知人家家政不肅，家道不和，强半繇此。蓋人賤則逢迎必工，地近則口舌多有。或妒妻鞭撻以傷生，或悍僕反唇而叛主，况彼負妖淫之質，處骨肉之間，或父子不知而聚麀，或兄弟交迷而薦寢。又其甚者，遂有外宅之兒，花生之女，後人不察，狎比如前，名爲主婢之分，陰有兄妹之戚，傷風敗檢，所不忍言。人特未之思耳。不然，主科名神何嚴人家常茶飯之禁若此哉！雖然，項公本中也，而以污少婢削之已削也，而復以戒邪淫，行善事得之。謝上蔡曰：『天道禍淫，不加悔罪之人。』信哉！

桐城何相國文端公諱如寵，爲少宗伯時，偶寓樅陽鎮之古道庵。一日赴酌，張燈步歸，遇某姓子醉，直撞而來，從者呵之，遂肆詬詈，且大吟曰：『相逢盡道休官好，林下何曾見一人？』踢其燈籠而去。公約束僕從不許問。次早其父携子跪門，持杖請罪。公曰：『我昨日未出庵門，汝誤耶。』卒置不問。謹按：涅槃經：昔有一人贊佛爲大福德相。或曰：『何以見之？』曰：『打而不嗔，罵亦不報，非大福德相乎？』今人不知此爲福德相，而本身恥之曰：『受辱。』旁人鄙之曰：『軟弱。』此嗔心之所以日熾也。不知辱不辱，在彼受不受。在我聞諛言而心喜者，是受諂也。聞詬言而心怒者，是受辱也。心能不受，耳聽何傷？如火燒空，如風吹地，人當受打受駡時，但自作念曰：『彼來成就我之福德相而已，榮孰甚焉。』相國如此，况其下者乎？

棟塘陳良謨曰：『正德三年間，州中大旱，各鄉無收，惟吾村賴堰水大收。明年又大水，吾村頗高阜，又獨收，兩次州官概申灾，俱得免租。因得買各鄉所鬻田産及器皿諸物價廉，而獲利三倍。於是大家小户奢侈相尚，食必肥鮮，衣皆美麗，舊時樸素之風盡變。予告叔兄曰：「吾村當有奇禍。」叔兄問：「何也？」余曰：「無福消受耳。吾家與都與張根基稍厚，猶或小可。彼俞、費、芮、李四小姓恐不免也〔一〕。」叔兄殊不以爲然。未幾村大疫，四姓男婦死無孑遺，惟費氏僅存五六丁耳〔二〕。叔兄稍動念曰：「吾三家畢竟何如？」余曰：「雖無彼四家之甚。損耗恐終有之。」越一年，果陸續俱遭回禄。』嗟乎！奢侈之爲禍至此，尚書豐稷每言：『吾少時親見雪竇以惜福教人云：人無壽夭，禄盡則死。獨盡爲灾，衆盡爲劫。天以其所甚惜之福與人，人不知惜，而天自爲惜。則兵、荒、疫三劫生焉。有父於此，以其明月之珠、夜光之璧，舉而授之子，子不知惜，而衒諸九逵之市，市人過者，盡挽其裾而夸示之，不至於碎裂者幾希已。其父見之，必奪珠收璧而去，加以楚撻乃已。兵、荒、疫三劫者，亦天奪珠收璧之法也。福之可惜，奚啻珠璧哉？雖然，不知惜見在之福者，奢以力者也。不知惜未來之福者，奢以心者也。奢以力者，福將去之。奢以心者，福并不來矣。金盆濯足，段氏風華。玉櫃盛泉，王家豪舉。王廣津。於我乎何有？而談之則舌端津出，妒之則耳後風生。』吁，可憐哉！

陶侃自强不息，又好督勸於人，嘗云：『民生在勤，大禹聖人，猶惜寸陰。至於凡俗，當惜分陰。』范文正公仲淹曰：『吾每夜就寢，必計一日食飲奉養之費，及書所爲之事，若相稱則鼾睡熟寐，苟或不然，終夜不能安枕。』嗟乎！此數語者，陶、范二公勛名蓋世根本也。二公如此，況其下者乎？民勞則思，思則善心生。逸則淫，淫則惡心生。飽食暖衣，逸居而無教，孟氏以爲近於禽獸。乃服牛乘馬，引重致遠，更有禽獸之不如者矣，寧止近之哉！故勤惰者，人獸之關也。人勤非難，能自知其不勤者爲難。能自知其勤，而實非勤者尤難。不自知其不勤者豕也，終日勤而實非勤者猿也。豕，梓匠輪輿之晝寢者也；猿，毁瓦畫墁者也。

二病異症，一藥治之，曰：有日紀功過格之法在。

校記：〔一〕『免』，康熙二十二年姚士塈等刻本作『見』。

〔二〕『僅』，康熙二十二年姚士塈等刻本作『俱』。

敬畏第六

張九成字子韶，自八歲能默誦六經，十四游郡庠，常閉閣終日，比舍生潛穴隙窺之，則儼然斂膝危坐對大編，若與神明爲伍，後舉進士第一，爲名臣大儒。嗟乎！若子韶先生者，可謂畏聖人之言矣。竊怪古人於聖賢書，則肅然畏敬，若與神明爲伍，及至覿面見鬼神殊形異相對之，儼然無畏布心。今人二者皆反是，何也？蓋人必有所畏也，然後能無所畏。能不畏敵者，畏將者也；能不畏刑者，畏法者也；能不畏鬼神者，畏聖賢者也。雖然，畏聖賢者，非不畏鬼神也。不畏之于其殊形異相之時也，視之而不見，聽之而不聞者，鬼神之德也。戒慎乎其所不睹，恐懼乎其所不聞者，畏鬼神之法也。十目所視，炯炯光明。十手所指，森森羅列。蓋鬼神之殊形異相，儒者所不必言，而其理已具矣。今人見鬼神形，聞鬼神語，無不畏者，而閑居則一無所畏，反疑報應爲荒唐，誣神靈爲虛誕，問其故，曰：『我不見也，不聞也。』若然，則聖人當曰視之而見，聽之而聞，爲鬼神之德矣。夫視之而必見，聽之而必聞，則鬼神與物爲二矣。又烏能體物不遺哉！故不可見，不可聞者，鬼神之常也。其可見可聞者，鬼神之變也。聖人從其不聞不見而明其有，愚人因其不聞不見而執爲無。夫人之見聞所不及者多矣，又安能一概執以爲無耶？田夫野媪未嘗近紫禁之聲容，而必納公家之租税；曾玄雲礽未嘗聆祖宗之謦咳，而必掃先世之墳墓，人未有疑之者也。不特此也，眼能見色，人未有自能見眼者，不因其不可見而執爲無眼者，何也？耳能聞聲，人未有自能聞耳者，不因其不可聞，而執爲無耳者，何也？脾腎、心肺、肝膽、腸胃視之不可見，聽之不可聞矣，不因其不可見不可聞，而執爲無脾腎、心肺、肝膽、腸胃者，抑又何也？且人以其不見不聞而遂執爲無，則凡其所見所聞者，俱當執以爲有矣。聞松濤者，不可謂松邊有水；聽石鐘者，不可謂石内有鐘。盆中見月，天上之月遠而盆中之月近，乃竟以盆中爲有月可耶？鏡中見面，本身之面不可見，而鏡中之面反可見，乃竟以鏡中爲有面可耶？然則，事之有無，君子惟審之於心，斷之以理，不係于聞見與不聞見明矣。何獨疑於鬼神哉？蓋聖人所畏者，不見不聞之鬼神也。故顯則畏之于駿奔對越之間，幽則畏之於爾室屋漏之際。愚人所畏者，可見可聞之鬼神也，故往往畏之于衰敗之候，篤疾之中。然見而後畏，畏而後信，晚矣。昔有鬻徐夫人藥匕首者，曰：『以之刺人，血濡縷立死。』愚人不信也，久乃竊而試之，急呼人曰：『果然。』聲絶而氣亦絶矣。人之待見鬼神而後信者，何以異此？悲哉！若張公之對大編，若與神明爲伍，此真能畏聖賢者矣，即真能畏鬼神者矣。

翟林嘗送程正叔先生西遷，道宿僧舍，坐處偶背聖像，先生曰：『轉椅，勿背。』林曰：『豈以其徒敬之亦當敬耶？』先生曰：『諸凡具人形貌皆不當慢。』龜山聞而喜曰：『見似人者尚不敢忽，則于人也，從可見矣。苟於似人者，輒生慢易，則於其流也，必至忽人矣。』

鼎州符仲信白手成家，年三十五死，至陰司遇故舊數人，皆平日所周急者也，呼曰：『恩公何爲至此？』相與拜求一吏，吏曰：『此人本合飢寒，以心好施濟，故能起家，壽至五十有九。以不焚香，睡起晚，今皆削盡。』數人曰：『此二事皆小過，何至於此？』吏曰：『不燒香，即是無敬奉天地祖宗之心；睡起晚，即是有多淫之意。豈是小過？』符甦以語人曰：『吾不起矣。』果卒。嗟乎！『無不敬』三字，禮之綱也。敬則必以事天地祖宗爲首矣，此而不敬，則其敬心之存者更復幾何？恣肆萬端，自此而始矣。不然，何以遽奪其二十四年之算哉？清晨炷香必躬必敬，子孫效法而知敬親，僕婢觀瞻而知敬主。既以盡心，即以成教。此即古聖人郊社禘嘗，治國如指諸掌之微義也，且爲時甚暫，爲事無難，然而躬親之者十不二三，至於拜懺延生，誦經祈福，必躬必敬，猶或有之。豈知延生祈福之道，反在極暫極易之中耶？

胡翼之先生瑗教授有方，番禺大商遣子來學，子佻達盡費其所賫金，卧病逆旅中，父來視之，因攜謁瑗言故，瑗念是宜先動其心，而後可誘使入也。手一編授之，曰：『讀是，可與進學矣。』其子歸發視，則素問也。讀未竟，惴惴懼夭折，痛自責悔，瑗誨之曰：『知養身，則可以修身矣。』其人感悟，卒成學者。嗟乎！懼心之入道如此。身病易治，心病難醫。感應篇心律者，治心之素問也。苟有醫王神而明之，卧維摩之榻，病起大悲，拈善財之草，藥遍大地矣。

志公和尚與梁武帝論及樂事，請帝出死囚數人爲驗，命囚各持滿水周行堂下，戒曰：『杯水不溢，當貸汝死。』既命作樂，以動其心。良久視之，無一滴溢者，帝乃嘆曰：『汝聞樂乎？』曰：『不聞。』志公曰：『彼正畏死，猶恐水溢，安得聞樂？陛下誠能如此，恒懷畏懼，則逸樂之心自然不生矣。』嗟乎！志公所言『恒懷畏懼』四字，與聖門主敬之學何異？但世人放心已久，不但常懷此心者難，即暫見此心亦難，不得不借死囚爲驗耳。人非帝王，何從取死囚而驗之哉？唯此心無從自驗，他人又無從代爲驗出，于是大膽之人遍滿天下矣。欲驗此心，先除依傍。人少則依父母，長則依兄弟，出依朋友，入依妻妾，貴依吏胥，富依婢僕，老則依子，病則依醫，晝則依日，夜則依月，無月依燈，無燈依伴，無伴依鄰，無鄰則自依。勇者依其力，慧者依其智，壯者依其氣；一無所依，則無所傍，依傍心盡，但餘畏懼，畏懼心生，可以入道；畏懼心盡，可以入魔。

阿那律於往昔世本一劫賊，夜至佛寺，見佛燈欲滅，拔箭挑之，燈忽大明，威光耀目，那律悚然，即時捨惡從善，諸惡漸滅，遂証道果。嗟乎！以盜賊而証道果亦不過因此『悚然』二字而已。然人之愚者恣意直行，不聽人説，悍者大膽，到底怕惹人笑，是以悚然之人絶少也。豈知此二字撥轉甚易，效驗甚神，有如是轉移之大力量哉。善乎，朱文公之誨廖德明也，曰：『人與物不同，器如筆，止能爲筆，不能爲硯；劍止能爲劍，不能爲琴。故其成毁久速有一定不易之數，唯人則不然。虚靈知覺，萬理兼備。有朝爲跖而暮爲舜者，有惡人而齋戒沐浴，可祀上帝者，故其吉凶禍福亦隨之而變，難以一定言也。今汝赴官，起心之處，動念之時，俱當充廣德性，力行善事，前夢不足爲芥蔕。』德明拜而受教。蓋德明少時曾夢一神，題其謁刺云：『宣義郎廖某。』及登第果授其職，因思前夢，恐官止此，遂不欲行，故文公因其恐心而開示之，使德明非此一點恐心發動，何繇得聞朱夫子之至教？其到任所行善事，必不能若是之警策矣，烏能轉宣義郎而爲侍郎哉？

南昌李令到任謁先聖廟，見殿宇頽損，基址湫隘，遂作新廟於縣南，往移夫子聖像，十餘人抬舉不動，一士子在傍戲曰：『夫是謂之重泥。』李公怒責之，其人惶恐而退，至夜忽被陰司追至一官府，曰：『汝何敢侮慢先聖，决杖二十。』及覺如痴人，自是更不識字，即自己姓名亦不識。謹按：明嘉靖間，張永嘉以塑像非古，議易木主。徐華亭相國時爲編修，猶引義力争，至斥外補司理而不悔。前輩之重聖像如此，况新學宫移聖像何等盛舉，而士子敢爾，决杖二十宜哉！嗟乎！今之主，古之像也。三教各有聖像，然二氏之徒，一寺一庵，一觀一廟，皆各奉有聖像。儒者之徒不然，而公奉之於學宫，則儒之所以報本反始者，舍此公共數椽而外，别無勺水之將，瓣香之敬矣。乃此數椽又往往頽敗傾欹，議同築舍，反不若玉清紺宇，鹿苑招提，朝持疏而夕落成也。貧兒養父，貴子弃親，言之涔涔浹背矣，尚何言哉！

姚端恪公外集卷之十

太上感應篇序

文然以掃先祖中憲公墓，兼謝吊至江寧，病瘧者月餘，至九月廿四日夜，夢一羽衣人至，予泣拜之，并呈以詩，末有『借問小人曾有母，如今果在凌風臺』之句，良久，見先慈大人至，曰：『兒病瘧乎？可誦太上感應篇，勤而行之，兼廣勸導，無怠。』予泣而寤。次日從予友鮑子曼殊覔感應篇，具以夢告曼殊，曰：予久許梓感應篇注，以獨力難成，因循不就，致爲神明所呵。功名蹉跎，示警夢寐者屢矣，今當力成之。予因同心考訂，薄助梓工，以資先慈冥福，清晨必净心捧誦一卷，回省生平，但覺愧心悔心耻心懼心并集，數日而瘧果愈。因念太上慈悲普濟，迷鈍禍福，明其自召善惡，原於起心，示以諸神在人頭上，在人身中。德盛者體物不遺，聽之不聞，視之不見，訓以上天降福三年，降禍三年。生物者，因材而篤，栽者培之，傾者覆之，指人心病，作人心醫，長人善根，塞人惡源，種人福田，拔人禍本，如是功德不可紀量。

我因慈訓，得捧真詮，乃稽首涕零而作頌言：

太上垂寶訓，慈愍世間人。禍福不自天，一切從心造。善心起未爲，吉神已隨之。其惡心起者，凶神亦如是。今人云行善，動云力不足。但作此見者，即爲心不善。譬如貧窶人，衣裏有寶珠。將珠出市賣，錢帛已無量。若還貧窶者，不知有珠故。太上訓三善，名爲語視行。有口不語善，終日豈默坐。有目不視善，未見合眼者。有身不行善，晝夜亦勞碌。以此內自省，行善非無力。但隨心所及，善量悉圓滿。昔有乞丐兒，適當賊擾時。城中嚴奸細，不容乞兒入。以此居城外，夜栖破屋中。忽聞寇賊來，唧唧人馬聲。乞兒起自念，此賊夜襲城。城上梆鈴稀，燈火半明滅。當因人倦寢，此城必屠陷。我當間道去，救此全城命。既作是念已，趨城下大呼。城上人驚覺，金鼓一時鳴。矢石及銃炮，亂向暗中擊。賊徒大驚駭，弃其雲梯去。以此一乞兒，救此百萬命。今言無力者，孰如此乞兒？請視此乞兒，功德有量不？所以下下人，能種上上福。起心若行善，力無不足者。又有作過人，不欲持此經。心中常思念，我罪已深重。勿復言鬼神，徒爾增恐怖。不思太上訓，改悔便轉福。改爲積善種，悔爲滅罪本。惡既由心造，還即由心滅。譬如冬月水，凍結即成冰。及至春暖時，是水還爲水。則知冰與水，性本無二故。又如劣手棋，半局已大敗。忽遇善奕人，指點及教導。是人能信受，局終反得勝。若仍復敗者，當由不信故。昔有一老僧，焚修關聖祠。道行甚清潔，勇猛修善事。適當賊擾時，夢神來告語。汝明日合死。有賊乘白馬，名爲朱二者，是汝宿世冤。汝合死伊手，稽首向神言。今生頗行善，願慈悲救護。神言無救法，救則汝自救。清晨鳴鐘起，有賊入山來。擒僧命引導，何山有財寶，何洞有婦女。速速導我去，不然便殺汝。僧忽自思惟，我業已合死。今復導彼去，掠財淫婦女，是謂業上業。雪上又加霜，枷上更着杻。便起呼賊言，我不復導汝。汝非朱二乎？吾命終汝手。是賊大驚駭，汝何知我名？定是聖神僧，僧告以夢故。朱二自思惟，冤報無窮已。神言不救汝，即是救汝法。汝不導我行，是即汝自救。我汝俱解冤，稽首神前去。故知禍可轉，太上無誑語。急向生前改，莫待死時悔。改悔一由心，無罪不滅故。又有小根人，受持不堅固。今日行微善，望報在明日。不思太上訓，久久獲吉慶。太上所説經，猶如天上雨。人生所行善，猶如地下種。雨澤無有二，地有肥瘠故。受命有厚薄，遲速亦如是。勤勤力耕耘，及秋咸收穫。種遲便弃捐，無有收穫處。亦有行善者，暗中神護佑。愚人不自知，妄言無利益，展轉生疑謗。譬如痴騃兒，身立頹墻下，持果乎内嬉，恬不復知懼。其父急趨來，提兒向別所，墻倒兒命存。涕泣向母言，父奪我果去。又如覆舟人，扶板至洲岸。資財皆蕩盡，衣被亦漂没。稽首謝神靈，賽願更還福。乘舟不覆者，不復言神佑。所以大善人，精勤無退轉。福向緩中生，禍向暗中滅。因果報應中，分明向人説。修善受苦者，爲善未熟故。至其善熟時，自見受樂報。

稽首太上尊，普度一切衆。心生一切善，善生一切福。若人受此經，信行及勸導。是名爲法施，功德不可量。

感應篇備注

語善注

太上之訓曰：吉人一日有三善，凶人一日有三惡，皆以語善語惡爲首，而一篇之中，於口業不啻再三致意焉。曰誑諸無識；曰謗諸同學；曰虚誣詐僞，攻訐宗親；曰是非不當；曰諂上希旨；曰貶正排賢；曰自罪引他；曰訕謗聖賢；曰毁人成功；曰形人之醜，訐人之私；曰認恩推過，嫁禍賣惡；曰干求不遂，便生咒恨；曰見他失便，便説他過；曰見他體相不具而笑之；見他才能可稱而抑之；曰恚怒師傅，抵觸父兄；曰恐嚇于他；曰怨天尤人，訶風罵雨；曰鬥合争訟；曰用妻妾語，違父母訓；曰口是心非；曰造作惡語，讒毁平人；曰毁人稱直，罵神稱正；曰指天地以證鄙懷，引神明而鑑猥事；曰左道惑衆；曰謾驀愚人；曰咒詛求直；曰自咒咒他；曰晦臘歌舞，朔旦號怒；曰對竈吟咏及哭；曰對北惡駡。

以上諸業皆出于口，蓋口業兼筆舌二者而言，天下唯口業最大，唯口功德亦最大。今三尺童子，莫不知天地君親師，乃師之功德所以與天地君親配者，在此筆與舌而已。儀封千古隻眼，一見孔子便曰：『天將以夫子爲木鐸。』木鐸者，金口木舌，所以教人。孔子之功德至于千萬世，或尊之以公，或尊之以王，或尊之以師，而其後裔自漢元帝已封褒成君，平帝封褒成侯，魏文帝封宗聖侯，晉武帝封奉聖亭侯，元魏封崇聖侯，北齊封恭聖侯，周、隋并封鄒國公，唐初封褒聖侯，玄宗改封文宣公，兼兖州長史。其後遂多以聖裔仕兖州及令曲阜，以奉先祀。宋因之，至仁宗時改封衍聖公，仍令世襲及知仙源縣即今曲阜如故。元因之。自明以至于本朝，一姓之内，一衍聖公，一曲阜令，一博士，而山東鄉試又特中聖裔一卷，分爲耳字號。每科不絶，其子孫之貴衍若此，非止若虞賓三恪而已；廟貌遍于天下，非止若堯、舜、禹、湯、文、武，僅一祀帝王廟于京師而已。孔子之流傳後世者，自删修定贊以外，其以筆教者，惟春秋一書；以舌教者，惟論語一書。故孔子生平言博學，便言審問；言學而不厭，便言誨人不倦，蓋口之功德至大若此。大旨本周茂叔先生。楞嚴經曰：如舌宣揚盡諸世間出世間智，言有方分，理無窮盡。當知舌根圓滿，一千二百功德。維摩經語：諸天女有法門名無盡燈，譬如一燈燃，百千燈冥者皆明，明終不盡。一菩薩開導，百千衆生令其發心，是名無盡燈也。或問周茂叔先生曰：『曷爲天下善？』曰：『師。』曰：『何謂也？』曰：『先覺覺，後覺暗者，求于明，而師道立矣。師道立則善人多，善人多則朝廷正，而天下治矣。』蓋人行一善事，止於本身增一功德。若勸化得一人爲善，則世界上遂多一善人。若勸化得一惡人爲善，則世界上少一惡人，反多一善人。其人舌以傳舌，又可轉相勸化，以至于百千人，人無窮盡。若筆之於書，筆以傳筆，又可勸化于千百世，世無窮盡。如是善根流傳，永無窮盡。故行善如樹之發枝，枝條雖盛，枝不離幹，幹不離根。止于本身語善，如稻之播種，種以傳種，自后稷至今種無窮盡，食亦無窮盡。然則，太上以語善爲三善之首，又何疑焉。

至于語惡之業，尤爲重大。孟子欲正人心而以息邪説爲首。又曰：『能言距楊墨者，聖人之徒也。』乃其言世衰道微，邪説暴行有作，臣弑其君者有之，子弑其父者有之。予向竊疑其過當，弑父弑君，天地所不覆載，而以爲邪説之罪。何哉？及觀羅仲素論瞽瞍底豫而天下之爲父子者定，其言曰：『天下無不是的父母。』了翁聞而善之曰：『惟如此，而後天下之爲父子者定。』彼臣弑其君，子弑其父者，常始于見君父有不是處耳，見不是者即邪説也。楚世子商臣知王之將黜之，以告其師潘崇，潘崇曰：『能事之乎？』曰：『不能。』『能行乎？』曰：『不能。』『能行大事乎？』曰：『能。』遂以宮甲圍成王而弑之。夫以弑父之大逆極惡，而變其名曰『行大事』，是何異于後世横議之徒，變盜賊之名爲好漢，而開千古之殺機；變淫奔之名爲風流，而鑿萬世之淫竇。然則商臣之弑父，則潘崇之邪説有以啓之也。東魏徐之才等勸齊王高洋受禪，婁太妃曰：『汝父如龍，汝兄如虎，猶終身北面，汝獨何人？欲行舜禹之事乎！』洋以告之才，之才曰：『正爲不及父兄，故宜早升尊位耳。』遂篡東魏。楊堅既秉周政，后獨孤氏曰：『騎虎之勢，不得終下矣。』遂以篡周。然則，高洋、楊堅之弑君篡國，則之才、獨孤氏之邪説有以贊之也。噫！口之爲惡一至於此，宜孟子深懼而痛距之。又有一言諂旨而禍延家國，如唐高宗立武后未決，李勣曰：『此陛下家事，何必問外人。』遂以定立。其後革命稱周，殺唐子孫殆盡，而勣子敬業即首罹武氏赤族之禍。蓋天下受其流毒，家族亦受其慘報，不過一言而已。又有一言而禍延宗社，潛移鼎祚者，如漢孝成以日食地震，吏民多以王氏爲言，辟左右，問于安昌侯張禹，禹欲自托于王氏，顧謬以聖人罕言命，不語怪神爲對，而反詆言王氏者，爲新學小生，亂道誤人，帝遂不疑王氏，而卒至新都篡國，舉二百年火帝之祚而斬之，亦不過一言而已。至若孔熙先犬豕之言一出，而范曄遂以稱戈。劉宋孔熙先欲構范曄爲逆，其立彭城王義康，曄猶豫，熙先以曄無内行，故激之曰：『丈人奕葉清通，不能連姻帝室，人以犬豕相遇，不亦耻乎？』曄遂决。此語之惡，用於激發者也。蘇軾枉死鬼叔孫通之嘲一倡，而洛蜀遂以分黨。相司馬光薨，國方有慶事，禮畢，欲往吊。程頤不可，曰：『子于是日哭，則不歌。』或曰：『不言歌，則不哭。』蘇軾嘻笑曰：『君未知禮，此枉死鬼叔孫通制此禮也。』衆爲歡，然頤怒，遂成隙，分洛蜀黨交章相論劾。此語之惡形於戲謔者也。劉弢有專功滅口之構，而侂胄定逐汝愚之計。劉弢有憾于汝愚，謂韓侂胄曰：『趙丞相欲專定策功自予行，且逐君滅口矣。』侂胄懼，問計，曰：『惟内批除臺諫擊之耳。』此語之惡用於離間者也。李林甫恐嚴挺之見思，而誘使稱疾求見，因以散秩便醫之説錮之，忌李適之見親，而誘使言采礦富國，因以華山本命之説傾之。玄宗時問嚴挺之安在，林甫恐上用之，因召其弟諭之曰：『上甚相念，可稱疾，求還都，一見可大用。』挺之喜，具疏上，林甫因曰：『挺之老病，宜授以散秩，便醫藥。』挺之坐是終廢。又誘李適之使言采華山金礦，帝問林甫，則對曰：『華山，陛下本命所在，鑿之恐有傷。』帝因是疏適之。此語之惡，用於誑誘者也。以至荀卿倡性惡之矯説，而眉山推本以爲致李斯之焚書，竹林高放誕之清談，而夷甫臨刑始追恨虛無之禍國。王衍臨刑曰：『吾輩使不祖尚虛無，猶可不至今日。』及後世論厭中庸，議求奇詭，贊水滸爲忠義，而揭竿斬木者，奉爲枕内之陰符。桐城民變，其魁就縛時，搜其篋，有圈點秘書，則水滸傳也。美卓氏爲良緣，而鑽穴逾墻者，推爲桑中之嚆矢，嗤道學爲迂闊，而師儒子弟咸有飛揚跋扈之雄〔一〕；笑禮法爲虛拘，而飲啖喧嘩不勝投石超距之勇。或斷取六經四子之章句，閑佐恢諧，或改竄先儒古德之格言，戲供調答。一倡衆和，咎有攸歸。此語之惡，形於議論者也。黄山谷好作艷詞，而秀師訶其誨淫，恐墮泥犁惡道。山谷爲艷詞，秀禪師曰：『汝以艷詞動天下淫心，恐生泥犁耳。』山谷乃絶筆。劉河間僞造古史，後郡官疑其通賊，不免凍餒危身。劉炫，河間人，因牛弘購求遺書，炫僞造連山易、古魯史百卷上之，被訟，遇赦免死，後賊起，其門人多在賊中，郡官疑其通賊，閉城不納，凍餒而死。以至稗官野紀逞胸臆，以肆譏彈，小説歌謡訐陰私而行排訕。周秦冥會，陷太牢以不赦之條。周秦後紀乃李德裕門人所造，僞云牛僧孺撰，德裕構之曰：『太牢著書，自稱與先朝帝后相見，有不臣之心。』百升上天，構明月以闔門之禍。或羅列忠賢之姓氏，撰成鈎黨之書，或編次曖昧之語言，文以駢麗之體。或匿名以騰謗，或假手以借刀，或爲歇後之腔，或作打油之調，旁誦者莫不啓齒，當局者咸以腐心。生結碎首之冤，後墮拔舌之獄。若夫傳奇風化所關，陽明至言不易。揆諸當日，優孟衣冠之意，亦備後世激揚懲勸之文，如琵琶之剪髮，荆釵之投江，覽其事則千載如生，誦其詞則九原可涕。青袍覆閣中之女，燕山瘞鋤下之金。百種之中，勸箴咸著；四聲所被，觀感殊多。即至王瑞蘭雖諧招商之侶，而虎頭山寨曾全刀下之游魂。崔鶯鶯雖抱月下之琴，而白馬提軍亦救高堂于險阸。事雖非正，情尚有因。豈意濫觴至於今日，盡譜淫詞，争翻新曲。花閑月下，舫畔樓邊，片紙單縑，便綰同心之結；游尼野嫗，群牽月老之絲。石榴車中，弃父母如敝屣；牡丹亭側，誣神鬼爲牽頭。榜唱銅龍，無不偷香之才子；屏開金雀，無未識面之佳人。似天道之福淫，合群聲而吠影；標風流之赤幟，滌器無慚。毒俊少以烏頭，窺鄰自喜宣淫放誕，長此安窮，漸盈惠子之車，應付咸陽之炬。此語之惡形于撰述歌咏者也。然則，語之造業最深，流毒最廣，明明若此，喋喋何爲？而世之認賊作子者，方且美之，曰口才亦有拒諫飾非者；方且恕之，曰口過自非太上。正其名，曰惡更列于一日三惡之首，亦孰知舌頭三寸，筆下數行，招身家之重殃，受鬼神之陰罰，若是其甚哉！

雖然，太上訓作惡者，以改悔爲轉禍爲福之道，他惡改之爲難，他善積之亦難。或限于力之所不能，或迫于時之所不逮。唯改語惡而積語善，止在一掉舌援筆間耳。改惡無易于此，積善亦無易于此者。東坡居士言：『我今惟有無始以來結習口業，妄言綺語，論説古今是非成敗，以是業故所出，言語猶如鐘磬、黼黻、文章，悦可耳目，如人善博，日勝日負，自云是巧，不知是業。今捨此業，作寶藏偈：願吾今世及未來際永斷諸業。』是以筆刀一轉，便堪翻貝葉于毫端；舌劍纔回，已可吐蓮花于腭上。及江淹之未禿，幸張儀之猶存。儀説楚困歸，問其妻曰：『視吾舌尚存否？』曰：『存』。曰：『足矣』。無假錢財，不需勢力。捕賊即用作賊者，解鈴還問繫鈴人，皆可立轉善因，同登福地。不聞宋塾師之事乎？宋登爲塾師，善于誘掖，熙寧九年長子宋綰已成翰林學士，侍立上前，及唱名弟續及二孫皆一榜進士。神宗顧而笑之，王恭曰：『此其父至誠訓導所致也。』此塾師語善之效也。又不聞賀幕賓之事乎？秀水姚思仁巡按山東、河南，上疏請賑飢民，所全活以數萬。其稿出于幕賓賀燦然之手，冥司注賀爲首功，暮年登甲，位至吏部，此幕賓語善之效也。章仔鈞仕閩，王審知守建州，其將邊鎬、王建封有罪當斬，夫人練氏言于仔鈞曰：『其才可惜，何不從寬？』因密使遠遁，二人遂奔江南，後南唐命查文徽攻建州，二人已貴，從行，城陷，議屠之時，仔鈞久卒，二人入城授練氏以白旗，曰：『植此于門，可以無虞。』練氏舉旗返之，曰：『非盡赦建民，妾不獨生。』二將請于查，查許之，一城皆免，練氏子一十五人，孫六十人皆貴。夫以千萬之命、累世之榮，而練氏以前後數語基之，是婦人語善之效若此，無問男子矣。薛文清瑄犯王振之怒，適被彈劾，罪已莫測，振有蒼頭哭于厨下，振怪而問之，泣對曰：『聞薛夫子將被刑故也。』振意解而瑄以全。夫以理學淵源從祀孔廷之大儒，而蒼頭以一言救之，是蒼頭語善之效若此，無問平交矣。優孟抵掌談笑，而叔孫敖負薪之子致蒙寢丘四百户之封，敬新磨唱和詼諧，而中牟諫獵之令，得免亞子馬首之戮。唐莊宗獵于中牟，怒其令諫，叱斬之，敬新磨追擒令，數其罪曰：『汝何不空此田地，以供天子之獵，罪當死。』群伶唱和，莊宗笑而赦之。夫以賢相之後裔賢令之死生，而優伶以一言動之，是優伶語善之效若此，無問冠蓋矣。推而論之，況于國祚千百年之綿永，或繫宰執之片言；群黎千萬人之死生，或在省臺之尺奏。司成督學之誨掖，人才茂於雍庠；賢紳名士之叮嚀，淳俗還於閭里。其語之善自家而鄉，鄉而國，國而天下，天下而後世，其功效更有不可殫述者哉！

雖然，語善有其本焉，舌者，心之苗也。言者，心之文也。心誠則人動，心通則人格，心平則人順。蜾蠃負子異類而可使相化者，誠也。秦越人之治病，洞見人五臟癥結，故能知趙簡子，於夢中起虢太子於死後，而人不疑者，通也。江河載舟，小大弗拒，艨艟舴艋，群趨如騖者，平也。不然，心之不正，身之不修，嘵嘵焉竊先賢之緒論，忝流輩之指南，豈唯人掩耳而過之，正犯太上所訓口是心非之戒耳！語善云乎哉！

余於丙申之春，移榻與老友若侯先生病榻相對，時視病者爲令五弟翼侯，因及感應經語善爲三善之首，遂思三大聖人皆無位而與天地參，不過空言，未嘗見諸行事也。中間反覆陳論古今時變，燈灺漏盡，乃至達曙，翼侯笑曰：『今夜所談殆三萬餘言，吾兄若侯乃忘其病。』閱月而若兄此注以成，余讀之狂喜，亟爲摘出先壽棗氏，以暢同志之懷。春三月鮑祖彪紀事。鮑字曼殊，江寧名下士，注感應篇三繹，曰義繹、曰經史繹、曰聞見繹，注未竟而卒。

校記：〔一〕『咸』，康熙二十二年刻本作『成』。

姚端恪公外集卷之十一

又諸横取人財者乃計其妻子家口以當之漸至死喪若不死喪則有水火盗賊遺忘器物疾病口舌諸事以當妄取之罪取非義之財者譬如漏脯救飢鴆酒止渴非不暫飽死亦及之注

篇中於人之過皆一言而蔽，獨於取財之事，不啻十數致意焉。首曰殺人取財；曰弃法受賂；曰減人自益；曰耗人貨財；曰破人之家，取其財寶；曰强取强求，好侵好奪；曰擄掠至富；曰貪冒於財；曰假借不還；曰以僞雜真，采取奸利；曰貪婪無厭。如是等罪以下已經總結通篇訖復專提出諸横取人財者，及取非義之財者兩段，與枉殺人并重。嗟乎！痛哉！財之迷人最深，而毒人最烈也。蓋財之爲毒與生俱來，與生同去，而無間終始。何以見之？凡孩之初生，未開眼時，即便欲食，既開眼後，漸欲貪色。此食爲財根，色爲欲根之由也。故食與色皆與有生同來，而食較先。凡人之漸老，則欲念早衰，而財利之心日甚一日，至蓋棺方止。此財念與欲念，雖與生同去，而財念較後也。蓋凡人之罪過皆爲己身獨業，惟淫爲合業，而財則爲共業。故財之爲物，如九尾天狐能千變萬化，以悦人之眼耳鼻舌身意，使之各暢其欲，各遂其求。又如藥中甘草能和百味，故尊爲國老。無論君臣佐使，獨不可闕。

試以一人之身論之，戚族得之而加親，賓友得之而加密，妻得之而加和，子得之而加順，姬妾得之而獻其逢迎，僕婢得之而奉其使令，且恩非此不深，怨非此不解，冤非此不伸，生非此不養。凡人皆然，而有爵位勢力者尤甚。蓋爵位愈高，則規模愈侈；勢力愈重，則資用愈繁。或謀其爵位勢力而多費，或保其爵位勢力而多費，大抵若不可得已者，且前後左右、妻子、姬妾、戚族、賓友、僕婢人等有種種覬望，則有種種情態；有種種盈縮，則有種種忻怨。其徵糧比税之法不言而酷，如敲朴不動，而急如星火，能令求財者鷄鳴而起，無窺不鑽。取財者竭澤而漁，無徵不括。且圖了事寬心，不顧背理害義。初猶出于無奈，久漸習爲固然。因之破衆小家以成一大家，毁衆小富以成一大富。譬如易牙殺子以進桓公，桓公甘之，但知羹美，不問其爲人之子肉也。又或費廣者難給，欲奢者雖酬，乃至破衆小家不能成一大家，毁衆小富不能成一大富。譬如毒蟒腰腹數丈，饑火内燒，但值虫蟻雖殺百千萬命，且啖且饑，終無飽日。于是乎有殺人取財者，于是乎有弃法受賂者，于是乎有減人自益者，于是乎有耗人貨財者，于是乎有破人之家，取其財寶者，于是乎有强取强求、好侵好奪者，于是乎有擄掠至富者，于是乎有貪冒于財者，于是乎有假借不還者，于是乎有以僞雜真采取奸利者，于是乎有貪婪無厭者，而總之曰横取人財。故太上則于總結之中説明感應之報，曰諸横取人財者，乃計其妻子家口以當之，漸至死喪。若不死喪，則有水火、盗賊、遺忘器物、疾病、口舌諸事，以當妄取之值。又恐人疑其殃止于眷屬而不及其身也。又曰：取非義之財者，譬如漏脯救饑，鴆酒止渴，非不暫飽，死亦及之。嗟乎！莊誦聖經，危哉斯言，痛哉斯人也。

太上若曰：汝之取財以奉身也，不知死亦及之矣。身既不有，何有于財？汝之取財以養妻子家口也，不知妻子家口且因此而致死喪矣。妻子家口既不有，又何有于財！嘻，亦可憐矣，亦可悟矣。不特此也，道藏云：凡人間財食，陰曹有掠剩司以主之，有無數掠剩鬼神，但過本分，即爲掠去。佛説人生所有財帛爲五家所共：一曰國王君長，二曰水火，三曰盗賊，四曰刀兵，五曰不肖子孫。故人雖至巧，或能取其所無，而天固無心偏，能耗其所有。試思篇中所言，水火、盗賊、遺忘器物、疾病、口舌及妻子家口死喪諸事，果人主之乎？抑天主之乎？莊子曰：『人滿則天概之。』概之者，耗之也。小者，可以耗人數旬數月之積矣。大者，可以耗人數年數十年之積矣。又其大者，則祖宗之積與其積以貽子孫者并耗之矣。然則，其求富者，乃所以求貧；求積者，乃所以求耗也。豈不于孳孳爲利之初心大相違背也哉！

今試問諸橫取人財者，一生以來亦曾有妻子家口之死喪乎？亦曾有水火、盜賊、遺忘器物、疾病、口舌諸事之破敗乎？有一于此，則是諺所謂『前門逐獐，後門失鹿』，不如不逐不失之爲愈也。若夫人愈取而天愈耗，天愈耗而人愈取。取與耗如環之無端，人與天相鬥而不息，天亦無可如何，直并其取財之主人而奪之。金玉仍自滿堂，禍患一朝卒至。丹漆色猶鮮，綉柱珠簾辭舊主；舞歌聲未絶，分行逐隊屬他人。慈氏低眉而嘆之曰：『哀哉！』莊士摇首而評之曰：『晚矣。』到此方回思曩日之水火、盜賊、遺忘器物、疾病、口舌種種破敗以及妻子家口紛紛死喪，猶有家之可破，尚有泪以揮人，總是皇天一片婆心，百般苦口，無非求橫取人財者，小懲大戒，回頭是岸，而無如其冥然無知，悍然不顧，以至于此極也。嗟呼！天乎天乎！豈得已哉！豈得已哉！故太上舉而示之，以告世之見金而不見人，見人而不見天者，早早回心，牢牢忍手，莫待臘月三十日到來，手忙脚亂不迭也。或曰：『橫取之病已悉之矣，其治之之藥云何？』曰：『萬鐘於我何加焉，儉者不奪人！』

不敬其夫注

夫猶天也，婦以夫爲天。天不可慢，夫不可輕。今不敬其夫者，約略數種：有以貴家女而不敬其夫之賤者，有以富家女而不敬其夫之貧者，有己年少而不敬其夫之老者，有己色美而不敬其夫之醜者，有己多智能而不敬其夫之愚者，有己身壯健而不敬其夫之病者，有己性剛强而不敬其夫之懦者，不知赤繩繫足，好惡皆夙世姻緣，但能舉案齊眉，苦樂皆一生。結果倘若不安天命，自起厭憎，無解今世之愁，只重來生之業。神誅可畏，天報難容。請看古來節烈之婦，毁容截耳，拚死捐生，性命尚且殉夫，他事豈暇計校？又看眼前孀寡之妻，永夜寒衾，孤形隻影，無不哀啼於死後，何不和順于生前？以此自思自警，則世無可不敬之夫，亦無不順之婦矣。

宜憫人之凶樂人之善注

『諸惡不作，衆善奉行』二句，乃奉感應經者，持身之關鍵。『憫人之凶，樂人之善』二句，乃作感應經者，救世之心源。蓋見人之凶者憫之，曲加勸導，使其回心改行，則能令人諸惡不作矣。見人之善者樂之，堅其志操，使益勇猛精進，則能令人衆善奉行矣。太上感應篇一經，全從憫人之凶、樂人之善而起。憫之云者，以慈悲之心，行方便之法。蓋世之惡人，其惡之初作不過一念之差，未必不可勸禁。即惡之既熾，猶有一念之明，豈終不可救解？唯世之爲君子者，拒之太甚，激之使堅，即或勸以名義，動以禍福，到底人我之意不化，痛痒之意不關，彼凶人血性剛强，偏執自用，靠此化他，如何化得？孟子云：『至誠未有不動者也。』又曰：『中也，養不中；才也，養不才。』又曰：『以善服人，未有能服人者也。以善養人，然後能服天下。』其子酗酒持刀逐人，其父聞之，被髮徒跣奪刀而回，子雖醉中，必然醒悟。有人於此，其兄關弓而射之，則己涕泣而道之，至情感動，其兄亦必放下弓矢。某禪師經行禪院，忽一大蟒張口向之，徒衆皆懼，師曰：『彼以毒來，我以慈受。毒無實性，激發則强。慈苟無緣，冤親一揆。』以杖趁之，其蟒徐徐而去。又昔佛在時游化諸國，獨有一國化不能從，及遺目連，傾國而至，衆疑問佛，佛言此一國人于往昔世本一聚蜂，目連本一樵夫，因采薪觸著樹枝，群蜂驚擾争欲蠆之，目連謂曰：『汝等大有佛性，但以惡業流轉至此。今也尚以小忿欲逞毒乎？願我早發聖果，首度汝等。』是時群蜂若有所悟，領納在心。今故見之，悉皆隨願。

今欲勸化凶人者，實實憫其愚痴，憫某暴戾，憫其造業而不悔，憫其受禍之不遠，真心誠意，視猶一體。如慈父之救醉子，如悌弟涕泣而勸其兄，如某禪師之化毒蛇，如目連之化惡蜂，果能如此，世間凶人那有個化不得？

慈心於物注

子華子曰：『人之心，莫隱乎慈，莫便乎恕。赤子匍匐使我心惻，隱于慈故也。凌波而先濟，跂而望乎後之人，便于恕故也。此心之弗失，可以事帝，可以格天，可以入道。』古之制字者，兹心爲慈，如心爲恕。非其心也，則失類而悲善夫。

非禮烹宰注

游士任戒殺論，好生惡殺，人之本心。世徒以口腹之溺而勇爲之，亦積習不自覺耳。有戒殺者，反斥爲異端之學，嘗著論告之，論曰：世儒語不殺生，則必斥曰是釋氏之訓，非聖人所爲教，是未考于聖人之教，而猥以習見論之也。禮曰：『天子無故不殺牛，諸侯無故不殺羊，大夫無故不殺犬豕。』夫天子尊也，諸侯、大夫貴也，然皆無故不得殺生。無故不得殺，則有故而殺者，蓋無幾矣。孟子曰：『見其生，不忍見其死；聞其聲，不忍食其肉。』夫見生聞聲，君子咸不食之，則不出于見聞而食者，蓋亦無幾矣。聖人之教蓋如此，不得已有故而殺，曰祭，曰養，曰賓，三事而已。然其養之有道，其取之有時，其用之有制。獺未祭魚，漁不登魚。豺未祭獸，獵不告狩。鳩未化鷹，不設罻羅。草木未落，不入山林。昆蟲未蟄，不以火田。不麛不卵，不殺胎，不殀夭，不覆巢，不合圍，不掩群。弋不射宿，釣而不網。田不以禮，曰暴天物。匪人之愛惜生物何其周也？聖人雖爲祭而殺，然在天子不過曰一元大武。諸侯以下，不過曰剛鬣柔毛。曰肥腯翰音，曰疏趾明視，曰尹祭商祭。其數可舉，其義可陳，而未嘗以四方之食供焉。庶人之祭，春韭以卵，夏麥以魚，秋黍以豚，冬稻以雁，其數可舉，其義可陳，而未嘗有二修焉。雖爲養而殺，然六十止食宿肉，七十乃食二膳，八十常珍。又曰：『庶人耆老不徒食。』孟子亦曰：『七十非肉不飽。』則未至六七十者，雖孝子不得以享其親。雖爲賓而殺，然天子適諸侯乃膳以犢。諸侯相朝，灌用鬱鬯，無籩豆之薦。大夫聘禮以脯醢。又曰：『大夫燕食，有脯無膾，有膾無脯，士不二羹胾。』其在於詩，其語嘉旨。不過曰『脾臄』，曰『鼈鯉』，至矣。其語富多，不過曰『四簋』，曰『八簋』，極矣。聖人何嘗教人日斷刲之。以天子、諸侯無故不殺之物，乃取而饔飧焉，一膳而斃數命，一飲而殘百種。舒雁之外，鼈鯉之餘，乃至豹胎熊掌，誅逮犢麛，殫山之族而醢脯之。雁胥雉腒，下及卵胎，殫林之族而熬烹之。鱣鮪鱘鱑，細及螺蟜，殫水之族而膾炙之。又復薌之、蓼之、桂之、薑之，極鼎俎之芳，窮易牙之巧，憾不頓四極以爲網也，憾不鼓龍泉而爲割也。將使鷇鳥不安于其林，稚獸不寧于其穴。聖人之教寧有是乎？堯舜之政、三王之治，能俾天地欣合，陰陽和鬯。胎生者不殰，而卵生者不殈。獸不狘，鳥不獝，魚鮪不淰，四靈可以爲畜。故其稱曰『鳥獸魚鼈咸若』，曰『百獸率舞，鳳凰來儀』。嗚呼！此豈以殘殺能致之哉！喙動之物，莫不有性。虎狼而有父子，螻蟻而有君臣，鴻雁兄弟，雎鳩夫婦，騶虞不履生蟲，不踐生草。烏鳥爲其母反哺，牛爲人代耕，犬爲人居守。此其仁義，何可勝數，而人或不如也。反日殘而啖之，可乎？鹿斃於矢，其麛反顧惻之，射者未能不憮然也。鶉將就食，感主人以轉轂之咏，聞者未能不動心也。射鶉者引弓入林，則一林之鳥皆鳴。屠狗者帶索行市，則一市之犬皆嗥。彼物豈甘就死亡哉！而悍夫忍人誣物爲無知，既日殘而啖之。儒者又重佐其焰，至誣爲聖人之教甚矣。世儒之愈于不仁之流也，天地之大德曰生，吾知聖人之教，以天地之心爲心而已矣。

宋仁宗對群臣曰：『朕夜來飢甚，思食羔羊。』群臣曰：『何不宣付有司？』帝曰：『朕乃偶飢思耳，慮爲常例，寧忍一時之飢，不忍啓無窮之殺。』噫！今之上臺每於非時取食物，至令在下有司於常供之外，別事烹宰以備不時之需，究竟所食者有限，而殺業已無窮矣。曷不取仁宗之事而觀之？

王衡戒殺文云：『余性不喜殺生，客有勸余爲戒殺放生文者，恐吾黨之不盡降心也。因雜録古人警語數條，而復申之以言：人心辭讓，是非羞惡，半由名教薰習而成。惟是生命相關處，從根蒂發來，故惻隱心最真且切。』孟氏言遠庖厨，以全不忍；不佞獨請近庖厨，以驗不忍。試一身臨刀几之傍，慘痛萬狀，不三日而鼎俎在前，漸覺腥膻而不可食矣。今習俗已慣，卒難屏除。請先約之以禮食。禮，君、大夫、士無故不殺，所謂『故』者，惟祭祀與賓客耳。末世祭祀簡略，惟以享賓爲大，故而浸淫，及于『無故』之故，靡日不殺，以爲固然，且無暇旁引，猶及聞之先大父，吾鄉饗新親大賓，五果五案以爲則也。宰人割牲則歌而獻賓，猶以特殺爲重事也。其親知相聚，則鮭菜隨常而已。有不速之客來，不設別席，坐于主人之右而已。奢濫至今，陳列十倍于前，尚嫌無下箸處。他邑間以蔬簌點綴，獨吾州專尚豐肥，烹宰更多。夫一舉十有二物，此天子之俎也。日饋雙鳴，國君之膳也。而今尋常宴會皆有之，此何禮哉？古云：食者甚甘，死者甚苦，以苦博甘，尚可憫痛，況數巡之後，一飽之餘，目饞胃憎，舌廣腸窄，往往飲止啐唇，肉不滅齒，雖蘭殽玉饌，無異腐餘，又何苦捐衆生之命，而供一人不甘之口哉？吾今請與里社約：宴尊賓，大小雜俎不得過十器，常日款客不得過五器，其糖果餖飣不在數内。葷素間錯，無宰重牲，不拘月日地方，遇生則放，略使與所殺之數相補。庶由禮食，漸返古先。雖然，斯言而出于溫飽者之口，人得無笑其慳乎？則又嘗思之矣，凡人見乞兒丐婦跪求殘炙，則揮肱而逐之。羈貧之士窮餓無歸，則閉户而避之。親朋故人稱貸不滿數金，則心疑而遠之。於此甚慳，而乃欲狼籍物命，以破除慳名，是亦不可以已乎？省一席之費，可以果數人之腹。分一日之費，可以合數日之歡。其究能使姻族賓朋益親，又非止養福養財而已。今俗尚甚侈，可議非止一事，而其初皆由一事濫觴。象箸玉杯，相因而致。若宴會從簡，諸凡非禮無故之費可以類推，請先以食化爲嚆矢。

虞淳熙戒勿食田鷄説曰：『青蛙俗名田鷄，捕蛙者不以釣，而藏燈瓦屋，提入田澤，蛙趁之若飛蛾然，先折其股，納於竹籠，賣時截項剥皮，刳腸斷趾，刑慘于凌遲。皮名錦襖子，脱下襖子，形若嬰兒。兩手抱頭，入釜尚能游泳，其難死又如此。慶春門捕蛙人王立病，呻吟如吠蛙，捕者提瓦屋燈奔其舍，知而駭去，聲絶乃死。唐人謂蝦蟆月中之蟲，一名天使，食之者自遠桂闕，不食者應步蟾宫。』噫！虞先生爲杭州言也，而近日江寧尤甚。予嘗聞之輿夫言蛙死之慘，與此相同。竊念田鷄爲物甚微，食之無益于口腹；其死甚慘，戒之倍積於陰功。既非筵席必用之珍，又非牢籠常畜之物。若戒者既多，則其價必減。計捕者一日之所獲，不足以償其一日之工，亦將改他業而營生矣。余向在淮安，夢先孺人醒，猶泪珠盈睫，晨起讀感應經説定内載：福建林承美遇一禪師，教之曰：『孝子思親痛哭無益，惟放生戒殺，篤行陰德，纔可報親。諸惡莫作，衆善奉行。子在親還在，子亡親自休。作善親有益，作惡親有憂。』林承美感悟，力行善事。然因發願懺悔，冀報先慈於萬一，除家中日食久戒特生及牛犬二物累世不食外，念人之宜戒者殺也。乃有味異家羞物非恒膳，當擇其可戒者先戒之。物之最苦者死也，乃苦之中尤有苦焉者，則死而不得速死，其痛楚更深，生而活烹以死，其焦爛更慘。人又當擇其尤苦者先戒之，如田鷄、黄白鱔、團魚、鮮蟹、鮮蝦、鮮螺螄之類，實爲物死之最苦者，允宜首戒，并各次以歌，用告世之錫類而好生者。戒食田鷄曰：『我勸世人，田鷄休釣。剥皮不死，截趾仍跳。兩手抱頭，如嬰兒叫。況彼微軀，不堪大噍。發政施仁，先此無告。』戒食黄鱔曰：『水寒鱔寐，水熱鱔寤。誤揭釜蓋，飛盤梁柱。寸斷其身，尾結如故。寧甘凌遲，不蹈鼎鑊。哀我仁人，損此一箸。』此事予所親見者，蓋烹鱔用冷水貯鍋，誘鱔於中，置石於蓋，然後益薪焉。戒食鰻鱺曰：『鱧爲烏魚，影漫以生。上朝斗氣，慈母同情。曲躬護子，俯首就烹。母先子後，恩重命輕。百爾孝子，捨此杯羹。』鱧，玄鱧，俗云：烏魚，夜北向而拱斗；鰻以影漫之而生，故名。鰻在釜中，首入沸湯，猶曲其腰以護子，故鰻母先死而子後焉。戒食團魚曰：『我過吴市，見殺一鼈。縮項深藏，搔尾以篾。痒極頭伸，握刀乃切。如是者三，形魂方訣。鼈首最爲難斷。此外百珍，儘堪饕餮。』戒食鮮蟹鮮蝦鮮螺曰：『鮮蟹蝦螺，戒之爲正。席酒杯羹，十百其命。火熾水呼，肉緊神迸。君看沸湯，一指難近。醉蟹乾蝦，聊供觴咏。』能全戒尤佳。戒殺特生曰：『一物之命，一人之舌。命無再生，舌惟暫悦。盤内添羞，厨中積血。共業猶分，獨冤難結。禮在大夫，脯膾猶節。』禮大夫有脯則無膾，有膾則無脯。其戒食牛犬曰：『牛代人耕，息不遑喘。犬代人守，晴不停轉。所以玄帝，垂箴相勉。牢字從牛，獄字從犬。不食牛犬，牢獄永免。』附賓筵節味歌曰：『帝者享天，十二籩豆。今之賓筵，每逾此數。賓尊勝天，主費逾帝。物命暴殄，物價騰貴。凡百君子，舉觶毋易。』唐宜之先生婆子話中有數則與此相同。

桐城左君諱國林，爲儀真廣文，其同里友人方君相訪，烹蟹十二，觴之前一夕，左君友胡與立夢十二人向胡求救，曰：『我本甲冑士，馳名秋水鄉。哀鳴來乞命，急救十工堂。』且各道姓名，内一人則胡舊相識，亦與左有交者也。胡驚寤，次日因邑中有事，僕僕竟日，又次日偶過左閑言之，左驚曰：『甲胄者，蟹也。十工者左也。十二者數相合也。中一人亦我知識也，子不早告我，悔憫何及矣！』左由是戒蟹并及鱔鼈，向人勸誡之，後至朴樹村有友饋以十蟹，君念欲壁之，恐終不免其鼎鑊之苦，因載以小艇放之長流中。左君今任南雄府推官，政聲甚著。

姚端恪公外集卷之十二

念怨不休注

安思順爲朔方節度使，郭子儀與李光弼俱爲牙門將，而不相能。雖同席飲食，不肯交一言。及子儀代將，光弼欲亡。去恐見誅，乃入跽請曰：『死所甘心，獨乞貸妻子。』子儀趨下堂，握其手以登，涕泣定交，立薦光弼堪任專閫，詔以爲河東節度副使。子儀又分朔方兵五千與之。嗟乎！唐室之所以中興者，以郭、李兩人爲之犄角而成大功也。使子儀而少有念怨之心，則光弼不誅即亡，不獨唐室無中興之望，而子儀一人孤掌難鳴，亦不能自成其功名，且或覆軍喪身於禄山、思明諸賊之手矣。嗣後魚朝恩嘆爲長者而不見忌，公主奔訴而帝不疑，廿四考中書令，子孫衆多貴盛，而天下不爲側目，皆從其平日不念怨中來。是子儀之不念怨一事，可以爲國，可以爲身，可以處功名盛滿之地，可以化冤結報復之根。然則，人念怨已不可，况於念怨不休乎！

諂上希旨注

上字兼一切有權勢者而言

宋相趙普既發秦王廷美與盧多遜交通事，廷美罷歸私第，普又以廷美居西京非便，諷知開封府李符，使言廷美怨望，請徙遠郡防他變，詔徙廷美房州。李符既構成廷美罪，而盧多遜流崖州。符密白普曰：『崖州雖遠而水土頗善，春州雖近而至者必死，可以多遜處之。』普不答。未幾符坐附弭德超得罪，普欲殺符以滅口，即以符知春州，歲餘果病卒。嗟嗟！李符不顧天理，構死親王，不過逢迎宰相意旨耳，豈知受其逢迎者，反欲殺之以滅口乎？李符不死於他人，而死于趙普，天之報人巧矣。成濟爲司馬昭刺魏主髦，而司馬昭即族成濟。蔣玄暉、朱友恭、氏叔琮爲朱全忠弒唐昭宗，而朱全忠即殺蔣玄暉、朱友恭、氏叔琮。張衡爲隋煬行大逆，而隋煬即殺張衡。李林甫使楊慎矜構死韋堅、皇甫惟明，冀以摇動太子，隨又使王鉷構死楊慎矜，并其妻子流嶺南，皆天所以巧爲之報也。夫世人之諂上希旨者，大端不過二種：一曰不能不諂也，將以求官；一曰不敢不諂也，將以免死。然使李符而不希趙普之旨，不過削奪開封知府耳。使楊慎矜而不希李林甫之旨，不過不作户部侍郎耳。其禍皆不至于死。又使成濟、蔣玄暉、朱友恭、氏叔琮、張衡不希司馬昭、朱全忠、隋煬之旨，其禍亦不過至於死。乃此數人者，或因希旨而反以得死，或雖希旨而卒不免于死。然則，世之諂上希旨者，亦可憐而可涕矣，亦可悟而可悔矣。

見他色美起心私之注

昔有好色者，問于王龍谿先生，先生云：『有人設帷帳一所，指謂汝此中有名娼，汝可褰帷就之，汝從其言入視，乃汝妹、汝女也。此時淫心亦頓息否？』曰：『息矣。』先生曰：『然則淫本是空，汝自認作真耳。』噫！龍谿先生之言可爲好色者頂門一針矣。推而論之，凡人之所與淫者，有不係他人之妹與女者乎？己所不欲，勿施於人。吾願世之見他色美者，皆作妹與女觀。

醒世録載：麻村有甲乙二人，居址不甚遠，甲嗜酒賭博，迷戀一少年孀婦家，間暮夜去，必五更方歸，其妻恨之。乙妻偶過其家，甲妻告之。乙妻曰：『汝正少年，彼既忘汝，汝何苦獨守彼耶！』甲妻默然。乙妻歸，偶告其夫。其夫因囑之説合，每甲往孀婦家，則乙往甲妻家。乙妻往往張燈夜坐，以待其歸。積久大不能平。一日，甲宿孀婦家，酒多口燥，呼孀婦起煎茶，孀婦雖醒而佯睡不起。甲因自起，向厨下燃火烹茶，忽自悟曰：『我口燥，求一杯茶便不肯起，恩情安在？自古説得好，壯戀他人婦，病靠自家妻，不如歸也。』遂不告孀婦，徑自回家，及至門，忽聞有男子聲音，則其鄰乙某與其妻語也。甲聞之大怒，念徒手捉奸，恐其不勝，急回向孀婦厨中取一劈柴斧，疾行歸家，欲殺乙以泄恨，正行道過乙門，見夜深燈光不滅，甲暗忖曰：『奸賊必歸家矣。』因以手敲門，欲伺乙出而殺之。乙妻不知，以爲夫歸也，且開門先罵曰：『汝貪戀甲妻，何如不歸家否？』甲因自忖念此婦原却知情，我且先奸彼以報之，及開門見乙妻，亦少艾有色，遂持斧脅之。乙妻亦怨其夫之戀甲妻也，遂滅燈就寢。其乙在甲家與甲妻厚甚，因思甲在某孀婦家，每五更必歸，不如乘夜于中路殺之，而占其妻，因起覓厨下一劈柴斧，忽聽竈中語曰：『不要謀殺親夫，且去拿捉奸夫。』一報還了一報，寡婦齊做尼姑。』乙因心疑，持斧歸家，見家中燈滅，聞有男子語聲，急呼婦開門，婦不敢應。甲即披衣持斧躍起，乙大呼捉奸，踢門持斧砍入，甲揮斧砍出。彼此皆在暗中，甲斧砍入門上，乙斧砍入柱上。彼此呼扭喊打，鄰舍驚動，張燈來勸，燈至，乙見奸其妻者爲甲也，大驚，因問甲曰：『汝安從得斧？』甲曰：『本持此去斷奸夫頭耳，因奸汝妻，致饒汝命。』乙强辨曰：『我何嘗奸汝妻？』甲因指乙所持斧曰：『此非我厨下缺柄斧乎？汝夜中何得持來？』乙語塞良久，以竈中語告之。衆人曰：『天報也。』因勸散去。兩人歸，各逐其妻，剥其上衣，裸弃于道。其母家羞之，閉門不納，兩妻無所容，因同過一塘邊，哭泣投水，其塘正值某孀婦門首，孀婦聞哭聲而救之，因自恨曰：『以我一失節婦，致兩家如此，何顔見人？』遂與兩妻同削髮爲尼，一一如竈中之言。古語云：我不淫人婦，人不淫我妻，檐前屋漏水，滴滴不差移。佛經云：奸人妻者，得絶嗣報。奸人室女者，得子女淫佚報。

淫欲過度注

楞嚴經云：『若諸世界六道衆生。其心不淫，則不隨其生死相續。汝修三昧，本出塵勞。淫心不除，塵不可出。縱有多智，禪定現前，如不斷淫，必落魔道。』

圓覺經云：『一切衆生從無始際，由有種種恩愛貪欲，故有輪回。若諸世界一切種性，卵生胎生，濕生化生，皆因淫欲而正性命。當知輪回，愛爲根本。由有諸欲助發愛性，是故能令生死相續。欲因愛生，命因欲有。衆生愛命，還依欲本。愛欲爲因，愛命爲果。繇于欲境，起諸違順。』

董仲舒春秋繁露云：天地之氣，不致盛滿，不交陰陽，故君子甚愛氣，而謹游於房。新壯者十日而一游于房，中年倍新壯。廿日。始衰者倍中年，四十日。中衰者倍始衰。八十日。大衰者以月。當新壯之日，十月。而與天地同節矣，而其要皆期于不極盛、不相遇。

强取强求注

漢武安侯田蚡使籍福請魏其侯竇嬰城南田，魏其侯怒不予，灌夫怒駡籍福，武安侯聞之，大怨灌夫。魏其後陷，灌夫、魏其皆坐弃市。其春，武安侯病，專呼服謝罪，使巫視鬼者視之，見灌夫、魏其共守欲殺之，竟死。嗟乎！武安以外戚爲丞相，富貴已極，所不足者非田也，乃以强求不遂，致起嗔心，嗔心所結，遂造殺業。殺業相報，卒戕其身，至于呼服謝罪，而卒不能延其命。然則，武安以求其所至輕，而償之以所至重，愚亦甚矣。故强求者，求之而得則人怨，怨則思報；求之而不得則己嗔，嗔則思泄，泄與報皆有殺機伏焉，故不可不慎之于始也。

叛其所事注

唐景思，後五代漢時爲沿淮巡檢。漢法酷，而史弘肇用事，喜以告訐殺人。景思有奴嘗有所求不如意，即馳見弘肇，言景思與李景交通，而私畜兵甲。弘肇遣吏將三十騎往收景思，景思請械送京師以自明。景思有僕王知權在京師，聞景思被告，乃見弘肇，願先下獄，明景思不反，弘肇憐之，送知權獄中，日勞以酒食。景思既械就道，潁、亳之人隨至京師共明之。弘肇乃鞫其奴具伏，即奏斬奴而釋景思。嗟乎！同一奴也，乃告其主者，卒自斬其首，至王知權爲主下獄，卒能身與主俱全，而流芳百世。不然，歐公五代史中何因得載唐氏一僕之名乎？

見人體相不具而笑之注

石趙太子詹事孫珍病目，求方於侍中崔約。約戲之曰：『溺中則愈。』珍曰：『目何可溺？』約曰：『卿目睕睕，正耐溺中。』珍恨之，以白太子宣，宣於兄弟中最目深，聞之，怒誅約父子。

又枉殺人者是易刀兵而相殺也注

五代史載：劉漢時蘇逢吉在中書，因晋相李崧從契丹以北，高祖入京師，以崧第賜逢吉，而崧别有田宅在西京，逢吉遂皆取之。崧自北還，因以宅券獻逢吉，逢吉不説，而崧子弟數出怨言，逢吉乃誘人告崧謀亂，遂族崧家。後周太祖起兵，逢吉夜宿金祥殿東閣，謂司天夏官正王處訥曰：『昨夕未瞑，已見李崧在側，生人接死者，無吉事也。』周太祖兵至，與隱帝出走，自殺於民舍。太祖定京師梟其首，適當李崧被刑之所。

人間無恩怨禍福説

避禍者，人之常情也。邀福不亦可以已乎？然福不可邀，而天下未有能不求福者也。報恩者，人之正理也。報怨不亦可以已乎？然怨不必報，而天下未有能不念怨者也。今語人勿求福，人曰：『我不能。』是誠不能也。語之曰：『爾亦知人間無禍福乎？爾尚不知孰爲福，孰爲非福，而求於何起？則人又必不信。苟其信也，而人之貪心自盡。』今語人曰：

『忽念怨。』人曰：『我不能。』是誠不能也。語之曰：『爾亦知人間無恩怨乎？爾尚不知孰爲怨，孰爲非怨，而報何從生？則人又必不信。苟其信也，而人之嗔心自化。』嗟乎！恩怨與禍福同樞而共機者也。感人之恩者，曰彼與我以福；念人之怨者，曰彼與我以禍。彼以福與我，我亦以福與之，名曰報恩。彼以禍與我，我亦以禍與之，名曰報怨。故報恩報怨之心，即求福避禍之心。始也，趨避爲因，報施爲果。既也，恩怨爲因，禍福爲果。因果循環，無有休息。禍福恩怨，顛倒萬端。或認禍爲福，或認恩爲怨。如盲人行路，盡變其東西南北之所在，亦見其可悲可涕而已矣。

夫人間無禍福，故人間無恩怨。福禍有真假，有小大，故恩怨亦有真假，亦有大小。此其倚伏之巧，變化之奇，惟天知之，惟鬼神知之。盡世間人無有能真知禍福恩怨之所在者，而人之不信如故也。則請以近事徵之可乎？吾里令君石公諱朗令吾桐三年，以俸薦舊例，丁酉秋當同考矣，忽巡鹽御史白公諱應登。以鹺政小過糾之，部覆鐫級調用。當此之時，石公有不以白公爲怨者乎？有不以鐫級爲禍者乎？未幾，而丁酉同考諸公全置重典，使石公非白公之特糾，則必以俸深薦多與分較事岌岌乎殆矣。然則，白公施怨於石公者假也，其施恩於石公者真也；其施禍於石公者小也，其施福於石公者大也。此自其後論之耳。論其前則惟天知之，惟鬼神知之，而尚得謂人間知有恩怨乎？知有禍福乎？又如浙江台州守道黄公諱鼎象。與台司李王公諱介錫。兩公皆人望也。忽以互訐聞於巡按御史葉公諱舟。葉公遂以道廳互訐并挂彈章，兩公一時解任，俱挈家候勘杭省。當此之時，黄公有不自以爲禍者乎？有不以王公爲怨者乎？王公有不自以爲禍者乎？有不以黄公爲怨者乎？未幾而台城告陷，兩公以候勘，故身家俱安然無恙。然則，兩公之互相訐者，乃其所以互相救也。葉公之一疏而并糾者，乃其所以一舉而兩全也。其所謂禍與所謂怨皆假也，小也；其所謂福與所謂恩皆真也，大也，亦自其後論之耳。論其前，則亦唯天知之，鬼神知之，而尚得謂人間知有恩怨乎？知有禍福乎？

因果三世説

或曰因果三世之説，毋乃荒唐乎？予曰非荒唐也。請以見在者實之。昨日所讀之書，至次日書本未展，却能成誦于口中。或童稚所見之事，至白首而其事已往，猶能記憶於目前。以昨日童稚爲今世，則次日與白首爲來世也。以次日白首爲今世，則昨日與童稚爲往世也。是即所謂宿慧也。殺人於數年之前，而抵償於數年之後。結怨於數十年之前，而報仇於數十年之後。若使今日殺人而明日償命，則獄官無此斷獄之法，無論鬼神矣。今日結怨而明日報仇，人間亦無此速報之法，無論天道矣。故速者，以日月計；遲者，以年計。又遲者，以世計，其報一也。是即所謂宿業也。又如大計考察之法，凡三年以内，其知縣有陞爲臺省者矣，有陞爲部屬者矣，而考察之法，猶以知縣任内罪款黜之，故以國法論，則遷除陞轉而後官非昔日之官，而罪猶昔日之罪。以天道論，則投胎換面而來，人非前世之人，而業猶論前世之業。蓋見任之與去任，即往生之與今生，其理一也。

今之愚人，唯不信三世之説，故但據目前所見，輒謂報應無靈，不知報應一事，有人不能知，而天獨知之者。如一惡人而或登科第，或擁富貲，在世人必以爲報應之不靈矣。不知其人前世或有大功德，今世當有大福禄。特以今世爲惡，則遞減而罰懲之。或罰去其大位，而止與以科第；或罰去其科第，而止與以富貲。此等報應，人不能知，方且羡之慕之，誰知是罰，而唯天知之，鬼神知之。譬如宰相、尚書有罪，降作知府、知縣，愧耻屈辱已極。然此唯君王知之，朝中大臣知之。若令失志老儒及市井百姓見之，則必羡慕知府、知縣，亦大有威權、大有榮耀矣。凡此類皆所謂人不能知而天獨知之者也。

又有旁人不能知，而本身獨知之者。昔有富室邀一宰官，水陸之珍畢具，及宰官至，偶患心痛，思下一箸不可得。旁人朶頤嘆羡，以謂司空見慣，誰知心病難醫。又有一婿家娶一新婦，而婿不悦，其親戚中表見新婦者，明妝麗服，儼若神仙，贊之羡之妒之，誰知是石女兒。又如張君嗣蜀中赴命，祖餞如雲，應接委頓，自云疲憊欲死，而當日旁觀者却盛慕丞相、長史，如此風光烜赫。又如唐李林甫出則騎士百餘人，前後呵導，旁人探望羡慕，以爲宰相騶從何等威風，誰知他却是防刺客，救性命，如山中人行夜路，鳴金防虎一般，全是苦心苦境。至若一夕數徙床，家人莫知其處，尤爲可憐。鄉間野夫晝間勤勞，夜間無不安寢，鼾息如雷。即有罪之人，或犯國法，或受官刑，痛定禍止，亦各高枕，未有終年累月一夢不甘者。然則，李林甫二十年宰相，反田夫、罪人之不若矣。其子李岫言於林甫曰：『大人怨毒盈朝，一日事發，欲爲此役夫安可得乎！』林甫曰：『吾亦知之，然可奈何？』蓋其心亦汲汲乎憂死亡之不暇矣。凡此類皆所謂旁人不能知，而本身獨知之者也。又有名爲善人，而中多隱慝；名爲惡人，而中無他腸。或造大惡者，反行小善以干譽；行大善者，反冒小惡以招譏。人不知善惡之見人心，自生顛倒，而謂報應之際，天道反有差池，亦見其迷於論人，而過於憂天矣。是以中峰和尚有『凡心未滌，正眼未開，不知是非先謬，反言禍福多差』，誠確論也。王龍谿先生曰：『輪回之説，自聖人言，謂之無可也；自凡夫言，謂之有可也。』昔有人問於某和尚曰：『有天堂否？』曰：『有。』曰：『有地獄否？』曰：『有。』曰：『徑山和尚道無，和尚何以道有？』曰：『徑山有妻、食肉否？』曰：『否。』曰：『徑山和尚道無，始得要之報應因果之説。』大善之人不妨直視爲無，大惡之人斷然不信其有。天下唯中人最多，則報應之説爲教甚神，爲功甚溥。今有好辨之人蔑無因果，即令其援古證今，高談博論，能使言因果者一字開口不得，我不知其有益於世道乎？有害於世道乎？亦可以廢然而返矣。

子不語怪與神者，蓋聖人之學主於敬天，曰畏天命，曰樂天，曰知天命。天且弗違，而況於鬼神乎？季路問事鬼神，而子不告者，蓋聖人以事神之道盡於事人也。忠臣、孝子、善人、烈婦，天地感動，鬼神護呵，此豈諂媚鬼神者所可得乎？故誠能敬天，則不言怪與神可矣。誠能事人，則不言事鬼神可矣，此實教也。因果三世之説，雖涉于怪，然其意主於令人恐懼修省，以動其敬天之心。雖涉於鬼神，而其意主於令人行善去惡，以全其事人之理，此權教也。聖人因時以立教，設教以救世，其苦心則一焉爾矣。夫言天也，言鬼神也，皆以爲人而已。天爲民而立之君，君爲民而設之卿尹以及於郡縣守令。今有大人焉，凜凜乎朝廷紀綱法度之不敢逾越也，兢兢乎天威不違咫尺也，此而復告之曰：爾不畏郡縣守令乎？則贅矣。若夫鄉里之人，農商之輩，有不率於法者，則告之曰守令不爾貸也。斯惕然懼矣。如必稱天子之威靈以恫喝之，不幾于迂且褻乎哉？然則，言天而及於鬼神也，亦若是而已矣。

不然而曰：儒者不言報應，則羿、奡、禹、稷之説，夫子既已不答矣，何於其出而復有尚德之稱哉！

誦金剛經偶拈

或問：佛昔爲歌利王割截肢體，節節支解而無嗔恨，當亦聖人不痛乎？曰：使聖人不痛，則身等於木石。心入於斷滅，非幻術之流，即外道之輩矣。何足以爲聖人？且若使不痛楚而無嗔恨，則不必聖人能之，即凡夫亦能之矣。又若使嗔恨而可免於痛楚，則不獨凡夫宜爲之，即不妨聖人亦爲之矣。故聖人不能免切身之痛楚，此其與凡夫同者也；而亦不爲無益之嗔恨，此其與凡夫異者也。知其無益而不爲者，君子之所以無入而不自得也。雖然，是心也，人皆有之，聖人能勿迷耳。雷擊者，或已死而再蘇；覆舟者，或扶板而得命。莫不喜且懼，懼且悔，未聞有嗔恨于雷與水者也。然則，佛之視歌利王也，亦凡夫之視雷與水而已矣。一日不食則飢，聖人之飢與凡夫同也，而聖人無嗔恨于飢之心。卒歲無衣則寒，聖人之寒與凡夫同也，而聖人無嗔恨于寒之心。推之治産積穀，什一取息，聖人與凡夫同也，而聖人無黷貨之心。有子則妻，無子則妾，聖人與凡夫同也，而聖人無恣淫之心。誑語，聖人與凡夫同也。心惡則爲兩舌，心善則爲方便。調曲，聖人與凡夫同也，心邪則爲枉道，心正則爲行權。故觀聖人者，觀于其心而已。明是心也，可以富貴而不淫，威武而不屈，貧賤而不移。上天堂而不喜，下地獄而不怖，行異類而不昧，散百千億化身而不亂。

姚端恪公外集卷之十三

讀四書

行年三十九，方讀四書。戊戌十月記。

『恐其失指』四字，想見聖人心中一言，而思爲萬世法之意，即禪家圓話頭亦類此。朱注：『夫子以懿子未達而不能問，恐其失指，而以從親之令爲孝，故語樊遲以發之。』

右孟懿子問孝章

至於犬馬皆能有養，不敬，何以别乎？聖人不輕下此等語。

色難，果然色難。

明人不説暗話。延平先生下口如利刀破竹相似。朱注：『愚聞之師曰：及退省其私，則見其日用、動静、語默之間，皆足以發明夫子之道，坦然由之而無疑，然後知其不愚也。』

右吾與回言終日章

禮失而導引之說興。朱注：『禮以恭敬辭遜爲本，而有節文度數之詳，可以固人肌膚之會、筋骸之束。』

右興於詩章

顔淵死三章，哀之至而不越理，以厚葬之，請車而不許，可以見聖人之用情與用財矣。攻其惡，無攻人之惡。己曰克，内曰訟，惡曰攻。聖人治己非，皆以兵刑之道治之。其難如此，其説本於易之『大師克』。

樊遲問仁，子曰愛人章。聖人一言爲萬世法，話頭未圓，必須提唱明白。故孟懿子未達無違之旨，而特呼樊遲而告之。賢人問話直窮到底，故樊遲未達舉錯之旨，而復見子夏而問之。正如吕岩不受黄白之術，曰『恐誤五百年以後人』。禪師錯下，不落因果，一轉語，墮五百世野狐身。聖賢不輕放過一語，意亦如此。今人開口亂説，可嘆。

子言衛靈公之無道也章。史稱高洋之世，主昏於上，政清於下。

老而不死是爲賊，此一賊也，鄉愿。又一賊一傲世一媚世，而其同歸于賊已矣。

朱子語録中初注云：守所得而心不廣，則德孤，孤是孤單。朱注：有所得而守之太狹，則德孤。

右執德不弘章

雖有智慧，不如乘勢。雖有鎡基，不如待時。地則勢，天則時。昔者疾，今日愈。風行雲走，空裏自如。

木若以美然。今人無此一問。

燕人畔，王曰吾甚慚於孟子章。陳賈層層圈套，安排陷虎之機；孟子淡淡酬還，不費縛鷄之力。正與陽貨遇塗，機鋒相似。末節，明鏡當臺，物來自現。『以左右望』四字，畫出貪夫心眼。

由周而來七百歲，『周』字奇。

孟子道性善，爲何不向齊宣、梁惠説性善？

益烈山澤而焚之，火德在水功之先。

『常念』二字，即是動心忍性之法。朱注：志士固窮，常念死無棺椁，弃溝壑而不恨；勇士輕生，常念戰鬭而死，喪其首而不顧也。

右陳代曰不見諸侯章

孟子曰居下位而不獲於上章。此章俱仍中庸，孟氏止説出一個『動』字。

辟草萊，任土地者次之。『辟』『任』，何以列於善戰之次？禹之行水也，行其所無事也。禹之治水勞矣，而曰『行所無事』，故知無思無慮，非不思不慮也。

萬章曰堯以天下與舜有諸章。南河、陽城二避，詩、書所不載，孟子提出，却是千古極有關係公案。論舜提出一『篡』字，論伊尹又提出一『篡』字。

天與賢則與賢，天與子則與子。天字雙提。

王陽明先生曰：『告子先孟子不動心，故孟子與之論性特精。』

屋廬子喜曰：『連得間矣。』一喜，可想其好問之誠。

孟子曰教亦多術矣章。臨濟問黄檗佛法，三次被打，後問高安大愚曰：『某甲有何過，三次受打。』大愚曰：『黄檗如此老婆心切，尚説甚麽有過無過。』亦即是孟子不屑教誨之意，彼宗家却翻得如此奇特。

『富貴不暇擇』五字，令人悚然。捨車而徒，義弗乘也，則能捨者能擇矣。朱注：人心爲貧賤所害，故于富貴不暇擇，而失其正理。

右饑者甘食章

王子墊問曰：『士何事？』此一問，令爲士者通身汗下。孟子曰：『盡信書，則不如無書。』前聖未發之談。

若太公望、散宜生，則見而知之，何以不及周公？

讀易

乾之初，左傳曰『乾之姤』。

易於九三人位，特繫曰：『無咎者，善補過也。』一部易全在教人，知此二字，故曰：『懼以終始，其要無咎。』九三爻。

六爻至此出『吉』字。用九。

文言三咏爻辭。

『亢龍有悔，與時偕極。』老子學問只少此二句，故曰：『持而盈之，不如其已。』亢龍亦龍也，故曰『時乘六龍』。時亢則亢，故曰『與時偕極』。

右乾

乾、坤之後，屯爲長男、中男，蒙爲少男、三男，即繼乾、坤而持世矣。

右　屯

正而曰養，善而曰養，中才而曰養。

右　蒙

辭凶而敬慎，可以不敗。占外之占，如此則知占。易有活法，爻爻皆吉爻也。故曰：『幾者，動之微，吉之先見者也。』蓋知幾則凶可免矣。九三小象。

右　需

訟必折于大人，而訟乃息。此先王設官之本指也，故尚中正。師必將以老成，而師乃吉，故曰『丈人』，曰『長子』。蓋兵刑之重也。易言卦變始此。

惟此爻無訟。六三。

朱子注：天即理也。注：命，正理也，皆見道之言。九四。

右　訟

大全兼紀律者，恐非紀律，是將之事此在命將之先。初六。

貞凶對上否，臧凶是次第説來。六五。

右　師

君虚中以應乎臣，王姬降禮以從其夫。非其所願，誰能强之？六五，小象。

右　泰

否曰：『小人吉。』觀曰：『小人無咎。』遁曰：『小利貞。』六二。

右　否

柔得尊位，大中而上下應之，曰上應則下從矣。此爻何處見其滿而不溢？下從即可見不溢。上九。

右大有

乾乾，謙謙，坎坎，蹇蹇，夬夬，井井。

六五無『謙』字。

右謙

易之言志窮者，豫初、旅初。

由豫，由頤。簪所以束髮而使之不散也，故曰『聚也』。九四。

冥豫，冥升。

右豫

日出而作，日入而息，小人也。嚮明而治，嚮晦而息，君子也。程傳云：『澤隨雷動。』本義云：『雷藏澤中，隨時休息。』

二失五而五孚二。六二。

嘉二也。九五。

右　隨

辛丁本月令注。程傳云：『治蠱之道，不如本義爲妥。』彖。

右　蠱

考而有咎，則謂之無子，可矣。『有』字令人悚然。改其事故，厲意承考，故吉。初六。

蠱皆取有事爲義，而有不事之上九，漸皆以進爲義，而有漸逵之上九。上九。

右　臨

凡爻繫敦者皆吉。上六。

右　觀

程傳云：『平安，寧也。』謂不以不在於位之故，而安然放意無所事也。上九，小象。

剥之六三，復之六四，皆於群陰之中，獨與陽應，孤陽之所賴以存者也。六三。

宫人又有衆陰之象。六五。

右剥

坤，中陽已生，至十一月而一陽之體方成，非坤盡無陽也。程、朱言此甚詳。剥曰『天行』，復亦曰『天行』。

右復

無妄之灾，天作孽，猶可違也。失牛之爲灾，小矣。若夫有妄之灾，則自作孽矣。

右無妄

日昃之離持之，當有其道。不歌則嗟，二者皆凶道也，故曰『何可久』。九三。

右離

鄧潛谷先生曰：『二少相感而爲咸，二長相守而爲恒。』

右　咸

大人否亨，蠱元亨，遁亨，困亨。

小人浸長之時，不但君子宜遁，小人亦宜遁。蔡京聞張觷天下將亂之言，懼而問計，乃薦楊時，然蔡京卒不免於禍。李林甫謂其子岫曰：『勢已如此，可奈何？』皆繇不能辨幾而遁之於早也。剥之上九曰：『小人剥廬，廬剥矣。』而小人何所托乎？聖人曰：『小利貞。』知貞則小人亦遁矣。小人浸長之時，必以富貴寵利招其同類，及牢籠已成爲其黨者，即欲自拔於局外而不能，遂至名陷大惡，身蹈誅戮。蕭斌、張衡、蔣玄暉之徒皆是也。豈其良心盡死哉！失身于初，亦勢有大不得已焉耳。使知遁初六、六二之義，豈至此乎？先儒曰：『易爲君子謀，不爲小人謀。』予謂易亦爲小人謀也，爲小人謀則天下之爲小人者少，而小人之黨孤，是即所以爲君子謀也。宋太子劭將爲逆，蕭斌、袁淑皆諫，然則蕭斌豈甘心於逆人之黨哉？但因不知遁卦初六、六二之義，未知遁之於早，故逆。劭聞諫一怒，斌遂懼而從令，雖暫時偷生，卒之白幡乞降，不免斬首，哀哉！故予謂袁淑君子之不能遁者也，蕭斌小人之不能遁者也，因前有蕭斌之事而暢論之。亂世小人之得志者多，然其得禍者亦多。故亂世小人之宜遁百倍于君子，若治世之小人得禍者常少，以其得志者少也。雖勿遁焉可也。

故小人之宜遁，反在於小人浸長之時也。初六、六二。

右　遁

明出地上，晉君子以自昭明德。大學本此。

右　晉

文王與箕子同事暗主，又在羑里之中，而爻中乃以箕子繫辭厥後。武王訪道于箕子，兩聖之傾心于箕子至矣。子曰：『殷有三仁焉。』六五。

右明夷

家人六爻皆佳。

鼎卦，木在火下，則以木入火，木能助火之用，故曰：『木上有火。』家人，木在火上，火上炎則木已燼，火空則發，故無木而有風，故曰：『風自火出。』

大塊噫氣，實窒虛行。火能空物，風自空生。

聖人甚重富貴。易中言富貴者甚多。故曰：『崇高莫大乎富貴。』至孔、孟始言富貴略輕，蓋其時斗筲而從政，富貴而壟斷，所謂不義則如浮雲，非良貴也。六四。

右家人

睽、革皆二女同居。睽中上少下，故曰：『其志不同行。』革，少上中下，故曰：『其志不相得。』

遇主于巷，納約自牖。聖人之爲臣訓者，深而曲矣。

右睽

君子以反身修德，此『反』字與爻中諸『來』字相應。

六爻唯此出一『吉』字，餘爻俱不言『吉』『凶』『悔』『吝』。上六。

右蹇

易爻無象繫占者止此，蓋其時爲之也。故解不言時義，不言時用，而但曰『時』。初六。

右 解

損曰：『與時偕行。』益亦曰：『與時偕行。』

右 損

天水生生，木雷雨作，而百果草木皆甲坼是也。地水生死木，木道乃行是也，行則生矣。土能殺水而不能生水，能剋水之體而不能致水之用，故也唯木能用。水下虛乘，水中虛載物，土用其實以克水，木用其虛以生水。

或益之天也，或擊之亦天也。上九。

右 益

夬音怪，在去卦音怪。內。

三獨與上應，故曰『夬夬』。五切近上六，亦曰『夬夬』。蓋決而決之言乎，不繫於陰私之難也。九五。

陽孚號惕號，則陰無號矣。上六。

右夬

剥之後純坤，而一陽生爲復；夬之後，純乾而一陰遇爲姤。

右姤

萃卦六爻『無咎』。

物豐人聚，外若可喜，而陰釁隱憂，昃虧將至。君子於此無求福之道，得免於禍足矣。故六爻皆以『無咎』係之。大象亦曰：『戒不虞。』蓋兢兢爲意外之防也。不然，愚者見目前當萃之時，復何戒乎？

甚矣，無咎之難也。益之元吉，然後無咎。萃之大吉，然後無咎。人臣而受天下之益，得天下之萃，危道也。無咎者，其唯伊、周乎？伊、周，古今之元吉、大吉者也，僅免於咎，況其他乎？偶書此，旋檢大全而胡雲峰已先言之矣。卦之四陰皆比於九四、九五之二陽，胡雲峰之説是。九四。

離之六五亦然。上六。

右　萃

大象言無者惟此。武后時，徐、杜足以當之。大象。

九二困，始征則凶。上六困，終征則吉。不窮不變，不變不通。九二。

右　困

汲引字意出此。九三可用汲。

坎爲水，水行險而不失其信，故坎爲有孚。卦如訟、如需、如井，皆曰『有孚』。澤亦水也。故兑曰『孚』，兑卦如益、如中孚、如夬，亦并言孚。上六。

右　井

火之功德盡於鼎。

方羽南先生曰：『以火焚木則有盡，以木巽火則無窮。』彖傳。

井渫不食，雉膏不食。

右　鼎

繼世之主易驕，則先業敗矣。恐之致福，能念爾祖。象傳。

易凡言乘剛者，皆危。六二。

右　震

艮卦大象是直突起。

陸象山先生曰：『不獲其身，無我不見，其人無人。』

八純卦俱敵應。

明夷『拯』字之陵反，未知此何以又音丞。六二。

列，分裂也。夤，馬融謂夾脊肉，肉附脊，則身有主而可立，分列其夤，則百體無以相屬。

限上聲。九三。

右艮

六五所繫之辭甚佳。又九二之正應，而注謂其陰柔不正。夫六居五者，皆不正也，安可泥乎泰之六五繫辭相同？九二。

右歸妹

觀山頭野燒而知朱注之精。象注。

王龍谿先生曰：『獄亦旅也，旅之至苦者，莫若獄，故不可留也。』大象。

程傳：貞連上。九三。

旅可處乎富貴，須歸故鄉耳。柔應注可商。九四。

震以初初四爻爲主，離以中二五爻爲主，兑以上三上爻爲主，皆自陰陽之來索者而言，長、中、少男女之序以此，故曰陽卦多陰，陰卦多陽。六五注爲離之主。一矢亡命，中而不煩再發，猶養由基之一矢復命也。六五。

驕謂『先笑』，不順謂『喪牛』，朱注簡括若此。旅而在上，客主必不相容，劉琨、袁尚是也。

右　旅

坤一索而得女，故巽以陰爲主。

易言志窮者，豫之初六，旅之初六，巽之九三。

右　巽

柔得位，朱子亦云：本義解未穩。

克己者方能同人，涣其躬而後可以涣其群矣。故曰：柔得位乎外而上同，乃亨道也。

涣躬無我，涣群無人。六三。

右　涣

方羽南先生曰：『此六十卦矣。六六三百六十爻，以當一年之日，故曰四時成。』此説甚妙，但於革卦説不去。

四時言革與節，革則節矣，節則革矣。『度』字在定母下。彖傳。

朱子云：『九二爻看來甚好，而云凶終，是解不穩。九二。四在下者也，不能不節，而患其不安，則妄念生。五在上者也，勢可不節，故患其不甘，則侈心伏。』六四、九五。

程傳云：『悔則凶，可亡也。』易：『有道窮，有志窮。』上九。

右　節

豐以折獄，中孚以議獄。

信非所信，言信三而誤也。上九。

右中孚

六十四卦，惟此一卦六爻陰陽，皆得正而當位。豐與既濟卦名極佳，而爻多戒辭。聖人所以審於幾先也。

不言五剛得中，而五爻亦不如二爻。初吉柔得中也。

漢武承文、景之富，既濟之時也，然而勤兵于遠，昧此義矣。九三。時哉時哉！九五。

右既濟

管子四民分居，不使見異而遷，只是此意。大象。

右未濟

風之過河也，有損焉，曷云潤也。

右潤之以風雨

易之道，懼以終始。其要無咎者，善補過也，而曰『震』。無咎者存乎悔，則一部易經全在使人知悔，知悔則自凶而之吉。

右震無咎者存乎悔

筮法只是用四，再四則八。注云：去其初挂之一，則五九亦四八而已。四十九又去初挂之一，止四十八數。故策數與餘數合之皆四十八。揲蓍只是用四，四十八數總而分之，只是十二個四。揲法皆用四止，初揲是四十九策，却挂去一個，是聖人暗用一個五在内，以五爲衍母也。五者，明五也。九者，暗五也。何也？九本八也，八本二個四也，合挂之一而成九，故曰暗五也。使初揲不挂一，則初揲死定餘五不能餘九，而初揲止有五之奇，而無九之偶矣。有奇而無偶，何以成變化哉？其不能餘九，何也？四十九策不挂其一，則左即餘四，右即餘五，然去其揲數之四，止成左四，則右必一僅能成五，而不能成九也。不挂一則四十九策内有四十四數不動，故止餘五。八策二四也。可以揲蓍。

右乾之策二百一十有六坤之策百四十有四凡三百有六十當期之日

揲蓍精神凝注，全在分二這一手，分開便有混沌初分氣象，既分二之後，其挂一揲四歸奇便都是已定之死數。

右是故四營而成易

酬酢，應務也。聖人看酬酢之重如此，華嚴云：『事事無礙。』

右可與酬酢

趙州與投子酬對云：『不許夜行，投明須到。』朱子嘆其下語險絶，亦只是不行而至。

右不行而至

天地之先，一每生二。天地之後，二每生一。男女構精而生子或女，皆生一也。故曰：『剛柔相摩。』

右易有太極是生兩儀

晉文王欲求婚於阮嗣宗，阮沉醉六十日而止，其上交不諂乎？文王稱阮公至慎人也，有味哉！郭汾陽元勛國戚，每廬杞一見，必屏姬侍，恐其笑而銜怨，其下交不瀆乎？石能自立，不與物繫。

右君子上交不諂下交不瀆

乾坤義盡於天地。咸卦義盡于男女。

右序卦傳

子曰：『加我數年，五十以學易，可以無大過矣。』夫易，聖人之所以極深而研幾也。幾者動之微，吉之先見者也。易無思也，無爲也，寂然不動，感而遂通。

天下何思何慮，天下同歸而殊塗一致，而百慮天下，何思何慮？

右書易後

姚端恪公外集卷之十四

舟行日記摘抄

自桑園至德州，數十里水路甚曲。每折一大灣，如弓字形，後舟方往，前舟似來，兩帆相向，呼聲可應，而中隔横沙，去遂數里。舟子曰：『御河十三站道最迂曲，德州次之，故城爲甚。諺所謂「故城縣，一窩綫」者也。』御河者，衛河也，源出河南衛輝縣百門泉西北，經臨清，下直沽天津海口入海，今運所從也。

又曰：『水性直下，則上流易涸，曲則遲留，故諺謂三灣抵一閘。臨清以下無閘，而此十三站水路最曲。開河者，因地形之曲以代閘也。』又予記亡友魏子一言，漕河之不至淤者以其曲，曲則力專，不停泥沙。是亦或一道也。

聞諸舟人曰：『舟主糴米率百十石，南來則或糴于淮上，江來則糴於江楚皖。自北往南，則糴於通州或河西，務蓋南則糴於米之所産，北則糴於米之所聚。不零糴，不路糴，零糴則銀耗，路糴則價貴。』以非所産，又非所聚也。然舟子之能者，食率與水手等，不別糴米，亦古人偕士卒分甘均苦之義也。舟主或帶私鹽，如津門之窑灣，或潭瓜兒屯等處。必先爲水手各帶數石，或一、二、三石不等，然舟主或謹慎有戒心，禁水手不得帶，而水手又往往竊帶，甚有鬻當衣被者，或夜棹脚船，或有護送兵船，密與定約至夜静人定，繩引而上藏之，雖舟主不知也。故舟主不過潭瓜屯，不散水手身錢，恐其帶私鹽也。蓋鹽在津門不過三錢，外或四錢一石，至南上江等處則三兩四兩不等，以十倍之利而用本既微。物沉重狹小而易藏，水手等禁之不止，趨之如鶩，固其所也。乃舟主之帶鹽者，又必先爲水手地。嗟呼！同利相趨，百夫如一。不戒而密，不警而疾。古之權奸如莽、懿、林甫、秦檜等上蔽其君，外劫天下，而趨才智之士甘爲其鷹犬而不悔，及唐之藩鎮連衡締結，甘抗朝命，數世百戰而不撓。繇此道也夫，繇此道也夫。否則不與人同其利，誰與同其憂？千里而遥，人各有口，鮮不敗矣。蘇眉山氏曰：『有權者可以使人，有利者可以役人。』此言雖大，可以知小，可慨也已。

凡大事不厭詳，一語含糊，狡局百出，而聲息慎毖，其先自近始乎？

步入東昌府城内，謁吊。去舟次里許，兩面市廛櫛比，通衢水漲路絶，坐小舟行一二三里，水圍城如碧玉環。舟人曰：『城外濠闊八丈，下有泉眼，上積雨潦。冬秋不涸，城小而堅。』嗟呼！此靖難之師所爲頓也。及城，城多頽者。城正門水没腰，不可行，乃入便門。便門低而狹，古所留守城出奇兵者也。門亦將崩矣。行至光岳樓前，四樓角峙，可以望岱宗者也。

自張秋直達濟南洛口鹽河，下蒲臺、濱州以入海，又七百餘里。東西相望，千里渺然，悉爲巨浸，可嘆也。水道有三，中爲漕河舊道，東西皆膏腴名田。今皆水國。鎮人强名其東曰東湖，西曰西湖，蓋田也而湖之矣。自張秋南水門以南難行者，有三决口，初曰夾河口，次曰田瓜口，又上曰沙灣。沙灣古爲决口。水勢最悍而大，蓋南旺湖諸水自漕河南流而北，荆隆口之水挾黄河自西流而東，二水相衝，如十字形，且水交會多旋渦，故舟難行也。漕河故水與黄河决口新水相遇，則争强而鬥流，非大順風，不能與悍水抗。又水盛，一望無際，漕河舊岸半爲黄所漫没，南北岸草青青，相望而中斷，皆水縴路絶矣。故是日繇漕河故道發舟，向東湖進，連過田瓜口，又過太和廟口。相傳其地河險，有太和衛幫糧舟沉於此，其押運縣丞赴水死，成神人，祀之于此。及沙灣正統十三年河决，張秋沙灣東流入於海者也。等口，又自湖掉船轉灣，復入漕河正道。凡自辰至巳，越漕河入湖，又絶湖，復入漕河，波濤洶湧，水天渺然，而克濟且速者，風伯之力也。否則，停舷坐候，望洋興嘆而已。

予因思年來荆隆口之决，累治不就，人有言河性本趨東北，不若順其自然，使入海，無煩苦塞逆水性爲也。今予望張秋决口，則河自荆隆漫衍河南、山東而來，趨張秋，下壽張、濟南、濱州、利津等處，以入於海。是張秋爲漕運咽喉，而今竟爲黄河走海横衝東奔之地，豈不可爲漕事憂哉！蓋張秋爲下流，往年受黄決者屢矣，前朝凡三四決。不獨今日也。自張秋以上，河岸如故，無復漫延放濫之苦，蓋荆隆決口正向張秋，故張秋上無河患耳。

南旺者，運河之脊也。永樂時築壩于東平州之戴村，其壩長三十餘丈，闊二十餘丈，皆繚石爲之，抑汶水無東流而全入南旺。至南旺而中分，分十之四南流以屬徐，分十之六北流達臨清。自分水至臨清，地降九十尺，爲閘十有七，而達於漳御，御即衛也，過臨清則御河十三站。自分水至沽頭，在東八閘之下。地降百十有六尺，爲閘二十一，而達於河、淮，蓋分水地形并高於南北。或曰此地對泰安東岳之龍，當天下而中趨，故獨高，然耶？否耶？汶水初出萊蕪，從濟水西北流入海，今爲東平壩所阻遏，反與沂、出曲阜。泗、出泗水。洸出寧陽。合，而入南旺。南旺周回可百五十里，中爲長堤二，而設斗門外蓄水，曰水櫃。而兖州、濟南、青、泰山七十二泉俱道汶、沂入焉。予至分水廟，泊舟登拜，見廟門正對一河爲汶水直來之口，至此而南北分者也。蓋廟門前爲南北運河，過河爲長堤，堤中斷而汶入堤外。又南北兩河齊會於汶，水入運河之口，同汶以趨，亦至廟前而中分。聞之土人曰：『一爲馬札湖，一爲蜀山湖。』蓋漕河水淺，則引諸水以助漕，漕河水溢則築壩却水，使泄之湖也。湖名音『是』，而字未確，土人能音而不能字也，又指後一湖爲西湖。予自廟前坐渡船過運河，登南河長堤，望汶水來道，蜿蜒如長蛇，上絶水有水橋，南北兩湖河及南北運河，如兩帶夾堤縈洄焉。

自南陽以南直至宋家閘八十餘里，名爲順水，實無連瓶之勢，自夏鎮經赤山止韓家莊閘口十里間，總一湖曰嶧山湖。山在湖中，舟人有載販魚客至其地者〔一〕，云：山中地高，從不爲水没。其内街衢寬裕，居人五百餘家，以漁爲業。其鹽魚皆用夏鎮官鹽，而糧船上下帶有津淮私鹽皆鬻於夏鎮者，以有嶧山湖之魚爲之消受也。舟人名曰伊，予揆爲嶧，秦始皇刻石紀功地也。舟人又云：『往年山東徐州士大夫多辟亂嶧山。』其販鹽魚船皆自韓閘出，二十里至嶧山，韓莊有二閘，今水大，一閘没湖中，止過一閘，即東八閘之首也。過此則湖水下助運河，水急如箭。東八閘舊爲沙石地，隨挑隨淤，後以豆鋪底燒之而成河。又行百餘里，道經駱馬湖，湖水本下歸漕河，舟不行湖中。然今歲水大，不見河堤，無縴路，一望渺然，横風半帆，益之以艫，日盡星上，河堤出而水勢始駛。蓋先此湖河泛濫，水面闊而力分，則順流之勢緩，至是則兩堤束水，水面狹而力專，湖水又下助之，故其駛宜也。

過魚頭集，風大而不順，以舟尾先行，借順水使逆舟，蓋艄迎風，則不與風抗，舟故易行耳。舟行黄河，水勢甚急，恐舟駛且有中灘，得東南小逆風，少與水抗，則勢相稱，謂之領船行最爲便，次則無風，又次則西北順風，所憂旁風，謂東風西風也。以逆風行亦前所未聞也。

登宿遷城，城因地築埤，高卑不一。城在南渡時，駐重兵以爲防，故蕭條特甚。往年自山東歸，由剡城經此。今又六年矣。昔猶迎覲於揚州，今則萱花淪萎，白衣跣號，無復可比，於人數已矣。往年黄河順流甚激，今歲獨平，蓋河力昔全注於淮以通運，而後下海。今河決荆隆口，半趨張秋，奔東省鹽河，下濱蒲臺以入於海，上流既分，則下流小弱，固其所也。

予往年侍大人，辟地於曹村，泛石臼、固城二湖中，湯湯大觀也。經黄池，一帶小河，山水秀折，村落幽饒，至蕪湖盤舟時，慈大人舟先在焉，因同舟而北渡。今又幾年，而北堂萱萎，白衣泣血，乃蕪湖風景則較前繁殷十倍也。嗟呼，痛哉！蕪湖於南渡時爲用兵地，故靖南黄侯得功曾宿兵于板子磯等處，以拒左師。後興朝定金陵，靖南死難於此，其地前俯大江，旁多小河，上通寧國諸郡邑，故徽寧茗紙、漆器，皆繇焉過東壩、通宜興、溧陽等邑，以及兩浙，歷水洋、殷家匯，通安、池等，小河故爲江南水路之條貫云。

過青溪劉坡磯，望九華青黛聯娟，峰峰不相下。舟中觀方玉文先生所得趙松雪公所書雒神賦，筆法秀麗生逸，其爲公得意筆無疑。後有公自題識云：『大德壬子，在車橋爲崔進學携酒索書。』後有康里巎巎跋云：『曹子建文、趙文敏公書，天下之奇觀。顧進學何人而得此也？當千金不與人一見可耳。至正十年題於晚凉亭。』其筆法規摹懷素，有俊逸不群之氣。前余在淮安，方先生棹小舟往揚州，至寶應，舟人出此卷相問，曰：『此前日得之於水中者，欲弃之，則不知爲何物，欲留之，則無所用。先生欲之則存之。』先生見而心識之曰：『此字也，姑存我所。』及艤舟而以銀數分償之，舟人驚喜過望。嗟呼！使文敏此卷不遇先生，則舟人必以爲無用，付諸水火，或爲稚子所毁裂，又使先生不遇此卷，則雖竭十年膏火之資，而購千金一見之異迹，又何可得也。故天下物之成毁有數，然遇之者，知則珍之；不知則姑待焉可也。而王右軍門生之父乃鹵莽，而刮去其棐几之半。物之得不得亦有命，而鍾太傅乃以此破家而求，然則先生之遇勝於鍾繇，而舟人之不遽毁，亦可謂大賢於右軍門生之父也已。先生好書二十年，以貧不能得古墨迹爲憾，然日百十行不倦，舟中盛暑亦然，其有此宜也。

舟過㠵音偶。山，觀方先生作大書，㠵山爲阮氏先塋。又過青山，爲何氏先塋。一帶江勢瀠注，山形連亘，清淑靈異之氣宜有所鍾。或曰：『古老相傳有佳地在樅陽湖山之間，而未得其穴，倘其然耶？』

舟至下樅陽，望大、小龍山如畫。往年我兩大人偕隱於小龍山。時貧甚，乞米而炊，予滯京華，爲作龍懷歌以紀之，因自命爲『龍懷』也。今嚴大人久移居城，而慈大人舍之長逝矣。青山如故，白衣相對，念往昔侍北堂，暖尊酒，剪園蔬，亦何可得也。於乎痛哉！下樅陽臨江則磨旗山，山童不生草木，僅山頂一廟，樹一叢而已。故自青溪江上望樅陽諸山，咸青黛映日，葱葱然；獨有色黄而濯濯者，則磨旗山也。

上樅陽有漢武帝射蛟臺，武帝南巡時，封潛山爲天柱，射蛟于此。作樅陽盛唐歌者也，樅陽古爲縣治，陶侃曾令于此，封魚鮓一坩寄母，今樅陽猶多出鮓也。嗟呼痛哉！陶有鮓遺翳，我獨無。痛哉！尚何言哉？

校記：〔一〕『舟』，康熙二十二年姚士塈等刻本作『齊』。

姚端恪公外集卷之十五

游江浙日記摘抄

風迅兼雨，静坐旅店中，讀王陽明先生傳習録，直截易簡，憬然有動于心，兼理會慧可懇祈達磨示安心公案，恍然如釋重負。時胸膈氣塞痰結者已旬日，至此有霍然病已之意。

出巢縣北門外，岡巒環繞可愛，十五里至半塘大道，側有温泉五六所，故總鎮黄公得功立有行館。館門内二亭列于左右，今其一頹矣。内一廳，廳後又一大亭，亭下皆甃石爲池，温泉出焉。池傍皆有孔，滿則泄之，行人多浴於此。館外又有泉二三所，輿人曰：『我大人往年過此，曾以繩繫鷄卵於泉中，熟而食之。』輿中望見連山中有平坦迤逶者。輿人曰：『此青溪山也。』是日新霽後，一路河流蕩潏，禾田彌望，樹色柳陰，青翠參差。遠山夾於左右，秀衍連絡，莊舍間錯，鷄犬依然，真不減一幅衡山畫也。行三十里至腰鋪，步木橋上，水光一望，漁艇稻舟繫樹間，疏落可觀。望和州鷄籠山，四圍斗絶，如鷄籠壁立，與他山特異。尹僕曰：『烏道盤旋而上，其上可容數千人，惜無水，故不能避兵云。』

烏江項王廟離鎮三里許，山阜隆然，而特起廟踞其上。古木百餘圍之。廟外有碗井，土人相傳爲項王投衣甲處。入廟門，左有石碑，鐫項王像上，即爲望江樓前，三面皆可眺江，而樹色隱蔽，白練熹微于青翠交加之外，蓋此地左距江口僅五六里云。往江寧出芝麻河，往蕪湖出十字河。其正殿及後殿俱于十年三月三日焚矣，又後則爲項王墓，前有榔樹，大一丈餘圍，江北少榔，唯此廟有四五株云。

讀太上感應篇損子墮胎之訓，因念僕人多有因貧而淹女者，習甚可恨，意欲立一法，生女之次日給銀五錢，令製飲食，滿月之期再給五錢，其餘時間有賞給，至長成配人之時，給銀五兩，使作嫁資。蓋每在他鄉討一人，既恐來歷不明，有犯隱匿之功令。又討人之費不下二三十金，製衣製被又且數金，何苦惜數金之費，而不長養一家中有用之人哉！即令間有夭折，則所費不過一金，而好生功德甚大。蓋全女一命爲一功，使其父母不種殺女業報，又爲一功。自家女婢足用，不致外路討婢，使其遠離父母，又一功也。其僕不聽而必欲殺女者，當責治之。

晚飲，聽方羽南伯談雒陽令葉琪玉先生居喪三年，不飲酒，不茹葷，不御内。方爲葉内戚，故知之最悉。夜寐安夢現欲景醒而知制心之道，在于夢中覘之而已。王龍溪先生曰：

『知生則知死矣，知覺則知夢矣，知晝則知夜矣。』

晚步至儀鳳門外净慈寺，聞寺傍天妃宫有西洑海棠古甚，急往尋訪，則宫門已閉矣。獨步寺中，時昏暝曠寂，行人稀少，慨然見人自有生以來，一切皆依傍習氣而成。少依父母，長依兄弟，老依妻子，壯依朋友。或依君長，或依婢僕，或依親愛，或依冤對。晝行依日，夜行依月，無月依燈，無燈依伴，無伴依鬼神。若除所傍，則無所依。既無所依，則萬慮蠲弃，但餘恐怖。恐怖之心，可以入道。後著拈案敬畏中有一段本此。

高郵舟中作感應篇頌，援筆立成，若有神助。又録麻村淫報一則，舟中夢先孺人面色甚充盛，余大嫂侍側，予見後入小房中哭倒于地，曰：『欲求母重生，安可得乎？』遂哭醒，因念福建林承美曾遇一禪師，曰：『孝子思親，痛哭無益，唯放生戒殺，篤行陰德，纔可報親。諸惡莫作，衆善奉行。子在親還在，子亡親自休。作善親有益，作惡親有憂。』承美感悟，遂力行善事。予因自此日爲始，立功過四層：一求先母善性明達，超度輪回；二求老父善功積累，康寧長壽；三求本身善緣廣大，心身平吉；四求病妻善根培埴，瞽目重明。每日有微功，先儘大者，記第一層，以漸及本身。其過則本身自當之。

夜寒甚，夢帳外蟹及鱔魚等衝突，因思功過格緣因從林承美遇禪師教以戒殺放生乃可報親之説而起，故初行之日，形于夢寐若此，因立志戒黄白鱔及烹鮮蟹。

作詩與朱在庵先生曰：『淮海有逸士，彩筆洞青冥。手注瑯函編，苦口或涕零。我載寶山歸，金碧曉晶熒。悵望草玄居，空天雲樹青。』又詩曰：『寂坐焚香萬慮蠲，寒舟短日儘如年。狂風急浪中流柁，六祖壇經、感應篇。車馬奔馳萬慮蠲，小輿兀坐聽殘年。鳥啼花落空山静，六祖壇經、感應篇。』

雪且風，至江口覓舟渡江，波濤汹湧，金山寺罩霧中。予誦感應篇三卷終，而達彼岸，誦經若此，時可謂無雜心矣。始信寶志公向梁武言，令罪囚捧水滿盂，命之曰：『水不溢一滴者，貸其死。』再命堂上作伎樂，而囚無一人聞樂者。人若時時存心，若此時又何放心之有？

姜兄玉璿携泉酒及殽核過談，言其尊公奉感應經甚敬，戒殺生二十餘年，荒年施粥，後因山中賊起，城内合民兵千餘人赴之，公亦往，率以馬付健者前鬥，而自坐山阜上觀之。民兵爲賊敗，公體肥，不能步行，里許困甚，忽有空馬鞍轡皆全奔而立于公傍，公遂乘之而遁。既歸，繫馬于庭，始知爲同邑孝廉宋德勝之僕所乘馬，其僕殞於行間故也。公自此每節祭，必祭天房之神。

舟進龍江關，轉草鞋峽，以水涸不能出賽公橋江東門，故迂遠幾三十里也。誦感應篇二卷，閲維摩經舟中。風逆，一無所事，倦而假寐，心意帖然。因念古德還債之説，如何是借債，曰：『樂境是如。』悟達國師爲袁盎後身，晁錯欲報之，以國師十世高僧不得其便。後國師受宮中供養太奢，遂生人面瘡。如何是還債，曰：『苦境是如。』有人得罪官長，官長發怒，與之鞭撻，鞭撻既畢，怒息罪滅。如何是不借債，曰：『境樂，心不樂是如。』學道人道將成時，魔王欲撓敗之，盛飾魔女使侍左右，彼學道者雖共起居，淫念不動，以是功行轉增福德。如何是不還債，曰：『境苦，心不苦是如。』佛爲歌利王割截，肢體寸斷而無嗔恨，且問如何是債，曰：『要借是債，要還亦債。要不借是債，要不還亦債。還借兩忘，債即無債。』夜宿上河，三十里。以風大逆也。若水大，則出江東橋。舟頭看月甚爽，夜夢吐痰後，有二大黑丸如龍眼核大，有人向予索者，予曰：『此予堅固子也。』還取其一吞之，醒存念九字訣，大有自在安樂之意，真覺如舟之有柁，一提便醒也。

舟中不可鞭責僕婢太甚，有年幼僕婢犯罪應責朴者，即與責朴，不可盛怒以恐之。蓋近水防溺，恐無知者致枉命耳。

茂先兄語名醫夏君曆孝友事甚悉，夏君少爲其恩父受庵所撫，後其恩父娶二妾皆生一子，俱敗其家貲。其恩父及其父二妾俱卒，曆以數百金厚斂之。其父大夏一所直六七千金，當與别族。其所生之子遂鬻之，曆以價贖取，仍以半分居其弟，其弟復鬻之，曆再贖之，月以銀米給其弟，仍居其宅内。曆亦屬有天幸，其醫以小兒馳名江寧、繁昌、無爲州、寧國府、巢縣、和州等處。船載襁負而集其門者，日不下三百餘人，君皆一見而决，其應若響。予兄茂先及丁維則皆言之。曆字起寅。

至銅陵入峽，望銅陵十里長山，沿江而盡。又行至烏鶴洲，暫住焉。而風雨果大至，江濤騰黄，遠水微白，隔岸洲渚不辨矣。地距紫沙洲僅二里也。良久，風少定，雨小霽，復揚帆出峽行大江，又見風雨且至，遂止。泊荻港，日西矣。雨霽，又揚帆出江，舟畔見荻港連山五里，青緑蓊薈，山盡，一小峽間之。又特起一山臨江者，則板子磯也，黄公得功禦左兵于此。炮臺猶存，有一塔僅成三級。舟人曰：『荻港人將成此塔，以塞水口泥汊。』人曰：『是不利我江北也。』相率阻之，故止此。

舟泊東梁山，山臨江，青壁如畫。上岸半里許，至山徑，或鑿山爲陛，或甃石成路。路絶可喜。登其頂，有一小庵，額曰『天門勝境』。庵屋共五間，乃山陰王先生思任令當塗時所建。老僧字静修，山右而少下，亦有小庵，今頽廢也。山頂臨江多古木，夏際青緑蓊翳，故江中及村内見山不見庵也。往年曾同吉偶登西梁山，風景略似，但彼有庵在山腰也。

舟泊觀音門，即上岸游燕子磯。磯上有關聖廟，廟爲總督馬公國柱新修。廟右有廠廳，修者泐名于石。臨江有短石墻，上山修有石徑，緣徑上得一大亭，乃是山最高處。長江一望極目，題曰『千載安流』。自此而山徑一折，旋復小起，蜿蜒至磯頭，亂石竹立。舟過其側，見石下空上覆，如墜復倚，若猛獸張爪來撲人也。雨後露草濡衣，旋即返舟，約往返半里許，舟對岸即弘濟寺，居岩壑間。更餘，有張燈呼舟渡者，似自寺游返也。因念乙亥年，先伯石嶺公爲南銓徐、魏二門下士，招游是磯，宿于寺，今已二十年矣。存歿之感，觸目愴然，唯山川如故耳。乃磯前新起一洲，近十年駸駸欲接磯，障江流而使之外折，陵谷且然，而况于人乎？觀音門，兩山中斷，而門當其隙，舊爲外城。今名存焉耳矣。

舟至瓜洲，望金山如盎水中置昆山石，圖畫儼然，山有首有尾，若游龍。

舟行至無錫，未至無錫之五里有放生池，自池邊有小河通惠山，可二里許。予以天尚早，命舟人停繂，摇艑進，過寶善橋，兩岸麥黄盈望，水流其間，人家臨水。舟泊于鄒公祠。祠邊橋有石龍首，水自其口噴出不絶。上登惠山寺，寺右有亭，亭下即泉，亭曰『二泉亭』。以昔人品泉，或首廬山之洞簾，或首金山之中泠，而此泉皆列第二也。泉充盈特甚，汲者不絶，而水去石欄不尺許，就飲之，輕甘平淡，外有方池，面泐浣沼。上惠泉之後，而左有羅漢泉，石泐字，泉面有亭，亭不覆泉也。上惠泉之後，而右有石洞，石壁立峭削。有泉停匯，蓋自石竇出也。又出惠泉而下有鄒氏園，今歸華氏矣。園前石色蒼翠可愛，古木根蟠石腰，枝覆屋頂，緑陰寒氣逼人。石額曰『春申澗第一曲』，又曰『槫里』。自後門入，度小木橋，積石參差。横者爲橋，突者爲峰，衍者爲阜，層者爲徑。水流石下，樹陰落水中，上下翠色如一也。有廳翼然，廊繞一面者，禮塔塢也。惠山一塔正臨軒前，峰密樹色，舉目周畢。予以日暮未能往塔前，然此塢足矣。傍有曲徑亭榭，竹木隱然，以徑頽未往，返而登舟，月已上矣。復出，自放生池行五里許，至無錫，同六弟烹惠水烹茶并飲山間蔣氏酒。餐鮮茭甚美，吴下茭特早而肥，江寧茭盛于秋也。

舟至虎丘，泊舟入寺。寺門即石，傍有憨憨泉，對泉即試劍石，一平石劃然中分，前鋭後廣。鋭者似受劍峰，廣者似受劍鐔也。循石級而上，即生公講臺，千人坐處，石平衍如受剗削，坐千人猶有餘裕也。石上有特起石臺數座，傍有鶴澗泉，泉匯石中，石聳水内。自右少折，而入兩山，石壁削成，樹葉交横其上下，一水充牣停泓，則劍泉也。返尋石級而上爲虎丘，傍有亭，石生亭間，特起劍拔，曰『石笋』。又上爲殿，殿爲舊撫張公國維所新建。其舊殿毁于己巳年。然舊殿基址特廣敞，周視四盡，最爲此山勝地。今殿址不及也。舊殿石柱猶存，塔猶舊址而新之。己巳年毁其半也。塔七層，登其上，望城内綉錯如掌。麥黄樹緑，俯視無際。松江、太湖如帶，有凌雲之氣矣。殿後無所得，蓋虎丘山秀峭而淺，寺舍皆因石勢結構其上。入寺即山足，登樓即山首，觀止矣。自殿下而右，有石橋，上設轆轤，二僧所以俯汲劍池者也。亭覆橋上，曰『轆轤亭』。又下爲相國申公祠，祠後有三泉亭。

撫軍張葵軒公祖招飲虎丘之白衣閣，望全城在一目中，俯視木杪，間出樓臺，群河緒分，麥黄彌望，閣上有樓。

子齡偶論黄熟香，曰：『黄熟樹根蟠地下，去其頂，以沙及糞土蓋之，待其長出黑鱗，然後鏟而取之，故黄熟以黑鱗多者爲貴。蓋既有沙糞蓋覆，而年數久者，則黑鱗多矣。若貧家不能待，而多鏟取者，則黑色淺而黄色深，乃木質，非香質也。糞中有沙，故黑色者重，浮之水，則一塊之中，黑鱗常在下，而黄色者上浮也。但黑色中須有文理，若黑如朽木之色，則是爲雨水所浥爛，不足貴矣。蘇中市此者，多以鐵銹染香作黑色，必以刀刮之，乃見其内，則真假辨矣。或劈破之亦見。』又曰：『芥片最難于蒸，蒸生則青氣，蒸熟則香減，故司蒸重於得人。』

上吴山，謁先祖中憲公舊守杭祠，祠在城隍山山之顛也。

寓紹興劉巨津家，棹小舟出城數里，訪同年余君增遠若水之隱居。居臨河，柴扉僅完，竹林隱然。余君隱于此，五年不出門一步。沈静瀾以同年五六訪，然後見。孫少宰南征紀録有余隱君傳。余君辟客，而予以同門，故不深拒我，且酌酒觴我。予贈余隱君六首，内有『瓜豆來園架，魚蝦借姊家』，蓋實録也。棹小舟將至城，復轉而南，過伏龍橋，尋張氏咏素堂，樓臺軒豁，林木蒼然。暑氣皆盡，水流石間，舟抵户下，亦紹興佳園也。近亦小頹。入城飲于巨津家。巨津園中，林木竹石，藤蘿掩映可愛，有瑣瑣蒲桃數株，乃甘肅携來，分枝而植者。但紹興地熱，其子不及實即落矣。

沈年兄招游禹陵，謁禹廟。去城不甚遠，舟及廟前。廟頽矣。沈年兄倡捐千餘金，中丞秦公捐七百金，餘郡邑鄉紳士民各樂助有差，焕然一新矣。殿後有梅梁額，以梁仍舊也。梅之古可以爲梁，亦異矣。殿前有享堂，群山環列如拱辰狀，殿旁有一大石直立，舊云：大禹藏書于其下。後紹興白頭賊掘之，無所得也。少左爲禹陵，山川凝聚，五星迭起伏，而結此蔚然偉觀也。此去南鎮僅三里，而初因暑不能往，此時則日暮矣。南鎮者，四鎮之一也。聞其山徑深秀，惜不一登。

紹興郡廨内有府山，山巋然特秀，居于府堂之後，而太守諸廳後衙咸左右列焉。去郡三十里有吼山，亦曰玉山。山奇秀特甚。山空水入，舟行于岩洞之下，或曰：『玉山者，范大夫取其山石以築越城。』今人因之，石去，山如削成，有類懸壁。紹興石版最大且多，又因城中邃巷遠市，無不通水者，故因其舟楫之便，或至竪累以爲墻。予以日迫皆未至，殊爲憾。紹興出素笋，體肥味厚，出丁炕者最佳。其笋少短于别山所出，而厚倍焉。又出越綉，爲陶家堰陶氏女所綉，解綫青藍如髮，以細針綉之，爲人物像者，多不用畫地，直手綉之。或又曰『青綉』。予于月夜照之，見素綾，不見綉也。又曰：『鑄山蘭雪茶亦佳，味薄于松蘿，而濃于岕豆酒、花露酒，咸以年陳者爲佳。』優人不能佳，然最盛士女佚愉聚會游陟，亦其風也。

赴顧松交席于其園中。園廣敞，有野致，流水行于牖間，曲池相通，石徑邃折，内有土岡，面特開豁，有白果樹數株，皆數百年物。松交曰：『故老相傳，此故學基也。』書軒臨水，林風交下，都無暑氣矣。深談至日晡始别。出城登舟，至虎丘，飲周子苓二丘堂，月上矣。東坡有二丘之説，蓋以虎丘、山與閭丘公也。二丘堂，堂敞而垣卑，林竹疏散，月盡堂中，清影滿席可愛。子苓烹天露水，點茶啜我，且曰：『天露水，以陳至半年者始佳，如久而染垢，氣息不佳，則以井水洗之。其法以大缸，或大木桶，于其上、下、中分之，地鑿一孔，用物塞之。將井水一半，露水一半，同傾缸内，以木棍攪之，良久聽其定清，然後去其塞，以大盤接之。其露水輕皆在上，盡流入盤内。其井水重，皆在下，仍貯缸内也。如此，則露水之垢盡去，而鮮美如故矣。』子苓花磁有蒸芝甚佳。是夕二更餘，同子苓及子静長郎、錢兄六弟，同登虎丘山門試劍石一帶，月在林上，影逐人肩，特可喜悦。至千人石畔，人聚如山，燈散如螢。石中有臺，爲勝會選場，十番清徹，無複雜響。響終清歌一發，洞簫佐之。人無嘩者，亦無隙地。石有高下，人亦如之。望者疑人之長短相懸，而不知爲所履之異也。遇王釋之，引至其閣。閣踞山上，俯臨石級，乃向殿路也。千人石盡在目前，燈懸樹杪，月落石間。仰見燈，俯見月，從横見人。虎丘以中秋爲最。游者更當以此閣爲最矣。久之，勝會移于石級間，人亦隨之高下，石數十級，人亦數十層，如壁立屏風背矣。夜愈静則清調更出，以初更猶有人嘩也。飲閣上至四更盡，方歸登舟。

余有建中四季蘭一本，乃季師所賜也。季師曰：『養蘭之法，春夏宜于受露受風，而勿令夏之烈日傷也。至露變爲霜之後，則宜置朝南背北之檐前，使勿爲北風所吹。其灌之之法，在夏勤而冬簡，以土之燥濕爲(侯)〔候〕。在夏時以一兩日爲灌之候。春秋以四五日，冬以十日。視其土面，既乾，再用手剥乾下之土一層視之，如潤則勿灌，如乾則灌之。又一年之中，用生黄豆略磨碎，以水浸之，大略一碗豆可浸半筒之水，蓋豆性肥，其灌勿灌于葉上，期灌于土。又蘭至太盛之時，其根必上出于土，即仍以土覆之。俟其根幹滿盈之時，或改用大盆，或分蘭置于别盆。其分也，勿傷其根。以從容爲主，勿動本土。盆之下用土一層，隨用磨碎黄豆一層，若用整豆，恐生芽也。一豆作二三斷，便可。以所分蘭根置其上，最爲易發。其蘭花既開之後，其箭捍即宜剪去。不然，恐分其質也。』

自長河嶺至崇家嶺，俗言十二閻王嶺。其實嶺不甚峻而長，延袤二十里，青松彌望，山與林深。蓋地多木遠水，薪則有餘，運則多費，故木以壽也。

是夕，飲村醪數甌。夜間風雨大作，林聲澗聲唱和如一。床上漏以箕盛之，雨點鏗然，亦旅中佳況也。

早飯時，旅店門有田螺一筐，予意欲買之放生，而意恐放之河中，勢必爲人取去，遲疑不決，上輿而去。輿中偶問輿夫，曰：『此螺欲買之放河中，尚爲人取乎？』輿夫曰：『放之甚善。此皆取之塘泥中，今散而放之河，長流浩浩，其安能得而盡取也？』因停輿以錢五十文買之，輿夫以手分灑諸河。蓋一筐幾萬螺，云予因此而自警焉。予初欲放螺，惻隱之心也。然而不能擴而充之，忍心登車而去，則此螺已當在鼎鑊之中矣。此不能擴充仁心，一過也。心中疑放後必爲人所盡取，當亦問之于人，而空疑不肯問，問亦何難而吝若此？古人言『學必有問』，又云『不耻下問』，又一過也。夫以五十文之微而可救萬命之多，而予一念蹉跎，幾令其入湯火苦惱之中，而不得偷生清凉佛國。嗟乎！不可警哉。乃以輿夫一言而贊余之决，玉予於成，則此事功德，輿夫載其半去矣。又况夫士君子以口舌止人殺機，贊人善念，其功德又豈止百倍於輿夫哉！又冒雨行至王家渡店，小宿于聞思庵，僧印微曾受耑愚和尚戒，人朴直有行，因讀耑愚和尚語録，耑公年十三出家，生平不近女色，然而自述行脚十數年，欲根不斷，欲念不净，至山中息静，飢困要死，痛自懺悔，刻苦搜剔，始得清净。蓋欲之一念難言如此。晚聞庵中功課、鐘鼓聲清徹可聽。

姚端恪公外集卷之十六

虛直軒日記摘抄上

學道，人須過淫欲一關，始得，懸空説那道理何益？怕火假金相似必也。先景不馳，對景不戀，景逝不滯，楞嚴所謂『於横陳時，味如嚼蠟』。又云：『逢欲暫交，去無思憶。』又云：『無世間心，同世行事。於行事交，了然超越。』命終之時，皆生天上者也。

偶嗔小人之相犯者，欲作字聞之官，堅忍久之，曰：『犯而不校可也。』午後聞此人以别事受責二十矣。天下事有定數，即作字，豈有加於是耶？只多一番煩惱耳。

正理之言，勿以客氣助之。必從容譬喻，自歡然受益。故維摩經曰：『平其心地，一切皆平。』又宗家云：『當初只道茅長短，燒了方知地不平。』曉醒反復『三省』一章，因念爲人謀一事，發一言，須是從事之源頭上清將來，然後從流上徹底推究將去。此無他，仁則誠，誠則明。

席問李克甫云：『故老有黄石寰者，平生寧以重價市良田，其惡田雖賤值，弗取也。』人問之，曰：『未算買，先算賣，吾欲子孫他日便於鬻耳。』其後荒亂，糧重賦煩，唯黄氏田以良，故最先售，子孫賴以存活。卒如其言。

夢中講孟子『三自反』一章內云：『古人以信配中央土，仁義禮智配四時。』朱子云：『信者，實也。仁則實，有此仁，義則實。有此義，禮智亦然。如五行之有土，非土不足以載四者。』今細思孟子云：『自反而仁，自反而有禮。』又云：『我必不忠，忠者信也。』恰正與朱子之意相似。蓋朱子之言實源於孟子。又乾卦『元亨利貞』，文言以配仁義禮智，直至坎卦方説出一『信』字，蓋坎爲中，男正得乾之中氣，故古人忠信并言。

士大夫一言不可輕。極忙時，答語要緩；極怒時，答語要和。

初一日筮一年之休咎，得剥之上九：『碩果不食，君子得輿，小人剥廬。』易之示訓明矣，念之哉。

爲吉偶筮，遇漸之象之坤象，其變不兼。初者用『悔』。以坤象爲主，坤『元亨，利牝馬之貞。君子有攸往，先迷後得主，利，西南得朋，東北喪朋，安貞吉』。後二日五鼓，夢家中集客甚衆，予言及吉偶，涕泣滂沱，忽吉偶野服奔趨而至，予急問之，曰：『兄何以得歸？』曰：『獨荷聖恩浩蕩，赦咸一人歸耳。』予且喜且泣，向北叩頭不已，醒時泪猶濕被也。

晤某公，有欲言一二事，初猶豫，囁嚅後，卒言之，竟得當人患意不誠，語不婉，內不能感，外或相激，以至言之如水投石也。不然，天下安有從善不如流之人哉！後所言竟獲聽。

五更早醒，思煩神耗。程子曰：『無事則廓然而大公，有事則物來而順應。』六祖曰：『雖行善事亦不執著，難言哉。』學道之人，當觀念頭，念頭一起，回光返照，神復其舍，氣潛於淵。念起不止，思遂出位，而因緣心紛焉，所謂朋從也。朋者，類也。因花緣果，因豆緣瓜。因今緣古，因正緣邪。因緣膠粘，因緣輪轉。因緣奔逸，夸父逐日而不休；因緣悍憍，强臣尾大而不掉。故曰：『學道之人，當觀念頭，斬木於根，枝乃不抽。澄水於源，爰清其流。』昔人云：『死不可主，生主之；夢不可主，覺主之。』

五、六弟自山中出，過我，因說平安之樂，復及謀生之苦，因言士大夫治生之大道，以不置妾媵爲第一義。華封祝多男，而聖人曰：『多男子，則多累。』格言哉。如飯一盂，一人食之而餘，再分之而飽，三分之而餒矣。雖然，此蓋有天道焉，非人之所能爲也。夫財之爲物也，分合而已矣。合之則富，分之則貧。慳者惡分，既不能分己之所有，以濟人之貧。貪者喜合，又必且分人之所有，以成人之貧，而益己之富。於是天怒其貪而厭其慳也。以爲貪者喜合，而蒼蒼者代爲分之。慳者不肯外分，而蒼蒼者代爲內分之。故爲多其子息，使之財分於子，憂合於父。貪與慳之名如故，而其實皆耗矣。是何人之愚而天之巧也。故生財有小術，知人事之分合者，是也。生財有大道，知天心之分合者，是也。

雨中向晦，冥息禪床上，體認『主一』之學。周子曰：『一者，無欲也。』程子曰：『主一之謂敬，無適之謂一。』朱子曰：『主一，只是心專一，不以他念雜之。無適，只是不走作，如身在這裏，心亦在這裏。』北溪陳氏曰：『主一是心只在此，不二不三，無適是心只在此，不東不西。』和靖尹氏曰：『只收斂身心，便是主一。且如人到神祠致敬時，其心收斂，便著不得毫髮事，非主一而何？』

偶薄暮氣結胸塞，讀下論末卷，小愈。燈下忽火發三焦。禪床静坐者久之，至睡不能寧。因念尹和靖論主一之學曰：『如人在神祠致敬時，其心收斂，便著不得毫髮事，非主一而何？』竊思此意未盡，人固有正襟屏慮，致敬神祠，而心忽放者，須如登千仞之山，下臨百丈之谿，鳥道一綫，足垂二分在外，目之所視，心之所存，只得脚跟半步，稍起他念，立地喪身失命。如此方是主一，方是其心收斂，著不得毫髮事。真登自然，主一如却難。禪床静坐，可嘆世上多少樂人苦死了，可憐！可憐！甜瓜却當苦李吃，未曾開口已攢眉。心無盡，境無盡，苦樂無盡。三十三天之上，更有天在；十八地獄之下，更有地在。富貧、貴賤、壽夭，人所受於天者，百千萬億不等。然自天看下，總衹是一個人，如衆兄弟中，雖有貧富、貴賤、壽夭之不同，自父母看來，只是一個子。其不均者，天道也。其太不均者，人情也。人情成於我見。我富則彼宜貧，我貴則彼宜賤，我壽則彼宜夭，無我則天。賞心玩目之物，上不肯以奉親，下不肯以與子，而惟我是娱，惟我是吝，所謂無我者安在？

偶以雜事紛紛，念慮不静。夜睡輾轉，竟夕靡寧。借問至親，莫若妻子，還有知道的麽？還有代得的麽？知惟我知，受唯我受，而人顧勞，我以奉妻子，愚矣。故真知有我者，而後真能無我。我心有不快，而以戾氣迎人，可乎？我事有未暇，而以緩人之所急，可乎？

偶因一小事遂起嗔心，嗟乎！平日言讀書，言講學，言養心，以此事觀之，平日工夫安在？如里長在縣署土地堂内看傾銷，錢糧大錠看也看得，説成色也説得，起解時，拿到家裏來也拿得，總是用不得，可愧！可愧！意欲此後不讀他書，且讀易經、四書，得暇且静坐。

予在病中，甚以某某之諄懇再四爲苦，既而悔之曰：『吾寧爲人所求乎？寧求救於人也。』昔秦將伐魏，孟嘗君爲魏求救於燕，燕王曰：『吾歲不熟，不能行數千里以助魏矣。』孟嘗君曰：『夫行數千里而助人者，此國之利也。今魏王出國門而望見軍，雖欲行數千里而助人可得乎？且王何利？利行數千里而助人乎？利出燕南門而望見軍乎？』夫爲人求者，累於人者也。求人者累人者也，累於人者，是行數千里而助人者也。累人者，是出國門而望見軍者也。二者，吾何利又奚愠焉？

病中心緒抑壹，視一切事苟焉而已。却記洛浦先在臨濟會下，後參夾山語，次下一喝，夾山，曰：『住！住！且莫草草匆匆。雲月是同，谿山各異。截斷天下人舌頭即不無，闍黎，争教無舌人解語？』浦仁思，山便打，自此服膺。

某某同某某先後過我，病中甚不耐見客，然不敢不力疾相晤。室人曰：『獨不可以疾謝乎？』予曰：『予病生症，人病死症。身病易醫，心病難醫。欲爲醫王，敢憚勞乎？』向年求安樂法近於知，近日得煩惱法近於仁。何時即煩惱即安樂，覿面相呈，絶無回避，應緣立化，不起糾纏。苦行發於心慈，野馬塵埃，衆生實可愍者。陰霾澄於妙觀，琉璃寶月，我國亦復晏然。如是，則可拔劍活人，拈草作藥矣。善行殊草草，心無圓珠，膈多滯慮。終日忙忙作甚麽，終日閑閑作甚麽，可憐迷郎作奴，壓良爲賤，把一個金剛王寶劍，反令太阿倒持，權令自操，將此活潑潑净裸裸的無價摩尼，弄得似一個傀儡一般，隨人提掇，逐境遷流，可惜！可惜！何不學翠岩，終日唤道主人翁惺惺着。

偶與兒輩論某某喜用術，意欲人皆入其機彀之中。二兒曰：『寧可入人機彀之中而成人之事，不可出人機彀之外而敗人之事。君子明知小人之我欺而甘爲所欺，明知小人之欲用我而甘爲所用。知者其智，甘者其仁。』予顧曰：『敬佩爾金石之言。』

『吉人之辭寡』五個字，一生受用不盡。

怒猶火也，此薪之火，可以移于彼薪之火。此人之怒，可以傳于彼人之怒。怒之傳，猶火之移。星星者，可以燎原矣。故曰：『不遷。』不遷者，不傳之謂也。或以此事而傳彼事，或以此人而傳彼人，皆謂之遷。火在山上曰『旅』，旅，不處也。遷之説也，澤中有火曰『革』，革則水火相息，不遷之説也。

偶見堅兒作筭法歌，首曰：『予也，私淑自臨公。』予喜曰：『君子以虚受人，能不忘師，其學日益矣。』因論昔有一先輩講學，有一士子自負博洽，昂首奮袂而前曰：『先輩有何學問？輒以皋比自居！』先輩從容應之曰：『僕亦有些學問。』曰：『是何學問？』曰：『僕自少知問學以來，逢人常下拜，問話即低頭。』其士慚謝而退。所以昔人問朱子曰：『謝良佐初見程明道，旁舉經史不差一字，明道爲甚麽却説他玩物喪志？』朱子曰：『病不在此，病只在一「矜」字。』朱子此語可謂國醫，飲上池水見人臟腑。蓋謝上蔡之所言者，非病也。其所以言者，則病也。其病内根於意識，外現於神情。明道當下一掃，却是頂門一針，當頭一棒。譬如兩人行夜路，一人握太阿利劍，一人握夜光寶珠，却在他前賣弄不得，纔開掌放光時，早被那人奪過去也。所以宗家道『你未開口時，我已穿草鞋在你肚皮裏走幾回也』，又道『若言前薦得堪與佛祖爲師』皆是此意。學者孰能無病，知病爲難，知之而不諱病尤難。昔漢文帝賜尉佗璽書曰：『朕，高皇帝側室之子也。』光武將討龐萌，敕諸將曰：『吾常言龐萌社稷臣，將軍得毋笑其言乎？』曹孟德使禰衡爲鼓吏以辱之，衡當衆盡脱故衣，裸身而立，徐著新衣，顔色不怍，操笑曰：『本欲辱衡，衡反辱孤。』看來帝王局面如青天皎月，縱有微雲來往，不礙澄虚。奸雄伎倆亦如空際神龍，任他彌天羅網，牢籠不住學道之人，到此田地，方可揚砂成玉屑，點鐵作精金，故曰：『諱疾忌醫，其疾不治。』

燈下閱近抄，必欲閱竣，却眼倦閑卧許久，借問將卧的工夫從容遲閱何如？可怪這一點執心，一年來化他不盡。天行健，君子以自强不息。只是不緊則不慢，不助則不忘。

偶課幼兒書，悶極氣結不能舒，至更餘方散，可笑一極小事，氣從何處起，竟至如野燒因風，東撲西熾！講學人過此一關不得，殊爲可憐！如此等心病，未曾徵色發聲，却結在膏肓之間，縱有國醫，還從傍下得一針砭否？只有自知、自受、自繫、自解，故君子必慎其獨。因此又嘆蒙學一道失傳已久。古者於童子習禮，則使之周旋，磬折、升降、進退，以固其肌膚之會，筋骸之束。身勞而益健，心逸而益舒。習樂則使之聲音以悦其耳，干羽以悦其目，歌咏以養其性情，舞蹈以養其血脉。陰用兒童嬉戲之實，使之有節而不蕩，有文而不鄙。所謂民可使由之，不可使知之。名教中自有樂地，如是而已。故王陽明先生有訓蒙一篇，甚爲切至，乃後之訓蒙全失其義。寬者使蒙飛揚恣肆，箧禮法爲弁髦；嚴者使蒙束縛拘攣，視詩書爲桎梏。耗其精神，損其真氣，不别其天性之明愚，不視其根器之利鈍，蒙之爲蒙也，苦矣。

間與兒輩論事事無礙，曰天下豈惟事礙事，理亦礙理。仁則以濟人，利物爲先知，則以明哲保身爲急。仁者以身犯難，足以濟人，而或至於危其身，不幸則或至喪其身，喪其身，是喪其所以仁天下之大具也。仁者之一身，足以生千萬人，而乃于一二人殉之，是以小仁而成其大不仁，故仁有時而礙仁，不獨礙智也。智者不以身犯難，將以全身，而其勢必至於私其身，私其身者，人必怨之，其禍常生于所防之外。私其身者，天必怒之，其害常伏於所避之中。捧玉者多躓，注金者多殙，外重故也。夫身之爲金玉也大矣。重其身者，或至於輕其身，是以小智而成其大不智。故智有時而礙智，不獨礙仁也。全其身而濟人，吾所樂爲也。有時全其身而必不能以濟人，吾將全身以害人乎？抑危身以濟人乎？濟人而喪其身，吾不爲也。濟人而不至於必喪其身，又或至於可以喪其身，吾將慮其可以喪其身而弃人乎？抑姑冀其不至於喪其身而濟人乎？故曰權，然後知輕重；度，然後知長短。物皆然，心爲甚。又曰：涅槃心易曉，差别智難明。若云捨身濟衆，同墨子之摩頂；保身絶物，同楊氏之拔毛。其始也，兩家各有其一門深入之功。其成也，兩家亦各有其八面無礙之用。然而難矣，然而易矣。

尼僧往來，諸家好傳口語，易起是非。且恐有不肖者，勾引邪説，有玷閨範，一概不許入門。至于花婆賣婆多以僞雜真。耗人貨財，以黑爲白，亂人是非，皆由人家婦女不習女職，因閑生事，與夫二心，私用銀錢。以有此弊，俱宜嚴戒。

作某公札，爲之遲疑久之，既而卒作之。曹孟德曰：『寧我負人，毋人負我。』予曰：『寧人負我，毋我負人。』因念同一事也，聚之則害止于一家，害重而被害者少；散之則害遍於衆姓，害輕而被害者廣。將爲其重而害少者乎？抑爲其輕而害廣者乎？窮理不圓不滿，往往見墮一邊，認功成過，往左失右。此處大宜仔細，切莫草草匆匆，我生平到此，却抛弓折箭去也。

有爲文肆訕者，闔邑諸民公集隍廟，盟誓昌言：『以予平日無得罪於地方，而小人匿名騰謗，請神鑒而殛之。』嗟呼！予何敢當哉！予自反生平硜硜，無敢恣誕，但以病廢山居，交游疏闊，或乾餱以愆，或書牘罕答，或及門而不面，或報刺而稍羈。疏也而人疑其傲，儉也而人疑其慢。諸子皆令閉户，不許結盟入社，而人或疑其孤。經年不作薦函，不能潤澤窮乏，而人或疑其刻。豈人情之難調，抑招尤之有自？然竊以人悦易邀，天怒難逭。我與其得罪於天也，毋寧得罪於人。

人於飲酒，有餘則納以量，不足則勝以氣。降此一點勝心，可以節飲矣。酒之困人，豈人困之哉？自困耳。

議革糧長事於大寧寺，予已自矢不與公議矣。此復勉於一出。此議也，予思之連旬，而未能決其大利大害之所在。蓋不革則糧長兑運外受屯丁之勒索，内苛花户之幫貼。革之則糧長雖廢，必需收米之人，議立倉頭召募十人應役。始法甚善，但恐行之既久，變召募爲僉點，化倉頭爲區頭，其流弊亦有可慮者，二者交戰胸中，所謂窮理之學安在耶？

五媳病篤，幾不起。予憂甚，禱於家廟。自愧積善無力，未能延慶廣福，惟仰祈神佑而已。詢五兒，云：『五媳去冬咳嗽，微吐血絲。』嗟呼！此火症之徵也。五媳父亡母遠，則翁姑當兼父母之責矣。彼有病而不知，間知之而不即令治，畢竟視人之女，不能若吾之女也；畢竟不能以父母之心，爲翁姑之心也。治病不於其微而于其著，晚矣。又予自反：予治家之道，禮意多而樂意少。禮近於陰，樂近乎陽。陽動而圓，陰靜而方。爲婦者母家既遠，別無往來。終日窮年兀坐一室，胸有抑鬱無可告語，氣血以靜，過而多滯。情性以幽，極而多憂。致病之道，此或一端也。古人作樂，甚覺可省。然歌咏以和其性情，舞蹈以和其血脉。養身治心，使民繇之，不使民知之。兒童習之，可以代戲；成人習之，可以忘憂。先王之爲教若此。家門之内，得樂意而陰用之。一日之内，拜跪祖宗，省視姑姆，使之屈伸往來，靜而時動。爲姑者正以肅其教，復和以達其情，使之視姑如母，視妯娌如兄弟，笑語相聞，宴飲閑聚，幽而不憂，庶幾無聲之樂，其在斯乎？雖然，此爲我家言耳。若他人則嘻嘻，不及嗃嗃遠矣。故曰作樂在制禮之後。是日予徹夜不能寐，愁煩氣結直至天曙。嗟呼！予尚敢欺人言學問哉？骨肉疾病垂死，孰不關情？然於此輕視一分，謂之不仁；於此重視一分，謂之不智。只是内盡其心，外盡其道，止矣。病骨肉之病以生己病，可爲仁乎？以無益之憂而耗有益之神，可爲智乎？然此等道理，我平日也曉得，也説得。臨愁煩時，也提起得。只是受用不得，未知何故。昔圓悟參五祖，演盡其機用，祖皆不許可，悟怒辭去。祖曰：『待汝著一頓熱病打時，方思量我在。』悟至京口得傷寒困極，以生平所得試之，無得力者，因自悔。悟病愈，復參五祖，方纔大事了畢，所以真學問人撒手游行得自由，分逆順境界兩無差别。生來死去當下如如，又何况妻子之間耶？學問須在心頭一點，自知自受處審勘平白，不然滿口説道理，只是自欺欺人，無有是處。

惕若治五媳病之醫生也。往鄉不敢强留，以鄉痘盛行也。予與五兒計，汝媳病大約難痊，人之子獨非子哉？不可以一人而誤衆人，遂聽之。

芒種五媳病大劇，幾逝乎。日聞人身之氣與天地之氣相通，無從驗也。及觀之病人，其病之增，至節候必增。其病之減時，至節候而必減，乃知人身一小天地也。人能知天地之氣，機運本身之造化。一陰一陽之謂道，一呼一吸之謂息。知息則知道矣。往者屈也，來者伸也。屈伸相感而利生焉。

往慰令君，嗟呼！予與令君言之熟矣。曰『擇禍莫若輕』，今不幸而言之中矣。吾邑自鼎革以後，令公無以陞遷去者，令之難言至此哉？因念此時山居卧病，衣食粗安，自是人生福境。山居自題曰『維摩居士丈室，康節先生炷香』，感天恩之深厚，愧報稱之末由，乃此一月以内功行莫能積累，過亦未能考記，人至於不知其過，其過深矣。子曰：『見過内訟。』又曰『克己』，又曰『攻其惡』。聖人知人之待己甚恕，護己甚堅，故以兵刑之道治之。如老吏之折獄，訟者無遁情。如名將之用兵，以戰必克，以攻必取。嗟呼！豈我輩因循度日者所能及哉！是午即過默公凉亭，未午飯也。閑坐竟日，甘酒美饌，負愧良多。默公遇請乩者於廣平，云吕祖至書贈默公一聯：『安貧自得寰中趣，忍辱常存塞外思。』富哉言乎！讀畫溪伯寧古塔雜詩有『莧稗公然熟，瓔瓢香味多』之句。吕祖所書，宜以銘座右。覺蔬飯杯茗爲逾分之享人天之福矣，可不懼哉！

讀李卓吾焚書畢，偶閲舊録朱子語類，心身泰然。人無論閑忙順逆，每日静坐一時，可以息氣，可以省過，可以養心，可以祛病。

命夏時可寫謝中隱女本末，此事半功半過，難婦母子引領歸宗，此一功也。流落之餘，配非其偶。然數年資其衣食，折散彼亦難堪，此一過也。贖回最當，而謝氏無資勉取以歸，而秦歡趙怨。權，然後知輕重，心爲甚，如之何而可與權也。今人遇事，或苟簡任己，或枉屈徇人，皆曰從權。不知分厘毫忽不爽之謂權，故權者，經之至精者也。心粗目眩，微有高下，則權失其準。至精不雜而權立焉。權者，經之至一者也。一斤者，不可移之斤之外；一銖者，不可移之銖之内。至一不二而權平焉。故天下一切事得權而行，行則物不能礙；得權而定，定則物不能亂。故至不定者權，圓所以象天；至定者亦權，方所以象地。今人言權，專主乎圓而迷其方，其終也亦胥失之而已。至次月時可歸，知謝女在彼粗安，其來言者，欲有所假借以成己私也，人情之難測若此。予當日之且信且疑，豈忍過爲逆億哉？此亦格物之一端。

講學者不必談玄説妙，且道如『酒、色、財、氣』四字如何？

往問吴湯日伯及濬之病，嗟呼！何病人之多也。人生少病亦一大幸。予連日因貧而費少稱貸，殊苦胸多抑邑，何其愚也。憂不足以醫貧而足以媒病。病之小者，足以增憂而助貧；病之大者，并喪其憂。貧憂，憂之具矣，痴哉！

姚端恪公外集卷之十七

虚直軒日記摘抄下

程伯淳先生在澶州造橋少一梁，每當林木茂美處，便起計度之心，因謂弟子曰：『可見人心中不可有一事。』又一弟子心多懼，問於先生，曰：『亦是燭理不明，亦是氣不足。』

讀白樂天詩，有省侍郎千古人物而竟無子，至以侄孫阿新爲後，使今人值此，亦安能逍遥池上作醉吟先生哉！古人眼明心曠，故不可及。若吾輩人品卑鄙而有田有舍，有子有孫，邀天之恩，直在白侍郎之上。使不樂則不知享，見在徒樂亦無以積將來，且喜且懼，惟日孜孜勉爲善而已矣。古人云：『爲善最樂。』

起甚晏，昔管寧渡海，風起舟將覆。寧曰：『吾曾三朝晏起，一日不冠如厠，過當在此耳。』俄有雙燈引之獲濟。嗟呼！晏起，古人以爲大過，而予自病廢以來，懶惰頽放，習與性成，痛自懲艾，因思晏起之弊，生於晏寢。予每當日暮，輒往館中與兒輩深談，以至晚餐晏，問飲亦晏，起亦晏，并兒輩之寢興亦晏。此後非有事，薄暮惟禪床小憩，不復往館矣。夫晏寢，或飲酒即睡，宿酒傷脾；或深宵近室，心腎俱敗。夏蚊冬凍，僕婢艱難，燠燈寒火，靡費不覺，遂至晏起爲常，廢時失事。一身之作息與天地之氣候相違，一家之饔飧與衆姓之晨昏迥異。古者，國家氣運以勤怠爲治亂，况於士庶敢不勤與？

思孟夫子通神明之德，類萬物之情，説到當是時也，内無怨女，外無曠夫，王如好色與百姓同之，于王何有！這方是大聖賢能盡其性，然後能盡人之性。處尋常人，誰能説到此地位。孔夫子説個不爲酒困，何有于我哉！又曰：『我未見好德如好色者也。』『酒色』二字，聖人看得何等艱難。今世講學人如何草草略過。佛家於淫根欲念，洗剔净盡，隔壁聽婦女釵釧聲，律師即爲破戒。圓覺經云：『世界一切種性，卵生胎生，濕生化生，皆因淫欲而正性命。當知輪回，愛爲根本。欲因愛生，命因欲有。衆生愛命，還依欲本。愛欲爲因，愛命爲果。』楞嚴經云：『六道衆生，其心不淫，則不隨其生死相續，看得淫之一字，何等鄭重！』乃至經云：『當横陳時，味如嚼蠟。』又云：『汝愛我心，我憐汝色。』將衆生纏綿流戀情景和盤寫出。故曰：『三教大聖人注聖通明也，無所不通，則無所不明。聖賢不通凡夫之情，不可謂通明。佛不通衆生之情，不可謂通明。』

先德云：『不怕念起，惟怕覺遲。』此亦是方便不得已而言。念既起矣，只有覺之法，雖遲亦無可奈何。究竟念一起，覺已遲，如何説得？『惟怕』二字須是念未起之先時，有個惺惺主人公在。陸象山先生云：『存養是主人，撿點是奴僕。』

五弟爲其前婦周年，先一日禮讖於慈雲。予率諸兒一往，偶閱篇海，見其論字毋清濁，喟然曰：『天下義理之無盡若此乎？』六兒往聞論字音之清濁於馬臨公。臨公聞之無可大師，與此相合，但未言上聲作去聲耳，因書以示六兒。

方國甫、劉奉泉之子來見，意甚咈然，多吐我，意未盡。彼辭別後，回思深多未悉，此予痼疾也。此後能審問徐斷，則情僞過半矣。其言曰：『公家盛德，故敢相蒙。』嗟呼！予何敢當盛德？若如彼言，則盛德可爲而不可爲也。故居鄉之道，温言和氣，可以悦人，亦可以誤人，必也。外嚴而内恕乎？故曰：『爲善無近名。』既而思之，昔正獻公薦常秩，秩後改節，公悔之。程明道先生曰：『願侍郎百受人欺，不可以此替好賢之心。』嗟呼！格人至言，可佩也已。

偶閱五燈會元，兒輩適指丹霞燒木佛公案，曰：『院主訶丹霞自是正理，却爲何鬚眉墮落？』曰：『院主鬚眉不墮落，誰爲丹霞作證明？』兒未達，予笑曰：『汝看院本白兔記否？』曰：『見。』曰：『咬臍郎是節度使貴公子，李三娘是田村婦人，爲甚麽受不得？李三娘一拜，却昏暈跌倒，何也？』曰：『李三娘是嫡親母親。』曰：『須知丹霞是嫡親兒子，雖然如此，我却不然。』曰：『大人意又如何？』曰：『我寧可咬舌，不犯國諱。』曰：『古德多有，訶佛罵祖伎倆又作麽生？』曰：『奉天罪己，數慚德古。帝郊天，書御名。』

王宅索舊逋人至，甚爲煩瀆。朋友親戚雅意通融，其借於人者，必時處不足。爲人借者，必時處有餘。往往礙於交情，不肯苦索。賢者尚擬從容相償，頑者遂以久假相忘。一旦境移時變，貧富升沉，其借人者未必變而有餘。乃爲人借者，或忽變而不足。自處既貧，則索逋不得不迫；負逋既久，則相償不容再稽。視之從容陸續償逋者，其緩急難易固已不侔矣。諺曰：『人貧簡故紙』情之常也，况天下豈有可不償之逋哉？

來僕携長孫外嬉，忽有牡騾逐牝驢如風而至，來僕逼墻壁下不及避，遂以身伏長孫背上，其騾從來僕背踏而過。嗟呼危哉！此予長孫再生之會也。因謂五兒云：感應經頌有『福向緩中生，禍向暗中滅』之語，謂大善人而言也。若此，則禍向明中滅矣。譬若中流遇風，幾覆復正，可不警哉！内訟已過，上感天恩，切莫從泛常視，辜負鬼神，一番臨濟喝德山棒矣。其騾爲周氏之物，周氏責其放騾之僕，而償來僕湯藥壹兩貳錢。予本不欲令來僕受，然念不如是小懲，則無以大戒。姑息容忍，反爲彼他日之累矣。昔金陵倪尚書閑步行，有一醉人直撞之，且出言不遜，公容之弗問，久之，其人以醉後毆人抵罪，公乃悔曰：『我之過也，夫使當日聞之於官，小加懲創，彼豈有今日耶？』予意竊亦如此。

山中人懶性，不喜聞外事，所謂魔也，雖然心能轉境，境安能轉心？若一事糾纏，便生厭捨，古德有言：『一葉飛而翳天，一芥墮而塵地。』早知心量本空，天澄池闊，饒他鄧林風飄，迷雲蔽日，海沙倒湧，積阜連洲，還于本分，内有纖毫絓礙否？

看木匠鑿孔合笋，謂二兒曰：『做屋只是一個牝牡，可知天下只是一個陰陽，一施一受，一虚一實。』時方卜築山中。天雨，廂房蓋瓦未全，甚爲躊躕。前此有二粗瓦匠入山，予再三遣之出。今思使彼日留之，瓦已蓋矣。凡事不必十分筭計，不筭則失人道，過筭則不知天道。

四弟過山，大雨不得酒，悵悵久之，思釀藥燒酒以待不時之需。連日卜築左廂房，頗苦時詘，右尚思構一亭，今以力不足輟矣。因思山中本期苦行，等于世外，若仍欲結構完備，便是侈心未盡，恐爲鬼神所呵，宜切戒之。況於力既不足，心復思構，又添一段妄想糾纏，從山水良緣中起經營煩惱障礙，豈不愚耶？鄙意冬間稍有餘貲，以十金完垣墻，如不能，則編籬自蔽而已。

婿并兒輩入山，觀僕開曲水流觴故址。暑天用力，白汗交流，或至中暑成病，故盛夏不宜興工，即興工亦宜節其力，容其惰，陳茶暑藥間一與之。日中小息，使之不盡其勤，不致其疾，亦方便之一法也。又一次興工動土，所傷細微蟲蟻不知以千萬計，人多以不見而忽之。予嘗見堆舊磚百十塊，命僮移之別所，見磚縫蟻聚甚多，一時奔潰，死者無數。蓋物以土爲室，以幽爲藏。破其室，使無寧居；顯其幽，使無遁形。其暴殄物命多矣，故得已而不已之工，君子戒焉。

二兒雨中自湯莊歸，湯莊爲方氏僕隱租已久，大約多以熟爲荒耳。今田歸於予，予計欲清之，念以此莊一有管理之人，則與佃人勾結，必不可清矣。故此行，命兒塈從二兒往，而元香二僕參之。彼此頡頏不相下，克甫携丈量弓往爲虛聲，果得增租數十担，佃約來歲再量增，予聞之甚喜。此田爲方青林公之塋在焉。或十年，或五六年，孤甥稍能成立，當聽其贖，予此時不過代爲之守耳。兒塈歸，道此田良而增租，可爲孤甥異日地，予亦可慰先孺人之靈於九京矣。

杭僕之子耳保年五歲暴卒，此幼僕已失母矣。三日前曾聞之老婢，言其有腹漲之病，而其父反云：『死了也罷。』予雖家中連日稱貸，然意欲與以醫藥之資，聞其父此言，遂咈然而止，欲少遲再給之，而不意此幼僕之不能待矣。故救人如救焚，遲一刻不得。

其相過晤，前次卿來，予皆扶病力見之，爲兩姓勸息訟也。雖病極，敢憚勞乎？予性好懶畏事，此極力勉强而行之，須知好懶畏事者，或反至多事。此一案，予向年曾亦與聞，若此番因病，遂爾閉户不救，萬一事局紛紜，訟端蔓延，則前此居閑之人，不亦在粘泥帶絮之中乎？

予命諸子結友定交，非三十歲後，具知人之眼，不可定交，恐誤交也。又不可多定交，多則愛薄而情不專。管與鮑、張與范俱是一人止交一人，未曾數到第三個，故後日交道之薄，起於當初交情之濫。

念輿夫李香病僕之效力者宜賙之，且上無父母，中無兄弟，下無妻子，是獨人也。爲主者，可不以父母之心視之乎？一家雖小，亦必以通言路，達下情爲主。若必主人思慮所及而後及之，亦云狹矣遲矣！

某公有字來，予不怡者久之，一恐其兩家夙業累解仍結，一怨其不候而去，有負苦心，一日之間嗔憐并集。既而思之，本來救火，豈反自焚！嗔固可愧，雖行善事，亦不執著。憐亦隨緣，但不可執滯己見，輕僨成事而已。

五兒揲其求婚之筮，遇渙之彖：『渙，亨，王假有廟，利涉大川。』其辭甚吉，而事卒不諧。既而思之，婚以合二姓之好，何以得渙？既渙矣，而又何以亨也？則其事以不諧爲吉也。筮亦有不可泥於辭者，類此。

日光照天，群物皆作。人靈於物，寐而不覺，是謂天起人不起，必爲天神所譴。如君上臨朝，臣子高卧，失誤不免責罰，是人今世來世受二不得報。一者貧窮奔走，欲睡不得報；一者，疾病困卧，欲起不得報。夜漏三更，群物皆息。人靈於物，酒色博奕。是謂地眠人不眠，必爲地祇所呵。如家主欲睡，婢僕喧鬧不休，定遭詈朴。是人今世來世亦受二開眼報一者，更夫戍卒徹夜巡綽，爲共開眼報；一者，老鰥少寡徹夜愁惱，爲獨開眼報。感應篇載：鼎州符仲信壽本五十九，以不燒香并晏起二過，止得三十五而卒。

家主禁合宅人不食牛犬肉爲大功德。

劉先生餘謨問於江寧律師三昧和尚曰：『和尚年來莫夢遺否？』三昧曰：『或半年，或數月，皆有之，但無景耳。』戒律中，無景者，滿而自溢，不必懺悔。若有景者，則必欲念偶萌，生心現境，故懺悔回向也。

有若無，實若虛，不獨學問義理爲然。今人一切皆反此。有財者使財，有勢者使勢，有力者使力，善飲啖者竭其量，利齒頰者騁其辯，雄淫具者極其欲，神壯者撒漫，貌美者顧盼，莫不以天之所厚與者而輕用之，褻天甚矣。若虛若無，謙道也。天且弗違，而况于人乎？

近日習氣甚多，大約弊在一『盡』字，對客揮毫，無不盡之文藻；風生滿座，無不盡之談鋒；眉宇顧盼，無不盡之英氣；跨空馭遠，無不盡之雄心；桑孔持籌，無不盡之利孔；孫、吴覿面，無不盡之兵機。

姚端恪公外集卷之十八上

示　堅

偶在館中，諸兒晚飯。士堅飯畢，擲箸於几，鏗然有聲，因戒其放肆無敬心，并詢之曰：『數月以來，張師曾言汝有不是處否？』堅良久曰：『無也。』『方先生曾有言否？』曰：『無也。』『汝六叔、兩兄曾有言否？』曰：『無也。』因謂之曰：『若汝數月内無一不是處，則汝是聖人。若張師、方先生及六叔、兩兄見汝不是處，而隱忍不肯説，則是待汝如路人。』二者皆必無之事而無一言者，大約習氣所成耳。尚豪賤謹，風氣使然。喜諛惡直，童子不免。初猶相恕，久則相忘。小節不箴，大閑將逾。防微杜漸，可不慎哉！昔漢帝於汲黯不冠不見。今弱冠之子於嚴父之前，飲啖則虎視鯨吸，議論則九地九天，是古之天子有敬臣，而今之稚子無敬父也。古者，帝王亦有諫臣，卿相亦有争友。今也黄口之子，不復聞逆耳之言，是古人以行之于尊貴，而今不肯以施之于卑賤也。風俗之變，本於人心；古今懸絶，遂至於此。

吁！亦危矣哉！因書以訓堅，但銘之心，不可銘之座右也。此心易放而難收，則圓通之流弊不如拘謹。末世賢人少而不肖多，則内省之得力倍於思齊。

示堅

陶歸得堅平安字至，知汝外母待汝猶子，汝媳性復和順相得，此是人家第一吉祥喜事。性和順則能受善言，便爲一生福禄根基。然相勸而善不在言辭，身可法而心相信，則相忘於道術矣。吾家古板道理不可盡拘。諺所謂『識取秤中意，莫認定盤星』是也。久之義理明徹，則知世間一切富貴、子孫、壽禄，皆從義理中出。始信爲善最樂耳。樂則惡可已也。舞蹈歡愉，豈真古板耶？日來偶汝長兄間語曰：『某偶問我誦感應經，大人命以何句爲第一？』我時語之曰：『若汝答，則如何？』堅云：『我答則云「忠孝友弟」爲第一句。』我曰：『是則是，只是鐵板册有體無用。我教年少子弟從不邪淫始。當答云：我以見他色美起心私之，爲第一義。』因拈此公案寄汝，以見雁軒修竹中，家庭談論之樂也。

又

結社結盟，我所痛戒。南中此風尤甚，雖汝愚稚，必無問汝姓字者，然我防微謹漸，此爲第一要語。當如汝兩兄爲慰。

又

汝來字所云：『謙冲謹慎，兒戲之説。』蓋汝滯於其名而不通其義故耳。兒戲者，謙冲謹慎而渾其迹，老氏所謂復返于嬰兒，謙冲謹慎之至也。阮嗣宗竹林任誕，而晋文王稱爲至慎，亦是此意。古人能當此二字者亦不多得。二字所由起，起于老萊子之娱親，一團生意藹然，與春風拂面一般，和而至于安，則庶幾矣。

壇經『明暗』一章，問得極好。我初看時，亦有漏泄之疑，後來始知宗門道路，不落言詮。假如汝問我如何是明，我照經答云：『暗者是，畢竟漏泄個甚麽。』即此可釋疑矣。

又

孝弟之道，至今日而難言矣。得此提掇一番，愚人尚有言孝弟者，讀書之人好科名、好富貴，亦因此而興起，豈可執理以爲斷也？教有實有權，此權教也，斷然以心律爲是，無可疑也。爲富貴而盡孝言功，已是去禽獸不遠。然今人强半禽獸矣。豈可不于禽獸中救之，以歸于人乎！此語言之世風可憐，然正不必説破，斷然以倫常宜載功而已。堅在江寧刻功過格心律，有前輩云：『倫常不宜載功，欲削去心律中倫常内功格。』堅以禀問，復示如此。

撥租書示堅等

治田之道在於履畝必躬必親，唯分乃專，故分田而後知力田。一田之中，其税於官者幾何？其用於家者幾何？其興作於田者幾何？知其消，知其息，可以紀天時；知其肥，知其瘠，可以盡地利；知其入，知其出，可以理人事。故置田者，貴於知足，知足則心常足矣。治田者，貴於知不足。知不足則財恒足矣。故分田而後知節用。我念汝等皆粗知艱難，可望成立。今分田撥畝如左，大約田畝一百二十餘畝，畝得租三石六斗，合計租四百三十四石爲率，有畝同而租少者，另補其租。有畝多而租亦多者，約略亦相當，不至甚遠耳。若欲係忽均平，世豈有此平法哉？諸契各付汝等，明經界，浚水利，稽佃約，辨官糧，敬之勿替，遵而守之，擴而充之，存乎其人矣。

示兒輩

小子輩記功過格，不獨讀書之時可以記功，亦且於怠惕之時可以記過。且一年之中，一月之内，有必不能已之應酬，有必不能逃之禮數，記之可以考時日之多寡，而知古人寸陰必惜之意。一人之身，一人之心，其精力或强而或弱，其聰明或開而或塞，記之可以考身心之變遷，而識古人慎終如始之道。蓋記功以加勉，勉而日益，不可不記也。記過以知懲，懲而毋至于日損，尤不可不記也。若以彼數日之内，未讀書、未作文，或有耽誤，或有荒失，而遂不記功過，誤矣。

示壁等

此中費不可言，非家中意料所及，老和欲携來，則力有不能置之家中，又恐其不知養身讀書，我于家中一無牽挂，唯此子耳，長兄當以父道臨之。外父大老太太、老姑太太，可時應其用。待我衣錦歸時，未知彼能待與否？勿令我他時有遺憾。此最關心事，但家中穀賤，又未知近狀若何，尚可周及至戚否？此中一歲之費，約有我居家三歲之費，必不能再省，恐眷屬來，又須略浮耳。

又

此地只是費而無所進用，然我亦聽其水到渠成，不分外行一事，蓋近日閲歷事變既多，然後知命年不老不能知命。聖人五十而知天命，況庸下乎？汝輩宜共知此意。

又

此中一一平安，汝輩在家只以小心節用，養身讀書爲要義。我有對聯，可各覓善書者，書於書室中。『常覺胸中生意滿，須知世上苦人多』。一切堂口中可悉，諸不多及。汝母覓地事可留心。

又

城稻忽貴，青黃不接之時，計饑者必多施，由親始而僕婢亦爲切近，有應賑給者酌量賑給。計早稻必收，則稻貴或不久，接濟有望。如稻不足，設法銀賑給亦不可少。作何設法，事後相聞可也。

又

得大老太太仙逝之音，爲悼念不已。今尊輩只姑老太太一人，年又高矣。可將每年俸已加一倍者，再加一半，以代太老爺致同胞姊之一念也。

又

采木幸奉温綸，此五省之福。至江南一省，原非會典開載疏内點明『新增』二字，聞中堂諸公頗以部中新增爲不宜，惜疏中未暢發耳。吾鄉總無楠木，况大者乎。恐上臺一查一回不能少，但回文過便可晏然矣。爲此事甚懸心，今日方荷皇恩，爲天下民喜，不獨桑梓也。

示堅等

此中一一平安，五兒下第，我之喜勝於登第也。長安傳桐城二美：太常辭榮忙入道，黄門欒子慢登科。豈不榮哉？然此事我見得極定，天必不負我也。汝等凡事當體此意。

示塈等

聞家中四叔同里門諸公募施粥濟人，此諸公大功德事也。望雲頂禮叩首，祝諸公福禄無量。又聞每月需米三百石，今止得一月，此時里門募從何出？今示汝等再募施粥一月，有不足者皆我補之。雖此中較昔更爲艱難，然我思自内陞留任以後，一兩十兩總非我分内之物，總是君恩溢於格外，既爲分外之物，我豈可尚留長物以貽子孫乎？且如去年在副憲時，上密本四，中有一本滿科長上疏，與我疏大意相同，下部處分降二級調用，我荷聖恩將我疏留中不發，直至三個月之後方發下，僅以嚴飭行結之，如此寬恩，豈非君之恩，天之恩乎？故我信天極真，知『財』之一字，全然不可認爲己物，總是天與一分則得一分，該用一分便用一分。此時里中諸善人君子，若會用銀積功德，無過於此時。一本百利，斷然不爽。我之行此等事，灼然不是行善事，却確是求福避禍，不敢欺天，却是知天。

示壂等

自蒙特恩，連日甚冗，未及作家報示汝等。今日小暇，揮汗數行相示。老人蒙皇上非常之遇，宸衷獨斷，曾詢之内閣老先生，亦皆不知其所以，但此缺，部中開列某某姓名以上，上特諭云：『姚陞補。』如此殊恩，豈意料夢想可及！計我前内陞者，科道尚有二十餘人，一年尚不能補一人，即見任太常少卿陞到副憲亦須十餘年。今我一日而超陞人三五十年之官，邀被聖恩，豈有極哉！我細思無能報答，但我雖爲副憲而較前更加清守，即於尋常交際亦酌量減存，但可以支持日用而止，較之爲户科給事中受享更爲節省，受副憲之榮而不敢全受副憲之利，非所以報恩，亦略存此一念。故示汝等知之，不可云乃翁已作大老，略作繁華想也。至於鹽差各公，又係本衙門，我自矢不受其一文，亦不發一字，恐有親戚輩索青目字者，可一概辭之。總之，聖恩既重，責任必深。過於謹慎，原非得已。我從前因聖諭廷臣時，有獎勵之語，我心甚喜而亦甚懼。喜者，喜特達之知；懼者，恐有不次之用。故前疏内有『年衰體病，性懶守劣』，原以實情告之君父，而不意仍有此殊恩，我益且喜且懼矣。此等語自世俗諸公言之，則云此人説假話，惟汝等知我素心，故聊復語之耳。我林居十餘載，視富貴若浮雲，但念聖恩難報稱耳。汝等家中一切益加謙謹節儉，不可略有加益也。免佃租想即舉行，已命六兒先寫字與汝等矣。先曾祖贈光禄公例：子孫凡有中鄉、會試者，每田種一石，免租五斗。大人推此意，凡遇陞遷，亦踵行之。

示塈等

滿兩尚書自江南回，察訪得吾家兄弟子侄俱皆謹飭，里中絶不知爲紳家，退讓之狀，一點聲音氣息也不聽見也。無出游者也，無書干求公祖父母者，首推爲江南善人家。一時聲譽滿於闕廷，滿州諸公傳爲美談。我於兩尚書素無知交，不知何故察訪及此，以理揣之，或得於道路采聽之口，或得於督撫諸公道實之言，皆未可知。特示汝等知之，可見我家數十餘年小心，女貧自有公論。汝等此後更加謹慎，更加小心，可見天之祐善人之誦許，皆若合符節也。

示塈等

户長叔有書來，言本家讀、娶、嫁三事，甚好意也。但云每年百金，此時都中力不能及，且一年之中難以額定幾十兩，我再三思維，每年我於冬季積累，或二十兩，或三十兩，寄到家中，以爲來年之用。酌議『讀』之一字不必言，聽人自讀與否，可勿問也。只『嫁』『娶』二字，若人人應命亦不能給。今議本家男自三十以上未娶、女自廿歲以上未嫁者，酌爲助之，聽户長叔行可也。若人多，一年不能行者，酌其緩急於次年行之。

又

一字與五爺，恐其哀西河而過，故拳拳慰解之。汝輩家中可悉我此意，閑中約過筠雁二軒，杯酒撥悶亦一道也。家中一切以謹慎節儉爲主，人情日險，不慎其可得乎！生計日難，不儉其可得乎？不可存一念，曰『我軟弱，恐人欺』。我得人，曰『某人可欺，我已討便宜矣』。我近日看得天道人事，更覺分明，謙卦盡在此中。今年筮得謙，此神之示之也。

又

適刻江召來，聞二伯母之變，一字詳示汝等，并以少解二伯三侄之憂哀；又思彼今歲大事中不能無費，里中措貸無所出，倘或二伯三侄急需，則作汝等之意，即于年内爲二伯三侄措處，以濟其急。總之，此爲二伯三侄身命可憂之時，不拘何時，那借以應之，即重息亦所不計也。我老年兄弟深爲二伯憂，諸事豈所惜哉！汝等酌應有便字來，使我知之。

示基等

汝諸兄俱不在家，家中需人照管，聞老和有欲趕遺才之意，殊爲不諳。此時正宜閉户讀書作文字，豈可遠出，廢時耽誤耶！且天暑，於調理身子尤爲不便，反增我憂耳，切宜即止此念。特此嚴諭。

示壄等

偶詢士堂曰：『汝知馬吊乎？』曰：『知之。』老人生平不知馬吊作何狀，或曰『有意味』。予正以其有意味，故不敢知耳，因戒堂并戒汝等。

又

堅在郡，有以芹相酬者，拜伏而遜辭之，一喜也。堂在汝，捐金以拯故人之子，二喜也。壄在南，有以五戒相干者，一概謝絶，三喜也。功名富貴，敢云喜乎哉！

示　堂

在彼一切循理而行，若理有不順，即多金不可説一事。財可再覓，一做非理之事，得罪神明，銷除福禄，悔之何及哉！

又

從五叔郵中，得汝字，知平安，一切俱悉之。近時朝夕讀律，六兒親自録寫，究心於此，見其義甚精，而皆本于好生之意。夜間亦閱覽不倦，庶幾報聖恩於萬一耳。汝輩暇即宜讀書，不可草草過日。二兒五戒，尤宜刻刻留心。五戒詳與十九叔札中，札附後。

二男五戒，雖云迂腐，以游事論之，幾汰去其十之五六。笑之者曰：『若如此，何不閉户，掃迹而棲。棲中道爲耶。然不得已而出，出而能擇能持，猶爲彼善于此。』若曰：『我姑且取之，他何計焉。』人但知人之能取，而不知天之能耗。天欲耗人，其端可勝舉乎？取可喜也，耗亦可畏也。即以我之所親見論，亦有遠游歸而旋有大不如意之事者，我心甚恨，恨『跨鶴』二字非所望也。君妙年福相，功名到手，前程遠大。我拈案所云：『有福人凡脚根所到，必有一守藏神以隨之。但不可性急手癢，遇物即納，恐日後本身應有之財，反于此時折算。取其少者于現在，而折其多者於將來，亦不明於會計者矣。故五戒受持不可不急也。婚姻關一生男女之姻緣，墳地關兩家子孫之命脉。人命真僞難明，以真爲假則鬼冤，以假爲真則人冤。准狀所益於己者甚微，而被准之家或至傾家喪命，此與劫盗之踩綫何異？責打以他人血肉淋漓，助我之美服甘食，此與食人之肉而寢處其皮者何異？嗟呼！忍不戒乎哉！敢不戒乎哉！至於出外以儉爲主，儉者不奪人，此尤爲五戒之根本。』

示塈等

家中汝等各房之稻一石不宜賣，料所收不多，若有必需銀者，倘公中有存銀，即照時價賣與公中，將稻存入公中，以備明年本家親戚、僕婢及縣中大勢賑饑之用。此等時節是極苦之年，亦是極好做功德之年，不可草草錯過。

示基等

汝兩兄到，得家中一切平安信爲喜。汝兄等不在家，汝輩年小，一切謹慎謙退，約束家僕，不許生事一毫也。至邑父母處，汝等不可輕見。做秀才時，只閉户讀書，不可與聞外事。

又

聞兩侄能坐西席，以教子弟，可喜。可於敦銀内〔一〕，每人送十兩爲各上一會。每年他徑自貼會，收會之時可得五十兩，亦是立根基之一法也。敦恒不足，我再設法會來，此亦勸子弟爲師讀書務本之意，不可少也。

校記：〔一〕『敦』，康熙二十二年姚士塈等刻本作『收』。

又示塈兒

肴略者，食妖也。天下豈有一食而不可再食之物哉？此爲食盡之占，昔雪竇曰：『人無壽夭，禄盡則死。』不祥莫大焉。蔣虎臣先生曰：『彼邑有數家專以講論殽饌爲事，考究之精，製造之奇，非知而見之者，錯愕莫能名。未幾而各有非常之禍，豈曰盡由于此！』然纔過三寸成何物。以此而不惜己財，不惜物命，傍人爲之朵頤，鬼神爲之怒目。民以食爲天，以尋常日用之食爲不堪，而另思以意造食，是賤民之所天也，可不懼乎？

示堅等

近見河道淺阻回空，大半滯於淮上新漕，甚爲可憂，而部中方泄泄視之，更議漕船展期改造，不得已痛切一言，恐係户、工二部會議已定之事，難於更正，幸聖人睿斷，奉有『該部確議』之旨，恐部中終執成見，然有此一番議論勢必行，總漕、督撫一查，或可少有益於漕運、少甦運丁賠累之苦，吾盡吾心而已，稿并抄覽，又停造册，一疏并示。此中一一平安，只歲事艱難倍常，寓所賃租主人索至屢日，尚無以應，他可知矣。此中甚重鹿尾，味果佳。吾鄉鹿多而不知食尾，汝輩試覓十數尾鹽之，未知何如？且試一嘗之，可耳。

示堅

昨日從塘上一字并閱文示汝，今日陳鹽驛公祖令兄行便，又作字示汝銀二兩寄慧公，慧公老矣，心刻刻念之。但今年之窘，非往年可比也。汝兩兄字是在寓中書者，臨場只養神，作文只寫意。深山有寶，無意於寶者得之。

又

臨場不可有得失之心。我看此時中固甚好，但我家尚急急望中，則犯神明之忌矣。中者不得已而中之，思想則不是。文看過還汝，我亦不得已而看之。汝文大進，疏通之氣可喜，只略鬆耳。然此時場期已近，不必用力揣摩，耗神短氣，只隨其意之所至成章可矣。我此中無一事，但眼見長安是一部大廿一史，升沉生死成敗，只我此番入都時，已見棋局幾新，而我猶故我也。故我身心甚泰然。今秋内陞也好，外轉也好，仍留在衙門也好，三好是我得意安心受用處。示汝知之，汝之視中不中，亦作如是觀。我甚不喜汝作文有想中之意，故此誨之。

示堅等

荷祖宗福庇，士基幸中十九名，唯頂禮天恩，益孳孳爲善，以迓休祥，汝等當同此意。

又

世事日見艱難，宦途日見貧窘，然畢竟拙守者，得以安枕。淮上之局發於十年之後，可爲寒心也。汝母享堂之費竟至百金，似亦稍覺廓大，百金未可輕易用也。吃飯穿衣是要緊事，偶因示汝等知，使汝等心不可大。總之，此時衣食粗足，豈易言哉！

江南察審回京示堅等

一路平安，抵都復命，蒙恩賜茶。頃在寓調攝，一切謝客，云往郊莊。中秋後一二日可入署辦事，便示平安。

示塈等

一切詳十一兒札中，此中一一平安，家中以鎮静爲主。潘婿少年，開爽可喜。汝等可酌議，即以一人前來換班，道路無難行之處也。我又思往來更换甚費，竟以一人挈眷而來可乎？此亦商量之語也。我年來見道益透，知天益真。如去年使滇，今年理餉，私心自揣亦應在奔走之例，荷聖恩憐其老病，得以從容京邸，稍息勞肩，休養衰骨。可見凡事有定數，素位總天恩，何思何慮，能静能安，無庸憧憧紛擾也。我此時只是循分盡職，積德存心。我雖起心動意，不敢不念念爲國爲民。若汝等慮我憂國憂民而或憔悴病，則又不知我也。我所可信者皇上仁明，如我啓奏時若鑄私錢人犯擬大辟，奉旨改流寧古塔。若朱議滦畜髮，原擬立絞，奉旨改監候，後又奉旨免死、免流發旗，給與養活月糧。又在督捕議條例，奉旨滿人隱匿逃人，止於鞭罰。漢人竟至流徙，例不畫一，令再議具奏，如此等之處皆我親見親聞，若非天欲治平天下，豈得生此滿漢一視同仁之聖主乎！故我知天極真，信理極切。眼前紛紜，雖蕩平遲速未敢預定，然可決其必無足慮也。汝等從容，當知我言不爽。凡事不必過憂耳。此時只是人心好動，流言繁興。故特詳示汝等知之。前艾石相晤，病亦小愈，彼意甚關切我家中也。

示塈等

知二六到家平安可喜，燈下小暇，取老小之論讀之，筆動不滯，思路開拓，大爲可喜，但再加以學。學者，簡練揣摩之説也，非欲其堆積典故也。多讀而多作，則益進矣。桓君山曰：『讀千賦則能賦，巧者不過習者之門。』

書塈不可不可録卷首

此乃入道之津梁，守身之城塹。其中有精警處，何必減唐宜之先生。家庭常語，垂訓成經。相在爾室，不愧古人。忠君愛國，恤友敦倫。一班全豹，于是乎徵。希聖希賢，宜子宜孫。康熙己未三月八日邵村方亨咸觀因頌。

姚端恪公外集卷之十八下

座右自警語

常覺胸中生意滿，須知世上苦人多。命兒輩各書一聯，粘之座右。

又

父母雙亡，寄生三界。一念煩惱，受享邪思。難逃覆載。

又

春樓花簇錦襜褕，冰雪埋空夜半趨。天意婆心施大喝，曾經三日耳聾無。敬天之怒，無敢戲豫。警天之愉，無敢馳驅。昊天曰明，及爾出王。昊天曰旦，及爾游衍。則只爲草衣木食，難消天地恩。因此上入紅塵修苦行，這其間端的少知音。嗚呼！此先大夫自寫照也。蓋一生憂天憫人，孜孜不已如此。

又紅紙大書

且活著。係戊午年五月間書。是年，先大夫口中常笑嘻嘻自道曰：『也殼了。』或道曰：『且活著。』或道曰：『享福殼了。』六月十四日後，示疾不甚説話，惟静坐喜睡。睡亦不沉，强進以藥，則揮之曰：『與他吃做甚麽？』或曰：『吃他則甚。』蓋死生之際超然矣。不與曾子啓手啓足之定識定力相符耶！嗚呼痛哉。堅拜識。

病觀節略

耳不能順，來猶可也，往不可也。

忽然而怒，人無知者。星星之火，欲燒須彌之山，良久乃熄。

道念未純，機心時動。

飾己所長，護己所短，皆爲陪奉於人。

知命易，順命難，畢竟知得不真。

口口説誠，事事求誠，只是不誠。誠則中和，百病不生。病之起因不誠，起種種纏繞狐疑。

真氣居黄，不出上脘。不二和尚語。

却千金而樂，名根。得一金而喜。利種。

膈中濁氣出，則鼻中清氣入。

作楷書可以養心延年，但我心躁，動筆時便想完，似有促之者，可恨。

行不熱慈，來而不往。

白刃交前不顧流矢，佛言人命呼吸間。

聞二兄集侯受十洲大師指示，每日於長松閣上靜息，誦金剛經數卷，覺老人身心有所維泊，甚喜。

説道理於病中，全不得力，方知平日無養心之功。積習難除。

緣至則合，業盡方散。五方移家，三吴委沙。豈思慮聞見所能及？夢語。今夫蹶者趨者，是氣也，而反動其心。

六祖云：『見性之人，當下便見輪刀上陣，亦得見之，借今日肚皮，吃明日飯，使得麽？』

十三晨起打坐，相火起胸膈痰鬱，持『天下何思何慮』一句。納極必吐以退火，氣充路則痰移舍。

十五吐有黑痰，下午微思微嗔，晚火大發，夜不能寐，此後嗔心決定無。佛云：『病苦，好苦也未在。』向鑊湯爐炭裏避暑去，諸苦不能到。乞我一文錢。此後嗔心決定無。

十七飯畢，誦五字真言。劉潛柱避亂山中，老僧以雪花菜、豆腐渣下飯，謂之曰：『好受用，感天恩不盡。』

十八看家報，有急欲看完之意，因悟看一切文字，須直看，忌横看，一行了一行過，一字了一字過，自不至耗心血，動相火。

養我身心，植功德本。

血猶水也。又曰：『營氣之粹化而爲精，聚于命門。命門者，精血之府也。』

水穀入於中焦，泌別薰蒸。化其精微，上注於肺。流溢於中，布散於外。中焦受汗，變化而赤，行於隧道，以奉生身，是之謂血。命曰營氣，血之與氣，異名同類。清者爲營，濁者爲衛。營行於陽，衛行於陰。氣主煦之，血主濡之。血體屬水，以火爲用。故曰氣者，血之帥也。氣升則升，氣降則降。氣熱則行，氣寒則凝。火活則紅，火死則黑。邪犯陽，經則上逆；邪犯陰，經則下流。蓋人身之血皆生於脾，攝於心，藏於肝，布於肺，而施化於腎也。本草綱目、人血集解。

人舌下有四竅，兩竅通心氣，兩竅通腎液。心氣流入舌下爲神水，腎液流入舌下爲靈液。人有病則心腎不交，故津液乾。

氣貴順，以直養而無害。

二月初二日，都事王君過晤云：衙門啓奏時，蒙聖恩賜問病狀，感激無量。病中初見王君一客，竟日左顴發熱，至更餘不退。麟洲云：『相火無礙，總之心血虛耗已甚，故心微勞，火即動耳。』因念心既不能勞，心血又非年月可養。此後凡事不能詳思，必不能報聖恩，時際多艱，又不能遽言引退，惟有病小愈，力疾勉出，暫尸位素餐，待湖南奏凱，然後陳情耳。

念珠鐫『言、怒、思、憂』四戒，持『天下何思何慮』一句。

慎言語，節飲食。

耳順誠難。但祈無愧於人，勿求見諒於人。病蘊於火，火炎於嗔，嗔根於不恕。

樂天知命，故不憂。

爲駒諱疾，非尊生之道。病吾病，斯無病。老吾老，斯不老。

初九日，丁道人自野臣寓來論工夫，畢竟以安神祖竅爲妙。心臍之中。與性命圭旨，安神祖竅篇所言人所禀軀體本一無元精，流布因氣托，初氣一凝定，元牝立焉，上結靈關，下結氣海。相同。又云：『眼耳受不得火氣，上泥丸勿久停。』此工夫再須參酌。

十一揲蓍得震之六二。休心法一切放下。天下何思何慮，見在心不可得。應如是住，降伏其心。

有省偶筆

守拙者，事天之道。先儒云：『德逾於福，則雖盛而非滿。來便來，不願來，推開，推不開，喜愠一般來。去便去，不肯去，留住留不住，凡聖一同去。』竪竊意：此是先大夫樂天知命，誠極生明，便直寫所得，直抒所見處。

中語多不可解者，闕疑可也。此行病愈後，書於病觀之後。

預書遺筆

五弟年力方壯，一旦奄逝，如予衰病何足云乎？病中與兒輩閑談數語，便筆識之。竊比於淵明自作挽歌之義，非敢云達也。

先光禄公歸山，予記用紙劄銀不過七兩，予若老死京邸，此中紙貴，止可倍之。萬一邀天恩，得遂首丘之願，則不可用逾七兩也。

奠止用素，其猪羊殺生而無益。但恐無以盡親友之情，有折猪羊者，收之可也。

予生平不耐哭人。夏夫人卒，予未一哭。五弟卒，爲最痛心事，然僅一再哭之。生性若此，死後亦可知矣。汝等體是意，哭以成禮而已，毋多哭，厭聽。

憂人之憂，樂我之樂。

人之生也萬殊，其死也萬殊。如吾者而死樂矣。萬一老而不死，不尤樂乎！

東朗、敦仁北來，初意不甚然之。今乃大獲其力，人能見其所見，不能見其所變，預起計較心何益。故曰：『天下何思何慮。』

天道虧盈而益謙，地道變盈而流謙，鬼神害盈而福謙。

皇帝諭祭文〔一〕

皇帝諭祭刑部尚書加一級謚端恪姚文然之靈曰：朕惟股肱之臣，服勤王事。其生也，優爵禄以崇獎之；其歿也，錫寵章以追恤之。蓋旌賢報勞，國典攸重，所以風有位也。

爾姚文然學有本源，才堪肆應。端方砥行，恪謹持躬。久歷垣省，擢貳臺憲，分掌邦禁，旋佐司戎。惟奉職之無愆，屢遷除于不次。迄乎總持風紀，晋長秋官，爾益諳習朝章，精求律例，方冀明刑弼教，助理化成，乃寢疾經旬，遽聞淹逝。朕追思勞績，軫悼有加，咨命易名，葬祭如禮。於戲！良彥云：『徂班行永謝，臣能盡瘁國。』豈靳恩用彰褒恤於絲綸，允被光榮于泉壤。靈如不昧，尚克歆承。

注：〔一〕此標題係編者所加。

諭葬碑文

朕惟古之良臣祇服厥官，生有宣力之勤，殁有易名之典，用昭懿德，式勸將來。爾姚文然學本家修，行惟實踐。自居省闥，屢奏封章。論事務期精詳，宅心本於忠篤。由兹拔擢，洊陟卿班。履重任而彌處以小心，持大體而不遺於細務。蓋其生平揚歷多在法司，謹守紀綱而僚屬胥勸。斟酌律例，則聽斷稱平。方嘉乃勞，忽殞厥命。宜崇褒恤，以示榮哀。爰頒祭葬之儀，錫以『端恪』之謚。嗚呼！夙夜匪懈，既克效於當官；恩禮有加，俾永傳於後世。勒之金石，服我寵休。

康熙　年　月　日

姚端恪公外集卷之末

皇清誥授光禄大夫刑部尚書加一級顯考端恪府君行述

嗚呼！　先大夫竟弃不孝壂等而長逝也，痛哉痛哉！　先大夫平日服食起居，善自頤攝，間以署務勞，有疾輒愈。今年四月間，聞五叔父翼侯公凶問，悲痛不自勝。嗣後黯焉神傷，書齋瞑坐，常忽忽如有失。不孝壂等固已慮先大夫之驟衰，而不意竟至此也。嗚呼痛哉！先大夫之即世也，距五叔父易簀之夕，纔六十有八日耳。昊天不吊，叔父無禄，何并我先大夫而亦奪之速耶？　痛哉！

先大夫忠勤在宸鑒，勛名在國史，德澤在閭閈，孝友在家乘。不孝壂等安能少狀先大夫於萬一，又先大夫宦京邸，不孝壂等往來南北間，不能長侍膝下，以睹記先大夫之嘉言懿行，所知亦復幾何，即少有所知，在擗踊昏憒中百不能記憶一二，間記憶一二，又哽咽，涕涔涔下，不能操管以書。伏承大君子之念存殁，而辱問者甚殷，不敢遲之又久，以重不孝之罪，謹泣血濡毫，敬述梗概焉。嗚呼痛哉！

先大夫諱文然，字若侯，以遠宦懷先王父母於龍山，故又號『龍懷』。先世家於桐城，隱耕不仕，五傳而至景暘公諱旭，始以名進士，拜刑垣，有直諫聲。天順間坐言事，忤權貴，謫河南鄭州判官，尋以薦拜江西南安守，所治有嘉禾之異，擢雲南布政司右參政，乞骸骨歸。人稱其能退，有錢宣靖之風。又數傳，家稍落，至葵軒公諱希廉，躬耕讀書，以率諸子作感懷詩以寄意，後世子孫登科第者，皆恭次原韵，不敢忘先世艱難也。葵軒公有子四人，叔曰似葵公，諱自虞，以明經爲諸生祭酒。似葵公之長子曰芳麓公，諱之蘭，辛丑進士，初任海澄令，縣治九都田慮旱苦鹵，公濬渠于祖山，通石馬淡潮以溉田，九都遂成沃壤。士人因名其地曰『姚港』。服闋補博野令，行取入都，授南禮部主祠祭事，旋晋膳部郎，歷杭州、汀州太守，皆有惠政，以太夫人春秋高，請終養，詔許之。仍曰：『無有如汀守之急公而愛民者。』晋副憲秩以榮其歸。芳麓公之叔子石嶺公，壬戌進士，官御史，歷任尚寶卿。季子即先王父純甫公，諱孫棐，庚辰進士，任蘭谿令，有治聲。蘭往例南米一項，解户必擇殷實，每年簽十數户輒破家，公力請于兩臺，具題改折，縣人便之。壬午分校，力謝私謁，有『我曾耽白戰，今敢負青天』之句，言者悚然而退，所録多名下士。是年先大夫亦舉于鄉，論者以爲公正之報焉。調繁東陽，治行一如蘭谿時。尋晋職方郎，解綬歸里。國初求山林隱逸，江南總督馬公國柱將以公應弓旌，公曰：『兒幸蒙恩忝諫垣，老人稱逸民足矣。』馬公亦弗强也。著有亦園詩集六卷行世。以先大夫貴，晋封三代高祖，似葵公以下俱誥贈光禄大夫、都察院左都御史加一級。高祖妣方太夫人以下俱誥贈一品夫人。

先王父純甫公有子八人，先大夫其叔子也。生而穎異，岐嶷寡言笑。九歲時與侍御方公亨咸同學，方公常戲作賊風論，先大夫爲著德風論以駁之，援引古今，詞意嚴正，識者已覘其爲公輔之器焉。稍長，益折節讀書，雖酷暑祁寒，手一編，咿唔不少間。流寇圍邑城時，從先王父守城，于戈鋌刁斗間兩月餘，將五經卒業，背誦不遺一字。其識力之定，進學之勤如此。年十五補博士弟子員，與伯父覲侯公、集侯公讀書於縣治之天尺樓及江寧之攝山紫峰閣，自相師友，焚膏繼晷，肆力編摩，一時文名益起，大江南北有『三姚』之目。時世王父石嶺公司臬荆南，先大夫從，取道大江，覽小孤、赤壁、西塞山諸勝，即景賦詩，下筆千言立就。石嶺公奇之，曰：『亢吾宗者，其在阿咸乎？吾弟真有子矣。』是年壬午，自楚中歸，應科舉試，督學金公蘭見先大夫凶年饑歲文而奇之，曰：『此一幅流民圖也。他日必爲先憂之王佐矣。』拔置第一，舉應天鄉試，出季公秋實門。癸未成進士，膺本房劉公顯績麟經，首薦選庶吉士。三閱月而闖賊陷都，先大夫北向再拜，自經，繯絶墮地，家人陳進排户入救，氣復甦。陳進跽泣曰：『主君何遂至此？堂上老矣，將誰倚乎？』乃徒跣歸江寧。先大夫詩集中有思婦辭一篇，略云：『妾時攬涕一從君，手繫雕梁白練裙。不及馬嵬銷玉骨，可憐巫岫返香雲。一自歸寧心事阻，貧家鞠女空辛苦。高堂白屋鬟如霜，賤妾紅顔泪如雨。』蓋以寓意也。尋南中黨禍作，浙直指左公光先與先王父俱被逮且急，會王師南下，事得解，而家落益甚。先大夫奉先王父母歸隱小龍山，僦舍而栖，乞米而炊，至不能供朝夕，乃慨然曰：『恬淡吾志也，如菽水不給，何捧檄而喜，彼何人哉？』

會詔舉遺逸，有以先大夫名入告者，丁亥遂來京師，授國史院庶吉士，尋改授禮科給事中。戊子主山東鄉試，先大夫凛功令，絶請謁，衡文一以典雅正大爲宗，評騭甲乙至夜分不寐。雖後場必檢閲詳審，不敢略。司勛王君士禄初置乙卷，先大夫于廢簏中搜得其表，讀而異之，曰：『此子他日必爲風雅名家，不獨老夫讓出一頭地也。』遂拔之。後果如先大夫言。一時知名之士皆入彀，榜發得九十人，聯捷者二十四人，相繼登南宫者又三十六人，榜首爲今銀臺伊君闢，其餘致身通顯，以文章事業麟麟炳炳，負台輔望者不可更僕數。尋轉禮科右給事中、工科左給事中。是時世祖章皇帝初攬萬幾，先大夫首建察吏安民一疏，大意以爲都察院一衙門滿漢憲臣八九員，又有啓心郎等及理事僉堂近十員，率御史近五十員，賢者憤悶，無以自立。不肖者靦顔，有以自容，衙門設立何爲？風憲職掌何事？堂官愈多，憲綱愈壞，不加澄清，何以昭國法？請特賜召對，容微臣一人與諸大臣面議同異，語甚激切，疏入，憲臣及御史甄别各有差。又以江浙之田盡被水灾，民益困于漕，疏請改折，旨報可。兩省之民便之。又以兵部滿漢諸大臣負罪鎖禁發門，疏請停止，以爲諸臣皆列大僚，素叨豢養，今寒天凍夜，冷鎖三重，寢食不寧，積成疾病，恐不死于國法而死于天灾，非所以廣皇仁也。通衢大路，萬目觀瞻，功臣貴臣免冠帶鎖，愧辱難堪，非所以存國體也。時正當世祖章皇帝天威震怒之下，先大夫不避斧鉞，直陳無隱，特旨褒允。諸如酌行揀選，議差恤刑，儲選清書言官，特參秦撫委用私署，嘉言讜論，不能殫述。壬辰充殿試收掌試卷官，轉兵科都給事中。是時世祖章皇帝孜孜求治，采納直言，先大夫感激聖恩，冀圖報萬一，而獨念先王母倪太夫人年高多病，心怦怦不自寧，于癸巳五月以省親終養，并請疏上十餘日，而先王母之訃音至。故溧陽相國陳公名夏嘆之曰：『古稱嚙指心動，以精誠之感通也。姚君似之矣。』居内艱致哀致敬，一準于禮。乙未服闋，先大夫念先王父春秋高，不忍離左右，即以病請，蒙恩俞允，遂得朝夕承先王父歡。先王父于龍眠東築『頌嘉草堂』，小有山林泉石之勝，先大夫亦于草堂深處買山，曰『竹里』，另辟一斗室，以待先王父憩息其間，顔之曰『小隱』，以草堂之有『瑞隱窩』而名也。時命不孝兄弟舉籃輿迓先王父入『竹里』，兒孫成行，鞠跽獻壽，興酣則浮大白命韵徵詩，至丙夜歌唫以爲笑樂。先大夫詩曰：『長文曾過嶺，親御太丘來。』又云：『箄憐兒輩得，酒愛老人多。』山居風味略見于此矣。辛丑復請展假，優游林泉侍奉杖履者凡十年，而先王父即世。

丙午服闋還朝，補吏科給事中、户科給事中，以覃恩加一級，疏請查照舊例，御筆酌賜勾除，以重民命疏入奉嚴綸，下考功議。尋蒙特旨寬宥。時大工將興，查采楠木，先大夫疏請有當嚴禁者三：一曰民間宅内之木不采；一曰民間墳墓之木不采；一曰不中式之木不采，以杜不肖官役及上司差官、奸商、土棍，借名生事，苦累小民之弊。疏入，奉有『作何嚴禁』之旨，他若速考成之奉行，省開復之駁查；立流抵載由單之法，以防侵冒；停本色駁減之例，以杜私派；裁蘆差以汰冗官，省冗奏以節睿勞。或下部議覆，或特旨褒納者，不一而足。庚戌充武會試同考官，得士五十有四人，而張君學純即以是科及第第三人。蒙恩内陞，以正四品頂帶食俸，仍留管户科給事中事。前此臺垣内陞例皆回籍候補，往往有需次數年者，内陞留任自先大夫始。時總督周公、麻公，編修陳公、候補給事中鄒公，皆以事被逮，先大夫特疏申請停鎖禁發門之例，疏入，聖旨嘉納，永行停止。直隸解狐皮本色，加派每至數倍，民間差解多致蕩産，先大夫疏請照由單折價徵收，事下部議，從之。辛亥五月，奉特旨陞都察院左副都御史。時諸鹺使奉差往還，有念先大夫之清貧者，或貽以一縑一卮，亦不敢受，曰：『司諫小臣爾，蒙聖恩驟登華要，即朝夕冰兢，懼無以堪，而敢因之以脂膏自潤，如清夜何？』聞者嘆服。以盗案之因諱而日熾也，請復盗案半獲官俸開支之舊例，以拔諱盗之根。以永成多因并贜坐罪也，請酌議必本犯入己之贜數滿方坐，以昭立法之平。其餘章奏繁多，不能盡載。本年冬陞刑部右侍郎，壬子陞刑部左侍郎。癸丑充會試副總裁，與寶坻、合肥、孝感諸先生和衷恪慎，以正文體遴真儒爲己任。轉兵部督捕左侍郎，管右侍郎事，兼有江南察審之命。時先大夫方鎖闈閱卷，上諭勿令先大夫預知，恐亂其衡文之心也。皇上之愛惜人才，曲體臣心，可謂至矣。榜發得士百五十有九人，皆一時名俊。先大夫陛辭曰：『臣江南人，而審江南之案，恐涉嫌疑。』

上曰：『汝去亦何妨？』先大夫又曰：『臣老矣，不任鞍馬，恐不能兼程。』

上曰：『第輿而往，勿馳也。』（撒）〔撤〕棘之四日，即星馳戒道，以三月晦日至江寧，入公署詳閱卷牘，調集兩造凡三案以次讞決。時部議開復沙洲，不許行船，曹永禎、周魁誣告虞仲魁船有篷桅，貨皆違禁，總督及欽差郎中屢按之不決。先大夫親至曹家港，即周魁等捕獲船處也。港在内地，去沙洲尚遠，所獲之船僅四丈餘，舟中唯丈餘細木一具，乃截江渡船不可以出海口，詢之其儕，皆供仲魁無他。先大夫既廉得其情，即永禎等亦俯首服辜，實挾仇妄控也，乃罪永禎等，而仲魁等數十人皆得釋。是時暑氣烈甚，先大夫勞且病，又將有劉河之役，不孝塈從行，屢諫止之，先大夫曰：『奸船黑夜闖閘出洋，真則國法不宥，否則事關多命，宜亟爲伸理，不親歷其地，則形勢不了了，何以得其情僞乎？』行至天妃宮，往返酷日中，驗視木橋下新舊梅花樁皆未動，蓋初承問者疑兵丁拔樁，以放洋船，有通同弊也。復從盤渤出洋，至山前沙獲船處，值海風大作，天水晝冥，舟幾覆，舟中百餘人皆駭伏，先大夫危坐自如，絕無懼色。少頃風日開霽，同行刑部郎中敖公哈曰：『這纔是真學問。』庭鞫時，諸犯周明宇、張思溪等咸稱冤，先大夫猶未之信，最後有程開之者，不待刑訊，忽大聲自供曰：『通洋者，我也。我賺明宇等入船，其實代洋客買甘草諸藥物，明宇等不知也。前累經各憲嚴訊，我不肯服。今見明公仁厚，精明若此，使我不忍欺，亦不能欺矣。願自甘罪。』由是開之服辜，而明宇等皆免坐。京口將軍及副都統總兵之互許也，先大夫治之，情律允協，心皆折服。是役也，先大夫清晨出視事，必候事結方入署。嘗至日暮猶未午膳，不孝塈屢以爲請，此非調攝所宜，先大夫曰：『我一人入署進食，則若輩皆枵腹伺候，曷若多訊一刻，則早結一刻，俾若輩早釋一刻，不猶愈乎？』逮夜秉雙燭，詳繹招卷，事事洞若觀火，不煩三木而皆得其情。江寧有佛子之號焉。

公廨有三層樓最軒爽，遠眺江山，爲避暑勝地，在寢室之東，先大夫居廨三閲月，事竣僅一登樓而已。又以江寧爲桑梓之鄉，于關防加毖，小山離江寧二十里，先曾王父芳麓公墓在焉。先大夫不敢越會城一步，展視松楸。姑母吴家于江寧，與先大夫别十餘載，亦不敢造其堂，敘家人款曲，臨發時召兩孤甥至織造曹公璽署，見曰：『致若母，豈不相懷？畏此簡書。』言畢，愴然刷涕而遣之，先大夫之敬慎王事皆類此。使事畢，江寧諸公進而言曰：『行者必以賮禮也。』先大夫曰：『諸公意誠厚無已，幸貽書一部，以識臨岐之贈如何？他時歸老山林，晴窗檢點，如見故人，所獲不已多乎？』方伯徐公國相、臬使陳公秉直、觀察王君功成，雅不欲違先大夫意，各贈書數卷而已。復命陛見，天語慰勞有加，諸所讞定，下部議悉如擬施行。十月充武殿試讀卷官，首拔則狀元郎君天祚，探花趙君天璧也。十二月陞都察院左都御史，所建白多密疏，皆關軍國大計。不孝輩皆未之見。先大夫逝後，撿遺笥始悉之。甲寅夏，仁孝皇后梓宮奉安鞏華城，天方盛暑，車駕屢幸，疏請節哀節勞，以頤養聖躬，面奏時語甚切，至滿漢諸縉紳至今稱之。乙卯授階資政大夫。尋以覃恩，授光禄大夫加一級。丙辰七月，陞刑部尚書。受事以來，清積案，理冤抑，而於更定條例，尤斷斷慎之。嘗曰：『刃殺人於一時，有限；例殺人於萬世，無窮。』又曰：『筆勾一家哭耳，例勾萬家哭矣。』會一時滿漢諸公皆大賢，相與虚公參酌，詳考確議，其例之已甚者，皆稍爲更改，漸劑於寬平。每入署必携招册盈尺以歸，皆手自評閲，閲畢則手書節略而酌定之。日不足，繼以燭。有至三鼓不遑假寐者，其遇秋審之期亦然。先大夫不自知其勞也。每全活一人則喜形于色，不則蹙然不怡者竟日。一日有盗伐官柳者誤刺字，先大夫署歸，于大士前跪香一炷，痛自省愧。又一日甫下輿，輿中口占行歌而入室。蓋慶諸囚之更生也。歌曰：『樂莫樂兮白雲堂，伏遇仁明我聖皇。大獄畫題眉盡簇，恩綸到部喜如狂。寬弘漢祖三章約，忠厚姬年八百長。憶捧長牙依議旨，三年不飲醉眠床。』先大夫協定條例，平反獄訟，詳在自著白雲語録中，不孝塈等不能盡述，姑拈此二則，以見先大夫克己之勇而樂善之誠，其天性然也。歲時令節及先大夫生辰，僚友或有以觴茗見貽者，却不受，曰：『吾素性澹泊，且秋曹之清苦與諸君共之，何至以縟節溷諸君。』爲恐諸囚之庾死，偕同事諸公歲時給以絮衣，冬施湯，夏施茶，席以時，灑掃滌穢，每語提牢及司獄諸君朝夕督視。先大夫亦不時親詣而存恤之。丁巳十月，欽賜朝衣貂裘。

今年夏，五叔父訃音至自中州，先大夫自爲文以哭之，且顧不孝塈等而言曰：『翼侯年力方壯，猶且不免，如余衰老何足云乎！』不孝塈等已訝斯言之過悲，而不意不幸言而中也。痛哉！先大夫養痾月餘，至六月初三日疾小瘳，慮署務廢閣，猶入署辦事。然形神甚倦，歸即偃卧床榻間，至十三日署歸，復感微熱，且中暑，體不快，會朝廷有求言之詔，先大夫病中猶口授二則，命不孝堂書之曰：『一光棍定例，若照不分首從皆斬之例，則所殺甚多，恐有冤濫。若止定一人爲首，又恐爲從之中有情罪可惡者，法不足以蔽其辜。相應將光棍爲首者擬斬立決。其爲從者如有情罪可惡，應問死罪者，擬絞監候，秋後處決。一凡入官流徙人犯遇熱審，恩例相應減等。』擬病間商之同官滿漢諸公，或有以條例爲言者，附此二則，以上邀朝廷浩蕩之恩，而豈意竟托之空言也。嗚呼痛哉！先大夫雖抱痾經旬，無甚病，每日起坐如常，但氣息微弱，不耐語言，間一語，絶不及家事，至二十三日疾革，朝廷命侍講學士張公英來視先大夫病，聖恩垂問：『日來安否？病症若何？有子在此否？』先大夫于憒憒之中一聞天語，神思清爽，于枕上叩頭不已，涕泗交頤，恨君恩之未報也，旋口授疏稿謝恩，惓惓以講學勤政早奏蕩平爲言，命不孝塈次早上之銀臺，而不意先大夫即以次早長逝也。痛哉！疏上，奉有『覽卿奏患病危篤，朕心深爲軫念』之旨，而先大夫已不及聆此温綸矣！痛哉！先大夫即世之次日，不孝塈等檢先大夫案頭遺書，于積帙中得手書一紙，具言身後奠止用素，毋得用羊豕。又云：『余生平不耐哭人，生性如此，死後可知汝等體是意，哭以成禮而已。毋多哭，厭聽。』又云：『憂人之憂，樂我之樂。』又云：『人之生也萬殊，其死也萬殊。如吾者而死，樂矣。』餘皆曠達之語，娓娓累幅，蓋先大夫于閑中已從容筆之，而不孝塈等竟不知屬草于何時也。嗚呼痛哉！先大夫所居宅在縣治北門。七月中，四弟基家書至云：『六月二十三日忽有大星自北而南，狀如火球，隕於舊宅之廳事前，鄰人驚訝，恐其爲火灾也。亟來拯救，至則一無所見。次日延術士禳之。』嗚呼！豈料星隕之期，即爲騎箕之應耶！痛哉！訃聞，朝廷震悼，諭祭葬如儀，賜謚『端恪』，樹之豐碑，以垂永久。不孝塈等跽讀碑文，有云：『履重任而彌處以小心，持大體而不遺乎細務。』煌煌天語，知臣莫若君矣。

先大夫天性孝友，六叔父聲侯公，先王母太夫人少子也。先王母生一女適于方而孀，先大夫曰：『太夫人即世早，孀妹及弱弟九原其猶有隱念乎？』先王母逝後，即課六叔父下榻雁軒，與不孝兄弟肄業傳經，迄有成立。方姑母有子曰曾祐，先大夫育而教之，猶子也。曾祐之祖還青公以原任漢中，逋累事下原籍，追賠限期甚峻，家産蕩然。曾祐僅遺湯莊田一區，將鬻以償官。先大夫愴然曰：『此田若售，孤甥何以謀饘粥乎？』而是時，里居空甚，力復不能辦，懇程奉常先生代輸六百金于官，而以田屬程，約以三年歸贖。厥後先大夫多方措貸。如數償程，而以田還之孤甥，曰：『吾以繼太夫人之志也。』居恒訓子弟，唯以讀書安命爲拳拳。嘗曰：『士子中式，結八比緣，正如男婚女嫁耳。婚嫁之後，而歌偕老咏斯男幸矣，其不幸而爲中冓之傷、綠衣之怨者，豈少哉！汝等愼勿以遇不遇，過爲欣戚也。』以故先大夫通籍以來，通門世好往往司文衡，而從不干以私。其尤著者，庚戌之役，不孝堂與五河錢君世熹俱以麟經膺太史儲公振薦矣，值後場貼多卷不及額，例應退一，總裁四先生以次覆較，次及少司寇王君清遂論定一卷，榜發則錢君也。少司寇爲先大夫戊子山東所得士，撤棘後來謁，徐曰：『向來房薦二卷，生乙其一，未知是次君闈牘否？』先大夫因命不孝堂取闈牘示之，少司寇長揖謝曰：『是矣，生罪矣。』先大夫笑曰：『遇合命也，君主試而予兒不售，且已售於分較，而反見乙於君，此乃天之顯我兩人無私也。君報我厚矣。』太史蔣公超聞而嘆曰：『有如此座主，應有此門生矣。』先大夫爲諸生時即厚自刻苦，晚年雖洊登九列，而布帷蔬素，淡泊如初。嘗自署于壁曰：『父母雙亡，寄生三界。一念受享，難容覆載。』蓋其志操如此，而獨汲汲于惇睦任恤之義。每年計禄入之所餘，分爲恒、敦、時、慈四項，其姻親師友中擇其孤嫠而無依者，月有常給，曰恒；其計口遍致，間一舉行者，曰敦；其以備婚嫁卒葬不時之需者，曰時；其以周鄉黨鄰里及僕從之無告者，曰慈。歲約數百金以爲常。辛亥，吾邑歲大祲，親黨有不能自存者，先大夫計丁授食，無闕乏。邑之西郊曰太霞宫，建粥廠，先大夫捐金爲之倡。四叔父駕侯公及里之好義者董其事，日再施糜，遠近就食者以千數，民無菜色。京師沙窩門内有育嬰堂，乃柴道人世盛抱育弃孩地也。收養費繁，苦不給，先大夫偕輦下諸先生捐俸廣募，經紀其事咸就理，存活甚夥。每月初八日諸先生爲育嬰堂會，先大夫雖積冗，雨雪中必如期往，至輒爲營一月之費，十年來如一日也。先大夫遭闖寇之變，避地海上，韓公頗相資給，後公遺負三千金，先大夫爲代償無難色。故南鄭令高君世豪亦戊子山東所得士也，高君病故，尚有任内未完追賠銀二千二百餘兩，家産盡絶，例應妻子入官，已就道矣。先大夫曰：『吾向者林居十載，無凍餒之患者，微山左諸故人忠敬先生之力，不至此。今高生有急難，忍坐視其顛越而不之恤乎？』遂首倡捐資數百金，一時薦紳先生皆欣然樂助，山左當事諸公復醵金如數償之官，高氏一門孤兒嫠婦十三口，遂得免於蕩析，慶完聚焉。

松江司李陳公向與先大夫有舊，司李故後，其家在中州落甚，先大夫訪其子陳撰，先後致二百金以恤其家。陳君易，故溧陽相國子也，遠戍尚陽堡，先大夫歲時周給之。今年六月五日分俸百金，手書浼少宰陳公一炳郵致，且曰：『爲我語溧陽公子，吾老矣，恐後不能繼也。』嗚呼！豈先大夫逆知有意外之變而有是言耶？痛哉！

先大夫登朝三十餘年，自諫垣以至正卿，每遇廷議，廷推侃侃直陳，洞中肯綮，而中懷坦白，滿漢諸先生以此雅相推重焉。在署唯以敬勤自盡爲本。丙午，再入京師，不與宴會，曰：『晨辦署事，而晚復酬酢杯酒間，病夫精力弗能兼也。』五叔父以盛年成名進士，令德安，先大夫手書拳拳，以謙冲清白勵之，叔父謹受教，得舉卓異。甲寅，江右賊猖獗，南康、湖口相繼潰陷，叔父誓以死守，曰：『吾不敢辱吾總憲兄也。』今十九叔父望侯公令蕭山，先大夫遺書勸誡者亦如之。不孝兄弟筮仕寒署，先大夫每進而訓，曰：『君子居其官，必盡其職，汝等雖閑曹，亦各有職掌，勉之毋曠也。』嘗口拈二語示不孝兄弟，曰：『嘗覺胸中生意滿，須知世上苦人多。』命各寫一聯粘之壁間，朝夕省覽焉。至剖斷疑獄，尤爲詳明。在垣中時，京師有王國用者，以炒豆爲業，負人子錢，索之急，詬誶不堪，國用羞愧，自縊于居肆外之檐梁，足連擊扉有聲，其傭工杜三卧肆内，以爲賊，亟開門視之，其主人也。驚呼主人婦郭氏，氏覓鄰家燈出救，則氣絶矣。獄具問者，咸疑杜與郭氏有奸，故氏緩于救，致夫死，皆擬坐極刑，京師之人莫不冤之。先大夫一日薄暮，提燈從一小奚至其家，始知國用廛肆臨街，中間鄰家，最後爲郭氏卧室，氏之出救必取道于鄰，非故緩也。朝審時，先大夫力辨其冤，且圖其所居狀，示滿漢諸公，諸公亦即所居視之，與圖無異，杜及郭氏遂皆得免死。里居時，於有司之前一不干以私，至桑梓利弊興革之宜，爲里民請命必反復呼籲，得請乃已。吾邑向年南糧歲簽，區頭起解編折，歲輪里長辦納魚課本色，歲簽納户采買，皆擇殷實户充之，率皆鄉儒一承此役，賠累萬狀，胥吏復因之以爲奸，免甲點乙，有至展轉魚肉十數户而後定者，先大夫爲痛陳其弊于上臺。于南糧則行官徵官解之法，于里長則行自封投櫃之法，于魚課則行官買官解之法，而夙弊以除。癸卯，吾邑奉郡檄丈量，先大夫與邑侯鄔公及邑之紳衿父老詢謀僉同，仍照萬曆碑文，田分九則，地分三則，爲定賦不虧，而畝無虛羨，里人稱平。先大夫接人温温，人咸親之，而隨事規箴最篤。往年芝山相國好爲古文辭，先大夫一日過石雲居，出所作祝少司農及贈友南歸序相示，先大夫不答，相國云：『君少我耶，丁敬禮有言，後世誰相知，更定吾文者！』先大夫曰：『非也，公爲大臣，夙夜勤職，業猶弗給，何暇及此？此他日午橋莊中事爾。』相國斂容謝。碧山查君相若昆仲衣食粗足，逍遥山水間，先大夫爲書貽之，勉以惜福積福之道。略曰：『腹中有痞則思消，而不知福之難消甚于痞。倉中無粟則思積，而不知福之難積甚于粟。』聞者以爲知言。

先大夫早以文學知名，兼游心六藝，於書數、琴奕、馳射、劍槊之類，靡不研精入妙，嘗曰：『文事、武備不可廢也。』中年敦實學，晚益邃於性命天人之旨，視事暇則闡玩周易、四子書，多所發明，至於養生家言及諸家宗旨，亦俱洞晰原委，所著有疏稿八卷、功過格拈案行於世。拈案，侍御梁公曰緝刊于豫，楊君茂之刊于武林，王公□□刊于齊魯，觀察張公受庵刊于東萊，比部郎吴公澹庵刊于燕邸。又文集十卷、詩集十二卷、白雲語録六卷，雜著十二卷、删緝朱子語類一帙，當即付剞劂，公之海内焉。

先大夫生於萬曆庚申年十二月二十一日子時，卒于康熙戊午年六月二十四日辰時，享年五十有九。配吾母夏氏；繼娶張氏，宜黄令伯儒公孫女、文學廣生公女，敕封孺人，贈安人，誥贈一品夫人，先先大夫十五年而逝。子五人：士塈、士堂、士堅、士基、士埶。吾母出塈，邑廩生歲貢，初任睢寧縣教諭，陞任國子監學正，娶潘氏，繼娶張氏；堂，己酉科舉人，任内閣撰文中書舍人，娶張氏，繼娶王氏；堅，郡廩生歲貢，娶方氏；基，壬子科舉人，娶方氏，繼娶張氏；埶，廩貢生，娶左氏。女五人：長適廩生馬方思，方思早卒；次適廩貢生左之柳，俱吾母出；次適貢生潘仁樾，次許字左之延，次許字張廷玉，俱庶母楊氏出。孫男十一人：孔欽，邑庠生，娶吴氏，塈出；□鋭，邑增廣生，娶王氏；孔鏞，聘王氏；孔錡未聘，俱堂出；孔銓娶江氏；孔鈞邑庠生，聘戴氏；孔鎮、孔甡、孔錫俱堅出；孔錞聘方氏，基出；孔鉅聘吴氏，塾出。女孫八人。曾孫男二人：興溥，銓出；興涑，欽出；曾孫女一人。不孝堅等念無以釋終天之憾，死不足塞責，唯是辱名公鉅卿哀而賜之一言，以爲先大夫貞珉光，不孝堅等死且不朽。孤哀子姚士堅、堂泣血稽顙謹述。

光禄大夫刑部尚書加一級謚端恪姚公神道碑銘

皇清康熙戊午季夏，刑部尚書姚公諱文然，字若侯，别號龍懷，年五十有九，卒于京邸。方疾革，上遣侍讀學士張公英詣榻前視病，垂問深至。次日，口授遺表謝恩，即逝。復奉温綸，軫念甚切，予謚『端恪』。賜祭葬。一時滿漢大臣以及僚屬姻友罔不傷悼泣下，爲朝廷惜此人也。

余交先生三十年，同受兩朝知遇。竊見先生前有直言敢諫之風，後有明刑弼教之義。入則孝友忠厚世其家，出則睦姻任恤行其志。先生一身生天地間，如太和元氣流行充滿而無乎不至，一旦老成云亡，寧獨生死知交傍徨而涕泗也哉！

恭憶順治八年，世祖章皇帝親攬萬幾，掃除一切貪殘惰慢、黨仇誣訐之習，廣求直言，問民疾苦。當是時，御史臺無憲綱使者，冠蓋相望，吏不戢而民生日蹙，先生官給事中，首建察吏安民一疏，請以法度裁制憲臣，俾賢者有以自立，而不肖無以自容，願賜召對，面議異同。疏入，憲臣及御史甄别各有差，臺班爲之一清。先生澄清天下之志，概見於斯矣。又以一身激發直臣之氣，前後在諫垣十餘年，凡有關於國計民生者，疏凡數十上，罔所忌諱。如請改江浙漕糧，拯災黎也。請免大臣鎖禁，崇國體也。請嚴撫臣私委，安地方也。請選清書言官，廣言路也。請賜御筆勾除，重人命也。請禁采木詐害，恤困苦也。請立流抵由單，防侵冒也。請停本色駁減，杜私派也。請裁蘆差冗官，罷騷擾也。請徵皮張折色，除賠累也。諸疏悉荷俞旨，海内稱便。康熙九年庚戌，陞四品京堂，仍留管户科給事中事。辛亥五月，特擢都察院左副都御史，日理法司大案。見盜案之因諱而日熾也，請復半獲開俸之舊例，以拔諱盜之根。又見永戍之因并贓坐罪也，請議入己之贓滿貫方坐，以昭立法之平。俱著爲例。是年，陞刑部右侍郎。壬子轉左侍郎，癸丑以兵部督捕左侍郎管右侍郎事。奉命往讞江南違禁出洋及都統互訐三案：其沙洲之案，曹永禎、周魁坐誣，虞仲魁等皆釋；瀏河之案，程開之坐法，周明宇、張思溪皆釋；京口之案，將軍與副都統、總兵兩弃而皆釋。先生出洋入港，往復洪濤烈日中，親驗所獲船無出洋篷桅，新舊梅花樁皆未動，衆心折服，情律允協。復命，悉如所議。十二月陞都察院左都御史，任愈大而責愈重，謨猷入告，動關機要。如請蚤建皇儲以隆國本，寬蜀中丈量之期以省勞費。又以展祭山陵，鑾輿遠出，請嚴城池詐冒之防，恤旗衛驛地之苦。又以淮揚大饑，米價騰涌，請動官帑於山東産米地方采買，自膠州諸處海運達於淮安之廟灣，以備賑濟。又以仁孝皇后梓宫奉安鞏華城，天方盛暑，車駕屢幸，請節勞節哀，頤養聖躬。先生忠君愛國之忱，未嘗一刻去諸懷也。乙卯覃恩授光禄大夫加一級，丙辰七月陞刑部尚書，受事即清滯囚，理冤獄。更定條例，瞿瞿憂思，嘗曰：『刃殺人於一時，有限；例殺人於萬世，無窮。』與同事諸公虚心參酌，去其甚者，皆漸劑寬平，每入署必携招册盈尺以歸，秉燭夜分，細加檢閲，有疑即手書略節，務期肺石無冤，以副天子好生至意，全活一人，則喜形於色，否則蹙然不樂者竟日。先生忠厚之性，過人遠矣。先是本朝初年，先生應召起，贈大夫純甫公趣行，曰：『吾姚桐城舊家也，門祚近稍薄，汝前爲庶常，三月亂，亂中黨議且及我廢興，命也。汝出則我處，不然八兄弟離矣。』先生復補庶常，歷今官。中丁母倪太夫人憂，致哀致敬，一準於禮。以純甫公春秋高，請假，左右膝下十年，兒孫導輿爲娱樂。伯仲覲侯、集侯頡頏，號『三姚』。母卒，趣翼侯力學，登進士，課諸弟迄有成立，妹阿方早寡，爲教其子曾祐，又貸六百金，代輸其先人之逋於官者，曰：『吾體太夫人志也。』迨翼侯卒，先生悲痛不自勝，傷其作吏備艱苦。宦橐蕭然且乏嗣，手足之不幸也，遂不起。其孝友蓋如此。

每歲計禄入所餘，分爲『恒、敦、時、慈』四目，以賙姻親師友孤嫠之家，及婚嫁卒葬之不時，并族黨、僕從之無告者，歲約數百金以爲常。京師城内外多弃嬰兒，先生同益都相國捐資置車收載，兼營乳哺，建堂曰『育嬰』，委曲區畫，存活甚多。至於完聚人妻孥，代償人逋負，或爲地方陳疾苦，計利害，真心古道，周於朋儕，鄉里間了無德色。其在桐邑錢糧，立官收官解之法，田地定三等九則之均。友人子韓君、高君、陳君及溧陽公子輩受其賜頗厚，此類指不勝屈云。先生歷官久，戊子主山左鄉試，癸丑復主會試衡文，一以典雅正大爲宗，遴真才，絶請謁，兩榜得人稱盛。遇歲時令節，屬員故吏有所遺弗受。江寧公幹畢，地方大僚惟贈古書數卷而已。先生自奉甚儉，不與人宴會，日食饘粥，泊如也。余才不逮先生，素以大業相砥礪。先生中懷坦白，居然古大臣，且仁人也。若敬獄長王國，庶幾刑措不用。余將勉持綱紀從先生後，共睹太平之盛。今已矣，即欲於廷臣集議時，一聞先生侃侃正論，開人不敢開之口者不可得，又安得不爲朝廷惜此人耶！昔女齊死，叔向哭而撫其子，曰：『自此其先人之亡，吾蔑與比而事君矣。』先生輀車登舟之先，令嗣長士塈、仲士堂持狀，泣以碑銘請，余不文，不獲辭，輒撫而許之，亦猶叔向之意乎？嗚呼！先生生而天下樂，死而天下思，乃自言曰：『憂人之憂，樂我之樂。萬物一體，襟懷殆始終焉。』與范文正先憂後樂，千古一轍。後之人經其地，撫其碑，必有感而興起者矣。先生遭逢盛世，德業彰聞，勒在墓表志銘者甚悉。生卒年月、婚配子女，兹不再述。所著功過格拈案、竹里文集、詩集、白雲語録、山中日記、删輯朱子語類，次第行于世。

銘曰：天福社稷，良弼挺生。物我同體，廉静寡營。口不談學，事則躬行。忠言讜論，一心之誠。明罰敕法，天下之平。養國元氣，貽親令名。子孫百世，豐碑永貞。俯皖水而仰龍山，尚書之聲！

賜同進士出身、通奉大夫、都察院左都御史、前户部左侍郎加一級、充武殿試讀卷官、右侍郎、侍經筵、大理寺卿、順天府府尹、都察院左僉都御史、内陞以正四品頂帶食俸、仍留管貴州道監察御史事、貴州道監察御史巡視北城、癸丑文會試監試、壬子武鄉試監試、吏科都給事中、刑科左工科右刑科給事中、乙丑會試同考、内翰林國史院庶吉士、眷年弟雲中魏象樞頓首拜撰。

光禄大夫刑部尚書謚端恪姚公墓志銘

公姓姚氏，諱文然，字若侯，别號龍懷，世爲江南安慶府桐城縣人。上世諱旭者，景泰中進士，官至雲南參政，數傳至貢士諱自虞公，曾祖也。祖諱之蘭，萬曆辛丑進士，海澄知縣，有能聲，終汀州知府。考諱孫棐，崇禎庚辰進士，蘭谿知縣。壬午分校稱至公，終職方郎中。

公既貴，累贈貢士而下三世皆光禄大夫、都察院左都御史。妣皆一品夫人。

公，職方第三子也，年十五爲庠生，二十三舉壬午應天鄉試，明年成進士，選翰林院庶吉士，甫三月，流賊陷京師，闔户自經以救甦，（䠀）〔跳〕歸江寧。黨禍作，逮職方甚急，會王師南下，事始解。

世祖皇帝順治四年，公應召授原官，改禮科給事中。明年戊子主山東鄉試。明年轉右。八年調工科左給事中。明年充殿試收掌官。明年遷兵科都給事中。丁母倪太夫人憂，歸服闋，移疾侍養十年而職方殁。比還朝，爲今皇帝康熙五年以科員裁汰，補吏科給事中，尋轉户科掌印。九年充武會試同考官。公爲户科至是又五年，特旨内陞，以正四品服俸，仍留管科事。又一年，擢都察院左副都御史，尋陞刑部右侍郎。明年轉左。明年充會試副總裁，調兵部督捕左侍郎，管右侍郎事。充武殿試讀卷官，陞都察院左都御史，授階資政大夫。尋以覃恩，晋光禄大夫。又三年，陞刑部尚書，爲尚書者二年，卒於位，康熙十七年六月某日也。

公歷言路爲户科最久，擢官皆在法司，於錢穀刑律精心殫究，多所匡正。又務崇寬仁，爲國家顧惜大體，凡有言必詳盡懇至，務使事理明晰。在廷集議，必剖别白黑，侃侃持正論，不少依阿，而又從容諷諭，聽者悦而易從，蓋其愛君之誠，立心之厚，出於自然，而表裏洞達，體用備具，卓然古大臣之風。其在世祖皇帝時，以畿南群盗日熾，請推威望大臣重其事權，舉直隸、山東及懷慶、衛輝、彰德悉歸統轄，兩省巡撫、總兵悉聽節制，以殄滅狡賊，肅清河北。上是其言，不下部覆，即依議行。又論稽遲恩詔，非便乞差，恤刑官員。劾秦撫不當委署私人，請舉人揀選縣令，皆見施行。值世祖皇帝親政，公上疏言：『察吏安民，首務在於特遣巡按。巡按失人，由都察院大臣溺職，當會議停差，時諸臣指言供應繹騷諸弊，都察院大臣不聞引咎請罷，不聞指參失職何人，半年以來不聞疏請甄别，皇上親政伊始，不聞請旨差遣，皆爲溺職。』又言：『御史賢者，無以自立。不肖者，有以自容。不知堂上官職掌何事，乞下大臣會議，如賜召對，容臣與諸大臣而議異同。』疏入，憲臣及御史甄别各有差。會江浙有水患，公疏請改折漕米，謂：『今年不議改折，紙上索糧，不可充飢。東南財賦之區，灾傷之後，逃亡日多，隱憂方大，臣疏具在，言責盡矣。』比奉旨，令户部速議。公又言：『漕米既邀恩改折，第件目繁多，奸弊易叢，如既折正米，復以免折耗米，混隨漕款下一并折徵，是既徵改折正米之銀，又徵免折耗米之銀也。此重折之弊，或先既徵米，後奉改折前米，業已虚縣。後又再徵折價，是既徵米，又徵銀也。此重徵之弊，或先匿改折之令，俟徵完本色，後乃折解，是民納重價加耗之米，官解輕價無耗之銀也。此先後那移之弊，或折數本多而詭言折少，是百姓所輸重價之米不盡歸於朝廷，朝廷許折輕價之銀，不盡沾諸百姓也。此多寡蒙混之弊。』上一如公言，下令嚴禁之。

又見滿漢諸臣有罪，發門鎖禁，公上言：『唐太宗時，録囚至刺史鄭善果，太宗曰：「善果官至五品，雖有罪，豈得與諸囚爲伍？」伏念諸臣皆官列大僚，素叨豢養，今寒天凍夜，冷鎖三重，積成疾患，恐不死於國憲，而死於天災，非所以廣皇仁也。通衢大路，萬目觀瞻，功臣貴臣，免冠拘縶，愧辱難堪，非所以存國體也。』上是公言，遂除其令。其後，今上皇帝康熙十年，公内陞管户科事，因廷鞫總督周有德、編修陳志紀等及逮繫總督麻勒吉，復具疏申論，上大悦，有旨：『以後官員犯罪鎖禁鎖拿，永行停止。』公嘗流涕語人曰：『國典本嚴，皇恩矜恤倍至，臣子何敢負也。』公之再入也，請朝審重囚，察照往例，御筆酌賜勾除以重民命，皇上春秋方盛，推一念好生之心，實萬世無疆之福。有旨：『責其市恩，命吏部議處。』尋寬免，國初錢糧逋欠日繁，有司考成嚴急，胥吏因之爲奸。公言：『臣察得繁峙知縣戴璽未完順治十七年錢糧，已於康熙元年正月起解，至六年三月始請開復。又會昌知縣王志鏊未完順治十八年錢糧，即於本年起解，至康熙五年九月始請開復，若此等類正多。今欲錢糧徹底稽查，惟在每年帶徵考成一册，册内有未完各官職名分數，亦開列續完各官職名分數。其未完各官，該撫既有接參；其續完各官，該撫自應題請開復，庶幾賞罰分明，人知懲勸。』又户部駁查太多，章奏繁瀆。公謂：『應開復者，以錢糧之完解爲主。其間有數目不符、年月舛錯者，應駁；至於錢糧完訖解訖，題報明白，則無可駁矣。而部中又或駁察其續完銀兩作何支銷，及該撫登答明白，又駁云未經奏銷，難以查核錢糧，各有職掌其徵收完解者，有司之責也。此解到藩司，領有批回，其事畢矣。此後支銷不清，宜問之藩司；奏銷不清，宜問之督撫。此與有司何涉？』既又因工部駁黄岩縣知縣張中選開復，公復疏論部臣無以難也。其後又上省冗奏四疏，一曰兩部共議之事，兩部應各捐成見，舍己從人；一曰速開復之注銷；一曰慎奏銷之駁查；一曰一部可結之事，宜令一部徑結；一疏可通結之事，宜於一疏通結，并奉温旨，下所司確議。又灾荒應蠲錢糧，百姓先已輸官者，准抵次年正賦，名曰『流抵』。公請於次年刊入由單，明布朝廷大恩。工部以殿工采木，公請禁采民間宅舍、墳墓之木及雜樹不中程者。有詔議復緩徵，夏税定五六月，秋糧定九十月，公請將明春一季兵餉早爲措畫，務成盛舉。又以民間買辦本色物料爲苦累，請停駁減之例，免由單遲誤之弊，杜官吏私派之源，曰：『民間額外徵辦本色應駁減者，止應退還於民，不當復追入官。』又曰：『由單不候部覆而蚤頒，估價稍浮之累輕；由單候部覆而遲發，官吏增派之害大。』又論駐防奏銷例宜畫一更正；兩淮鹽課考成，漕舡十年一修，不宜更展年限；停減開鑄，以疏通錢法；停止蘆課部差；請全撥十分兵餉，以恤士卒；免直隸諸府狐皮折解，多有裨於民生及軍國大計。上皆俞其言。

比在都御史，請復盗案半獲官俸開支之舊例，以爲有司之諱盗報獲之非真，由勒限全獲之法有以迫之，於是有諱盜不報者，有諱强爲竊者，有減報盜數者。既報之，後有横掠平民以充數者，既諱既報全獲，則盜之漏網者，邏卒遇之不敢過問矣。又請核贓罪相准之實，以爲監守盜錢糧至四十兩以上者斬，常人盜錢糧八十兩以上者絞，俱爲雜犯死罪，准徒五年。至於監守盜二十兩以上，常人盜四十五兩以上，皆杖流，此皆并贓論罪。如監守十人共盜二十兩，人二兩入己，十人并流亦已甚矣。況贓多者死非真死，五年徒滿尚得放歸。贓少者流反真流，一經發遣，終身不返，非法之平也。稽之實録，流罪及雜犯死罪例，俱折贖。今律文亦載徒流雜犯死罪，各令做工、擺站、哨瞭，死罪五年，流罪四年，則此三流應總定爲准徒四年，較之准徒五年者，減而從輕，庶爲平允。又論旗人犯軍罪者枷號三月，雜犯死罪准徒五年者枷號三月十五日。按之盜倉庫錢糧四十兩者，雜犯斬；五十兩以上者邊衛，永遠充軍。充軍之重於雜犯准徒明矣。今枷號之數，雜犯准徒者反重於充軍，此情罪之不相符者也。又民人論罪，則充軍重於准徒；旗人論罪，准徒反重於充軍。此滿漢之不畫一者也。自後旗人雜犯枷號，宜比軍罪量減，永停枷號三月以外之例，於事體爲便。論永戍無并贓之例，以爲律議。監守常人盜之罪至於雜犯死罪准徒五年而止，故律有并贓論罪之文，至例所增盜邊海、漕運、腹裏三項錢糧，擬斷充軍，其法特重，故律有入己數滿方擬之條，是雜犯准徒以下并贓論罪者，律也。充軍本犯專算入己贓者，例也。只以條例有以上人犯俱依律并贓論罪一語，奉行者疑焉。不知此言依律，非依例也。條例又云：『仍各計入己之贜數滿，方照前擬斷，前擬者充軍之例也。』又云：『不及數者，照常發落。照常者，照律也。故邊衛永戍未有以并贜而坐者也。』公在刑部，凡有讞決，必精核律例，究歸於仁恕。公嘗言：『刃殺人於一時，有限；例殺人於萬世，無窮。』又云：『律有律意，有律心。律意者，定律時斟酌輕重之宜，如權之衡物，恰當適中也。律心者，書所稱「罪疑惟輕，寧失不經」。曾子所云「哀矜勿喜」，是也。』又云：『律者，如十二律，由加減而成，加之而重，減之而輕，而適得其平，律之所以通行而不窒也。例者，行於一時一事，非可以永爲法也。』其論爲人後者，無連坐之議，以爲爲人後者，於其本生父母、兄弟犯罪，准律不得寬免，倘其所後之父母、兄弟犯罪，又當依律緣坐，是以一人之身兩受父母、兄弟之連坐，且若使爲人後者本身犯罪，則其所後父母、兄弟既當從坐，而其本生父母、兄弟又復不得寬免，是以兩家之父母、兄弟皆受一人之連坐也。昔魏毌丘儉之誅，女適劉氏者當從坐，司隸主簿程咸上議曰：『女子出適，減父母之服，所以明外成之節也。今夫𨛦見誅，既隨戮，父母有罪又追刑，是一人之身而兼受内外之辟也。夫嫁女不嬰戮於兩門，奈何嗣子獨禍延於兩父？故功令犯罪應緣坐者，雖經出繼，不准原免之文宜更定也。』時讞獄嚴急贜，凡入己以新例議罪。公言：『江西糧道彭思聖每糧一石多收折銀二錢，未給還民，巡撫疏引官物應給付與人，已出倉庫而未給付，若有侵欺者，計贜以監守自盜論，止雜犯死罪准徒五年，可知稱以者，同律不同例也。如附餘錢糧未作正與入官，番貨、私鹽、私茶等物及贜罰之類，縱侵盜數多，以非正糧，并不引例充軍。凡稱以監守自盜論者，雖刺字絞斬，悉得同科，亦不得引例譴戍，以非從倉庫中盜出也。自公莅事，傳諭十四司，凡覆准監守盜俱照覆。柳維城、王保泰，例杖一百，其流三千里，准徒四年，照例折贖。又察康熙四年題定流徙人妻子，如本犯身故，即釋放回籍。自今悉依此行勿阻滯。雲南巡撫疏稱張人紀私藏僞永曆監票，依謀叛未行爲首，律絞立決。公以爲人紀所藏納監之單并非僞官敕劄，該撫言非是，改依私家收藏應禁書，律杖一百。上寬仁深厚，讞奏輒報可。公有詩云：『樂莫樂兮白雲堂，伏遇仁明我聖皇。』蓋紀實也。一日有盜伐官柳者，誤刺字，公檢户律，得毁伐樹木稼穡者，准竊盜論，免刺，官物加二等之文，喟然長嘆曰：『初謂竊盜之條，就本律擬斷，誤以爲官柳即官物，豈知毁伐樹木乃在户律哉！准者不在刺字之限，而一時誤刺之。三次竊盜者絞，以曾經刺字爲坐。今一刺是殺人三分之一也，可忍言哉！』乃閉閤焚香，長跽自責，以後盜伐木者皆免刺。公出署必携招册以歸，番閲恒至夜分，無絲髮遺憾，方與定擬，稍未允，參酌諮問，務求當理。凡有所見皆筆諸書，日久成帙，所謂白雲語録是也。公於易簀之際，猶口授二則，命其子士堂擬疏論更定。其一謂光棍定例，不分首從皆斬，恐有冤濫；其一謂入官流徙人犯遇熱審，恩例亦應減等。公之惘念民命仁心爲質，真若有不可解於心者已。

公爲户科時，嘗引天變，勸止謁陵。比冬狩，復上疏諫。又因展祭山陵，疏請慎馳騁，早休息，語甚切。至比歸，復因展祭成禮，請停秋决。其爲都御史，因仁孝皇后梓宫奉安鞏華城，天方盛暑，車駕屢幸，密疏切言，及面奏語尤懇摯，上鑒公忠悃，嘉納焉。

公雖儒者，而於兵事復曉暢機宜。康熙十三年長沙降叛，公言長沙距辰沅不遠，當擒獻賊使之際，必請兵救援，彼見荆州、武昌頓兵不渡，謬謂國家弃此土於度外，一旦賊使再至，望絶而降，非得已也。宜深原其故，以開反正之路。又因耿精忠叛，公言逆賊既受吴三桂之指麾，復與孫延齡爲唇齒，中間所阻絶者，廣東耳。逆賊將士先鎮粤，山川地利，皆所素悉，恐出不意，表裏夾攻，且贛爲江廣孔道，與閩接壤，倘被竊據，使粤餉塘報中斷，不可不早計。又言裁兵宜分緩急，不宜一時并裁，以激其變。鞏昌、蘭州既下，請堅招撫，明大信，以徠平凉，皆洞中窾要。嘗受命往江南，讞三大獄。沙洲、劉河兩案被誣者，皆得寬釋；京口將軍、副都統互訐，公平其忿，時論服之。公在事勤敏，知無不言。其大端采著於篇，其因事納忠造膝密陳者，不可得詳也。

公爲諸生應科試，作凶年饑歲題文，學使者金公蘭見之曰：『此一幅流民圖也。』公之爲人忠厚悱惻，於此已見其概矣。性孝友，甘淡泊。國初屏隱小龍山，幾不能謀朝夕，迨侍養職方於龍眠山『竹里』，蕭然怡怡如也。兄弟八人自相師友，孝幼弟及孤甥以有成，爲其甥貸金償官逋。禄入輒以周族屬，分四目：姻友孤嫠無依者，月有常給，曰恒；口分間給，曰敦；其以儲爲婚喪不時之需者，曰時；周鄰黨傔從之無告者，曰慈。歲率散數百金以爲常。其他賑飢民、育遺嬰、爲人贖罪償負，公力不能獨爲者，亦必爲之倡，如疾痛之在身。其鄉里賦役諸大議，有司多奉公言論以爲職志，至今南糧魚課之官爲收解條銀之里户，封投丈量之三則九則，皆自公發之。大學士陳公名夏好爲古文辭，常以所作示公，公不答。陳公曰：『君少我耶？』公曰：『大臣夙夜勤職，業猶弗給，何暇及此？』故公著作甚夥，有文集若干卷，而於奏疏論事之文特工。公早以文學知名，兼游心書數、琴奕、馳射、劍槊諸藝，迨入仕職業，餘閑留意性命之學，又好以陰騭警訓後輩，有功過格拈案、感應篇備注諸作。

公之殁距其生萬曆四十八年十二月某日，得壽五十有九。病篤，上遣同邑學士張公英問疾，既殁，睿情痛悼，祭葬備禮，賜謚『端恪』。元配夏氏，先公卒，累贈一品夫人。子五人：士塈，歲貢生，刑部郎中，欽差河南察審；士堂，己酉舉人，内閣中書舍人；士堅，歲貢生；士基，壬子舉人；士塾，歲貢生，碭山教諭，卓異，欽賜蟒服，朝邑知縣。女五人，孫十九人，曾孫十餘人。公於某年某月葬，未有銘，康熙三十一年六月士基請銘於乾學，乾學庚戌釋褐，座主少宰王公，公戊子所録也，屬有淵源之誼；弟元文亦公門下士，得親炙。公言論風采，最蒙眷厚。公子士基又乾學壬子所取士，而癸丑南宫之試，弟秉義復受知於公，其敢以不文辭，因排纘其言事之有關於政治者，而爲之志且銘，銘曰：

岳岳姚公，出應昌期。謇諤在廷，帝俞陳辭。政有蠹弊，時有凶饑。爬梳噢休，俾釋怨咨。濫獄深文，冤苦鬱紆。平反劑和，仁恕無私。公久諫院，晚長法司。急病解攣，涕泗漣而。煌煌讜言，如日星垂。匪以沽直，抒誠導機。密勿造膝，策變定危。嘉謨入告，而外罔知。養氣剛大，析理密微。律躬端範，勤恪孝慈。人靡間言，暗室不欺。有宋司馬，子瞻銘詞。綜厥偉績，以誠蔽之。竊謂斯言，於公亦宜。敬銘其藏，徵信在兹。

賜進士及第、資政大夫、刑部尚書、門下晚生昆山徐乾學頓首拜撰文。

附録一　佚文

决之公暨唐老孺人七秩雙壽序

士君子苟慕義强仁，不必名公鉅卿也。即里閈中一言之合於道、一事之出人意表，皆宜力爲揄揚，爲敦行立名者勸，况有高義偉行，非僅一言之合於道、一事之出人意表者，而又有賢内助相與砥勸以有成，安得不取而表彰之，以無負余明允弼教之任。去年秋，余侄婿江子在湄，以江州司馬奉使來京師，向余道故鄉事，因及其族有决之翁暨其夫人唐老孺人今年先後稱七十觴，姻舊有謀爲公與孺人揚不朽者，屬余以介壽之辭。在湄之言曰：予族自新安遷桐，支派繁衍，有居城者，有居會宫者。决公其會宫裔也，代有令德，族且浸大。翁少攻舉子業，數奇不偶，遂弃去，沉酣六籍，耽飫百氏，以博雅名當時，請業者户外趾相錯，一鄉奉爲祭酒。方其父母在養也，先意承志備極色養，甚得兩尊人歡。時寇氛猖熾，有族女流離失所，翁、太翁憫而欲贖之，苦索重賂，力不能從，翁百計割産以成乃父之志。翁有兄早世，遺孤煢煢，公食之教之，爲擇名門以婚之，俱視其子必先焉，蓋公之孝友大節，有如此。其生平表裏純然，與物無忤，不作一妄語，不逆一人詐，間有横逆，亦誠信受之。自族屬子弟至遠邇交游，咸以篤行見推，亦可得其崖略矣。至孺人，本名家女，其姊爲司馬吴公之夫人。孺人之歸我翁也，非荆布之質，有操作之風，翁篤意倫族，孺人爲婦則依於孝，爲母則依於慈，以至於娣姒間無語言嫌間。翁加意鄰里，性好施予，或歲時之有賑貸，或緩急之有通融，孺人與同志趣，歡然承之。翁性勤儉，孺人交相拮据，居常繅車軋軋不休，又憖力爲織畜服御，無芬華酒醴脯醢，瑣細無敗漏，贏餘必謹儲以待，無屑越。翁性好客，客至輒命酒，孺人則咄嗟立辦，肴核豐美，有所需未或乏，即乏，亦必多方以進之，乃一一相夫子，以無失德焉。蓋孺人生平之賢，又如此。夫鹿門以偕隱而名益高，廡下得舉案而賢愈見。今翁與孺人年益日增，家益日裕，行義日益勤，品望日益重，誠一邑之典型，非直余一家之則效已也。是在湄之稱翁與孺人者，詳矣。

予猶憶疇昔之日，挈家避亂會宫之板橋，友人方子蛟峰、胡子峙峰，亦避亂會宫之虎溪，虎溪距板橋數里許，而翁菟裘在焉。二子時相過從，翁必爲治具，深相款洽，即蛟峰之夫人、峙峰之母夫人及其夫人，孺人亦不時相招晤集。凡所匱乏，咸取給焉。二子曾向予言其情事，輒爲之感嘆不置。予雖未造其廬，而已心儀其人久矣。夫以數十年心儀之人，而今乃得復聞於江子在湄之口，是予與翁固夙有深契，又何待在湄言之而始悉耶！然而予之祝翁與孺人，又寧有外於今日在湄之言與？曩者，蛟峰、峿峰之言者哉，抑予猶有感焉。蛟峰、峿峰後皆致身通顯，翁今齊壽偕老，春秋高而神爲轉旺，聞其意度丰采，必且期頤，亦安必名公鉅卿之爲得哉。况令嗣甸士，多習詩書，明年且謁選燕臺。國家需才孔亟，則甸士之顯其親者，又亦何可量耶？且兩賢孫爲文駸駸競爽，異日鳳翽天衢、鸞翔藝苑，余又得颺其徽音，以效岡陵之祝，然後寓書在湄，曰天之報慕義强仁者，爲何如也！

康熙戊午年仲春月吉旦，光禄大夫、刑部尚書加一級、前都察院左都御史、兵部督捕左侍郎、癸丑會試總裁、刑部左右侍郎、都察院左副都御史、欽命江南審察户科掌印給事中加一級，歷任吏、禮、兵、工左右給事中，戊子山東典試、翰林院庶吉士，年家眷姻姚文然拜撰。

——選自江氏宗譜卷十七

明處士方公孟侯表叔大人七十初度序

人無論窮達，亦顧其立品與積學何如耳。蓋從來功名赫奕馴致通顯之士，當必有實學實行，始足報朝廷而光閭里。若夫生不逢時，鬱鬱久處貧賤，而品不愧端方，學無慚大雅，吾知靳其業於一身者，必大其報於後嗣，而享康寧獲壽考，衍慶且極於無算矣！則吾表叔方公孟侯大人，爲不可及焉。公爲吾姑大母中子，先是斗垣公被服儒素，束修勵行，有長者風。公垂髮時，即凛義方之訓，其事吾姑大母也，承歡菽水，膝下依依，孺慕之誠，歷久無墮容。伯仲間式好無尤，友于家風，先大夫每推重之。長而好學能文，研貫經史，聲噪藝林。故明季寇荒迭見，足迹所之遍江南北，而行李倉皇，亦惟是琴一張書數卷，此外不聞他及。所與交，皆一時知名士，游其門者，無不得其藴奥焉。雖公之嘉言美行，未易更僕數，乃其品其學，固儼然祭酒吾鄉者。是何不所如輒合，俾人奉爲典型。顧以林泉之癖，與里門一二父老，追洛水、香山故事，公殆豐於德而没於遇耶。雖然靳其業於一身者，必大其報於後嗣也。往時總持家秉，内外大小無間言，皆公一人之力，近以其任委諸長嗣雲臺，諸孫竹立，磊落不群，他日必有以完我公未竟之緒，則又皆公立品積學之所致也。今公年七十矣，三椽市隱，坐卧自如，客至則烹茶，留談竟日不少倦，蓋公之壽徵斯然。佇看佳兒進酒，稚孫繞膝，公偕乃夫人徜徉其間，聆高歌而酌大斗，樂何如之，此吾之慶公不獨目前，而目前之可慶者，正不少也。公睹是言，自溘然一笑，引蒲不辭，是即所以祝之也夫。

時皇清康熙十二年歲在癸丑孟春月吉旦，刑部左侍郎、前部右侍郎、特簡都察院左副都御史、户科掌印給事中、吏、兵、禮、工科都左右給事中，戊子山東典試、内翰林庶吉士，愚表侄姚文然頓首拜撰。

——選自黄華方許氏宗譜卷廿三

易盪序

羽南方先生與先君子稱髫齡交，晨夕唱和，凡數十年，風雨無間也。先生每過予家，則予兄弟次第以詩文請益，先生一一評定，諷咏可聽，加以誨導，即莫不人人各得所願而去。然先生視詩文，剩伎耳。其生平專精湛思，惟大易一書而已。得葉兼山先生傳授先天圖學，先生即弃諸家易説，專講圖學。暇日輒爲人演圖，即其人窮通出處，無不應如影響，於是視世間一切有文字書盡爲糟粕，悉閉目不窺。久之，讀周易本義及啓蒙諸書，豁然有悟，曰：

『朱子蓋真得邵子之學者也。即文字何嘗不與圖相發明哉！』於是乃以文字説易，撰易盪成，先君子業爲序之。予小子治經之餘，竊睹其大旨，其文字皆一本諸圖學也。夫先天有三圖，而横圖爲最先，自一而二，二而三，三而四，四而八，八而十六，十六而三十二，三十二而六十四，繫辭曰：『八卦相盪。』程子以爲加一倍法，先生易盪之作，蓋取諸此也。今之言易者，以先天爲體，後天爲用；先天主静，後天主動。今觀於盪之義，先天亦何嘗不主動哉！傳曰：『吉凶悔吝，生乎動者也。動即易之用也。夫剛柔相推，後天之動也；八卦相盪，先天之動也。先生以盪名易，而一依横圖序卦，蓋深得體用合一、動静相生之旨矣。先生書成三十年，家貧不能梓，會予弟經三官建寧，予屬其梓以行世，以卒先君子之志。蓋不敢私其教於一家也。抑予因易盪成，而重有念焉。吾鄉以經學名天下，三百餘年而易爲尤盛。以予所知，方中丞公有周易時論，王虚舟先生有風岐易溯，錢爾卓先生有易見、有周易火傳，今時論既行，而兩先生書，世或未見，則安得有心如吾弟者，悉爲表章，使天下經生盡被吾鄉之易教乎！偶因直垣之暇，書序以寄，兼喜余弟之服官未肯忘學也。

康熙丙午秋日，姚文然題。

——选自康熙五年方鯤撰易盪刻本

康熙甲寅連城張氏宗譜序

嘗考周禮，小宗伯掌三族，辨親疏；小史奠世系，辨昭穆；此蓋譜之所由昉也。漢劉向撰世本二卷，沿流六朝，譜學遂盛。摯虞撰族氏昭穆十卷，賈弼大披群姓，所撰十八州一百一十六部合七百二十卷，最精譜事。劉諶、徐勉、王儉、王僧孺之徒，各以百家譜爲世推服，朝廷置官開局以定之，譜何其重乎！楊隋以後，閥閱凋亡，士不敦本而譜始廢。唐太宗詔高士廉、岑文本等，賫天下譜牒，參考史傳，作氏族志百卷，合二百九十三姓，千六百五十一家，以甄士庶，譜於是乎再盛。迨後周明帝集公卿以下，捃采群書，自羲農以來至於魏末，叙爲世譜，凡五百卷，此又一盛也。逮宋、元間，家有宗譜，繁莫可紀。歐陽文忠公、蘇文公，各爲世譜。歐依漢年表，蘇以禮大宗、小宗爲次。雖例不同，而今之爲譜者，率本以爲式。綜而論之，南北重門第，凡仕宦之家，必有譜達於銓曹，以爲選舉之格。九品中正之登，下皆於譜是問，故其權在上而常合。李唐以還，官方混淆，譜之廢興不一，有能修明其門緒者，藏之寢室，以備遺忘，故其權在下而常散，此大較已。今張氏合族編譜，亦猶行古之道，與譜成圖傳文贊，皆肅然其可敬，穆然其可風也。余弟惟昭與其族多友善，寓書請余一言弁其首。余嘗慨，凡爲譜者，有三失，蓋在乎擇人而祖之，又假其人而子孫之，且有譜書，而無譜法以維之也。如曹孟德遠宗振鐸，郭崇韜上紹汾陽，非誣其祖乎？李義甫欲合於趙郡杜正倫，求屬於城南，不令子孫之皆僞乎？淳安汪氏追譜七十世，而徒詳其諱字卒葬，至禴祠蒸嘗之典，闕焉不講，將何法以善厥後乎？三失之中，有一於斯，皆不足語於譜者也。今觀張氏，曾不上追遠祖，斷以始遷之祖爲一世，則非擇其人而祖之矣。其子弟以文武才著名鄉學國學及發篋家塾，奮志青雲者指不勝屈，又何待假其人而子孫之乎？至於禮法之足師，若顔氏之家訓、方氏之宗儀，其書具在，以張氏之敦睦，詎難一舉而行之？吾將於張氏乎觀禮。是爲序。

誥授榮禄大夫，刑部尚書加一品服俸，欽點丙辰武殿試讀卷官，前都察院左都御史掌院事，兵部督捕侍郎，奉命江南察審，刑部左侍郎，欽點癸丑會試副總裁，刑部右侍郎，奉特旨升都察院左副都御史，欽點庚戌武會試同考官，内陞正四品頂帶，留管户部給事中事，户、兵科掌印都給事中，歷吏、工左右給事中，禮科給事中，奉命典戊子山東試，翰林院庶吉士，眷侍生姚文然拜撰。

——選自連城張氏宗譜卷首

徐母朱老孺人七秩壽序

徐公遜膺之元配朱老孺人者，處士重臣之母，成均佳子弟衍士之大母也。衍士爲馬太僕蓼初先生、兵部正誼先生之親屬，婿余外孫江公之二子，則其中表行也。一日，二子家間至京師，余展視之，首簡則以孺人今年王正上澣之三日屆七旬，姻婭稱觴之幛詞爲請。予曰：『嘻，予自官燕臺，繇户垣拜中丞，中繇丞司刑爲秋曹長，百冗如猬，無寸晷閑，筆墨之廢久矣，安能摛詞爲孺人祝？』雖然，即不敏，終不可以無祝。因遥祝而序孺人之生平焉。

其序曰：『余讀易，易首乾坤，乾主施，坤主受。乾覆物，坤載物而生物，故曰「乾，元亨利貞。坤，元亨，利牝馬之貞。」以其生故别諸乾也。』夫坤之生物有萬，姑以花樹言之，蕙之生也，不於平原，而於空谷之中；梅之生也，不於暄旭，而於冱寒之際；松柏之生也，不於培塿邱阜，而於深山幽壑之間。孺人之孝，事翁姑也，鷄鳴盥漱，婦道克修，虀醢酒漿，晨昏不匱，翁曰：『吾有婦矣。』姑曰：『吾有婦矣。』何所比之？曰蕙之馨也、梅之勁也、松柏之亭亭者也。以孺人之敬事夫子也，裙布釵荆，躬自操作，齊眉舉案，相待如賓，一以爲少君之重來也，一以爲德耀之再見也，何所比之？曰蕙之馨也、梅之勁也、松柏之亭亭者也。以孺人之慈以教子恩以育孫也。義方之訓，不愧賢媛；積累之勤，無殊男子。客曰：『此仉氏之儔偶也。』又曰：『此巴清之流亞也。』何所比之？曰蕙之勁也、梅之馨也、松柏之亭亭者也，未也。孺人有從子，少孤，依遜膺公爲命，飲食教誨待之一如重臣。其後遜膺割己之田廬，以授從子。較薛孟嘗分祖父之所有以予弟，己則取其荒頓者爲第二義矣。此遜膺公之意，猶孺人之意也。予以爲非具蕙心、梅骨與松柏之古幹如孺人者，不能矣。自遜膺公歸道山，孺人冰心雪操，稱未亡人者二十三年。其愛重臣也，倚門倚閭，有如王孫大夫之母。其自處也，蠶績蟹筐，有如公父文伯之母。至於待姻戚之有禮也，御臧獲之有恩也，處遜膺伯叔昆弟之情文兼至也，抑又孺人之細事矣，且孺人雖一子乎？值褚彥回之任，謂遥卿一子初不爲少也。然孺人之一子，以善養，不以禄養，有如尹和靖；薄升斗，朝夕舉觴，有如袁夏甫。今衍士入太學，過此以往，陟天衢，步雲路，將以禄養大母矣。將博千鍾之粟養大母，不止于升斗之俸而已。君子曰蕙之馨也，猶孺人也，其孫應爲國香也；梅之勁也，猶孺人也，其孫應爲和羹之鹽梅也；松柏之亭亭也，猶孺人也，其孫應爲國家之棟梁也夫。然則孺人今兹七十，將百年而見若孫登清華，躋膴士，膺朝廷之顯命矣。請以是祝，并以是答余外孫，余遥與諸姻婭於孺人設帨之辰，相率拜孺人，即飲酒啄粢而舉一觴。

時康熙丁巳歲孟春月穀旦，誥封榮禄大夫，刑部尚書加一級，前都察院掌院事，左都御史，兵部督捕右侍郎管左侍郎事，癸丑科會試總裁，奉命江南察審，刑部侍郎，都察院左副都御史、内陞以正四品頂帶食俸，户科掌印給事中加一級，庚戌武會試同考，吏科給事中、禮科給事中，戊子山東主考，内翰林國史院庶吉士，年家眷生姚文然頓首拜撰。

——選自清刻本徐氏宗譜卷二

康熙癸丑桐城木山潘氏宗譜序〔一〕

自宗法不立，譜系始興。魏晋以降，兢尚門第。大姓之譜，皆藏弆於有司。自是而後，家自爲譜。吾鄉名閥著族，類皆有譜以明系，使知水木本源之義。潘子蜀藻欲修明其先世之家法，以首帥鄉之人。慨夫譜帙淪亡，毅然以纂輯爲任，於是蒐討舊聞，網羅放失，詢之故老，緯以清衷，遂成一姓之良書。書成，郵以示予。予受而觀之，不禁矍然思睪然有懷也。爲之觀世圖，曰：『美哉！廉而辯，不紊其支，而後其本乃重也。』爲之觀世紀，曰：『美哉！核而該，不誣其不可知，而後其可知乃信也。』爲之觀寵命、觀贈言，曰：『美哉！簡而文，典而有序，不没其君死其友，而後其獲上信友乃徵也。』觀止矣，抑又有進焉。爲之觀列傳、内外傳，曰：『美哉！其未之見及寡所聞者，不可得而考矣。其及見與所聞有據者，往往能摹寫曲肖其人之性情嗜好，使觀者仿佛其咳貌愾焉若臨於其上，肅焉若降於其左右，孝弟親愛之心，有不自知其油然而生者矣。』觀至此，無以復加矣。終爲之觀家訓，曰：『美哉！厚宗族而敦風化，淑人心而修禮教，熟有逾於此者乎。』蜀藻嘗應守令聘纂修邑乘，鄉黨稱其信直，今又輯宗譜告成，其於家國之間，徵文考獻，不啻三致意焉，非古公族所謂博聞强識、篤行君子者耶！傳不云乎，公侯子孫，必復其始。君曾大父司馬公，與先王父憲副公，有同舉之雅，文章政事，彪炳先朝。今君能率其遺教，更起而光大之，潘氏之方興而未有艾也。當以是譜爲之券。

康熙十二年歲在癸丑仲秋，通議大夫、兵督捕左侍郎，年家眷弟姚文然頓首拜書。

注：〔一〕此標題係編者重擬。

——選自民國木山潘氏宗譜卷之首

明文學子厚潘公暨配節婦夏孺人合葬墓志銘

日者備員卿貳，兒子士堅家書至，告我曰：『婦翁潘公與厥配夏孺人，將以是冬杪夫婦共域而藏。其納窀之辭，翁之伯兄蜀藻公竊有望焉，而屬兒爲之請。吾家與潘氏世爲婚姻，夏孺人又我之自出也,曷可以已。』

謹按:君諱大培,字子厚,以少司馬諱汝楨者爲曾祖;以文學諱映軫者爲祖;以太學諱金芝者爲父。君弱不好弄,舉止與凡兒殊,年十三,能暗記經史子集文字數千言,凡天文、律曆、兵農、河渠,諸家之學,族分部居,靡不原原本本撮其要領。太學公教子甚嚴,日課書若干卷,君兄弟三人,博文矯行,自相師友。初,司馬公分經授子孫,授君兄弟毛氏詩。君兄弟則相與鈎貫箋疏,穿穴訓故,與雲間、虞山諸名家相唱和,蓋龍眠詩教之盛,君兄弟實以乘韋先,而君尤沉静耆學,奏厠不輟,雖子雲之手賫油素,太冲之溷置刀筆,無以加也。屢試童子科,不售,益痛自淬勵,朱黄甲乙,帷燈達旦。其於立身揚名,直欲挾劑取之。性孝友,事二親下色怡聲,娖娖修謹;待兄弟尤友愛,飲啓之夕至,眷戀阿兄,不忍分被。弟埏早夭,君與兄哭之慟,攀送城闉,行路爲之感涕。

崇禎辛巳,流寇圍桐城,荒疫相繼,學宫前骸骨撑柱成山丘,君奉其母夫人教,爲粥於路,躬出入僵尸餓瘠中,口呼手授,賑活數千百人。傳曰:『有陰德者,必受其報。』即此事,君已足永年昌後。乃以晨夕溝瘠與俱,傳染成疾,年甫二十三而卒,天之報施何如哉?蓋君之尊公先一年捐館舍,君早夜號泣,聲大黄泉,固已損性,伏疢氣息支綴,故一病而不可救也,悲夫!元配夏孺人,予姑母之仲女也,侍君湯藥者四十餘日。比不起,頓踊陷膺促數叫絶若狂易然，屢引刃自決，曰：『吾夫死孝，吾死節而已。』爲家人防衛之不果。一女甫三歲，牽衰麻啜泣，孺人揣不可割，乃截髪剺面，纖麗之服，珍華之飾，一切弗御，飲荼茹檗者十七年，而後就木。嗚呼，憯矣！考國家功令，凡貞婦年不逮五十，不得與旌門之典。孺人卒年裁四十，烏頭雙闕之制，猶有待焉。里中士大夫聞孺人之訃，莫不感嘆欷歔，致惜於年之不假，使孺人之節，不得上聞，以爲熙朝缺事然。孺人生完泛舟之貞，死遂同穴之願，於孺人初志，固無所復憾，苟息不云乎：『生者不愧，死者復生。不悔。』孺人曰：『吾得正而斃焉，斯已矣，旌不旌非所計也。』孺人於予有中表之親，其三歲女即吾冢婦也，珩璜之節，圖史之箴，蓋稟於梱訓者素矣。予因是益諳孺人之賢，其他孝舅姑、和妯娌、惠宗戚，皆一一有禮法，不可殫述，述其大者如此。

孺人殁，蜀藻痛愛弟之無嗣，以仲子仁標爲之後，告廟而立。君之夫婦無子而有子，公豈不更相視而笑，無歉于九京乎哉。

君生于泰昌庚申年十二月十一日，卒于崇禎壬午年三月十四日。孺人爲涪州别駕夏公諱統春之女，生於萬歷己未年二月二十四日，卒于順治戊戌年二月初四日。一女，適吾兒士塈，生外孫孔欽矣，亦不幸夭折。此予聞君夫婦之葬，爲之慨嘆而不能已也。聞仁標與士塈奔走卜兆，龜筮告祥，以康熙十年十二月二十二日，合葬於吕亭驛何家山之新阡。蓋孺人之志，而亦君之志也，夫因叙以志之，而系之以銘。銘曰：『夫不愧孝兮，婦不愧節。吕亭之山巖巖兮，携手同穴。有子能葬兮，有婿能襄。吕亭之樹蒼蒼兮，携手偕藏。』

大清康熙十年，歲在辛亥季冬月吉旦，通議大夫，刑部右侍郎，前都察院左副都御史，内陞户科掌印給事中，兵、工、禮科都左右給事中，戊子山東典試，内翰林國史院庶吉士，年家眷弟姚文然頓首拜撰。

——選自民國木山潘氏宗譜卷之一

康熙十二年重修桐城縣志序〔一〕

郡邑之有志也，不自今日始也。考之禹貢，其叙次九州五服，凡名山大川、田賦土壤、草木貢篚之屬，無不雜然并列，是即志之所由昉乎！周官：『内史掌邦國之志，外史掌四方之志。』詳其山川藪浸，辨其土宜以至風俗男女之異，其性六擾五擾四擾之異，其畜金錫、竹箭、丹銀、蒲魚、玉石之異，其利不越尺一之籍，而四海五州之廣，指掌而盡之。下及秦漢，先王之迹既遠，地名又數改易，爲之司牧者，往往采獲舊聞，考迹詩書，推表山川，以繼禹貢、周官之遺意，代不乏人。如三輔黄圖、荆州記、楚國先賢傳、襄陽耆舊傳，其最彰明較著者已。夫周四方之志，抑猶今郡邑之志也。志其疆域，志其山川，其風俗可知也。剛者擾而馴之，柔者静而理之，樸也教之以文藝，末也富之以本業，良司牧權之，足以爲治。志其行誼，志其文學，其人物可知也。藏之名山，傳之其人，良太史采之，足以爲史甚矣。夫志之不可已也。嘗讀馬端臨通考，自唐宋來，郡邑之志以數百家，而傳者不少概見，何也？將古今異勢耶？抑地以志傳，而志尤以人傳耶？桐之有志舊矣，而未克廣之天下，上之史官，且久未修葺，文獻闕如，豈非有待於人哉？澴川胡侯以三楚名賢筮仕吾桐，政洽人和，百廢俱興。莅桐之七年，會有郡縣纂修通志之命，侯於職事之暇，徵考文獻，裒輯成書，郵致京邸，而問序於余。余受而讀之，欣然而起曰：『穀陽、中牟，漢之小邑耳。召父長之以高第顯，魯公令之以三異擢。至今人知有召父、魯公者，無不知有穀陽、中牟，循吏之流風餘蘊，誠遠矣哉！今我侯之莅桐也，善政良法，難以枚舉。即如築北堤、新學宫、創義倉、建列女祠，城之圮者完之，橋之頽者成之，歲偶祲發廩以賑之，輕徭薄賦，蝗不入境。以視召父之長穀陽，魯公之令中牟，曷以加？茲況以良史才，恭逢盛事，網羅舊聞，彬彬井井，獨成一家之言。上之蘭臺，采之史官，而吾桐人物藝文亦藉以不朽。其視穀陽、中牟之僅以邑傳者，不更有厚幸哉！異日者，侯以政行第一，如召少府、魯司徒故事，首膺内召，其繼侯而莅吾桐者，覽斯志也，其風俗之淳，山川險易之故，與夫侯之良法善政，歷歷具在。遵而守之，若平陽之繼酇侯於以幾漢之循吏，又何難焉？則太史采之以爲史，良司牧因之以爲治者，皆將於是志觀厥成矣。余也守官京邸，不獲躬與討論之末，而先世之遺行載在譜牒者，亦賜采擇焉。侯之蒐羅亦云詳矣，而余之爲桑梓幸，復爲家乘幸者，又當何如也？』是爲序。

注：〔一〕此標題係編者所加。

——選自桐城續修縣志卷第二十四

夏見明公傳

公剛方嚴毅，有幹才，九歲而孤，依慈誨，性孝弟，善自立。初任大庾，矢志爲民。奉上檄，有拂民事不一應，以是忤上臺意。再任羅江，才治奕然。攝七篆，所至皆有能聲。入爲司城任煩劇，凡五城難治之獄，咸屬焉。時戚畹蔣侯以浚井毒命事爲人訟，不敢質，吏亦不敢問，獄閣三年，弗成。公手批拘提，不五夜即獲之。公推情鞫訊，知古井有陰毒，先以生鷄試，入井未及半即死，乃炒石灰傾井内，覆三宿，獲白頸蚯蚓十餘石，蓋匠受命入井中，陰氣墮而跌傷，非真謀也。原被皆泣服。又有蟒玉内侍白玉者，亦緣人訟於案，白時侍内廷，不暫離。公以一紙竟拘之，玉携票入奏，得俞旨，謁庭聽審斷，公亦爲晰牽累，得直去。白復奏。神宗嘉之，命列能臣屏。時御座隅設『忠、直、能、廉』四屏，凡得人即書之。其時嘉進賢才，貴戚無屈法，概如此，故克享承平也。然亦足以徵公之幹局矣。公配王宜人，慈良克助内治，凡體下恤囚寬刑、濟人資族，亦皆公配贊之。今子孫猶傳其嘉言懿行如縷云。

——選自壽州志卷三十三

附録二　端恪公日記〔一〕

自順治十五年十一月至順治十八年二月

鄉先達姚端恪公爲國初名臣，其功烈在史氏記，而平生深内典，自修甚精。曩，余從外舅竹山君案頭，見公年卅九至四十二以給事中乞假家居時日記一册，虛直軒外集中摘抄二卷，此其原本也。不知何时散落於外。戊申冬，有人持至門首求售，時值皖省叛兵過境之後，無問價者。余以五千六百钱購得，因重裝焉。书（衣）［依］舊題『端恪公筆記』，自順治十五年十一月至順治十八年二月』廿二字，爲惜抱先生手書。又第一頁有中書公題『五男（中書原配張氏卒於順治庚子八月十日，是日所記稱爲五媳，是其明證。公止五子而記内又有六兒之稱）士堂珍藏』六字。端恪公子女各五人，中書爲公次子，而署曰五男，或連女兄弟爲次，未可知也。（亦有連數從及再從兄弟者）。鄉賢遺迹固爲希有，而公此記，尤有益於身心克治之學，非尋常翰墨所可比。并後之得者，其珍護之。十一月四日，馬其昶記。

後廿餘日，仲實自皖歸，余出以相示。仲實言其家中舊藏，乃其曾祖醒庵公（端恪公來孫）鈔本，今尚存。則余往歲見於外舅案頭者，非此本也。此當是惜抱先生所藏耳。余初購得，疑是外舅故物散失，雖驚喜，亦不無惘惘。今知非是，而原本竟爲余有，其喜幸更何如邪！仲實處有公手稿二册，筆迹益与此相似。其昶又記。

五男士堂珍藏

十五年

十一月

初二日，夢中邪淫念起，旋悔中止，亦数年夢中未有之景也。

初四日，令君来晤，坐至移晷，閑論義理，率多泛蔓，虚懷詢過，而不能指實以相箴。於地方利病，亦復無按脉下藥處。往日有一二欲吐，及此又忽焉忘之，皆由平日講究不精，條理不貫，有虚下問之良意也。故曰：『凡事豫则立。』

初七日，學道人須過淫欲一關始得，懸空説那道理何益？怕火假金相似，必也先景不馳，對景不戀，景逝不滞，楞嚴所謂『於横陳時味如嚼蠟』。又云：『逢欲暫交，去無思憶。』又云：『無世間心，同世行事，於行事交，了然超越。命終之時，皆生天上者也。』

初八日，多言数窮。左氏載趙孟語言諄複如老人，亦可儆也。

初九日，微嗔。

初十日，飲大人所。歸，扶僕之飲於家者，夢不寧而嗔景屢見，蓋夜怒耗血，多言損氣。語曰：『物來而順應，勿往可也。』又曰：『夜不行公事，待旦可也。』又壯僕無室而蕩於酒，念孟氏外無曠夫之言，亦一家之仁政所當先矣。

十一日，早嗔小人之相犯者，欲作字聞之官，堅忍久之，曰：『犯而不校可也。』午後聞此人，以别事受責二十矣。天下事有定数，即作字，豈有加於是耶。祇多一番煩惱耳。晚小嗔於室。

十三日。

十四日，晚與室人談蔣司務、孫中丞、江節婦諸事。嗔念屢起，徐念曰：『正理之言，勿以客氣助之，仍從容譬喻，卒歡然受益。』故維摩經曰：『平其心地，一切皆平。』又宗家云：『當初只道茅長短，燒了方知地不平。』是夕講父母之年一章。

十六日，長孫將出痘。

十八日，因籤有『十八灘頭説與君』之語，夜有戒心，至更餘，聞喊聲，遣詢之，有哄於滌岑之居者。

十九日，晨筮，得蹇之彖辭。巳刻，往慰滌岑。晚飲孫老伯，酒中多言。

二十日，夢言鈔法，曰：『真之不可爲假，猶假之不可爲真也。』鈔，故紙也。而以代金錢之用，難矣。又論天雷無妄卦，或書有閉關字，曰：『雷在地中，閉關可也。天下雷行。何爲閉哉？』

二十貳日，曉醒，反復天下何思何慮一章。

二十四日，曉醒，反復三省一章。因念爲人謀一事，發一言，須是從事之源頭上清將来，然後從流上徹底推究將去。此無他，仁則誠，誠則明。

二十五日，長孫痘回，始安寢。嗟乎，人能以此心子人之子，孫人之孫，仁矣。泝而上之祖父母、父母之於我也。人子之罪，上通於天矣。

二十六日，婢子痘變，午動於色，夕失於言。一月來，痛克一嗔字不盡，益知不動心之難也。小事若此，况其大者乎。

二十八日，飲二兄處，過節，商漢陽之行。

二十九日，未展卷，夜神昏甚，坐禪榻，如雲霧中。

十二月

初一日，晨嗔於言，飯時嗔於意。次日筮而是日齋，其齋也若此。朱子注齋曰：『湛然純一之謂齋。』念之汗浹矣。

初二日，筮於二兄所，方羽南先生爲筮之，得離之上九。掃墓於栲栳，歸飲大人書室。至家，劇談甚暢。昔人於塵勞火宅中作道場，所謂煩惱即菩提也。深山鼻觀，枯木寒岩，不及此中遠矣。孔門亦只説出個難字。

初三日，飲大人所，午飯後不怡久之。滞忿蘊火，鬱烟内焚，薙草留根，春來又生。未知平生所讀之書，及禪床上所用的工夫，何處去也？又未知此後甚麽用工夫，方得長進。借問口字加一个真字，是甚麽字？是一个嗔字。怪道祝英臺戲本唱得好，小説道，吹吹打打，唧唧喳喳，來到牛家。梁山云，是馬家。回言道，既知道是馬家，何勞問咱？却是一个好公案。席間李克甫云：『故老有黄石寰者，平生寧以重價市良田，其惡田雖賤值弗取也。人問之，曰「未算買，先算賣。吾欲子孫他日便於鬻耳。」其後荒亂，糧重賦煩，唯黄氏田以良故，最先售，子孫賴以存活。卒如其言。』予素亦惡田爲累，聞之一噱，然石寰市田而後擇其良。予力不能市田，而亦慕其良，如鏡中像，雖有非實，其不及石寰者一也；石寰買良田而計子孫之易鬻，予惡惡田而憂子孫之難守，其不及石寰者二也；石寰肯以重價市良田，予心酷嗜田之良，而力怯於價之重，推其意，似欲拾彈雀隋侯珠，畜辟穀千里馬，其不及石寰者三也。自反無他，只是好利而不知命。

初四日，晨寐，夢中，講孟子三自反一章，内云：『古人以信配中央土，仁義禮智配四時。』朱子云：『信者，實也。仁則實有此仁，義則實有此義，禮智亦然。』如五行之有土，非土不足以載四者。今細思孟子云：『自反而仁，自反而有禮。』又云：『我必不忠，忠者，信也。』恰正與朱子之意相似。蓋朱子之言，實源於孟子。又乾卦元亨利貞，文言以配仁義禮智，直至坎卦，方説出一信字。蓋坎爲中男，正得乾之中氣，故古人忠信并言。是日明遠同差役過門，欲見，予不知爲何故也。但聞其以逋賦故，漫令閽人應之曰：『錢糧重務，不便相管，可往見太老爺。』不意差役止以上二語直達令公，而明遠坐繫矣。士大夫一言之不可輕如此，當以爲戒。極忙時，答話要緩；極怒時，答話要和。午飲二兄所，賞梅。

初五日，令君過我久談，乃有地方二事欲言者，竟未得言，蓋因予辭多枝葉，過於蔓緩。故曰：『惟幾也成天下之務。』

初六日，招克甫來，詢花户自封投櫃事。午飲大人所。是夕。

初七日，酬應紛紜。

初八日，算稻帳，詢稻價。孳孳爲利，小人之過，不敢文矣。經云：『一切治生産業，俱與實相不相違背，維摩居士，於一切治生諧偶。雖獲俗利，不以喜悦。』彼何澹澹！此何擾擾！

初九。

初十，約毛麟州。是日，孫健六同飲。

十一，克甫至館，談滚單。

十二，約孫易公、吴脩和。

十三，飯於子畏。

十四，令君過我，周寧圖人回。

十六，濬之、炎牧諸子小集。

十七，過克甫。

十九，晨至隍廟，議錢糧徵收新法，至日暮方散。即赴炎牧席，戒杯爲齊季籲姑丈所奪，夜飲至四鼓，大醉，至不知人事，坐輿中及入室，咸两人扶掖。設有蹉跌，性命殆矣。生平治心講學，亦復何益？敵此一杯惡水不能得，恰又如怕火假金相似，可愧可愧。

廿日，睡至下午方醒。大吐良久。至燈下飯半盂。意欲戒酒而未能盟也。

廿一日，晤客之顧我生辰者，倦甚。席間杯酒未飲，寒氣中人，腹氣痛甚，至夜痛不可忍，呻吟達旦，蓋大醉傷脾，内虚而寒入。嗟乎，酒之爲害烈也。然戒之亦不能，奈何？

廿二日，服藥小愈。晚强起晤郡伯公、晤令君，言徵收事，蓋自行投櫃之事，議論不一，遂中止。

廿三日，歲逼費冗，殊無憂道不憂貧之意。

廿五日，南函至，紛擾泄沓，唯幾也成天下之務，難哉！

廿六日，令君自冷水鋪回，往晤之。

廿七日，幼安過我。是夕。

十六年

正　月

初一日，筮一年之休咎，得剥之上九，碩果不食，君子得輿，小人剥廬，易之示訓明矣。念之哉。

初二日，飲五弟所，午飯即回。嗣後赴席，率以此爲常，亦節飲惜陰之一道也。是夕。

初三日，飯於望侯。

初四，飯於二兄。

初五，塈兒婦生日。

初六，齋一日，爲吉偶筮。

初七，爲吉偶筮，遇漸之象，之坤。之象，其變不兼初者用悔。以坤象爲主，坤元亨，利牝馬之貞。君子有攸往先迷後得。主利，西南得朋，東北喪朋，安貞吉。是午，大人過雁軒。

初八，寄元函。

初九，五鼓，夢家中集客甚衆，予言及吉偶，涕泣滂沱，忽吉偶野服奔趨而至。予且泣且問之，曰：『兄何以得歸？』曰：『獨荷聖恩浩蕩，赦咸一人歸耳。』予且喜且泣，向北叩頭不已。醒時，泪猶濕被也。

初十日，晤蜀藻。

十一日，得坤翁書，寄汪妹四金。

十三日，飯於經三。是夕。

十四日，濬之携函過我，晚室飲，談甚愜。心安則理順，人心之獨知處，人知之矣，天监之矣。

十五日，晨起，多言而憊。晚宿張莊，去蕭家店十里，此庄旧爲素封張所居，屋九十餘間，後易主矣。又爲賊毁，乃其址猶然大也。積田孰若積心田哉。

十六，晤文彬。

十七，寄字其公。

十八，晤克家於其新居『夫齋』，別張文嘉郡伯。

十九，斐然過我。

二十，過克家。

廿一，過君翁。

廿二，惇五、楊李先後相召，有欲言一二事。初猶豫囁嚅，後卒言之，竟得當。人患意不誠，語不婉，内不能感，外或相激，以至言之如水投石也。不然，天下安有從善不如流之人哉？思慮紛擾，寐不能寧。後所言竟獲聽。

廿三，五更早醒，思煩神耗。程子曰：『無事則廓然而大公，有事則物來而順應。』六祖曰：『雖行善事，亦不執著。』難言哉！學道之人，當觀念頭；念頭一起，回光返照，神復其舍，氣潛於淵。念起不止，思遂出位，而因緣心紛焉。所謂朋從也，朋者，類也。因花緣果，因豆緣瓜，因今緣古，因正緣邪，因緣膠粘，因緣輪轉，因緣奔逸，夸父逐日而不休；因緣悍憍，强臣尾大而不掉。故曰：『學道之人，當观念頭。斬木於根，枝乃不抽。澄水於源，爰清其流。』

廿四，晤若水於練潭，已刻乃别。是夕。

廿五，令公過我。是夕，夢有欲景而成。昔人云：『死不可主，生主之；夢不可主，覺主之。』夢之淫也，覺之淫先之也。反躬回照，我之爲我也，酒色財氣中人而已矣。難言哉！

廿六，城起四弟七侄過我，坐談間，皆有惕然警懼之意。

廿七日，欲成天下無祸福恩怨説，而未屬草，適五、六弟自山中出，過我，因談平安之樂，復及謀生之苦，因言士大夫治生之大道，以不置妾媵爲第一義。華封祝多男，而聖人曰：『多男子則多累。』格言哉！（妙論，然亦只説得一半。）如飯一盂，一人食之而餘，再分之而飽，三分之而餒矣。雖然，此蓋有天道焉，非人之所能爲也。夫財之爲物也，分合而已矣。合之則富，分之則貧（分具爲貧）。慳者惡分，既不能分己之所有，以濟人之貧。貪者喜合，又必且分人之所有，以成人之貧，而益己之富，於是天怨其貪而厭其慳也。以爲貪者喜合，而蒼蒼者代爲分之，慳者不肯外分，而蒼蒼者代爲内分之。故爲多其子息，使之財分於子，憂合於父，貪與慳之名如故，而其實皆耗矣。是何人之愚而天之巧也？故生財有小術，知人事之分合者是也。生財有大道，知天心之分合者是也。

廿八，議滚單於隍廟，見單内有田塘丁畝一例徵收之語，欲爲塘畝分析，而忽因語他事忌之。因思凡事到公議時，如把守關津，不可容易放一人輕過，已過而追，晚矣。又公議寧直毋巧，或緘默不言，或隨聲附和，不擔利害，不剖是非，皆巧之爲害也。初三補言之。

貳　月

初一日，五鼓夢讀損卦，其示我以懲忿窒欲乎。香保同七侄南下。

初二日，責四婢跽，細事耳，而客氣忿火，時時炎上，况其大者乎。故知平日言治心，言不遷怒，皆妄語耳。

初三日，欲不能窒。

初四日。

初八日，城起叔過我，小酌，偶談往事，云僕人有言於某某者，勿令城起及四弟與聞。嗟乎，是豈非我之咎哉。

初九日，仲寛叔岳雨中招談。

十一日，爲周臣不怡者久之。

十二日，聞宣推方公大計報，至戚關注，心悶痰結，殊難爲懷。

十三日，言櫃等事，服麟州藥，發汗。

十四日，晨起，即責二婢。尚未早茶也，病痰氣結。

十六日，夕，誦求字訣，心少定而不能降也。是夕。

十七日，過顒若伯所。

十八日，連朝晏起，晚責二僕，怒氣勃勃見於眉頰間，可笑也，薛文清曰：『二十年消磨一個怒字不盡。』

十九，過于盤。

廿一，過碩人，痰病大發。

廿二，作諸函。

廿三，雨中向晦宴息，禪床上體認主一之學，周子曰：『一者無欲也。』程子曰：『主一之謂敬，無適之謂一。』朱子曰：『主一只是心專一，不以他念雜之。無適只是不走作，如身在這裡，心亦在這裏。』北溪陳氏曰：『主一是心只在此，不二不三。無適是心只在此，不東不西。』和靖尹氏曰：『只收斂身心，便是主一。且如人到神祠致敬時，其心收斂，便著不得毫髮事，非主一而何？』是夕，欲景現於夢中，醒而成欲，借問主一之學安在？

廿四，早起趺坐，調息不寧，擦脚心八十一次，記数至半輒亂。嗟乎，君子無終食之間違仁，我無終食之間不違仁。

廿六，江公納幣。

廿七，過以寧叔。

廿八，早卧未起，念外母病甚，老年可懼。平生自反，子婿之道闕然。因念六兒病瘖数月，未一予以醫藥之費，孀妹弱弟，貧無以給之。又聞祖墓邊有腴田，直廉求售，而力未能應。萬念紛紜，披衣坐馳，古人所謂心戰而癯也。是午，大妹過談近日之苦。

廿九，看外母病，意欲經理其後事，因念衰老之人，當窘乏之歲，心長力短，計疏時迫，爲之汗浹背者久之。

叁　月

初一日，斐然令婿有所請，不能應也。躊躇者再四。

初四日，五弟過我，雨阻，爲竟日談。晚怒一婢，奪杭所管之湖，以他人代之，亦失於易矣。

初五日，薄暮氣結胸塞。讀下論末卷小愈，燈下忽火發三焦，禪床静坐者久之，至睡不能寧。因念尹和靖論主一之學曰：『如人在神祠致敬時，其心收斂，便著不得毫髮事，非主一而何？』竊思此義未盡，人固有正襟屏慮，致敬神祠，而（真登自然主一，如却难）心忽放者，須如登千仞之山，下臨百丈之溪，鳥道一綫，足垂二分在外，目之所視，心之所存，只得脚跟半步，稍起他念，立地喪身失命。如此方是主一，方是其心收斂，著不得毫髮事。讀書最忌躁，一生受病在此。算来只是讀書之時少。

初七，文彬過我，致意斐然。

十一，子藝處讀遜國逸書，聞大機琴佳，苦未得領。是夕。

十二，大人過此，小僕熱酒不熱，扶之而怒徵於色。

十三，掃墓梼栳，過龍井，水石激射，山径逶迤，桃杏紛郁，林木蒼然，爲畫溪致感者久之。

十四，十七叔過我，談一人訟事。因悟仁者與物一體之義。寒旅窮途，煢身逼歲，不肯恫瘝乃身，而閉户坐視，以致毒無實性，激發則强，恐致兩敗俱傷，滋蔓難圖。仁者固如是乎。

十五，筮得涣之九二上九。晚得江寧札。禪床静坐，可嘆世上多少樂人苦死了，可憐可憐。甜瓜却當苦李吃，未曾開口已攢眉。心無盡，境無盡，苦樂無盡。三十三天之上，更有天在；十八地獄之下，更有地在。富貧貴賤壽夭，人所受於天者，百千萬億不等，然自天看下，總只是一个人，如衆兄弟中，雖有貧富貴賤壽夭之不同，自父母看来，只是一个子。其不均者，天道也；其太不均者，人情也。人情成於我見，我富則彼宜貧，我貴則彼宜賤，我壽則彼宜夭，無我則天。賞心玩目之物，上不肯以奉親，下不肯以與子，而惟我是娱，惟我是吝，所謂無我者安在？

十九，復周寧函。往晤默公，歸以雜事紛紛，念慮不静，夜睡輾轉，竟夕靡寧。借問至親莫若妻子，還有知道的麽？還有代得的麽？知惟我知，受唯我受，而人顧劳我以奉妻子，愚矣。故真知有我者，而後真能無我。我心有不快，而以戾氣迎人，可乎？我事有未暇，而以緩人之所急，可乎？

廿一日，贅馬婿。

廿六，本家諸父兄弟宴集，午刻，五弟、二兄、四弟、經三先後過雁軒。是夜寢後，二兄同五弟、三侄警門来晤，知二兄、經三酒言相觸，至此，聞之甚戚，送二兄歸家，陪諸父兄弟之過二兄者，予歸已黎明矣。是夕。

廿七，早過長松閣，經三負荆於二兄前，歸而病大發，擁被卧雁軒中。

廿八，聖叔震兄晚過我，欲晤，病不能興，随召五弟、三侄来語。

廿九，早吊於潘氏。是日薄暮，三侄過謝於經三。嗟乎！自今思之，是役也，皆予之過也夫。廿六之晨也，五弟已相忘於無言矣。既二兒微有不平，予不能力贊五弟之雅，而唯唯諾以退也，一過也。廿七日早，經三過晤，予謝不見，未能苦口毒手，痛下針錐，拔本窮源，抽釘截楔，二過也。過長松，知三侄有言，而予不止也，反復沈吟，亦復不覺三侄之不宜有此也，及經三負荆後，而後悔其初之不力止也，三過也。逆憂廣衆之中，恐有激争之事，弭之而不能盡，籌之而不能周，四過也。内省根因，皆由於見理不圓，得其半，失其半，不能以其身同乎衆人人之身，不能以其心入乎人人之心，如月上弦，如鏡半面。又由於認理不真，視吾之兄，畢竟疏於吾也。視吾之兩弟一侄，畢竟疏於吾之子也。涕泣而道之中，識未充，力未滿，情未迫，其去於談笑者一間耳。嗟乎，平日言讀書，言講學，言養心，以此一小事觀之，平日工夫安在？如里長在縣署土地堂内，看銷傾錢糧大錠，看也看得，説成色也説得，起解時，拿到家裏来也拿得，總是用不得，可愧可愧。意欲此後不讀他書，且讀易經、四書，得暇且静坐。

閏三月

初二日，二兒請入山，侍瑞隱杖，入小桃源。是日腹痛火滯，殊不快。

初三日。

初五，象九往草堂，同外父行與望侯談於牛車棚下，久之。

初六，玄甫來見。

初七，谷侯來館，令君枉晤，有所詢，皆不敢答。談林撫音。

初八，谷侯再來，得復札不悦，復諄諄無已。予時在病中，甚以爲苦。既而悔之曰：『吾寧爲人所求乎，寧求於人也。』昔秦將伐魏，孟嘗君爲魏求救於燕，燕王曰：『吾歲不熟，不能行數千里以助魏矣。』孟嘗君曰：『夫行數千里而助人者，此國之利也。今魏王出國門而望見軍，雖欲行數千里而助人，可得乎？且王何利？利行數千里而助人乎？利出燕南門而望見軍乎？夫爲人求者，累於人者也。求人者，累人者也。累於人者，是行數千里而助人者也。累人者，是出國門而望見軍者也。二者吾何利，又奚愠焉？』

初九，復李公函，有所詢，皆不敢答。借問不答是否，半功半過。

十一，看五弟生子之喜，即同過二兄園中。濬之亦至，談抵暮方歸。

十二，病膈上痰結，血疾復發，幼安過我，未晤。病中心緒抑壹，視一切事，苟焉而已。却記洛浦先在臨濟會下，後參夾山，語次下一喝，夾山曰：『住住，且莫草草匆匆，雲月是同，溪山各異。截斷天下人舌頭即不無，闍黎，争教無舌人解語。』浦佇思，山便打，自此服膺。

十三，城起叔來，扶病相晤。

十四，往草堂。大人書寄碾坊。

十六，服藥未愈。百二歲翁孔道人來，道人直率平等，心無機智，其懷葛之民歟？人能如此，可以壽矣。

十七，次陶過晤於病中，言媚玆。

十八，玉文來，作善札。

十九，惟子、玉文先後過我。病中甚不耐見客，然不敢不力疾相晤。室人曰：『獨不可以疾謝乎？』予曰：『予病生症，人病死症。身病易醫，心病難醫。欲爲醫王，敢憚勞乎？』向年求安樂法，近於知；近日得煩惱法，近於仁。何時即煩惱，即安樂，覿面相呈，絶無回避。應緣立化，不起糾纏，苦行發於慈心，野馬塵埃，衆生實可愍者。陰霾澄於妙觀，琉璃寶月，我國亦復晏然。如是則可拔劍活人，拈草作藥矣。善行殊草草，心無圓珠，膈多滯慮，終日忙忙，作甚麼？終日閑閑，作甚麼？可憐迷郎作奴，壓良爲賤，把一個金刚王寶劍，反令太阿倒持，權不自操，將此活潑潑、净裸裸的無價摩尼，弄得似一個傀儡一般，隨人提掇，逐境遷流，可惜可惜！何不學翠岩，終日喚道主人翁，惺惺著。

二十，惟子過我。

二十一，羽南先生自鄉來，晚飲少深，與服藥不宜矣。

二十二，汪人晨遞一稟，躊躇久之。

二十四，服太乙丸，熱結少解，得陳房稟。

二十五，五弟夕過我。鹽蛋凍米茶，劇談久之。詢二兒病，勞憊，寐不能寧。

二十六，大人札至，知羽南先生至，以明晨出山。是晚三侄自鄉回，病痰壅結。

二十七，大人飲雁軒，偶與論兒輩。論某某喜用術，意欲人皆入其機彀之中。二兒曰：『寧可入人機彀之中，而成人之事；不可出人機彀之外，而敗人之事。君子明知小人之我欺，而甘爲所欺。明知小人之欲用我，而甘爲所用。知者其智，甘者其仁。』予顧曰：『敬佩尔，金石之言。』

二十八，過受斯，閑談竟日。病中殊不耐，口快好言，有耗中氣。『吉人之辭寡』五個字，一生受用不盡。晚小寐，怒婢責之，氣勃勃塞胸膈間，良久不能散，因思怒猶火也。此薪之火，可以移于彼薪之火。此人之怒，可以傳於彼人之怒。怒之傳，猶火之移，星星者可以燎原矣。故曰：『不遷。』不遷者，不傳之謂也。或以此事而傳彼事，或以此人而傳彼人，皆謂之遷。火在山上曰旅，旅不處也，遷之説也。澤中有火曰革，革則水火相息，不遷之説也。夜因怒，心忡忡不寧，寐不能酣，平日學問安在！

二十九，香元、其相、惟子先後過我，并詢子貽近履。病中神氣殊惡，欲作岩君札，而躊躇久之。

三十日，偶見六兒作算法歌，首曰：『予也，私淑自臨公。』予喜曰：『君子以虚受人，能不忘師，其學日益矣。』因論昔有一先輩講學，有一士子，自負博洽，昂首奮袂而前，曰：『先輩有何學問？輒以皋比自居。』先輩從容應之，曰：『僕亦有些須學問。』曰：『是何學問？』曰：『僕自少知問學以來，逢人常下拜，問話即低頭。』其士慚謝而退。所以昔人問朱子曰：『謝良佐初見程明道，旁举經史，不差一字，明道爲甚麽却説他玩物喪志？』朱子曰：『病不在此，病只在一「矜」字。』朱子此語可謂國醫，飲上池水見人臟腑。蓋謝上蔡之所言者，非病也。其所以言者，則病也。其病内根於意識，外現於神情，明道當下一掃，却是頂門一針，當頭一棒，譬如兩人行夜路，一人握太阿利劍，一人握夜光寶珠，却在他前賣弄不得，纔開掌放光時，早被那人奪過去也。所以宗家道，你未開口時，我已穿草鞋在你肚皮裏走幾回也。又道若言前薦得，堪與佛祖爲師，皆是此意。學者孰能無病，知病爲難，知之而不諱病尤難。昔漢文帝賜尉佗璽書，曰：『朕，高皇帝側室之子也。』光武將討龎萌，敕諸將曰：『吾常言龎萌社稷臣，將軍得毋笑其言乎？』曹孟德使弥衡爲鼓吏以辱之，衡當衆盡脱故衣，裸身而立，徐著新衣，顔色不怍。操笑曰：『本欲辱衡，衡反辱孤。』看來帝王局面，如青天皎月，縱有微雲來往，不碍澄虚，奸雄技倆，亦如空際神龍，任他弥天羅網，牢籠不住。學道之人，到此田地，方可揚沙成玉屑，點鐵作精金。故曰：『諱疾忌醫，真疾不治。』大匡令君見過，晚過受斯，夜燈下閲近抄，必欲閲竣。閲竣，却眼倦，閑卧許久，借問將卧的工夫，從容遲閲何如？可怪這一點執心，一年來化他不盡。天行健，君子以自强不息。只是不緊則不慢，不助則不忘。

四月

初一日，爲内子病，祈籤，得十七籤，『田園價值好商量』云云。籤似有戒予之意，凡事宜退謹也。夜夢有欲景者再，有男君弼如婦人。自去年十一月初二夜，作邪淫景，此又見而愈幻矣。醒而成欲，計二十八日耳，而不能固，愧哉！

初二日，搢公約晤於月上庵。

初三日，聖林、砥中二叔，震陶兄賜顧，薄暮課老和書。悶極，氣結不能舒，至更餘方散。可笑一極小事，氣從何處起，竟至如野燒因風，東撲西熾。講學人過此一關不得，殊爲可憐。如此等心病，未曾徵色發聲，却結在膏肓之間，縱有國醫，還從傍下得一針砭否？只有自知自受，自繫自解，故君子必慎其獨。因此，又嘆蒙學一道，失傳已久。古者於童子，習禮則使之周旋磬折，升降進退，以固其肌膚之會，筋骸之束，身勞而益健，心逸而益舒，習樂則使之聲音以悦其耳，干羽以悦其目，歌咏以養其性情，舞蹈以養其血脉，陰用兒童嬉戲之實，使之有節而不蕩，有文而不鄙，所謂民可使由之，不可使知之。名教中自有樂地，如是而已。故王陽明先生有訓蒙一篇，甚爲切至。乃後之訓蒙，全失其義，寬者使蒙飛揚恣肆，蔑禮法爲弁髦；嚴者使蒙束縛拘攣，視詩書爲桎梏。耗其精神，損其真氣，不别其天性之明愚，不視其根器之利鈍，蒙之爲蒙也，苦矣！

初四日，林若相招。晚以胸中熱結，飲茶及豆湯過多，氣耗神散。寐後心怔忡不寧，旋醒，殊不自在。

初五日，張知我來晤。二兄來，談徐仲衡字。

初六，往晤聖林、砥中二叔。

初七，季籥、濬之先後過我，阻雨坐談良久。病中苦於應接，然亦無可奈何。薄暮，子堅至，五兒作復仲衡書。

初八，濬、堅過晤。是日婆心輕諾。連日病且冗，未暇讀易。是夕。

初九，大妹過此，病中愁煩相對，但爲黯然。是夕。余假歸。

初十，五弟生子满月。

十一，過鄧氏僧舍，得皖斐書，爲童子躊躇久之。晚過濬談，病以勞劇矣。

十二，作六兄函。閑與兒輩論事事無礙曰：『天下豈惟事礙事，理亦礙理，仁則以濟人利物爲先，知則以明哲保身爲急。仁者以身犯難，足以濟人，而或至於危其身，不幸則或至喪其身，喪其身，是喪其所以仁天下之大具也。仁者之一身，足以生千萬人，而乃於一二人殉之，是以小仁而成其大不仁。故仁有時而礙仁，不獨礙智也。智者不以身犯难，將以全身，而其勢必至於私其身。私其身者，人必怨之，其禍常生于所防之外。私其身者，天必怒之，其害常伏於所避之中。捧玉者多躓，注金者多殙，外重故也。夫身之爲金玉也，大矣。故重其身者，或至於輕其身，是以小智而成其大不智。故智有時而礙智，不獨礙仁也。全其身而濟人，吾所樂爲也。有時全其身而必不能以濟人，吾將全身以害人乎，抑危身以濟人乎，濟人而喪其身，吾不爲也，濟人而不至於必喪其身，又或至於可以喪其身，吾將慮其可以喪其身而弃人乎。抑姑翼其不至於喪其身而濟人乎。故曰：『權，然後知輕重；度，然後知長短。物皆然，心爲甚。』又曰：『涅槃心易曉，差别智難明。』若云捨身濟衆，同墨子之摩頂；保身絶物，同楊氏之拔毛。其始也，兩家各有其一門深入之功；其成也，兩家亦各有其八面無礙之用。然而難矣，然而易矣。

十三，斐然過我。羽南伯夜回，重命蔬碟小酌，室人有怨言，予以義責之。言過當而聲色過厲，室人亦哄。涕泣者竟夕，胥失之矣。

十四，晤道按二臺。病中疲甚，晚歸與室人婉言訓之，自反家人一卦，寧嗃嗃，寧嘻嘻，古人所謂閨門之内，肅若朝廷。夫婦有别，此以明禮之不可以已也。予居室向頗凝重，後因其病瞽而任家事甚勞，惻然相念，於禮盡略，然而責善過切，有論必駁，出言之始，失於太輕；發言之流，失于太重。輕則施之不擇，重則受者難堪。易曰：『夫妻反目，不能正室也。』以不能正之過，專責九三，有以夫。遞麥折呈。

十五，公投請啓未投。

十六日，雨中步過，侍飲大人所。

十七日，晤黄李公。是日天將曙，而夢有欲景，醒不即起，復寢成欲，故黄公來不能逆。年來於『早起』兩字，刻意自强，而卒不能恒。積習之難變如此哉！山林之人，積閑成懶，積懶成惰，信可儆也。即過聖林叔。是夕。

十九日，五兒往樅川。

廿二日，得五兒札，知稻價矣。而不作字命即糶，有貪心焉。後未幾而價退。使五兒久館於君甫家，則欲益而反損之道也。

廿三日，二兒往孔城。

廿六日，金善自江寧歸。

廿七日，小果老回，得五兒札，稻價如故，宜命即糶矣。

廿九日，邑役回，得五兒廿八札，與克甫語同，而遲到半日。適有人往樅者，先一刻行矣。連日爲翼行，作寒喧緘，既暑且憊，復爲稱未糶，憧憧胸中，無復泰定之樂。

五　月

初一日，得五兒廿九字，請酌示糶否，失於斷矣。

初八日，五弟將北上，復改期。（自此以下，皆事後憶而録之。）

十二日，五弟北上。

十三日，五兒樅陽乘舟，一日抵城。

十□日，方還老索逋人楊集音至。王君偕來。自五弟行，少擬息肩，而還老此案繼至，因而方氏諸公，議分産，議分債，坐見孀妹孤甥，立至露居枵腹，且恐鬻田不售，杜債不能，或至債漢中之事，坐方甥以不救祖難之罪，中心忡忡，日奔走無暇晷，夜亦寢不安枕矣。心緒紛紜，事變雜出，因而不平之鳴，語多負氣，煩惱攻其内，飢勞苦其外。閣周易者，動以數旬；開準提者，輒以連日。求所謂任性逍遥，隨緣放曠者，渺不可得，總爲道力不深，功行未滿，遇境即滯，入魔成礙，漫言學道，愧矣愧矣！

十九日，五弟婦病逝。

廿一日，外母夏孺人病逝。三日之内，而兼罹功緦之服，心緒憒結，尚何言哉？自此以往，爲此兩事，悲結勞擾，紛紛無寧宇矣。

廿三日，爲方甥代兑湯莊田價於楊集音，心悴唇疲，忘其飢暑。病以此增矣。雖欲杜門謝事，養病怡情，安可得耶！

六　月

□□日，作岩立札，爲此遲疑久之，既而卒作之。曹孟德曰：『寧我負人，毋人負我。』予曰：『寧人負我，毋我負人。』因念同一事也，聚之則害止於一家，害重而被害者少；散之則害遍於衆姓，害輕而被害者廣。將爲其重而害少者乎？抑爲其輕而害廣者乎？窮理不圓不滿，往往見墮一邊，認功成過，得左失右，此處大宜仔細，切莫草草匆匆。我生平到此，却抛弓折箭去也。

初八日，外母夏孺人開吊。

廿八日，薦新，始聞十七日瓜州潰之警。

廿九日，明雨自金陵來，知鎮江亦潰。

七　月

初七日，聞陳復鳴有人自池來，訛傳南警。

初十日，有匿名帖於學前及縣壁，蓋連日令君過予，談輒移晷，宵人因之，肆爲蜚語也。是日，外母七七，往禮拜於大寧寺。日遣善致書齊中軍，令招集潰卒，勿使蔓爲民害，王君爾孔兄往廬。

十□日，又有爲文肆訕者。

十□日，闔邑諸民，公集隍廟，盟誓昌言，以予平日無得罪於地方，而小人匿名騰謗，請神鑒而殛之。嗟乎，予何敢當哉？予自反生平硜硜，無敢恣誕，但以病廢山居，交游疏闊，或乾餱以愆，或書牘罕答，或及門而不面，或報刺而稍羈。疏也而人疑其傲，儉也而人疑其慢。諸子皆令閉户，不許結盟入社，而人或疑其孤；經年不作薦函，不能潤澤窮乏，而人或疑其刻。豈人情之難調，抑招尤之有自。然竊以人悦易邀，天怒難逭，我與其得罪於天也，毋寧得罪於人。

十五日，中元設薦於慈雲。下午，二尹自樅川來，云哨舟已抵樅川矣。予心惶怖，城外徘徊久之。時公議城守於學，予不及與，晤令君於賓館。是夕馬宅探信者至蕪陰而返。

十八日，齋戒楪蓍，遇姤，二爻變；九二，包有魚；無咎，不利賓；九五，以杞包瓜，含章。有隕自天之旅。

廿二日，夜大流星如月，向南方，經天十餘丈而没，衆小星從之，如是者再。予自巡南城下見之。

廿三，公議於隍廟，言城守，其公被侮。

廿四，人心大嘩，城幾潰，幸而城守無恙，漢陽人至。

廿□日，池守解公元才、二守孔公胤劭、參將李公應魁過邑，予特往出晤，將同往見按臺。既而不果，以書附往，并聞令君相晤。前此有江右潰兵過邑，令君犒師稍簡，遂肆流言。君子無衆寡，無小大，無敢慢，豈不信哉。

廿九日，孫宅人來，始聞江寧固守之信，人心始安。前此自蕪陰以南，人不能至，故訛言甚興。予竊謂人言，江南如失守，則道路大通，使聲聞四布。今隔絶内外，斷人往來，必江南省被圍而未失守也。訛言乃自蕪陰一路傳來，謂之臆造則不可，遽以爲信，則非也。後果如所言。

八月

十七年

三　月　日夢杜覺

初三日，令君見招，以病固辭，不獲。席間未嘗及地方利病事，負此一尊矣。蓋予自去歲上書辭令君以後，自謂方外之人，於地方事，一切不復講究。倉卒之間，無可裨益，豈非予之咎哉！初不敢飲，後起立，乃勉飲十許杯。人於飲酒，有餘則納以量，不足則勝以氣，降此一點勝心，可以節飲矣。酒之困人，豈人困之哉？自困耳。

初□日，議革糧長事於大林寺。予已自矢不與公議矣。此復勉於一出。此議也，予思之連旬而未能决，其大利大害之所在，蓋不革則糧長充運，外受屯丁之勒索，内苛花户之幫貼；革之則糧長雖廢，必需收米之人，議立倉頭，召募十人應役，始法甚善，但恐行之既久，變召募爲僉點，化倉頭爲區頭，其流弊亦有可慮者。二者交戰胸中，所謂窮理之學安在耶！

是日夢杜覺公至，曰：『因蘆稞事捕予，有姓林者構焉。』

初十日，穀雨。五媳病篤，幾不起。予憂甚，禱於佛堂，自愧積善無力，未能延慶廣福，惟仰祈神佑而已。詢五兒云：『五媳去冬咳嗽，微吐血絲。』嗟乎！此火症之徵也。五媳父亡母遠，則翁姑當兼父母之責矣。彼有病而不知，間知之而不即令治，畢竟視人之女，不能若吾之女也；畢竟不能以父母之心，爲翁姑之心也。治病不於其微而於其著，晚矣。又予自反，予治家之道，禮意多而樂意少，禮近於陰，樂近乎陽。陽動而圓，陰静而方。爲婦者，母家既遠，別無往來，終日窮年，兀坐一室，胸有抑鬱，無可告語。氣血以静過而多滯，情性以幽極而多憂，致病之道，此或一端也。古人作樂，甚覺可省，然歌咏以和其性情，舞蹈以和其血脉，養身治心，使民繇之，不使民知之。兒童習之，可以代戲。成人習之，可以忘憂。先王之爲教若此。家門之内，得樂意而陰用之，一日之内，拜跪祖宗，省視姑姆，使之屈伸往來，静而時動。爲姑者，正以肅其教，復和以達其情，使之視姑如母，視妯娌如兄弟。笑語相聞，宴飲間聚，幽而不憂，庶幾無聲之樂，其在斯乎。雖然，此爲我家言耳，若他人則嘻嘻，不及嗃嗃遠矣。故曰：『作樂在制禮之後。』是日，予徹夜不能寐，愁煩氣結，直至天曙。嗟乎，予尚敢欺人言學問哉！骨肉疾病甚烈，孰不關情？然於此輕視一分，謂之不仁。於此重視一分，謂之不智。只是内盡其心，外盡其道，止矣。病骨肉之病，以生已病，可爲仁乎？以無益之憂，而耗有益之神，可爲智乎？然此等道理，我平日也曉得，也説得，臨愁煩時也提起得，只是受用不得，未知何故！昔圓悟參五祖，演盡其機用，祖皆不許。可悟怒辭去。

祖曰：『待汝著一頓熱病打時，方思量我在。』悟至京口，得傷寒困極，以生平所得試之，無得力者。因自悔悟，病愈復參五祖，方才大事了畢。所以真學問人，撒手遊行，得自由分。逆順境界，兩無差別。生來死去，當下如如，又何況妻子之間耶。學問須在心頭一點自知自受處，審勘明白。不然，滿口說道理，只是自欺欺人，無有是處。

十一日，以五媳病重，遣小果往宿松，接張太夫人來。

十二日，醫者楊執之易方用藥，五媳病小減。執之無盛名，進僕聞之於鍾茂初之子，言其治火症有效。予初頗不信，故徇名則失人。執我則拒言，幾幾乎殆矣。嗟乎，是豈獨延醫爲然哉。

十一日，六兒爲病者筮，得家人六爻皆變，之解，彖。

十三日，遣人接醫方惕若始至。

十四，內子生辰，小集於雁軒。

十八日，張太夫人至。

廿日，五媳疾復甚，喉痛不能飲食。是日爲治棺，以備不虞。

廿日，過大人處，五弟過禮於張宅。五弟年來公車屢上，凶吉之禮叠舉，稱貸不貲。是舉也，計費不下數百金。予亦小有經營，神疲舌敝，調停內外之間，奔走戚友之側，蓋有徹旦不安枕者矣。雖五弟及妻子，豈知之哉！不能不悵望於晴川公矣。

廿二，五媳病小愈。

廿三，予服太乙藥丸，腹中去黑血塊者三五片，蓋自去冬亢陽，臍下隱隱痛結，積勞積熱所致。使及今不治，秋必爲痢矣。小病不治，將大。況此爲病之大者乎！太乙丸，係予三四年前，制以濟人者。今其餘耳，乃濟我病，豈非自利利他哉！自後每晨必粥，不茹大葷。

廿四日，血下如故。初黑，後紅片。

廿五日，始服方惕若煎劑。

廿六日，立夏節。五媳病未增，醫曰：『可治矣。』至三更，病復增。

廿九日，五媳病小愈，諭五兒以勿怠勿憂。是日，予血疾小愈，仍服藥。

四月

初三日，晤其相，濬之來話。是日暑甚，血疾復盛。

初四，二化二兕過晤。予遠室者一月矣。而是夕不免於一近，念家有病人，日祈於祖主佛堂。而若此，齋戒之義何如哉！然而難言之矣。

初五，惕若往鄉，不敢强留，以鄉痘盛行也。予與五兒計，汝媳病大約難痊，人之子，獨非子哉！不可以一人而誤衆人，遂聽之歸。

初六，初服惕若丸藥。作爲人後者議。

初七，感寒。不宜又服參汁煎藥，甚悶，終日未食。是日爲吳老伯見招，堅辭不允。應酬之苦，至於欲養病而不可得，亦云苦矣。至晚，勉赴席，飲小杯十許，不敢茹葷，甚覺不耐。席間談及一事，私計之曰：『此語相聞，此公明晨必枉顧矣。』但予病實甚，不能見客，奈何？即欲預辭而不果，易曰：『惟幾也能成天下之務。』難言哉！次日，此公果來。

初八，止服丸藥，不敢服煎藥。上午粥後，火微動，心膈悶塞，偶有所觸也。語曰：『輕才一扇，爐内已生煙。』

十一，爲五弟家鋪陳。午飯於錦叢堂，因遇吳千里，遂過其相。留同函雲伯、冲老羽伯小坐，以病甚，半席而歸。

十二，小滿，酉刻。五媳病大反，陪楊醫師坐，至更餘。聞九弟家有哄聲，聽之，則二兄飲後過彼也。即往過晤二兄，久之，二兄歸。予追送至其門，始回。是夜已將漏盡，心怔忡不能寐。

十三，五弟完室。

十四，五弟婦廟見。

十五，道臺至邑。

十六，聖鄰叔、震陶兄過雁軒，予同至長松閣。復同二兄來謝九姉母，遂至雁軒茗談。

十七，黎明，夢老僕江海岳衣青絹袍而來，若爲冥吏者。予因問之曰：『五娘病重難起，奈何？』江甚有難色。予問云：『云記不真。』江曰：『三教聖人，同處一堂。』予曰：『我所注感應經，亦知之否？』江若云：『此間流傳已久。』予又云：『五娘病尚可生否？』江若曰：『須得某下似神名遣神通力，方可救之。』予若曰：『然。』人間醫力已竭矣。予又曰：『五相公爲彼放生誦感應經，知之乎？』曰：『知之。』然云：『云不真。』予又曰：『善人難做，善事難行，善言難説，乞汝轉懇神明，令五媳病愈，稍延年壽，使世人知勸人爲善之報，起人信心。』江曰：『然。今晚若不來回信，三日内必來回信。』是日五兒來，五媳微有生機。

十九，早，經三約言典屋。上午往桃花洞，坐白果栗二樹之下，緑陰茂密，無暑氣矣。計去前夢三日，不得夢也。

二十日，五兒清晨來云，夢中見其乳姆云：『老爺昨夜有夢，夢五娘病至芒種大重。』五兒夢中問云：『不妥否。』答云：『老爺夢中，聽得説尚無妨。』嗟乎，病至此，尚安得生，倘或神佑而生之耶？

二十二日，往淡雲庵。午眠甚酣。下午往媚筆泉，下嶺皆蒼蒼，林木茂密，山甚發樹，惜庵址稍狹耳。回至境主廟，遇左子直、子厚，過三都館之抱蜀堂，竹徑可愛，反登子厚新築閣，望山聽泉，高爽極目。

二十五，侍大人往慈雲。

二十六，夢有欲景而成，醒爲不怡。

二十七，往山莊，視卜築。雨來霧合，不見山林，溪聲轟然，漲流可愛。歸輿遇甚雨，衣履盡濡，而暮景甚佳。

二十八，芒種。五媳病大劇，幾逝。平日聞人身之氣，與天地之氣相通，無從驗也。及觀之病人，其病之增，至節候而必增。其病之減時，至節候而必減。乃知人身一小天地也。人能知天地之氣機，運本身之造化，一陰一陽之謂道，一呼一吸之謂息，知息則知道矣。往者屈也，來者伸也，屈伸相感而利生焉。時可來言謝中逸有女，亂後流落鄱陽。

三十日，往慰令君。嗟乎，予與令君言之熟矣。曰：『擇禍莫若輕。』今不幸而言之中矣。吾邑自鼎革以後，令公無以陞遷去者，今之難言至此哉！因念此時山居卧病，衣食粗安，自是人生福境，山居自題曰：『維摩居士丈室，康節先生炷香。』感天恩之深厚，愧報稱之末由。乃此一月以內，功行莫能積累，過亦未能考記。人至於不知其過，過過深矣。子曰：『見過内訟。』又曰：『克己。』又曰：『攻其惡。』聖人知人之待己甚恕，護己甚堅，故以兵刑之道治之。如老吏之折獄，訟者，無遁情；如名將之用兵，以戰必克，以攻必取。嗟乎！豈我輩因循度日者，所能及哉！是午，即過默公凉亭，未午飯也。閒坐竟日，甘酒美饌，負愧良多，默公遇請乩者於廣平云：『呂祖至。』書贈默公一聯：『安貧自得寰中趣，忍辱常存塞外思。』富哉言乎。讀畫溪伯寧古塔雜詩，有『薥稗公然熟，瓔瓢香味多』之句，呂祖所書，宜以銘座右。覺蔬飯杯茗，皆爲逾分之享，人天之福矣。可不懼哉！

五月

初一日，讀李卓吾焚書畢，偶閱舊録朱子語類，心身泰然。人無論閑忙順逆，每日静坐一時，可以息氣，可以省過，可以養心，可以祛病。命夏時可寫謝中逸女本末，此事半功半過，難婦母子，引領歸宗，此一功也。流落之餘，配非其偶。然數年資其衣食，拆散彼亦難堪，此一過也。瞶回最當而謝氏無資，勉取以歸而秦歡趙怨，權然後知輕重。心爲甚，如之何而可與權也。今人遇事，或苟簡任己，或枉屈徇人，皆曰從權。不知分厘毫忽不爽之謂權。故權者，經之至精者也。心粗目眩，微有高下，則權失其準，至精不雜，而權立焉。權者，經之至一者也，一斤者，不可移之斤之外；一銖者，不可移之銖之内。至一不二，而權平焉。故天下一切事，得權而行，行則物不能礙。得權而定，定則物不能亂。故至不定者權，圓所以象天；至定者亦權，方所以象地。今人言權，專主乎圓而迷其方，其終也，亦胥失之而已。次日祈籤，得直至一陽重復後，爲謝女事也。

初二，愓若歸。

初三日，丑寅五鼓之交，夢有欲景而未成，邪淫之景，猶未能斷於夢寐。平日所言養心窮理，皆僞焉已矣。故講學者，不必談玄説妙，且道於『酒色財氣』四字如何？一夢之間，魂游魄在，己自不能自主，况死生之際乎？可愧可愧！急早努力，莫待臘月三十日到時，手忙脚亂也。

初六日，往問吴湯日伯及濬之病。嗟乎，何病人之多也。人生少病，亦一大幸。予連日因貧窘而費多，稱貸殊苦，胸多抑邑，何其愚也。憂不足以醫貧，而足以媒病，病之小者，足以增憂而助貧。病之大者，並喪其憂貧，憂憂之具矣，痴哉！午後，晤其相，語其胸次甚苦。夫其相則誠天下之苦人矣。晚歸，五兒延道士禳解，蓋五媳病久，房中陰氣甚盛，擲沙擲石，終夜有聲。先儒曰：『虚空逼側，無非鬼神。』此何足疑哉？五兒於窗下，誦感應經、心經，即暫止。少頃，聲響如故，亦足見吾輩修行之無力矣。予傍晚録漢蘇逢吉傳，此公性嗜殺人，亦獲其報，讀之毛髮爲栗。夜與孫匠商山莊構屋開門諸事，籌畫甚苦，心怔忡不寧，夜寐殊不安。程伯淳先生在澶州造橋，少一梁，每當林木茂美處，便起計度之心，因謂弟子曰：

『可見人心中，不可有一事。』又一弟子心多懼，問於先生，先生曰：『亦是燭理不明，亦是氣不足。』予是夜兼斯二者。

初七日，讀白樂天詩有省，侍郎千古人物，而竟無子，至以侄孫阿新爲後。使今人值此，亦安能逍遥池上，作醉吟先生哉？古人眼明心曠，故不可及。若吾輩人品卑鄙，而有田有舍，有子有孫，邀天之恩，直在白侍郎之上，使不樂則不知享見在，徒樂亦無以積將來，且喜且懼，惟日孜孜，勉爲善而已矣。古人云：『爲善最樂。』

初九日，聞楊欽士太翁暴卒，欽士適游他地，其太翁年五十有□耳，容丹而氣壯，不應有此，而竟倉卒致殞。嗟乎，爲人子者，喜哉！懼哉！念之哉！五弟云：『古人以病三日以後，七日以前，爲終於正寢，洵哉！』

十一，入山。

十四日，夏至。五媳病未增，然卧榻不能起，已十餘日矣。

十五日，起甚晏，將午矣。昔管寧渡海，風起舟將覆，寧曰：『吾曾三朝晏起，一日不冠如厠，過當在此耳。』俄有雙燈引之獲濟。嗟乎！晏起，古人以爲大過，而予自病廢以來，懶惰頽放，習與性成，痛自懲艾，因思晏起之弊，生於晏寢，予每當日暮，輒往館中，與兒輩深談，以至晚餐晏，間飲酒亦晏，寢亦晏，起亦晏，並兒輩之寢興亦晏。此後非有事，薄暮惟禪床小憩，不復往館矣。夫晏寢，或飲酒即睡，宿酒傷脾，或深宵近室，心腎俱敗。夏蚊冬凍，僕婢艱難，燠燈寒火，靡費不覺，遂至晏起爲常，廢時失事。一身之作息，與天地之氣候相違；一家之饔飧，與衆姓之晨昏迥異。古者國家氣運，以勤怠爲治亂，况於士庶，敢不勤與？上午閲藏書過多，火炎炎胸臆間。夜睡至三更，欲念忽熾，極力排制，通夕不能熟寢，披衣起坐，妄念憧憧，因思淫根之重若此。予向作功過拈案，有慧劍斬三魔、過三關之説，此日之慧劍安在？旋斬旋生，談何容易！又思孟夫子通神明之德，類萬物之情，説到當是時也。内無怨女，外無曠夫。王如好色，與百姓同之，於王何有？這方是大聖賢能盡其性。然後能盡人之性處，尋常人誰能説到此田位？孔夫子説个不爲酒困，何有於我哉？又曰：『我未見好德如好色者也。』『酒色』二字，聖人看得何等艱難，今世講學人，如何草草略過，佛家於淫根欲念，洗剔净盡。隔壁聽婦女釵釧聲，律師即爲破戒，圓覺經云：『世界一切種性，卵生、胎生、濕生、化生，皆因婬欲而正性命。當知輪迴，愛爲根本。欲因愛生，命因欲有。衆生愛命，還依欲本。愛欲爲因，愛命爲果。』楞嚴經云：『六道衆生，其心不淫，則不隨其生死相續。』看得『淫』之一字，何等鄭重！乃至經云：『當横陳時，味如嚼蠟。』又云：『汝愛我心，我憐汝色。』將衆生纏綿流恋情景，和盤寫出。故曰：『三教大聖人。（注：聖通明也。）無所不通，則無所不明。聖賢不通凡夫之情，不可謂通明；佛不通衆生之情，不可謂通明。』又予適有數十日之戒，至此日方竣，故念起而横。語云：『彎弓到滿時，分外難開。』信哉！先德云：『不怕念起，惟怕覺遲。』此亦是方便不得已而言。念既起矣，只有覺之法，雖遲，亦無可奈何。究竟念一起，覺已遲，如何説得『惟怕』二字。須是念未起之先，時有個惺惺主人公在，陸象山先生云：『存養是主人，撿點是奴僕。』

十六日，是夕。

十七日，二兒自池州試歸。

十八日，五弟爲其前婦周年，先一日，禮讖於慈雲。予率諸兒一往，偶閲篇海，見其論字母清濁，喟然曰：『天下議理之無盡若此乎？』六兒往聞論字音之清濁於馬臨公，臨公聞之無可大師，與此相合。但未言上聲作去聲耳。因書以示六兒。

十九，往藕塘。

廿日，入山，草堂將成，風檐獨酌。

廿一日，外母週年，禮讖慈雲。方國甫、劉奉泉之子來見，意甚咈然，多吐我意，未盡彼辭。别後回思，深多未悉，此予痼疾也。此後能審問徐斷，則情僞過半矣。其言曰：『公家盛德，故敢相蒙。』嗟乎！予何敢當盛德？若如彼言，則盛德可爲而不可爲也。故居鄉之道，温言和氣，可以悦人，亦可以誤人。必也外嚴而内恕乎？故曰：『爲善無近名。』既而思之，昔正獻公薦常秩，秩後改節，公悔之。雁門太守行贊洛陽令王涣之賢，曰：『外行猛政，内懷寬仁。』程明道先生曰：『顧侍郎百受人欺，不可以此替好賢之心。』嗟乎，格人至言，可佩也已。聞子兑訃。

廿二，晨坐床上，爲山中卜築，及方氏田兩事。往來胸中，方知我胸中，不能容一事。

廿三，偶閲五燈會元，兒輩適指丹霞燒木佛公案，曰：『院主訶丹霞，自是正理。却爲何鬚眉墮落？』曰：『院主鬚眉不墮落，誰爲丹霞作證明。』兒未達，予笑曰：『汝看院本白兔記否？』曰：『見。』曰：『咬臍郎是節度使貴公子，李三娘是田村婦人，爲甚麽受不得李三娘一拜？却昏暈跌倒，何也？』曰：『李三娘是嫡親母親。』曰：『須知丹霞是嫡親兒子。雖然如此，我却不然。』曰：『大人意又如何？』曰：『我寧可咬舌，不犯國諱。』曰：『古德多有訶佛罵祖伎倆。又作麽生。』曰：『奉天罪己數慚德，古帝郊天書御名。』

廿六，赴五弟酌。家閽來云：『有張年兄之子，往江右，便道過此相拜。』閽辭以入山，忿忿出言而去，次晨即他往矣。居鄉病困，本艱酬應，况遠道真僞，何從辨之？一概謝絶，勢必開罪，且奈之何哉？

廿九，李香下惠宫，命二兒全糴倉租。見稻值太賤，而今歲諸費畢集，胸中煩擾，無復泰定之樂。

六月

初二，大侄七侄昏歸，行廟見禮。

初三日，二兒歸。稻以賤而滯，以滯愈賤，較之春初，每石折去銀壹錢矣。留穀本爲貪心所使，豈知人欲貪，而天反與之廉耶。故曰：『貪賈參之，廉賈五之。』言貪者因貪而反失其利，所得反不及廉賈也。又曰：『不貪夜識金銀氣。』洵哉！

初五，過大人處，知張輿公年伯母，予家竟失奠。嗟乎，予以病懶於聞見，貧艱於資費，受人之禮而不答，尚何以自處哉！

初六。

初八日，王宅索舊逋人至，甚爲煩懣。朋友親戚，雅意通融，其借於人者，必時處不足。爲人借者，必時處有餘。往往礙於交情，不肯苦索。賢者尚擬從容相償，頑者遂以久假相忘。一旦境移時變，貧富升沈，其借人者，未必變而有餘，乃爲人借者，或忽變而不足，自處既貧，則索逋不得不迫；負逋既久，則相償不容再稽。視之從容陸續償逋者，其緩急難易，固已不侔矣！諺曰：『人貧簡故紙。』情之常也，況天下豈有可不償之逋哉？

初十，賡兄以書來告急，予之貧甚矣。而友義不可恝，稱貸復無所出，難哉！予兄弟中亦有欠其紗布諸價者，皆稱貸以償之，亦如予之於王君矣。
十三，經三移居。
十四，侍大人入山。
十五，熱甚，夢有欲而成。
十□，時可歸，知謝女在彼粗安，其來言者，欲有所假借以成己私也。人情之難測若此，予當日之且信且疑，豈忍過爲逆意哉。此亦格物之一端。
十九，二兒之女晬盤。
二十，入山。
二十二，因夢中驚悸，晨占得坤之六四，括囊无咎無譽，象曰：『括囊无咎，慎不害也。』
二十三，入槭岩。
二十四，兒婿入山來視。
二十五，塱兒迓大人『入竹』里，小晴往游槭岩。
二十六，爲子鄰迫約歸，論辨良久，氣耗血虚，夜不能寐。
二十八，麟州來診脉，發煎劑。五弟來雁軒。
二十九日，遞呈。連日暑甚，夙疾大劇，又不得即入深山静攝，奈何！是晚，來僕携長孫外嬉，忽有壯騾逐牝驢，如風而至。來僕逼墻壁下，不及避，遂以身伏長孫背上，其騾從來僕背，蹴踏而過。嗟乎危哉！此予長孫再生之會也。因謂五兒云：『感應經頌，有「福向緩中生，禍向暗中滅」之語，謂大善人而言也。』若此則禍向明中滅矣。譬若中流遇風，幾覆復正，可不警哉！內訟己過，上感天恩，切莫作泛常視，辜負鬼神一番臨濟喝德山棒矣。其騾爲周氏之物，周氏責其放騾之僕，而償來僕湯藥壹兩貳錢。予本不欲令來僕受，然念不如是小懲，則無以大戒。姑息容忍，反爲彼他日之累矣。昔金陵倪尚書閒步行，有一醉人直撞之，且出言不遜，公容之弗問。久之，其人以醉後毆人抵罪，公乃悔曰：『我之過也。夫使當日聞之於官，小加懲創，彼豈有今日耶！』予意竊亦如此。

七月

初五日，得黃司李書，宗玉龍牧，來晤兒輩。

初六，入山。

初七日，早不寐，聞若有伐竹聲。覘之，非也。因思天下事，耳目之所不及者，多矣。然則豈可以耳目窮之？然則心思之所不及，與及而誤所及者多矣，又安能以心思窮之哉？故曰：『神而明之，存乎其人。』又曰：『天下何思何慮？養病以思不出位爲先。』

初九日，二兒來，與彼言詩。

初十日，爲先慈禮讖於慈雲。予以病不得往，而山中亦失遥拜，罪矣，罪矣。

十一日，朱李來，得二兄字，不怡者久之。山中人懶性，不喜聞外事，所謂魔也。雖然心能轉境，境安能轉心？士若一事糾纏，便生厭舍，古德有言：一葉飛而翳天，一芥墮而塵地。早知心量本空，天澄地闊，饒他鄧林風飄，迷雲蔽日，海沙倒湧，積阜連洲，還於本分内，有纖毫絓礙否？

十二日，看木匠鑿孔合筭，謂二兒曰：『做屋只是一个牝牡，可知天下只是一箇陰陽？一施一受，一虚一實。』

十三，天雨。廂房蓋瓦未全，甚爲躊躇。前此有二粗瓦匠入山，予再三遣之出。今思使彼日留之，瓦已蓋矣。凡事不必十分算計，不算則失人道，過算則不知天道。

十四，聞葉令君欲入山，念其失意去，扶病一往别之。

十七日，因家居煩懣，俗務紛紜，病勢復熾，急入山。是日聞方侄九哥至，五弟過檝岩。

十八，冰持禪兄訪於山中。

十九，四弟過山，大雨不得酒，悵悵久之。思釀藥燒酒以待不時之需。連日卜築左廂房，頗苦時詘，右尚思構一亭，今以力不足輟矣。因思山居本期苦行，等於世外。若仍欲結搆完備，便是侈心未盡，恐爲鬼神所訶，宜切戒之。况於力既不贍，心復思搆，又添一段妄想糾纏，從山水良緣中，起經營煩惱障礙，豈不愚耶！鄙意冬間稍有餘貲，以十金完垣墻。如不能，則編籬自蔽而已。

廿，九弟同方九哥入山。

廿二，次侃過訪。時山中遍沽酒不得，午飯、晚粥而别。

廿四，請大人過竹里，以腰疼未果來。

廿五，碩五北上，過别於山中，談話竟日。

廿六，婿並兒輩入山，觀僕開曲水流觴故址。暑天用力，白汗交流，或至中暑成疾。故盛夏不宜興工，即興工，亦宜節其力，容其惰，陳茶暑藥，間一與之。日中小息，使之不盡其勤，不致其疾，亦方便之一法也。又一次興工起土，所傷細微蟲蟻，不知以千萬計，人多以不見而忽之。予嘗見堆舊磚百十塊，命僮移之别所，見磚縫蟻聚甚多，一時奔潰，死者無數。蓋物以土爲室，以迷爲藏，破其室，使無寧居，顯其幽，使無遁形，其暴殄物命多矣。故得已而不已之工，君子戒焉。

廿七，歸。是夕。

廿八，復綉山書。

廿九，二兒往湯莊。時苦予在山，諸費逋欠，連日加息借銀廿七金，以給之，心方帖然。貧之難安，甚矣。

八　月

初一，朔日也。距廿七三日耳，而犯淫欲過度之戒，過矣，過矣。

初三日，二兒雨中自湯庄歸，湯庄爲方氏僕隱租已久，大約多以熟爲荒耳。今田歸於予，予計欲清之。念以此庄一有管理之人，則與佃人勾結，必不可清矣。故此行命兒塈從二兄往，而元香二僕參之，彼此頡頏不相下，克甫携丈量弓，往爲虚聲，果得增租數十石。佃約來歲再量增，予聞之甚喜。此田爲方青林公之塋在焉，或十年，或五六年，孤甥稍能成立，當聽其贖。予此時不過代爲之守耳，兒塈歸，道此田良而租增，可爲孤甥異日地。予亦可慰先孺人之靈於九京矣。

初九，大人分七八二弟田，田無多租，皆以分撥。老年憂貧，何以頤攝。與二兒同舟定膳單。

初十，二孫粹盤。大人過雁軒，是夜之亥時，五媳病逝，痛哉！卒不能起矣。老媪又云：『氣盡於亥時，而丑寅之交，喉中復有痰響一聲。』詢之張武去云：『訃當以氣盡之時爲正。』又五媳數日前，嘗問侍婢何日初十，揣其意，或待其幼子之周歲耶。幸棺與殮具皆久備，而其母家老蒼頭適至，目擊殮事，頗爲竭力，中用紬無尺布矣，亦綿，未用木棉也。初七八日，五兒清晨拜祖宗，忽見木主倒於香閣上，豈此之先兆耶。予念秋後，尚宜請醫一服藥，而病人久病苦藥，予未令兒力强之，以僥倖萬一，中心歉歉者此耳。然而病重命定，里中諸醫，更换調治，而無一效。醫之道，其難言之矣。

十一日，予病大發，胸中悶結，請麟州來診脉服藥。大約心脉弱甚，而肝太盛，自愧功行不圓，學問不深，不能福被骨肉，自治身心，自疚而已。是夕，杭兒之子耳保年五歲暴卒，此又予一過也。此幼僕已失母矣，三日前，曾聞之老婢言其有腹漲之病，而其父反云死了也罷。予雖家中連日稱貸，然意欲與以醫藥之資，聞其父此言，遂咈然而止。欲少遲再給之，而不意此幼僕之不能待矣。故救人如救焚，遲一刻不得。

十二日，其相過晤，前次卿來，予皆扶病力見之，爲方吴勸息訟也。雖病極，敢憚勞乎？予性好懶畏事，此極力勉强而行之。須知好懶者，未必得懶。畏事者，或反至多事。此一案予向年曾亦與聞，若此番因病，遂爾閉户，不救。萬一事局紛紜，訟端蔓延，則前此居間之人，不亦在粘泥帶絮之中乎。

十九日，爲五媳成服，心傷體勞，氣滯膈上，連日服麟州藥，不能大痊。憂從中來，固非藥餌可速效，亦見學問無力，性情沈滯，適爲病招而已。

二十日，楷人叔過雁軒不值，次日往扳，云下午已行，甚悔失禮。

二十二日，聞廣文沙先生卒，往視其喪，始聞其不能具棺，以聖殿餘木爲之。予甚恨不及早知，但予去視時，聞尚未入棺，比時尚可易也。又聞其棺内亦未用尺布縷絮，予袖携一金，並兒輩一金，儘可立辦，而倉卒付沙价送入，恐置之無用之地。總之，臨一事，如把守關津吏，不可容易放過，切須仔細從容，回翔審顧。匆匆一去，必貽後悔。

二十五日，張符九自宿松至，病中相對，彌覺淒然。連日病，口燥如火，膈上痰凝，氣不得屈伸，思一入山静坐，用導引法治之。大約使火温於下，則氣血流通，水自昇於上矣。若止用退火法，止可治標，而不能治本。蓋予之火，生於心血不足，肝氣太盛，脾土虚寒所致。故必以調息伏氣，温臍暖足爲主，則可補虚降火矣。然而事務紛於外，愁痛撓於中，山中静坐，一日當兩日，豈易得哉！往年栖霞慧若師，小授予導引法，近聞其貧且老，而予不能致一供，愧矣，愧矣。

廿六日，符九致奠於五媳。時五弟來言我友錢胤升之子佳保，貧至無衣食，予甚愧之。故人之子，遂至於此，予之過也夫。擬賣稻後，略以二金爲製寒衣，歲以稻五石給之，至五年而止。蓋計彼時年十八，可自立矣。友道之廢，交情之薄，予實自蹈之。世豈有故人死五年，而不一問其遺孤之飢寒者哉！故予命諸子勿結一友，結友定交，非三十歲後，具知人之眼，不可定交，恐誤交也。又不可多定交，多則愛薄而情不專。管與鮑、張與范，俱是一人止交一人，未曾數到第三個。故後日交道之薄，起於當初交情之濫。張劭字元伯，與范式巨卿爲友，元伯病困，同郡郅君章、殷子征，晨夕省視之。元伯臨盡嘆曰：『恨不見吾死友。』子征曰：『我與君章非君死友耶？』元伯曰：『二子吾生友耳，吾死友山陽范巨卿也。』

廿八，符九入山，作字與徐仲衡，爲張威老料理葬事，並繳張畬田印單於仲衡。

九月

初一日，符九行，予既悲且勞，病以彌增。午後禪床静坐者良久。聞望侯中式，甚喜。先伯父石嶺公，積善餘慶，足徵天道之佑矣。

初二，喜方惕若至。予初擬以功服在身，應持周月之戒。而是夕夢有欲景，醒而成欲。可見欲之一字，難言之矣。時僅距八月朔日一月耳。

初三，惕若診予脉，謂静攝節思，可漸調治。但心脉太耗，肺脉太弦，然此時秋金當令，弦亦無大傷也。爲發煎藥數劑，囑予入山調治，以静爲主。

初四，念與夫李香病，僕之效力者，宜賙之。且上無父母，中無兄弟，下無妻子，是獨人也。爲主者可不以父母之心視之乎？一家雖小，亦必以通言路，達下情爲主。若必主人思慮所及而後及之，亦云狹矣，遲矣。

初五，入山。室人言山中饋食之難，忿忿登輿，猶介介者久之。自反生平嗔心，何重也？克甫亦入山，下午同登室右山頂，一望清爽，神氣浩然，有凌雲意。

初六，雨。克甫出山。

初九，惟子、五兒入山，同游桃花峒。

十二，六兒往九華上香。

十三，其相爲綉山、惟子事，堅約力疾出山。

十五，往慧山，晤元白尊宿，問余『透網金鱗，以何爲食』一段公案？予不能對。少遲，綉山至。

十六，過月上庵，往晤綉山。

十七，綉山有字來，予不怡者久之。一恐其兩家夙業，累解仍結。一怨其不候而去，有負苦心。一日之間，嗔憐並集，既而思之，本來救火，豈反自焚，嗔固可愧。雖行善事，亦不執著，憐亦隨緣，但不可執滯己見，輕僨成事而已。

十八，六兒歸。是夕。

二十一日，言莊回生詞林兄弟互訐事，與室人大哄，多言求全，盛氣互激，亦云過矣。

二十三日，初聞四弟僕孫榮爲白齋公帶控於操臺，訪之則其事已久矣。四弟遠出，而予又山居，耳目不廣，無所聞見。易曰：『豐其屋，天際翔也。窺其户，闃其無人，自藏也。』夫深居塞聰，豐其屋以自蔽，則户之有人，與無人等耳，可不懼哉？時恐其牒下逋逃如往年王建一故事，即欲作字送署令拘禁。既而思之，凡事不可造次，須事至而應，不可先發，恐有錯誤。次日府牌至，止有姚年，無孫榮也。夜同二兄至五弟宅，喚孫榮細研之，則姚年乃即白年耳。孫榮於汪新告白時，亦在中人之列，但白未告之於上，則止當以家法治之，不必又送之於官矣。使當日先送於官，豈不反添蛇足，傷家庭之雅哉。是。

二十四日，第二孫鏡殤，此五媳所遺之次子也。予哭之以詩：『一周憐母逝，盡七挈兒賓。痛哉！涼德來虛喜，空花了夙因。』無可言矣。

二十五日，是夕。

二十六日，飲七弟處，是夕行欲而未成，亦犯過度之戒。甚矣。

十二月

十七日，大人命飲年酒。予久覺胸膈間痰凝火結，乃黽勉支吾。至是日，遂不能支坐，間索小輿歸，急請麟州診視。大約心虚肝盛，血耗氣滯，痰火相凝，故外之寒邪乘虚而入也。予心中知病已久，而不能早延醫服藥，致其病成而後治之，故用力多而見效寡。

十八日，病夢亂甚而悸，可知平日養心之無素矣。偶口占云：『生死於是驗，功行果荒唐。』古人云生死一夢覺也。果然。

廿四日，病中五更即醒，雜思紛紜，不能成寐。火炎炎於眉間，蓋心血耗而火盛久矣。自此以往，病日甚，而歲事繁費，益覺愁憊。

十八年

正月

初一日，勉疾至大人處，一拜年即歸。聖廟諸處俱不能慶節，殊以久病爲廢禮矣。

初四，揲年筮得坎之初六，習坎，入於坎窞，凶之。節之初九，不出户庭，无咎。予年來揲蓍，無若是之凶者，讀之悚然。惟深思節。初九之義，以庶幾挽回於萬一耳。

初七，五兒揲其求昏之筮，遇渙之象，渙亨。王假有廟，利涉大川，其辭甚吉，而事卒不諧。既而思之昏以合二姓之好，何以得涣？既涣矣，而文何以亨也？則其事以不諧爲吉也。筮亦有不可泥於辭者，類此。

十日，遞病呈，蓋新正之初，恐令君不喜引疾退休之事，故不得不遲遲耳。

十六日，麟州怪予病不愈，細診其脈，曰：『此内熱積久而外感寒邪，火愈結，則水火愈不交，人固有熱極而反畏寒者，因更加黄連。』先是方惕若診予脈，謂氣滯痰結，數劑用石膏下之。予以久病内虛，不敢服而强服參，不意其愈沈綿也。故服藥當委心於醫，不可以己見參之，慎之哉！又予病中若一人獨坐，間一閲杜詩，或偶吟數語，甚覺勞人，蓋心血耗久也。蘇子曰：『思之害人也，甚於欲。』

十八日，欲於次日入山養病，晚於禪榻上三復繫辭『天下何慮』一章。

十九日，天雨雪，亦入山耶。諺曰：明日陰晴未定。此言雖小，可以悟大。病中責二婢，殊覺傷氣，是亦不可以已乎。

二十一日，五兒揲蓍於山中，得睽之九四、六五。

二十四日，小晴入山。

二十五日，天復雨，病中擬入山。散步以豁心胸，而雨久，又山氣寒甚，病虛殊不堪，乃知萬事繇天，不必强作分别想。執我見於其間矣。

二十七日，得六兒字，悸怛久之。

二十九日，甫旦，同二兒冒雨入山，夜間多談虎而心悸，半宵不能寐。

三十日，甫旦，二兒出山。

二月

初二日，連雨方霽，勉登宅左山，望瀑布之巔，水石燦然，體覺微汗。予病中畏風已甚，終日閉門而氣弱愈甚，血下不止，既而思之華佗有言：人之形體常欲得勞動，但不可使極耳。動則血氣不凝滯，如户樞之不朽，流水之不腐也。予謬以此意勉而行之。

初四日，脾虚甚，飲食滯腹中不化，惟節食用三煉法温火臍，間以制之，大約使腹恒帶飢而氣暖。

初五日。

初六日，麟州入山診脉，改用大補丸藥。彦昭、經三携具入山，六兒同來。時皖岳以六工截山中火路之半。

初七日，力疾同尋梅梅溪。初補石垣，因周玉之便。

初九日，得五弟家信，並綉章書。傳方邵村病腹漲，卒於關外。予决其妄傳，向爲邵村筮，尚有先迷後得之望也。

十一日，聞詔將至，扶病出山待接。

十四日，午接詔。

十五日，成服。自此朝夕臨者三日，病昌曉寒，因哀增劇。

十八日，晤令君，稍進忠告，進而不能盡，殊自愧矣。病卧山中，出晤甚艱。鄉紳爲一方之望，地方疾苦恫瘝共之，可僅閉門作自了漢耶？是夕病復發。

二十日，病復大作，山中静攝，嗇精專氣，塞充凝神，稍可自支。自一入城市，萬慮紛紜，兼之勞悴，寒氣外觸，神明内耗，亦大乖於頤養之本旨矣。

二十二日，晨起，偶步中堂，遂覺感寒，頭痛目脹，不意病後體弱一至於此，大約氣虚極矣。正氣虚，則邪氣易入，如室中主人昏瞶，則外侮易生，當以養氣爲本。

二十三，查僕之私梯。

注：〔一〕此日記爲鈔本，由安徽博物院提供底本。謹致謝忱。

附録三　闢邪録

闢邪録序〔一〕

余在江南時，謝子慎思以闢邪録一册遺余，又時未暇閲也。戊申在武昌寓舍中取而觀之。見其論辯精詳，徵引曲暢，勤勤懇懇，不啻大聲疾呼，以醒斯世之沉迷，藥士人之痼疾。余竊慨然，嘆其用心之專且壹，因其言，卜其德也。復索一册以備朝夕觀覽，而蔣子雨笠適見之，即犂然有當於其心，奮然欲廣其傳。家素貧，不憚多方措貲，重爲刊梓，以行於世。補其中未備者數條，乃大切中時弊，勤勤懇懇，亦不啻大聲疾呼，能使讀者瞿然以驚、豁然以悟。余因極爲之擊節嘆賞，謂述者與作者之功大相埒矣。

方今聖治光昭，禮教修明，覺世牖民，訓誨備至。海内之俗，蒸然丕變。間猶有沿於積習傳染，膠固不知醒改者，亦由無人焉肯昌言以力挽之耳？雨笠今刊是録，補所未備，能使見者瞿然以驚、豁然以悟。未事已有儆而知畏，當境又制絶而不敢爲是，率天下以遷善改過者，此書也；是佐聖代以拔本塞源者，亦此書也。人若盡置一册，勢必家喻户曉。即或未及見者，亦且轉相告語，引爲大戒，無復向者匪僻淫比之爲。師道立而善人多矣！生又茂而大德溥矣！

嗚呼，其功豈不偉歟？余牢落無似，獨好善之念未嘗一日少去於懷。今喜雨笠善如是大而功如是偉也。爰爲弁數語於簡端，至惠迪降祥之説，如影若響。當有確乎不爽者，然雨笠重輯是書之本念，非以求福利故而爲之也。余故略而不道。噫！慎思見之，當必有相視而莫逆者矣。是爲序。

雍正九年歲次辛亥季春朔日，侯官鄭任鑰拜題。

注：〔一〕此標題係編者所加。

自序

吾兹重鐫陰騭文一書，凡以勸天下之善也。且區區丐善之誠，竊自比於抄僧之善募也。乃我方持鉢於門，人或摽之使出，則將疑人性之中果有不善者歟？或者曰：子未深讀陰騭之書者也，寶訓之歸宿也，總之以衆善奉行而必先之以諸惡莫作，良以惡者善之反也。非種不鋤，猶南北水火冰炭之不相入也，而淫者尤萬惡之首也。渠魁不殲，何怪寇盜奸宄之紛紛竊發乎？然則，閑邪之録誠陰騭之輔車也，余用是益孳孳不能已矣。情猶水也，邪正分焉。邪而不閑，則泛濫不可紀極。江淮河漢，夫非猶是天一所生者哉？而始濫觴而極汪洋，卒無有憂其洞洚者，障川於迴瀾之日，澄清於砥柱之功也。

古之言曰：佛道之書，誨淫者也。何也？男女之際生，人之大欲存焉。不清其源，不治其流，概欲盡人道而遏抑之，川壅則潰，更愈於决其防而揚之波也。聖人有憂之，易始乾坤，書先厘降，詩首關雎，禮重大婚，春秋譏不親迎。男女以正，婚姻以時，古今天下所由太平也。是故人情所不能已者，聖人弗禁。發乎情者止乎禮，義曰：閑邪之道得爾，今夫妖姬静女吾仇敵也，柳陌花街吾烽火也，蝶使蜂媒吾間諜也，殷脂膩粉、急管繁弦又吾一切之刀鋸鼎鑊也，急爲閑之，勿使外之。寇吾者或攻而入，致等於開門而揖也。且夫嚬笑不苟，吾鎮攝也；正人與居，吾捍衛也；平旦清明，吾干城也；荆釵裙布、鴻案鹿車，又吾一切之折衝禦侮也；急爲閑之，勿使内之。自守者或軼而出，致等於短垣之逾也。不然情猶水也，稍不閑，泛濫莫可紀極，不戒少時偶爾孟門之浪傷哉。屢劫誰憐昆池之灰？此失足遂成千古也。區區之心，愿天下苦海回頭。猶是向者陰鷺録中自悔以望人悔之意也。若夫生死門户禍福影形顯繪於是書者，固已昭如列，看而明如指掌矣。老頭陀登場説法，請即以卮言爲開章第一義乎？

是爲序。

時乾隆十五年庚午春晋沃馬克修敏斯氏敬識

讀閑邪録小引

一是書取義閑邪，閑邪固不獨女色一端，然吾思天地間引人最易，惑人最深，而其爲固最烈者，究莫如色。若酒若財若氣，或導其前，或揚其後，皆是此一字之線索羽翼。一爲之迷，喪德隕身，慘不勝述。作者專就此字立論，正吃緊爲人處。

一是書擇精語詳，其彙集一本聖經賢傳及諸儒名書。其大旨則在戒懼慎獨。其文剴切，其意忠厚，洵足傳世行遠。閲者當如夜行見月，曉夢聞鐘，置之座右，時時自鏡，久之可使欲念俱釋，天理盎然，勿徒視爲閑談，束諸庋閣，任其塵封已也。

一是書多言因果，并及冥司陰罰。近世學人過高以爲修德原不望報，地（官）（府）更屬荒唐。或利其説反得恣意横行，無所畏忌，不知作者反復丁寧，實曲盡其牖世覺民之意；閲者傳誦服習，默諒其維風正俗之心。蓋一片苦衷，無非與人爲善云爾。

愚山熊以安敬斯謹識

閑邪録卷之一

桐城姚端恪公原纂
漢陽蔣正校雨笠補輯
曲沃馬克修敏斯重梓

引經

六經之旨，總不出福善禍淫。《易》曰：『積善必有餘慶，積不善必有餘殃。』又曰：『善不積不足以成名，惡不積不足以滅身。』《書》曰：『惠迪吉，從逆凶，惟影響。』又曰：『天道福善禍淫。故凡我造邦，無從匪彝，無即慆淫。』又曰：『惟上帝不常。作善降之百祥，作不善降之百殃。』又曰：『天作孽，猶可違；自作孽，不可活。』蓋人之於天，其精氣相感，捷若影響。一念之善，喜見於天，而吉隨之。一念之惡，謫見於天，而凶隨之。故福善禍淫，纖悉不爽也。《詩》三百篇，以無邪爲主。其善者足以感發，其惡者足以懲創。故夫子删《詩》，於狂童淫女之詞皆存之，以動人羞惡之心。而雅、頌諸什，凡天命之去留，一視人心之邪正，而祈天保命，夙夜不敢康。至春秋之作，尤所以遏人欲於橫流，存天理於既滅。列國之君，往往宣淫無禮，至殺身亡國，絶世滅後，聖人皆大書特書以示戒。即易所謂臣弑君，子弑父，積不善而降殃之謂也。禮於男女之别，尤爲嚴重。男女生七年，即不同席，不共食，不通衣裳，不通乞假，非祭非喪，不相授器。男子入内，女子出門，道分左右，夜行以燭，無燭則止，女子必擁蔽其面。既卒臨尸，叔嫂猶不能相撫。寡婦之子，非有見焉，則弗友。凡皆所以謹男女之别，而絶淫亂之源。即易所謂男女正，天地之大義。春秋傳所云：婦女迎送不出門，見兄弟不逾閾。又云：男有室，女有家，無相瀆。而反是必敗者也。

又春秋：僖公十五年，震夷伯之廟，左氏以爲展氏有隱慝而天罪之。蓋天爲群生之主宰，降祥降殃，至公而無私，至尊而無二。即經所稱昊天上帝是也。程朱大儒概以理言，則如詩所云：『皇矣上帝，臨下有赫。上帝臨女，無貳爾心。』凡詩中所稱上帝，固儼然有赫赫明明，爲群生主宰在也。其在書曰：『予畏上帝，不敢不正。』又曰：『皇天上帝，改厥元子。』又曰：『帝乃震怒。』書中所稱上帝，亦儼然有赫赫明明，尊無二上之一人在也。豈徒曰理而已乎？但上帝所主者惟理，故理曰天理，而天理即在人心，即孟子所稱良心是也！喪其良心，即背乎天理；背乎天理，即獲罪上帝，而淫邪爲尤甚。此非求救於釋老，乞哀於鬼神，所能解免也。暗室屋漏，十目十手，察善糾惡，不可度思。虛靈之氣，呼吸自通帝座；則貞邪之事，舉念已觸天心。并不待鬼神之入告也。福之來莫備乎五福，而天之福善。凡富壽康寧，攸好德，考終命者，無弗至也。禍之來莫甚於六極，而天之禍淫。凡曰凶短折、曰疾、曰憂、曰貧、曰惡、曰弱者，亦無弗至也。人當見色起心之際，從不畏人知，獨不畏天知乎？即不畏天知，獨不畏天怒乎？無曰高高在上，日監在茲。必待獲罪而始思禱，不亦晚乎？但世亦有既經獲罪，而一念悔悟，天心即爲轉移。所謂天道禍淫，不加悔罪之人。易曰：『震無咎者，存乎悔。』天亦視其人之悔與不悔耳。然無哀痛迫切之誠，而徒曰吾已悔矣。是以天爲可欺也，其獲罪不更甚乎？故必痛自刻責，幸天譴之未加，及此身之尚在。痛哭流涕，忘寢廢食，力行善事，以蓋前愆，則天亦未始不開人以自新之路，而喜其悔過之誠也。易以不遠復爲元吉，而以迷復爲大凶。蓋人而至於迷，所謂惟受罔有悛心者也，所謂自作孽，不可活者也。雖上帝之仁慈，亦不得不震怒而加嚴譴也。其可懼也夫？其可哀也夫？

徵史

千古生爲名臣，歿爲名神，忠誠貫日，義勇格天，漢則關公，宋則岳侯。關公當先主敗於下邳。公與先主之后，俱爲曹操所虜，操欲亂其君臣之義，使公與后共居一室。公避嫌，執燭侍后至旦。岳侯在宋，吴玠聞其威名日盛，愿交下風，遣使飾名姝以進。既至，侯乃以屏障之，不令相見。遺書謝玠還之。二公行事，真如青天白日。而史稱二公俱好讀左氏春秋。夫左氏之書，其於天道之福善禍淫可謂備矣。楚莊王納巫臣之諫而出夏姬，遂霸天下。公子鮑懼淫烝之禍而拒襄夫人，終有宋國。齊桓申大義而殺哀姜，而霸業以成。鄭忽辭文姜而絶艷色，而淫禍以免。多福固自求，作孽亦身致。晉惠公夷吾，烝於賈君，時申生已亡，狐突遇之新城，謂突曰：『夷吾無禮。余得請於帝矣，將以晉畀秦。』既又曰：『帝許我罰有罪矣，斃於韓。』後韓原之戰，夷吾果爲秦穆公所執。蔡哀侯既見息嬀而弗賓，爲息所代，復譽息嬀之美於楚子，使滅息而娶之，楚子終以息嬀故，滅蔡以悦嬀。左氏謂惡之易也，如火之燎於原，不可鄉邇。晉趙嬰通於趙莊姬。原屏放諸齊。嬰夢天使謂己：『祭余，余福汝。』使問士貞伯。貞伯曰：『神福仁而禍淫，淫而無罰，福也。祭其得亡乎？』祭之之明日而死。蔡景侯淫太子班之婦，而爲子所弑。子産謂其淫而不父，料其必有子禍。楚平王弃疾，納太子之妻，而馴致鞭尸之禍。太史公楚世家謂：『弃疾以詐得国，嬖淫秦女，甚乎哉，幾再亡国。』魯叔孫豹去魯，因庚宗之野合，而召豎牛之禍，至飢死牖下，而二子皆爲所殺。以豹之忠貞，猶且以是獲禍。巫臣與子反争夏姬，巫臣竊姬以逃，而子反因之盡滅其族。其諫莊王，所謂貪色爲淫，淫爲大罰者，乃自以其身當之。初莊王因巫臣諫，以夏姬與連尹襄老，襄老死於邲，其子黑要烝之，至是子反并黑要殺之，而取其室。至若陳靈公通夏姬，而爲夏徵舒所殺。齊莊公淫崔杼婦棠姜，而爲崔杼所殺。皆逾墻被射，中股反隊，駢首就戮。楚令尹子元，欲蠱惑文夫人，而爲鬥班所戕。衛宣公納伋之妻，而爲狄所滅。齊懿公納閻職之妻，而爲職所弑。事同一轍，皆所謂自作孽不可活也。至於公孫争室，懸首周衢，良夫肆淫，袒裘就戮。叔帶通隗，身死隰城。慶封易内，滅族朱方。崔杼娶姜，家無噍類。勝臧通室，害及數族。欒妻下淫，欒氏滅宗。晋納驪姬，亂及數世。魯娶淫女，禍敗日興。衛因南子，喪亡接踵。叔向母所謂三代之亡，共子之廢，皆是物也，女何以爲哉？夫有尤物足以移人，苟非德義，則必有禍。更若晋侯之疾，醫和謂爲『近女室，疾如蠱。非鬼非食，惑以喪志。良臣將死，天命不祐』。又曰『淫則生内熱惑蠱之疾，今君不節不時，能無及此乎？』是善福禍淫，左傳已詳哉言之。而如齊襄之淫狐邪獸，至妖豕野啼，延首就刃。此等事更不忍道也。戰國之時，天下艷稱蘇秦、張儀。儀之反覆詭譎，更甚於蘇秦，而儀得令終，獲保首領。蘇秦至車裂於市，支體横分，則以蘇秦晚而淫亂故也。蓋戰國游士，往往令終。惟商鞅以刑名法律殺天下，李斯以焚書坑儒禍先聖，至車裂而具五刑。而秦之禍竟與鞅等。是淫一人與殺數萬人，厥罪均也。他如吕不韋爲始皇所廢，以淫秦太后也。春申君爲李園所斃，以納李園妹也。秦漢而下，淫報最甚者，莫如隋煬帝。煬帝以戲陳夫人故，遂至弒父，後爲宇文化及所殺。堂堂蕭后，去爲突厥閼氏，既葬而天誅者再，較之漢成帝之喪身滅後，唐明皇之流離困辱，齊東昏、陳後主之亡國殺身，殆有甚焉。其平日引鏡自照曰：『好頭頸，誰當斫之。』蓋良心乍現，知天道昭明，不克久活故也。梁朱温以淫亂故，爲子所弑，刃出於背。

歐陽公五代史家人傳總論曰：『梁之無敵於天下，可謂虎狼之疆，及其敗也，困於一二女子之娱。』至於洞胸流腸，刲若羊豕。禍生父子之間，乃知女色之能敗人矣。自古女禍，大者亡天下，其次亡家，其次亡身。身苟免矣，猶及其子孫，雖遲速不同，未有無禍者也。歐公之言，豈非萬世龜鑒哉？

唐太宗爲三代後令主，而好色乃其痼疾。雖目擊隋煬帝之禍，兢兢自克，燒迷樓，放宫女，終以淫幸武氏，至子孫夷滅殆盡。其後韋后、楊妃，淫亂宫闈，顛覆天下。唐氏凌夷，不絶如綫。蘇子瞻曰：『太宗仁聖寬厚，克己裕人，幾致刑措。而一傳之後，子孫塗炭。此豈爲善之報？』蘇子歸其咎於好兵，余歸其禍於好色。朱子感興詩曰：『晉陽啓唐祚，王明紹巢封。垂統已如此，繼體宜昏風。麀聚瀆天倫，牝晨司禍凶。淫毒穢宸極，虐焰燔蒼穹。』天寶之後，淫荒已甚，大亂以起，所謂君以此始，必以此終。信乎其然矣！

自古創業之君，立心正大，不近女色，無如宋太祖。誠正修齊，開一代理學之源。後真儒輩出，繼三代不傳之統。掖庭無内寵，宫闈絶淫佚。故家法嚴肅，近古無有。而高曹向孟，女后之賢，尤千古莫及。至靖康之禍，乃其子孫失德所致，而非若唐太宗之及身顯報也。

明之太祖，其家法最近宋祖。後庭絶無色升愛選。民有以美女獻者，至命戮之於市，以絶其源。故宫廷整肅，賢后接踵。真堪與宋相埒。

歷觀前世，三代以色亡，及後代之興也，漢祖好美姬，而吕后淫穢於宫掖；晋武恣羊車，而賈后宣淫於身後。食其内侍，小吏入宫，漢幾不祀。晋以大亂，言之可爲嗚咽。孰與宋明之世，賢妃聖母，正位中宫，匡扶社稷，慶流後裔，澤被蒼生乎？

是天之禍淫也如彼，福善也如此。家國一理，寧有異同？班漢書載：金日磾羈虜漢廷，爲黄門養馬。一日武帝至離宫見馬，時後宫滿側。凡牽馬過殿下者，莫不竊視。至日磾獨不敢，容貌甚嚴，武帝異之。遂被寵眷，後身爲大臣。賜出宫女不敢近，見其子下殿與宫人戲，惡其淫亂，遂擊殺之。武帝愛敬，與霍光同受遺詔，輔幼主，進封侯。班固謂其世名忠孝，七世内侍，何其盛也。

又宋史：曹彬爲將，凡攻城略地，軍中所獲婦女，悉閉一室，穴墻以通飲食。且曰是將進上，當密衛之。及師旋，悉訪其父母還之。無家者，備禮嫁之。彬爲開國勳臣，其子孫貴顯累世。

又五代史馮道傳：道事唐莊宗時，莊宗與梁，夾河而戰。道居軍中，諸將掠得數美女以遺道。道置之别室，訪其主而還之。道雖貪生失節，然周旋亂世，更事四姓，迭爲宰相，榮寵貴盛，年七十歲，謚文懿，封瀛王。未始非天之所以福之也，舉其一二，可概其餘矣。總之，亦人禽之分，判於方寸。使宣淫必不獲禍，亦斷有不可，況其必獲禍乎？使不淫必不蒙福，亦理所當然，況其必蒙福乎？然有事誣而名著。如史記載陳平至漢，人譖其盜嫂，漢王以事涉曖昧，不致問，平亦無從自辨也。然此事史公本未嘗明著於傳，特緣當時譖者，曾有是言，遂不得不載。傳中已明辨其誣矣。一曰其嫂嫉平之不視事，曰：『有叔如此，不如無有。』又曰：『兄聞之，逐其婦而弃之。』夫其兄友愛若此，而平尚盜其妻，豈復人理乎？且平既盜嫂，則嫂必不嫉平。而嫂尚爲此言，至於見逐乎？又史於兄伯逐婦，下即云及平長可娶妻，明乎嫂在時，平尚幼，未可娶也。夫既未可娶妻，獨可盜嫂乎？而或以爲譖必有因。夫直不疑無兄，而世亦謂之盜嫂，更復何因乎？

又曹子建欲娶甄后而不得，於其没也，作爲感甄賦，托諸夢寐，僞云冥感。即今洛神賦是也。夫淫心不絶，至形於詞賦。即使果有此夢，亦植心邪所致，必非甄后之靈也。而世猶以巫山洛浦并稱，夫巫山神女，已屬荒唐，即云真夢，夢境幻妄，即已非真。

以荒淫敗亡之主，而遇淫狐邪魅。如隋阿摩之遇陳后主與張麗華，徒爲鬼所弄耳。李義山詩爲洛神辯誣云：『背闕歸藩路欲分，水邊風日半西曛。荆王枕上原無夢，莫枉陽臺一片雲。』借巫山以辨感甄之謬也。宋吴簡言過巫山神女廟，有詩云：『惆悵巫蛾事不平〔一〕，當時一夢是空成。只因宋玉閑脣吻，流盡巴江洗不清。』是夜夢女神來謝。則神女之欲洗此寃久矣！况甄后與子建有母后之尊叔嫂之親，而云願薦枕席，不更無人道之至哉？

元微之欲亂其表妹崔氏而不得，作爲會真記以污之。凡世所傳崔氏答微之詩與書，皆屬微之僞撰，好事者譜爲詞曲，崔氏之寃，千載莫洗矣！嗟乎！見色起心，已非端士。而又倡爲淫詞以相誣，其心已先死矣，宜其焚尸不成殮也。

總之，世所艷稱者莫如史記相如、文君之事。然吾見學相如者，非惟不得爲相如，反至喪身失命，破家蕩産，貧窮坎坷，不齒士林者多矣；學文君者，非惟不得爲文君，至以名門舊族而流爲婢妾，淪爲妓女，或受辱公庭，身死人手者多矣。誰生厲階，至今爲梗，能不爲之嘆息痛恨哉。嗟乎！十年前已薄相如，人求爲相如而不得，孰知有薄相如而不爲者乎？人之賢不肖，相去何遠哉！

校記：〔一〕『蛾』，乾隆甲申冬日蘭谷山房藏板作『娥』。

據典

士人欲登甲科，猶釋老欲成正果。一犯淫邪，便即墮落，三教無以異也。故不特吾儒立心制行，不可一毫雜於人欲，即仙佛於此，尤爲兢兢。一部楞嚴經，祗因阿難爲摩登伽女惡咒所迷。如來千言萬語，不過欲阿難斷除一切妄想，不致墮落。故曰教由緣起。阿難被溺於淫坊，道假人弘；師利承宣於秘咒，深憐恣客迷主人，痛念認賊爲己子。洗心非正，魔鏡現前。經中佛告阿難：攝心爲戒，因戒生定，因定生慧，是名三無漏學。若諸世界六道衆生，其心不淫，則不隨其生死相續。淫心不除，塵不可出。縱有多智禪定現前，如不斷淫，必落魔道；又云：若不斷淫，修禪定者如蒸砂石，欲其成飯，經千百劫，秖名熱砂。又云，十方一切如來，色目行淫，同名欲火，菩薩見欲，如避火坑。又曰，當觀淫欲，如見惡賊，猶如毒蛇。誠以四大本幻。即幻成緣，緣爲離幻之支。五蘊皆空，因空生覺，覺是礙空之障。身迷六入，顛倒於眼耳鼻口意之中；欲起四流，轉輾於生老病死苦之内。故内典又云，女色於人是衆苦本、障礙本、殺害本、憂愁本，犯之者昏迷顛倒，氣喪神沮，局天蹐地，即此便爲現在地獄，無形枷鎖，不必云無欲心者，登忉利樂變之天，犯淫行者，入阿鼻無間之獄。如諸經所言死後果報，而始生欣懼也。道書曰人身欲念不興，則精氣散於三焦，榮華百脉，及欲想一起，欲火熾然，翕撮三焦，精氣流溢，并從命門輸瀉而出，瘁人百脉。吕祖亦曰：『寡欲以養精，精生氣，氣生神，神自靈。是故精絶則氣絶，氣絶則命絶。』上陽子曰：『惟淫欲爲諸惡之首，修行之士，先當迸絶。』又道書云，淫人之罪，加殺人數等。又云，凡人苦行修行，諸罪俱可消解，惟曾破處子之身者，後雖道高行滿，不能開釋，必受過惡報，方可成真。又長春真人對君，以欲爲第一戒；大微靈書，以欲爲十敗首。修行無他，但能真實絶欲，餘皆易事。又陰符經曰：淫聲美色，破骨之斧鋸也。世之人，不能秉靈燭以照迷情，持慧劍以割愛欲，則流浪生死之海，是害先於恩也。觀此而知淫欲之爲禍大矣。人遏伏淫邪，須如槁木死灰，永不復發，乃是聖賢仙佛真種子。晋義熙間，曇翼法師入秦望山，誦法華經垂二十年。有女子被彩服至師前，曰：『妾入山采薇，日已夕矣，豺狼當道，敢托一宿？』師却之。女哀求不已，遂以草床居之。夜半呼號腹痛，求師按摩。師以布裹錫杖，遥爲按之。翌日其彩服忽化祥雲。女凌雲而上，曰：『我，普賢也，來試汝心。汝心如水中月，鏡中花，於此一塵不染，更有何境可亂？』既而天雨寶華，彩雲四現。時會稽太守孟凱知之，以師道行聞於朝。敕建法華寺。

又高僧嵬，戒行嚴密。有魔君化作美女，自稱天仙，説偈誘惑。嵬執意堅貞，確乎不摇。曰：『吾心若死灰，勿以革囊見試。』女乃冉冉而逝。又唐善導護戒持品，纖毫不犯，未嘗舉目視女人。後法照大師，即善導後身。故有偈曰：『寧以熱鐵宛轉眼中，不以染心邪視女色。』蓋必戒行如此之嚴，而後不爲妖孽所亂。不然，阿難佛大弟子也，能叙述金剛經，傳道印心，何至爲摩登攝入淫席，幾破戒體。必賴文殊師利，承如來神咒，提獎歸來，涕泣悲哀，如從地獄出，深恨失命喪身之無日哉。

又宋佛印元禪師，與東坡友。一夕師被酒，坡命妓至寢擲之。師漠然不動。至夜半，妓泣曰：『此學士命，否當被譴。』印乃爲詩曰：『傳與巫山窈窕娘，休將魂夢惱荆王。禪心久作沾泥絮，不逐東風上下狂。』是元師真能渡愛河而超欲海。所謂由金剛智慧，脱離業障，已到彼岸矣。

吕祖爲士人時，讀書山中。忽薄暮，有少女至。妝飾靚麗，據座自言歸寧迷路，借此少憩，言訖回眸，光艷動人，目挑不已。既而參横月落，解佩横陳，願言薦枕。吕祖竟不爲動。如是三日，始辭去。乃知槁木死灰，仙釋一也。

昔紫虚元君與茅君在清虚宫，校勘天下真仙，墮落者四十七人，緣其欲心偶動故耳。又如宋李退夫，隱居南岳，求師不得，忽聞空中彈棋。視之，見二人奕於樹杪，退夫亟往致敬。適道旁一少婦出，心動反顧，則二奕者已失所在矣。嗟乎，一念偶差，遂至如此。若實履邪徑，更不知如何墮落矣！

唐時密雲令，有女美艷。年十七，久病。聞北山黄衣道人，道行甚高。令自詣之。醫立效，厚謝之。月餘，女夜卧，忽有人與寢，掩獲之，則道人也，縛而訊焉。泣曰：『吾命當終，故至於此。吾居北山，未到人間已垂千載，蒙召到縣，猝見公女，心昏意亂，自抑不可，今遭此厄，夫復何言？』遂殺之。夫以千載道行，而斷送於一念。其言曰：自抑不可。所謂人欲險，六根魔，良可畏也。青草堂禪師不云乎曰：古人治心，防於念之未生，情之未起，所以用力甚微，收功甚鉅。及其情欲相亂，不可救藥，可不慎哉！又內典言：沙彌妙顔，八歲已足羅漢神通，飛入王宫，后以其幼也，欲抱之。妙顔不可，曰：『情從微起，猶一星之火，能燒萬里之野；譬涓滴之水，能穿泰山之石。事皆曰漸，以少致多，以小成大。是以智者遠嫌避疑，消萌杜漸也。』嗟乎，二氏豈誑世者乎？爲人爲獸，爲善爲惡，祇在幾希之間。學儒者，其鑒諸。

按律

律於淫罪，可謂輕矣。强奸則絞，和奸止杖。蓋哀矜惻怛，以爲誅之不可勝誅也。虞周之世，淫刑曰宫，漢律亦然。今而輕之，尚或漏網。然夤夜入人家，非奸即盗，登時打死勿論。又凡殺奸夫，并奸婦殺之，則勿問。則雖在公，或止于杖，而在私仍許其殺也。夫以身殉淫，固爲至慘。此婦因我之淫致彼之殺，無異於我殺之也。律又曰：『奸婦聽夫自賣。』是既淫人婦女，而復離人夫婦也。生母去帷，幼稚何依？零丁孤苦，泣血窮天。蘆衣鐵杵，冤憤莫訴。是既離人夫婦，而復害人子女也。且婦或因杖懲而含羞自縊，更或其家恥鳴於官，而逼婦女自盡，獨非因奸致死乎？是我既敗人名節，而復喪人性命也。雖律文甚寬，俱免坐罪。然而律有陰陽。陽律縱薄其罪，陰律不爽其罰。陽世或脱杖懲，陰司難免誅戮。念及此，固已戚戚如不終日矣。若夫先奸後娶，似可補過蓋愆。然父母國人皆賤之，孟子已有明訓矣。時文有云：上不堪事宗廟，則爲不孝；下不堪繼後世，則爲不慈。終身雖悔何追也。』禮卒於無别，遂成戎彝之習；物可以苟合，其有禽獸之心。此日何顔立於天地也。吁！鶉奔奔，鵲彊彊，人乃鶉鵲之不若。此豈真一杖足以蔽其辜哉。

又律例載，惡徒强行鷄奸良人子弟，爲首者斬，決不待時。爲從者絞，監候處決。和誘者決杖八十。誠以男女鍾情，猶爲人道之感，若同形同體，創天地未有之奇淫，蹈神人共憤之穢行，寧非死有餘辜者乎？近日市井無賴之徒，固多以身試法。乃身都富貴之子，亦往往喪心病狂，苟免無耻。當其百般哄誘，服食器用，恣所取携，迨至日久親昵，孺子何知？不覺墮彼術中，貽祖宗父母以羞辱，爲鄰里鄉黨所切齒。而此子一失身，遂已萬萬不可爲人。夫非盡人之子與使行奸之時，思及我子亦復如是，我孫亦復如是。其何以爲情乎？楊子云：『高明之家，鬼瞰其室。暗室而爲此，是神明之所糾察也；書室而爲此，是聖賢之所監臨也。』甚至一俊童耳，父奸之，子又奸之。兄奸之，弟又奸之。一家父子兄弟，先已狗彘之不若矣。更有因此而夫妻反目，終身絶嗣者；有因此而親戚間離，紛争構禍者；有因此而刑于不善，妻淫子暴，敗身喪家者。是果誰生厲階耶？或曰不有宋朝之美，難乎其免，自昔已然。獨不思衛靈，堂堂千乘諸侯，嬖一宋朝，遂至夫人南子，竟與私通。以彼易此，孰得孰失？即爲衛靈行樂計，不已大失算乎？况艾豭之歌，草野傳播，蒯聵羞之，釀成弑逆大釁。沫邦累世不靖，康叔幾不血食。天之報施，爽之不爽？其在商書有曰：比頑童。時謂亂風。文人學士，口誦聖賢之書，身蹈禽獸之行。縱免國法，必即天刑，可不戒哉？可不懼哉？

釋　書

尤展成曰：佛氏有三戒。曰：貪、嗔、痴。又曰：淫、殺、盗。然非佛氏之戒也，乃吾夫子之戒也。子曰：『君子有三戒。』一在色，色始於痴，極於淫；一在鬥，鬥始於嗔，極於殺；

一在得，得始於貪，極於盜。人能受孔子戒，便可立地成佛。旨哉斯言。而余謂痴之一字，尤切中淫人膏肓之病。詩曰：『狂童之狂也且，惟痴故狂也。』又曰：『彼狡童兮，惟痴故愈狡。』惟狡故愈痴也。痴由於貪。傳所謂貪色爲淫是也。痴極生嗔。詩所謂『將子無怒』是也。因而奸情敗露，以頭顱博俄頃之歡；業報循環，以妻子了貪淫之債。痴之爲害，可勝言乎？尾生期女子於橋下。女子不來，水至不去，抱柱而死。痴而至此，不死何俟。我悲其死，我快其死也。雖天地鬼神亦惡其痴，亦快其死也。更甚而良心喪，廉耻亡。如魯秋胡以金挑，採桑婦，而爲其所拒。比婦，乃其妻也。良心若在，即當愧死。及婦責以忘母不孝，憤而投淵。秋胡更復何顔立於人世，而猶不遄死乎？然尾生之罪，不在於死，在於期女；秋胡之罪，不在於不死，在於金挑，有靦面目。其痴乃一至於此，而世猶以尾生爲信。非信也，痴而已矣。推而蕭衍、隋煬，欲釋潘淑妃、張麗華而不誅，似仁而非仁；周人之穀異室而死同穴，似義而非義。巫臣娶夏姬而聘於鄭，禮備矣而不可爲禮；相如賂侍女而竊文君，智工矣而不可爲智。人有四德，淫人無一焉，痴而已矣。王茂、高熲、陳元禮，誅潘妃，斬麗華，殺太真，比於太公之蒙面以斬妲己，最足破痴人之夢。至漢武帝之殺鈎弋，其智尤千古莫及。蓋此等尤物，天生以敗人家國。叔向母謂夏姬爲天所鍾美，必將以是大有敗。而巫臣亦謂爲不祥人，然巫臣明知而明蹈之，遂至赤族，則痴而陷於昏矣。假令楚莊入陳，能執夏姬而誅之，則巫臣無滅族之禍，楚國無奔命之患，以是知王茂、高頻、陳元禮之仁爲不可及也。

趙武靈王爲一世出群雄，而以溺愛吴娃，至父子俱敗，餓死沙丘。漢武帝制於趙合德，而甘心殺其子，至絶世滅後，而身死於其手，非痴曷爲至此？然究之尤物何嘗移人，人之痴，自爲彼所移也。禍水安能滅火？亦漢成帝之痴，自爲彼所滅也。婁猪尚有定時，而人之淫無盡期。是犬豕之痴有限，而人之痴無窮也。湯若士曰：『人講性，吾講情。』夫所謂情者，由性而發。孟子所謂惻隱羞惡辭讓是非是也。存之則進於聖賢，失之則入於禽獸，此即人獸之分途，而善惡之所由判也。湯若士指欲爲情，正孟子所謂無羞惡之心非人，而率天下而入於禽獸者此也。自此一字不明，而淫奔苟合，寡廉鮮耻，其可羞可惡，顯與情字相反。而猶動輒曰：情之所鍾。甚而曰：生生死死爲情多。又曰：情絲不斷，夢境重開。夫情安得絲？乃痴心結而爲絲，遂痴心形而爲夢也。巫山洛水，爲痴人説夢。後之祖其説者，又夢中占夢，痴亦甚矣。嗟夫！繪秋波於四壁，勘破情禪；話春夢於三生，參同空色。能知色之爲空，則夢者覺，痴者醒矣。悠悠斯世，狂狡之徒，未知何日出夢，何日去痴也。悲夫！

嵩按〔一〕：聖賢之垂訓也，存天理遏人欲，其大較也，經言道者也，史徵事者也。律按事之輕重大小，明刑以弼教者也。若釋若道，非聖人之書，儒者弗稱焉。然而程子嘗有曰：『佛老之書，俞近理而大亂真，吾取其近理者。』釋者曰：『眼耳口鼻身意。』道者亦曰：『黄婆嬰兒姹女。』要不越乎視聽言動身心意知之交，即此是無上法乘，即此是大羅天仙，人能崇正除邪，存理遏欲，這便是金毛獅子。摧排孽願，白牙象玉，脱離火坑。可知精氣神三寶，不被野狐盜去，不愁無仙幢寶筏超昇到極樂世界也。然則，釋道之與吾儒門户雖殊，而其教人軌於正而弗納於邪者，詞異而旨同。何也？近理故也。是所望於好學深思者。

校記：〔一〕此按語底本缺，現據乾隆甲申冬日蘭谷山房藏板補。

閑邪録卷之二

格言注文

見他色美，起心私之。此太上感應篇語也。人生最干天譴，莫過淫念，其中罪孽，不可勝言，故『萬惡淫爲首』。天律昭昭，斷不可一毫苟且。太上特揭出人生最大的孽根，而以淫念之偶觸者言之，使天下知偶一入眼之時，便不可亂；即在最無關涉之人，亦不可苟；即在此心微動之端，亦不可犯。故『起心』二字，尤爲太上誅意之文。

蓋起心私之，非必色之果私於我，而於心不能禁其不私也。夫人欲行淫，亦非易事。桑間濮上，密約幽歡，此偶然者耳。或此悦而彼不從，或心通而勢不便，邪緣不凑，事終不成。至於起心私之，則最爲便捷。簾中墻上，瞥然漏泄春光。一語不通，神隨目往。雖貴而金屋之名姝，賤而蓬門之艷質，遠而燕秦楚越之佳麗，近而比鄰窮巷之婦女。邪心所之，莫可攔阻。即在所私者，猶尚以我爲無他，而我心之隱匿，已不堪誅，極矣。原其所以，皆由陷溺其心，惻隱羞惡，俱已喪亡，故不覺其心之肆然無忌耳。試思人間婦女，非貴即賤。名門麗質，人所醉心。然其族類之貴，姻婭之尊，身如拱璧，貌若神仙，美玉無瑕，千金莫售，更或能詩作賦，名擅玉樓，聲重金閨。此等名姝，若一經點污，便是一敗塗地。即遇彼流離顛沛，尚當護惜保全。乃無端一見，而遂思污其潔白，喪其名節，敗其家聲。人孰無惻隱之心，而忍爲此乎？推此不忍之心，則凡係良家婦女及孤孀處子，皆在所不忍也。至於狹邪窠婦，人所甘心。然此等婦人，惟利是圖。雖販夫牧豎，皆得恣行淫穢，即妖艷絶倫，亦已淫賤實甚。吾既身列儒林，將來龍虎變化，鯤鵬奮飛，桂香桃浪，金馬玉堂，平地一聲，扶摇直上，皆學者本分内事。則此身何等貴重，乃甘被此等淫魔所玷辱乎！即使終老青衿，然出則揖讓公卿，居則誦法聖賢。堂堂士子，而乃與厮養奴隸争此淫賤妖魔？人孰無羞惡之心而屑爲此乎？推此不屑之心，則凡係平等姿色，賤人妻子及倡優僕婦，皆在所不屑也。難者曰：如前説，既斷不忍淫；如後説，又決不屑淫，則淫固無一而可也。曰：豈惟不可，亦斷不敢。天地鬼神，臨之在上，質之在旁，偶一起心，即犯淫條，罪惡難逭。故必於此心未亂之時，思淫律之重，知淫趣之澹，念淫禍之慘，畏淫聲之醜，懼淫報之奇，立定主意，預爲遠避之謀。自居於必不相及之地，則心未起而易爲力。略一放鬆，使狐媚當前，摩登對面，雖鐵心石腸，恐未免一時鎔化也。淫律之重，陰司以爲甚於殺人。

蓋殺人止及其身，而淫人則污辱實多，使其父母舅姑、若夫若子，一一含羞忍耻，無顔苟活。而又或損子墮胎，每至母子俱殞。生也何恩，殺之何罪。甫離母腹，遂攖慘禍。既犯淫條，復戕人種，此等罪孽，歷劫難盡。即顯有厥夫，居然生子，然污人婦女，而復亂人冢嗣。殺人者，戕其後天，而淫人者，亂其先天，跡愈微而孽愈深矣。況雖窮凶極惡，未嘗無故殺人。殺人者，恨之也。若淫人者，何恨於其夫？何恨於其子？何恨於其父母舅姑？并何恨於雲鬟粉面之人，而必欲污其身而後快哉？更或猝遇危機，勢同騎虎，非人殺我，即我殺人。婦女之畏罪懼禍者，遂至謀夫害子，叛父母，背舅姑，種種極惡大罪，皆從此淫念而起，故陰律必以淫爲萬惡首也。

淫趣之澹，細參便覺。見色未得，烟騰火熾。及至横陳嚼蠟之時，雖天姿國色，其滋味果何異於裙布荆釵乎？逾險蹈危，何如與室内之縞衣綦巾，日高擁被，坦然床笫乎？皮包臭穢，强作妖嬈，極天下明眸皓齒，總一臭腐皮囊。千古絶色，須臾便成黄土。玉鈎斜，馬嵬坡，虎丘真娘墓，錢塘蘇小墳，冢中枯骨，猶尚存乎？況當經水淋漓，胎前産後，疾病危亡，想其情狀，何等穢污。雖屬冶容，有不掩鼻而過之乎？李夫人病將死，決不欲令漢武見，非爲此乎？況人生前幼後老，其可以行淫者，不過二十至三十，十餘年耳。駒隙光陰，水流雲逝，不消二三十年。一爲喪德之衰翁，一爲失節之老嫗，白頭相遇，有不黯然而神傷者乎？

淫禍之慘，愚智皆知。爲夫爲婦，誰無廉耻，甘受玷辱？稍一知覺，隨即血刃。即偶爾徼幸，得全刀下之游魂，而醜聲一播，遂至父殺女，夫殺妻，誰階之厲，反得倖免。冤魂有知，焉肯相捨。更或同淫之人，忿恨相争。大則身首異處，小則肢體摧殘。閭里間，不歷歷有明驗乎？淫聲之醜，詩人謂爲不可道，趙孟欲其不逾閾。此無論女之耽兮，固不可説。即士之耽兮，而敗名喪德，獨可説乎？人即踪迹秘密，終不得謂暮夜無知。略有風聞，輕薄者資爲笑談，方正者嫉若仇敵。貽書戒子，登門見拒。即欲悔過自新，而已醜聲莫掩。此時即至親密友，平日升堂入室，了無嫌疑者，至此亦曲加防範；小子後生，平日致敬盡禮，不敢戲渝者，至此亦頓生狎侮。鄉黨揄揶，士林不齒。子弟反唇而相譏，妻妾怒目而相詈。所謂立身一敗，萬事瓦裂，不其然乎？淫報之奇，不可枚舉。最甚者，如李登初生，上帝賜以玉印，十九大魁天下、五十三位極人臣，壽八十餘。以鄉薦後，因淫邪削盡，慚恨而卒。嗟乎，以大魁天下，位極人臣之人，何難極人間麗色，置之畫閣蘭房，八十歲老丞相，莫禁其姬侍羅列也。今登所盗者，未必真殊色也。乃竟以是而賤矣！而貧矣！而夭矣！貪片時之殢雨尤雲，失五十年之珠圍翠繞。即爲好色者計，亦豈爲得算乎？狀元宰相，不難一筆削盡，况其下者乎？

更奇者，如康熙癸巳年，河南某縣人，生二子。長子娶妻死，幼者未娶。嫂叔年相若也，而獸行起焉。家人頗有知者，二人懼，謀遁他所。嫂以禱神爲名，遂與叔偕行。其所謂神，即古帝庖犧氏。蓋中州爲古帝王都，帝王各有廟宇，而伏羲爲最神。廟在陳州，四時祈禱無虚日。去廟數里，客舍相比，二人薄暮投宿。主人見一少年携一少艾，詰之則曰夫婦。主以其夫婦也，命處一室，同床而寢。比明而門不啓，叩之不應。疑焉，斧其門而入。突見二人裸身相摟，作行私狀。其私處已膠黏不可解，而聲已如獸。主人駭甚，哄傳於外，觀者如堵。二人遂互相噬嗑，如豺狼然，血肉淋漓，須臾而死。嗚呼！大聖人之禍淫亦至此極哉。夫陰陽配偶，乃太極動静之理。伏羲始作八卦，首列乾坤。而孔子贊易，亦曰男女媾精，萬物化生，非若釋老之禁絶欲色也。而五行遞嬗，伏羲功成身退。又非若岳神冥司，有賞善罰惡之責，而顧顯異若此。蓋男女正，天地之大義。苟滅天理而肆人欲，則人類或幾乎息矣。聖人懼人類之將盡也，故神道設教，生示人以獸形，而死已慘於凌遲矣。嗚呼！觀此數條，所謂婦女，非惟不可淫，亦斷不敢淫也。然此皆於一心未亂之先，爲預遠淫邪者勸也。若喪其天良，陰懷邪念，人面獸心，人雖不知，天地鬼神，其可欺乎？天譴日加，陰禍踵至。不知者，方以爲斯人正人也，何乃得禍之酷一至於此！孰知其中心之隱匿，重犯天地鬼神之怒哉！

淫欲過度，此太上指正色而言。董江都曰：『天地之氣，不致盛滿，不交陰陽。』是以君子甚愛氣而謹游於房，言有度也。黄庭經曰：『急守精室，毋妄泄，閉而保之，可長活。』謝上蔡曰：『色欲已斷二十年來矣。以欲有爲，必須强盛，方能勝任，故斷之也。』蓋人精足則神足，神足則智慧生。珠藏則澤媚，玉藴則山輝。精明强固，將何所爲而不成？若乃縱欲過度，中道萎疲，英氣消沮，一生之事已去矣。須知此事，乃人生第一大關頭。打得破，看得空，便是能飛能舉，絶頂天仙。無滅無生，自在菩薩。蓬山鹿苑，白玉仙京，皆從此一念基之。即打不能破，看不能空，亦當如醫所云，以不節不時爲戒。凡聖賢仙佛及自己祖先，生辰忌日，暨夫婦本命生日，皆當戒淫。冬夏二至，陰陽相争，尤宜節欲。又凡祁寒暑雨，烈風迅雷，日薄月蝕，皆爲切忌。故曲禮曰：『雷將發聲，有不戒其容止者，生子不備，必有凶災。』若夫受胎以後，尤當永絶淫欲，異日生子，自形容端正，才貌過人，智識聰明，不致夭札。若復行淫，必至愚蠢昏頑，痘疹瘡毒，皆由於此。况夫婦本爲嗣續計，今既受妊，更欲何爲而宣淫犯忌乎？其尤忌者，無過於少年初娶，宴爾新婚，銀缸璀璨，綉被輝煌，朱顔的的，錦帳重重，紅裙紫袖，珠圍翠繞，春心駘蕩，皆以爲人生樂事。孰知此中，具有毒臘，暗藏利刃。將來喪身失命，皆自此基，惟在父兄者，自幼先將格言善訓。自六經、左、史外，如朱子小學，諸儒性理諸書，下及世間所注感應篇、陰騭文、功過格等書，陶冶漸摩，蒙以養正。凡一切淫書邪色，不得入其目；邪言綺語，不得至其耳；狹邪小人，不得近其身。胸中純乎理義，絶無一點邪心。其視此等事，真覺可羞可恥，則即身當其境，亦自然寧静澹泊。雖和樂且耽，如鼓琴瑟，而初非專爲淫欲起見，又諭之以相敬如賓，不得狎昵無度，又何患其敝精竭神，至於喪身失命乎？吕成公初婚，一月不出，作一部左氏博議。先儒之勤學勵行，固不可及。今之少年，豈易望此。惟是蒙童時，先穢污知識，鑿破淫竇，則斷斷不可。漢昭帝立，年未冠，霍子孟命宫人，皆爲窮袴，多其帶以防閑昭帝，可謂嚴且密矣，而昭帝猶至於夭。今之父兄，豈反不知此乎？禮，子生七歲，即出就外傅，居宿於外。及其稍長，當更加防範。女婢之美麗者，不得輒離房帷，擅至書齋。兒童之俊秀者，不得伴寢同卧，當另宿書厢。擇師固重才學，而必須嚴毅方正。取友固重文章，而必揀樸實誠慤。將正心修行，微特保身養生，而亦可刑于寡妻，此不惟君子小人，於此焉分，亦夭壽貴賤之所由定也。爲父兄者，慎勿既已自誤，而復誤及子弟。語云，前車覆，後車鑒。諸君其鑒之哉！

勿淫人之妻女。此文昌君陰騭文中語也。丹桂籍注云：『此人字，包得廣。凡非我之伉儷，即是人之妻女。』微特良家婦女，總屬他人配偶，即房中未字之奴婢，亦皆是他人之妻子。雖名下賤，豈乏貞烈。乘威迫脅，即是强奸。賣兒女詩曰：『養汝如雛鳳，年荒值幾錢？辛勤當自愛，不比在娘邊。』又曰：『哭盡眼中血，灑汝身上衣。業緣如未斷，還望夢中歸。』觀此情形，當爲泪下，而乃忍心害理，恣行淫穢，損彼終身。妒者既覺，鞭撻隨之。婦固不賢，我獨非過乎？不但已也，私之而仍以字人，是我奸人之妻也。或有妊而墮之，或育子而溺之，是我殺人也。甚而至有人彘之禍，是夫婦同殺人也。或父子不知而兩幸之，是禽獸之聚麀也；或兄弟不知而交狎之，是異國之同妻也。且人家子息，流爲婢女，亦由其先積孽所致，而復恣行穢污，安知天道好還。異時子女，不爲奴婢，而爲人穢污乎？更有少年僕婦，執役房帷，見其有色，肆意淫亂，使其夫知之，小則萌跋扈之心，大則懷弑主之志。近在左右，可勝防乎？即或不知，而或奸而生子，是使我之子，謂奴爲父也，忍乎哉？即不生子，而堂堂七尺，與奴隸下賤，争此敗柳殘花，屑乎哉？此其罪即稍輕於犯良家婦。然陰律斷淫罪，未嘗曰：淫女婢及僕婦者，減一等論。則其罪固無異於良家矣。蓋僕隸獨非人乎？犯奴婢，獨非淫人妻女乎？夫奴婢且不可，而況於良家婦女乎？故此一勿字，要人於起心時，立地一刀割斷。著不得一些游移，容不得一毫苟且。篇中『慎獨知於衾影』句，乃第一要著。人當先洗滌此心，不欺暗室，而又復敬持此身，不履邪徑。故帝君於康熙甲寅秋日，彭訪濂家降乩，示訓士子，言：『汝等皆知敬我，不知敬身，種種罪愆，士子尤甚，豈不愧於聖教乎？』又曰：『身列衣冠，行同狗彘。捫心清夜，恐亦難安，尚欲妄想功名乎？』蓋至此，雖帝君慈憫，欲垂救度，而亦無如何矣！夫帝君爲文章司命，功名總持，今人欲取功名，偏事事與帝君相反。即淫邪一端，帝君再三垂戒，而人尚冥頑不靈，又何怪帝君之一筆勾消也哉。

『設計偷覷女色，自己帷簿宣淫』。此關聖帝君於太行山降筆真經語也。夫設計偷覷，無非欲一睹紅妝耳。珠簾半捲，即是雲山萬重。雖魂飛綉閣，終不能身入香閨。豈得點污清白，敗壞名節。而帝君列於諸惡之首。蓋當偷覷時，特恨無緣相就耳。其喪心背理，帝君固已如見肺肝矣。夫人於女色，熟視已萬萬不可，而可偷覷乎！至『設計』二字，此中意惡，不可名言，較之見色起心，罪更百倍。蓋見色起心，邪心猶因見始起。若設計偷覷，則淫毒固結於胸中。不待見女色，而邪心已先隨地輒形。遥望銀屏，錯疑嫫母是文君；暗揣紅樓，誤認共姬爲武曌。失心病魔，如鬼如蜮，即是小人閑居，其不善極於無所不至，亦未必一無忌憚至此。至此不止爲小人，而直同禽獸矣。宋玉東鄰，洛陽旅舍，暗室屋漏，鑿壁窺隙，欺天罔人。帝君如電之目，以一語描寫曲盡，非特以後此極惡大罪，皆從此窺視而起。如李登私窺鄰女張燕娘，以事不諧，而繫其父張澄於獄也。即當偷覷後，明知無分，隨即力遏邪心，一刀斬斷。而已神人共憤，罪惡叢積。冥冥中，褫功名，削禄壽，種種福德，從此而消；種種惡報，從此而彰。若帷簿宣淫，醜聲外揚，特孽報中之一端耳。梁家宅裏秦宫入，趙氏樓中赤鳳來。天上無人，侯門似海，猶且變故忽生；墻茨貽醜，何况民間閨闥。即作李益痴，終不能免婁猪誚。是非其妻女甘作摩登，夫亦其身積孽所致，因而貽禍於閨中耳。彼昏不知，猶以爲防閑甚密，安得有此？則汝所偷覷之色，人防閑亦未嘗不密也。且竊人妻女，自必不令人知，使妻女宣淫，亦豈令汝知乎？即曰閨門嚴肅，斷斷無此。然己之婦女，深宫固門，而人之婦女，獨可令暴露燕私乎？易地而觀，使己之婦女燕處房帷，袒胸露體，而有人焉鑽穴抵隙，從而偷覷之，於心甘乎？如其甘之，是怯奸縮頸之醜也。如其不甘，奈何己則不甘，而謂人獨甘之乎？舉頭三尺，决有神明。當其時，獨不畏十目十手之指視乎？况天道昭昭，决無種淫根而不報之理。當吾身即能自保無他，安知死後妻妾不宣淫現報乎？安知異時子孫不醜聲外聞乎？亦無論異日，而當前之罪孽復何所逭乎？且天與人炯炯雙眸，用以造此惡孽，天人震怒，安保將來不喪明乎？安保來生不雙瞽乎？更無論業報之必彰，而自貽伊戚。試念偷覷時，或其爲嫫母，是枉費此心機，而徒增此罪戾。即果爾少艾，將美色轉眼成空，穢迹終身坐實。静言思之，有不自悔其無謂者乎？故帝君哀矜惻怛，諄諄訓誡，總欲人翻然改悔，滌濾洗心。念帝君之神，無往不在。即暗室屋漏中，時時臨之在上，質之在旁。人知敬帝君而見像即拜，何不奉帝訓而見色勿視哉！

嵩按〔一〕：人生罪過，出於無心者猶可改圖。即冥冥中，神聽鬼瞰，亦將曲爲宥之。惟邪淫一塗，則皆出自有意，非無心也。何也？邪念一動，明知非正，而把持不定，一星之火，延燒五内，喪心滅理。上干天怒，亦不暇恤。故太上曰：見他色美，起心私之，心起矣，雖不可私而不惜，萬不能私而亦不悟也。不知一有此心，縱無其事，而三尸注之，明神鑒之，早增一條孽債，墮入苦海，欲振拔而無由也。至於不犯奸律，而淫欲過度，似非偷竊者比。但邪心叢集不能自止，不待盛滿而游於房，志氣隳頽，形容消索，讀書則無沉潛體認之功，作事亦無精明强固之力。其氣已餒，槁木耳，死灰耳。形雖爲人，已登鬼籙，良可惜也。又何必淫他人妻女，壞他人名節。始不逃於顯戮哉！關聖帝君，聖神文武，其降筆太行也，則曰：設計偷覷女色，自已帷薄宣淫。夫宣淫之禍害於而家，自不待言，若夫設計起於一念之私，偷覷取快一時之目，明知無益事，故作有情痴。方寸之間，一經猖獗，漸至家破名喪。回思從前之偷覷，噬臍無及矣。可不懼哉！往訓具在，曷三復焉。

校記：〔一〕此按語底本缺，現據乾隆甲申冬日蘭谷山房藏板補。

閑邪録卷之三

掌文真人訓世格言

掌文真宰曰：余每見世人之非貧即夭者，因其所犯有兩大端。一曰淫邪。蓋淫邪則心亂，心亂則氣昏，氣昏則神衰，果報且勿論，已非載福載壽之器矣。所謂福澤不降於淫人者是也。一曰不孝。蓋不孝則違天，違天必譴責。減筭削禄，必在此真性已漓之人。故曰：萬惡淫爲首，百行孝爲先也。子弟若有犯者，急宜痛改前非，庶可挽回天意。否則，該富者玉樓削籍，應貴者金榜除名。爲貧爲夭，斷不能免，可不凛哉！

遏淫全孝説

五刑之屬三千，罪莫大於不孝。人生之惡億萬，毒莫甚於邪淫。二者犯其一，已覆載莫容，鄉黨不齒。人非高於泰山，鬼責深於滄海。或目爲梟獍，或斥爲犬豕。要而論之，不孝莫甚貪淫，全孝莫如閑邪。蓋孝貴養志，孝重顯親。望子成立，有若登天，而乃以一時之穢行，致萬事之瓦裂；期子顯貴，有若飢渴，而乃以一念之邪淫，博終身之潦倒。青雲失望，凄風灑泣於高堂；白首無歡，飲恨莫伸於泉壤。言之痛心，思之流涕，厥罪通天，萬死莫贖。更或喪心病魔，恣淫僻而傾家蕩産；貽堂上以飢寒，履邪徑而虧體傷親。俾父母以羞辱，比於禽獸。鮮此惡逆，豈直不可爲人，不可爲子而已乎？是三千之刑，莫大不孝。不孝之罪，莫甚貪淫。而淫邪之禍，實由意造。文昌大洞經云：『不以意業欺天地，不以身業累父母，不以心業禍子孫，不以口業傲神人。』夫是諸業，孰有過於淫乎？偷覷女色，躬行邪徑。造作淫書，壞人心術，此身業之最大者也；喜談閨閫，評論女色，此口業之最重者也；見他色美，起心私之，此心業意業之最鉅者也。論惡之既成，身業爲重；原惡之造端，心意爲甚。蓋人稍知禮法，必能自飭。所不可問者，此心起伏之端耳。桑間濮上，目眩心迷；閑居獨處，注想凝思。在彼固絶無纖毫點染，而在我敗德喪心，已不可言矣。故有勸人戒淫，美色來而目已移；矢志遏邪，歷時久而邪復生。口是心非，欺天罔人，世方目爲老成，不知此心已同禽獸。皇天震怒，較甚於身敗名裂之人，其獲譴固不輕矣。況乎敗人名節，辱人門户，明明祖先，飲恨九原；世世子孫，蒙羞百代。是淫一人而辱及兩家，戮及數世。較之操刃殺人者，慘毒更甚。故曰：萬惡淫爲首。而要其始，實由一念之釀成。故曰：論惡之既成，身業爲重；原惡之造端，心意爲甚也。吾願人洗心滌慮，痛掃淫惡，永斷諸孽，斷不敢以須臾曖昧之邪思，而失終身顯揚之大業。則百行孝爲先，而孝尤以遏淫爲大也。嗟乎！從前種種，譬如昨日死，從後種種，譬如今日生。將天道禍淫，不加悔罪之人，人其尚有悔心哉。

遏淫心戒邪言毀淫書説

左氏曰：禍福無門，惟人自召。人苟一染淫邪，中心恐懼驚疑，舉止局天蹐地，英華消沮，志氣昏靡，即此便是生人地獄。若能痛掃淫邪，滌濾洗心，便仰不愧天，俯不怍人，風清月白，何等光明；海闊天空，無邊浩蕩，即此便是神佛境界，豈必侈談報應，以見天道神明纖毫不爽。然歷觀往昔，如王華、曹鼐、羅倫、謝遷諸公，惟能拒邪色於人間，遂先定大魁於天下。凡遏邪受福者，固歷有明徵，而淫邪獲禍者，又豈能悉數哉？乃世人視報應爲子虛，以禍福爲荒唐。談閨閫、評麗色，目注道左嬌姿，腸斷簾中窈窕，宣淫放誕，敗德喪心，上犯天條，下遭鬼戮，不待言矣。至若戒淫之訓，亦凜於懷，遏邪之文，時誦於口。及眼光落面，不覺骨熱神飛；妖態攢心，遂令意迷魂蕩。明知果報之昭然，觀粉面而神昏；自矢正直之無回，遇雲鬟而意亂。芸窗攻苦，何見色而起心；畢生忠厚，忽妄念以欺天。蓋其平日之閑存，原屬浮沉，故當魔障之入目，遂爾昏迷。學人厥後不昌，多因偶然之誤；志士終身不遇，常緣暗室之虧，可不憫哉。更有捉影捕風，談人壼事，此倡彼和，玷污深閨，馴致訛言四聞，貞婦殞命，亦或良人誤信，佳偶分飛，抵命無人，白冤無日，誰階之厲？天譴難逃。更甚而傳播淫書，壞人心術，驅一世聰明智慧之子，盡入鬼門；坑萬古功名富貴之客，永淪業海。人欲横流，天理絶滅，譬之盜賊縱横，殺及一世。而淫書流毒，殺及萬世。造作者罪固通天，流傳者惡尤蓋代。苟能上遵功令，下積陰功，凡有片紙之涉邪，即付咸陽之一炬，銷除孽障，永絶淫根。更祈打破迷魂之網，頓發覺悟之心。未犯者宜防失足，曾行者務蚤回頭，展轉流通，迭相化導，必使在在齊歸覺路，人人共出迷津。

禁賣春方春宫説

千金之子，侈談風月爲歡；宵小之流，動誇雲雨有術。通衢大巷，貼壁粘墻，不曰固本强精，則曰壯陽久戰。飲其藥者，以鴆毒爲醇醪；墮其術者，視軀命如腐草。家業既蕩而疾病隨之，疾病未幾而死亡繼之矣。浪子宣淫，固應一死而莫贖；誘人賈利，即服上刑其奚辭。更有造意繪圖，描寫閨幃之惡態；標名撰象，刻劃男女之穢形。粉面雲鬟，個個赤身露體；花間月下，般般倒鳳顛鸞。抑且彩畫杯盤，汗牛充棟，妝成卷軸，積案盈箱，筵間藉爲勸酒之資，書屋羡爲風流之具。在驕淫敗類，罔不目眩而神迷；即樸實成人，亦必魂飛而魄散。雖有淫詞艷曲，猶難誘之無不識之愚夫。若此嬌樣邪模，最易引血氣未定之稚子。此不待盈其惡貫，已早知積有天殃者也。惟冀當世學士大夫，以息邪放淫爲己任，嚴行各屬，凡有出賣春藥，懸挂春圖者，立拿究治，驅逐境外，示諭窑户，不許以淫邪等樣畫燒瓷器，并懸賞格，許諸色人等，指名出首，重懲不貸。仍不時查察，以絶根株，則庶乎造作淫形、教人爲惡者，弊端永除。而其爲功於世道人心，亦不小矣。

絶淫視説

色孽之來，每先炫目。故文昌蕉窗淫戒專在『見』字上著力，所云『未見不可思，當見不可亂，既見不可憶。』三者，因原溯委，則『思』字爲善惡關頭；制外安内，則『見』字尤爲人獸分途。蓋人苟未見而思，則當見未有不亂，既見未有不憶。思爲淫邪之本，萬惡之源，如人身萬病之根。故人於淫邪一念之差，足以敗終身之德，而積終身之德，不足以蓋一念之愆。所以詩三百篇，夫子蔽之以『思無邪』之一言。蓋思苟無邪，則當見自然不亂，既見自然不憶。詩曰：『有女如雲，匪我思存。』即思無邪之明效也。易曰：『閑邪存其誠。』存誠則思無邪之準的也。但人亦力戒邪思，而忽然美艷入目，遂不覺意迷魂蕩而至於亂者。故夫子於克己復禮之目，首以非禮勿視爲主，其所謂非禮，固不指女色而言。蓋顔子亞聖之資，其地位儘高，如登真度世之人，置身白玉仙京，大羅天上，俯視人間淫欲之事，不啻如蛆蟲之於糞穢。人視爲好色，彼視爲惡臭，斷不至見色起心，而動聖人之垂戒。但聖人之言，徹上徹下，爲顔子言，固不指女色，爲下等人言，則非禮勿視，女色尤爲切要也。故感應篇亦曰：『見他色美，起心私之，則知種種邪念，每緣一見而起。』故陰符經曰：『欲伏其心，在先治其目。』道德經亦曰：『不見可欲，使心不亂。』即程子所謂制外以安内，最爲切要之法，第不見而倖其不亂，或一見而不免仍即於亂。治其目，固所以伏其心，而心不伏，則目亦不可得而治。蓋目迷固所以累心，而心動更足以役目，必目未見而先洗滌其心，拔去病根。當見而更强制其目，不墮邪魔，故曲禮曰：『毋淫視〔一〕。』又曰：『傾則奸。』注：流視則心邪。又曰：『將入户，視必下。』玉藻曰：『目容端，頭容直。』少儀曰：『不窺密。』皆所以治其目以伏其心，使其即見可欲而心不亂也。夫見之與視，固自不同，見者猝然相遇，止於入眼之頃，視者凝眸注視，已屬隱念之動。每見淫邪之徒，一見婦女，即便注視，或遠或近，或前或後，醜態畢形，惡狀顯露，隨從者揮拳欲毆，旁觀者群聚竊笑，而彼猶恬不知耻，因之輾轉思維，積成意惡。至於上犯天條，下遭鬼戮，其受病總起於一視，其視即當見而亂也，又安保其不既見而憶乎？惟守正之人，猝遇婦女，必閉目不窺。蓋必如此，而後可以永杜淫邪。而輕薄者反從而嗤笑之。且曰：『吾心不欲視，奈目不及閉何。』夫目不及閉，而旁視何爲？迴視更屬何意？至於婦女，或在簾中，或倚門首，或坐畫舫，或乘肩輿，初非覿面相逢，與君更復何涉，而猶竊視不已。更或登人之堂，兩目已窺其室；揖人之婦，雙眸全注其身。種種邪心，種種賤態，不可枚舉。昔江西俞良臣誓戒淫邪，自反無過，而慘膺天罰，貧窮坎坷。一夕遇神，謂之曰：『君邪淫，雖無實迹，而見人家美女子，必熟視之，心即摇摇不能禁。但無邪緣相凑耳。君自反身當其境，能如魯男子乎？上帝命日游使者察君，見君於私居獨處中，淫念時起，意惡固結，神注已多，天罰日甚。君逃禍不暇，何由祈福？』由此觀之，則知人於女色，當見而亂，故既見而憶，而皆由於未見而思。人苟心無邪念，雖淫魔滿前，談笑款洽，如此中之不可亂何。若人欲不浄，雖外貌嚴肅，不親女色，如此中之不可問何。故曰：思爲淫邪之本，萬惡之源，如人身萬病之根，而見乃其發病之因也。內邪固宜掃盡，外邪尤當謹防。未見固宜力洗其心，一以無邪爲主；當見更宜力治其目，一以勿視爲主。杜絶淫視，以杜絶淫心。惟有閉目不窺，雖遇天姿國色，不得入而亂吾之中。故非禮勿視，於戒淫尤爲切要也。白太傅詩曰：『障待智燈燒，魔須慧劍戮。』人苟內無邪思，外絶淫視，魔障不已掃除浄盡哉！

校記：〔一〕『淫』，乾隆甲申冬日蘭谷山房藏板作『邪』。

誠意

《記》曰：人生而靜，天之性也。本自無邪，自汩没於人欲，陷溺其良心，而淫邪之念，潛滋暗長，如火之燎原，如水之滔天，遂至身名俱喪，沉淪苦海，無緣自拔。莊子謂惡莫憯於志，而行惡爲下。又曰：『悲莫大於心死，而身死即次之。』故淫邪固爲萬惡之首，而邪念又爲淫惡之首。人欲遏淫去邪，須先誠意正心。朱子謂誠意工夫，善惡皆從此判，故爲人鬼關。又曰：『意不誠，全是個惡人了。』身有大病，不説疥癬，所以緊要在誠意。又論克己曰：『須是拔去病根，合下掃除，不容他在裏。』譬如一株草，須是合下連根剗去，才發便剗，自到熟處。又考亭淵源録陳才卿問：『私意竊發，隨即鋤治，雖去枝葉，本根更在，感物又發。如何？』曰：『所以曾子戰戰兢兢，如臨深淵，如履薄冰。』又真西山大學衍義夜氣箴曰：『維人之身，嚮晦宴息，必齋其心、必肅其躬，不敢弛然自放於床笫之上，使慢易非僻，得以賊吾之衷。雖終日乾乾，靡容一息之間斷，而昏冥易忽之際，尤當致戒謹之功。』夫能如朱子之説掃除净盡，則淫邪不得而留，能如西山之説，兢惕靡間，則淫邪不得而乘。自然獨行勿愧影〔一〕，獨睡勿愧衾。譬如昏霧之中，一旦雲消日出，依然天清地朗。即或陷溺已甚，邪念固結，當以次掃除，先使此身有所習業，則此心自有所繫著，不得暇豫優游，使淫欲潛滋暗長。除經史文字外，或彈琴賦詩，或騎射談兵，或著書立説，或選文結社，或聚徒講學，或精攻書畫，或究心釋老，或手植花卉，或旁通醫藥，或熟習卜筮，既藉以銷磨歲月，自可以漸淡淫欲。由此而拔去病根，掃除殆盡，克念克敬，天君泰然。夫子曰：『内省不疚，夫何憂何懼？』昌黎云：『苟余行之不迷，雖顛沛其何傷？』邵子曰：『俯仰天地間，浩然獨無愧。』是即時運不齊，命途多舛。窮約困頓至三旬九食。十年一冠，而此心光明，真覺生順死安，可以吟風弄月，可以修身立命。一生戰兢惕厲之中，不乏瀟灑自得之趣。清明在躬，志氣如神。視彼淫欲之人，沮然自喪，終日局蹐，奚啻霄壤。即貧賤終身，而所得固已多矣。是邪念貴在掃除淨盡，而掃除邪念，惟在誠意慎獨。故羅倫諸公之力拒邪色，自淫欲者視之，驚爲奇行；自聖賢視之，直尋常事耳。何則？彼其誠正有素故也。嗟乎！人生而静，本自無邪，其所以生邪者，一由於狎昵匪人，一由於潛玩淫書。二者如飲酖酒、食烏喙，未有不裂肝腐腸者，而淫書之毒爲更甚。蓋邪説横流，壞人心術，甚於洪水猛獸之灾，慘於亂賊簒弑之禍。偶一寓目，必至毒入心胸。世且謂可以啓發聰明，曉習文法。夫韓文公非千古文章之祖乎？其論爲文，則曰：『始者非三代兩漢之書不敢觀，非聖人之志不敢存。』夫三代之書，即六經、語、孟，兩漢之書，即董、賈、劉、楊之文，諸儒諸經傳注之説。聖人之志，即正心誠意之學也。蓋將欲發揮聖賢之藴，而反熟玩淫穢之書，非特却行求前，南轅北轍，而識已污，志已荒，心已蕩，氣以靡，尚安得精理爲文，秀氣成采耶？今之人，顧不從韓子而從邪説，豈私慧小智之人，其説反勝於韓子耶？且夫爲士者，愛惜字紙，令人收取，誠恐墮落糞穢，獲罪聖賢也。今乃造作淫書，褻瀆侮慢，甚至藉聖經賢傳之語，而佐其游戲，是何異以琅函寶笈而置之糞穢之中，其罪可勝誅乎？輕薄者更從而贊誦之，又何異見字紙之墮入糞穢，更從而抑置之也。不有人禍，則有天刑。或斃死於獄底，或斬於市曹。前車可鑒也。

校記：〔一〕『勿』，乾隆甲申冬日蘭谷山房藏板作『無』。

正心

書曰：『人心惟危。』釋典言：『一切惟心造。』此心雖微，一念之發，感天地，動鬼神，關終身，通來世。故人當邪心蔽錮，忽一念轉移，即此一念，是斬群魔之寶劍；即此一念，是開黑暗之明燈；即此一念，是渡苦海之慈航。若清明湛一中，而忽一念迷惑，即此一念，是刑戮之禍梯；即此一念，是殞滅之兆端；即此一念，是冥譴之厲階。故善惡甫起於心，吉凶已若影響。凡念皆然，而貞淫爲尤甚。卜錫範曰：『男女之欲，生生之始也。』雖禽獸昆蟲亦皆知之。獨是人爲萬物之靈，聖經賢傳，動曰男女有别。如其無别，與禽獸何異？小人無知，猶無怪其然。若讀書之士，儼然名節自任，而舉念輒入於禽獸而不顧。何耶？則以其心之不正也。正心之要維何？曰：『在未見時有定力，一見時有慧力，方亂時有忍力。』平日存心誠正，非禮勿視、勿聽、勿言、勿動，是定力也；勘破欲火之爲魔障，欲事之爲空花，欲念之爲禍根。是慧力也。念及起心之際，司過之神在旁，三台北斗之神在頭上，三尸竈神在我身我家，記録者、瞋視者、糾察者，如電之目，一毫莫隱，因而痛自遏抑，是忍力也。人能具足此三力，於未見則以定力防閑此心，將見則以慧力省察此心，已見則以忍力禁持此心。强制久而私心斷，拔去病根，渾然天理，光明洞達，幽明欽敬，天爵人爵，一身膺受。其得失可以片時衾枕之樂相衡也哉。

立志

人之所以放辟淫佚、身敗名裂者，固由於心之不正，亦由於志之不立。無志則無耻，無耻則陷於禽獸而不知。故曰：耻之於人大矣。苟其有耻，則其視淫欲之事，非惟不堪以對人，并亦不堪以自問，真有面熱内慚而食不下咽者。然志有高下，有志於道德者，有志於功名者。志於道德者，朱程是也；志於功名者，韓范是也。彼其平日，方欲爲天地立心，爲民物立命。其視人世淫穢之事，真如犬豕淫佚，有不怒而斥之者乎？故先儒曰：立志以明道，希文自期待也。即等而下之，而僅有志於科名，其志固已卑矣。然孜孜於文章聲氣，惟日不足，以爲致身青雲，特旦夕間事。而甘以俄頃歡娱，博終身偃蹇乎？故時賢論柳下惠坐懷女子事，以爲特好事者爲之，如其言亦已陋甚矣，此事何須聖人始能乎？然魯人閉門拒嫠婦之托，而孔子以爲善學柳下惠者，莫如魯男子，誠爲千古名言，必出自大聖人之口，非假托也。夫孔子之言可信，則柳下之事非誣。特柳下惠即有此事，亦不足爲柳下重。以凡有志者皆能是也，則人亦在立志而已矣。

或問

或問：守正必蒙福，淫邪必獲禍乎？曰：有心邀福，即已非正；有心畏禍，便不爲邪。就目前而論，亦容有貞邪報應，禍福相反者，然皆屬未定之天，不可據爲一成之案。况天道甚神，莫可測度。淫邪而偶富貴，或人世多誣，横被惡名，而天心降鑒，反膺多福。或前生植福弘深，今世銷折未盡。故暫爾貴顯，久則殃集。矧良心不死，即身居三事，而負慚五内，生已不可對天，死更何顔入地？惡積身滅，福盡禍來。傳云：『善人富謂之賞，淫人富謂之殃。』天其殃之，而人反羨之乎？若夫守正而不蒙福，或前孽既重，或賦命太薄，然善既積於當躬，報必顯於來世。孔孟且然，而何况餘人。况乎守正黜邪，惟期生順死安，不至負心遺恨耳，豈爲邀福地哉。爲邀福而遏淫，使不獲福，仍不免宣淫矣。欲遏淫以邀福，使既獲福，亦仍不免宣淫矣。所謂有爲爲善，即是爲惡者此也。魯男子、晋顔叔子，皆於獨處時，夜風雨，鄰嫠婦屋壞，投之而不納，欲以己之不可，學柳下惠之可。魯人終於閉門不納，顔叔子納之，而令執燭讀書。燭盡，破屋以續，至明不二。魯人守經，晋人行權，而當時不言天之報施二人若何。蓋男女有别，本理所宜然。既非沽名之具，亦非邀福之爲。假令古今來，遏淫者必不蒙福，宣淫者必不獲禍，遂可逾東墻而摟處子乎？班婕妤曰：『守正未必蒙福，爲邪欲以何望？』至哉斯言，可以息人覬覦之私矣。然福善禍淫，乃天道之常，爲六經理道之言，并非釋氏因果之説也。故集福善禍淫之確見確聞者，以爲人世勸懲焉。

嵩按〔一〕：世風之敝也，文人墨士巧爲語言，以開淫邪之門，廣集淫書以爲適情之具。聞春方則以爲秘授，見春宫則以爲絶技，以致市井之徒，通衢鬧市，糊墻粘壁，惟圖射利，斯有不肖之輩趨羶遂臭，自詡風流，而不知喪心鮮耻，莫此爲甚。上遺羞於祖父，下留殃於子孫。鬼神所必誅，王法所不宥。乃如之，人與禽獸何異哉？蓋淫爲諸惡之首，孝乃百行之先。義本相連。惟其淫也，而亡身殞命，大負養育之恩，有垂屬望之意，孝安在哉？邪淫之夫，安望子孫之賢，不孝而因以不慈也。獨不思讀聖賢書，於聖賢所以垂世立教者，縱未能躬行實踐，當夫一念之差，遏抑而閑之，不留餘力，日復一日，由勉强可幾於自然也。是在有志之士，不自暴自弃，以見絶於聖賢之塗，庶前言往行，無非滌慮洗心之具也。詎不善哉！

校記：〔一〕此按語底本缺，現據乾隆甲申冬日蘭谷山房藏板補。

閑邪録卷之四

福　善

唐山西狄梁公仁傑，少時欲入長安。至一逆旅，獨宿内厢。主婦忽私奔，固少艾而孀居者也。公峻拒曰：『美色固可愛，皇天不可欺。我斷不以一宵之愛，累終身之德。』婦既退復旋，公啓門欲出，而門反閉不可啓。回視光艶觸目，若微動心者，既忽自嘆曰：『至哉！僧言。』婦曰：『何謂也？』公曰：『昔有高僧語我，謂人當美色在前，淫心熾盛，急念此。婦異日抱病而死，其尸潰腐，蛆蟲攢聚，穢臭熏人，凛乎可畏，此念便釋。我今夕見爾，作如是想，故欲念頓滅。爾試將我亦作如是想，則淫念自消矣。』婦注想久之，忽下拜曰：『公長者，爲能化我，繼自今，請永佩此言，守節以終矣。』再拜而退。公夜未央而行，後爲名宰相，封梁國公。

宋信州林茂先，學博才高。鄉薦後，閉户讀書，鄰豪家有麗女，諾夫已氏聘，而恨其夫失學，慕茂先才，夜就之，茂先呵之曰：『男女有別，禮法嚴肅，天地鬼神，羅列森布，何以污我哉？』女慚而退。是夜鄰翁夢神鼓吹送匾至林家，金書『忠厚正直』四大字。次年茂先登第，後生三子，皆成進士。嗟夫，羅敷有夫，愛才者固已愚矣；使君有婦，好色者復何爲乎？夫守正者，來則堅心拒之，而行邪者，見即起心私之。亦曾念天地鬼神，森羅在上，人不汝污，而顧欲污人乎？

蔣廷貴，宋平江人。少時游學汴京。一夕爲淫女所擁，將污之。廷貴惶懼，叱曰：『汝以爲暮夜無知乎？昔人言：天知、神知、我知、子知，其可不畏而爲此耶！』絶袂而去。後成進士，知樂亭縣。

宋理宗時，閩中將樂縣張文啓，因寇亂與周某入山避之。崎嶇至一穴，有一美女先在焉。見男子至，倉皇欲去。張曰：『去必逢寇。天地神祇，隨在昭布，孰敢無禮？』既而月落參橫，猿啼四野，夜長待旦，窮谷天寒，而温柔相并，薌澤微聞，周欲亂者屢矣，張力止之。及旦，挽周以出，適寇退，遂同村老至穴中，問其里居，令送歸。其父富而無子，感張之德，强納爲婿。後生二子，皆登第。嗟夫！亂離之際，禍莫慘於婦女，剛烈者屠戮，柔弱者污辱。當此而曲爲保全，隨力救濟，爲德寧有涯乎？抑余於程彦賓破遂寧，醉中不污三處女，而有感也。夫身爲元帥，職掌戎行，固當以禁亂戢暴爲務，即受任監軍，承乏參謀，宣力帷幕，尤當力贊主帥，嚴禁麾下：凡有侵奪婦女者，殺無赦。使紅顔翠袖，皆知生活〔一〕，丹青之信〔二〕，不致失節流離。一言而澤及萬人，所全不更多乎！

元南城童蒙，美丰姿，獨居。鄰女慕之。一夕私奔。童曰：『美色誰人不愛。但一時苟合，有玷終身。欲偕伉儷，家貧無以爲禮。』女曰：『文君、相如夜走成都，安所事禮？』童曰：『吾無相如之才，敢學其行？子無以是藉口。』女度不諧，垂泪而返。童托故遷居。後登致和進士。

明廣東漳郡諸生汪一清，嘉靖末，遇張璉倡亂，被獲。見賊復執一少艾至，將污之。視之，乃同學友妻也。亟紿賊曰：『此吾妹，請無污以待贖。否則，吾與妹俱碎首。若曹何利？』賊舍之，與汪并閉一室中。守者每從隙中窺，見其相對如賓。日暮，汪必退處一隅，至曉不移。婦便溺或櫛沐，汪必面壁。賊與食，必令婦先食。月餘如故。後并得贖歸，友拜且泣曰：『君高義勝於達旦矣，我因失婦，祈禱於神。昨夢神言：君在暗室，經旬不起邪念，正志上格穹蒼，帝已錫君厚福。』未幾，汪果聯登。或謂如此人，真可與人天爲師，然亦理所宜然，無足異也。

莆田林孝廉，萬曆中會試北上，道經吴江。時值隆冬，會日暮，泊舟高樓下。夜半，值樓中火起，一人從樓窗中躍出，墜林舟首。月明中望之，一赤體少婦，寒噤戰栗。林心惻然，不敢正視。急解新製狐裘，俾自擁之。舟人雜沓解維，婦避入舟中。燈光燭面，國色無雙。林窘甚，逡巡語婦曰：『我孤客也，舟中不敢相留。』載往彼岸，扶之僻處，慰曰：『天且明，家人當至，我自此去矣。』婦泣謝。叩問姓氏，林不答，揚帆夜行。是科闈中，林硃卷污燭油，房師屏置落卷中。師假寐，忽聞擊鼓聲，夢入至公堂，見關聖帝據案高坐。庭燎燭天，諸神林立。傳呼：『取油污卷至。』掀髯秉筆，批云：『裸形婦，狐裘裹，秉燭達旦爾與我。』師驚起，卷已在几上，始得取中。林謁師，各道其詳。時在座同門，有吴江少年，忽下拜曰：『墜樓婦，是余室也。』叩其故，曰：『是夕，城中友人招飲酒酣。聞家中失火，趨歸。樓下一婢毁，一嫗燼，意樓中人亦委命祝融矣。比明，踪迹得之，見身裹客裘，疑必失節，出歸母家。何意年兄義高若此。』某遂先歸。林守部三月，除浙江令，過吴江訪之，某令妻出謝，捧裘感泣，再拜而返之。裘則猶是也，而德已動天矣。林官至尚書，科名奕世。

江西劉文安父，名髦。少時會試下第歸。遇浲水浮一女，救之入舟。女年十有九矣，送回故鄉。至則家鄉蕩然，親識絶矣。乃載歸永新，令婦善視，爲擇婿。婦曰：『渠已無家，吾亦無子。渠適人，豈能勝君，君娶妾，又安得此美麗？』公曰：『汝視蒼蒼者爲何物？乃乘人難而貪其色耶！』婦數强公，公不可。從者私曰：『是不可强也。前者千里同舟，寢興飲食，相去咫尺，主未嘗相向坐，正目視。當自水入舟，浸潤淋漓，主卧以褥，覆以衾。渠去衣解帶，赤身跣足，宛轉袒露，主未嘗一寓目也；裙袴衣履，乘風向日，縱横舟内，主未嘗一沾及也。主心如鐵石，安可强耶。』逾年，許儒家子，將嫁而夫死。又逾時，甫議婚而其人病，是後無有聘者。公復會試，成進士。歸，婦固强公，終不可，乃百方强之。生大學士定之，參議寅之。正統丙辰，定之會試第一，廷試第三，爲賢宰相，謚文安，贈公如其爵。夫刀兵水火，乃天與人以種德之會，然救灾恤難，仁也，而見色動心，則惡甚矣。不見古之烈婦貞女，迫於强暴而引頸就刃、赴水蹈火而不顧乎？宋共姬，待姆而死於火；楚貞姜，俟符而死於水。明知焚溺之及，而不肯下堂，不輕出臺，誠以苟且倖免，不如火毁水葬也。林劉二公，寅畏護持，真火不能熱、水不能濡者矣。孫叔敖母曰：『有陰德者，陽報之。』夏侯勝曰：『有陰德者，必享其樂，以及子孫。』其説不信然哉。

嘉定范成夫，名純，力學能文。嘗館羅溪鎮，夜有少女，美姿善謔，乘間誘公，公正色拒之，弃館歸。郡守重公品，延爲師。天順丁丑成進士，仕至中憲大夫。嗟夫！青衫憔悴卿憐我，紅粉飄零我憶卿。余以爲苟不係情紅粉，何至憔悴青衫！人不欺天，天肯負人乎？且人能不欺暗室，自仰不愧、俯不怍，心廣體胖，胸中純乎浩然之氣，下筆爲文，自精彩焕發，光焰萬丈，虎氣必騰上，不待天地神明之陰相也。故昔時豪傑，視上第如拾芥，皆其平日存理遏欲之效也。人試於十年窗下，真能斬絶淫欲，光明洞達於文場中，有不氣吐虹霓，光冲斗牛，而望氣皆爲龍虎成五彩乎？於上第也何有？

天順間，浙江某生，少時讀書山中。日暮，歸途遇雨，避入漢光武廟，廟中先有一少婦在焉。生拱立一隅，目不敢視。有頃，雨勢漸猛，各不能行，遂面壁待旦而歸。後生鄉薦，謁房師，師曰：『初閲子卷，不愜意，弃之。若有人展呈几上者再。』因問：『子其有陰德乎？』生述其事，云：『曾夢中聞神言，當以此中。未敢信也。』師曰：『不爲冥冥墮行，神其鑒之矣。』後生位至侍郎，享遐齡。嗟夫！廟宇非行邪之地，邂逅非可淫之人。畏多露，拒金夫。鵲奔之亭，烈婦捐生於暮夜；牛湖之渚，貞姬委命於洪波。即在凶人，其敢因冥冥而遽思犯禮乎！然翠黛紅裙，荒郊長夜，而能面壁待旦，此心真堅如金石矣！神之福之，有以夫。

餘干陳生，善醫。有貧人病怯幾危，陳治之痊，亦不責報。後陳薄暮過其家，留宿。其姑與夫議，令婦伴宿以報恩。婦不得已，夜就之。陳拒之，曰：『奈尊姑何？』婦曰：『君生妾夫，此姑意也。』陳曰：『奈尊夫何？』婦曰：『夫身君賜也，何有於我？』陳見婦少而美，亦心動，隨力制之。自語曰：『不可。』婦强之。陳連曰：『不可！不可！』遂坐以待旦，取筆連書『不可』二字於桌。中夜幾不能自持，又復堅忍大呼曰：『天人在上，萬萬不可。』迄明乃去。後陳生子入試，主司閲其文，欲弃之，忽聞呼曰：『不可。』挑燈復閲，再弃之，又聞連聲曰：『不可，不可。』最後又閲，決意去之，忽聞連聲大呼曰：『天人在上，萬萬不可。』因録之。

揭曉後，房師問其子，子不知也。子歸告其父，父始述其事。後其子成進士。嗟乎！不可，不可，誠萬萬不可也。曹鼐不可，典史而中狀元；徐晞不可，吏員而位尚書。吴訥之冒大雨而出，以不可而出也。循由薦舉而莅都憲；吴寬之拒肉羹而歸，以不可而歸也，循登大魁而任宗伯；陸樹聲之中會元也，神以其邪色不苟，惟不可故不苟也；林增志之中亞魁也，天以其不淫不殺，惟不可，故不淫也。軍中不可程彦賓，寓中不可汪天與，賊中不可葉子雲，比鄰不可丁方池，少孀不可瞿公祉，處女不可童公蒙，主婦不可鄭公鋼，美婢不可錢公璧，艷妓不可趙清獻，爲醫不可聶從志，爲商不可高封翁，爲吏不可支贈公，爲客不可陳淳祖，酬恩不可何君澄，貧依不可費君樞，借種不可王公華，呼猫不可茅公坤，擲金不可陳古逸，貽書不可姚三韭，侍寢不可王公敏。暗室屋漏，面斥紅顔；正色危詞，聲徹帝座。或牽裾閉户而絶裾排門，或致書饋遺而毁書却饋，因之弃館遷居，永杜艷女之私；含垢匿瑕，常恐閨門之玷。而大羅天上，通明如鏡。故『不可』二字，書之於紙，光燭天庭；出之於口，語震天聽；存之於心，誠格天神；矢之於獨，默通天鑒。其身榮顯，其後昌大。呼吸風雷，華曜日月。皆不可之明效也。願諸君念兹在兹，勿一時不可而改諸異時，勿口中不可而隳諸念慮，則登大魁，躋顯位，又焉往而不可乎？

宣德中，曹文忠公鼐鄉試得乙榜，授代州學正，不就。願改繁劇自效，授泰和典史。捕盗獲一麗女，夜共處驛亭，左右皆居外。公將寢，女低鬟相就。公奮然起，秉燭坐，曰：『處子可犯乎？』取片紙書『曹鼐不可』四字火之，復書又火，如是者數十次，遂坐以待旦。比明，召其母家領回。逾年癸丑，公因公事至京，乞就試，中第二。廷對時，忽飄一紙墜前，有『曹鼐不可』四字。遂文思沛然，狀元及第。繆文貞有言，進士傳臚日，獨鼎元隨黄榜，直趨丹陛，徑出午門。蓋此門即五鳳樓，是日爲黄榜特開，其餘榜眼、探花，皆從左掖門出。眼見如此，不無書生極遇之艷，孰知曹公陰德動天，其名蚤登大羅天榜，從珠宫玉殿出乎？

太倉陸公容，少美丰儀。成化二年，館南京。主家女艷色能詩，善吹簫。數以詩誘公，公不答。一夕，公方讀書，女嫣然至，公紿以疾，與期後夜，女退。作詩曰：『風清月白夜窗虚，有女來窺笑讀書。欲把琴心通一語，十年前已薄相如。』遲明，托故去，是秋中式。先期，其父夢郡守送旗匾，鼓吹喧闐，旗匾上皆金書『月白風清』四字。父以爲月宫兆，作書遺公。公益悚然，後成進士，仕至參政。姚端恪公曰：『陳生連呼不可，以勇勝。陸公紿疾改期，以智勝。』如此美少年，何嘗不風流藴藉也。人奈何一遇摩登，遂智勇俱困，坐成枯落。不但可惜，亦可醜也。

歸安沈桐，字觀頤。族兄遜州，薦之鄰邑少孀家訓蒙。禮遇隆重，供帳豐腆。久之，婦忽夜奔桐寢，桐峻拒之。次日即辭歸。閉門攻苦，野蔬充膳，落葉添薪，蕭然自得。婦恐語泄，敦請之，不赴，又使遂州迫促，不從。屢詰其故，惟曰『不便而已』。次年桐舉於鄉〔三〕，隨登進士，位至巡撫。夫士君子，禮不入寡婦之門，况少艾而寡者乎！朱顔素服，即是封豕長蛇；玉貌花容，甚於黄熊厲鬼。沈君所以如脱龍淵虎穴，如出酆都鬼國，而不復敢回頭一顧也。然天性激烈，能爲共姜伯姬者，亦復不少。霜凝燕子樓，孰教紅粉成灰？風撼章臺柳，誰令緑雲墮地？身爲妓妾，尚必從一而終，之死靡他，何况名閨淑媛。此又不得因一疑百，徒喪天良也。

成化某科，楚嘉魚人上舍秦翥，入都鄉試。至揚州，友人某餞飲舟中。舁一艶女至，命拜秦。因指之曰：『此吾爲臨清監税竇主事妙選之妾，幸附君航，如俗傳千里送京姬，日同乘、夜同寓而不及亂，此千古豪傑事，君其繼之。』遂委而去。中途值孟夏，日暮，舟中聚蚊成雷。女遺帳於家，長途欲賈無從，蚊攢咂甚苦。秦不得已，命同宿帳中。僮僕疑而屢窺之，見兩人和衣各異向，竟夕爲常。由長淮入清河，過吕梁，進閘河，月餘方至臨清。竇知之愠甚，然遠山無改，竇疑信相半。既就寢，猶處子也。乃大愧服，遣人留行，謝曰：『足下長者。』仰天祝曰：『天道神明，報施不爽。請祝君掄魁，爲完節之驗。』秦入都果中經魁，春闈又成進士。夫秦之與艶姬，寢處而漠不動心也。良以十目十手，環布舟中、森羅帳外，惴惴乎，如共虎豹眠，而同蛇龍卧也。然譬之日飲鴆酒、攖利刃，而不至喪身失命，豈非正心誠意之驗乎！

浙江仁和縣劉某，偶從西湖探親。薄暮，歸途遇雨，避入園亭。地無居人，室皆閉鎖，惟亭中一紅顔先在。一時大雨傾注，迨更深城閉。始雨止雲收，月明之下，皓齒明眸，相依左右。劉素虔奉感應篇，念見美色者，以起心爲大惡，雖萬籟無聲，而幽冥有神，危坐達旦。是年科試即補仁和縣庠生。秋闈入試時，有家僮名天吉，忽痘殤。劉心忙意亂，潦草信筆而出。比出而天吉甦，云我實未死，先主人唤我相隨入場，語我曰：『今年三月十五日夜，汝幼主見色不迷，諸神申奏上帝。上帝命查今科鄉榜，有海寧孫某，應中七十一名，緣前月奸一孀婦削去。已將汝幼主名補入，汝隨我往衛之。』劉曰：『偶然邂逅，何自生迷，常事耳！安得感動帝天。』然念僮素樸魯，又此事平日未嘗與言，疑非飾説，及榜發而名次一如僮言。

餘姚王華，字德輝。少館富室。主妾衆而無子。居久之，一艷妾夜至書齋，袖出主人親書一紙云：『欲借人間種。』王即書其旁曰：『恐驚天上人。』還之。妾固請，辨説百端。王終不納，待旦遂行。成化庚子，王登浙榜。是冬，主人爲祈子修醮，主法者拜章久不起。主人訝問。曰：『適奏事三天門下，遇蕊珠天宫於大羅天迎狀元榜。章未即達，故遲。』問狀元爲誰？曰：『榜尚函封，但見馬前彩旗上，金書一聯，云：「欲借人間種，恐驚天上人。」』主人大驚。明年辛丑，王果狀元及第。位冢宰，生子守仁，爲名臣，封新建伯。守仁之封建伯以歸也，捧觴壽其父。父戲曰：『汝雖貴，終不及我。』守仁曰：『然，兒未嘗中狀元。』父笑曰：『非也。生子當如孫仲謀，汝生子必不能如我耳。』然公惟不肯借人，是以留得在己。使當日稍開撮借之門，豈特喪此邁迹之子哉！大羅天上，削盡科名；紅粉閨中，酬償業債。此夕中，不已斷送一生乎？

按：此事與正統丙辰狀元周旋之父相類。旋父夜飲富人密室，而遇艷色乞種也，面壁不顧，以手書空曰：『欲傳種子術，恐驚心上天。』及旋之中狀元也，太守夢迎新狀元，彩旗皆書此二語。要知旋父所云心上天，即王華所謂天上人。蓋天上人，即在吾心上耳。故曰自欺即以欺天。學者於日夜間，必時時如對上帝、如質鬼神。而萬金良藥，則曰思無邪；無上丹頭，則曰毋自欺；九轉丹成，則曰不動心。

陶文僖公大臨，年十七，赴鄉試。寓有鄰女來奔，三至三拒，遂徙他寓。寓主預夢神告曰：『明日有秀才來，乃鼎甲也。因其立志端方，能不爲艷女亂，上帝特簡之。』嘉靖丙辰，陶果榜眼及第。嗟夫！端方非一日之積也。三光五岳，浩然之氣，蟠結於胸中，而後見可欲而不亂。陶之三至三却，真有壁立千仞氣象，平日打磨鍛炼精矣。上天特簡，宜哉！

嘉靖間狀元某，爲諸生時，東鄰一少婦艷甚，目挑生者數矣。一日乘夫他出，於墻穴招生。生心動，逾墻而上。忽轉念曰『人可欺，天不可欺』。遂下。婦怪生不至，又復堅懇。生惑之，重梯又上，已騎墻矣。旋自忖曰『天終不可欺』。仍下，扃門而出。次年，生鄉舉北上。房師進場夕，秉燭獨坐，聞耳畔曰：『狀元乃騎墻人也。』及生中狀元，進謁詢之，始悉前事。此與萬曆戊戌狀元趙秉忠父摇手却女曰：『使不得。』既而公車北上，聞神言曰使不得底中狀元，何以異哉！觀此而知善惡兩途，出此入彼，不分安勉。苟淫魔猝乘，力能强制，惟在片時舉念間，而一生禍福從此分矣。一墻遂短，竟是一座人鬼關、陰陽界、人獸門。學者惟在平日洗心滌慮，仰視昭昭，决不可欺，自不履邪徑，不欺暗室矣。不然，一失足時千古悔，再回頭是百年身。如周武、葛鼎鼐，俱應中狀元，以代寫離書，遂爲天所削奪。而况淫人妻女乎！一過此墻便永墮地獄，長淪業海，可不懼哉！

成化乙酉，羅文毅公倫，會試路過蘇州。夜夢范文正公來謁，曰：『來年丙戌狀元屬子矣。』文毅公遜謝：『不敢當。』公曰：『君知所以大魁天下之故乎？君某年某樓事，已感動太清矣！因贈詩有「賜帶横腰重，宫花壓帽斜」之句。』文毅因憶昔時在某氏樓中，夜曾拒一少婦淫奔，夢當不妄。及廷試，果第一。夫羅公忠孝大節，彪炳史册，此與還釧事，皆其細行耳。然不欺暗室，乃聖賢第一要務，於此有差，即名節掃地矣，尚得爲一代全人乎？馬融絳帳傳經，而女樂盈前；張禹金華授書，而聲色滿堂。千古不忠不孝之賊，大抵皆縱欲貪色之徒也。羅公抗論李南陽奪情，扶天經，植地義，飄然去位，高風勁節，不自此暗室中基乎！

謝文正公遷，餘姚人，少館毗陵富室。主家女，乘父母他出，夜詣館見公。公委曲諭之，謂女子所重者節操，使今日失身，異日何顔以見夫婿？名閨淑女，往往因一念之差，遂致終身之玷，願以名節自愛，慎勿爲此以貽父母羞。女感悟而去，公亦辭館而歸。後成化乙未科，場前夢神告曰：『上帝以子嚴拒邪色，今科中狀元。』是科果大魁天下。

新津楊希仲，少館成都富室。主有美妾，年少自負才色，夜潛詣館，楊拒而不納。其妻在家夢神語曰：『汝夫書齋勁操，玉骨冰棱，毫不可污，來科當魁多士，以彰善報。』妻惘然。歲暮希仲歸，始言其故。明年舉蜀榜第一人。嗟乎！人各有妻，行淫者，豈果其妻必不若他人之艾哉？心昏而邪，甘自造孽爾。即果不若，而邪心一萌，神人共憤。如李秀才聞已當得科甲，忽一念欲易其妻，而神即削奪其福。况嫌己妻而欲淫人妻，其本心已喪，尚冀邀厚福，魁多士乎？

歷城陳九疇，少時讀書趵突泉之側。夏夜有少婦，裸形求奔，陳懼而出避，嗣即絶迹其間。後成進士，官至憲副，生子載春如父爵。嗚呼！婁猪尚有毛，婦而裸形，婁猪不若矣！緑珠墜樓，碧玉赴井，獨何人哉！無羞惡之心非人，陳懼而出奔，非羞惡之心不容泯乎？

國朝太傅金文通撰常州吕相國公志銘，云：『公持身不愧屋漏。』爲諸生時，常讀書某氏園中。鄰家少孀忽乘月至，公毅然峻拒。次日復持玉魚一雙，令侍婢來獻，公復斥去。後因訓子，始言其事，然終不泄其姓氏。公應試南闈，困倦中，時有神扶之。捷書而出，遂中式。丁亥廷對，值大雨，遺銅格式，隨筆落紙，精整特甚。字畫將訛，若有掣其肘者，輒改正，遂大魁天下。嗚呼！公五福渾圓，高朗令終。觀其制行，想其存心，必自有一種誠格天人氣象。金公推本曰：不愧屋漏。其知之矣。夫自明以來，大魁天下之人，孰是欺暗室、愧屋漏者？即本朝鼎元，如韓慕廬、彭訪濂諸公名高蕊榜，聲重天下，又孰非從不愧屋漏中來者乎？士子存心如數公，則見淫女而惡若蛇蝎，嫉若仇敵矣，尚何淫亂之有？

長洲汪鈍翁，名琬。鄉試時，寓一小樓，對門一少艾窺之，擲之以書，先生毅然不顧，即移寓去。順治甲午乙未，遂聯登。嗟乎！先生以文章名世，欲與歐、曾比肩，豈爲艷冶動心？蘇子瞻詩曰：『不羡千金買歌舞，一篇珠玉是生涯。』其先生之謂歟？先生不自言，事載儒門首戒中。

順治甲午，溧水湯聘，就試省城，病劇而逝。恍遇神明指引，令謁宣聖，繼謁文昌，注名禄籍，遂命回生。以湯某年某月，買舟詣如皋。舟人有女韶顔，善謔。乘父登岸，屢欲就湯，且貽以簪履，湯正色拒之，屹不爲動。故錫以厚福，以彰善報。復諭湯曰：『汝今回生，宜益修德。今日人心險薄，鬼神司察極嚴，善惡册籍，一月一造。無俟後日來生，始有果報也。』湯甦入場中式，辛丑成進士。嗟乎！載游女以同軀，糜竺不窺窈窕之容；依艷色於當壚，阮籍不作巫山之夢。終之神人感動，灾禍潛消。吕祖醒心經有言：願汝等大衆，生生世世、在在處處，永絶淫心。則凡在暗室旅寓、車内舟中、刀途血路、酒館歌樓，縱有女如玉，晨夕相依，而能一心不亂，有不自天佑之，吉無不利者乎？聖賢仙佛，不過代天弘化，從而保護之耳。

常熟蔣莘田，名伊，國朝名御史也。其家行狀中，言公未第時，嘗游汴洛、下會稽，久困於逆旅。鄰家女有殊色，慕公才名，屢登墻窺之，公遂移寓。或誘公往，曰：『此非完女矣。』公曰：『以我故得不失節，何故不完？』邑中陸善長，哀狂狡之失行，製薙淫篇，公序而登之梓。登第後爲御史，上流民圖十二。至哉！社稷之心乎。食報遠大，誰曰不宜。

慈溪周君蘇，少時有鄰某，貧而病怯，疾將殆。其婦少而美，或勸之鬻婦以圖生，媒氏議已成矣。周聞之惻然，命還金解議，亟斂銀十兩，爲醫藥費，數以薪米繼之。後某病愈，令婦以身報德。一夕伺周獨處，婦靚妝至，致其夫語。周怒曰：『緩急相顧，吾儒分内事也，何報之有？若必誘我於淫，真禽獸我也！』婦感泣而去。周中康熙庚午舉人，庚辰進士。

錢塘陸我乘，名元龍。嘗夜獨處館舍，有鄰女艷妝至，笑語不止。陸曰：『汝之來欲我喪汝節也，寧勿顧我名乎？』峻拒之。是夜夢二龍繞柱，光華燭天。順治丙戌、丁亥聯捷。

康熙乙亥冬，福州府生員林濤，少年美丰姿。有鄉莊在某邑。林向莊佃課租，宿於其家。其家有女年十六，窺林美，悦之。伺林出，携梅花一枝，置林案上。女有妹尚幼，遣以通意，因與相見。林見女美，魂銷目眩。薄暮邀林，從屋後繞入寢室，鋪設精潔，香味氤氲，共至榻前，行墮落矣。忽轉念曰『我已有妻，彼尚未嫁，一時亂之，陰德盡喪，明歲科場豈可望乎』！一念轉移，如冰雪溉體，即詭辭而出，乘夜歸家，自此絶迹。女一病幾没，林聞之亦不顧也。明年丙子，遂捷鄉書。或謂有女如玉，綢繆繾綣，雖邪不可犯，而情不可却。斯言可謂愚矣。狂童狡女，淫奔野合，爲欲火所驅，豈真情所鍾？詩曰：『維子之故，使我不能餐兮。』又曰：『子不我思，豈無他人。』其爲無情也。甚矣，况壞我名節，敗我功名，陷我狼狽，乃我不世之仇。而尚曰情不可却乎？其亟轉念爲貴耳。

蜀士高元貞，字觀一，孝友端方。嘗客游河洛，暮歸寓，倦而就寢，門尚未閉。頃之，聞室中婦女蓮屐聲，燈下視之，見一美婦人，徘徊却立。高起坐，瞋目怒視。婦逡巡退。乃寓主之媳，少年喪偶者也。高後中康熙乙卯蜀榜第十一名。子善祥，同榜經魁，任馬平知縣。

明諸生瞿祉，館一少孀家。孀婦玉貌冰心，堅守數年矣。忽因一念之動，夜就館，自言其意。瞿曰：『不可。若如此，從前苦節盡喪矣。後雖追悔，其何及乎？』婦感動泣下，以完節終。瞿遂登高第。

吴公寬，小有介行，一富家延公爲師。其家有女方笄，窺公悦之，遣婢以肉羹遺公通意。

公即以他故解館去。人叩之，公終不言。後其女卒。公晚年述此以訓子孫。公中會元、狀元，仕至宗伯，謚『文定』。

徽州程孝廉，居臨溪，橋窄。有一女探親，過橋墜溪中，孝廉命家僮扶救。女衣盡濕難歸，孝廉留至家。令閫中烘衣，日暮伴宿。次日送回母家。舅姑聞而不悦，曰媳非完女矣，便令退婚。孝廉使人備道前因，且言娶至家中，若非完女，則我任其咎。夫家始娶之。一年夫卒，舉一子。孀婦紡績教讀。燈前流涕，語子曰：『汝若成名，勿忘程孝廉先生之恩也。』其子登科，丙辰入會場，朗誦己文，拍案自鳴得意，又讀一遍，隨放聲大哭。程孝廉隔號，急問其故。見少年曰：『七篇得意，可決進士。孰意燈煤，焚卷數行，勢必貼出，是以哭也。』程云：『可惜好文無用，何不與我謄寫。若中進士，謝兄二千金何如？』少年許諾與之，程果中進士。榜後少年詣程寓，留飲。少年問程云：『君有何陰德，故造化以我之文，爲君中進士？盍言之？』程自反無陰德。少年固請不已。程述前救一女子事。少年俯地而拜曰：『先生是我母之大恩人也。』因以母燈前語泣告之，并前約前二千金，亦不望分毫矣。

雲間陸樹聲，字平泉。辛丑北上時，王公華爲郡守。夜夢見城隍庭下，衆保陸樹聲爲善士。王素知其名，召其外父李生，告之以夢。問曰：『汝婿平日作何善事？』對曰：『曾於邪色不苟。』已而報會試第一。子彦章，己丑進士。

無錫縣孫繼皋，美丰姿，館於某家。主母見而悦之，遣婢送茶，杯中有金戒指，孫佯不知，令收去。是夜，婢來扣門，云主母到矣。公急取大板頂門不納，明日遂歸。因解館，人問故，答云：『生徒不受教也。』終不泄其事。後公大魁天下，子孫世有貴顯，始傳述之。

茅鹿門坤，歸安人。游學餘姚，寓錢應揚家。錢有美婢，慕坤丰姿，晚至書室呼猫。坤厲聲曰：『汝何獨來呼猫？』婢笑曰：『非呼小猫，乃呼大茅耳。』坤正色曰：『父命遠來讀書，若非禮犯汝，他日何以見父，又何顔以見爾主？我必不就，切勿再來。』婢慚退，坤登嘉靖戊戌榜，官副使，壽九十。

明太倉吏員顧某，凡迎迓官府，主於城外賣餅江某家。江被仇嗾盗，顧集衆訴其冤，得釋。江有女年十七，卜日送顧所曰：『感公之恩，願以此女爲妾。』顧使妻具禮送歸。父又携往，卒不受，江方以女他適。數年後，顧考滿赴京，撥韓侍郎門下辦事。一日侍郎他往，顧偶至宅門。夫人見而問之，顧伏地不敢仰視。夫人曰：『起！起！汝非太倉顧提控乎？我即江家女。嫁爲相公副室，尋繼正房。今日富貴，皆公賜也。每恨末由報德。今幸相逢，當爲相公言之。』備陳始末於侍郎，侍郎曰：『仁人也。』竟奏其事。孝宗稱嘆，即用爲工部主事。

鍾離瑾爲德化令，有女字鄰邑許令子，將嫁，買一婢爲媵，婢至，背屏而泣。詰之，爲前令女。瑾惻然，乃以書寄許公，求緩婚期，言近買一婢，是前令女。當用女裝先嫁之。許覆曰：『昔蘧伯玉，耻獨爲君子，君何自專仁義乎？願以前令女配吾季子。』於是二女皆歸許氏。後瑾歷十任太守，享大壽。

陝西袁公，以闖賊亂，父子失散，寓白門。欲娶妾生子。適有貧人謂其妻云：『飢實難忍，當自盡矣。』妻少年有姿。泣曰：『汝鬻我，可得二三十金過活，運通再娶何如？』夫泣而勉聞於媒，轉達於袁，得銀三十兩。婦至袁宅，背燈哭泣不已。袁公詰之。婦言：『無他故，只以家貧夫欲尋死，願賣身以活之，但念夫妻十日之恩，故不忍傷痛耳。』袁公惻然，不忍犯。與婦各坐竟夜。次日，除身價不取，仍以百二十金同婦送交其夫，勸令貿易。夫妻泣拜而受，思無可以報德，欲覓閨女，送之生子。因至揚州，見衆人環聚。近視之，有人引一十二歲幼男，索身價一歲一兩，人俱不肯出價。彼夫私計，我未得女子，先買此童，伏事袁公，有何不可。遂價買送袁公家。袁公細視之，即其子也。父子抱頭痛哭，繼而歡笑團聚。還妻之後，復施多金，完人夫婦之倫，即重逢父子之樂，豈非受報不盡者乎。

休寧汪君六羽，讀書以道自重，樂善解紛。尤喜助人完婚，雖百金不吝也。曾遇冶容，以不欺暗室却之，亦不泄言於人前。甲申，至楚遇兵，避蘆葦中，水漿不入口者五晝夜。昏迷中，夢一白衣纓絡婦喚曰：『前有水窟可飲。』及醒時起行，見清泉掬飲之，遂神清氣爽，方得間道抵家。偶見侄女供奉白衣大士，儼然夢中像。私念大士默佑，因述其事，迎請奉祀焉。子二，生六孫，曾玄十有五人。

以上數十條，諸公俱以不染淫邪，不欺暗室，而登巍科，享高爵，天人欽敬，鬼神佑助。苟有人心，咸思慕效。但世或有冥頑不靈，喪心病狂之徒，見諸公所遇之事，疑世間婦女盡屬淫邪，不思極力遏惡，效諸公之恪誠，或反啓淫心，冀邪緣之湊合。夫以上諸女，或患難死亡，貧窮無告，酬恩望救，强顔忍耻，原其本心，豈爲淫欲！若其昏夜淫奔，亦千萬人中一二人耳，豈天下蛾眉盡若此輩？偶以無心之顧盼，視爲有意之留情。而見色起心，至獲罪於天，積惡於冥乎！且諸君獨不見五代史所載李氏斷臂之事乎？李氏，青齊人，王凝妻。凝爲虢州司户參軍，卒於官。李氏携其幼子，負遺骸東歸。過開封，止旅舍。主人見婦人携一子，不肯留，牽其臂而出之。李氏長慟曰：『我爲婦人，不能守節，而此手爲人所執，不可以一手并污吾身。』即引斧自斷其臂。夫一臂且不可執，而肯失身於人乎？然猶曰：身本良家，故志節慷慨。亦有家門淫亂，而皭然不滓，之死靡他者，不見楊升庵記池州唐貴梅事乎？貴梅笄年爲朱氏婦，夫死，有姑悍而淫，向與富商私。商見貴梅悦之，賂姑求與婦通。姑誨婦淫以百數，弗從；加以箠楚，弗從；繼以炮烙，體無完膚，終不從。乃以不孝訟於官。通判毛某受賄加刑，死而復甦，終不自白。曰：『吾不欲污吾姑也。』商猶憐其色，令姑保出，乃自縊而死。夫以赫赫大節，而出自童年幼婦，可不謂賢乎？然羞惡之心，人皆有之，豈獨一貴梅乎？更不見歸震川所書張貞女死事乎？貞女，嘉定曹巷人，嫁汪客之子。客老嗜酒而昏，其妻汪嫗多與惡少私。諸惡少見貞女美，欲并亂之。貞女嫉惡少殊甚。有相侮者，輒詈且泣。嫗怒，百般凌辱貞女，時加搒掠。一夕，惡少胡岩入犯貞女。貞女大呼曰：『殺人！殺人！』以杵擊岩，岩怒走出。貞女自投於地，哭聲竟夜不絶。惡少與嫗恐事泄，共縛貞女，椎斧交下，貞女痛苦宛轉，曰：『何不以刃刺我，令速死。』一人乃前刺其頸，一人刺其脅而死。歸震川曰：『貞女爲人淑婉，奉姑甚謹。雖遭毒虐，未嘗有怨言，及與之爲非，獨毅然蹈白刃而不惴，其節烈蓋與唐貴梅，異地而一轍也。』然猶曰：羅敷有夫，强暴非偶，寧受屠戮而死，固也。亦有妙年未嫁，兩美相遇，而不肯失節，甘攖屠割者，如于鐵樵感應篇所述：康熙丙午年，兗州某縣有鄭生者，美秀能文，悦舅之女豔而淑，求爲婚。舅以其貧，弗許，諾鄰邑蕭氏之聘。以婿病，逾年未嫁。鄭賂女之婢，竊其睡鞋香囊，懷以示蕭之内戚，誣女與己私。蓋欲離其婚而已，復求得之也。蕭得譖，陰使人詰女之母。女聞謗言，不勝其憤，取利刃一揮，首隨腕落。父訟之官。邑侯某察而毅，捕鄭拷訊，盡得其實。備極五刑，斃於獄底。嗟乎！此生既美秀能文，積學攻苦，安知非登巍科、享高爵之人？乃以一念之好色，不克自制，至絶滅天理，陷於極惡大罪。而天刑人禍，亦接踵而至，殺人適以自殺。原其初心，亦謂女之可以强求而得耳。孰意其剛烈至是哉！夫此女之剛烈，真足動天地、泣鬼神。使遇楊升庵、歸震川，定當大書特書，而垂於無窮矣。今傳其事，而逸其名，可慨也。然此等皆出學士大夫之紀載，諸公俱以文章自名，不肯剿説雷同。數烈女幸遇諸公以傳，其不幸不遇，而湮没不彰者，又不知凡幾也。又如諸史所載，刎頸剖胸，截指斷鼻，沉淵赴井，投崖蹈火，雉經截耳之類，不可悉數。但一部廿一史，無從説起耳。蓋人秉天地之正氣，剛方激烈，婦人豈下於男子？况坤道静專，婦女稟之以成性。苟非行同狗彘，失心病魔，則有而靦面目，安肯呈身自獻，甘受玷辱？即曰：世間婦女，如諸烈女之剛方激烈，原不可多得，然如諸淫女之失心病魔，甘同淫狐邪魅，亦豈所在多有乎？不然，古今來賢豪世出，使遇此等淫狐邪魅，亦必正色斥遣〔四〕。而獨羅倫、謝遷諸公，得傳爲美談耶。况諸烈女，亦不幸遇强暴而死。如所稱疾風知勁草，板蕩識忠臣，而始以節烈著耳。其不遇强暴，而節烈無從表見者，如今世之金閨窈窕，玉臺艷色，及道左嬌姿，簾中翠黛，蓬門麗質，孤幃孀婦皆是也。諸君可視爲易犯，而遽勞起心動念乎？夫明眸皓齒，笑語温柔，及片言相戲，詈罵相隨，暗室一呼，桀夫披靡。雖天地鬼神，亦有以相之，而謂其可犯耶！若明知不可犯，而猶起心私之，徒自成其爲敗德喪心而已矣。故欲根萌動之時，必如毒矢著身，蝮蛇螫手，速刮骨斷腕，始免裂肝腐腸。慎勿以一念之邪淫，博終身之偃蹇，至追悔莫及，洗滌無從也。况乎淫邪一起，萬事皆隳。精神必至昏倦，讀書必至遺忘。上等資質，變爲下品庸愚。非特玆心不爽，而昏亂百度，亦天奪其明，福銷孽積，冥冥之中，潛移默運而人不知也。試觀古來功名中人，自有一種卓識定力，打破此中關頭，摇奪我不得，迷惑我不得，是以當其未遇時，能保命惜精，力旺神强，寒可不爐，暑可不扇，辛勤刻苦，志氣如神，功名唾手。如前所云，天人欽敬，鬼神佑助者是也。若其少年斫喪，精神無端耗散，英氣遂至消靡。衰怯之姿，安能攻苦寒窗？羸弱之身，何堪浪戰棘闈？將功名富貴，不待冥中一筆勾消，而在己自然拱手讓人。言念及此，則其視世之螓首蛾眉，不啻我之冤家仇人，而肯留心顧盼乎？故當美艷入目時，急宜猛省曰：此喪我功名者也，敗我富貴者也。鬼神在旁，被其記録，更無挽回。惟在此刻意念不差，即是宿慧深厚，福德隆重之人。蓋受福固由積善，而爲善亦緣多福。如李登之心昏而邪，其於狀元宰相，畢竟無福承當，故爲淫魔所乘，而一敗塗地。羅倫諸公，心正而明，邪不能惑，實由福德深厚，能堅忍操持於頃刻之間，而登大魁、躋顯位，富壽歸之，子孫享之。與攻苦螢窗，埋頭雪案，種種積德行善者，事半而功倍，且肢體康强，耳目聰明，存順殁寧，其得失可以片時衾枕之樂相衡乎？所願有志君子，性情嗜好，不起邪端，交接言辭，不入邪界。雲鬟粉面不過帶肉骷髏，翠袖紅妝乃是殺人利刃。縱對如花如玉之貌，常存若姊若妹之心。思觀榜日於花晨月夕之中，念進場時於楚岫巫雲之地。過章臺若蹈虎尾，渡洛浦如涉春冰。兢兢業業，種一生富貴之苗，積數世子孫之福。諸先達懿行具在，其亦思所取法耶。

嵩按〔五〕：上天下地，五嶽三光，浩然之氣，流動充滿，爲聖爲賢，成仙成佛，本無二理。若夫富貴功名，原以畀諸積善之家。力行之子，伊古以來，名臣碩輔，福澤蓋一方，聲名遍九州。蔭子詒孫，享受無窮，若非先世之培育，必緣當身之修省。信不爽也。夫見遺金於道左，遇美女於密室，心如止水，毫不爲動。明明上帝，鑒觀有赫，超群出類，福隨德臻。雖非假此以自謀，而人世間無量之福，造物所甚愛惜而不輕予人者。已據於一念之清明，一時之堅忍，而終身之尊榮，後嗣之昌隆，悉基於此，固不僅爲人禽之分途，苦樂之異趣已也。今徒見世之登高科，膺顯仕，蘭孫桂子，綿綿繩繩，咸以爲時命之過人，其亦不思之甚矣。

校記：〔一〕『知』，乾隆甲申冬日蘭谷山房藏板作『得』。

〔二〕『丹青之信』，乾隆甲申冬日蘭谷山房藏板作『金閨弱質』。

〔三〕『於鄉』，乾隆甲申冬日蘭谷山房藏板作『鄉薦』。

〔四〕『遣』，乾隆甲申冬日蘭谷山房藏板作『譴』。

〔五〕此按語底本缺，現據乾隆甲申冬日蘭谷山房藏板補。

閑邪録卷之五

禍淫

唐時李登，年十八爲鄉貢首，後年至五十四，屢不第。齋沐詣葉静法師，乞入冥勘之。法師許諾，上章叩梓潼帝君。帝君命吏持籍示曰：『登初生時，上帝賜玉印，十八歲魁鄉薦，十九作狀元，五十三拜右相。緣得舉後，窺鄰女張燕娘。事雖不諧，而繫其父張澄於獄。以此罪停十年，降第二甲。二十八歲得舉，復侵其兄李豐屋基，至形於訟，又停十年，降第三甲。三十八歲得舉，復於長安邸中，淫一良家婦鄭氏，其夫白罪於天，又停十年。四十八歲得舉，復盗鄰女王慶娘，爲惡不悛，上帝震怒，已削其籍，終身不第。』法師辭退以語登，登悔恨，一夕死。吁，李登所謂梏之反覆者也。文昌化書曰：『四舉不沾天子禄，一生虚負狀元心。』遂使後之言禍淫者，動輒以此君爲首，可不戒哉。夫祖宗積累幾世，方得生狀元宰相，亦其本身積累幾世，方得托生爲狀元宰相，而乃戕賊如此，辜負天恩，辜負祖考矣。春風得意馬蹄疾，一日看遍長安花，何等光榮；榜題金字射朝暉，遥想風流第一人，何等喧赫；天上玉書傳詔夜，陣前金甲受降時，何等尊崇。而竟以一時淫行，削奪殆盡，報亦慘矣。老師宿儒攻苦寒窗，積學厲行，非命中所有，終於白首無成。李登以本有之功名而自喪之，雖天下後世，有不代爲悔恨者乎？杜牧有言：『秦人不自哀而後人哀之，後人哀之而不鑒之，將使後人而復哀後人也。』

宋龍舒劉覩，任平江許浦鹽税。子堯舉，僦舟就試。舟人有女，堯舉調之。舟人防閑甚密。既入試，試題爲堯舉私課，出場甚蚤。適舟人往市貿易，遂與女私。劉覩夫婦一夕夢黄衣二人馳報云：『郎君首薦矣。』旁一人云：『劉堯舉近作欺心事，天符殿一舉矣。』覺而夫婦相協，頗驚異。比折卷，堯舉以雜犯見黜，後竟潦倒場屋。而舟人之女，水流雲逝，已不知何往矣。惜哉！

明嘉靖時，陸中丞埰子仲錫，年少有才，隨師居京。一對門女艷甚。陸子與師屢窺之，心動。師命陸禱於都城隍，以祈神佑。是夜陸夢與師俱爲城隍所拘，大加呵責，曰：『淫爲首惡，矧敢褻瀆神明。』命查禄位。須臾鬼使持簿至，陸名下注甲戌狀元，師名下無所有。神曰：『陸當奏聞上帝，削其禄籍，令貧賤終身。某忝爲人師，而教猱升木，實屬罪魁，命鬼卒抽腸。』陸見群鬼繫師手足，去衣剖腹，探手扶腸，纏綿而出，流血盈前，師哀嚎徹天。陸大駭而覺，汗流浹背。而書僮適叩門，報先生病絞腸痧暴死。陸後竟清狂貧賤終身。方被譴時，爲前庚戌。時甲戌狀元孫柏潭，尚未生也，陸削而孫生。所謂惟上帝不常，降祥降殃，惟存乎人耳。使當時師以一言諫止，則陸之狀元固無恙，而師亦因以獲福矣。計不出此，而反導之以淫，豈不悖哉？夫師誨弟淫，其腸已腐，即投畀豺虎，亦所不食。今之導人淫亂，誘人嫖賭，以致名行俱虧者，戒之哉！夫師道并於君親，至尊且重也。爲人師者，不止誨弟以文藝，所當防微杜漸，事事教之以正。富辰曰：心不則德義之經爲頑，口不道忠信之言爲嚚。頑嚚之子，爲大凶德。先生施教，以身爲範。心口之間，既杜其頑嚚；耳目之際，復絶其匪僻。若見少年佻達之輩，更當力爲戒諭，遏其邪心，斷不忍使聰明智慧之資，致有貧窮夭喪之失。斯爲勿負他人付托，即是廣植自己陰功。若其惟利是圖，罔知師範，或代作文字，任彼愚蒙；或偷合苟容，慫其淫僻，此其罪已不容於誅矣。更甚而生徒聚首，講習淫書，晝夜群居，共談穢褻。傳經絳帳，乃是四部奇文；坐擁皋比，却演一回鶯夢。賊夫人子，罪必通天。生前即免抽腸，死後寧逃挫骨乎？

江寧某生，己卯入闈。未放榜前，其鄰人楊生謂曰：『吾近爲陰曹，知君該中五十七名。緣某年某月某日，往江北課租，與田家婦苟合於星月之下。君以此除名矣。』嗟乎！野曠天低，夜深人静，風月無邊，庭草交翠，將胸懷洒落，心體澄澈，如光風霽月，一塵不染，何自而生淫邪之想！朱子爲同安簿，下鄉宿僧寺。衾薄不成寐，聞子規聲凄甚，時正思論語書一章，後聞子規啼，便憶是時。生獨無書可思乎？顧爲此穢事於月華星彩，萬象森羅之下乎？田家婦女，豈必殊色？月下苟合，轉盼成空，而鬼神司察，罪孽莫逭。將半世功名，斷送片時淫穢之中。回想此夕以前，身無淫行，心體何等光明；此夕以後，中懷慚愧，動履何等局蹐。人生飲恨，莫甚於此。唐宜之曰：『某一生忠厚，坐此困窮，少年尚戒之哉。』冒起宗戒淫文曰：『諸惡孽中，貪色一關，爲害最大。』庸夫俗子，顯蹈明行，罔知顧忌。至於文人學士，雅擅風流，侈標逸行。繾綣則托於夙因，邂逅便神爲天合。終日談遏淫，淫心時熾；逢人説寡欲，欲種更滋。於是盈胸錦綉，觀粉面而糊塗；滿腹經綸，遇雲鴉而昏亂。嗟嗟！人縱才華不減相如，何必效臨邛之竊；即事業高於少伯，奚堪仿五湖之游。青衫濕泪，樂天自感窮途；紅拂叩門，藥師終爲遺行。我願世人寧甘撲拙，莫羡多情。縱有邪緣，且思陰報。若腐言不堪入耳，豈往事總涉虛無。古語云：殺一人者殺其一身，淫人者殺其三世。蓋穢德必彰，惡聲易播，上而殺其父母矣，中而殺其夫矣，下而殺其子女矣。耻懸眉額之間，痛切心胸之内。故殺人多得陽報，淫人多得陰報，奈何無故挾白刃而剸人三世之腹哉？抑又有説焉，一第由來是出身，由此位躋通顯，遠贈其祖，近顯其父，中及其妻，下廕其子。龍章鳳詔，紫誥黄麻，光寵實被三世。夫戮辱人之三世，思光耀己之三世。無論天地神明，决不肯壞此公道。即反己自思，於良心亦斷所不許也。則夫褫功名，削禄籍，豈得謂天地神明之過刻乎？

宿松令朱維高，己酉科入江南内簾，取中一卷。夜夢一鬼手書一淫字示朱，曰：『此人奸淫，已干天譴，豈可中乎！』次日朱偶忘前夢，以此卷呈，主司亦大加賞異。忽以筆抹其篇中『險阻』二字，朱稟云：『中式卷内如此類甚多，似不應抹。』主司亦悔之，命朱洗去。及洗而墨迹潰徹數層。忽憶前夢，遂擯之。世間以爲暗昧之行，人不知覺，豈知冥冥中，鬼神已盡察之，使其功名已得而復失。則相傳陰律惡淫爲首，於此可見矣。

金部田員，與豪家子張生同科，少年相得。一日閑步過一大宅，密聆窗内贊美聲，過百步復回，窗中擲金釵一隻。張生低徊久之。有紫衣者趨出見招，言此某官子婦也，其夫使蜀未回，婦約郎君於崇夏寺中，某日相會，以此致意。張如期而往果然，再後時時相詣。田諫阻不聽。後其夫歸，備知其事，隱而不問。款曲間，謂婦曰：『吾前度劍閣，顛危萬端，願飯百僧，汝爲我往尼院酬之。』婦諾往。張生知之，遽往會焉。某官率健卒，携利劍入院，同謀者皆殺之，婦與張生一同就刃。自拘於有司待罪。太宗曰：『此人間最巨蠹也，殺之宜矣，何必致問？』中外快焉。

滁陽王勤政，與鄰婦通，有偕奔之約，尚虞夫追及，未幾，婦用計死其夫。政聞大駭，即隻身逃至江山縣，相距七十里，謂路遠可脱禍。飢入飯店，店主供二人食。政問其故。店主曰：『有披髮人隨汝入，非二人乎？』政驚，知冤鬼相隨，乃到官自首。男婦俱伏法焉。殺夫雖在於婦，實爲政宣淫所致，故難逃也。

成化間，宜興一人，無産有役，偕妻欲逃溧陽。遇行船人曰：『我正往彼。』遂附搭。舟師悦其妻美，至溧陽曰：『我此地熟識頗多，爾妻暫留船中，我同爾去覓屋。』誘至山下，遂打死其夫。回船紿其妻曰：『爾夫落虎口矣。』妻泣，舟師曰：『毋苦，我便與汝成配。』其妻疑曰：『虎豈能盡食吾夫？若得見肉一臠，亦願足，然後與爾爲配。』舟師不得已，領往山下尋之，不意果遇一虎，竟搏舟師而去。妻痛哭，吾夫真死於虎矣。路人聞之，詰其由來，妻以實告。路人云：『適從縣前見一人，云被船家打死復活，來告狀，豈爾夫耶！』婦往縣前，尋認其夫，復完聚。

以上各條，諸人俱以淫邪而削福減算，貧窮夭札。天道昭昭，良可畏也！而冥頑者猶曰：吾不祈福，亦不畏死。夫死即不畏，獨不畏死後須見冥王於地下乎？冥中既以淫邪爲萬惡之首，則淫人自必服最上之刑。斯時臨之在上者，赫赫嚴嚴，列於左右者，猙獰險惡。鼎鑊在前，刀鋸在後，魂飛湯火之中，命寄刀山之上，潛踪無地，乞哀無術。生前俄頃歡娱，博死後無邊慘酷。昔宋宣和間，秀水新城鎮潘屠，多行不義，忽死，經夜復甦，呼妻子集親鄰，曰：『吾死見閻王，閻王謂死者受報，生者不知，受者方苦，作者仍熾。即宣之大聖金口，載之龍藏寶函。尚疑而不信，良可悲愍。今潘某奇惡，暫假警衆。』遂操刀自割其陰曰：『此宣淫報。』自剜其目曰：『此瞋視父母及熟視婦女報。』自剖腹剜心曰：『此陰謀賊害報。』自斷其舌曰：『此欺妄污衊，好談閨閫報。』遠近傳觀，妻子耻之，捍止外人勿入。潘復含糊呼曰：『吾受命閻王示衆，汝何捍焉！』宛轉六日，體無完膚而死。觀此而知潘屠之慘受極刑，乃冥王一片婆心。使人知生時之雲鬟粉面，即死後之青面獠牙；生時之香肌皓腕，即死後之刀山劍林；生時之翠袖紅妝，即死後之沸湯烈焰；生時之錦帳綉幃，即死後之高春大磨；生時之花街柳巷，即死後之酆都鬼國。冥中固未嘗嚴於市井小民，而稍寬於文人才士。且陽世縱緣智巧，得脱王法，而地獄殘嚴，無優待諸生之款；按法凌遲，無和奸減等之律。或因其讀書識字，比愚夫愚婦更加一等。此即有孝子慈孫，僞作行狀，鋪張揚厲，亦於死者何益？宋儒闢佛，謂人死則魂神飄散，剉燒舂磨，無所復施。於是行淫者利其説，皆以爲宣淫即上干天譴，至於削福減算，而死則已矣。形銷魂散，雖殃及子孫，吾弗知也。嗚呼！天譴固已莫逃，而一死亦豈能塞責耶？于鐵樵感應篇贅言，載其同年江南某公，有從堂明經叔家富而貪，性復淫虐，然以文章聲氣，取重衣冠，人莫知其惡也。後得疾暴卒。卒後半年，其友周姓亦暴卒，一晝夜而甦，言身入冥府，見明經遍身桎梏，略無完膚，枯瘠不可復識。呼周泣曰：『我生平積業如山，死後一一受報。不可言不可説，悔亦無及也。惟有一二可改之事，及今改之。雖無救於大事，尚可減我業報萬分之一。我不得已，哀懇冥王，邀君至代傳一信耳。我盤算重利，逼人借票幾十紙，寫田地墳屋文契幾十紙，俱在卧室某箱中，可一一檢還；强占人家女子幾人，或經污過，或未污過，俱在家中，可遣還其父母，則異痛極苦，略免須臾；爲畜爲獸，略少幾轉。并致語吾子，家中金帛雖多，與彼毫不相干，看某月某日某莊當回禄也。』其子還契遣婢如戒，而其鄉莊亦果如期被火。吁！此豈周姓誑言，本無冥王與地獄乎？抑冥中亦豈以其爲明經而姑恕之乎？是人欲行淫，必能自保此身不死，而後可免陰司受罰？若不能自保，盍亦少戒淫邪，免死後凌遲耶！世人迷惑正性，沉淪苦海，生前功名富貴，固甘心削盡，而死後剉燒舂磨，亦甘心備嘗耶！嗟乎！世之淫邪遭禍者何限。人即欲隱其惡，天亦必降其殃。殆於一念之差，遂至莫能挽救。今就見聞所及，録出以爲前車之鑒。有則急速悔遷，無亦慎勿獲咎可也。

嵩按〔一〕：每見藝苑名宿，自負才高，英俊少年，動誇學富，乃竟終身潦倒，路絶青雲。其緣於宣淫暗室，虧心闈榻者，實繁有徒。嗚呼！雄才若相如，而臨卭之竊，莫掩當爐之耻；事業如少伯，而五湖之游，究非志士所爲。奈何因孽緣忽凑，遂令受玷之家含羞遺垢，孝子慈孫，百世莫改，厥罪通天矣，况乎淫人妻女！畢竟妻女淫人，其極尤慘。歷觀失德之輩，或自絶於科名，或速登乎鬼籙，穢行惡迹，載在典册。竊諸防惡揚善之心，本不忍形於齒頰，而借以爲勸善懲惡之具，不得不言之瑣瑣，以垂爲龜鑒云爾。

校記：〔一〕此按語底本缺，現據乾隆甲申冬日蘭谷山房藏板補。

閑邪録卷之六

禍福無門惟人自召

明宣德年間，浙中揮使某，延師訓子。師病，欲發汗，令取被。子告母，母以己被與之，誤捲睡鞋一隻，後墮床下，師弟皆不知也。揮使問疾，見鞋疑焉。夜詢妻，妻不服。令婢詭以妻命邀師，己持刀伺其後，候門起，欲兩殺之。師聞叩門，聞何事，婢告以主母相招，師堅拒。揮使强妻親往，師叱曰：『我誓不及亂。』門終不啓。明日欲辭去，揮使始釋然，謝曰：『先生真君子也。』固留之。師隨登第。嗚呼！紅顔叩户，即白刃臨門。一念依迴，兩命俱喪，此際真危矣哉。夫誤捲睡鞋，婦不遍覓，及墮床下，師弟不知，而揮使適見，安知非前定數中，孽冤湊合。師與主婦，當於此夜血濺書齋，身首横分，而無辜被戮，相仇相報，揮使亦必斃於二憾之手。人亡家破，特須臾事耳。是夜師方坦然床第，心廣體胖，孰知此婦，白刃臨頭。惟恐此門一啓，而神魂已喪乎！乃以一念堅貞，保全兩命。微特揮使心欽，而主婦之感恩當何如也。是禍福無門，而此門乃真真禍福之門也。學者并同陳淳祖事觀之，而知禍福之係於邪正，直不容毫髮，依回如此。吁！可畏哉！

寧波孫某，家貧訓蒙糊口。萬曆三十年失館，流落武林，寄塘西張氏鈔寫。其家一婢，更餘奔之，孫罵曰：『感應篇謂三台北斗，及三尸神等隨身糾過。豈夜深人静，上天弗知乎？』峻拒之。婢與同齋西席苟合而出。逾月，西席疽發，旋死，主人即聘公爲師。假館歸，遇其叔於江口，曰：『吾侄且喜，我因兒病禱於城隍。夜夢城隍呼吏，將饑籍所改者唱名，十餘名外，即唱侄名。我私問吏，孫某緣何改出？吏查對曰：「此人應四十六歲，出外餓死。因今年四月十八日夜，拒某氏淫奔，延壽二紀，改入禄籍。」我是以爲侄賀也。』嗣是學子輻湊，束脩甚豐。迄公年四十六，米價踴貴，死者頗衆。公家已富，後年至七十，無病而終。温令儀曰：『奸淫，罪之魁也。』犯者其禍滋大，則戒者其福彌弘。故疽發旋死與無病而終，無論年之長短，而死之吉凶，亦相去遠矣！况以餓殍而爲富人，以短折而臻中壽乎！

開禧時，簡州進士王行庵，未第時，與中表某爲鄰。某宣淫無忌，公每勸之不從，反潛使一僕婦誘公，公拒之。又擇一美婢誘公，公亦嚴拒之。一日，公與某俱携妻子，往内戚家，歸途遇盜，某以舟小得脱，公舟爲盜所截。扶公上岸，意欲劫公夫人去。須臾雷電晦冥，盜戰栗舍去，公乃登舟言旋。後隨登第。一日患病設醮，黄冠拜表，良久而起，云：『查公大限，壽止五旬。天曹以公兩次全人妻女，增算三紀。』後公果八十六歲，及見子孫科第。某自脱盜後，益肆奸淫。不逾年，自外回家，目擊其妻與人私，欲取器擊之，臂忽不能舉，怒目頓足，浩嘆一聲而絶，時年三十一。温令儀曰：『善惡兩途君自作，一生禍福此中分。』若報於來世，報於子孫，報於他事，尚未彰明較著也。某竊人之妻，人亦竊其妻。王全人之妻，天亦全其妻。不可見天道神明，纖毫不爽乎！

萬曆壬子科，武進張瑋，應試南畿。寓主之女夜奔之，張峻拒不納，急謀移寓。倉皇過友人某，詰其故，張秘不肯言。某詢張僕知之，因以寓易，竟與通焉。場前三日，張夜夢至一所，見各府城隍，召土神議曰：『今科榜首已注某人，緣與張瑋易寓，故犯奸淫革去。奉敕别擇有陰德者，期已迫矣。若何？』一神曰：『何不即以張瑋申奏？』衆神稱善。及榜發，張果第一。後某竟淪落終身。夫二生之吉凶，係於一女。拒之則吉，淫之則凶。一念貞淫，而終身禍福，從此判矣。衛青天幸，李廣數奇。孰知李廣之自殺，乃由殺降乎？廣與望氣王朔燕語，自以名將而不得封侯。朔問：『將軍自念，豈嘗有所恨？』廣以殺降對曰：『至今大恨獨此耳。』今有名士而不登賢書，諸君自念亦嘗有所恨乎？夫亦知張瑋非真天幸，某生非果數奇乎？

南京某生，赴試日，旅邸對門，武弁某指揮使第。弁有女，年及笄，窺生美。試畢後，適父他往，使婢約生，以是夜會。生懼陰德之虧也，不敢往。同寓友竊知之，僞爲生赴約，其婢宵迷引入，女相與酣寢。適武弁歸，見門未閉，疑焉。突入見之，大怒，拔劍俱殺之，首於有司。逾數日榜出，却女之生首列。因告人曰：『使我一時迷惑，已登鬼録矣。』嗚呼！一登鬼録，一登試録，相去固已天淵矣！登試録者爲一省之元，登鬼録者喪一身之元。今人赴試，試問欲登試録乎？欲登鬼録乎？欲作榜首乎？欲致梟首乎？惟在一念之間而已矣！

松江曹芬，應試南京。寓中少婦，逸奔至寢。曹曰：『我與汝履后土而戴皇天。皇天后土，實鑒在兹，其敢干非禮以取罪戾。』峻拒之，不去，乃啓門出，欲往他寓借宿。至中途見燈火傳呼，懼以夜行獲罪，避古廟中。俄而傳呼者入廟，擊鼓升座，列炬燭天，侍從如林。曹驚伏，聞殿上唱新科榜，至第六名，吏禀云：『某近有邪行，已削去矣，應何人補？』神曰：『曹芬力拒艷色，貞心可嘉，當奏聞上帝，速行補入。』及榜發，果中第六。或疑神福善禍淫，一何響應若是？則如詩書所言，天人相感，吉凶禍福，捷若影響，及感應篇言善惡之報，如影隨形。其説皆非歟？

豫章有雙生者，母坐蓐時，駢肩而下，不分先後，聲容舉止如一，父母亦莫辨。及能言，以名别之。稍長就塾，天姿又皆如一。弱冠同日游庠，學使亦訝其莫辨，以庠别之。因以府縣定爲兄弟。暨娶妻,財色亦相等。父母恐二媳莫辨,以衣履別之。明年又同月生子,再試又同時補廩。自繈褓以至三旬,即些微得失,無不同者。至三十一歲,同赴省試。寓之鄰,有麗婦少孀者,私挑其兄,兄正色拒之。復挑其弟,弟竟與通。及榜發,兄高薦,弟被黜,人咸駭異。春闈,兄又成進士。初婦與弟合,不知其爲弟也,以爲始拒而終合,遂委身而遷賄。及是婦尚以爲所私者登第,朝夕盼望,不見車來,得疾將終,貽書告絶,誤入兄手。先是,兄既拒婦,隨復戒弟,至是大驚,爲之泣下。次年其弟有愛子,即前與兄同月舉者,暴殤,慟哭不已,兩目遂盲,未幾亦殂。其兄享禄壽,多子孫,稱全祉焉。嗟嗟!命同相同,三十年前事事皆同,可謂相命皆有據也。及一旦狐媚當前,彼此存心不同,遂致彼榮壽,且多嗣;此盲夭,且斬後。命耶相耶,又安足據耶?益信相從心生,命由心造。而人心微危,頃刻變幻。試問今之赴試者,倘時乖命舛,不幸而遇此淫魔,逢此妖孽,其心願爲兄乎?願爲弟乎?君請擇於斯二者。

杭郡趙貞齋,與其弟同習舉業,兄拙弟敏。星相家皆言兄必貧而夭,弟必貴而壽。及弟年弱冠,適東鄰有一養媳,弟誘而通之,其姑見之怒,毒毆其媳,出歸母家,竟以負傷致疾而亡。貞齋責弟曰:『汝因一念之差,以致拆人夫婦,害人性命,如天譴何?』弟悔恨無及,怏怏成病,未幾卒。貞齋後館一富室,有麗妾常窺之。貞齋以弟爲鑒,不敢及亂。一夕,夢亡父語曰：『汝能强制淫邪，冥司已將汝弟禄壽，改注汝名下矣。』明年果登第，享中壽。嗚呼！雙生兄弟，命同相同者，既以邪正而禍福頓殊。乃兄拙弟敏者，又以邪正而禍福改易。書曰：『惠迪吉，從逆凶，惟影響。』其即此兄弟之謂乎！

徐性善，與楊宏相友善，赴試同寓。出遇高僧，相曰：『徐當填溝壑，楊當秉樞要。』是夜楊偶見寓中處子美麗，遂起邪心，徐苦口力止之。逾日，復遇此僧，見徐大駭曰：『數日之間，如何便有陰騭紋滿面，君當易賤爲貴。』復相楊曰：『氣色頓殊，得中爲幸。』榜發一如僧言。嗟乎！五倫之内，終以朋友。邵康節云：『親賢如就芝蘭，避惡如畏蛇蝎。』又古語云：斯人無良朋，安有青雲望？使楊宏是日而遇匪人，有不贊成其惡而以爲利者乎？使徐立心不正，念我已分當貧餓而死，尚何顧忌而不爲惡乎？邪徑既開，將秉樞要者，自必填溝壑矣！填溝壑者，自必遭冥譴矣。易曰：『比之匪人，不利君子貞。』信哉！

慈溪孫徵復，每與人言，必曰：『天道福善禍淫，絲毫不爽。』一日，孫見其友與一婦淫，婦并欲誘之。孫毅然叱退，并戒其友。友囑以勿泄，孫絶口不言。後友事敗，與婦同時授首。數年後，孫次子國楨，萬曆壬子中式。埸前有同邑庠生某，夢神語曰：『孫徵復弗淫人婦女，弗談人閨閫，其子當貴。』次年癸丑聯捷，仕至登萊巡撫。

武進陳伯玉，名組綬，天啓辛酉，偕一友鄉試。寓中有女，從樓上挑之，先生正色嚴拒。

同寓生知之，潛登樓，先生從後掣其衣，至再，不聽，卒與通。是夜先生夢神告曰：『同寓某今科解元也，今犯淫邪，司命其如彼何？子陰德可嘉，當以易子。』覺而告某，某弗信。榜發，陳果發解，崇禎甲戌成進士。某竟黜落，悔恨旋死。嗚呼！天難諶，命靡常。善則得，不善則失。有天下國家者且然，而況於士庶人乎！

蘇州黄某，英年力學，頗有時望。妻某氏，自幼爲養媳。有隨嫁女名紫簫，年稍長於妻，其母以爲嫌，欲遣之去。因於月夜，訂盟於梧桐樹下。及成婚後，不相容，嫁於厮養，抱恨投繯。後黄忽患心症，昏憒中，女附體，責以負約，以致殞命：『汝兩次科場被貼，我污汝卷。今已鳴冤於冥府，請往對鞫。』遂攝其魂而去。病者如在夢中，從郡廟至陰府，現當年梧桐月下光景。堂上人謂曰：『黄某可惜一解元，爲施震銓奪去。施能不二色。汝既違母命，又損彼終身，其冤難釋，今悔無及矣。』其言皆出自病者口中，因聞於外。此康熙乙卯春間事也。是秋，施果發解，成進士，入館選。

浙省廣濟庫，歲差殷實户若干名，充役庫子，以司出納。有一人侵用官錢太多，無償，府判王某，素號殘忍，拘其妻女於官。無可爲計，命小舟載令求食於西湖，以錢納官。不肖輩群趨焉。鮮于伯幾先生作湖邊曲，有云：『安得義士擲千金，免令桑濮歌行路。』後王之子孫有爲娼者。天報之捷如是，登仕路者，可不慎歟！

康熙二年，池州山水暴漲，平地水高丈餘，房舍衝倒無數。某縣村人駕船在溪，望見有人飄水而下，急呼救人，撑船救之。乃一少年女，手扶板箱一隻。救之上船，見女色美，將逼私之。女驚迫，仍跳入水中，隨流而下，兩手抱樹得不死，遇父母救歸。逾年，嫁女於別村。合巹訖，次早拜堂，見其舅，即前逼己之人。自思此我仇也，我何顔爲其媳，因將前事泣告於送嫁者，人定後即自縊死。母家相與構訟，此事始聞於人，醜名播揚。人亡家破，悔恨亦遲。若人妄想，乘危脅淫，須作自家兒媳覷可也。

以上十餘條，或一人之身，而禍福介於呼吸；或兩人之身，而禍福移於俄頃。行邪者轉福爲禍，守正者轉禍爲福。捷若影響，間不容髮，既無一定之門，悉聽諸君自召。而召之者惟心，升而爲天也因心，沉而爲淵也亦因心，富貴福澤也由心，駢首就戮也亦由心，微危之至。所以雖聖人亦必戒慎恐懼，故閑邪存誠爲人鬼關，醒心去迷爲夢覺關，人苟過得夢覺關頭，便如夢魘初醒，知夢中之妖姬艶女，皆是淫魔邪魅，而恍然大悟，永不復迷。更須過得人鬼關頭，便如已死迴腸，超脱酆都鬼國，復見光天化日，而一意向前，更不回轉。然此二關，却有無邊魔障，擁遏其間，非真正大英雄人，鮮有不爲所遏截者，惟奮勇無前，戮盡妖魔，斯能斬關而出，并可直上天堂。然天堂魔界，皆由一心造耳！則斬盡妖魔，一刀兩段，亦曰心而已矣！

嵩按〔一〕：惟狂克念作聖，惟聖罔念作狂。書言之矣。聖狂之分只由一念。念之初起，自知之，自克之，而自罔之者也。太上曰：『禍福無門，惟人自召。』實同此旨。而福善禍淫，在在不爽，所謂善惡之報，如影隨形者也。夫密室之内，艷色相遭，卧榻之際，有女來窺，即甘心暱就，較之設計偷覷，與夫見他色美，起心私之者，固自有間。然苟心地清明，如光風霽月，平時省察，臨時操持，愛己愛人，不墮惡趣，自足德動蒼穹，名標虎榜，福算無既，世世榮昌，休哉！何其隆也！他若淫邪之徒，見色而起淫心，相遭而快夙緣，或削籍於名場，或殞身於床第，或目擊妻女之孽報，或轉眼兒孫之淪落，不思臭皮囊不久爲蛆蟲藪，逞一時之歡娱，博人世之顯極，自作自受，捷於影響，亦何益矣。言之豈不寒心。

校記：〔一〕此按語底本缺，現據乾隆甲申冬日蘭谷山房藏板補。

閑邪録卷之七

悔罪遷善轉禍爲福

憲副項君希憲，原名德棻，夢登辛卯鄉科，以污兩少婢，被主科名神人削去，遂誓戒邪淫，力行善事。後夢至一所，見黄紙第八名爲項姓，中一字模糊，下爲原字。旁一人曰：『此汝重登天榜名次也。』因易名夢原。壬子中順天榜二十九名，己未會試第二名。疑夢中名次之爽，迨殿試爲二甲第五名，方悟合鼎甲之數，洽是第八也。蓋鄉會榜紙皆白，殿榜紙獨黄云。姚端恪云：『項公本中也，以污少婢削之。已削也，復以戒邪淫，行善事得之。』謝上蔡曰：『天道禍淫，不加悔罪之人。信哉！』

吴江吴晋錫爲楚令，順治壬午分房，得歐陽生卷。定魁數日，比發榜，以一語傷政府，乃易之。所易即歐陽同邑士也。其士來謁，年甚少。問之，乃與歐陽比鄰。因言其父夢魁神以亞魁匾入歐陽家，竈神迎出，一婦人白衣蓬首，力挽之，乃移至某家。吴命偕之至，叩其故。云：『曾與鄰婦通，婦爲夫所殺，某倖免。』嗣後，歐陽洗心飭行，至甲午始登賢書。嗟乎！婦爲夫所殺，宜無惡於歐陽生，然因淫致殺，所謂『我雖不殺伯仁，伯仁由我而死。』即婦不尋仇，而天豈宥之乎！苟非自壬午至甲午，十餘年洗心飭行，又安望復登科甲乎？

嘉興石門諸生徐鑛、鍾朗，同學相友善。順治辛卯元夕，徐之叔亦諸生，夢至一山頂，入文昌閣。高閣巋然，閣中三神座，東西者緑袍，中座則爲帝君，冕旒蟒玉，手執銀管，憑几點册，旁一朱衣神傳唱。第一名即唱鍾朗，帝君色怒，却筆一勾。後唱至十九名徐鑛，徐竊喜，更冀己名得與。唱畢，匍匐祈懇。帝君曰：『汝前孽已重，今復悠忽，何起妄念？』欲再請，而一金甲神跪奏事，帝君怒叱云：『鍾朗有惡業，應削其籍。』神復奏云：『事非其罪。』帝君霽容云：『且伺其將來心行，榜首舉嬰兒易之。』帝君遂乘雲去。聞仙音縹緲，炮聲一震而覺，即告於鑛，鑛悚怵久之。是秋果中第十九名。榜首余恂，字孺子，所謂嬰兒也。至是語於鍾，鍾深悔恨。即往文昌祠叩頭作疏，願力行善事，以蓋前愆。自此積德累行，兢兢業業，惟日不足。究所謂惡業者，鍾私一婢懷孕。而爲其婦鞭撻隕命。乃大作佛事，以資婢冥福。甲午七月，婢入夢致謝超薦，謂『上帝鑒君悔過，已復禄籍，我亦上訴於帝，冤將得報矣。』鍾於是秋領鄉薦，婦遂遇祟而死。姚端恪公曰：『自隋唐以文章取士，周漢以來，鄉舉里選之法，人世不用而天庭用之，黜陟皆神明爲主。帝君雖惡人爲惡，又未始不望人改過。人慎無怙非不悛，重負帝君一片婆心也。』

四川諸生錢大經，十七歲游庠，學博才高，後屢困場屋。自反無大過，因禱於文昌帝君。夜夢一童子引至帝君前，查核禄籍。一吏檢册曰：『錢某二十歲該中鄉榜第二名，二十一歲大魁天下，官二品，壽七十三。緣造淫書三部，上帝震怒，已削其籍，壽亦不久矣。』帝君因諭曰：『子宅心謹厚，且孝友無虧，但以造作淫書，致男女敗名喪節，若非前生植福弘多，已殞命墮入地獄矣。』錢驚寤，即於神前立誓『諸惡莫作，衆善奉行』。凡遇淫書，即爲焚毁，且尤逢人勸戒。後以明經終身，壽六十九。嗟乎！以大魁天下，位登二品之人，且又生平宅心謹厚，孝友無虧，既復悔罪遷善，惟日不足，而止獲一明經没世，則以淫書之爲害大也。區區明經，去削奪幾何，然不猶愈短折而入地獄乎！昔有人被攝至冥司，見一人向之泣曰：『我生時爲撰作某書行世，陰司以其書導淫，録入地獄。待此書滅絶時，乃得出獄。乞爲我傳語子孫，多方購求，焚弃此書，庶得脱生。』夫一書尚受罰如此，而况於三部乎！文昌帝君天戒録諄諄垂涕而道，而人尚冥頑不靈乎！張纘孫云：今世文章之禍，百怪俱興，往往倡淫穢之詞，撰作小説，使觀者魂摇色奪，毁性易心，殺人不見血，裂肝還腐腸。在識者固知爲海市蜃樓，子虚烏有，其如天下高明特達者少，隨俗波靡者多。或緑窗晝静，青燈夜闌，展卷詳閲，念佳麗而意消，憶佩環而魂繞。平日天良一綫，猶或畏鬼神，懼清議，至此則公然心雄膽潑矣！若夫幼男童女，血氣未定，見此淫詞，必至鑿破混沌，拋捨軀命，小則滅身，大則滅家。嗚呼！誰實使之然耶！况吾輩既已含齒戴髮，更復列身士林，而忍驅迫齊民，盡入禽獸乎？倘謂四壁相如，不妨長門賣賦，則何不取古今來忠孝節義之事，編爲稗官野史，未嘗不可騁才，未嘗不可射利，必欲爲此以禍天下而害人心！豈舉一世聰明子女，盡是冤家仇人，而必盡殺乃止耶？更或藏弆家中，害及後裔；流播人間，毒被蒼生。厥罪通天，述作惟均。譬如借人匕首，揕己子孫之胸；假人酖酒，毒及天下之人。苟非與作書者至親密友，何必相隨入獄，同受極刑。且作書者又豈我之冤家仇人，而必益重其罪，使之沉淪地獄，永無出期耶。

有縉紳田姓者，丰姿俊雅。未第時，里中有女人多奔之。遂遠避山寺，寺傍女人奔之益衆。田心知其非，而不能絶。有一神甚短小，初見於夢寐，繼則白日相隨。謂之曰：『汝原有大福，因花柳多情，削去殆盡。上帝命我監視，若自今改過，尚不失爲進士。』御史猛省悔改，後登第，官僅御史。

蜀麋竺，從洛陽乘車歸，途遇婦人求寄載，竺許之。終日敬禮，毫無犯。婦臨别曰：『我，天使也，帝命燒汝家。今見君乃正人端士，不可燒之。但天命不敢違，君可速歸搬物，我當緩來。』竺將資物盡移他所，俄而火發，燒其空屋。

徽商王志仁，三十無子。其姑夫素精風鑒，一日謂仁曰：『汝十月當有大難，奈何？』王神其術，亟往蘇斂資而歸，舟值梅雨，水漲難行，暫寓肆中。晚見一婦，抱子投水。王疾呼漁舟與金往救之。問故，婦對曰：『夫傭工度日，畜豕償租。昨買豕者來，值夫他往，遂賣之，不料皆假銀，故情急望死耳。』仁測然，倍價周之。婦歸，遇夫於途，泣告其事。夫恐其言之誑也，與婦同至寓而訊。至則仁已寢，夫命婦叩門。仁問：『何人？』曰：『我投水婦，特來致謝。』王厲聲曰：『汝少婦，吾孤客，昏夜豈相見，明早偕汝夫來。』夫始悚然曰：『吾夫婦同在此。』仁方披衣啓户。忽聞墻倒聲，回視卧榻，已壓碎矣。夫婦感嘆謝别。仁歸家，姑夫駭異曰：『汝滿面陰騭紋現，是必救幾人生命矣，後福不可量也。』後果連生十一子，壽九十六，無疾而終。

以上諸公，俱以悔罪遷善，而得轉禍爲福。即前所云天地不絶人以自新之路，神明亦開人以遷善之門。譬如已墜深淵，力自振拔，而復得登岸；已陷重圍，奮勇戮力，而終得回軍。雖力竭神疲，已不至喪身失命。惜陸仲錫、劉堯舉輩，少此一番洗滌耳。故易曰：『終有大敗，至於十年不克征。』此迷復之所以凶也。『見善則遷，有過則改』。此風雷之所以益也。天下至迅疾者，莫如風雷，故聖人以此爲遷善改過之象。人須竪起精神，從今爲始。迷魂網，一拳搥碎；陷人坑，一脚踢翻。而暗室屋漏，自怨自艾，痛自刻責。故又曰：『震，無咎者存乎悔。』悔，即夫子所謂内自訟也，但又不得恚恨成疾，馴致抑鬱而死，須留此身爲遷善改過之地。今浮薄少年，若已犯淫邪，亟宜痛自猛省，勿謂我已失德，終於自暴自弃；亦勿謂更無挽回，遂致飲恨没身也。然亦不得恃有悔罪之門，而故犯淫邪之行。無論有心故犯，必不能悔罪遷善。即果能自克，雷厲風行，鏤心刻骨，然光陰迅速，日月如流，一番墮落，復一番振刷，受盡折磨，歷盡艱辛，邀得上帝回心，而已墓木成拱。更或英華消阻，志氣萎靡，雖有悔罪之心，而無遷善之力，將終於墮落，不克振拔。故我第願人勿犯於前，更是勝人追悔於後。尤願人於生時防死，勿到死日求生。苟未曾失足，急宜守之以誠；或猝遇妖孽，更須敵之以忍。誠者何？即前所云：『内無邪思、外絶淫視』是也。若忍之一字，則大司寇姚端恪公功過格拈案言之詳矣。功過格述餘干陳生事，而言淫有三魔。眼光落面，妖態攢心，骨熱神飛，烟騰焰熾，是謂火魔。欲根萌動，任督潛開，如堤將崩，如溜欲決，是爲水魔。水火相烹，形魂互蕩，如輪不息，如環無端，是爲風魔。三魔者，三關也。斬三魔，過三關，無他，有慧劍一焉：曰忍而已矣！堅忍而已矣！狠忍而已矣！飢不吃虎餐，渴不飲酖酒。陳生之初曰：『不可也。』忍之説也，兩鬥奪刀，斷指不解；敗軍奪路，中箭不回。陳生之連曰：『不可，不可也。』堅忍之説也，蝮蛇螫手，壯士斷腕；毒矢着身，英雄刮骨。陳生之大呼曰：『萬萬不可也。』狠忍之説也。經云『視老如母，視長如姊，視少如妹，視幼如女。』奸人妻者，得絶嗣報；奸人室女者，得子女淫佚報。嗟乎！敢不忍乎哉！嗟乎！敢不忍乎哉！

嵩按〔一〕：易風雷之象曰：君子以見善則遷，有過則改。言乎風烈則雷迅，雷激則風怒。人當有過，即宜速改，以遷於善。如風之巽而善，人不稍遲疑，雷之震動恪恭，不涉頽靡。趨吉避凶，轉禍爲福，自易易耳。由此觀之，天地神明，不輕致人於死。端人正士，强半回頭是岸。項副憲污少婢而被斥，戒淫邪而得第；歐陽生洗心勵行而登賢書；余孺子操行清白而膺榜首。報應彰彰，難以枚舉。乃復自矜才華，動云文章造命，如操左券，不知怙惡不悛，終淪苦海。回心向善，庥祥立臻。杳冥之中，默司黜陟，未有宣淫敗德而爲鬼神所不弃者也。是當與鄉舉里選之法並行而不悖矣。尚其取鑒於風雷之義哉！

校記：〔一〕此按語底本缺，現據乾隆甲申冬日蘭谷山房藏板補。

閑邪録卷之八

嚮　言

洪範言六極：一曰凶短折，二曰疾，三曰憂，四曰貧，五曰惡，六曰弱。禍至此而極，故曰六極。而天之禍淫，更有出六極外者，天誅冥譴神罰是也。人心無極，天道有常。邀福爲緩，避禍爲先。覺彼群迷，若振晨鐘於蕭寺；憫兹失路，願效嚮言於晋人。庶言無罪而聞足戒云爾。

天　誅

本朝順治年，常州王某科試江陰，居停主逋糧繫獄中〔一〕，主婦欲出其夫而無由。王知之，謂婦曰：『某岳父陸，任華亭教諭，現在送考，力能保出。』婦求之，王誘而淫焉。既而遁歸，婦愧恨自縊。及録遺，又至江陰，始知此婦强死，心怦怦不自得。試畢歸家，道由三家市，與鄰人某同行，赤日中，忽黑雲四合，雷電交作，同避於茅舍。電光閃爍，環繞左右。王怖甚，謂鄰人曰：『吾死矣。』因自言其事，且俾囑其妻女，勿貽身後羞。語未畢，焰火發，迅雷震，王已跪地，身首焦灼。鄰人無恙。嗚呼！天誅已至，尚妄想功名，彼豈真謂天道無知乎？或謂上天震怒而行誅，實緣此婦之死，非必皆宣淫之報。然試思婦非彼污，何故捐生？王因一念之差，豈知喪此婦之命乎？迨至赫赫震電，無地可逃，而俾囑其妻女。嗚呼！『我躬不閲，遑恤我後』。哀哉！

蘇屬邑富人某，田連阡陌。有孀婦業其田，遇歲歉負租。有奸佃某者，羨其色。謂償租有餘也，獻計於富人。富人初拒之，既而色動，與奸佃金，令謀之。奸佃乃日夜迫婦，百計窘之。婦無路求生，因而墮計，許歸富人。有日矣，時值七月，天忽無雨而雷大震，富人與奸佃同時震死。富人斃於門中，奸佃斃於水濱。此康熙丙戌七月事也。世之懷奸以漁色者，可以鑒矣！

常熟有錢外郎者，家居武斷。里中有婦曰趙重陽色美。錢慕之，以其夫貧，貸錢餌之，令販布養家，夫幸甚，遠商臨清。錢遂與婦通，後其夫覺之甚怒，畏其强，不敢發。錢與趙計，俟其在路，遣人詐爲盜殺之，以被盜聞官。夫人之族人，知而控縣，繫數月不承。時大旱，縣令嚴訊定罪，隨大雨如注，闔縣稱神。錢復訴上官，又訴於朝。下南京三法司提問，錢賂要津内援，竟與趙氏皆得倖免。方出獄門，少憩，忽疾雷一聲，兩人皆震死。一時哄傳異事。

建昌府孀婦熊氏，有子羅德，年長家貧未娶。熊無計乃改嫁江潮，得銀數金，爲德娶妻章氏。合巹後，德晨出暮歸，枕席各異，氏疑問之。德告以母已失矣，何顔相對。章脱簪珥衣服，令德持以取母。德喜，奔告於母。天晚留宿。不意潮前妻之子江實，在床後聽聞。乘夜假托德名，叩門入内，檢取諸物，且奸之，章不辨其詐。少時實起，携所有去。及天明德歸，章方知被騙失節，號泣縊死，德具棺殮，舁至郊外。忽黑雲蔽天，雷電交作，德驚走避雨。俄雨至，見江實被雷擊死，手捧簪珥衣物跪棺前，背書『奸賊江實』四字，棺木碎裂。章氏直立道傍，兩眼微開，見德問曰：『余何以至此？』德語其事，相與大慟扶歸，仍爲夫婦。江潮亦感泣，携熊氏與同居焉。

太平鄉兩家結姻，後男貧而女裕，議退婚。女不可，以死自誓，遂成婚，男三日不與婦一言。婦問之，夫云：『我父在獄，而我娶婦，不禁傷痛耳。』婦問如何可出。夫答但有九金，可以贖罪。婦云：『是不難，臨嫁母與我四金，汝明日以我簪珥還我父，索五金，可救公公出獄矣。』夜有盗牛賊，竊聞其語，不復牽牛，候新婚者於路，備問之，知其當日不歸宿，遂傾兩錫錠，更深扣新婦門，僞爲其夫，從外家歸，以錫錠授新婦，且云：『不必燃燭，亟就宿，鷄鳴早入城，贖我父也。』遂奸之。五更起云：『我趁早入城，可將昨五兩，并前言四金與我。』婦盡付之而去。次日，夫回扣門。婦隔門問曰：『汝未入城耶？』其夫云：『我方從汝母家來，安得進城？』婦心知受污，然不敢言，開門夫入，問父母云何？夫曰：『汝父母贈我五金，首飾仍還汝。』婦入厨治飯，良久不出。夫進内，則見已縊死。驚泣治棺，號痛三日，棺未出，七月初四日，雷電大作，一雷劈開新婚者之門，婚者正驚惶間，持燈視之，則門外跪一人無額，而面目可識。未幾，又有雷劈開新婦棺，婦起坐，儼然生矣。駭問之，婦具言賊污自盡。賊方同諸惡少痛飲，雷劈賊家窗牖，提賊至我家門前。夫婦同視門外賊，僅存一皮囊，凡心肝腸胃無一存者，一手托兩錫錠，一手托四金。因報明郡縣，太守詳問其婦，即於獄中放其翁，旌其夫婦。觀者萬人，同飲惡少皆咋舌改行焉。

校記：〔一〕『中』，底本缺，現據乾隆甲申冬日蘭谷山房藏板補。

冥譴

漢上有一醫者，徽人也，頗爲知名，家業饒富，妻妾數人，年六十而無子。一妾忽有娠，醫者自胗其脉，斷以爲男。喜曰：『吾自今有子矣。』及産果然。是日賀客填門，方共議湯餅宴會，乃不片時而房中嫗報兒氣絶矣。醫者變喜爲憂，坐客轉賀爲吊，因含泪自言於衆曰：『某生平無他過惡，只屢用打胎藥，應得此報也。』夫人生中冓之醜，惟恐人知，一成胎而奸事顯然必不可掩，則稍有人心者，尚顧忌將來之敗露，或防範一時之邪淫，至恃有下胎靈藥，可作男女護符，勢必耽戀恣情，以爲任吾竊玉偷香，永無發覺之日。殊不知既淫人之身，而又刳人之腹，戕人之命。淫以生殺，殺又生淫，互爲流轉，冤冤相報，終於何底乎？觀此醫所自言，是冥冥中有譴之者，而使自定其罪狀以示衆也。嗚呼！用藥以殺人胎，猶得絶嗣報，而淫與殺并，終身不知愧悔者，其遭冥譴，尚可勝言哉。

張寶節度劍南。有華陽李尉，妻貌美，擅名蜀中，寶欲私之。遍托尼姑奶子，密通其意。李尉適以贓敗，寶遂劾奏送獄勘問，竄嶺外，死於路。寶厚賂尉母娶之，歡樂不捨，但常見李尉仿佛在旁。年餘李妻死，寶亦得病。夢婦告曰：『妾感公恩，不敢不告。尉已訴於上帝，旦夕取公。深居未必得便，或輕出，必爲所擒。』寶覺而志之。一日暮時，見堂下竹間，有一紅袖招之。意謂尉妻，却忘前戒，疾趨而赴，乃尉也。毆且駡曰：『這賊子，不以紅袖招，時汝肯來乎？』良久，口鼻出血，倒地而死。

張明三，父官瓊崖，與李指揮官舍鄰比。李有二女，俱有色，明三通焉。及歸，竊携二女入舟，將渡海，李追及，明三計窮，亟推二女斃於水。後十年，明三患腰疾。迎孫醫治之，小愈。是夕，孫夢捕魚於海中，二女裸體而至，執孫衣曰：『妾，瓊人也。來爲張某治病，汝固奪吾功乎？』因曳孫衣入海中，孫驚覺，汗流沾背。詰旦，以語明三。明三拊膺嘆曰：『孽至矣，吾其殆乎！』未逾月死。

崇正五年十月間，太倉上舍某，富而無子，廣置姬侍。某姬色藝俱絶，上舍寵之。後姬乘間與優者通，挈資偕遁，匿一孝廉家，藏姬密室，并金寶奄有之，優者亦無如之何。上舍訪實，具控當事，追捕甚急。孝廉賂差役，約出境獲之。至嘉興果獲姬，而優者亦不期并獲。方入舟，而姬與優者皆暴卒矣。衆正錯愕間，孝廉忽發狂，作鬼語曰：『若淫我，又匿我財，又用計死我，我訴地府，請對簿。』即暈仆。稍甦語如前。不數日，上舍坐書齋，見一人持白牌至，視之則己名居首，孝廉次之。上舍猶意是官差也，正欲問時，人忽不見。驚顫得疾，次日死。又次日，孝廉亦死。

順治九年，江寧差役劉某，與兄同至江北拘人。到官審畢。本犯問罪收禁，須十餘金可贖罪。本犯向劉差云：『吾有一女可賣，煩爲一行。』劉過江與犯妻商量。妻頗有色，劉欲奸之。妻以夫命仗他扶持，勉從之。賣女銀二十金，盡付之，爲贖罪使用。劉持金回，同兄瓜分，不爲本犯交納。犯妻又以爲銀已交官，夫必放歸。數日無音，煩族人探問。向本犯備言其故，本犯一慟而死。旬日劉差寒熱交攻，自言某人在東岳處告我，即刻要審，伏席哀號。自又云『該死』。隨云：『以我慣説誑，要將鐵鈎，勾我舌頭。』須臾，舌伸出數寸，一嚼粉碎，血肉淋漓而死。

神　罰

順治年間，山左趙君某，少年發解，入都會試，寓於金陵池上。除夕，延一妓同宿。寓中壁上有關夫子畫像，而生不知也。下第歸，夢帝君貽以詩曰：『金陵池上風流夢，遲汝功名三十年。』後果十科始第。嗚呼！三十年功名富貴，喪於一夕爲雨爲雲。即使重見雲英，亦已髮白齒落矣。然此夕幸一青樓女耳，若良家婦，某必爲神誅殛，而隕命亡身矣。誰謂暗室可欺哉！

吴江居民，二少年，東西比鄰相善。東鄰夜娶婦，朝出貿易。去後，西鄰入内行竊。見房門尚開，即進房僞作東鄰語聲，擁其婦曰：『天尚未明，我戀卿，又返，復就寢。』婦亦莫辨，將曉别去。起視奩中，簪珥一空，婦泣語姑，慚愧縊死。母家控狀，指舅姑殺婦，并執婿到官。時嘉興祝公某爲令，反覆鞫訊，略無情實，還衙與夫人言之。時逢大旱禱雨，夫人教詣城隍廟，默禱此事，祈神夢中開示。夢神告曰：『明日路上祈雨小兒可問之。』早起拜畢，過市中。遇群兒執旗伐鼓，祝命吏趕逐，群兒奔走，遺小黄旗，帶取還衙。夫人曰：『奸婦者，是黄旗無疑矣。』祝借他事過東鄰，着保長取丁口册閲之，内有黄麒名。傳令，某日合境民丁，赴縣候點詰訊，麒居止與婦只隔一壁，遂往彼家，搜出贜物，置於法。

嘉靖間，宜興染坊，孀婦陳氏有容色。一木客見而悦之，藉染屢過其家，誘餌不從，以數木夜擲其家，明日以盜報官，又賂胥隸窘辱，以强其從。婦惟日夜禱於玄壇曰：『我家奉祀最久，獨不能佑我乎？』夜夢神語曰：『已命黑虎矣。』木客聞之，猶駡痴婦。不數日，木客與六七人，入山販木，虎從林出，隔越數人，銜木客頭而去。

順治三年，有母率女還願，進香玄帝。中途，舟小遇雨，借宿岸上。其家夫婦二人，夫見女姿留之。授計與妻，假言夫宿别處，令其母另卧一小榻，婦同女共卧一大床。夜半夫潛回奸女，女力不能拒，强從之。羞不敢向母言，次早謝去。至廟禮拜畢，隨喜回廊下，女見地遺一大紅汗巾，取以呈母。母云昨晚取擾之家，可以謝之。再回過其家，以汗巾酬之。婦戲其夫曰：『昨女愛汝，以此留記耳。』夫喜不自勝，以汗巾繫腰間，須臾，汗巾變一赤蛇，纏圍其腰，扯之不脱，絞痛異常而死。

順治年間，夫婦同還願於九華山者，舟小，人衆，夫宿其妻於艙底，自宿於上。有人窺其妻美，夜半下艙强淫之。五更復上艙，不語而去，婦不知，以爲夫也。次早問之，夫答以未有此事。婦知失節，竟自縊死。夫大慟，買棺殯之。朝禮後，載其棺歸，至家，其妻先在，駭以爲鬼也。婦迎謂曰：『汝見我不上山，倩人僱船先送我歸，今何謂我是鬼？』夫駭，發棺視之，則死者乃同舟之人，頸上有一索，似縊死者，即是淫妻之人也。夫婦俱駭異，傳布遠邇。自此朝禮者，倍加凛惕。

崇正年間，宿松楊某，忘其庠名，小名兼哥。於本宅樓上供奉關帝聖像，極虔誠。夜夢帝賜以方印，是年有科舉，擬爲必中。後於樓上淫一良家婦人。場後夢回家，至小東門外，帝騎馬追之，向彼索印，楊云：『既授我矣，何用索爲？』帝云：『不止索印，且索汝命。』一月之後，父子俱亡，竟無後。此兼哥之妻兄閔子雲所言，并非虚也。

洪範五福：一曰壽，二曰富，三曰康寧，四曰攸好德，五曰考終命。五者備而福以全。而天之福善，更有出五福外者，貴仕顯名昌後是也。夫爲善固非求福，而爲善自必蒙福。中庸曰：必得。孟子曰：自求。世無欺人之聖賢，而人偏欲舍福而求禍，非失其本心而然乎！

貴仕

南宋時陳淳祖，爲賈似道東閣之客，素守端方，諸狎客及内姬皆嫉之。賈姬有争寵者，密竊一寵姬鞋，俟陳出，置陳榻下。賈適入見，疑焉。齋後有曲徑可通内室者。夜，賈潛令此姬由齋後叩門，陳不答。復令固誘之。大怒，欲申報平章。賈疑方釋，遂就府堂勘問諸姬得實。由是極重淳祖，即命知南安軍，功名大顯。

明常熟吴文恪公，名訥，號思庵，實先賢子游後裔。永樂末，曾寓南京。鄰有嫠婦少而美，夜逾垣來奔。文恪亟排户，冒大雨而出，比明即遷他所。洪熙初，以薦舉爲監察御史，尋超拜都察院都御史，爲仁廟名臣。嗚呼！公冰心鐵面，能却紅顔於暮夜，拒黄金於宦途，真理學，亦真御史，宜天即以此償之云。

寧海王敏，字進德，剛方多介操。正統中貢入太學，分教北方。鎮將苦其清介，欲試之。夜召飲，幃美婦人於耳室中。酒酣，鎮將曰：『公醉矣，可就寢。』乃内敏於耳室中，鑰門以去。敏入披幃見婦人，惶懼欲去。婦曰：『公無恐，主使妾在此侍寢耳，且門已閉，欲何之？』敏曰：『吾生平不爲此昧心事。』亟排門出。尋拜御史。嗟夫！蓮花爲貌玉爲腮，珍重尚書遺妾來。處士不生巫峽夢，空勞雲雨下陽台。艷姬侍側，經旬不顧，至今爲詩以求去，如陳陶真由定生慧者矣。然由王公觀之，古今豈獨一陳陶哉！

江陰大司馬徐晞，出身吏胥。在本縣三考皆兵房。有戍絶勾丁而誤及者，其人祈脱，貧無可饋，夜具酒肉，令妻佐觴，而己出避之。妻有麗色，暱就晞，晞惶懼欲去，婦牽裾固留，告以夫意。晞大驚曰：『鬼神昭列，使徐晞爲是耶？』絶裾而走。徹夜具文移戍，明日謂其人曰：『汝何至此？』卒白其誤，得免戍。後晞以佐貳起家，擢爲兵部郎中。宣德十年，遷兵部右侍郎，巡撫甘肅，歷官至尚書。時人爲之謡曰：天下吏員，只有徐晞登二品。至今江陰大司馬坊，巍然無恙。

顯名

蘇吴門王伯穀，名穉登，少游金陵。金陵名妓馬相闌，才色冠一時。適爲墨祠郎所窘，王脱其厄，遂欲委身於王。王不可，復願薦枕。王曰：『吾豈以義始而以淫終乎？』相對竟夕。相闌殁，王作挽歌十二章。其三章曰：『不待心挑與目招，一生辜負可憐宵。祇堪罰作銀河鵲，歲歲相逢一駕橋。』明情雖重，而義不及亂也。嘉靖甲子，王北游太學，閣試瓶中紫牡丹詩，受知於相國袁元峰，引入爲記室，較書秘閣，自是名震天下。士大夫皆願交下風，雄擅詞壇者三十餘年。申文定以元相里居，晚年交相引重，軒車造門，賓從闐咽。兩家殊不相下，盛名莫以加矣。

常熟黄卷，字書城，孝友端方。嘗讀書至夜分，有比鄰女絶美，從梁間挑之，不應。跨於壁，垂一足，靸紅鞋可三寸許。黄奮怒，舉利刃謂曰：『汝以妖艷，欲敗我名節。如不去，我且斷汝足，投諸厠。』女惶恐，斂其足而退。婁東張天如重其品，推爲復社巨擘。事載邑乘，死且不朽。然黄之嚴拒邪色，豈爲求名地哉！蓋天不可欺，心不可喪，品不可壞，邪不可犯。古今志士仁人能困窮不悔、百折不回者，皆由其立心正大、舉念光明、生順死安。即僵仆道途，以天地爲棺槨，日月爲含襚。狐狸亦可，螻蟻亦可，而獨不可有疚心之事，抱恨幽獨，負慚天日耳。

昌後

楊州高尚書銓之父，少年販貨京口。夜歸寓，寓中有艾女，私以息香貽公，公正色拒之，明日見主人，即爲擇婿，且揮金厚贈而作合焉。比歸，夢神語曰：『汝本無嗣，今予汝一子，天賜名銓，以大爾後。』逾年果生子，因名銓，長登進士，仕至尚書。嗚呼！禍莫慘於絶嗣，福莫大於昌後。而古今賢達，俱以不染淫欲全人名節，轉絶嗣而爲昌後，如馮相國京、馬狀元涓，鎮江靳文僖公，其父皆以却少艾，還美姝，而生子貴顯，大魁天下，位極人臣。《詩》云：『燕及皇天，克昌厥後。』高公亦其一也。

大宗伯時邦美之父，鄭州牙將也，無子。押綱至成都，妻出金使娶妾，事畢，得一女，艷麗驚人。至寓，泣不已。問之，曰：『父爲州掾，卒，扶柩至此，不能歸。母賣女以辦喪，骨肉離而家鄉遠，是以悲耳。』公即携女，夜往見其母，助之金，幹理歸計。千里相從，在途，女感其恩，朝夕視寢，綢繆備至，而公避之惟恐後。一夕，公寢。女至，撫衾曰：『公寒乎？』公亟掩衾曰：『子休矣！』女曰：『既承事君子，抱衾與裯是吾職也。』公曰：『汝宦家女，歸家豈無佳耦，吾敢相污？頗哀母子流落天涯，間關千里，欲送至故鄉，方辭汝去，故未及言耳。』女曰：『如不更二夫何？』公曰：『吾敢以汝爲妾而夫我耶？』柩至家，殯畢辭歸。歸而妻有娠。彌月，夢數人被衲襖，輿一金紫人，留堂中。旦，生邦美。舉進士第一，官至禮部尚書。

孝廉支立之父，爲刑房吏。有少年無辜陷重辟，幽囚日久，意哀之，欲求其生。因有婦，少而美，令以身事支，冀益得其力以脱於死。婦不得已，泣而聽命。日暮邀支至家，親行酒而告以故。支堅拒其妻而卒力洗其冤，後生子立。弱冠中鄉魁，官翰林孔目。立生高，高生禄，皆貢爲學博，禄生大綸登第。

安邱張贈公民感，性方嚴，勇於爲義，中歲無子。元配王孺人，嘗厚直爲公購一妾，有殊色。夜至家，公往就寢，見其泪痕盈頰，驚而問故，知其名家女，遂立返之，不責其直。女抵舍，面使者再拜，祝曰：『公，長者，願公生三男子。』是後，公生子果符其數。長子嗣倫，萬曆壬子舉人；繼倫，天啓丁卯貢生；緒倫，崇禎辛未進士，湖廣道監察御史。嗚呼！天雖高，聽甚卑。女以三男子祝公，而天即如數與之。假令公戀少艾而留與偕老，未必果生子也。即生子，亦未必貴且顯也！故夫却丫鬟而生子貴顯者，陸公樹聲也。還美婦而生子，且及身貴顯者，庚戌狀元蔡啓僔也。因無子，故娶妾；既還妾，反生子。則種子千金方，其以不貪色爲第一靈丹乎！

本朝順治年間，浙西總戎高公，山右人。幼起行間，目不知書，而仁義其天性也。中年無子，買一妾。既至，明艷無雙，公喜甚。夜往就寢，登床啓衾，撫其胸，聞袙服中有聲蔌蔌，怪問之。女匿枕微睇曰：『不敢言，從容告公可也。』固問。曰：『妾舊家女，妾父，府學秀才也。』語未畢，公大駭。奮躍疾走，趨至別室，命夫人詰其故。則父爲怨家誣陷繫獄，自分必死，一子尚幼，故書被冤顛末，命女縫衣中，俟弟長而授之，使鳴冤耳。公次日，見郡守白其冤，得釋。送女還之，除原價外，復厚贈以奩資，促之立嫁士族。後公復納二妾，連舉數子。

聞今有舉於鄉者矣。嗚呼！羅襦既解，薌澤微聞，乃以一念不忍，蹶然而起，彼身爲寄豭，視公獨不愧死乎！

慈溪馮公某，生平不犯二色，與子弟言必以淫爲首戒。一日，帶篝筒往汶溪課租。遇大雨，有少婦欲求合繖，舉纖手共擎其幹。花鈿掩映，玉趾交錯。馮以爲是非有別之道，即以繖與之。婦曰：『我得繖而子淋雨，若何？』仍持繖同行，馮亟引避曰：『吾有篝筒可戴，汝自去。』比至家，繖已置堂中几上，方知前婦乃神也。是夜夢神告曰：『汝見色不迷，知平日戒淫非妄，吾已奏之上帝，賜汝子孫科第。』後生子少年聯捷，官至御史，至今科第弗絕。嗟乎！平日以淫爲首戒，神即以色試之。使一念偶動，平日之戒謂何？今之刻戒淫説者，其必先自戒始。

汪天與，年三十無子，客濟寧。遇相士曰：『君貌類羅漢乏嗣，壽亦不永。』公聞之不怪。過清江浦夜宿，有婦人扣門，汪不納，其婦曰：『君每往妓家，何獨拒我？』汪曰：『彼則可，此則不可。』婦慚而去。又拾遺金還人。與弟分産，自取瘠薄。後復至濟寧，前相者見而訝曰：『君非吾向言羅漢相者耶？是必有陰功，當生貴子，且高壽。』汪亦恬言不答。後果生三子，幼子舉孝廉，孫曾繞膝，年九十有二。

成化間，毗陵錢姓好善，年四十無子。同鄉喻老家貧，被勢家索負比追，妻女凍餒。其妻往告錢翁借貸，翁不收券，如數與之。喻得出禁，挈妻女踵謝。翁婦見其女，即聘爲側室，喻亦悦從。翁知之，請女父母告之曰：『吾聞乘人之難不仁，君之弱息正宜擇配，吾掠之爲媵，不仁矣。吾寧無子，决不敢犯。』即送其女歸，并隨身簪服，俱與之。喻夫婦泣拜而退。一夕，翁妻夢神人語之曰：『汝夫陰騭格天，當降生貴子。』已而果有娠，次年生一子，名天賜。長，中進士，官至都御史。

馮京之父，壯歲無子。妻付銀數錠，謂曰：『君未有子，可爲置妾。』至京師，牙婆引一女，立契交銀後，公問女之從來，女涕泣不言，固問之。女曰：『父爲官，綱運欠折，鬻妾賠償。』馮父惻然，不忍犯之。即唤牙婆，送女還父，不索原銀，女拜泣而去。馮歸，妻問妾安在？馮實告。妻曰：『君用心如此，何患無子。』居數月，妻有娠。里人皆夢鼓吹喧闐，迎狀元至馮家。是夕生京，鄉會殿試皆第一。

涇縣趙姓，巨族也。先世有縣官，富於財。遠歸，尚距家十數里。會暮，過某莊宿焉。索水浄手，莊家之媳送至，趙見其少而美，心動，遂挑戲之，其媳力拒而奔。姑見媳面紅氣喘，訝之。媳實告。姑頓足曰：『呆丫頭，他是有風水人家，汝何不就他，度個好種。』復使媳送茶，且語之曰：『速去！速去！若有福受孕，不愁我家不發達。』媳如言而往，趙復挑之，欣然相就。趙心疑問之，媳吐露姑言，趙大悟，托故遣之。呼价持炬，乘馬馳歸。夫人即於是夜，受孕生男，仕至吏部。繇官以此事著之家訓，戒子孫焉。

閩中郡守陳某，五旬無子，夫人甚妒。或勸納。寵，曰：『福薄故無子。若内不能容，而徒苦人女，福將愈薄。惟爲立嗣計耳。』時適郡中有一紳，性好色，見鄰女少艾，遣媒説合。女母以紳年高不允，紳强擲聘，而訟於府。守訪得其實，密邀新進士某至，謂曰：『賢契少年，高才未娶。有某女，亦是宦後，品貌端莊。爲勢所逼，不佞即公斷，若不爲士人室，訟恐未息。特爲作伐，以十金代聘，四金將賀。今夕甚吉，即送成婚。』撤堂上燈火送歸。母女感泣，合郡稱頌。是夕，其夫人夢神抱二孩至，云上帝以汝夫不徇時望，曲諧佳偶，特賜兩子。夫人驚悟，直告郡守。始置側室，妻妾雍和，歡如姊妹，至冬兩子并生。守以卓異峻擢。

萬曆戊戌時，狀元趙秉忠之父某作邑椽，有襲蔭指揮繫冤獄，趙力出之。指揮感極無報，願以女奉箕帚。趙摇手曰：『此名家女，使不得。』强之，又摇手曰：『使不得。』終不從。後其子公車，途中有拊輿者曰：『使不得的中狀元。』如是者再。及第歸，語其父。父太息曰：『此二十年前事，吾未嘗告人。何神明之又告爾也。』

馮涓父，中年無子，買一姬極姝麗，每理髮必引避如沮喪狀。公怪問之，曰：『妾父，某官，不幸亡。去家甚遠，無力歸去，故賣妾。今服未除，約髮者，實素帛，不欲公見耳。』公惻然，即日訪其母還之，且厚資助。是夕夢一羽衣曰：『天賜爾子，慶長涓涓。』明年果生一子，因以涓名。及長，魁太學，鄉薦廷試皆第一。

泰興徐昂，弘治丙辰赴春闈。京中有王相士，素多奇中，徐往質之。王曰：『君相乏嗣，奈何？』徐登第後，爲西安郡守。途納一姬，頗妍麗。徐問其姓氏，姬曰：『父名某，作某官，喪於某年，歲饑，爲强暴掠賣於此。』徐即焚券，帶之任，具奩資，擇善士嫁之。秩滿入京，王駭然曰：『君相異矣，子星滿容，詎有陰德所致耶。』未幾，徐庶妾一再歲，果育五子。

鎮江靳翁，年逾五十無子，訓蒙於金壇。鄰女有姿色。夫人鬻釵梳，買回作妾。翁歸家，夫人置酒告翁：『吾老不生育，此女頗良，與君作妾，可延靳門之嗣。』翁面赤首低，夫人謂因己在，遂出而扃其户。翁見户閉，遂逾窗而出，告夫人曰：『汝用意良厚，不特我感，我祖宗亦感。但此女幼時，吾常提抱之，常願其嫁而得所。吾老而多病，不可以辱之。』遂反其女。逾年，夫人自受妊。生子貴，十七歲發解，聯捷登第，後爲賢宰相。

姚三韭，本姓卞，博學能文，館於懷姓。有女常窺之，卞岸然不顧。一日晒履於庭，女作書納其中，卞得之，即托他事辭歸。或以詩贊之曰：『一點貞心堅匪石，春風桃李莫相猜。』卞不受，且答書，力辯無此事。其子諶、曾孫錫，皆登進士。

以上各條，禍福判若天淵，然無不自己求之，人誠鑒此而慎持此心。雖不睹不聞，常如雷轟電繞，暗室屋漏，儼若鬼責神呵，即不必極人間之功名富貴，而身享其榮，爰及苗裔，自不至斃於雷斧，絶其似續，并坎坷終身也。

一善銷百惡

明初，閩人尹樂田，善刀筆，殺人多矣。一夕夢神語曰：『汝惡孽已盈，於某年某月某日，當死於兵。』尹亦未信。逾時，有路姓妻某氏，美而艷，爲富豪安姓所謀。路求尹作狀，將訟於有司，約日暮來取。至晚，路無錢可將，令其妻代取，謂曰：『如日暮，在彼家借宿可也。』送婦至尹寓而逸去。尹獨處一室，婦入言其情。尹曰：『天暝矣，所居離此幾何？』婦曰：『約數里。』尹曰：『不及回，奈何？』婦曰：『夫有言，如日暮，即借君寓一宿。』尹正色曰：『我孤客，汝少婦，昏夜安敢相留？』具飯與食，命與鄰母同宿。比明，尹謂婦曰：『尊夫遣嫂至此，亦無惡意，爲貧所窘耳。狀已就，可持去。』復付數金，俾爲訟費，婦致謝而去。尹後往外郡，附大賈之舟，日暮在途爲盜所截，尹恃臂力，獨持器械格鬥。群盜兵刃交集，將就戮。忽狂風大作，盜盡覆溺，而尹得無恙。計其時，即神所示之年月日也，復夢神語曰：『上帝以汝全人名節，賜汝壽考。』嗚呼！刀下游魂而得考終牖下，彼蒼者天，何嘗絲毫負人哉！

一惡損萬善

明時，金陵朱之蕃，會試時，夢神語曰：『今年狀元已定鎮江徐某，緣其家世積陰德，上天垂佑，以彰善報。今因彼私一奔女，奉帝命革去。汝家世德次於徐，行當及汝。』是科朱果狀元，而徐退黜。嗟乎！祖宗積德累功，源遠流長，若此其久，乃一旦斷送於一淫女之手，遂至天心轉移，大魁天下，拱手讓人。以此知天下多美婦人，大抵皆不祥人也。犯之而褫功名，削祿壽，何不祥如是，又况逾險蹈危，行邪何其難；一麾出户，拒邪何其易。諸君乃甘犯不祥，不爲其易而爲其難。及福銷孽積，而從前歡樂，至此皆空；昔日風流，而今安在？聲聲玉樹，終傷南國之魂；步步金蓮，長下東昏之泪。静言思之，可勝悼恨乎？

一善解天灾

康熙乙巳歲，杭州大火，延燒數十家。衆見火中一金甲神，持紅旗左右招展，圍繞一宅，火至輒回。及火止，瓦礫中惟此宅孑然獨存，乃北新關吏顧某家也。時顧奉公差，往江南未歸，室内但婦孺數人而已。衆咸訝，莫測其故。方顧之往江南也，携金販貨，舟泊蘇州河岸。暮夜見一少婦哭泣投水，急止而問之，曰：『某夫因欠折銀五十兩，繫獄嚴比，命在旦夕。不忍見夫死，因先自盡耳。』顧惻然，即解囊中數十金付之，婦拜謝去。歸舟又經其地，偶入酒肆，對門即是前婦家也。其婦見之，告其夫，邀歸置酒款之。夫謂婦曰：『活命之恩，貧無以報，汝其伴宿以酬之。』因留顧宿，夜半命妻就顧寢，具述夫意，顧毅然峻拒，披衣起，逃歸舟中。及回家，慰問者踵至，詢其何德而能回天，顧惘然，固問之，因舉此事以對，衆屈指計之，與火作時適合。嗟夫，顧佐拒酬恩之艷女，而孝宗有工部之擢，支公却報德之麗婦，而子孫享翰苑之榮。身爲椽吏，不欲墮行於冥冥。彼其之子，日誦孔孟，反無端而欲淫人妻女，其謂之何哉？

一善及三世

嘉祐年間，黄靖國爲儀州倅。一夕，被攝至冥司，主者曰：『鄉官儀州有一善行，曾知之乎？』命吏取簿示之。乃醫人聶從志於某月某日，華亭某氏行醫，其家少婦淫奔，從志力拒而去。奉上帝敕，從志延壽二紀，子孫三世科第，婦送獄治罪。及甦以語從志。從志嘆曰：『此事即妻子未嘗與言，不謂已動帝聽，已書陰籍。』後聶果享遐齡，子孫三世登第。

何澄一醫著名。有孫某久病，召澄屢矣。一日，其妻引澄入密室，耳語澄：『夫久病，家産日落，無以相報，願以身酬。』澄大驚，正色曰：『爲醫治病，職也。生平素志，耻言酬謝。既承委任，自當盡力。苟以此相污，不惟嫂失大節，吾亦永爲小人。縱免人責，天譴其可逃乎？』其妻慚感而退。澄一夕夢神引至一公署，主者曰：『汝行醫有功，且不於艱難中亂人婦女。奉上帝敕，賜汝一官，錢五萬。』未幾，東宫得疾，澄愈之，賜官賜錢，俱如夢中之數。

一善生三傑

明末時，江南有某公者，落拓不羈。值大兵南下，公投身幕府，寄迹麾下。時軍中俘孕婦數人，諸軍乘暇，欲剖腹爲戲。適奉帥令他往，因悉閉一樓，命公守之。公夜飲樓中，諸婦欲求生，共推一最麗者就公。公不可，悉縱之去，隨焚其樓。軍還，紿曰：『諸婦不戒於火，俱毁矣。』嗣後公生三子，皆掇大魁，躋顯位，狀元宰相，貴甲一省，至今科第不絶。夫公之焚樓，爲德大矣。尤善者，在不爲治容亂耳。若淫而縱之，終喪厥德矣。

陰惡敗陰德

康熙某科有某生應試南京。寓有艷婦，係名家女。主適遠出，某迷於色，時窺其私，婦覺而就之。某不敢犯，疾趨出户，而僮已窺於户外。因念我若苟合，此婦名節盡喪矣。然終以私窺故，致淪落坎坷，備嘗憂患。戊子科，夢中第四名，緣此削去。某以拒婦自解，神怒曰：『既知拒之，何故窺之？若無此惡，已陰德動天矣。孽報若盡，行俟汝自新耳。』遂被黜。

一念喪終身

貴溪某生，少年有文才，屢試輒困，乞張真人伏章，查勘天榜，神批曰：『此人分當科甲，以盜孀削奪。』起語生，生曰：『無之。』遂申牒自訴，神復批：『雖無其事，曾有其心。科名雖削，孽報未盡。』蓋少時見其孀殊色，稍轉一念故也。嗟乎！戴天履地，具五官，秉五常，山庭聳秀，淵角呈祥，自當扶天經植地維，爲名教之功臣。知自別於禽獸，乃悖天犯祖，竟思爲狗彘之行。即此念頃刻灰滅，孰知已罪通於天耶。夫古今來，才人濩落，如秋蝶倦飛，寒螢失照。或飲恨窮年，老死牖下；或旁生怨尤，不知自反；甚或自戕其生，發狂殞命。其平日臨風痛哭，仰天椎心，嘆辨士之空籠，惜雲英之不嫁，以爲實命不猶。設得通幽洞冥之慧眼，一燭其故，則其中必多不堪告語之隱。方逃罪之不暇，而敢以未成名爲恨乎？良心未泯，盍清夜自思，何必令張真人伏章、葉法師冥勘耶！

邪念須痛絶

宋時趙清獻公抃，帥蜀時，因公宴有艷妓簪杏花，丰神姿態，絶世無雙。公偶戲曰：『髻上杏花真有幸。』妓即應聲曰：『枝頭梅子豈無媒。』公愛其才色，至晚使老革召之，久之不至。公忽厲聲自呼曰：『趙抃不得無禮。』亟令召老革回。革乃自幕後出，曰：『某實未往，某事相公久，相公邪徑絲毫不染。知今日之事，不過一時，此念便息耳。』夫以清獻之誠正，每夜必焚香告天，而猶有一時意念之差。他人當戰戰兢兢，而惟恐失墜可知也。然所動念者一妓耳，公猶立自刻責，而况於良家婦乎！

以上數條，或以正而銷惡孽，回天灾；或以邪而敗先德、失顯名，甚矣！欲念之不可不謹也。夫欲念之生，生於喜，生於樂，生於安閑，生於富足；欲念之阻，阻於憂，阻於懼，阻於勤勞，阻於窮困。孟子曰：『然後知生於憂患而死於安樂也。』豈不信哉！

勸人遏淫果報

明如皋縣冒起宗，爲諸生時，讀書暇，輒莊誦感應篇。戊午入闈。病甚。昏憒中，下筆如墮雲霧。及登鄉薦，赴督學親供，見字畫端楷如常，疑有神助。己未會試下第歸，發願將感應篇增注。因念女色損德尤甚，文人誤犯者多，故於『見他色美』一條下，備載古今報應，以誡世人，時塾師南昌羅憲岳助書。辛酉羅歸，即入泮。逾八年，戊辰正月，羅夜夢羽客三人，一老翁黄衣中立，二少年披紫衣，左右侍。老者出一册，左顧曰：『爾讀來。』左立者朗誦，羅拱聽。乃起宗注『見他色美』二句文也。讀畢，老者曰：『該中。』旋顧右立者曰：『試咏一詩。』即應聲曰：『貪將折桂廣寒宫，那信三千色是空。看破世間迷眼相，榜花一到滿城紅。』咏畢，老者笑而去。羅醒作書詳述夢中事，并夢中詩，寄其子。書以二月九日至。及榜發，公果第。八月公歸，子以羅書呈，其言驗矣。但榜花二字不可解，後偶閲一類書，見『榜花』注：唐大中以來，禮部放榜，姓氏稀僻者，號榜花。乃知冒姓應之。嗟乎！大羅天上，雲君月姊，固屬空虚，即人間美艷，如明霞散彩，亦屬空花。至妖媚如九尾狐、玉面狸，皆脂粉骷髏，空中狂焰，人自看不破耳。看得破，見得空，將彩筆生花，現錦綉於毫端；蕊榜題名，覽紅雲於十里。是廣寒之色空而杏園之色實也。

嘉興府庠生某，性喜隱惡揚善。遇人談及閨門事，即正色相阻，因作戒口業文。萬曆壬子科，年邁無科舉。門人多應試者，强邀入省。偶出游犯布政鉞。因命題作文，大受知賞，爲惡學憲，得與棘闈。放榜前一夕，夢其父語曰：『汝前身少年進士也，因恃才挾貴，上帝罰汝今生永困場屋。前月偶有一士，應今科聯捷，爲奸室女除名。文昌帝君奏汝作戒口業文，遏淫止邪，訓誡後進，陰功不淺，請以汝名補之。汝當聯捷，宜益修德以答天眷。』生驚喜，果聯捷。

太倉錢青柯，編纂格天集，卷目凡六。一曰雲路先聲，專集遏淫種德因果。二曰崇階永世，載古今忠孝事。三曰芳閨人傑，叙閨中節烈事。四曰福善禍淫，生殺現報。其五、六卷，則感應篇、陰騭文集注也。文詞璀璨，剞劂精工。壬午先生編是書適成，方刊首卷。秋試時，令其孫先傳播金陵。放榜前，夢有人持紅紙大書『雲路先聲捷報』六字。榜發，先生之孫元静，果捷南闈。『雲路先聲』者，即先生首卷書目戒淫文也。

以上三條，諸公俱以勸人遏淫而身膺多福，不知勸人必先自勸。冒公注感應篇，冒公固先自凛冰淵。錢翁著格天集，錢翁已先自矢幽獨。苟不先自治，而諄諄苦口，祇冀他人之登天，不惜己身之入地。望人以功名富貴，而忍使己身之貧窮夭札。墨子之頂踵雖捐，登徒之意念如故，不幾同浴而譏裸裎乎？更或身犯淫邪，不思極力改革，徒務刊播格言，以冀消除惡孽，而言與行違，辭與意反。是以一杯水，救一車薪之火也。然作戒淫說者，當立法自治。而讀戒淫說者，又不得以人廢言。巫臣諫楚莊出夏姬而自娶之，以致赤族，共王謂巫臣其自爲謀則過矣，其爲我先君謀則忠。彼實忠我，我忍弃之乎！

談人閨閫花報

明天啓年間，長洲庠生某，鄉試前，夢神報中式。後又夢神言：『上帝怒汝謗人閨閫，已削去矣。』榜發果被黜。崇禎癸酉，福建頭場貼出一卷，上有硃書『好談閨閫』四字。逾二日，二場已過，卷復潔净如拭。

又本朝順治辛卯，太史蔣虎臣主試浙闈。見一卷，欣賞累日，定爲元。候二場不至，傳詢外簾，知卷面有『好談閨閫』四字被貼。揭曉後，詢本生。云見一婦人入號磨墨。既去，而四字在卷面矣。南闈康熙己酉，一士領卷歸號，有鬼大書此四字於卷面，其人歸途病死。己卯科，一生文已就，一女至，命寫此四字。生不肯，及謄完七義，視結語已易此四字矣。以唾磨洗之，而卷已破。既破，細閱之，仍是自己結句。壬午科，頭場貼出洪字七號卷，於塗注下，另寫談人閨閫一十三事。時宋撫軍監臨，恍惚見一女子蓬首而趨，後一冠帶人隨之。聞言曰：『在洪字七號。』及貼出即此號也。噫！士人口語，可不慎哉？人家閨閫，可輕談哉？夫床笫之言不逾閾，伯有賦鶉奔而趙孟知其將戮。談者即使於彼無損，亦於汝何益？而況所係若是之大乎？原其所由，皆淫心使然。蓋人心邪，則一言一動，無往不入於邪。於是捕風捉影，唱一和百，豈知天怒人怨，禍不旋踵耶？高青邱宫詞一首遂致殺身。不過曰『小犬隔花空吠影，夜深宫禁有誰來』而已。太原諸生郁從周，生畀異才，二十六當成進士，三十餘位中丞，四十五晋大司空，兼理司農司冠諸事，五十四以少保致仕。富貴壽考，省中莫與爲匹。緣其十七歲爲諸生後，以口業削盡。上帝震怒，命注陰惡籍中，文昌帝君以爲傷天地之和，犯鬼神之忌，莫此爲甚。其罪與殺生淫邪等，夫從周以諧謔譏彈，至上干天怒，而况談人閨閫，生無從周之福，口甚從周之惡，其受譴當何如耶？

李叔卿，素廉謹。同僚孫容嫉之，妄言於衆曰：『叔卿空自得名，以吾視之，狗彘也。』或問其説，曰：『叔卿妻妹，豈得爲人？』因是喧傳遠近，叔卿欲辯，不便出口，不欲明，憤恚難忍，鬱悒而死。妹聞之，亦驚恨縊死。不數日，雷雨暴作，將容擊死，暴尸叔卿之門。及葬，雷復發其冢。誣人閨閫之報，加重，可不知警戒乎！

洗冤辨誣

夫千古奇冤，如陳平盜嫂，崔氏會真，既於徵史中明辨其誣也。若琵琶剪髮、荆釵投江，感婦女之節孝者，莫不誚伯喈之薄幸，而怒汝權之奸邪。不知琵琶爲元人王四而作，與伯喈無涉。至若孫汝權，宋之名進士也。錢玉蓮則孫汝權之妻也。汝權與王十朋相友善，王十朋之劾奸相史彌遠十大罪也，相傳草疏出汝權之手，故彌遠之門客，作荆釵傳奇，醜詆汝權以泄權奸之忿。百世後演劇者見之，雖三尺童子，咸切齒怒目，而不知其爲冤也。天下多美婦人，寧有以計離人夫婦，而爲禽獸之所不爲乎？秦檜夫婦，陷害忠良，萬死何辭？至謂王氏迎降，兀术挾之上馬而去，則太甚矣。兀术蓋代英雄，豈屑漁色？矧百萬軍中挾一婦女，何以肅軍政而作士氣乎？婦人在軍中，兵家之大忌也。故李陵劍斬，兀术豈不知此乎？唐李西平忠誠貫日，勳名蓋世。其沮張延賞入相，幾至覆宗，實出忠心，而史謂西平在成都，與延賞争妓開釁，恐未可信也。冒嵩少謂韓文公勸人莫置侍姬，莫餌金丹，晚年嬖絳桃柳枝，服金石，卒隕其身。此雖至愚者不爲，昌黎一代大儒，肯以此亡其軀耶。考之唐史，俱無此説，必不然矣。嚴鄭公以琵琶弦縊女子事，多類此。聊述之，以諗來者。

嵩按〔一〕：無所爲而爲善者，君子也；有所爲而爲善者，是亦君子之徒也。董子有言：『正其誼不謀其利，明其道不計其功。』漢昭烈帝敕後主曰：『勿以善小而不爲，勿以惡小而爲之。』是皆勸人以忻慕之意，而因以大其懲創之力，則端恪公嚮言意也。箕子陳洪範於周，次九曰嚮用五福，福之有五，人所忻慕而不可必得也。曰壽，有壽而後享諸也；曰富，廩禄不匱，以厚生也；曰康寧，心安體胖而無患難，乃爲真福；曰攸好德，樂善不倦，心逸日休，自求多福；曰考終命，諸福既備，自不夭於非命，乃爲全福，而實於好德基之。篇中所載諸君子是也。又曰威用六極，謂其六不好事，至極而無以復加也。凶短折，不得其死也。疾，身不安；憂，心不寧也；貧，用不足也；惡，剛之過；弱，柔之過也；而總由失德所致。以上臚列諸類是也。一善一惡，法戒昭然，有所慕而爲之，自不得不有所懼而懲之。所以導天下之中才，而盡入於君子者也，其覺世之心深矣。

校記：〔一〕此按語底本缺，現據乾隆甲申冬日蘭谷山房藏板補。

閑邪録卷之九

指　南

文昌大洞仙經懺悔文云：『我生同得乾坤體，一似文昌始劫時。聖非自聖凡自凡，流浪至今方覺悟。願從七曲慈尊教，惟忠惟孝惟慈心。不以口業傲神人，不以身業累父母。不以意業欺天地，不以心業禍子孫。』至哉言乎！真儒者之金科玉律也！

不以口業傲神人

此口業兼筆舌二者，天下惟口業最大。一言而傷天地之和，一語而釀國家之禍。蔡哀侯之譽息嬀也，害及兩國；費無極之稱秦女也，毒流再世。艾豭歌，而蒯聵因而弑母；犬豕譏，而范曄憤而稱戈。延至後世，論求奇詭，語必翻新。贊則天爲聖后，美卓氏爲良緣；啓四海之邪心，基萬世之淫禍。更或斷取六經四子之章句，間佐恢諧；或改竄先儒古德之格言，聊供戲謔。旁誦者莫不啓齒，當局者咸以腐心。生結碎首之冤，死墮拔舌之獄。若夫傳奇爲風化所關，陽明至言不易。揆諸當日優孟衣冠之意，亦備後世激揚懲勸之文。百種之中，規箴咸著；四聲所被，觀感殊多。豈意濫觴？至於今日，盡譜淫詞，争翻艷曲；花間月下，舫畔樓邊。片紙單縑，便綰同心之結；游尼野嫗，群牽月老之絲。明心拜月，指天地爲盟主；尋花入夢，誣鬼神爲牽頭。榜唱銅龍，無不偷香之才子；屏開金雀，鮮未識面之佳人。似天道之福淫，合群聲而吠影。標淫邪之赤職，滌器無慚；毒俊少以烏頭，窺鄰自喜。宣淫放誕，長此安窮，漸盈惠子之車，應付咸陽之炬。蓋此等造業最深，流毒最廣，而認賊作子者，方且美之曰口才；添薪助焰者，方且目之曰奇文。夫孰知舌頭三寸，筆下數行，招身家之重殃，受鬼神之陰罰，其禍有不可勝言者哉！東坡居士言：『我今惟有無始以來，結習口業，妄言綺語。自云是巧，不知是業。今捨此業，作寶藏倡。願吾今世及未來際，永斷諸業。』是以筆鋒一轉，便堪翻貝葉於毫端；舌劍纔回，已可吐蓮花於腭上。及江管之未秃，幸儀舌之尚存。無假錢財，不需勢力，捕賊即用作賊者，解鈴還問繫鈴人。自可立轉善因，廣植福基。而言爲心聲，尤須以正心爲要也。

不以身業累父母

夫父母之德，昊天無極。我無令德以報父母，反以身業貽累父母，使之生既含羞陽世，死復受譴冥司。夫積業於身，則天刑人禍，鬼誅冥謫，吾自一身受之可耳，奈何貽累父母。父母何負於汝，而以孽報相酬耶！夫孽報莫重淫邪，故必當隨人嚴戒，庶不至偶一失足也。

處女

凡一女之身，兩家門户所係。未字之日，畢生名節攸基，苟乘其無知而損彼終身，後來婚嫁，便非完體，或于歸見弃，而父母之面目何施？倘流言四聞，而夫家之醜聲莫掩，縱使臨婚混過，隱微常覺羞慚；即能教子成名，大節終歸虧損。苟遇曾經知識，不覺當下赧顔。便令真守一生，已是清白有玷。此等身業，固死入無間，永不超升者也。

明長洲諸生丁方池，方正不苟，讀書葑門外郭巷。有艷女夜至，丁峻拒之，且戒之曰：『女子以守身爲重，此身一失，辱及兩家。』女慚而去。後丁之子孫，俱得高第。

程彥賓進攻遂寧，城下之日，左右以三處女獻，皆艷姿。公方醉，謂女子曰：『汝猶吾女，安可相犯？』封鎖一室，及旦，訪其父母還之，皆泣謝，曰：『願太尉早建旄節。』公曰：『旄節非敢望，但死時無病足矣。』後官至觀察，年九十七，無疾而終，諸子皆顯官。

宦裔涂生，年少有才名。窺鄰女美，誘其妻招之刺綉，而厚謝之。頻頻往來。一日，生藏榻後，召鄰女至，妻佯出治庖，生强奸之。自是絶不再來，久之事覺。女子父，故儒家子，恥與宦訟，遂逼女自盡。生後每入試，即見女披血衣，來扼其喉。隨昏憒，禱之不去。後生爲亂兵所殺。

孀婦

凡人當少壯夭折時，雖有無數丁寧繫戀，大約莫重於妻妾面上，未有不望其旌心斷髮，生死無二。所以守節之婦，上帝必昌大其子孫，朝廷必表揚其貞節。蓋子女無依，賴其撫立；翁姑猶在，藉以承歡。凄風苦雨，血泪千行；秋月春花，冰心百結。獨持門户，黽勉蘁鹽，尚須保護其操，奚忍玷污其節。倘因俯就，苟且順從，婦既没齒蒙羞，夫亦九泉含恨。况中冓醜聲難掩，定然設法墮胎，親黨借釁相攻，必致抱慚殞命，是敗名喪節之中，更有傷生害命之慘。禍深孽重，可不思乎？

明常熟儲國本，性至孝。少時鄰有艾婦而少寡者，窺公悦之，私饋以金，公辭金徙舍以絶之。此真不以身業累父母者也，其孝可知矣。

費樞，蜀人也。會試至長安旅舍，日晡時，一婦人至前訴困苦云：『是京師某里，販繒人女，嫁後夫死，貧無可歸，願得相依。』費曰：『吾不敢犯非禮，當訪汝父來接。』遍訪得其父，語以女狀，父涕泣謝曰：『昨夢神告我，汝女將失身於人。非遇費秀才，幾不能免矣，今果然。』即取女回。是年費登科，官至巴東太守。

尼姑

僧尼道姑輩，彼已出世，永斷情根，當念仙佛是何等戒律。凡屬女子，俱無可犯，何况空門弱質，縱菩薩低眉，暫由汝逆天敗禮，而天君護法，赫赫明明，此心自打得過乎？且其既皈三戒，洗脱鉛華，燕私則赤足髡頭，莊嚴則方爲圓顱。任彼天姿國色，已非雲鬢花顔，試問何處可以動情？而乃敢行污穢。人而無禮，但求其雌，降魔杵下，碎作微塵，無間獄中，永投烈焰。

身貧窮坎坷焉。

晉江許兆馨，戊午舉人。往福寧州，謁本房師，偶過尼庵，悦一少尼。以勢脅之，强污焉。次日，忽自囓舌兩斷而死。

吴下宦裔某者，少時見一美尼悦之，戲以手摩其頤。後夢見天榜，已中式，因此削去，終身貧窮坎坷焉。

僕婢乳婦

凡義女義婦，其分原同父子。乃既役其身，復淫其色。試思我既不以正道待人，安望彼以良心事我？我既自壞家規，彼亦可上干名分。甚有殺盗横生，變起肘腋者，天之報施常近也。又人家雇得乳婦，彼捨其骨肉，而忍使飢寒就死；拋其夫主，而甘心兩地凄凉，不過爲貧苦不能自全之故耳。想其翁姑與夫，忍耻凄惶。一心惟恐其失節，而又實苦於無奈，此情可憫，何忍侮之。

雲間錢璧，字伯全。蓄一婢甚麗，其妻勸公私之，公不可，即具貲嫁之。未幾成進士。

淮郡一士，偶被酒醉，戲家中一婢，婢知耻力拒得免。時當月晦，至四鼓，妻忽叫醒云：『夢見竈神，星冠皂服，乘馬奔行。隨從帶文簿，向我指畫而去，不知何説。』神威赫赫，不覺驚醒。士人聞之，毛髮悚然，不敢言。但云：『是竈神無疑矣。』後將此婢配人，方向婦言，曰：『汝夢見一神，向汝指者，因我彼時曾戲此婢，因拒而免。不意夜間，即有夢警。事雖未行，此心已動，故爲司命所録耳。前不言者，恐汝生疑，難爲此婢，今言明可表此婦之操，而悔我之過也。』言訖，婦亦悚然。

范略幸一婢，妻妒虐，截其耳鼻。後生一女，亦無耳鼻。及長問此婢，具説其由，女悲泣恨其母，母愧悔無及。范略貪淫，不能制妻，毒害其婢，生女如是，正所謂一業雙報也。

張文節在政府，夫人因聖節，入朝莊獻太后。后見二婢陋甚，因命夫人别置少者。夫人如諭。文節一見，乃指二老婢曰：『此久在左右，若逐出之，無所歸矣。如二少者，今皆未笄嫁與少年，前程未可量也。守一老翁，何益於事。』即日而奏嫁之。文節此事，不但見少婢而不動心，抑且透徹人情矣。

凡女

凡聞人閨閫事，當守口如瓶；遇人美艶色，當防意如城。此即萍水相逢，亦斷不可纖毫苟且。況顯係親戚，而或起邪心，此尤狗彘之所不食，天庭之所必誅，不忍垂諸訓條者，於禽獸又何難焉。

常熟陳聖度先生名溥，康熙某年，嘗讀書某所，有婦夏日晨起裸身奔之。先生駭而出避，即束書歸，逾時而面猶赤。友人贈以對聯云：『青雲足下三千士，白玉壺中一片冰。』於色業真可謂冰清玉潔矣。

長洲鄭鋼，字德新。爲人端慤，言動以禮。少館富室，主婦悦之。一日坐讀書，有老嫗俯度其足。問何爲？曰：『娘子欲爲君作鞋耳。』鋼正色叱之。即束書歸田，後以鄉貢典教大和，門下士，顯貴成名者衆，公薦於朝。凡讀書人，皆當如是防範也。

不以意業欺天地

天地不可欺，而人敢於欺天地者，以不能慎獨知而正心術也。方一念惂淫，自謂甚隱，殊不知潛滋暗長，靡所不爲欺天罔人。神明鑒察，殃咎立至，意之欺與不欺，其間始不容髮。韓子所謂上不愧天，下不愧人，内不愧心。要之，不愧天人，皆自不愧吾心始。程明道坐中有妓，胸中無妓。惟平日主敬涵養，工夫純熟，自然意誠心正，絶無非僻之干。學者未能内省不疚，念念無欺。或見可欲而心動，亦當於方寸内，痛加遏抑，如障百川，如拒强寇，慧劍在手，截斷機關，將見去邪歸正，舉念光明，自天佑之，吉無不利。則不欺天地者，祇在起心動念處，能不自欺而已矣。

慎獨知

夫有形之獨知，暮夜是也。身履邪徑，心欺暗室，所恃者暮夜耳。無形之獨知，方寸是也。魂飛綉閣之中，夢入香衾之内，所用者方寸耳。暮夜之欺欺人，方寸之欺自欺，而同歸於欺天，此善惡大關頭，禍福真門徑。積惡召殃莫甚於此，故勿謂獨知。十目十手，勿謂無知，天知神知，務期一刀斬斷，不容片念狂惑。

正心術

人之干犯邪淫，皆由心術不正。故欲除淫惡，先滌邪心，使舉心動念，若對神明；動容周旋，不越禮法。凡人世淫穢褻嫚之事，不入其光明正大之懷。則持身以正，先必不愧刑于，御下以方，自爾無慚家法，即使暗室獨處，不起邪思，夢寐神魂，亦無邪見。要使靈光常現，方寸惺惺，則志氣清明，無虞外誘矣。

吴中有靈鬼能淫人婦女，又能致金帛首飾與婦女。昆山有小民一女將被污，女曰：『淫西某氏女，容貌甚美，何故不往彼而來此？』鬼云：『彼女心正，吾不敢近。』女怒曰：『我心獨不正耶？』鬼遂去，不復再至。即此可見人心持正，鬼亦不敢近，慎勿謂外邪之不可却也。世上堂堂男子，豈此女不若哉！

不以心業禍子孫

人莫不自愛其子孫，而有時自禍其子孫，或少年夭折。飢寒困苦、疲癃殘疾，使子孫無窮之富貴壽考，盡喪於一己隱微曖昧之中，子孫亦何負於汝耶？成化時，蘇州凌雲志少年有高才，而頗好利。有何二郎負其金，鬻妻以償。是年秋闈已中式，而卷爲燈花所毁，被黜。未放榜前，吴下有乩仙甚靈，凌以功名叩之，乩仙判云：『爾命應當折桂枝，何人室去鬼神知。官星四九終須現，瘸子簪花入鳳池。』後三十六歲暴卒，時子十二歲亦痘殤，葬地名曰鳳凰池，此禍及子孫之驗也。於財如此，於色可知。而色之爲禍，尤莫甚於心業，故治心爲最要也。

醒心神

人當爲淫邪蔽錮，心已死矣；須醒之使甦，心已昏矣；須醒之使明，心已迷矣。須醒之使覺，惟日將格言善訓，沁入心胸，如飲食日用之不離，精思悦繹，堅意信從。自心體澄徹，淫魔退聽矣。

洗心垢

人心本虚明，一染淫邪，如寶珠墮糞穢中，須極力洗刷，自然精彩復發。所謂只有除翳法，别無求明方，於自己心地上，淘洗得十分乾净，便是遏邪盡頭工夫。朱子謂心如一塊潔白物，上面只著一點黑，便不得爲白矣；又如麝香之屬，只著一點糞穢，便全體俱壞，不得爲香矣。若糞穢上，即著一堆腦麝，亦不濟事。故邪心要洗得净盡也。

大洞經曰：『罪垢由來心鏡昏，三途五苦累形魂。』蓋惟心鏡一昏，而口業身業隨之。頗願天下士子，同聲懺悔，永無得罪天地神人，永無貽累父母子孫。惟從孝行與陰功，種種力行諸方便，業根庶可盡洗矣。

念報應

凡人即無良，試告以妻妾醜行、子女邪淫，未有不艴然大怒者。曷思自己家門欲正，他人閨閫孰甘淫污？易地相觀，良心自現，是當常常反觀内省，我欲淫人妻，即作人淫我妻想；我欲淫人女，即作人淫我女想。出爾反爾，慎之戒之。自然敬畏生心，可欲不亂矣。鄉、會試録，皆上天司命所職。諸凡善惡，各有報應，而淫戒尤在首嚴。或隱微有恨，暗被删除。或穢迹昭彰，顯被褫革。所以場屋之中，或筆誤而佳文不録，或卷污而三場不終。亦有平昔素擅才名，至此文思窒塞。亦有向來本無積學，忽然下筆成章。顛倒英雄，悉有神明爲主。設若陰騭有虧，勿望名登金榜。務須平居自愛，勿至被黜怨尤。

感應篇云：『凡人有過，大則奪紀，小則奪算。』又云：『算盡則死。』蓋人世過惡，莫重於淫。淫惡既重，繼以身死，理有固然。願人於生時防死，勿到死日求生。

人要閨門嚴肅，必先行己端方。若好行邪穢，則妻女必漸染成風，子弟亦觀法成習。不夫不婦，惟聞詬詈之聲；無尊無卑，盡襲犬豕之行。方謂家門隱事，旋爲里巷羞稱。內行多慚，人群不齒。尚期端本以齊家，庶可積善而昌後。

教婦女

孟子所謂無羞惡之心非人。我觀天下婦女之羞惡更甚於男子。素守閨中，言不出外，偶經睹面，耳熱頰紅。此一念之羞惡，即四德之根基也。爲丈夫者，誠能寡欲養心，暗室不苟，妻子化之。自必閨門嚴肅，家門貞静，於淫邪何有？昔敬姜有言：勞則思，思則善心生；逸則淫，淫則忘善，忘善則惡心生。勞逸之分，尤貞淫之介也。故貧家婦女，最宜課以針工紡績，學儉學勤；豪家婦女，亦勿任其美衣鮮食，徒工脂粉，漸即慆淫。必取女誡、列女傳諸書，常時講説，收其放心。俾知貞者如是其法可傳，淫者如是其羞可耻。有不善心長而惡心消乎？有不處爲淑女，而出爲賢婦乎？雖然，表正則影正，表邪則影邪。有刑于之責者，心戀風流，罔恤廉耻。欲敗度，縱敗禮，妻妾子女，尤而效之，又何責焉？

訓子弟

孔子有言：少之時，血氣未定，戒之在色。又曰：吾未見好德如好色。子夏曰：賢賢易色。大聖大賢，諄諄苦口，莫不以色爲首戒。人自垂髫受書，習而忘之，不一身體力行，所謂如入寶山空手回者此也。後生小子，情竇既開，何以不至。狎優童，暱俊僕，宿樂户，戀私門。婚配未完，而元陽鑿喪；心腎不交，而癆瘵已成。父兄雖欲施教，悔之晚矣。嘗讀福壽全書，有曰：夫婦之倫，天地以爲生生之本，而今人以爲放蕩之具。非惟獲罪天地，并非攝生之計矣。若曰：正欲非淫，則家釀不可醉乎？且人終身疾病，恒從初婚時起。甚者殀亡，累婦孀苦。百年姻眷，終身匹偶，何苦從一月之内，種成一生禍根。前輩每遇初婚，必諄諄以此爲戒。所以楊誠齋調好色者曰：『閻王未曾唤子，乃自押到，何也？抑豈不聞達磨祖師皮囊歌乎？屎尿渠，膿血聚，算來有甚風流趣。』言雖近俚，足以醒世。吾願天下爲父兄者，己心或喪，切勿再誤其後昆；己心果正，更留好樣與兒孫。當使我子弟，上之則爲聖賢中人，次亦不失科甲中人，故人樂有賢父兄也。雖然有父兄所不能盡言者，在父師執友，則當推猶子之愛，而委曲規勸之。毋逞邪心，毋墮惡道。毋以父母之遺體，上干天怒；毋以父母之遺體，造惡絶嗣。與上智之子弟，則談道義；與中材之子弟，則談因果。寧非施教之一術乎？古人云：人生内無賢父兄，外無嚴師友，而能相與有成者，鮮矣。吾於斯尤信。

善感悟

昔人有言：隔簾聞墮釵聲，而心不動者，非痴則慧。世間之不痴不慧者居多，故犯色戒之有所不免。若遇人勸之得其道，能使昏迷者，愕然而醒；疚疾者，霍然而瘳。方見其感化之善矣。蓋智愚秉性不齊。本來天良皆具，舉動非禮，豈不自知？情事道破，寧不自反？一轉念間，邪可歸正，反掌之易也。陳軫謂秦王曰：『楚人有兩妻，人誂其長者，長者詈之，誂其少者，許之。』未幾楚人死，客謂誂者曰：『汝取長乎？抑取少乎？』答取長者。客曰：『長者逆汝，少者順汝。何反取長者爲？』曰：『在彼人之所，則欲其許我。今入我室，則又欲其詈人也！』又蒯通見曹參曰：『婦人夫死，有三日而嫁者，有守寡不出門者，足下求婦，欲何取？』參曰：『取不嫁者。』夫以叛夫從人，與夫死而嫁，皆爲人所不取，因不能貞潔，人皆賤之耳。則苟合計謀之婦，總是邪緣，即衾枕百分綢繆，能保其不復叛乎？貪淫者，思及其處，亦當意冷而心灰矣。昔有士人，性慕冶容，而難其遇。鄰有狂生，慣於桑濮之行，士心羡之，而往請焉。狂生曰：『良緣遇合，致之不難，當先去其五賊。五賊不除，美色不可得也。』士請其目，狂生曰：『即所謂仁義禮智信是也。』士駭然而退。思曰：『以五德而爲五賊，尚可以爲人乎？』遂不復萌邪念。曾有姑嫂連床，永夜不寐，各道其所私。姑曰：『嫂閱人多矣！胸中豈無優劣？』嫂曰：『予亦籌之素矣。某某則憐愛之篤也，某某則投贈之厚也，某某則更推心置腹也。究而思之，終不若汝兄之真且久也。』姑默然良久曰：『噫！向以爲天假良緣，多多益善耳。如嫂言，知憐愛者虛也，投贈者暫也，推心置腹者亦僞也。烏用多乎哉。予悟矣，將静守斯人矣。』人無論男婦，咸有省悟之時，今外戀邪淫，心喪五德，那知墻花路柳爲暫爲虛，以身殉欲，固其自取，但慧眼人，從旁勘破，亦何忍令其陷溺，而不思所以挽救之歟？閩人張寧，多妻妾而無子。自嘆平生無過，天何爲絶我之嗣？一姬云：『只誤我輩一班人，便是大過。』又有顯者，厚一少妓，强娶之而不從。或問於妓，妓曰：『有所未知也。彼年逾四十，吾方二八。縱彼花甲有零，吾正在壯時。是入彼之門，先辦守二十年寡矣，吾何利焉？』顯者聞之，愀然而止。皆可見多蓄艷冶，悉爲孽障，未便視爲樂境也。凡人當境致迷，每墮坑塹，若不自覺。如林孝廉濤，已至女榻前，忽自轉一念辭出，後膺賢書之報。此誠不易得者。再如唐時狄梁公，旅次遇孀婦來奔，憶及高僧之語，不但己之欲念頓滅，且化及彼婦。轉念下拜，安心守節，後遂爲賢相。則聽聞正人之言，隨時憬悟，又未嘗領會之無人耳。

以上數條，於問答之間，感動天良，觸發羞惡，或收其邪心，或改其淫行，或斷却孽緣，或屏除貪愛。無限濃情艷火，頓令雪化冰融，如是之速，豈非迷者之不難於唤醒耶！夫難割者，男女之俗情，得其情而破解之，片語可以回心。易染者，交感之褻事，就其事而撥轉之，常言更易入耳。惟願人人各堅此德言之心，同盡夫勸世之念。宿孽俱消，回頭是岸，則迎機化導之有功，與夫幡然悔悟之受益，均豈淺鮮也哉！是録也，因人遇脂粉邪緣，狎而玩之，即至陷溺。故自往古以迄近代，采集成編，徵驗非虚，朗然在目。上士讀之，視聽言動，勿涉非禮，以是而多方指示，即可爲修己正人之書；中士讀之，惕然於心，見賢思齊，見不賢而内省，以是而遞相勸勉，即可爲養心寡欲之書；下士讀之，愕然於心，知拒色之膺福報，而敬摹於不忘，知淫亂之罹禍殃，而追悔之恐後。以是而一轉移，實可爲受福遠禍之書。種德者於斯，成名者於斯，歷歷不爽，幸勿空置几案，獨爲君子不憚因人開導，遇事醒迷，能回欲海之狂瀾，舉世受益多多矣。因并綴之於書，以爲天下後世同志者之勸。

嵩按〔一〕：適迷途者，借指南以爲導。千里萬里，梯山航海，一針定南，在指顧中，不差累黍，神矣哉！循而行之，無窘步也。人之閑心也，何獨不然？有志向善，而無心失足，便致沉淪，回頭不早，愈墮愈深，終無解脱之日，亦可傷矣。端恪公曰：戒口業，或無心，或有意，均干神譴。絶身業，懼辱親也。處女關終身名節，孀婦係半世清操。尼姑空門弱質，敢行污穢，應斃降魔杵下；僕婢乳婦，甘心服役，頓起邪念，難逃烈火焰中。尋常女子邂逅觸目，無異水流雲逝，敢忘月白風清，若夫意業、心業，人所不知，而己獨知之。一息失檢，殃及兒孫，所當捫心猛省，以清其源。並取女誡、烈女傳諸書，廣爲刊刻，以爲閨閣典型，而後生小子隨時化導，以禁絶其邪欲。庶孽念不生，淫惡永杜，而漸入於聖賢之塗矣，善夫！

校記：〔一〕此按語底本缺，現據乾隆甲申冬日蘭谷山房藏板補。

閑邪録卷之十

節烈傳

申屠烈婦名希光，宋福建長樂縣宿儒申屠虔女也。爲人淑婉。幼喪母，禀父訓，通詩書，明大義，年十六適侯官縣諸生董昌。昌佳士。夫婦相得甚，惟後姑弗善也，時與昌忤，烈婦事之謹，無違言。有牙嫗姚氏與後姑善，往來昌家，見烈婦美好，譽烈婦於邑豪方春。春心動，求與昌交，厚遇昌。烈婦心疑之，諫昌勿與通。春與姚計，不殺昌，無由得婦。乃賄泉州海盜，誣昌爲謀主，又爲蜚語煽惑州縣，煅煉成獄，斬昌於市。時靖康二年十月有三日，實建炎元年也。春既殺昌，遂謀娶婦。使姚氏以甘言誘烈婦，言春喪偶，慕烈婦久，如肯相許，生平志願已足。初烈婦既遭鞫凶，僮僕逃竄，煢煢孤寡，典衣服，贖尸首，撫尸不哭，憑棺不哀，默欲捐生以報仇人，然竟不知奸人主名。至是，始悟謀陷昌者，春與姚也，遂佯許嫁之。謂曰：『能爲我夫造墳營葬乃可。』春大喜，如烈婦命，厚葬昌。烈婦肩輿往來昌墓，必紆道過方春門，熟察道里所由。春自詡得計，謂烈婦已在掌握中矣！時烈婦有從姊嫁古田劉氏，聞變來唁。烈婦因言報仇意。昌有子甫二歲，遂托孤與姊。至期，烈婦内服麻衣，佩短劍，拜辭後姑，慷慨謂姊曰：『我欲與姊復歸長樂，今則已矣。吾既再嫁，更無顔相見，從此永訣。』即抱兒置姊懷中，曰：『以是藐孤重累吾姊，異日成立，不絶董氏之後。我夫婦地下，定有以報姊。』又謂後姑曰：『媳去矣！願姑自愛。』姑大慟。姊亦知後會無期，悲不自勝。孤兒望母，從姊懷抱中，僂身向母，以手牽衣，啼哭不止。見者皆垂泪涕泣。烈婦毅然登輿，至春家，入寢室，錦帳綉幃，金匜玉斝，羅列滿案，倩婢夾立，管弦雜沓。酒既行，春出款客。姚氏侍，烈婦命婢執燭四望。傍有耳室，春子所卧。烈婦飲姚氏醉，婢扶至耳室中，與春子同宿。夜闌人散，侍婢皆卧。春入，烈婦屠殺之，并殺侍婢二人，及其子與姚氏。梟方春首，囊之。去血衣，服麻衣，提燈出後門，徑趨昌墓，擲春首於墓前，始呼天痛哭，自縊於墓木而死。方烈婦之提方春首而出也，家人熟睡不之覺。及明而重門洞開入内，方春磔於床，剖腹梟首，洞胸流腸，二婢斬於床前，子殺於門中。姚氏寸臠於寢，血流滿室。方踪迹烈婦，而烈婦已自經矣。死後，昌之冤大白。候官縣備衣棺，合葬烈婦於昌墓。死時二十。子嗣興，成進士。

如皋二烈者，盧氏與其女也。烈婦夫李祐，如皋誾師。歲祲避役至常熟，居金涇。海豪張島，怙李兵憲寵爲耆民，橫海上。覘二烈皆殊色，遂誣其夫爲盜，統衆捕之，至白茆，即其黨所居掠治，冤號聲徹天。錮烈婦女於外寢，令其黨諷曰：『而夫生死懸吾黨手，而順吾黨，夫即生，否則旦暮死獄耳，而母女安逃？』烈婦泣謂女曰：『爾父以我姿賈禍，我孱婦安能抗群凶？莫若早自裁。』女然之。盧於是如厠，過庖，竊庖刀，還錮所。入夜，守者睡，女先自刃，喉聲若鋸，驚守者，盧紿曰：『鼾睡聲耳。』頃亦自刃，體戰震地。守者躍起，燭之，兩尸枕血中。潛報島。亟舁二骼，雜松香黄椒焚叢篁中，而沉祏於江。烈婦父老儒，渡江訪女無從踪迹，痛哭而去。後數年，巡按陳君蕙，詗得其事，島與共黨始伏辜。聞於朝，詔建二烈祠。越數年，邑有張烈婦自焚死，有司上其事，祔祀祠中。

張烈婦者，常熟興福里人張汝東女也。年二十三，歸朱一鴻。一鴻家故貧。閉户紡績，相對怡然。久之益困。一鴻有姊嫁諸生宗家相。家相哀其窮，爲授一廛，居塘頭鎮。一鴻授徒他所，婦獨居，時從鄰嫗貸機織。有惡少宗周者，間自織所窺其色，心艷之。數以目挑，出憐惜語，烈婦聞大慚，亟移織他所。周復窺之。烈婦乃杜門不出，周意不解，時爲游閑，偵烈婦出，烈婦竟不出。周益不自得。朱所居窮巷，四壁徒編萑。周夜撼其門樞，烈婦疾呼，鄰人亦驚呼，周迸去。明日周裹金啖其鄰，約勿動。是夜四鼓，周挾刃入室，徑持擁之。烈婦號泣，頭搶地，髮披面，觸瓶罍盡碎，呼聲震天，周錯愕不能犯。鄰窺者復從旁囁嚅，周竟弃去。婦恚恨，誓自殺以滅耻。積薪卧其上，復徹薪覆其身，舉火自焚，毛髮焦灼，肩背糜爛，肉脱骨露，烟勃鬱四出，鄰人大驚，搶攘入室。鄰婦遽以手撲火，得烈婦，即舉以出，火猶著肌上。一鴻歸，强輔以醫藥。牢拒，卒不飲，宛轉十六日以死。死之明日，大學士嚴文靖首往拜致賻，冢宰趙文毅爲之立傳，詔祔祀二烈祠中。周下獄伏法。

陳烈婦，蘇州穹窿山塘村里人也。生長農家，有倩姿，年十八，歸圬者袁七，安之。不逮事舅姑。祭盡敬。夫傭工數出，携匜歲子獨居，單扉一廛，不倚户，每樵汲山隈水畔間，言笑不苟。里中惡少周二，伺袁七出，輒調之，正色詈者屢矣。一日薄暮，假乞火叩門，將犯焉，婦大聲詬呼，周逃去。因促夫回，告以故。曰：『謀徙乃可。否則，吾必死矣。』夫以貧難之，曰：『若挾刃，彼敢哉？』婦果懷刃夜卧。乙巳正月十一日，周瞰其夫傭工木瀆，夜方闌啓扉入。婦驚起，倉卒披衣，半臂未掩而周已至，即揮刃砍之，傷周左手，周奪刃，婦堅持不得奪，刃又中其脅。周奮勇持定其臂，久之，力疲刃墮，爲周所得，砍婦胸脅數處，復斷其首而出，亟逃遁至安山橋，忽見紅霧四合，迷失道，爲里中人追及。鳴官，斃於獄。紳士共致具賻助葬，勒碑拜祭焉。

海烈婦名鳳姑，徐州人，嫁同里陳有量。有量嗜酒無行，不能治生。婦有侄在松江爲小校，有量欲依以居。載其婦渡江，適與其侄遇於常州。侄奉檄催餉江北，探懷中十金授有量曰：『姑僦居以待我。』婦日勤針紉，囑一老人鬻之以自給。一夕，偶出汲水，酒肆楊二竊窺之，布衣椎髻，美艷無儔，狂惑不能自制。偵知爲貧家婦，計可以利餌也。賄老人以銀三錢，緞二尺致婦，云爲我紉佩囊成雙者，我當自來取。婦心疑之，怒曰：『我物可鬻，豈爲妄男子製耶？』揮老人去。楊二乃與有量結爲兄弟，有量即挈之見嫂氏，婦不得已出拜。旋入私室，語有量曰：『楊二目動而言甘，非良人也，君宜自遠。』有量不解。楊二意不自得，復囑里中奸胥以逃人首官，而己出財力以解其事。乘間慰問烈婦，婦但閉門致謝而已，終莫能睹其面。恚甚，必欲污辱之。會鳳陽衛運丁林顯瑞，飲楊二肆中。醉問青樓孰美？楊二笑曰：『總不若陳婦之美。』遂爲運丁畫計。以三金誘有量曰：『若爲我繕書，我載若夫婦還故里。』有量大喜受金。婦曰：『彼欲君往，偕我何爲？』不肯去。林乃用計，假衛弁命，勒之入舟。婦入即閉牖獨居，顯瑞引誘百端，屹不動。又以計遣有量往吴門。乘夜撬穴，入艙犯之。烈婦方擁爐向火，即舉以擲林。大呼：『殺人！殺人！』旁舟悉驚起，顯瑞大駭奔竄。烈婦乃號哭，歷數楊二、顯瑞之惡，聲聞鄰舟，遂自經死。既死，視其衣，自踵至身，縫紉百結，無纖毫隙。已預防强暴劫辱，而爲必死計矣。顯瑞惶懼，埋其尸於米中。募舟子藍九庭，予之十金，往殺有量。九庭發其事，司理執顯瑞鞫治，繫獄決斬。楊二斃於州人萬錐之下，身如蜂房而死。越七十餘日，常人啓婦棺，面如生，肖其像祀之。有量悔恨，薙髮爲僧。

烈女馬姓，江夏人。生而穎俊，語笑不苟，許字儒家子。年十八而父殁未醮。母某氏，即其家招李二爲夫。李素不軌，烈女泪痕盈頰，飲恨難言。一日，李窺烈女沐浴，排門竊入。烈女疾起被衣，痛哭大呼，聲徹户外，母奔救之得解。鄉鄰唾駡，李二驚懼，遂逸去。烈女泣謂母曰：『兒自此無活理。』母屢勸慰，堅志不回。忽中夜防閑少懈，即啓門投江死。蓋其居在江之滸也。越次日，尸自浮起，面貌如生，衣履皆縫固。蓋自李二來贅，烈女早拚一死久矣。城内外聞者莫不嘆異，文人争爲詩唱和，表揚節烈，鳴諸當道。督學使者繆公題之曰：『香閨正氣。』邑侯潘公，題其投江處，曰『烈女渡』。至今雙碑巍然，且以其廬爲廟祀之，將俎豆千秋云。

嵩按〔一〕：忠孝節義兩間之正氣也。男子秉乾之剛，誦詩讀書，廣見洽聞，毅然行之，固所宜也。若夫深閨女士，苟非名門世族，豈盡緇經閲史，况乎足迹不出户庭，見聞幾何，乃大節所關，委身致命，義不媮生，清潔之氣直塞乎天地矣。公父文伯之母曰：『凡人逸則淫，淫則忘善，勞則思，思則善心生。』斯言也，不僅爲女子言也，而出自巾幗之口，令人讀之深嘆其言之至極而不可易。故孔子曰：『季氏之婦不淫也。』歷觀往古，節烈芳踪史不絶書。今代以來，德教濡染，矮檐隈巷之間，百折不回，之死靡他。聞之者酸鼻，見之者隕泪，所在多有。兹傳所載不過千百中之什一爾。然而其心則光昭乎日月，其事則撑持乎宇宙，彼人面獸行者，能不對之而愧死無地耶！

校記：〔一〕此按語底本缺，現據乾隆甲申冬日蘭谷山房藏板補。

重梓閑邪録後序

昌黎有云：『一時勸人以口，百世勸人以書。』誠哉是言也。蓋口中之言爲時甚暫，聞者亦寡，何若筆之於書，使見者衆，更傳之久且遠矣。今世勸善之書極多，而正人心，端風化，莫如閑邪録一編。從來王化始於閨門，此爲人倫根本；聖功重在誠意，此爲善惡關頭。須知遏人欲於將萌，物不可以苟合，而善與不善即於此際分別，豈可視爲幽暗之事而輕犯之耶！予備閲編中，引古則簡要而切，証今則詳核而明。分段開導，俱皆朗若日星；因事醒迷，靡不震發聾聵。雖有神靈王法，水火刀兵，所報遲速之殊，又有本身妻女子孫再世所償，遠近之別，然循環報施，疏而不漏。按天理爲禍爲福，纖毫不爽；揆人情有作有受，亦所當然，寧非冰鑒之在前耶？見書君子若隨時内省，隨處宣釋，爲士子有修身行己之助，登仕途有端本澄源之功，何患人心風俗之不移易哉！是編爲桐城姚端恪公手輯，閩海鄭都憲公鑒定，授蔣君雨笠刊傳。余推廣其意，特爲重梓，所望於勸者益衆，聽者益堅，重在力行，非邀虛名也。爰志其略云。

乾隆貳年歲次丁巳仲秋上澣，新安金時潤霖蒼氏書。

閑邪録跋〔一〕

萬惡淫爲首，斯言不其肰乎？蓋人間私語，天聞若雷；暗室虧心，神目如電。此閑邪一録，爲我輩痛加針砭，所宣日常三省，有則改之，無則加勉者也。而於鄭侯官副憲公寓得讀是編，而心快久之。今年春，不揣固陋，較訂之下間有增損，再閲月而剞劂告竣，則同學諸君子之能相與有成也。倘更推而廣之，人盡閑邪以存誠，家必積善而餘慶。僕尤於大人先生有厚望焉。

歲辛亥立夏日惺川蔣正校跋。

校記：〔一〕此標題係編者所加。

附録四　傳記祭文資料

姚端恪公傳

馬其昶

姚公諱文然，字弱侯，號龍懷。崇禎十六年進士，改庶吉士。流賊陷都城，間道歸，隱居養親。本朝順治三年，以安慶巡撫李猶龍薦，除國史院庶吉士。改禮科給事中，數言政事便宜。其才施無所不通，而於錢穀刑律尤精，務爲國家崇寬仁，惜大體，鞏固基本。初入諫垣，即疏請嚴敕撫按遵恩詔清刑獄，勿任有司稽延，或條赦外有可矜疑原宥者，許專疏上陳。畿南盜熾，公言：『直隸與河北、山東接壤，盜軼境外，難越捕。請改保定巡撫爲總督，兼轄直隸、山東及河南懷慶、衛輝、彰德三府。』又請定例，會試下第舉人得揀選。皆議行。轉工科給事中。八年，章皇帝親政，求直言，大臣以巡按澄清無效，議停止。公言：『巡按不得人，不聞都察院大臣指劾，反使朝廷察吏安民之大典坐是罷廢。徇私溺職，莫此爲甚，願賜召對，面議同異。』疏入，憲臣及御史甄别有差，臺班一肅。是年西北大熟，江浙水灾鉅。公請改折漕米，以灾輕重定改折多寡，明布折漕規則，防官吏爲奸，改折外，重徵火耗，或先已徵米又收折價，及重折輕解諸弊。上嘉納之。十年，遷兵科都給事中。公既以忠誠自竭，所請多施行。而性故濟退，未幾乞養歸。康熙五年，起補户科。六年，疏請嚴禁川楚諸省官吏，不得藉采木搜取民間屋材墓樹。又言：『一部可結之事，宜一部徑結；一疏可結之事，即宜一疏通結。如各省錢糧考成已報完者，部臣議覆時，可即與開復，以省奏牘。』報可。九年，命以四品服俸仍任給事中。凡臺班内陞，例皆回籍候補，内陞留任自是始。公歷言官，惟户科最久，擢官皆在法司。十年，廷鞫總督周有德、編修陳志紀，而兩江總督麻勒吉亦逮繫至都。先是公疏請免大臣鎖禁城門，存國體，從之。及是復言：『麻勒吉情罪未决，不宜遽辱。』上韙其言，命自後赴鞫者概免縶紲，著爲令。擢副都御史，遷刑部侍郎。十二年，調兵部督捕侍郎，充會試副考官。尋以京口將軍柯永蓁爲副都統張所養奏劾，奉命往鞫，得實，永蓁罷任。是年遷左都御史。十三年，長沙新降復叛。公言：『長沙距辰沅近，當擒獻賊使之際，必請兵救援。彼見荆州、武昌頓兵不渡，謬謂國家弃此土於度外。一旦賊使再至，望絶而降，固非得已。宜深原其情，以開反正之路。』又言：『耿精忠、孫延齡與吴三桂相唇齒，中間獨隔阻廣東。耿逆將士舊駐其地，熟悉形勢，恐乘不意夾攻，則廣東勢危。而江西毗連閩粤，若賊侵據贛州、南安，則餉絶郵梗，宜駐重兵通聲援。』上從其議。是時秦中已定，獨平涼未下。公言：『從此進討湖南，兵勢有餘，請停調蒙古關東兵，而益堅招撫，明大信以徠平涼。』前後所建白甚衆，不少依違。又其言從容諷諭，故聽者易入，而尤推本君身，惓惓以節慎起居爲言。孝仁皇后梓宫奉安鞏華城，盛暑車駕屢幸。密疏切諫，且引唐太宗作層觀臺望昭陵，納魏徵諫，泣而毁觀事，語甚切至，上亦受之不咈也。十五年，擢刑部尚書。當是時，國家規制初立，天子大聖寬仁。公矜恤民命，惟恐一物不得其所，於是乃稱曰：『刃殺人一時，例殺人萬世，其可忽哉？』因益推明律意，虚心鈎稽，不骫法，不市恩，如錘之稱物，不有杪忽之爽。且寧於其出也微昂，入也微沉，所以廣上恩德於無窮也。每退食，輒携招册盈尺以歸，校擬恒至夜分。嘗刺一人非法，争之不得，退而長跽自責。在位二年薨，年五十九。賜祭葬，謚端恪，祀鄉賢。公爲人精密有大量，養親家居近十年，不以一事干有司。至繫地方利害，則移書反覆，必得請乃已。晚歲洞明生死，泊然無所戀繫。獨其惻隱牢結，病中猶口授疏請更定二例，恐其或有冤濫也。著疏稿八卷，文集十卷，詩集十二卷，白雲語録六卷，雜著十二卷。雍正八年，入祀賢良祠，特敕加祭一壇，建專祠本邑，歲時有司致祀。

馬其昶曰：世言『慈不刑，懦不兵』，豈以二者之用非猛鷙莫勝耶？然三世爲將，道家所忌。及司刑名法比者，或往往子孫即廢，又豈二者之不可爲邪？公之宅心，何其哀矜惻怛之甚也！後嗣彌盛，名賢相踵。我朝刑律，定自公手，凡前代殘苛，遂以剗除，澤流無極，可謂大仁。余讀公病中日記一册，儒生訟過自刻，莫能及也。

——選自錢仲聯主編廣清碑傳集卷四

姚文然列傳

姚文然，江南桐城人。明崇禎十六年進士，改庶吉士。

本朝順治三年，以安慶巡撫李猶龍薦，授國史院庶吉士。五年三月，改禮科給事中。七月，充山東鄉試正考官。六年，疏請：『嚴敕撫按遵恩詔清理刑獄，勿任有司稽玩。或條赦之外，有可矜疑原宥者，許專疏上陳。』又請：『重定選用會試下第舉人之例，以廣任使。』又言：『直隸與山東、河北接壤，兩省各有疆限，每遇盜賊竊發，東西竄匿，難於越境追捕。請改真保巡撫爲總督，統轄直隸、山東及河南懷慶、衛輝、彰德三府，庶盜可弭息。』又請嚴敕各省督撫，忽濫委私人署州、縣官。疏皆下部議行。尋轉工科給事中。

八年二月，請令都察院大臣甄别各省巡按，疏下部院會議。分六等考核，升調有差。是年秋，江南、浙江被水，文然言：『灾地漕米，宜令改折，以灾之重輕，定改折多寡。』又言：『折漕規則新立，小民不能周知，官吏因緣爲奸，或改折外，重徵耗銀；或先已徵米，又收折價；或私折重價，而以輕價運解，弊端不一。請敕漕臣密察嚴劾。』上并采納之。十年，疏言：『大臣負罪，宜免鎖禁城門，以存國體。』得旨：『嗣後滿、漢諸臣，有事發部候問，不必鎖拿送問，俟審有實據，依律擬罪。』是年，遷兵科都給事中。尋以終養乞歸。後於康熙五年補户科給事中。

六年，疏言：『四川、湖廣諸省官吏，借采木爲名，或搜取民間屋材墓樹，宜申飭禁止。』又言：『采買官物，其由官發價者，駁減之銀，應如舊扣貯司庫；若價出自民，餘銀宜仍還之民間。』又言：『一部可徑結之事，即應一部徑結；一疏可通結之事，即應一疏通結。若各省錢糧考成已報完者，部臣宜於議覆時即予開復，以省奏牘。』均如所請。九年八月，得旨内陞，以正四品頂帶食俸，仍任給事中。

十年四月，兩江總督麻勒吉以京口將軍李顯貴、鎮江知府劉元輔侵帑事覺，逮繫至京。文然疏：『麻勒吉情罪輕重，尚待質問，宜釋鎖繫。』上是其言，令自後官員赴質，概免鎖繫。五月，擢文然副都御史。十一月，遷刑部侍郎。十二年二月，調兵部督捕侍郎。充會試副考官。尋以京口將軍柯永蓁爲副都統，張所養奏劾徇私縱恣等事，奉命往鞫，得實，永蓁罷任。十一月，文然遷左都御史。

十三年四月，疏言：『耿精忠與孫延齡俱受吴三桂指麾，背恩反叛，中間阻隔者，賴有廣東。耿逆將士舊駐其地，熟悉山川地利，倘與孫逆合謀，互相犄角，則廣東勢危。江西毗連閩、粤，若逆賊侵踞贛州、南安，餉道中斷，遞京郵函有梗，亦屬可慮。宜進駐重兵，以通聲援。』上嘉納之。十二月，陝西提督王輔臣叛，時河南巡撫佟鳳彩乞休，已得旨解任。文然疏言：『河南密邇陝西，恐流言易滋煽惑。鳳彩任巡撫數載，民所悦服。宜令力疾視事。』上命鳳彩仍留任。

十五年，擢文然刑部尚書。十七年六月，卒。賜祭葬如例，謚端恪。雍正八年，入祀賢良祠。

——選自滿漢名臣傳漢名臣傳卷二

姚文然列傳

姚文然，江南桐城人。明崇禎十六年進士，改庶吉士。本朝順治三年，以安慶巡撫李猶龍薦，授國史院庶吉士。五年三月，改禮科給事中。七月，充山東鄉試正考官。六年，疏請嚴敕撫按遵恩詔清理刑獄，勿任有司稽玩。或條赦之外，有可矜疑原宥者，許專疏上陳。又請重定選用會試下第舉人之例，以廣任使。又言：『直隸與山東、河北接壤，兩省各有疆限。

每遇盜賊竊發，東西竄匿，難於越境追捕。請改真保巡撫爲總督，統轄直隸、山東及河南懷慶、衛輝、彰德三府，庶盜可弭息。』又請嚴敕各省督撫勿濫委私人署州、縣官。疏皆下部議行。尋轉工科給事中。八年二月，請令都察院大臣甄别各省巡按，疏下部院會議，分六等考核升調有差。是年秋，江南、浙江被水，文然言灾地漕米，宜令改折，以灾之重輕，定改折多寡。又言：『折漕規則新立，小民不能周知。官吏因緣爲奸，或改折外重徵耗銀，或先已徵米又收折價，或私折重價而以輕價運解，弊端不一。請敕漕臣密察嚴劾。』上并采納之。十年，疏言：『大臣負罪，宜免鎖禁城門，以存國體。』得旨：『嗣後滿、漢諸臣有事發部候問，不必鎖拿送問。俟審有實據，依律擬罪。』是年，遷兵科都給事中。尋以終養乞歸。

後於康熙五年補户科給事中。六年，疏言：『四川、湖廣諸省官吏，借采木爲名，或搜取民間屋材墓樹，宜申飭禁止。』又言：『采買官物，其由官發價者，駁減之銀，應如舊扣貯司庫；若價出自民，餘銀宜仍還之民間。』又言：『一部可徑結之事，即應一部徑結；一疏可通結之事，即應一疏通結。若各省錢糧考成已報完者，部臣宜於議覆時，即予開復，以省奏牘。』均如所請。九年八月，得旨内陞以正四品頂帶食俸，仍任給事中。十年四月，兩江總督麻勒吉以京口將軍李顯貴、鎮江知府劉元輔侵帑事覺，逮繫至京。文然疏：『麻勒吉情罪輕重，尚待質問，宜釋鎖繫。』上是其言，令自後官員赴質，概免鎖繫。五月，擢文然副都御史。

十一月，遷刑部侍郎。十二年二月，調兵部督捕侍郎。充會試副考官。尋以京口將軍柯永蓁爲副都統，張所養奏劾徇私縱恣等事，奉命往鞫，得實，永蓁罷任。

十一月，文然遷左都御史。十三年四月，疏言：『耿精忠與孫延齡俱受吴三桂指麾，背恩反叛，中間阻隔者，賴有廣東。耿逆將士舊駐其地，熟悉山川地利，倘與孫逆合謀，互相犄角，則廣東勢危。江西毗連閩、粤，若逆賊侵踞贛州、南安，餉道中斷，遞京郵函有梗，亦屬可慮。宜進駐重兵，以通聲援。』上嘉納之。十二月，陝西提督王輔臣叛，時河南巡撫佟鳳彩乞休，已得旨解任。文然疏言：『河南密邇陝西，恐流言易滋煽惑。鳳彩任巡撫數載，民所悦服，宜令力疾視事。』上命鳳彩仍留任。

十五年，擢文然刑部尚書。十七年六月，卒，賜祭葬如例，謚端恪。雍正八年，入祀賢良祠。

——選自王鍾翰點校清史列傳卷七

姚文然傳〔一〕

姚文然，字若侯，號龍懷。壬午、癸未聯捷，由庶常改諫省，特擢左副都御史，歷侍郎、總憲，終刑部尚書。其在科，鋭意建白，如議差恤刑，儲選清書言官，創設直隸晋豫總督，彈秦撫委用私人，糾憲臣二十餘人之溺職，改折水灾漕米，請停滿漢諸臣鎖拿發門之例，載由單之流抵，禁采木之病民，免蠲荒之細册，止蘆政之差官，速守令之開復，省奏銷之駁查，皆奉俞旨施行。在院，則有盜案復半開俸。東巡宜恤旗丁，蘇驛困，慎馳騁，備淮揚灾荒，寬四川清丈，核律例之異同，籌秦粤之兵事等疏，尤愷切詳明，當宁爲之動聽。戊子，主山東試，得士九十人，成進士者六十。充癸丑會試總裁，所取一時名彦，韓宗伯菼其榜首也。奉命察審江南三案，力以本省引嫌辭，不允，則單車冒暑至曹家港，察虞仲魁等出海之誣；泛洋至山前沙，辨程開之、周明宇等情罪之虚實；至京口，平將軍副都統之互訐，咸稱上意，如擬行。在刑部，理冤清滯，務劑寬平，校閲爰書，恒至夜午。時已年衰有疾，諸子亟諫之，不聽。嘗曰：『刃殺人於一時，例殺人於萬世。』於是，潛心詳繹，將有所更定上請，隨所見筆之，今白雲語録是也。纂輯未成，卒於位。諭賜祭葬，謚端恪。卒後數十年，上猶數對廷臣嘆爲諫官之最。居鄉，至性純篤，惠浹族婣輩；里區設粥廠，視民害如恫瘝，而才與力能爲拯救。邑人立遺愛碑於城東。祀鄉賢祠。著有奏疏八卷，詩文二十二卷，白雲語録六卷行世。

注：〔一〕此標題係編者所加。

——選自中華書局二〇〇九年版清康熙六十年張楷纂修安慶府志卷之十六人物志

姚文然傳〔一〕

姚文然，字弱侯，江南桐城人。明崇禎十六年進士，改庶吉士。順治三年，以安慶巡撫李猶龍薦，授國史院庶吉士。五年，改禮科給事中。六年，疏請『赦撫、按、道恩詔清理刑獄，勿任有司稽玩。條赦之外，有可矜疑原宥者，許專疏上陳』。又請重定會試下第舉人選用例，以廣任使。又言：『直隸與山東、河南接壤，盜賊竊發，東西竄匿，難於越境追捕。請改保定巡撫爲總督，轄直隸、山東及河南懷慶、衛輝、彰德三府。』又請敕各省督撫勿濫委私人署州縣官。諸疏皆下部議行。尋轉工科。

八年，世祖親政，疏請令都察院甄别各省巡按，下部院會議，以六等考核，黜陟有差。是歲，江南、浙江被水，文然請灾地漕米改折，視灾重輕定折多寡。既，又言：『折漕例新定，民未周知。官吏或折外重徵耗銀，或先已徵米而又收折，或折重運輕，其弊不一。請敕漕臣密察嚴劾。』上并采納。十年，疏言大臣得罪不當鎖禁，得旨允行。遷兵科都給事中，乞歸養。

康熙五年，起補户科給事中。六年，疏言：『四川、湖廣諸省官吏，借殿工采木，搜取民間屋材、墓樹，宜申飭禁止。』又言：『采買官物，其由官發價者，如有駁減餘銀，例貯司庫。

若價出自民，餘銀宜還之民間。』又言：『案牘煩冗滋弊，一部可徑結之事，即應一部徑結；一疏可通結之事，即應一疏通結。若各省錢糧考成已報完者，部臣宜於議覆時即予開復。』均如所請。九年，考滿內陞，命以正四品頂帶食俸任事。故事，給事中內陞，還籍候補。留任自文然始。文然與魏象樞皆以給事中敢言負清望，號『姚魏』。十年，兩江總督麻勒吉坐事逮詣京師，仍用鎖繫例。文然復上疏論之，上諭：『自後命官赴質，概免鎖繫，著爲令。』

尋遷副都御史，再遷刑部侍郎。十二年，調兵部督捕侍郎。京口副都統張所養劾將軍柯永蓁徇私縱恣，令文然往按，永蓁坐罷。遷左都御史。十三年，疏言：『福建耿精忠、廣西孫延齡皆叛應吴三桂，中間阻隔，賴有廣東。精忠將士舊駐其地，熟習山川形勢，倘與延齡合謀相犄角，則廣東勢危。江西境與福建、廣東接，倘侵據贛州南安，驛道中斷，餉阻郵梗。宜駐重兵通聲援。』上嘉納之。陝西提督王輔臣叛，河南巡撫佟鳳彩引疾，上已許之；文然言河南近陝西，流言方甚，鳳彩得民心，宜令力疾視事，上爲留鳳彩。

文然屢有論列，尤推本君身，請節慎起居。孝誠皇后崩，權攢鞏華城，上數臨視，文然密疏諫，且引唐太宗作臺望昭陵用魏徵諫毀臺事相擬，上亦受之，不怫也。十五年，授刑部尚書。時方更定條例，文然曰：『刃殺人一時，例殺人萬世，可無慎乎？』乃推明律意，鈎稽擘討，必劑於寬平，決獄有所平反，歸輒色喜。嘗疑獄有枉，争之不得，退，長跪自責。又以明季用刑慘酷，奏除廷杖及鎮撫司諸非刑。十七年，卒，賜祭葬，謚端恪。文然清介，里居幾不能自給，在官屏絕饋遺，晚益深研性命之學。子士基，官湖廣羅田知縣；士塈，官陝西朝邑知縣，皆有治行。

——選自趙爾巽等撰清史稿卷二百六十三列傳五十

注：〔一〕此標題係編者所加。

姚文然傳〔一〕

姚文然，字若侯，號龍懷，孫棐第三子。生而穎異，寡言笑，九歲著德風論，有煦嫗天下之志。明崇禎壬午舉人，癸未進士，選庶常，南歸。本朝順治三年，以安撫李猶龍薦，授國史院庶吉士，改禮科給事中。四年戊子，主山東鄉試。六年，疏請嚴飭撫按清理刑獄，勿任有司稽遲，或條赦之外，可矜宥者，許專疏上陳。又請選用會試下第舉人，以廣任使。又言直隸與山東、河北接壤，兩省各有疆限，盜賊竊發，難於越境追捕。請改保定巡撫爲總督，統轄山東及河南懷慶、彰德、衛輝三府，庶盜可弭息。轉工科給事中。十年，兵部滿漢大臣，有罪鎖禁城門，文然上言：『唐太宗時，録囚至刺史鄭善果，太宗曰：「善果官至五品，雖有罪，豈得與囚伍？」伏念諸臣皆列大僚，素叨豢養，今寒天凍夜，冷鎖三重，積成疾患，恐不死於國憲，而死於天灾，非所以廣皇仁也。通衢大路，萬目觀瞻，功臣貴臣，免冠帶鎖，愧辱難堪，非所以存國體也。』上是其言，遂除此令。及後康熙十年，因廷鞫總督周有德、編修陳志紀，及逮繫總督麻勒吉，復疏申論。上大悦，命以後官員犯罪，鎖拿鎖禁，永行停止。轉兵科給事中，尋乞終養歸。康熙五年，起補吏科給事中。九年八月，特旨内陞正四品。尋擢副都御史，遷刑部侍郎。十二年癸丑，充會試總裁，轉兵部督捕侍郎。京口將軍柯永蓁爲副都統，張所養奏劾徇私縱恣，奉命往鞫得實，永蓁罷任。旋遷左都御史，擢刑部尚書。清滯囚，理冤獄，推廣上恩，全活甚衆。以爲刃殺人於一時，有限；例殺人於萬世，無窮。推明律意，去其甚者，部中平之皆稱『姚律』。十七年六月卒，年五十九，賜祭葬如例，謚『端恪』。雍正八年，入祀賢良祠。又敕加祭一壇，特建專祠於本邑，歲時致祀。所著疏稿八卷、文集十卷、詩集十二卷、白雲語録六卷、雜著十二卷，并行於世。

注：〔一〕此標題係編者所加。

——選自道光桐城續修縣志卷第十二人物志

祭大司寇姚端恪公文

嗚呼！公之殁也，家摧梁木，邦隕羽儀。盈朝抱典型之慟，當宁深憖遺之悲。下至兒童走卒，莫不罷春巷哭，如喪司馬文正之時。矧予之奉教於公也，楷模覆翼二十餘年矣，能不撫膺而涕洟。嗚呼！人之生也有萬，其死也有萬，此公之了徹生死而近乎達者之詞。予之所傷者，善人爲國之紀，一朝凋謝，而誰爲老成耆碩之撑揞！

公生世胄之家，負淳明惇厚之質。少以文章顯，晚以功業著。身名俱泰，炳炳乎若景星之輝映而卿雲之四垂。在諫垣最久，其持論也周詳審重，務不激而不隨，遇事關軍國係民命，則昌言不諱，尤痛切而淋漓。然公生平之結主知也，惟以積誠相感格，故雖言人所難言，而常有霽顏轉環之益，不覺有批鱗折檻之奇。其長西臺也，以正氣作冰霜而樹四知之標準；其典督捕也，以仁心爲膏露而滌三輔之瘡痍。嘗念律例者，人所由適於生死之路，故肆力精研，能辨毫芒而析銖錙。始佐秋官，洎晋司寇，于張之頌，徹中外而無訾。人生嗜好百端，公一無所涉。當退朝而却掃，惟匡床而布帷。獨是平生爲善之心，如飢之於食、渴之於飲，窮昏旦而孳孳。憂人之憂，急人之急，數十載如一日。故年未强仕，而已雪鬢而霜髭。

每當國家大政事、大黜陟、大刑獄，發議盈廷，公從容一言决之，而群公咸服。蓋由其感人之有素而共諒其無私。豐儀魁岸，容止温克，常如淵停岳峙。蓋雍雍乎備四時之氣，而汪汪乎若千頃之陂。孝友恭儉，老而彌篤，修於身而化於家。象賢紹德，猶見太丘家學之遺。老氏以慈爲寶，孔子言仁者壽。宜公之優游几杖，馴至於期頤。何香山洛社曾無一日之適，而勁松百尺之先萎。嗚呼痛哉！台星忽隕，奚以慰蒼生之瞻望，副廟廊之倚毗。

天子聞公疾篤，屢動色而其咨。英方侍從於講幄，獲傳恩命於龍墀。牀頭執手，凄然泪下，謂臣今已矣，猶伏枕而漣洏。嗚呼哀哉！洵斯民之不幸，亦天道之無知。不止累世蒹葭之托，廿年骨肉之愛。此心慘戚而不可支，所最慟者，我公之既往也，茫茫身世，更將誰則而誰師！

——選自江小角、楊懷志點校張英全書篤素堂文集卷十

先十二世端恪公

大清刑律定於先十二世祖端恪公（諱文然），視前代爲寬。公嘗有疏，請除明季酷刑，如炮烙、腰斬、宫刑、廷杖之類凡七。今子孫簪纓未絶，皆盛德所貽也。

我朝定鼎後，各部堂官，滿漢并用，意常齟齬。端恪公在刑部，每遇要案，滿尚書欲從重比，公輒默然。俟來問，徐曰：『人命至重，未宜草率，宜再細思。』用是漢人服之，平反甚衆。陸清獻公謂可以爲處異己者之法。

端恪公爲大司寇日，撰二語云『常覺胸中生意滿，須知世上苦人多』，書壁自警。其後官刑部者，因懸於楹，至光緒中猶存。

端恪公在京師，寄邑中貧窶者，分『恒、敦、時、慈』四目。凡族姻月有常給曰『恒』，間一舉行者曰『敦』，其關於婚嫁喪葬不時之需曰『時』，非族姻而恤其無告者曰『慈』。歲散數百金以爲常。

端恪公嘗訪蔚州魏敏果公，先有在座者，欲引避，魏止之曰：『試聽姚公言。』既入，魏詢病狀曰：『君憂國甚，若王師告捷，必愈矣。』公曰：『昨欲共作函與圖公（海），已發未？』魏答曰：『已如尊旨告之矣。』蓋吴三桂方爲逆，公恐師行擾民也。其人退而嘆曰：『君子固無私言。』

端恪公常喜誦論語『不知命，無以爲君子』一語。又曰：『憂人之憂，樂我之樂。』又曰：『卻千金而樂名根，得一金而喜利種。』又曰：『我心有不快，而以戾氣加人可乎？我事有未暇，而以緩人之急可乎？』又曰：『士大夫一硯一琴，當得佳者，硯可適用，琴能發音，其他皆屬無益。』

——選自姚永樸《舊聞隨筆》卷四

姚端恪公事略

弟文熊

姚公諱文然，字弱侯，安徽桐城人。明崇禎十六年進士。本朝順治三年，以安慶巡撫李猶龍薦，授國史院庶吉士。五年三月，改禮科給事中。七月，典山東鄉試。六年，疏請嚴敕撫按遵恩詔清理刑獄，勿任有司稽玩，或條赦外有可矜疑原宥者，許專疏上陳。又請重定選用下第舉人之例，以廣任使。又言：『直隸與山東、河北接壤，每遇盜賊竊發，東西竄匿，難於越境追捕，請改保定巡撫爲總督，統轄直隸、山東及河南懷慶、衛輝、彰德三府，庶盜患可弭。』又請嚴敕各省督撫，勿濫委私人署州、縣官。疏皆下部議行。尋轉工科。八年，請令都察院甄別各省巡撫。疏下所司議，分六等考核，升調有差。是年秋，江浙水災，公言：『災地漕米宜改折，以災之重輕定改折多寡。』又言：『折漕規則新立，民不能周知。官吏因緣爲奸，或改折外重徵耗銀；或先已徵米，又收折價；或私折重價，而以輕價報解，弊端不一。請敕漕臣密查嚴劾。』上嘉納之。十年，疏言：『大臣負罪，宜免鎖禁城門，以存國體。』從之。

遷兵科都給事中。尋乞養歸。

康熙五年，補户科。六年，疏言：『川、楚諸省官吏借采木爲名，或搜取民間屋材、墓樹，宜飭禁。』又言：『采買官物，其由官發價者，駁減之銀，應如舊扣存司庫。若價出自民，餘銀宜還之民間。』又言：『一部可結之事，即應一部徑結；一疏可結之事，即應一疏通結。如各省錢糧考成已報完者，部臣於議復時，宜即予開復，以省奏牘。』均如所請行。九年，命以四品服俸，仍任給事中。十年夏，兩江總督麻勒吉以京口將軍李顯貴、鎮江守劉元輔侵帑事覺，逮繫至京。公疏言：『麻勒吉情罪輕重，尚待質問，宜釋鎖繫。』上韙其言，命自後赴質者，概免鎖繫，著爲令。尋擢副都御史，遷刑部侍郎。十二年，調兵部督捕侍郎，充會試副考官。尋以京口將軍柯永蓁爲副都統張所養奏劾，奉命往鞫得實，永蓁罷任。是年，遷左都御史。

十三年，疏言：『耿精忠與孫延齡俱受吴三桂指揮，背恩反叛。中間阻隔者，賴有廣東。將士久駐其地，熟悉山川地利，以遏賊鋒。儻與孫逆合謀，互相犄角，則廣東勢危。江西毗連閩、粤，若逆賊侵踞贛州、南安，餉道中斷，郵遞有梗，亦屬可慮。宜進駐重兵，以通聲援。』上從其議。會陜西提督王輔臣叛，所在騷動。河南巡撫佟鳳彩乞休，已得旨解任矣。公疏言：『河南密邇陜西，恐流言煽惑。鳳彩任巡撫數載，甚得民心，宜令力疾視事。』上即命留任，如公言。十五年，擢刑部尚書。十七年六月，薨於位。賜祭葬如典，謚端恪。

公自入仕任言責，迄爲正卿，所歷皆法官，於國家利害，吏治得失，民生休戚，知無不言，言無不當。尤矜恤民命，惟恐一物不得其所，纖毫出入之疑，必折而歸之於中，前後所建白，皆天下大計，而尤推本於君身，故惓惓以調護聖躬，節慎起居爲言。時韓侍郎菼等侍講幄，見公叩首丹陛，言發涕零，言人所不敢言，而上亦受之不咈也。

在刑部，推廣上恩，所全活甚衆。先是，公爲科臣，已屢上慎刑之書，至是，益自發抒，不骫法，不市恩，一酌乎人心之安，而猶恐失之。校閲刑書，常至夜午。年衰成疾，諸子諫之，則曰：『刃殺人於一時，例殺人於萬世，其可忽乎哉！』嘗刺一人，於法爲不應，争之不得，公退而炷香長跽，自責者久之。其刻己恕物類此。

所著白雲語録，參酌例律，巨細必貫，名法家可長據而守也。公嘗自書座隅曰：『常覺胸中生意滿，須知世上苦人多。』又曰：『憂人之憂，樂己之樂。』又曰：『病之起，由於不誠。誠則中和，百病不生。』所著奏疏及詩文集，皆質實醇厚，有古風。平居一話一言，罔不可爲法，亦其生意之充滿者然也。雍正八年，詔入祀賢良祠。

弟文熊，字望侯。康熙丁未進士。令蕭山。地當衝繁，又閩亂未定，芻糧取給於邑，調度有方，民以不困。遷階州。州與蕃地鄰，亂後益凋敝。到任，悉除無名之徵，上官按舊例發吏督催，文能縛其驕横者，抶而遣之。大計，遂以不及例降調。蕭山人祀之名宦祠。

——選自李元度纂、易孟醇點校國朝先正事略卷三

姚文然傳

姚文然，字若侯，號龍懷，崇禎癸未進士。國朝順治間薦授給諫，累仕至刑部尚書，謚端恪，有虛直軒集。潘蜀藻曰：『公成進士，改庶吉士。甲申之變投繯，家人救之，甦焉。』徐秉義序公集曰：『公受特達知，每事必竭其智，及歷省垣，統刑憲，爲朝廷肅綱紀之權，洽好生之德。於家庭，則承歡色笑，五十而孺慕依然。於朋友則相長相親，久要而臭蘭無間。蓋至性所注，充滿於倫物，溢而爲文章，長篇短牘，莫不有固結不可解之性情寓乎其中。』韓菼序虛直軒集曰：『吾師姚端恪公自入仕，任言責，後爲上卿，所歷皆法官，於國家利害、吏治得失、民生休戚，知無不言，言無不當，尤矜恤民命，所建白皆天下大計，平居一言一語皆可書垂帶。暇時爲歌詩甚富，藴藉醇厚，有古風。』王士禛池北偶談：『桐城姚端恪公真實經濟人也，其好生之念尤出於天性，拈句云：「常覺眼前生意滿，須知世上苦人多。」命子侄書之於壁。戊子典試山左，得先考功兄卷異之，曰：「他日必爲風雅名家。」』潘蜀藻曰：『公典山東

試及癸丑會試總裁，皆稱得士。居鄉樂易謙厚，造福宏多，至今里人歌思之。』魏象樞志公墓曰：『前有直言敢諫之節，後有明刑弼教之誠。入則孝友忠厚，世其家；出則睦婣任恤，行其志。一身生天地間，如太和元氣充滿宇宙而無乎不至。』張文端篤素堂集祭公文曰：『公生世胄之家，負淳明惇厚之質。少以文章顯，晚以功業著。平生爲善之心，如飢之於食，渴之於飲。』『其憂人之憂，急人之急，數十載如一日。』璈按：公詩發於性真，如挽朱二句：『對人豪氣盡，淪世苦心多。』喜晤王敬哉句：『可憐碧海桑三變，不待金城柳十圍。』至哭慈親句：『兒能强飯渾無恙，母若含飴尚復來。』幾令讀者同蓼莪之悲矣！裔孫瑩曰：『先端恪公爲諸生即自刻苦，及貴後終身布帷蔬食，獨汲汲於振恤之誼。每禄入分爲數分，一以待婣友中孤獨無依，一以待貧族婚嫁卒葬，一以周鄰里鄉黨，一以待間有舉行之事。訓子弟每以安命讀書爲本，嘗曰：「士子中式如男女婚嫁耳，其歌偕老，咏斯男幸矣。其不幸而傷中冓，賦緑衣，咏柏舟者豈少哉！」公卒於京師之夕，里中有大星隕於居宅。詔賜祭葬，諭碑有云「履重任而彌處以小心，持大體而不遺乎細故」，可以盡公之生平矣。』

——選自徐璈輯録，楊懷志、江小角、吴曉國點校桐舊集卷五

先端恪公傳〔一〕

先端恪公諱文然，字若侯，號龍懷，職方第三子。生而穎異，寡言笑。九歲著德風論，有煦嫗天下之志。明崇禎壬午應科試，作凶年饑歲文，督學金公蘭奇之。曰：『此一幅流民圖也。』拔第一。是歲舉應天鄉試，癸未成進士，選庶常。而歸本朝，順治三年，安撫李猶龍薦授國史院庶吉士，改禮科給事中。四年戊子，主山東鄉試。六年，疏請嚴敕撫按恪遵恩詔清理刑獄，勿任有司稽遲，或條赦之外可矜宥者，許專疏上陳。又請選用會試下第舉人，以廣任使。又言直隸與山東、河北接壤，兩省各有疆限，盜賊竊發，難越境追捕，請改保定巡撫爲總督，統轄山東及河南懷慶、彰德、衛輝三府。疏參各省督撫濫委私人署州縣官，皆部議行。轉工科給事中，八年，世祖章皇帝親攬萬幾，求直言大臣，以巡按澄清無效議停止。公上言朝廷設官，内外分理，惟巡按一官所以疏通内外，察吏安民，爲任甚重，今不得其人，都察院大臣不聞指參甄别，反使朝廷察吏安民之大典，坐格於二三澄清罔效之匪人，徇私溺職，莫此爲甚。願賜召對面議同異。疏入，憲臣及御史甄别有差，臺班一清。是年，江浙水灾，西北大熟，公言東南財賦之區，灾傷之後，隱憂方大，漕米宜令改折，以灾之重輕定改折多寡。

又言折漕規則新立，小民不能周知，吏因緣爲奸，或改折外，重徵火耗，或先已徵米，又收折價，或重折輕解，弊端不一，請敕漕臣密奏嚴劾。上亟采納之。十年，兵部滿漢大臣有罪鎖禁城門。公上言唐太宗時録囚至刺史鄭善果，太宗曰：『善果官至五品，雖有罪，豈得與諸囚伍？』伏念諸臣皆列大僚，素叨豢養，今寒天凍夜，冷鎖三重，積成疾患，恐不死於國憲，而死於天灾，非所以廣皇仁也。通衢大路，萬目觀瞻，功臣貴臣免冠帶鎖，愧辱難堪，非所以存國體也。上是公言，遂除其令。及後康熙十年，廷鞫總督周有德、編修陳志紀，逮繫總督麻勒吉復疏申諭之，上命以後官員犯罪鎖拿鎖禁，永行停止，轉兵科給事中。尋乞終養歸。康熙五年，起補吏科給事中，遷户部。六年，疏言川、湖諸省官吏，藉采木爲名，搜取民間屋材墓樹，宜申飭嚴禁。又言採買官物，由官發價者，駁減之銀，應扣存司庫。若價出自民，餘銀官仍還之民間。又言一部可結之事，即宜一部徑結；一疏可結之事，即宜一疏通結。若各省錢糧考成已報完者，部臣宜於議覆時，即予開復，以省奏牘而免冗滯。又言蠲免錢糧有流抵次年者，科臣請填入次年由單，已奉旨行矣。臣查各直省送到由單，竟未有開載此一項者，以蠲免在頒發由單後也。惟於流抵下年由單之首，載明應蠲分數，與抵免銀數，則吏不敢匿，民沾實惠。又請停本色駁減，以杜私派裁蘆稅差官，以汰冗員；停減開鑄，以疏通錢法；全撥十分兵餉，以恤士卒；更正兩淮鹽課考成，免直隸諸府狐皮折解；均如所請行，海内稱便。九年八月，特旨内陞正四品食俸，仍留給事中任。先是臺垣内陞，例皆回籍候補，有需次數年者。内陞留任，自公始也。十年五月，擢副都御史，十一月遷刑部侍郎。十二年癸丑，充會試總裁，轉兵部督捕侍郎。京口副都統張所養奏將軍柯永蓁徇私縱恣，公奉命往鞫得實，永蓁罷。十二月，遷左都御史。十三年，請建皇儲疏，留中不報。時仁孝皇后梓宫奉安鞏華城，盛暑車駕屢幸，公請節哀勞以養聖躬，且引唐太宗作層觀臺望昭陵，因魏徵諷諫泣而毁觀，爲言語甚切至。長沙新降復叛，公上言長沙距辰沅不遠，當捡獻賊使之際，必請兵救援，彼見荆州、武昌頓兵不渡，謬謂國家弃此土於度外，一旦賊使再至，望絶而降，非得已也。宜深原其故，以開反正之路。又疏言耿精忠與孫延齡俱受吴三桂指麾，復與延齡爲脣齒，中間所阻隔者，廣東耳。耿逆將士舊駐其地，熟悉山川地利，恐出不意，表裏夾攻，則廣東勢危。江西毗連閩、粤，若賊侵踞贛州、南安，則餉道中絶，宜進駐重兵以通聲援，上皆嘉納。十二月，陝西提督王輔臣叛，河南巡撫佟鳳彩乞休，公言河南密邇陝西，恐流言煽惑，鳳彩任巡撫數載，民所悦服，宜令力疾視事，上命留任河南。十四年正月，時議裁兵裕餉，公言兵有新增久設，若一時議裁，恐聚而生變。宜於新增者，分其緩急，次第裁減。後再議舊兵，以漸裁之，乃可。秦中已定，獨平凉未下。公言大局既定，我兵從此合注湖南，自有餘裕，請停調蒙古、關東兵，免卑濕生病。又言鞏昌蘭州既下，宜堅招撫明大信以徠平凉。

皆洞切機要。十五年，擢刑部尚書。公爲人剛直而仁恕，前後在諫垣十餘年，遇天下大計，疏凡數十上，罔所忌諱。性恬淡，雖貴如寒素，而志在康濟，視民不安，若痛切其身。故自誦曰：『常覺胸中生意滿，須知世上苦人多。』聞者動容。及長秋官，益自發攄清滯囚理冤獄，推廣上恩，全活甚衆。以爲刃殺人於一時，有限；例殺人於萬世，無窮。推明律意，虛心參酌，去其甚者，漸劑寬平。其後部中皆稱『姚律』。十七年六月卒，年五十九。賜祭葬如禮，謚端恪。雍正八年入祀賢良祠。特敕加祭一壇，建專祠於本邑，有司歲時致祀。

始公之乞歸也，奉職方里居近十年，杜門謝客，當事諸公不一干以私。至關地方利害，必移書反覆得請乃已。如南米魚課諸役充者，往往破家，公請立官收官解之法，夙弊以除。縣中奉檄丈量，公與邑令鄔公謀依萬曆碑文，田分九則，賦分三等，賦不虧而畝無虛羨，邑人稱平。所著疏稿八卷，文集十卷，詩集十二卷，白雲語録六卷，雜著十二卷，并行於世。居病日記一册，存家。

瑩按：先端恪功德在人，其大者具載國史。今據文集、奏疏及魏敏果公撰神道碑文，吾鄉潘蜀藻先生撰墓志銘，徐健庵、韓慕廬兩先生總序，參諸魯齋公所撰行述，備載於此。公爲諸生，即厚自刻苦。貴後，終身布帷素蔬，獨汲汲於惇睦任恤之義。每年計禄入之禄，分爲恒、敦、時、慈四目，其姻友中孤嫠無依者，月有常給，曰恒；其計口遍致間一舉行者，曰敦；以備婚嫁、卒葬不時之需者，曰時；以周鄉黨鄰里及僕從之無告者，曰慈。歲數百金以爲常。京師沙窩門内有育嬰堂，乃柴道人世盛抱養弃孩地也，費苦不給，公捐俸廣募經紀之。每月八日，偕諸公爲育嬰會，雖積冗雨雪無間。職方避地海上時，與韓公有舊，韓歿後，遺逋三千金，公代價之，無難色。故南鄭令高君世豪，爲公戊子山東所得士，高病故，任内未完追賠銀數千，家産盡絶，妻子應入官，已就道矣。公首捐數百金代輸，一時諸公聞之，欣然樂助，遂得免。松江司李陳公子龍故後，家在中州落甚，公訪其子陳撰厚恤之。故溧陽相國陳公子易戍尚陽堡，公歲時周給，將卒前月，猶浼陳少宰一炳，致二百金，且曰：『爲語溧陽公子，吾老矣，恐後不能繼也。』

登朝三十餘年，每遇廷議，侃侃直陳而中懷坦白，滿漢諸公以此咸推重之。訓子弟唯以讀書安命爲本，嘗曰：『士子中式，正如男婚女嫁耳。婚嫁之後，而歌偕老，咏斯男幸矣。其不幸而爲中冓之傷，緑衣之怨者，豈少哉？汝曹勿以遇不遇爲欣戚也。』次子士堂會試，與五河錢君世熹俱爲儲太史振所薦，以額滿應退一，四總裁以次覆較，及王少司寇清遂定取一卷，榜發，則錢君也。少司寇爲公山東所得士，撤闈來謁，知所退爲公子，慚謝。公笑曰：『遇合命也。君主試而余兒不售，且已售於分較矣。見乙於君，此天以彰我兩人無私也。君報我厚矣。』病，朝命侍講學士張公視疾，公疏謝，惓惓猶以講學勤政早奏蕩平爲言，上爲動容。公壯歲即好學道，潛心克治存養之功。乞病數年，每日記所言行得失，以自考驗於一念之微，不自寬假。嘗燕暇諸子在側，有言某喜用術，意欲人皆入其機彀，中書公士堂曰：『寧可入機彀之中而成人事，不可出機彀之中而敗人事。君子明知小人之我欺，而甘爲所欺；明知小人之用我，而甘爲所用。知者其智，甘者其仁。』公喜曰：『敬佩！爾金石之言。』父子間受善如此。晚歲洞然死生之理，手書囑諸子曰：『余生平不耐哭人，死後可知汝等體是意。哭以成禮而已，毋多哭。』又曰：『憂人之憂，樂我之樂。』又曰：『人之生也萬殊，其死也萬殊。如吾者而死，樂矣。』公以六月二十四日卒於京師，前一夕，里中有大星如火，自北而南隕於居宅，鄰人驚爲火灾，亟趨拯救，至則無有。翼日，延術士禱之，而不知爲公應也。伏讀詔賜祭葬碑文，有云：『履重任而彌處以小心，持大體而不遺乎細故。』二語可以盡公生平矣。

——選自姚瑩撰姚氏先德傳卷之二

校記：〔一〕此標題係編者所加。

刑部尚書謚端恪姚文然傳

姚文然字若侯，桐城人。少嗜讀書，邑嘗被寇圍兩月餘，文然卒業五經，背誦不遺一字。癸未成進士，選庶吉士。闖賊入都城，自經不死，間道南歸。順治丁亥應召爲國史院庶吉士，改禮科給事中，主山東省試，得士稱盛。歷遷兵科都給事中，疏請終養。旋丁内艱，里居奉父者十年。父殁，起補吏户兩科。康熙九年，以正四品服俸，留任候升。明年，超擢都察院左副都御史，升刑部右侍郎，轉左。充癸丑會試副總裁，遷兵部督捕左侍郎。奉使至江南察審。凡三案，其一爲奸人私通海洋，文然親從盤潋出洋，至山前沙勘視，海風大作，天水昏，舟幾覆。舟中百餘人，皆震怖失措，文然危坐自若。及讞奸人，悉引伏牽連者，得免；他被誣者，釋之。京口將帥以私互訐者，爲平之。時方盛暑，所居廨有高樓可避暑，卒事始一登焉，不敢過所親家，通報悉稱旨。遷左都御史，升刑部尚書。方更定條例，文然曰：『刃殺人有限，例殺人無窮。吾曹可無慎乎！』虚衷詳議，去其太甚，劑於寬平。決獄有所平反，歸輒色喜。嘗有囚誤刺字，歸而長跪自罰。居二年，卒於位，賜祭葬如禮，謚曰『端恪』。

文然在諫垣，先後十餘年，所建白無虚，數十疏，多見採納。及長憲臺，密疏多關軍國大計，未嘗以示人。身後檢篋笥，始得之。其奉諱里居時，幾不能自給。洊歷華要，御諸艖使饋遺，使江南還所受賕，惟圖書數卷而已。子堂應庚戌會試，爲總裁王清所黜，清，文然所舉士也，撤棘後，清始知之，來謝過，文然笑曰：『此足明我兩人無私也，君報我厚矣，何謝爲？』其生平廉慎，大都類此。

——選自清陶正靖《陶晚聞先生集》卷五

姚端恪公逸事

桐城馬魯陳習於其鄉前輩遺事，嘗言姚端恪公文然，少孤貧，依寡嫂居，自始學至成人，教督甚嚴，不命之見，不敢見也。順治初，有薦起公者，將詣京師，入辭嫂，侍婢傳語久不出，公逡巡户外。俄，門啓，嫂艷妝塗粉黛，著絳紅衫如新婦中堂坐，公驚愕，却立，再拜致辭，求所以訓迪者，嫂曰：『叔爲官大好，但臨事寬一分，百姓受一分之益。行矣，勉之。』公肅拜乃退，出里門，家人奔告，夫人磨笄自刺矣。姚後爲刑部尚書，定律令寬仁得中。本朝刑律超越前古，皆端恪所草創也。

魯陳，姚氏之甥，所述當不妄。又言姚氏子孫，頗諱其事。惜爾時未問夫人爲誰氏，今魯陳下世已久，而夫人志節有如皦日，不可使終晦，乃筆記之。

嘉慶己亥正月二十六日，船過蘄州書。

——選自清朱彬游道堂集卷一

姚端恪之謹慎

姚端恪公文然長刑部日，方更定條例。公曰：『刃殺人有限，例殺人無窮，吾曹可無慎乎？』虛衷詳議，去其太甚，劑於寬平。決獄有所平反，歸輒色喜。嘗有因誤刺字，争之不得，歸而長跪自罰。公子堂應會試，爲總裁王清所黜。清，公所舉士也，撤棘後始知之，來謝過。公笑曰：『此足明我兩人無私也，君報我厚矣，何謝爲。』其生平謹慎，大都類此。

——選自清陳康祺撰郎潛紀聞三筆卷三

姚文然傳〔一〕

姚文然（一六二〇—一六七八）字若侯，號龍懷，江南桐城（今屬安徽）人。孫棐三子。明崇禎十六年進士，選庶吉士，甲申之變，脱歸。清順治三年，授國史院庶吉士，改禮科給事中，轉工科。十年遷兵科都給事中。康熙間歷副都御史、刑部侍郎，調兵部，遷左都御史，仕至刑部尚書，謚端恪。文然不以文名，而議論足觀，皆有根柢。詩不爲派系所拘，盡所欲言，頗具標格。晚晴簃詩匯詩話亦稱文然詩『雅令典則，正始之音』。著有姚端恪公文集一八卷、詩集一二卷、外集一八卷末一卷。生平事迹見清史列傳卷七大臣傳、清史稿卷二六三、圖朝耆獻類徵初編、國朝先正事略。

校記：〔一〕此標題係編者所加。

——選自錢仲聯主編中國文學家大辭典清代卷

姚端恪公手蹟跋

右桐城姚端恪公訓子士堅語一篇，在京朝寄諸子小札十三件，虚直軒文集不收，其裔孫按察使瑩掇拾莊潢爲卷，以存手澤者也。中一札云：『汝輩在家萬分謙謹，持家十分節儉，我所拳拳丁寧者兩言而已。』通卷蓋不出此意。訓語以士堅食罷置箸有聲爲肆慢，爲之反復極論。札中又舉聯社、結盟、飲食、徵逐爲大戒，以五兒下第爲可喜，并是謙謹闡義。諸札于贍族恤鄰，下至子錢、典租諸瑣屑一一有處置，則皆本之節儉，以裕推及者。世禄子弟，匪驕即奢，不期而至，能令常檢飭于恭儉，未有不加人一等。繹卷中雜訓，即知平日畜教嚴密，罔不在是。宜其後嗣學行文章，二百年不墜也。

端恪諱文然，字若侯，當國家初造，再爲給事，于大利弊知無不言，章數十上，事皆施行，蘆差其一也。晚以刑部侍郎晋總憲，轉刑部尚書，有白雲語録六卷，貴陽門人蘇璋韋玉甫校，述其經手事案，酌定條例，冠以律心律意論，誦之藹如。札中一及刑律，謂其義甚精，皆本好生之德，夜常攬閱不倦，可見語録所由著。兩及蘆差，極憂工部把持熒聽，驟不能停止蘆差者。瀕江湖諸省蘆課，舊由工部請差，京官督理，收解公私病之。康熙三年，已議改令户部飭各省藩司收解，乃悉稱便。至八年三月，工部仍請差官，已有員，端恪力陳其不合，有旨詰工部。作二札時，蓋仍停之，諭猶未下也。端恪仕蹟詳在國史、方志、家集，此卷落落數十語，而家法之善、服官之隨事盡職，隱載以傳。古之善觀人者，于尋常語得平生，于瑣屑事見全體，吾三復斯卷而益信。同治改元，按察之子濬昌屬爲題識。三年六月，濬昌將之湖口令，乃述所見，歸之，即以贈行。濬昌謹厚有家法，而任事不苟，庶幾恭敬奉持，益以求盡職，益永先緒也。軍安慶次書。

右姚端恪公手蹟一卷，蓋讀書有會，雜録以備遺忘，亦其裔孫按察掇拾莊弆者。余平生論書，不盡右書家，以書本心畫，可以觀人，書家但筆墨專精取勝，而昔人道德、文章、政事、風節著者，雖書不名家，而一種真氣流溢，每每在書家上。國初同時諸老，魏敏果書近元常而快，魏文毅書近信本而舒，端恪此卷，近登善而質，皆不以書名家而氣韵勝者。

——選自張劍、陶文鵬、梁光華編輯校點《莫友芝詩文集·郘亭遺文》卷四